中国法治实施报告

(2016)

Chinese Law Enforcement Report

中国行为法学会　中南大学　编

法律出版社
LAW PRESS·CHINA

中国法治实施报告(2016)创作团队

主　编　江必新

副主编　蒋建湘　陈云良　王红霞

报告撰稿人(按写作章节顺序)

王红霞　中南大学法学院院长助理、副教授
周刚志　中南大学法学院教授
许中缘　中南大学法学院教授
夏　沁　中南大学法学院博士研究生
龚　博　中南大学法学院副教授
李依伦　中南大学法学院博士研究生
蒋言斌　中南大学法学院教授
刘继虎　中南大学法学院副院长、教授
王湘平　中南大学法学院博士研究生
张　宝　中南大学法学院院长助理、副教授
陈云良　中南大学法学院院长、教授
岳远雷　湖北中医药大学人文学院讲师
李风林　福建省高级人民法院审判员
唐东楚　中南大学法学院教授
黄先雄　中南大学法学院教授
李　婷　中南大学法学院讲师
邓婷婷　中南大学法学院讲师

特邀撰稿人(按写作章节顺序)

胡建淼　国家行政学院法学部主任、教授
骆梅英　浙江工商大学法学院党委书记、教授、博士
李胜利　安徽大学法学院副院长、教授、博士
刘文华　湖南省人力资源和社会保障厅法规处处长
王新生　长沙理工大学文法学院副院长、教授、博士
陈卫东　中国人民大学法学院教授、博士
宋功德　中共中央办公厅法规局副局长、博士
何　帆　法治工作者、博士
邓联繁　湖南省廉政建设协同创新中心主任、教授、博士
王春晖　南京邮电大学信息产业发展战略研究院院长、教授、博士
顾敏康　香港城市大学法学院教授、博士
冷铁勋　澳门理工学院“一国两制”研究中心主任、副教授、博士

审读专家(按审读章节顺序)

王比学　人民日报高级记者、政法采访室主编
屈茂辉　湖南大学法学院院长、教授
管晓峰　中国政法大学民商经济法学院教授
黄玉烨　中南财经政法大学知识产权学院副院长、教授
王全兴　上海财经大学法学院教授
柯　坚　武汉大学环境法研究所教授
胡晓翔　南京市卫生和计划生育委员会医院管理办公室处长
黄明儒　湘潭大学法学院教授
张立平　湘潭大学法学院教授
梁凤云　中国行政法学会行政诉讼专业委员会常任委员
刘仁山　中南财经政法大学副校长、教授
漆　彤　武汉大学法学院教授

年度事件点评名家(按写作章节顺序)

韩大元　中国人民大学法学院院长、教授,中国宪法学研究会会长
陈光中　中国政法大学终身教授,中国刑事诉讼法学研究会名誉会长
湛中乐　北京大学法学院教授,中国行政法学研究会副会长

周汉华　中国社会科学院法学研究所研究员，中国网络与信息法学研究会副会长

张新宝　中国人民大学法学院教授，中国法学杂志社总编辑，中国法学期刊研究会会长

吴汉东　中南财经政法大学学术委员会主任、教授，中国知识产权研究会名誉会长

时建中　中国政法大学副校长、教授，中国经济法学研究会副会长

姚　莉　中南财经政法大学副校长、教授，中国刑事诉讼法学研究会副会长

朱慈蕴　清华大学法学院教授，中国商法学研究会副会长

颜运秋　中南大学法学院教授，湖南省碧水蓝天环境公益保护中心理事长

目　　录

第一编　宪法与部门法报告

第二编　部门法实施报告

第三编　法治实施专题报告

第四编　特别行政区法治实施报告

第五编　涉外法治实施报告

第六编　年度法治实施事件评析

附　　录

在高效法治实施中不断提升人民群众获得感

（代序）

江必新

高效法治实施体系的建设，是一个长期的系统工程，也是中国特色社会主义法治体系建设的攻坚工程。社会主义法治体系的生命力在于法治全系统的持续有效运行、严格高效实施。高效的法治实施体系，就是要使法律能得到全面、准确地贯彻，在理念和行动上做到严格执法、公正司法和全民守法，做到依法执政、落实宪法实施、形成有效的实施反馈，让法治高效运行，推动实现整个法治系统的自我优化和良性循环。

社会主义法治建设以促进社会公平正义为核心价值追求，以保障人民安居乐业为根本目标，法治为民是中国特色社会主义法治的重要价值。法治建设为了人民、法治发展依靠人民、法治红利由人民共享。法治对人民期待的回应程度、对人们需求的满足程度是衡量法治建设水平的重要指标。随着中国特色法治实施体系建设的加快推进，硬件建设的显著提升，下一阶段法治深化的着力重心、检验法治质效的第一标准，就是依法治国是否以及多大程度地增强了人民群众在法治建设中的获得感。有鉴于此，应当从如下十个方面全面提升人民群众对法治建设的获得感。

一、全面强化法治建设，增强人民群众公正感

公平正义是法治的灵魂。在执法、司法中要全面坚持公平正义的基本要求。要进一步完善执法、司法的体制和机制，确保执法司法权有效行使，强化对执法司法权的有效监督，排除权力、人情、关系和利益对执法、司法的干扰，有效防止执法、司法人员被相对人、当事人所俘获的现象，建立严格而科学的执法、司法问责、追责机制，防止执法权、司法权的滥用、误用和怠用。要特别重视发挥司法公正对社会公正的引领作用，努力让人民群众在每一个司法案件中感受到公平正义；要加快完善体现权利公平、机会公平、规则公平的法律制度；要更加重视清除市场壁垒，促进资源配置公平，促进公平竞争；要努力拓展完善和落实更加公平可持续的社会保障制度，消除相对剥夺感。

二、切实改善社会治安、行业监管，增强人民群众安全感

要通过法律的严格实施，使人权得到切实保障，产权得到有效保护。要完善对维护群众切身利益具有重大作用的制度，强化法律在化解矛盾中的权威地位，建立健全畅通有序的诉求表达、矛盾调处、权益保障、心理干预机制，优化和拓展救济渠道，解决好人民最关心、最直接、最现实的利益问题，使群众由衷地感到权益受到了公平对待、利益得到了有效维护。要重视完善法律援助制度，扩大援助范围，健全司法救助体系，保证人民群众在遇到法律问题或者权利受到侵害时获得及时救济。减轻转型阶段人们的焦虑和不安。

三、简政放权、优化服务，增强人民群众方便感

进一步完善各类制度，保证人民依法享有广泛的权利和自由、承担应尽的义务。进一步优化制度实施机制，充分运用各种资源、各类技术手段，使其在符合法治理念的前提下更加便民、快捷、有效。通过加快建设严格执法、公正司法、全面守法的法治实施体系，推动社会各领域秩序的快速形成，从而使人民群众获得更大的发展空间。

四、加快建设法治政府，增强人民群众信任感

努力加强对公权力的科学管理。以规范和约束公权力为重点，加大监督力度，做到有权必有责、用权受监督、违法必追究，坚决纠正有法不依、执法不严、违法不究行为。各级政府创新执法体制，完善执法程序，推进综合执法，严格执法责任，建立权责统一、权威高效的依法行政体制；加快建设职能科学、权责法定、执法严明、公开公正、廉洁高效、守法诚信的法治政府；严格规范公正文明执法，规范运用自由裁量权。切实增强人民群众对法治和公权力规范运行的可预期性和可信赖感，增进国家治理的公信力和社会生活的安定性，壮大依法治国的社会资本。

五、促进执法规范化，保障人民群众受尊重感

尊重和保障公民基本政治权利、人身权、财产权等各项权利。进一步优化信息公开，保障人民群众知情权；尊重人民诉求和意见的表达，认真聆听、虚心接受群众建议。规范执法言行，充分考虑执法对象、司法当事人的切身感受，敏锐把握社会心态和群众情绪，优化法律实施措施和实施手段，倡导人性化执法、柔性执法、阳光执法，进一步探索执法、司法便民利民机制，全面提升人民群众受尊重感。

六、优化政府职能,增强人民群众受益感

紧紧围绕保障和改善民生,服务改革、促进发展,更好发挥政府作用。保障公民经济、文化、社会等各方面权利得到落实。全面加强基层和地方法治实施,让法律的效力、法治的红利"一竿子插到底",让百姓在生活中切实感受到法治的进步并受惠其中。提高公共法律服务均等化与普惠性水平,让所有人在法治的发展中受益。

七、保障和促进个体发展,增强人民群众成就感

法治是发展的保障。坚持以人民为中心的发展思想,把增进人民福祉、促进人的全面发展作为发展的出发点和落脚点。制定、调整、贯彻各类制度,推动"大众创业,万众创新",为个体发展开辟渠道;保障人民平等参与、平等发展;实现好、维护好人民的增量利益。促进实现发展的根本目的、激活推动发展的根本力量。让社会成员在法治的保障下有所作为,以法治的力量撬动人民投身发展、实现自我的积极性、主动性、创造性。

八、开拓渠道、探索机制,增强人民群众参与感

充分调动人民群众投身依法治国实践的积极性和主动性,开拓各种渠道、探索有效机制,方便人民群众参与法治实施,构筑法治建设的强大合力。尊重和保障人民群众在治国理政活动中的主体地位和政治权利,以公民权利制约权力,进一步拓展监督,防止权力失控、决策失误、行为失范。积极组织人民群众以自己的方式、用自己的优势宣传法治理念,传播法律知识。发掘有效方式鼓励人民群众参与社会治安防范、社会纠纷调处,优化社会治理。鼓励人民群众建言献策、贡献智识,共同为法治中国大业贡献力量。

九、创造法治氛围,增强人民群众认同感

好的法律必须转化为人们内心自觉才能真正为人们所遵行。高质量的法律实施仰赖人民发自内心的拥护,需要人民对法治的真诚信仰。让群众感受到法治建设为了人民、依靠人民、造福人民,以人民根本权益为出发点。强化法治传播,规范媒体报道,使社会大多数人认同法治道路,相信法律能够解决问题,改变靠上访、信访,找门路、托关系,甚至聚众闹事等极端行为解决问题的做法。要通过各种途径营造法治氛围,弘扬法治精神,增强法治意识,使全体人民都成为社会主义法治的忠实崇尚者、自觉遵守者、坚定捍卫者,使尊法、信法、守法、用法、护法成为全体人民的共同追求。

十、迈向良法善施的法治强国，增强人民群众归属感

释放依法治国的凝聚力、感召力，释放中国特色社会主义法治的优越性。“发挥好道德的教化作用，以道德滋养法治精神、强化道德对法治文化的支撑作用。大力弘扬社会主义核心价值观，弘扬中华传统美德，培育社会公德、职业道德、家庭美德、个人品德，提高全民族思想道德水平，为依法治国创造良好人文环境。通过良法善施促进社会合作，使全社会呈现团结、和谐、欣欣向荣的良善局面。

随着我国法治实施体系建设的不断推进，愈发需要对其进度、程度进行常态性的跟踪研判、全方位的科学评价，以便适时总结得失、兴利除弊、有针对性地改进和加强。中国法治实施报告项目正是基于这样的立场创设启动，集结法学专家和实务菁英，力求通过定性与定量相结合、宏观与微观面面观的方式，为中国法治实施进行系统性年度体检。本项目已进行到第 4 年。《中国法治实施报告(2016)》继续秉承中立、客观、审慎的态度，对 2016 年中国法治实践的进程和挑战进行了系统地回顾和分析，盘点法治中国建设取得的新进展和存在的不足，对今后的法治实施提出了具有前瞻性和可操作性的建议。全书分 6 大板块，共 22 份独立报告、10 份典型案例评析。由 20 所著名高校、6 家实务部门、53 位专家联袂创作。今年我们将香港和澳门两个特别行政区的法治运行情况也纳入了观察范围，特邀两地法学专家撰写了专题实施报告。今后，我们还将进一步壮大写作团队，争取将台湾地区的法治运行情况也纳入撰写范围。我们希望透过我们的经年努力，能够见证中国法治新阶段的历史进程，并为每一段过去的岁月提供审慎评价，为每一个即将到来的明天贡献对策和建议，以助推法治实施体系不断提质增效，促进法治生活方式早日形成，加快促进高效法治实施成为中国法治运行的常态。

第一编　宪法与部门法报告

2016年中国法治实施总体回顾与展望

王红霞

一、2016年中国法治实施总体情况述要

2016年是“十三五”开局之年，是推进结构性改革的攻坚之年。这一年，依法治国各项部署全面推进，中国法治实施整体上持续快速进步，在诸多具体领域和环节取得重大进展。

（一）关于法治政府建设

全面细化法治政府建设。2015年年底，中共中央、国务院印发《法治政府建设实施纲要（2015—2020年）》（以下简称《纲要》）。2016年，中央各部委、地方各级政府积极编制《纲要》的实施方案，截至2016年年底，所有的省份以及多部委先后出台了落实《纲要》的文件，各项落实工作同步展开。

持续推进简政放权、放管结合、优化服务改革。围绕处理好政府和市场关系问题，2016年共取消国务院部门及其指定地方实施的审批事项165项，清理规范审批中介服务事项192项、职业资格许可认定事项220项；各地简政放权工作也进一步取得实质进展。

全面制定权责清单。2016年年底，全国31个省份已全部公布省级政府部门权力清单，其中29个省份公布了责任清单；县市级政府部门权责清单编制大部分完成。2016年年初，国务院确定在国家发展和改革委员会（以下简称发改委）、民政部等7部委开展权力和责任清单编制试点。在总结试点经验基础上，适时建立国务院部门权责清单制度，加快形成边界清晰、分工合理、权责一致、运转高效、依法保障的政府职能体系。

依法行政制度体系进一步完备。2016年，政府立法体制机制进一步完善，一些关乎国家安全、民生的重要立法获得进展。国务院条例与各类政府规章都在制定过程中广泛征求公众意见，“开门立法”成为常态；各类立法出台前重视评估，立法民主化、科

学化程度稳步提高。

行政决策的规范化、民主化程度进一步提升。2016 年全国各地制定出台针对重大行政决策的地方政府规章 9 部,规范性文件 75 部,全面开展法治政府源头治理,切实规范行政决策权。

规范性文件的清理形成长效机制。2016 年,国家发改委、国税局等 22 个部委开展了 32 批次规范性文件的清理工作。国家知识产权局、国土资源部、环保部还专门出台了有关规范性文件的制定、管理与合法性审查的制度。

信访形势总体向好。2016 年,全国信访总量稳中有降,同比下降 1.2%;其中,来信量同比下降 0.7%,来访批次同比下降 8.6%,来访人次同比下降 12.6%。2016 年,共有 6.8 万件信访积案被排查化解。信访工作制度改革走向深入。2016 年,《信访工作责任制实施办法》《信访事项简易办理办法(试行)》先后颁布;37 个部委出台分类处理信访事项法定途径清单,厘清各部门的信访责权界限;依法逐级走访工作稳步推进,基层和属地责任进一步压实。网上信访逐渐成为信访的主渠道。截至 2016 年,国家信访信息系统已实现了与全国省、市、县三级信访工作机构、8 万多个职能部门和乡镇(街道)、33 个中央和国家机关部委的互联互通。此外,国家信访局相继开通了手机信访平台和微信公众号。基于此,2016 年全国网上信访量同比上升了 106.8%。

(二)关于司法工作

2016 年,最高人民法院受理案件 22,742 件,审结 20,151 件,同比分别上升 42.3% 和 42.6%;地方各级人民法院共受理案件 2303 万件,审结、执结 1977.2 万件,同比分别上升 18% 和 18.3%。

2016 年,各级法院共审结一审刑事案件 111.6 万件,判处罪犯 122 万人;共审结各类一审民事案件 673.8 万件,同比上升 8.2%;共审结各类一审商事案件 402.6 万件,同比上升 20.3%;共审结各类一审行政案件 22.5 万件,同比上升 13.2%。

2016 年,全国法院受理执行案件 614.9 万件,执结 507.9 万件,同比分别上升 31.6% 和 33.1%,实际执行到位金额超过 1.5 万亿元。2016 年,最高人民法院与中国人民银行等 10 多个部门和 3400 余家银行业金融机构建立网络执行查控系统,查控覆盖了各种主要财产形式。国家发改委、最高人民法院等 44 家部委、单位联合签署了《关于对失信被执行人实施联合惩戒的合作备忘录》。截至 2016 年年底,全国累计发布失信被执行人信息 689 万例,限制 628 万人次购买机票、229 万人次购买动车、高铁票,全国工商、市场监管部门共限制失信被执行人担任各类企业法定代表人、董事、监事和高级管理人员 7.1 万余人次,基本形成“一处失信,处处受限”的信用惩戒格局。通过完善网络查控系统、联合信用惩戒系统、执行信息公开系统,切实破解了财产难查找、失信难惩戒、信息难公开等难题。

坚决纠正冤假错案。2016 年,全国各级法院依法宣告 1076 人无罪,纠正了聂树斌案、陈满案、刘吉强案等重大冤假错案 11 件 17 人,数量达到历史新高,有效提振社会对司法公正的信心。

进一步推进法律统一适用。2016 年,最高人民法院制定各类司法解释文件多件,发布指导案例 4 批次 21 例,典型案例 19 批次 215 例。

深入推进司法公开和信息化建设。2016 年,全国司法系统加快建设智慧法院,促进审判体系和审判能力现代化,着力构建开放、动态、透明、便民的阳光司法机制。全国 98. 9% 的法院建立诉讼服务大厅,2189 个法院开通诉讼服务网,1734 个法院开通 12368 诉讼服务热线,切实为群众提供线上线下、方便快捷的"一站式"服务。截至 2016 年年底,全国各级法院公开审判流程信息 27. 3 亿项,中国裁判文书网公开裁判文书超过 2600 万篇、访问量突破 49 亿人次,执行信息公开网公布执行信息 4711 万条,互联网直播庭审 43. 9 万件、观看量突破 17 亿人次。

(三)关于检察监督

2016 年,全国检察机关批准逮捕各类刑事犯罪嫌疑人 828, 618 人,提起公诉 1, 402, 463 人。(1)惩治严重暴力犯罪。2016 年,全国检察机关起诉故意杀人、强奸、放火等严重暴力犯罪 65, 076 人,起诉黑社会性质组织犯罪 1106 人,起诉抢劫、抢夺、盗窃等多发性侵财犯罪 399, 708 人。(2)持续保持查办职务犯罪高压态势。2016 年,全国检察机关共立案查办职务犯罪案件 47, 650 人,其中,原县处级干部 2882 人、原厅局级干部 446 人。(3)依法对王珉、张越等 21 名原省部级干部立案侦查,对令计划、苏荣、白恩培、朱明国、周本顺、杨栋梁、何家成等 48 名原省部级以上干部提起公诉。(4)在征地拆迁、社会保障、涉农资金管理与民生领域查办"蝇贪"17, 410 人。(5)查办受贿犯罪 10, 472 人、行贿犯罪 7375 人。(6)查办玩忽职守、滥用职权等渎职侵权犯罪 11, 916 人。(7)深入开展职务犯罪国际追逃追赃工作,1 月至 11 月共从 19 个国家和地区劝返、遣返、缉捕潜逃境外的犯罪嫌疑人 43 名,涉案金额 5. 48 亿元,其中,"百名红通人员"15 人。

开展专项打击。2016 年,全国检察机关共批准逮捕电信网络诈骗犯罪 19, 345 人,与公安部联合挂牌督办"徐玉玉被诈骗案"等 62 起重大典型案件,联合督导 7 个重点地区打击治理。最高人民检察院与公安部、国家卫生和计划生育委员会(以下简称卫计委)等 8 部门联合开展严厉打击涉医违法犯罪专项行动,检察机关挂牌督办山东"非法经营疫苗案",批准逮捕 345 人,提起公诉 247 人,立案侦查相关职务犯罪 174 人。

强化对司法活动的监督。2016 年,全国各级检察机关督促侦查机关立案 14, 650 件,追加逮捕、追加起诉 43, 960 人,监督纠正侦查活动违法情形 34, 230 件次。对认为确有错误的刑事裁判提出抗诉 7185 件。对认为确有错误的民事和行政生效判决书、裁定书、调解书提出抗诉或再审检察建议6133件,对民事行政审判程序中的违法情形提出检察建议13,254件,对民事执行活动中的违法情形提出检察建议20,505件。健全冤错案件源头防范和发现纠正机制。对侦查机关不应当立案而立案的,督促撤案10,661件;对不构成犯罪和证据不足的,决定不批捕13,208人、不起诉26,670人。

强化检察监督。2016年,全国各级检察机关积极促进解决执法不严、司法不公等突出问题。5月,最高人民检察院会同最高人民法院、公安部、司法部开展了集中清理判处实刑罪犯未执行刑罚专项活动。截至2016年年底,全国各级检察机关共核查出未执行刑罚罪犯11,379人,督促纠正6381人,其中5062人被收监执行。持续推进久押不决案件专项清理,羁押3年以上未结案的4459人,于2016年年底已全部清理纠正完毕。

强化司法公开,深化便民利民。四级检察机关3662个检察院全面运行电子卷宗系统,方便律师查询和复制,提供服务15.3万件次。全面应用案件信息公开网,已发布案件程序性信息449万余条、法律文书158万余份、重要案件信息20万余条。

(四)关于公安执法

2016年,全国公安机关持续深化对"黑拐枪""盗抢骗""黄赌毒""食药环"等突出犯罪和电信网络诈骗、金融证券犯罪等新型犯罪的打击治理,开展全国缉枪治爆专项行动、以维护食品药品安全为重点的打假"利剑行动"、疑难命案积案攻坚行动、打击"盗抢骗"犯罪专项行动,加快完善社会治安防控体系建设。全国公安机关持续打击非法集资、传销等涉众型经济犯罪。2015年至2016年连续3次部署全国性专项整治行动,全国公安机关共立非法集资、传销等涉众型经济犯罪案件3万余起,依法查处"e租宝""泛亚"案等一大批重大案件。2016年,全国公安机关共破获地下钱庄重大案件380余起,抓获犯罪嫌疑人800余名,打掉作案窝点500余个,涉案交易总金额逾9000亿元。2016年1~11月,全国公安机关破获电信网络诈骗案件8.3万起,同比上升49.6%;查处违法犯罪人员5.2万人,并打掉一批境外犯罪窝点。全国公安机关深入开展打击整治网络谣言和有害信息、侵害公民个人信息、网络黑客攻击等专项行动,着力强化网络安全监管、关键信息基础设施和大数据安全防护。2016年,全国公安机关通过专项行动,侦破黑客攻击案件828起,抓获犯罪嫌疑人1288名;侦破侵害公民个人信息案件1886起,抓获犯罪嫌疑人4261名,查获公民个人信息307亿余条,抓获各行业"内鬼"391名、黑客98名。截至2016年年底,全国共侦办各类网络违法犯罪案件5.3万起。

全面深化公安改革,截至2016年年底,"1+3"意见方案确定的公安改革任务完成率已超过50%,全国公安系统在推进户籍制度改革、居住证制度改革、车检驾考制度改革、外国人在华永久居留制度改革等方面取得重大突破性进展。深入推进执法规范化建设,违法犯罪嫌疑人移送审查起诉率逐年提高,整体执法质量明显提升。

(五)关于司法行政

深化律师制度改革。截至2016年年底,我国律师人数32.8万,律师事务所2.6万多家。2016年,中共中央办公厅、国务院办公厅印发《关于深化律师制度改革的意见》《关于推行法律顾问制度和公职律师公司律师制度的意见》,司法行政机关采取系列措施推进落实。2016年,司法部组织修订《律师执业管理办法》《律师事务所管理办法》,出台《关于进一步加强律师协会建设的意见》,司法部与国家信访局共同发布《关于深入开展律师参与信访工作的意见》。

司法鉴定管理体制不断完善。2016年,全国经司法行政机关审核登记的司法鉴定机构共4872家、司法鉴定人54,198人,完成各类司法鉴定业务213万余件。2016年,司法部修订了《司法鉴定程序通则》,进一步规范了亲子鉴定、精神病司法鉴定,公布了6件典型案件;最高人民法院、最高人民检察院、公安部、国家安全部、司法部联合发布《人体损伤致残程度分级》,相关指南跟进出台。2016年,《关于健全统一司法鉴定管理体制的实施意见》亦已经完成研究起草工作。

2016年,人民陪审员制度试点工作取得了阶段性成效。50家试点法院由人民陪审员参与审结各类案件共81,772件,其中,民事64,917件、刑事11,642件、行政5213件;由人民陪审员参与组成大合议庭审结涉及群体利益、社会公共利益等社会影响较大的案件1624件。50家试点法院新选任人民陪审员9673人,试点法院人民陪审员总数达到13,322人,为法官员额数的4.3倍。人民监督员选任管理方式改革扎实推进。2016年,最高人民检察院、司法部发布《人民监督员选任管理办法》,规范人民监督员的选任和培训、考核等管理工作,保障人民监督员依法充分履行职责。同日,最高人民检察院发布《关于人民监督员监督工作的规定》。截至2016年11月底,全国已选任人民监督员13,490名,监督评议案件2097件。

法律援助制度不断完善。2016年,25个省(区、市)发布《关于完善法律援助制度的意见》的实施意见或办法,17个省份将法律援助纳入本地"十三五"经济社会发展规划,22个省(区、市)将法律援助工作纳入民生工程、基本公共服务体系、政府绩效考核、社会治安综合治理和平安建设考核体系。法律援助服务大厅和临街一层便民服务窗口建设加强。全国设立法律援助工作站的看守所达2000多个。

公证工作持续推进。截至2016年,我国共有公证处3000多家、公证员1.3万多人。2016年,全国办理公证事项1200多万件,公证工作在预防纠纷、保障权益等方面发挥了重要作用。2016年,司法部印发《关于进一步加强公证便民利民工作的意见》。各级司法行政机关、各地公证协会大力拓展和规范公证法律服务,健全完善公证工作体制机制,加强公证工作管理。

监狱制度改革向纵深迈进。2016 年,《监狱法》修订草案送审稿已提请国务院审议,司法部发布了《关于计分考核罪犯的规定》《监狱暂予监外执行程序规定》《罪犯会见通信规定》等文件。

社区矫正工作全面推进。2016 年,全国新接收社区服刑人员 48 万人,办理解除矫正 49 万人,现有社区服刑人员 70 万人,社区服刑人员在矫正期间重新违法犯罪率持续保持在 0.2% 左右的较低水平。截至 2016 年年底,各省(区、市)司法厅(局)普遍成立了社区矫正局(处)。全国 98% 的地(市、州)和县(市、区)司法局均成立了社区矫正工作机构,已建成县(区)社区矫正中心 1746 个,覆盖率达 60% 以上。全国从事社区矫正工作的社会工作者 83,036 人,社会志愿者 672,003 人。2016 年,司法部开展社区矫正安全隐患专项整治活动,进行社区矫正安全稳定检查。全国共成立矫正小组 67.8 万个,建立教育基地 9353 个,社区服务基地 25,204 个,就业基地 8216 个。

普法迈进新阶段。2016 年,中共中央、国务院转发了《中央宣传部、司法部关于在公民中开展法治宣传教育的第七个五年规划(2016 - 2020 年)》,全国人大常委会通过了《关于开展第七个五年法治宣传教育的决议》,"七五"普法工作全面启动。中共中央组织部、中共中央宣传部、司法部、人力资源和社会保障部联合发布《关于完善国家工作人员学法用法制度的意见》。教育部发文将品德类教材统一更名为"道德与法治"。各部门各单位充分运用电视、广播、报刊等传统宣传媒介以及微博、微信等各种新兴载体,努力尝试用喜闻乐见的形式增强法治传播。

(六)关于司法改革

2016 年,中央全面深化改革领导小组召开会议 12 次,其中 10 次涉及司法体制改革议题,审议通过《关于建立法官检察官逐级遴选制度的意见》《关于认罪认罚从宽制度改革试点方案》等重要司法改革文件 14 个。2016 年,最高人民法院共发布司法改革文件 43 个;司法部制定出台司法改革文件 21 个,对 4 个改革文件贯彻落实情况进行督查。最高人民法院重点加强推进案件繁简分流、建立认罪认罚从宽制度,切实推进了增设巡回法庭、以审判为中心的刑事诉讼制度改革、失信被执行人惩戒、法官逐级遴选、法官履职保障、法官违法惩戒等一批重要项目的落地和实施。全国 85% 的法院完成了员额法官遴选,产生入额法官 104,442 名,28.5% 的法院落实了员额法官工资待遇;全国遴选出员额制检察官 71,476 名。司法责任制改革持续推进。截至 2016 年年末,党的十八届三中、四中全会确定的最高人民法院 18 项改革任务,已完成 17 项;司法行政部门 16 项改革任务及其他司法行政改革任务全面完成。

(七)关于法治监督

2016 年,全国人大常委会开展 6 次执法检查,专门检查了《食品安全法》《水法》《促进科技成果转化法》《环境保护法》《道路交通安全法》《安全生产法》6 部法律的实施情况；听取和审议国务院关于“六五”普法决议执行情况的报告，关于2015年度环境状况和环境保护目标完成情况的报告，最高人民法院关于深化司法公开、促进司法公正情况的报告，最高人民检察院关于加强侦查监督、维护司法公正情况的报告，关于检察机关提起公益诉讼试点工作情况的中期报告等20个工作报告；举行了3次专题询问和5项专题调研。

（八）关于网络治理

加强网络治理制度建设。2016年3月发布的《国民经济和社会发展第十三个五年规划纲要》全面部署了网络安全和信息化工作。7月，中共中央办公厅、国务院办公厅印发《国家信息化发展战略纲要》。11月，全国人大常委会通过《网络安全法》，该法将于2017年6月1日起正式施行。此外，2016年还出台关于网络空间安全的规范性文件3部；出台打击新型网络违法犯罪的规范性文件2部、司法解释2部；制定、修改规范网络空间内容的行政法规、部门规章4部，规范性文件7部；出台防范互联网金融风险的部门规章1部、规范性文件5部；出台规范网络约租车经营的部门规章1部、规范性文件8部；出台有关电子商务的部门规章2部，规范性文件9部。《网络购买商品七日无理由退货指引》以及《电子商务法（草案）》正式公开征求意见。此外，还出台了一大批有关互联网+政务，互联网+执法、司法的文件。

2016年，全国网络信息系统行政执法力度不断加大。3467家违法网站被取消许可或备案、关闭，有关网站依据服务协议关闭各类违法违规账号群组506万个。网信部门依法约谈违法网站678家，移送司法机关相关案件线索5604件。网信、工信、公安、民政、卫计、工商等部门联合，先后查处百度涉“魏则西事件”、快手平台“伪公益”“罗一笑”事件等一系列典型案件。

2016年，网络举报数量持续显著攀升。以2016年12月为例，当月全国各地网信办、各主要网站举报部门共受理网民举报469.1万件，同比增长73.9%，其中有效举报360.1万件。其中，中国互联网违法和不良信息举报中心直接受理违法和不良信息有效举报38,747件；各地网信办举报部门受理违法和不良信息有效举报约93.1万件，环比增长近3倍，同比增长近12倍；全国主要网站受理违法和不良信息有效举报约263.1万件，同比增长43.1%。全国网络举报部门直接处置或向执法部门转交网民有效举报343.8万件，通过各类渠道向网民反馈处置结果340.2万件；主要商业网站处置或向执法部门转交242.5万件。网络举报相关工作及其质效日益受到广大网民的认可。

（九）关于依法执政

全面健全党内法规制度体系。2016年，党中央及中央纪委、中央各部门和省（自治区、直辖市）党委共制定出台党内法规434件。其中，中央党内法规25件，部委党内法规8件,地方党内法规411件。《中国共产党地方党委工作条例》《中国共产党问责条例》《关于新形势下党内政治生活的若干准则》《中国共产党党内监督条例》《中国共产党工作机关条例(试行)》等一大批重要制度的出台,为全面从严治党提供了重要制度保障。

严肃执规执纪。2016年,全国共有990个单位党组织和1.7万名党员领导干部被问责。中央纪委分两批通报14起责任追究的典型问题。严肃查处辽宁省委换届、省人大常委会换届以及全国人大代表选举中出现的系统性拉票贿选问题,共查处955人,其中中管干部34人,并通报全党。加强派驻机构的监督作用。2016年,中央纪委派驻纪检组共谈话函询2600件次,立案780件,给予纪律处分730人,同比分别增长134%、38%、56%。2016年,中央纪委通报曝光典型案例44起,涉及中管干部11人;全国共查处违反中央"八项规定"精神问题4.1万起,处理党员干部5.8万人,给予纪律处分4.3万人。2016年,全国纪检监察机关共处置反映问题线索73.4万件,初步核实53.4万件次,谈话函询14.1万件次,澄清了结30.5万件次。依规依纪诫勉谈话3.1万人,给予纪律轻处分31万人,给予纪律重处分10.5万人,严重违纪涉嫌违法移送司法机关1.1万人。巡视成为党内监督的重要方式。2016年,中央巡视组分3轮、巡视91个中央部门党组织,完成对中央和国家机关巡视全覆盖;对12个省区市开展"回头看",巡视的方式方法不断创新。在强有力的震慑下,2016年有5.7万名党员干部主动交代违纪问题。严肃查处"小官大贪"。2016年,全国共处分乡科级及以下干部39.4万人,增长24%,其中处分村党支部书记、村委会主任7.4万人,增长12%。[1]

以法治方式推动国家监察体制改革。2016年11月,中共中央办公厅印发《关于在北京市、山西省、浙江省开展国家监察体制改革试点方案》,部署在3省市设立各级监察委员会,从体制机制、制度建设上先行先试、探索实践;明确中央成立深化监察体制改革试点工作领导小组,对试点工作进行指导、协调和服务。12月底,全国人大常委会发布《关于在北京市、山西省、浙江省开展国家监察体制改革试点工作的决定》。

(十)关于法制完善

2016年,全国人大及其常委会新制定颁布法律10部[2];单独修改法律3部[3],

---

〔1〕 统计数据参见王岐山:《推动全面从严治党向纵深发展 以优异成绩迎接党的十九大召开——在中国共产党第十八届中央纪律检查委员会第七次全体会议上的工作报告》,载《人民日报》2017年1月20日,第4版。

〔2〕 分别是《深海海底区域资源勘探开发法》《慈善法》《境外非政府组织境内活动法》《资产评估法》《国防交通法》《网络安全法》《电影产业促进法》《公共文化服务保障法》《环境保护税法》《中医药法》。

〔3〕 分别是《野生动物保护法》《民办教育促进法》《海洋环境保护法》。

分3批次集中修改法律21部[1]。2016年,国务院提请全国人大常委会审议法律议案13件;新制定行政法规3部[2];单独修改行政法规2部[3],一次性批量修改行政法规66部[4]。

2016年,有立法权的地方人大常委会报送国务院备案的地方性法规、自治条例和单行条例共1020件;国务院各有关部门和有立法权的地方政府报送国务院备案的规章共848件,其中国务院部门规章272件、地方政府规章566件。

二、2016年中国法治实施的重要特点

2016年,中国法治实施成效显著,法律效力进一步增强,实施效率进一步提高,法治实施的法律效果和社会效果持续提升。2015年中国法治实施的主要特点在2016年持续显现,2016年中国法治实施还凸显出一些新特点:改革引领、加速覆盖,创新驱动、系统优化、共同施治的法治实施体系建设格局正在形成。

(一)从问题回应到改革引领:法治方式落实改革推动发展成常态

2016年,法治实施对改革的回应性更加凸显,法治推动贯彻落实创新、协调、绿色、开放、共享发展在各领域全面呈现。新修订的《立法法》继续得到有效实施,党对立法工作的领导作用日益显著,党中央重大决策部署通过立法工作得到有效贯彻落实。围绕使市场在资源配置中起决定性作用和更好发挥政府作用,加快形成有利于创新发展的市场环境、产权制度、投融资体制、分配制度;围绕加强和创新社会治理、深化文化体制改革、切实保护生态环境、加快推进反腐败,以及贯彻总体国家安全观,2016年重点领域立法快速突进,立改废释多头并举。改革试点的授权决定、中期报告审议,和期末总结评估系统推进,在法治轨道上推进改革已经成为改革的基本方式。在行政领域,规则细化、制度完善成为2016年法治建设重头戏。根据国务院法制办备案信息统计,2016年全国新制定、修改的地方性法规和行政规章数量比上年激增80.2%和73.2%,[5]国家正在从中国特色社会主义法律体系时代向"中国特色法律规范体系"时代迈进,执法、司法依据进一步细化,透明性、规范性不断得到提升。在司法领域,坚

---

[1] 包括《节约能源法》《水法》《防洪法》《职业病防治法》《航道法》《环境影响评价法》《外资企业法》《中外合资经营企业法》《中外合作经营企业法》《台湾同胞投资保护法》《对外贸易法》《海上交通安全法》《海关法》《档案法》《体育法》《民用航空法》《固体废物污染环境防治法》《煤炭法》《公路法》《气象法》以及《旅游法》。

[2] 分别是《全国社会保障基金条例》《农田水利条例》《企业投资项目核准和备案管理条例》。

[3] 分别是《疫苗流通和预防接种管理条例》《海关稽查条例》。

[4] 参见《国务院关于修改部分行政法规的决定》(国务院令第666号)。

[5] 笔者根据国务院法制办公室法制统计信息整理形成。统计数字截至2017年3月3日。

持服务大局,深入贯彻中央关于推进供给侧结构性改革的决策部署。2016 年,全国法院共受理企业破产案件比 2015 年上升 53.8%,其中重整案件比 2015 年上升 85.2%;审结企业破产案件比 2015 年上升 60.6%,其中重整案件上升 43.4%。法院处置负债累累的“僵尸”企业,推动减少过剩工业产能,为经济社会发展提供了有力的司法服务和保障。

(二)从中心领域向边缘覆盖:法治实施侧重弱势群体和潜隐问题

2016 年,中国法治实施从中心领域、主要人群的权益保障问题向一般领域、边缘领域扩张,侧重解决弱势群体权益保障问题,老年人、未成年人、流动人口等群体的权益保障水平获得显著提升。11 个省、市在 2016 年制定、完善或开始实施有关老年人权益保障的条例、办法;全国老龄办、最高人民法院、最高人民检察院、公安部、民政部和司法部六部门酝酿出台《关于进一步加强老年法律维权工作的意见》;消费者权益保障工作、普法工作侧重对老年人的帮扶及其权益的切实维护。2016 年,国务院教育督导委员会办公室印发了《关于开展校园欺凌专项治理的通知》;教育部、中央综治办、最高人民法院、最高人民检察院、公安部、民政部、司法部、共青团中央、全国妇联九部委联合发布了《关于防治中小学生欺凌和暴力的指导意见》;多部门开展了相关专项行动。2016 年,国务院办公厅印发《推动 1 亿非户籍人口在城市落户方案》,全国公安机关推进户籍制度改革,加快提高户籍人口城镇化率,居住证制度全面实施,建立健全与居住年限等条件相挂钩的基本公共服务提供机制,流动人口面对的就业、教育、医疗等“后顾之忧”有了解决之策,切实促进有能力在城镇稳定就业和生活的农业转移人口举家进城落户。

(三)机制创新、技术拉动,着力突破法治实施“瓶颈”

针对法治实施中的难点问题,各类实施主体积极完善和创新实施机制,探索、丰富实施手段。2015 年提出的“双随机一公开”监管机制,2016 年在多领域全面落实。2016 年,针对互联网金融的混业经营特征,国务院办公厅发布《互联网金融风险专项整治工作实施方案》,提出“穿透式”监管办法。银行系统、公安机关创设反欺诈风险监控系统、事中熔断控制机制预防电信诈骗。知识产权领域设立技术调查官制度。食品安全监管形成了抽检监测计划制订、抽样检验、信息公布、核查处置与统计分析的工作闭环。市场监管机关积极探索“最佳威慑”实施机制。司法行政领域探索优化妇女儿童维权信访代理机制;普法宣传教育确立国家机关“谁执法谁普法”的普法责任制。各领域不断完善信用信息横向共享机制,阻却社会成员违法失信行为。与此同时,2016 年,各法律实施主体还积极探索专业实施 + 智慧实施,以期信息技术在内的各类技术手段提升实施效率,破解实施难题。信息技术、互联网以及大数据都成为优化法治实施效能的重要抓手。

（四）合作执法、强化衔接，促进法治实施系统优化

法治实施是一项体系化系统性工程，既要各部门严格依法履职，又需要部门间有效配合、各环节顺畅衔接。2016 年，法治实施体系建设持续进行，多部委和司法机关多次联合发文，构建部门协作、环节衔接的常态机制，明确制度与政策、改革及其配套工作对接方案。一方面更加重视加强行政执法与刑事司法的衔接；另一方面在各执法部门之间，着力畅通沟通联系渠道，加强信息共享、加强执法配合，减少流转环节、简化转递程序，增强执法合力、提升实施效率。2016 年，最高人民法院、最高人民检察院、公安部、司法部发布《关于进一步加强社区矫正工作衔接配合管理的意见》；国家卫生计生委办公厅、公安部办公厅、司法部办公厅发布《关于加强戒毒药物维持治疗和社区戒毒、强制隔离戒毒、社区康复衔接工作的通知》；最高人民法院、司法部发布《关于建立司法鉴定管理与使用衔接机制的意见》。2016 年起草规划的《环境保护行政执法与刑事司法衔接工作办法》亦已于 2017 年年初正式发布。2016 年，公安机关还着重开展了“110”接处警分流工作，通过探索有效措施实现警务与公共服务的职能分工，破解非警务类报警过度挤占警务资源，公共服务分流处置“连不上、接不住、信不过、干不长”的问题。各地法院积极探索针对物业、保险、道路交通、劳动争议、互联网金融等矛盾纠纷多发领域的诉调对接机制。此外，衔接上，民政部、国家卫计委、财政部等多部委切实开展相关制度与政策的衔接工作；商务部、住房城乡建设部、国家食品药品监管总局还先后发布简政放权等改革的配套方案。相较于往年，联合执法、加强衔接成为 2016 年法治实施的显著特点。

（五）多方参与、共同治理，社会资源补强法治实施

各法律实施机关在实践中积极探索各种途径，调动社会力量参与法律实施。在法治信息传播、违法线索提供、治安群防群治等多方面，群众已经成为一股稳定强大的法律实施力量。在平安中国建设中，立体化社会治安防控体系在各地发挥重要作用。在新疆打击暴力恐怖犯罪工作中，98% 的案件被消灭在预谋阶段，其中 45% 以上线索来源于群众举报。在 G20 领导人杭州峰会期间，浙江省发动 3.5 万余个社会组织、230 余万平安志愿者，共同参与峰会安保等工作。到峰会结束，群众共提供各类线索 1 万余条，协助公安机关破获案件 700 余起，抓获犯罪嫌疑人 1000 余名。在网络治理工作中，网络举报数量持续显著攀升，有效举报占比日益提高。

三、2016 年中国法治实施中呈现的问题和隐患

2016 年，中国法治进程中也暴露出诸多具体问题和缺陷，需要认真思考和着力改进。从法治实施体系的整体层面来看，下列问题在 2016 年表现尤为明显。

（一）法治实施非均衡性日益显著

建设高效法治实施体系进程中面临的复杂的问题之一就是法治实施的不均衡。

执法的严格性、司法的公正性和守法的全面性在不同的地区有高有低,在不同的领域有强有弱,甚至在同一领域内的具体问题上也有所差别。执法规范化、专业化水平提高与不文明执法、违规执法乃至暴力执法频发同时呈现;依法履职、服务与不作为、慢作为、作为不到位同时存在。选择性守法和选择性用法的情形依然普遍。实施效果不均衡的成因主要来自3个方面:一是实施资源分布不均。法律实施需要的物力、人力、智识,在不同地区、不同部门差异性很大,导致了法律实施的差异效果。二是实施任务难易有别。简单、中立的问题往往能够快速落实到位,有难度、牵扯利益关系的问题,推进成效就相当有限。三是由互联网引发的新的生产生活方式,挑战了在传统模式假定基础上制定的制度规范。既有法律是否或如何适用于新的行为方式困扰了众多领域的法律实施者,并客观上造成了管制落差。这一点在2016年实体经济与互联网经济的诸多市场监管问题上体现得尤为突出。法治实施的非均衡性,使有效率的统一部署统一改进变得愈发困难,公平立法一体对待反而有可能成为实施不公的根源。

(二)标准滞后导致实施尴尬

科学合理的标准的确立,是严格监管、严格执法的前提,也是自由的保障。然而随着时代的发展、社会的进步及其引发的一些新变化,原有的标准缺失、标准不合理、标准未更新的问题在多领域频频显现,导致法律实施陷入尴尬两难的境地,合法性和合理性、合法性与有效性的张力日益显著。2016年5月开始的"毒跑道"事件波及北京、江苏、广东等多省市,受害孩子出现不同程度的流鼻血、过敏、咳嗽等症状,引发社会强烈关注。"毒跑道"的出现根源在于与塑胶跑道产品有关的国家标准过于宽松,地方性标准的混乱、参差不齐。由此导致塑胶行业"野蛮生长"、恶性竞争,"生产厂商大量使用有机溶剂甚至毒性溶剂"。2016年,天津51岁的赵某某在街头摆了一个射击摊打气球,在公安机关巡查中被抓。法院一审以非法持有枪支罪判处其有期徒刑3年6个月,引发了广泛热议,矛头直指2008年出台的《仿真枪认定标准》的妥适性。在食品、药品、环境等诸多监管领域,标准缺失、标准不合理及其引发的问题频频出现。合理不合法、合法不合理,使执法陷入尴尬两难的境地。在文学作品、网络游戏、应用软件等领域,法律对抄袭衡量标准规定模糊,导致著作权人维权渠道的不畅和维权成本的高昂,审判难度显著加大,而这反过来又使侵权活动更加猖獗。科学、合理的标准的确立已经成为法治深入实施急需解决的问题。

(三)机制革新潜藏问题陷阱

创新的机制、体制在法治实践中并不总是发挥积极作用。在一些情况下,一些创新机制细节设计模糊,本土化不够,后果预估不足,直接影响了实施效果,乃至造成混乱,损及法治安定性和权威性。在市场规制领域特别是网络平台经济领域,"先行赔付"机制被诸多执法主体和各类监管机关作为保障用户和消费者权益的重要抓手。但调研实证发现,该机制在实践运行中,除非责任主体自愿承担,否则通过投诉或司法途径请求先行赔付几乎无法实现。这很大程度上与该制度的模糊性有关。在证券市场,2016 年年初旨在防止股市巨幅波动、更好保护投资者合法权益的“指数熔断”机制,被誉为最短命的制度:在 2 个交易日数次熔断的现实情况下,该机制被迫于 1 月 8 日暂停实施,且迄今仍在暂停中。专业人士事后检讨认为,对熔断机制的磁吸效应理解不够,对其与国内市场的契合性把握不准,直接导致了这场戏剧性的实施。在食品安全监管领域,2014 年年底,全国有 95% 的地(市)、80% 左右的县(市)独立设置的食品药品监管局,遭遇多地 2015 年开始推行的“多合一”执法体制改革:食药监与工商、质检、物价等部门统一合并为市场监管局。2016 年 5 月底,独立设置食品药品监管部门的县(市)减少到 40%。这一旨在精简机构、整合行政执法力量的改革做法,弱化了食品药品专业监管力量。调查数据结果显示,“三合一”市场监管局中,从事食品药品监管的人员平均只占 32.6%。

(四)道德建设暴露短板效应

随着国家法治建设的深入和全民法治意识的增强,各类主体运用法治思维和法治方式解决问题的意愿和能力不断增强。但与此同时,滥用法律的情形也日益普遍,并构成了对法治建设的严重冲击。2016 年,虚假诉讼、滥用诉权屡治不止,当事人无理缠诉行为仍广泛存在,恶意诉讼在知识产权领域正呈现蔓延态势,包括虚假新闻、虚构低保的情况愈发显著,为规避限购限贷政策进行假离婚的行为在一些地区甚至排起长队。更有甚至,通过积极造假来牟取政策福利。例如,一些民众办理个体工商户营业执照,但并不真正从事生产经营活动,只是以个体工商户名义享受其他政策优惠,包括获取贴息贷款、办理社会养老保险,办理集镇建房手续,以及获得更多的征地补偿等。[1] 滥用法治正成为全面深化法治建设的毒瘤。造假行为从市场活动向社会生活蔓延,除了有制度不完善的因素之外,更深层次的症结在于法治社会短板效应:社会道德建设、价值观建设和公序良俗建设不足,正逐渐成为深化法治建设的掣肘。

(五)涉网违法拷问法治能效

信息技术和互联网在全面渗透社会生活的同时,也在各个领域对法治提出严峻挑战。在知识产权领域,互联网为侵权打开方便之门。在网络经济领域,互联网提供购物便利的同时也为假冒伪劣商品、违规食品加工,甚至非法集资诈骗开辟了空间。个人信息遭窃取和被买卖不仅直接侵害了当事人权益,还严重威胁着人民群众人身财产安全。2016 年,多起电信网络诈骗案件震惊全国。迄今为止,相关部门单独或联合开展了一系列惩治措施,虽然打击成效显著、高压态势不减,但违法行为仍屡禁不止、层

---

〔1〕 参见《当前个体工商户非营业性注册登记的成因》,载《中国工商报》2016 年 8 月 10 日,第 3 版。

出不穷,这不仅严重影响人民群众安全感,而且深刻破坏社会信任系统。顽疾难解,迫使人们反思现有法律完备性和既有执法机制、执法方式的有效性。能否妥善治理网络领域的诸多问题,在当前和今后相当长时间里都将成为人们评判法治权威性与实施有效性的重要标尺。

四、2017 年中国法治实施的趋势与展望

2017 年是实施"十三五"规划的重要一年,是供给侧结构性改革的深化之年,是全面深化改革向纵深推进的关键一年,也是全面深化司法体制改革的决战之年。2017 年,依法治国始终是贯穿国家经济社会发展的指导思想和基本保障,法治实施务须以维护社会大局稳定为基本任务,以促进社会公平正义为核心价值追求,以保障人民安居乐业为根本目标,坚持严格执法公正司法,维护人民群众切身利益,将防控风险和服务发展摆在更加突出位置,运用法治推进改革和破题解难,适应人民群众不断增长的法治需求,不断增强群众获得感。展望 2017 年,局面更为复杂,使命更加艰巨。高效法治实施体系的深入建设需要对如下两个方面予以重视。

其一,增强法治运行预见性与可预见性,迈向前瞻性实施。

追求公平正义是法治的亘古主题,维系各类安全则是法治在当下重要的时代使命。[1] 当前,国际形势复杂,社会矛盾多发,各类安全风险挑战前所未有。法治实施各领域均应正确处理安全与发展的关系,有效维系各层次各领域的秩序与安全。首先,要加快建设法治经济,释放法治保障发展、促进发展的红利。这一问题在经济增速换挡期、结构调整阵痛期、刺激政策后果消化期三期叠加效应凸显之际,更为迫切,也更具挑战性。法治建设要持续保持和强化与改革的良性互动,服务和保障发展,鼓励和规范创新,促进和改善民生。其次,防范经济民生领域问题演变成社会风险。经济放缓、环境污染、贫富差距等情况导致焦虑积累,情绪难以纾解。偶发事件容易转变为社会风险燃点,应对不善更易引发传导效应。对此,一方面,要深化重点领域、重点问题的专项治理,高度重视、切实加强有关人身、财产安全的各类监管,健全预防机制,从源头上排除隐患;另一方面,要重视信息新常态下的政府信息传播。移动互联网时代信息传播呈现渠道多元化、即时性、碎片化特点,已然对政府公信力建设和信息公开工作提出了严峻挑战。政府必须适应这一信息传播新常态,更加规范执法、妥善公开、积极回应,做好应急预案。

其二,提升法治实施制度力与合制度力,为法治实施赋能。

在社会急速变化、形势错综复杂的时代,制定法与法的实施之间固有的张力越发

---

[1] 王红霞:《2016 年中国法治实施总体回顾与展望》,载中国行为法学会、中南大学编:《中国法治实施报告(2015)》,法律出版社 2016 年版,第 15 页。

凸显。法治实施不仅仅是对法律文本的贯彻落实，它本身就是一项相对独立，需要能动性乃至创造性实践的系统工程。当下法治实施所遭遇的困境和面临的“瓶颈”，不仅需要严格执法、公正司法、全民守法的坚定信念，更需要执法、司法和守法等法治实施能力的切实提升。一方面，在执法和司法环节，审慎创新应当成为促成高效法治实施体系建设“最后一公里”的方法论。它涉及有关系统设计、机制构造、规则细化等在内的“制度力”的发掘、提升和释放，同时需要以专业水平和技术力量为依托向“智慧实施”迈进。另一方面，在守法环节，随着各类法律规范的显著增长和不断调整完善，国家和各类法律实施主体需要有意识地将法治普及工作推向“守法援助”这一新层面，采取有效措施帮助各类主体顺利穿越“规则丛林”，以合理成本守法用法。

撰稿专家

王红霞，辽宁鞍山人，博士。现任中南大学法学院院长助理、副教授、硕士生导师，主要从事转型法治、经济法、信息与网络法等方面的科研和教学；兼任《中国法治实施报告》副主编、《经济法论丛》副主编、中国行为法学会研究部执行主任、中国经济法学研究会理事、两岸通讯传播法论坛秘书长等职。主持国家社科基金、司法部、教育部课题多项；在《中国社会科学》《法商研究》《政法论坛》《法学评论》等核心期刊发表学术论文数十篇，多次被人大复印资料、《中国社会科学文摘》等转载；出版专著、合著5部；多次在全国性学术论文竞赛、各类教学竞赛获奖。

第二编　部门法实施报告

第一章

2016 年宪法实施报告

周刚志

报告要旨

2016 年是中国宪法实施机制继续深入发展完善的一年。全国人大常委会依法对《香港特别行政区基本法》第 104 条做出解释、依法及时处理辽宁拉票贿选案、依法做出关于开展国家监察体制改革试点工作的决定,这些都展示了依宪执政的风范。国务院继续深化减少行政审批事项等改革开放措施,各项工作稳步推进。各省级人大及其常委会积极推进地方法治建设,尤其在修改地方《人口与计划生育条例》、确保人民生育权,以及吸取辽宁拉票贿选案的教训,修改完善地方"代表法""选举实施细则"等方面积极作为。

核心建议

建议制定"民族英雄与烈士名誉保护机制法",在全国范围内建立有效的、全民参与的民族英雄、烈士名誉保护与褒扬机制,同时遏制各种非议和抵制国家认同与民族认同的政治思潮。

2016 年 12 月 4 日,"五四宪法"历史资料陈列馆在浙江省杭州市开馆,中共中央总书记、国家主席习近平同志做出重要指示并强调:宪法是国家的根本法,是治国安邦的总章程,是党和人民意志的集中体现。坚持依法治国首先要坚持依宪治国,坚持依法执政首先要坚持依宪执政。

一、研究范围及研究对象特点

(一)研究范围

我们在此前的宪法实施报告中已经反复说明:“宪法实施”并不限于宪法文本的实施。宪法作为一个规范体系,其法律渊源不仅包括“宪法典”,而且包括“宪法直接相关法”“宪法惯例”和“宪法习惯”等。中国宪法的“实施主体”,包括“中国各级人大及其常委会”“中共中央及中国共产党各级党委”“国务院及各级地方人民政府”等;它们实施宪法,制定和实施“宪法直接相关法”“宪法相关重大决议”的行为,均属于“宪法实施行为”。因此,这些机构的履职行为,均可纳入我们考察中国宪法实施状况的指标体系。囿于各种因素的局限,我们在此仅将三类宪法实施主体的宪法实施行为作为评价的指标:第一,全国人大及其常委会制定法律与重大决议实施宪法的履职行为;第二,国务院通过颁布重要决定与行政法规实施宪法的履职行为;第三,省级人大及其常委会通过重要决定与地方性法规实施宪法的履职行为。关于中国共产党中央各机关通过重要决定与党内法规实施宪法的履职行为,详见本书第三编《2016 年党内法规制度建设专题报告》。

(二)研究对象特点

关于“宪法实施”的概念内涵,宪法学理论界就其一般内涵已经达成基本共识,此即:“宪法规范效应在现实生活中得到贯彻、体现和执行”。但是,“宪法实施”的具体内容及侧重点是否特指“宪法适用”或者“宪法实施的监督”“宪法保障”?宪法学理论界对此还存在诸多争议。[1] 我们认为,“宪法实施的内容”主要包括“国家职权条款的实施”与“基本权利条款的实施”。鉴于中国宪法上基本权利条款的实施多赖于“国家的积极义务”,但是基本权利多不具备“积极权利”的品格。所以我们对于中国宪法实施的考察,主要是对国家机关履行宪定职权的行为进行“定性分析”和“定量分析”。

“宪法实施的机制”的另外一种类型化方法是将它区分为“肯定性实施机制”与“否定性实施机制”。前者是通过各级权力机关、行政机关制定法律法规规章与规范性文件,通过具体行政行为、司法裁判行为等“积极措施”实施宪法规范;后者是权力机关、行政机关、司法机关等部门行使宪法和法律监督权,通过撤销或废止相关违宪违法行为等“消极措施”实施宪法规范。因此,也有学者称为“积极性实施”与“消极性实施”。他们认为:“与西方宪法实施模式不同,我国宪法消极性实施的空间有限,但积极性实施的空间较大。因为受到苏联宪法观念的影响,我国宪法理念不同于西方宪法的

---

[1] 王旭:《宪法实施原理:解释与商谈》,法律出版社 2016 年版,第 8 ~ 9 页。

一个特点就是将宪法视为一种需要普通法律加以具体化的根本法。”[1]我们认为，社会主义国家宪法的实施机制，主要以“肯定性实施机制”或“积极实施机制”为主，主要基于两个原因：第一，社会运动兴起之初，无产阶级政党就是以“实现人的全面发展”为目标，因而在基本权利的价值理念上更加偏重于“社会经济与文化权利”等“积极权利”。第二，社会主义革命多在资本主义经济比较落后的国家如俄国、中国等国家取得胜利，社会主义国家的政府面临发展经济的紧迫任务，“工业化”或“现代化”由此成为社会主义国家宪法中明确规定的“国家发展目标”。当然，这并不意味着社会主义国家宪法就必然会缺乏“否定性实施机制”或“消极性实施机制”。恰恰相反，随着社会主义法治建设的推进，宪法规范将成为控制、评价各个公共机构行为正当性、合法性的重要依据。为了维护宪法权威和法治秩序，中国等社会主义国家宪法的“否定性实施机制”或“消极性实施机制”亦将逐步发展完善。

二、2016年全国人大及其常委会实施宪法的基本情况及其评价

本文对于全国人大及其常委会的考察，主要以2016年年度内全国人大及其常委会行使宪法职权的状况，尤其是它制定、修改相关法律及通过相关重要决议的情况，以及这些法律与决议是否与宪法直接相关，同时根据其与宪法实现的关联程度，将它们区分为“高”“中”“低”三档（区分方法如前文所示）等。根据全国人大常委会官网“中国法律法规系统”公布的数据，2016年全国人大及其常委会一共制定法律10部，修改法律23部，制定或修改相关重要决议13部，立法数量是2015年立法数量的两倍以上。

（一）2016年全国人大及其常委会实施宪法的基本状况

表1　2016年全国人大及其常委会制定、修改法律与相关决议的情况

基本状况	法律、决议名称	是否为宪法直接相关法	与宪法实现的关联程度	事权依据（宪法条款）	职权依据（宪法条款）
制定10部法律	《中华人民共和国公共文化服务保障法》	是	高	第22条	第67条第2项
	《中华人民共和国深海海底区域资源勘探开发法》	是	中	第9条	第67条第2项
	《中华人民共和国慈善法》	是	高	第45条	第62条第3项
	《中华人民共和国境外非政府组织境内活动管理法》	是	高	第32条	第67条第2项

[1] 李林、翟国强：《健全宪法实施监督机制研究报告》，中国社会科学出版社2015年版，第25页。

续表

基本状况	法律、决议名称	是否为宪法直接相关法	与宪法实现的关联程度	事权依据(宪法条款)	职权依据(宪法条款)
制定10部法律	《中华人民共和国资产评估法》	否	中	第21条	第67条第2项
	《中华人民共和国国防交通法》	是	高	第29条	第67条第2项
	《中华人民共和国电影产业促进法》	是	高	第23条	第67条第2项
	《中华人民共和国网络安全法》	是	高	第54条	第67条第2项
	《中华人民共和国环境保护税法》	是	高	第26条	第67条第2项
	《中华人民共和国中医药法》	是	高	第21条第1款	第67条第2项
修改23部法律	《中华人民共和国野生动物保护法》	是	中	第9条第2款	第67条第2项
	《中华人民共和国台湾同胞投资保护法》	是	高	第50条	第67条第2项
	《中华人民共和国中外合作经营企业法》	否	中	第18条	第67条第2项
	《中华人民共和国中外合资经营企业法》	否	中	第18条	第67条第2项
	《中华人民共和国外资企业法》	否	中	第18条	第67条第2项
	《中华人民共和国对外贸易法》	否	中	第18条	第67条第2项
	《中华人民共和国海上交通安全法》	否	中	第14条	第67条第2项
	《中华人民共和国海关法》	是	高	第15条	第67条第2项
	《中华人民共和国档案法》	否	中	第22条	第67条第2项
	《中华人民共和国体育法》	否	中	第21条第2款	第67条第2项
	《中华人民共和国民用航空法》	否	低	第89条第6款	第67条第2项
	《中华人民共和国固体废物污染环境防治法》	是	高	第26条	第67条第2项
	《中华人民共和国煤炭法》	否	中	第9条第1款	第67条第2项
	《中华人民共和国公路法》	否	中	第14条	第67条第2项
	《中华人民共和国气象法》	否	中	第20条	第67条第2项

续表

基本状况	法律、决议名称	是否为宪法直接相关法	与宪法实现的关联程度	事权依据（宪法条款）	职权依据（宪法条款）
修改23部法律	《中华人民共和国旅游法》	是	高	第43条	第67条第2项
	《中华人民共和国节约能源法》	是	中	第26条	第67条第2项
	《中华人民共和国水法》	否	中	第9条	第67条第2项
	《中华人民共和国防洪法》	是	高	第26条	第67条第2项
	《中华人民共和国职业病防治法》	是	高	第43条	第67条第2项
	《中华人民共和国环境影响评价法》	是	高	第26条	第67条第2项
	《中华人民共和国航道法》	否	低	第14条	第67条第2项
	《中华人民共和国环境影响评价法》	是	高	第26条	第67条第2项
通过13部相关决议案	全国人民代表大会常务委员会关于批准《〈关于持久性有机污染物的斯德哥尔摩公约〉新增列六溴环十二烷修正案》的决定	是	中	第26条	第67条第14项
	全国人民代表大会常务委员会关于批准《中华人民共和国加入世界贸易组织关税减让表修正案》的决定	是	高	第18条	第67条第14项
	全国人民代表大会常务委员会关于批准《巴黎协定》的决定	是	高	第26条	第67条第14项
	全国人民代表大会常务委员会《检察院在部分地区开展刑事案件认罪认罚从宽制度试点工作》的决定	是	高	第23条第3款	第67条第21项
	全国人民代表大会常务委员会《关于成立辽宁省第十二届人民代表大会第七次会议筹备组》的决定	是	高	第61条	第67条第21项
	全国人民代表大会常务委员会关于批准《中华人民共和国和塔吉克斯坦共和国引渡条约》的决定	是	高	第23条第3款	第67条第14项
	全国人民代表大会常务委员会关于批准《中华人民共和国和斯里兰卡民主社会主义共和国关于刑事司法协助的条约》的决定	是	高	第23条第3项	第67条第14项

续表

基本状况	法律、决议名称	是否为宪法直接相关法	与宪法实现的关联程度	事权依据(宪法条款)	职权依据(宪法条款)
通过13部相关决议案	全国人民代表大会常务委员会关于批准《中华人民共和国政府和马来西亚政府关于刑事司法协助的条约》的决定	是	高	第23条第3款	第67条第14项
	全国人民代表大会常务委员会《关于军官制度改革期间暂时调整适用相关法律规定的决定》	否	中	第29条	第67条第21项
	全国人民代表大会常务委员会《关于授权国务院在部分地区和部分在京中央机关暂时调整适用〈中华人民共和国公务员法〉有关规定的决定》	是	高	第23条第3款	第67条第21项
	全国人民代表大会常务委员会《关于在北京市、山西省、浙江省开展国家监察体制改革试点工作的决定》	是	中	第23条第3款	第67条第21项
	全国人民代表大会常务委员会《关于授权国务院在河北省邯郸市等12个试点城市行政区域暂时调整适用〈中华人民共和国社会保险法〉有关规定的决定》	是	高	第14条第4款	第67条第21项
	全国人民代表大会常务委员会关于《中华人民共和国香港特别行政区基本法》第一百零四条的解释	是	高	第31条	第67条第4项

(二)2016年全国人大及其常委会实施宪法状况之评价

从表1可知,2016年全国人大制定了一部法律《中华人民共和国慈善法》,全国人大常委会制定了9部法律,数量是2015年制定法律数量的两倍以上,但是修改法律的数量则有所减少。全国人大及其常委会制定、修改的58部法律或者决议中,19部法律属于宪法直接相关法,26部法律或者决议与宪法实现具有高关联性;相对于2015年而言,宪法直接相关法的数量保持继续增长,说明全国人大及其常委会履行宪定职权的意识更为明确。

第一,规范香港特别行政区的宣誓制度。2016年10月12日香港新一届立法会举行议员宣誓仪式和首次会议,几名议员借此机会宣传"反中"或"港独"内容。针对这种明目张胆挑战《香港特别行政区基本法》的行为,全国人民代表大会常务委员会《关于

〈中华人民共和国香港特别行政区基本法〉第一百零四条的解释》明确指出:《中华人民共和国香港特别行政区基本法》第104条规定的“拥护中华人民共和国香港特别行政区基本法,效忠中华人民共和国香港特别行政区”,既是该条规定的宣誓必须包含的法定内容,也是参选或者出任该条所列公职的法定要求和条件。第104条规定相关公职人员“就职时必须依法宣誓”,具有以下含义:“(一)宣誓是该条所列公职人员就职的法定条件和必经程序。未进行合法有效宣誓或者拒绝宣誓,不得就任相应公职,不得行使相应职权和享受相应待遇。(二)宣誓必须符合法定的形式和内容要求。宣誓人必须真诚、庄重地进行宣誓,必须准确、完整、庄重地宣读包括‘拥护中华人民共和国香港特别行政区基本法,效忠中华人民共和国香港特别行政区’内容的法定誓言。(三)宣誓人拒绝宣誓,即丧失就任该条所列相应公职的资格。宣誓人故意宣读与法定誓言不一致的誓言或者以任何不真诚、不庄重的方式宣誓,也属于拒绝宣誓,所作宣誓无效,宣誓人即丧失就任该条所列相应公职的资格。(四)宣誓必须在法律规定的监誓人面前进行。监誓人负有确保宣誓合法进行的责任,对符合本解释和香港特别行政区法律规定的宣誓,应确定为有效宣誓;对不符合本解释和香港特别行政区法律规定的宣誓,应确定为无效宣誓,并不得重新安排宣誓。”全国人大常委会主动释法,定下规矩,一方面,不仅有效维护了《香港特别行政区基本法》的权威性,也为我国其他省区的宪法宣誓制度提供了范本,在推进国家公职人员的政治伦理规范体系建设方面具有重要意义。另一方面,有力地打击和遏制了“港独”势力,维护了国家主权、安全和发展利益,这为实现“一国两制”在香港的实践不走样、不变形提供了有力的保障。这是自香港回归以来,全国人大常委会第一次主动释法,对稳定香港形势起到了积极作用。

第二,授权北京市、山西省和浙江省开展国家监察体制改革。根据党中央确定的《关于在北京市、山西省、浙江省开展国家监察体制改革试点方案》,第十二届全国人民代表大会常务委员会第二十五次会议决定:在北京市、山西省、浙江省开展国家监察体制改革试点工作。在北京市、山西省、浙江省及所辖县、市、市辖区设立监察委员会,行使监察职权。将试点地区人民政府的监察厅(局)、预防腐败局及人民检察院查处贪污贿赂、失职渎职以及预防职务犯罪等部门的相关职能整合至监察委员会。在试点地区暂时调整或暂时停止适用行政监察法和刑事诉讼法、人民检察院组织法、检察官法、地方组织法等法律的有关规定。国家监察体制改革,是事关全局的重大政治体制改革,涉及国家权力体制的重大变革,以及《刑事诉讼法》《行政监察法》等法律的重大修改。全国人大常委会《关于在北京市、山西省、浙江省开展国家监察体制改革试点工作的决定》体现了“凡属重大改革都要于法有据”的要求。

三、2016 年国务院实施宪法的基本情况及其评估

(一)2016 年国务院以制定和修改行政法规形式实施宪法的基本情况及其评估

《宪法》第 89 条规定了国务院的相关职权,主要包括 3 大类,此即:“行政立法权”、“行政管理权”(包括“组织管理权”与“事务管理权”)与“对于行政事务的监督权”,此外还有“重大行政事务决定权”等。由此可见,国务院的职权事项极其广泛而且复杂,制定和修改行政法规是其实施宪法规范的重要方式之一。

表 2　2016 年国务院制定和修改行政法规的相关情况

基本状况	法规名称	事权依据(宪法条款)	职权依据(宪法条款)	与宪法实现的关联度
制定 3 部行政法规	《全国社会保障基金条例》	第 14 条第 4 款	第 89 条第 1 项和第 8 项	高
	《农田水利条例》	第 14 条第 1 款	第 89 条第 1 项和第 6 项	中
	《企业投资项目核准和备案管理条例》	第 11 条	第 89 条第 1 项和第 6 项	中
修订 68 部行政法规	《中华人民共和国计量法实施细则》	第 14 条第 1 款	第 89 条第 1 项和第 8 项	中
	《公共场所卫生管理条例》	第 21 条第 1 款	第 89 条第 1 项和第 7 项	中
	《防止拆船污染环境管理条例》	第 26 条	第 89 条第 1 项和第 8 项	高
	《中华人民共和国企业法人登记管理条例》	第 11 条	第 89 条第 1 项和第 8 项	中
	《中华人民共和国国境卫生检疫法实施细则》	第 21 条第 1 款	第 89 条第 1 项和第 7 项	中
	《中华人民共和国进口计量器具监督管理办法》	第 14 条第 1 款	第 89 条第 1 项和第 8 项	中
	《中华人民共和国考古涉外工作管理办法》	第 22 条第 2 款	第 89 条第 1 项和第 7 项	中
	《中华人民共和国城镇集体所有制企业条例》	第 8 条第 2 款	第 89 条第 1 项和第 6 项	中

续表

基本状况	法规名称	事权依据（宪法条款）	职权依据（宪法条款）	与宪法实现的关联度
修订68部行政法规	《中华人民共和国陆生野生动物保护实施条例》	第9条第2款	第89条第1项和第8项	高
	《关于外商参与打捞中国沿海水域沉船沉物管理办法》	第18条第2款	第89条第1项和第6项	高
	《中华人民共和国增值税暂行条例》	第56条	第89条第1项和第8项	高
	《医疗机构管理条例》	第21条第1款	第89条第1项和第7项	中
	《中华人民共和国公司登记管理条例》	第11条	第89条第1项和第8项	中
	《电力供应与使用条例》	第14条第1款	第89条第1项和第6项	中
	《血液制品管理条例》	第21条第1款	第89条第1项和第7项	中
	《中华人民共和国烟草专卖法实施条例》	第14条第1款	第89条第1项和第8项	低
	《生猪屠宰管理条例》	第21条第1款	第89条第1项和第7项	中
	《社会团体登记管理条例》	第35条	第89条第1项和第8项	高
	《饲料和饲料添加剂管理条例》	第21条	第89条第1项和第7项	中
	《中华人民共和国森林法实施条例》	第9条第1款	第89条第1项和第8项	中
	《证券交易所风险基金管理暂行办法》	第14条第1款	第89条第1项和第8项	中
	《中华人民共和国电信条例》	第40条	第89条第1项和第8项	高
	《印刷业管理条例》	第22条第1款项	第89条第1项和第7项	中

续表

基本状况	法规名称	事权依据（宪法条款）	职权依据（宪法条款）	与宪法实现的关联度
修订68部行政法规	《外商投资电信企业管理规定》	第18条	第89条第1项和第6项	中
	《中华人民共和国国际海运条例》	第18条第1款	第89条第1项和第6项	中
	《中华人民共和国外资保险公司管理条例》	第18条	第89条第1项和第6项	中
	《音像制品管理条例》	第22条第1款	第89条第1项和第7项	中
	《出版管理条例》	第22条第1款	第89条第1项和第7项	中
	《地质资料管理条例》	第22条第1款	第89条第1项和第7项	中
	《中华人民共和国药品管理法实施条例》	第21条第1款	第89条第1项和第7项	中
	《中华人民共和国税收征收管理法实施细则》	第56条	第89条第1项和第8项	高
	《互联网上网服务营业场所管理条例》	第21条第1款	第89条第1项和第7项	中
	《退耕还林条例》	第26条	第89条第1项和第8项	高
	《中华人民共和国文物保护法实施条例》	第21条第2款	第89条第1项和第7项	中
	《物业管理条例》	第14条第1款	第89条第1项	中
	《中央储备粮管理条例》	第15条	第89条第1项	中
	《中华人民共和国认证认可条例》	第33条	第89条第1项和第8项	中
	《中华人民共和国进出口关税条例》	第56条	第89条第1项和第8项	高

续表

基本状况	法规名称	事权依据（宪法条款）	职权依据（宪法条款）	与宪法实现的关联度
修订68部行政法规	《兽药管理条例》	第21条第1款	第89条第1项和第7项	中
	《中华人民共和国道路运输条例》	第14条	第89条第1项和第6项	中
	《粮食流通管理条例》	第15条	第89条第1项	中
	《危险废物经营许可证管理办法》	第26条	第89条第1项和第8项	高
	《营业性演出管理条例》	第22条第1款	第89条第1项和第7项	中
	《麻醉药品和精神药品管理条例》	第21条第1款	第89条第1项和第7项	中
	《易制毒化学品管理条例》	第21条第1款	第89条第1项和第8项	中
	《中华人民共和国进出口商品检验法实施条例》	第21条第1款	第89条第1项和第68项	中
	《烟花爆竹安全管理条例》	第28条	第89条第1项和第8项	低
	《娱乐场所管理条例》	第22条第1款	第89条第1项和第7项	中
	《机动车交通事故责任强制保险条例》	第14条第4款	第89条第1项和第8项	中
	《风景名胜区条例》	第26条	第89条第1项和第6项	高
	《期货交易管理条例》	第14条第1款	第89条第1项和第6项	中
	《中华人民共和国水文条例》	第26条	第89条第1项和第8项	中
	《民用核安全设备监督管理条例》	第26条	第89条第1项和第8项	中

续表

基本状况	法规名称	事权依据(宪法条款)	职权依据(宪法条款)	与宪法实现的关联度
修订68部行政法规	《土地调查条例》	第10条	第89条第1项和第8项	中
	《证券公司风险处置条例》	第14条第1款	第89条第1项和第8项	中
	《旅行社条例》	第14条第1款	第89条第1项和第8项	低
	《中华人民共和国食品安全法实施条例》	第21条第1款	第89条第1项和第7项	中
	《全民健身条例》	第21条第2款	第89条第1项和第7项	高
	《防治船舶污染海洋环境管理条例》	第26条	第89条第1项和第8项	中
	《农业机械安全监督管理条例》	第14条第1款	第89条第1项和第8项	中
	《城镇燃气管理条例》	第14条第1款	第89条第1项和第8项	中
	《个体工商户条例》	第11条	第89条第1项和第8项	中
	《气象设施和气象探测环境保护条例》	第26条	第89条第1项和第8项	中
	《国内水路运输管理条例》	第14条第1款	第89条第1项和第8项	中
	《农业保险条例》	第14条第4款	第89条第1项和第8项	中
	《中华人民共和国无线电管理条例》	第40条	第89条第1项和第8项	中
	《中华人民共和国海关稽查条例》	第56条	第89条第1项和第8项	中
	《疫苗流通和预防接种管理条例》	第21条第1款	第89条第1项和第7项	中

从表2来看,2016年国务院共制定行政法规3部,仅为2015年制定行政法规数量的一半,修订行政法规68部,是2015年修订行政法规数量的2倍以上(2015年国务院修订行政法规32部)。这说明,随着中国法律法规体系的逐渐完善,国务院在行政立法领域的履职行为逐步转变为以“修改完善现有立法”为重点。

(二)2016年国务院通过重要决议实施宪法的基本情况及其评估

表3　2016年国务院通过重要决议案的相关情况[1]

基本状况	文件名称	事权依据(宪法条款)	职权依据(宪法条款)	与宪法实现的关联度
颁布重要决议75部	国务院《关于2015年度国家科学技术奖励的决定》	第20条	第89条第1项和第7项	高
	国务院《关于整合城乡居民基本医疗保险制度的意见》	第14条第4款	第89条第1项和第7项	中
	国务院《关于促进加工贸易创新发展的若干意见》	第14条第1款	第89条第1项和第6项	中
	国务院《关于取消一批职业资格许可和认定事项的决定》	第15条	第89条第1项和第8项	中
	国务院《关于钢铁行业化解过剩产能实现脱困发展的意见》	第14条第1款	第89条第1项和第6项	中
	国务院《关于煤炭行业化解过剩产能实现脱困发展的意见》	第14条第1款	第89条第1项和第7项	中
	国务院《关于深入推进新型城镇化建设的若干意见》	第14条第1款	第89条第1项和第6项	中
	国务院《关于第二批取消152项中央指定地方实施行政审批事项的决定》	第15条	第89条第1项和第8项	中
	国务院《关于取消13项国务院部门行政许可事项的决定》	第15条	第89条第1项和第8项	中
	国务院《关于第二批清理规范192项国务院部门行政审批中介服务事项的决定》	第15条	第89条第1项和第8项	中

〔1〕 表格说明:所有文件均来自中华人民共和国中央人民政府门户网站,因公布数据不全可能会有所遗漏。

续表

基本状况	文件名称	事权依据（宪法条款）	职权依据（宪法条款）	与宪法实现的关联度
颁布重要决议75部	国务院《关于整合调整餐饮服务场所的公共场所卫生许可证和食品经营许可证的决定》	第21条第1款	第89条第1项和第7项	中
	国务院《关于加强农村留守儿童关爱保护工作的意见》	第46条和第49条	第89条第1项和第7项	高
	国务院《关于进一步健全特困人员救助供养制度的意见》	第45条	第89条第1项和第8项	高
	国务院《关于印发中医药发展战略规划纲要(2016—2030年)的通知》	第21条第1款	第89条第1项和第7项	中
	国务院《关于印发实施〈中华人民共和国促进科技成果转化法〉若干规定的通知》	第20条	第89条第1项和第7项	中
	国务院《关于进一步加强文物工作的指导意见》	第22条第2款	第89条第1项和第7项	中
	国务院《关于深化泛珠三角区域合作的指导意见》	第14条第1款	第89条第1项和第6项	中
	国务院《关于落实〈政府工作报告〉重点工作部门分工的意见》	第14条第1款	第89条第1项和第3项	中
	国务院《批转国家发展改革委关于2016年深化经济体制改革重点工作意见的通知》	第15条	第89条第1项和第6项	中
	国务院办公厅《关于支持贫困县开展统筹整合使用财政涉农资金试点的意见》	第14条第1款	第89条第1项和第6项	中
	国务院《关于印发上海系统推进全面创新改革试验加快建设具有全球影响力科技创新中心方案的通知》	第20条	第89条第1项和第7项	高
	国务院《关于在上海市浦东新区暂时调整有关行政法规和国务院文件规定的行政审批等事项的决定》	第15条	第89条第1项和第8项	中
	国务院《关于印发盐业体制改革方案的通知》	第15条	第89条第1项和第8项	中

续表

基本状况	文件名称	事权依据（宪法条款）	职权依据（宪法条款）	与宪法实现的关联度
颁布重要决议75部	国务院《关于印发全面推开营改增试点后调整中央与地方增值税收入划分过渡方案的通知》	第56条	第89条第1项和第8项	中
	国务院《关于促进外贸回稳向好的若干意见》	第18条	第89条第1项和第8项	中
	国务院《关于深化制造业与互联网融合发展的指导意见》	第20条	第89条第1项和第7项	中
	国务院《关于印发清理规范投资项目报建审批事项实施方案的通知》	第15条	第89条第1项和第8项	中
	国务院《关于印发2016年推进简政放权放管结合优化服务改革工作要点的通知》	第15条	第89条第1项和第8项	中
	国务院《关于印发土壤污染防治行动计划的通知》	第26条	第89条第1项和第8项	中
	国务院《关于在内地对香港、澳门服务提供者暂时调整有关行政审批和准入特别管理措施的决定》	第15条	第89条第1项和第8项	中
	国务院《关于建立完善守信联合激励和失信联合惩戒制度加快推进社会诚信建设的指导意见》	第24条	第89条第1项和第8项	高
	国务院《关于在市场体系建设中建立公平竞争审查制度的意见》	第14条第1款	第89条第1项和第6项	中
	国务院《关于取消一批职业资格许可和认定事项的决定》	第15条	第89条第1项和第8项	中
	国务院《关于加强困境儿童保障工作的意见》	第46条和第49条	第89条第1项和第8项	中
	国务院《关于印发全民健身计划（2016—2020年）的通知》	第21条第2款	第89条第1项和第7项	高
	国务院《关于宣布失效一批国务院文件的决定》	第2条	第89条第1项	中
	国务院《关于优化建设工程防雷许可的决定》	第14条第1款	第89条第1项和第8项	中

续表

基本状况	文件名称	事权依据（宪法条款）	职权依据（宪法条款）	与宪法实现的关联度
颁布重要决议75部	国务院《关于统筹推进县域内城乡义务教育一体化改革发展的若干意见》	第19条	第89条第1项和第8项	高
	国务院《关于在自由贸易试验区暂时调整有关行政法规、国务院文件和经国务院批准的部门规章规定的决定》	第14条第1款	第89条第1项和第7项	中
	国务院《关于印发“十三五”国家科技创新规划的通知》	第20条	第89条第1项和第7项	高
	国务院《关于实施支持农业转移人口市民化若干财政政策的通知》	第14条第1款	第89条第1项和第6项	中
	国务院《关于印发“十三五”加快残疾人小康进程规划纲要的通知》	第45条	第89条第1项和第8项	高
	国务院《关于印发降低实体经济企业成本工作方案的通知》	第14条第1款	第89条第1项和第6项	中
	国务院《关于推进中央与地方财政事权和支出责任划分改革的指导意见》	第14条第1款	第89条第1项和第6项	高
	国务院《关于印发政务信息资源共享管理暂行办法的通知》	第2条	第89条第1项和第8项	中
	国务院《关于印发北京加强全国科技创新中心建设总体方案的通知》	第20条	第89条第1项和第7项	中
	国务院《关于促进创业投资持续健康发展的若干意见》	第14条第1款	第89条第1项和第6项	中
	国务院《关于积极稳妥降低企业杠杆率的意见》	第14条第1款	第89条第1项和第6项	中
	国务院《关于加快推进“互联网+政务服务”工作的指导意见》	第2条	第89条第1项和第8项	中
	国务院《关于激发重点群体活力带动城乡居民增收的实施意见》	第14条第1款	第89条第1项和第6项	中
	国务院《关于印发全国农业现代化规划(2016—2020年)的通知》	第14条第1款	第89条第1项和第6项	中

续表

基本状况	文件名称	事权依据（宪法条款）	职权依据（宪法条款）	与宪法实现的关联度
颁布重要决议75部	国务院《关于开展第二次全国污染源普查的通知》	第26条	第89条第1项和第6项	高
	国务院《关于加快发展康复辅助器具产业的若干意见》	第21条第1款	第89条第1项和第7项	中
	国务院《关于印发“十三五”控制温室气体排放工作方案的通知》	第26条	第89条第1项和第6项	中
	国务院《关于深入推进实施新一轮东北振兴战略加快推动东北地区经济企稳向好若干重要举措的意见》	第15条	第89条第1项和第6项	中
	国务院《关于做好自由贸易试验区新一批改革试点经验复制推广工作的通知》	第14条第1款	第89条第1项和第6项	中
	国务院《关于印发“十三五”脱贫攻坚规划的通知》	第14条第1款	第89条第1项和第6项	中
	国务院《关于印发“十三五”生态环境保护规划的通知》	第26条	第89条第1项和第8项	中
	国务院《关于编制2017年中央预算和地方预算的通知》	第14条第1款	第89条第1项和第5项	中
	国务院《关于印发“十三五”国家战略性新兴产业发展规划的通知》	第14条第1款	第89条第1项和第6项	中
	国务院《关于取消一批职业资格许可和认定事项的决定》	第15条	第89条第1项和第8项	中
	国务院《关于印发中国落实2030年可持续发展议程创新示范区建设方案的通知》	第20条	第89条第1项和第7项	中
	国务院《关于印发“十三五”旅游业发展规划的通知》	第14条第1款	第89条第1项和第5项	中
	国务院《关于实行中央对地方增值税定额返还的通知》	第56条	第89条第1项和第7项	中
	国务院《关于发布政府核准的投资项目目录（2016年本）的通知》	第14条第1款	第89条第1项	中

续表

基本状况	文件名称	事权依据(宪法条款)	职权依据(宪法条款)	与宪法实现的关联度
颁布重要决议75部	国务院《关于印发“十三五”国家信息化规划的通知》	第20条	第89条第1项和第5项	中
	国务院《关于印发“十三五”节能减排综合工作方案的通知》	第26条	第89条第1项和第5项	中
	国务院《关于加强政务诚信建设的指导意见》	第2条	第89条第1项和第8项	中
	国务院《关于印发“十三五”卫生与健康规划的通知》	第21条第1款	第89条第1项和第5项	中
	国务院《关于印发“十三五”深化医药卫生体制改革规划的通知》	第21条第1款	第89条第1项和第5项	中
	国务院《关于印发“十三五”促进民族地区和人口较少民族发展规划的通知》	第30条和52条第1款	第89条第1项和第6项	中
	国务院《关于鼓励社会力量兴办教育促进民办教育健康发展的若干意见》	第19条	第89条第1项和第7项	高
	国务院《关于全民所有自然资源资产有偿使用制度改革的指导意见》	第14条第1款和第9条	第89条第1项和第6项	高
	国务院《关于印发“十三五”国家知识产权保护和运用规划的通知》	第20条	第89条第1项和第5项	中
	国务院《关于印发国家人口发展规划(2016—2030年)的通知》	第25条	第89条第1项和第8项	高

从表3可以看出,2016年国务院颁布了75部重要决议或决定,与2015年大致持平。在这些文件中,有6部文件是针对取消、调整行政审批工作的,相对于2015年有所减少(2015年为9部),说明国务院推进“简政放权”的改革工作已经初步完成,其他工作正在稳步推进。

四、2016年直辖市、省、自治区人大及其常委会实施宪法的基本状况及其评估

(一)2016年直辖市、省、自治区人大及其常委会实施宪法的基本状况

本文对于2016年各直辖市、省、自治区人大及其常委会实施宪法的基本状况之考察,主要是基于3个指标:第一,本年度本级人大及其常委会所制定或修改的宪法直接

相关法规数量;第二,本年度本级人大及其常委会所制定或修改的地方性法规、自治条例和单行条例的总数;第三,本年度本级人大及其常委会所制定或修改的权利保护法规数量。如果第一项指标"宪法直接相关法"的数量相同,则考察第二项指标即"制定和修改法规总数";如果第一项指标和第二项指标的数量都相同,则考察第三项指标即"权利保护法"总数。其结果如表4所示:

表4　2016年省、自治区、直辖市人大及其常委会制定、修改地方性法规的相关情况

总体排名	省、直辖市、自治区	制定法规数(部)	修订法规数(部)	宪法直接相关法总数(部)	制定和修改法规总数(部)	权利保护立法数(部)
1	湖北省	12	35	19	47	6
2	内蒙古	2	22	14	24	2
3	广西	9	13	14	22	4
4	辽宁省	7	14	12	21	7
5	浙江省	2	15	12	17	5
6	重庆市	5	20	11	25	4
7	黑龙江省	8	9	11	17	2
8	福建省	8	8	11	16	5
9	天津市	5	27	10	32	4
10	江苏省	12	5	10	17	3
11	上海市	6	17	9	23	6
12	河北省	8	14	9	22	7
13	海南省	6	14	9	20	6
14	湖南省	3	16	9	19	2
15	江西省	7	11	9	18	7
16	宁夏	4	9	9	13	4
17	安徽省	4	8	9	12	5
18	四川省	5	6	9	11	4
19	陕西省	0	10	8	10	2
20	山东省	9	10	7	19	7
21	广东省	7	10	7	17	4
22	贵州省	9	5	7	14	6

续表

总体排名	省、直辖市、自治区	制定法规数(部)	修订法规数(部)	宪法直接相关法总数(部)	制定和修改法规总数(部)	权利保护立法数(部)
23	吉林省	7	5	7	12	4
24	青海省	6	6	7	12	2
25	河南省	4	12	6	16	2
26	甘肃省	8	6	6	14	4
27	西藏	0	6	5	6	1
28	山西省	2	6	4	9	2
29	新疆	6	2	4	8	3
30	云南省	5	2	4	7	4
31	北京市	1	3	3	4	3

(二)2016 年省、自治区、直辖市人大及其常委会实施宪法状况之评价

从表 4 可以看出,在 2016 年,立法、修法数量最多的省份是湖北省,主要以修法为主,其总数达到 47 部之多。湖北省最近几年的排名一直靠前,分别是第三名(2015 年)、第二名(2014 年),2016 年跃居第一,说明湖北省人大及其常委会在实施宪法方面,其履职行为一直保持了稳定的积极态势。制定地方性法规数量较多的还有江苏省(2015 年江苏省制定地方性法规的总数也是名列第一)。值得注意的是,与 2013 年、2014 年、2015 年比较,内蒙古自治区和广西壮族自治区分别跃居第二名与第三名,其排名上升的幅度之大引人瞩目。北京市的排名则从 2015 年的第 30 名继续下降到 2016 年的第 31 名。从各省、自治区、直辖市的地方立法情况来看,2016 年中国省级人大立法呈现出一些共同的特点及趋势:

第一,落实中央调整计划生育政策的决定,修改《人口与计划生育条例》。2015 年 10 月中国共产党第十八届五中全会公报提出“全面实施一对夫妇可生育两个孩子政策”之后,2015 年 12 月 28 日全国人大常委会《关于修改〈中华人民共和国人口与计划生育法〉的决定》通过,该“决定”自 2016 年 1 月 1 日起实施。为此,湖南省、湖北省、浙江省、海南省、云南省、山东省、河南省、河北省、江西省、安徽省、甘肃省、辽宁省、吉林省、四川省、天津市、福建省、贵州省、重庆市、黑龙江省、江苏省、青海省、北京市、陕西省、山西省、广东省、内蒙古自治区、广西壮族自治区、宁夏回族自治区 28 个省、直辖市或自治区修改了该行政区域的《人口与计划生育条例》。

第二,吸取辽宁省贿选案的教训,修改各省《实施〈代表法〉办法》和《选举实施细则》。2016 年 9 月 13 日下午,十二届全国人大常委会临时召开第二十三次会议,依法确定辽宁省45名拉票贿选的全国人大代表当选无效。“辽宁贿选案”震惊全国,被列入“2016年中国十大宪法事例”。为了遏制贿选等违法行为、完善选举制度,各省、自治区、直辖市迅速修改相关“代表法”与“选举实施细则”。据统计,修改《实施〈中华人民共和国全国人民代表大会和地方各级人民代表大会代表法〉办法》的行政区域有:湖南省、浙江省、湖北省、江西省、甘肃省、上海市、辽宁省、四川省、西藏自治区、天津市、福建省、贵州省、重庆市、黑龙江省、江苏省、青海省、陕西省、内蒙古自治区、广西壮族自治区等20个省区或直辖市。修改《各级人民代表大会选举实施细则》或《县乡人民代表大会选举实施细则》的行政区域有:海南省、河南省、河北省、湖北省、安徽省、甘肃省、辽宁省、吉林省、四川省、天津市、福建省、重庆市、江苏省、青海省、北京市、陕西省、广东省、内蒙古自治区、广西壮族自治区等20个省区或直辖市。

五、结语

2016年中国宪法实施过程中发生的诸多重大事件说明:“宪法认同”是宪法实施的重要前提,“宪法权威”是宪法实施的核心理念,各级人大及其常委会、人民政府“制定和修改法律法规”及“宪法性文件”等“宪法适用”行为,则是中国宪法实施的主要形式。在中国人民大学宪政与行政法治研究中心组织遴选的“2016年度中国十大宪法事例”中,“辽宁贿选案”事关社会主义民主选举制度之完善,“全面放开二孩”政策涉及宪法第25条所定基本国策的解释和适用等问题,“全国人大常委会解释香港基本法第104条”牵涉《宪法》第31条的实施,“国家监察体制改革试点”等事件,则关系到国家权力体制的重大改革;等等。这说明,2016年中国宪法实施机制正在继续发展完善。

值得提出的是,“香港特别行政区立法会议员宣誓风波”说明,“国家认同”与“宪法认同”是宪法和法律实施的重要前提。中国宪法“序言”开篇即指出:“中国是世界上历史最悠久的国家之一。中国各族人民共同创造了光辉灿烂的文化,具有光荣的革命传统。1840年以后,封建的中国逐渐变成半殖民地、半封建的国家。中国人民为国家独立、民族解放和民主自由进行了前仆后继的英勇奋斗。”这段表述不仅是对中华人民共和国的革命建国历史之回溯,更是对中华人民共和国的立国价值、立国目标之强调。在革命建国和维护国家主权、领土完整的历史进程中,无数民族英雄、革命烈士英勇献身,他们的英雄事迹为他们赢得了崇高的社会声誉。这不仅是人民政权赖以建立的历史基石,也是人民政权得以存续、国家安全得以保障的重要条件之一。中华民族素有崇尚忠烈义士的传统,“忠义”等传统伦理文化在近现代革命与社会主义建设的过程中发挥了重要作用。这些传统伦理文化也可以成为维护中国宪法权威、促进宪法实施的重要文化资源。我们建议制定“民族英雄与烈士名誉保护机制法”,在全国范围内建立有效的、全民参与的民族英雄、烈士名誉保护与褒扬机制。

(审读专家:《人民日报》高级记者、政法采访室主编　王比学)

(责任校对:刘江芮)

撰稿专家

周刚志,1977 年出生,法学博士。中南大学法学院教授、博士生导师,中国宪法学研究会常务理事、中国财税法学研究会理事、湖南省宪法学研究会副会长,湖南省财税法研究会副会长,中南大学中国文化法研究中心执行主任,文化部文化产业专家委员会委员,《公法学刊》主编,《文化法学研究》主编,“部门宪法学丛书”总主编(之一),主要研究文化法学与宪法学,在《法学评论》《法商研究》《现代法学》等刊物发表论文 100 多篇,主持国家社科基金重大项目、国家社科基金重点项目、国家社科基金后期资助项目、司法部项目等国家级、省部级项目多项,在北京大学出版社、法律出版社、厦门大学出版社、中国人民大学出版社出版个人专著 4 本,参编各类法学教材 10 多本。

第二章

2016年民商法实施报告

上　2016年民法实施报告

许中缘　夏　沁

报告要旨

2016年的民事法律在民法典修订的背景下,面临着大幅度修改的需要。随着《民法总则(草案)》的颁布,2016年的民事立法、司法实践及学术研究所面临的一个巨大的挑战就是:在承上启下的新纪元,一方面,民法总则即将出台,民事法律和司法实践以及学术研究应当兼顾《民法总则(草案)》的立法精神和基本原则,以便承接民法总则;另一方面,民法总则并未正式施行,在遵循既有法律的基础之上,需要最大程度地避免与民法总则的冲突,以至于民事立法不会沦为"空法",司法实践不至于脱离"实践",学术研究不会丧失"前沿性"。这对我国民事立法、司法实践以及学术研究都是巨大的挑战,但同时也是我国民事法律得以修订完善、司法实践得以转承接合以及学术研究得以开创突破的重要契机。然而,2016年民事法律实施并未为民法典编纂做出充分地准备。其原因在于,民事立法准备不足,司法实践过分注重社会主义核心价值理念,学术研究止步不前。

核心建议

1. 立足民法典的制定,加强民事立法的准备工作。

2. 充分研究司法实践中的疑难问题,坚持理论与实践并重。

一、2016 年民事法律实施的总体状况

民法被称为社会生活的百科全书,与我们每个人的生活和切身利益都息息相关。2016 年随着民法典编纂工作的深入,民事法律实施呈现出新的特点,这些新特点主要反映在司法数据以及民事法律和司法实践之中。

民事法律司法实施的数据报告是反映我国民事案件变化走向的重要内容。根据最高人民法院发布的数据,2015 年全国法院新收案件近 1800 万件,新收、审执结案件同比增幅均创新高。2016 年在此基础之上,审判执行工作取得新进展。全国法院新收案件、审执结案件数量持续上升,增幅明显。2016 年 1 月至 9 月案件量为 104 余万件,较 2015 年同比上升 10.8%。[1] 可见,2016 年民商事案件在数量上与往年相比又创新高。典型的如,江苏省法院受理案件 1,820,788 件,其中新收案件 1,528,201 件,审执结 1,471,778 件,同比分别增长 8.67% 和 9.75%。法院新收案件 14,700 件,审执结 13,804 件,同比分别增长 19.45% 和 26.12%。[2]

民事法律以及司法实践也发生了重要改变。经最高人民法院审判委员会讨论决定,2016 年共发布三批 13 个指导性案例,其中,6 个指导性案例与民事法律有关,供法官在审判类似民事案件时参照,分别是:2016 年 5 月 20 日发布的第 12 批指导性案例中的案例 57 号;2016 年 6 月 30 日发布的第 13 批指导性案例中的案例 64 号;2016 年 9 月 19 日发布的第 14 批指导性案例中的案例 65、66、67、68、69 号。除此之外,为深入贯彻落实中共中央《关于培育和践行社会主义核心价值观的意见》和习近平总书记关于社会主义核心价值观的重要论述精神,最高人民法院继发布《关于在人民法院工作中培育和践行社会主义核心价值观的若干意见》后,接连公布 47 起有关民事法律的典型案例,分别是:2016 年 3 月 10 日公布的 10 起弘扬社会主义核心价值观典型案例;5 月 14 日公布的 10 起残疾人权益保障典型案例;5 月 31 日公布的 12 起关于侵害未成年人权益被撤销监护人资格典型案例;8 月 23 日公布的 10 起弘扬社会主义核心价值观的典型案例;10 月 19 日公布的 5 起保护英雄人物人格权益典型案例。[3]

这些典型案例在物权、合同、侵权以及婚姻家庭和继承等领域中分别以宣扬家庭美德、社会公德、公序良俗、友善互助、诚信经营、诚信诉讼、诚实守法、环境公益等不同

---

〔1〕 参见《最高人民法院信息中心 - 司法案例研究院 - 司法大数据专题报告》,载最高人民法院网,http://www.court.gov.cn/fabu-xiangqing-33631.html,最后访问日期:2017 年 2 月 14 日。

〔2〕 参见《江苏省高级人民法院工作报告》,载江苏法院网,http://www.jsfy.gov.cn/tjsj2014/gzbg/2017/02/08090147533.html,最后访问日期:2017 年 2 月 14 日。

〔3〕 参见《指导案例》,载最高人民法院网,http://www.court.gov.cn/fabu-xiangqing-33631.html,最后访问日期:2017 年 2 月 14 日。

角度体现和弘扬了社会主义核心价值观的价值目标、价值取向、价值准则。因此，一方面，我国法院一审审理的案件和结案数量总体上较同期都有所增加；另一方面，法院审理民事案件时已经充分地注重发挥司法裁判对社会价值的重要示范引领作用，进一步促进全社会积极培育和践行社会主义核心价值观。〔1〕 总体而言，人民群众对于民事案件判决结果的可接受度得到大幅度提升，我国的民法在司法实践过程中也得到了较好的实施。但同时还需注意的是——民事法律关系呈现出复杂化。

事实上，民法典的编纂，是对现行民事法律规范进行系统、全面整合，编纂一部内容协调一致、结构严谨科学的法典。编纂民法典既不是制定全新的民事法律，也不是简单整合既有民事法律，而是对现行分别规定的民事法律规范进行科学整理，不仅要去除重复的规定，删繁就简，还要对已经不适应现实情况的现行规定进行必要的修改完善，对社会经济生活中出现的新情况、新问题做出有针对性的新规定。〔2〕 2016 年一年中，我国陆续实施和发布了若干民事法律和司法解释文件，不仅仅是对民法典编纂的助力，也是对民事法律实施状况的回应。例如，2016 年 1 月 1 日施行的《不动产登记暂行条例实施细则》、2 月实施的《婚姻登记工作规范》、3 月实施的《反家庭暴力法》以及最高人民法院《关于适用〈中华人民共和国物权法〉若干问题的解释(一)》(以下简称《物权法司法解释(一)》)、9 月实施的《慈善法》以及《动产抵押登记办法》、中共中央办公厅及国务院办公厅 10 月发布的《关于完善农村土地所有权承包权经营权分置办法的意见》、中共中央、国务院 11 月 4 日印发的《关于完善产权保护制度依法保护产权的意见》、12 月实施的最高人民法院《关于审理独立保函纠纷案件若干问题的规定》。地方民事立法也对法律实施给予了积极回应，尤其是对《消费者权益保护法》。例如，2016 年 3 月实施的《安徽省消费者权益保护条例》和《辽宁消费者权益保护条例》、5 月实施的《上海市老年人权益保障条例》等。可以说，民事法律规范的修订和完善是对民事司法实践的回应。也正是在立法与司法互动之中，2016 年的民事法律得以在切合实际立法基础之上予以施行。

(一) 民法总则的实施情况

1. 民法总则的起草状况

党中央高度重视民法典编纂和民法总则的制定。2016 年 2 月 2 日，法制工作委员会将《民法总则草案(征求意见稿)》印发地方人大、中央有关部门和部分全国人大代表、法学教学研究机构和一些社会组织征求意见。法制工作委员会根据各方面的意见

---

〔1〕 参见《最高人民法院关于弘扬社会主义核心价值观典型案例》，载最高人民法院网，http://www.court.gov.cn/zixun-xiangqing-24931.html，最后访问日期：2017 年 2 月 14 日。

〔2〕 参见许中缘：《体系化的民法与法学方法》，法律出版社 2007 年版，第 92 ~ 96 页。

和建议,对《民法总则草案(征求意见稿)》作了反复修改,并分别召开协调小组会议和专题会议,听取协调小组各参加单位、部分全国人大代表和专家学者的意见、建议,继续对草案进行修改完善。2016 年 3 月张德江在全国人大常委会工作报告上指出,今后一年的主要任务就是制定民法总则、健全基本法律制度,完善社会主义市场经济等方面法律制度。3 月 4 日上午,十二届全国人大四次会议副秘书长、发言人傅莹在新闻发布会上表示,民法典编纂工作已经启动,从做法上分两步走。第一步是制定民法总则,第二步是全面整合民事法律。[1] 2016 年 6 月 14 日,习近平总书记主持召开中央政治局常委会会议,听取了全国人大常委会党组《关于民法典编纂工作和民法总则(草案)几个主要问题的请示》的汇报,原则同意请示,并就做好民法典编纂和民法总则草案审议修改工作做出重要指示。会后,根据党中央的重要指示精神,对民法总则草案又作了进一步修改和完善。2016 年 6 月 27 日全国人大常委会首次审议《民法总则》草案,民法总则草案正式公布。作为制定民法典的第一步,民法总则的制定备受学界和公众关注。2016 年 7 月 5 日,《民法总则(草案)》首次提交全国人大常委会审议后,在中国人大网全文公布,征求社会公众意见。在征求意见的一个月时间里,共有 1.3 万多人提出了 6.5 万多条意见。[2]

2016 年 10 月 10 日,张德江委员长在北京主持召开座谈会,听取部分省区市人大常委会负责同志,中央有关部门、民法典编纂工作参加单位和法工委基层立法联系点有关负责同志,部分全国人大代表和政协委员的意见。10 月 13 日,李建国副委员长在宁夏银川召开座谈会,听取部分省区人大常委会负责同志,部分全国人大代表、专家学者和有关基层立法联系点代表的意见,并到基层实地调研。法律委员会、法制工作委员会在北京召开多个座谈会,分别听取中央有关部门和部分专家学者的意见,到安徽、江西、湖北和浙江等地进行调研,听取地方意见。法律委员会于 10 月 11 日召开会议,根据常委会组成人员的审议意见和各方面意见,对草案进行了逐条审议。五家民法典编纂工作参加单位的有关负责同志列席会议。10 月 18 日,法律委员会召开会议,再次进行了审议。10 月 31 日,法制工作委员会提请全国人大常委会二次审议《民法总则(草案)》。[3]

草案二次审议后,全国人大有关部门通过线上、线下和召开座谈会等形式,广泛征

---

〔1〕 参见《全国人大会议首场发布会——傅莹回应热点》,载人民网,http://news.0898.net/n2/2016/0304/c231187-27865776.html,最后访问日期:2017 年 2 月 14 日。

〔2〕 参见《全国人大常委会今起召开会议:民法总则首次亮相》,载大众网,http://www.dzwww.com/xinwen/guoneixinwen/201606/t20160627_14523661.htm,最后访问日期:2017 年 2 月 14 日。

〔3〕 参见《全国政协十二届四次会议新闻发布会》,载新华网,http://www.xinhuanet.com/politics/2016lh/zhibo/20160302a/index.htm,最后访问日期:2017 年 2 月 14 日。

询全国人大代表、专家学者、社会公众、法律实务工作者和中央部门、基层单位的意见，征询范围涵盖了全国31个省、市、自治区。在前两次审议稿确立的框架内，三审稿查缺补漏、言必有中，又做出了多处较大修改。后于2016年12月19日召开的十二届全国人大常委会第二十五次会议上，民法总则草案第三次提交审议。全国人大法律委员会副主任委员李适时还表示，如果审议意见较一致，草案将提交2017年3月召开的十二届全国人大五次会议审议，届时民法总则将正式颁布。[1]

2. 民法总则以及审议稿的修订情况

在民法总则起草过程中，应当遵循编纂民法典的指导思想和基本原则，并注意契合民事法律的实际施行的效果，为此应当坚持：一是既坚持问题导向，立足于解决纷繁复杂的社会生活中出现的各种问题，又尊重立法规律，讲法理、讲体系，注重与民法典各分编的有机衔接，确保立法质量。二是既尊重民事立法的历史延续性，又适应当前经济社会发展的客观要求，对不符合、不适应现实情况的内容和制度作修改补充，对社会生活迫切需要规范的事项做出创设性规定。三是既立足中国实际，传承我国优良的法律文化传统，又借鉴国外立法的有益经验。[2]《民法总则（草案）》较1987年《民法通则》规定的诉讼时效期间延长至3年。此外，还明确胎儿有遗产继承、接受赠与等权利，而限制民事行为能力年龄从10周岁下调至6周岁等方面。《民法总则（草案）》共11章，包括基本原则、自然人、法人、非法人组织、民事权利、民事法律行为、代理、民事责任、诉讼时效和除斥期间、期间的计算、附则，共186条。《民法总则（草案）》较《民法通则》取得较大进步，这也正是新中国民事法律实施近40年的经验在民事立法上的表现。

《民法总则草案（二审稿）》对《民法总则草案（一审稿）》做出诸多修订。《民法总则草案（二审稿）》增至202条，明确提出保护个人信息权，明确了农村集体经济组织法人资格，并对被撤销监护资格的父母恢复监护资格的条件做出了更严格的规定。具而言之，此次二审稿明确增加了个人信息权，将个人信息作为一种民事基本权利予以保护；二审稿对未成年人受性侵损害赔偿请求权诉讼的时效作出特别规定：诉讼时效自受害人年满18周岁之日起计算；二审稿进一步完善了监护制度，扩大了监护人范围，除一审稿中规定的配偶、父母、子女以外，二审稿中将“其他近亲属”也纳入无民事行为能力或者限制民事行为能力的成年人的监护人范围。针对实践中监护人侵害未成年

[1] 参见《十二届全国人大常委会第二十五次会议12月19日开始在京举行》，载法制网，http://www.legaldaily.com.cn/index_article/content/2016-12/12/content_6914173.htm，最后访问日期：2017年2月14日。

[2] 参见《民法总则草案正式出炉》，载人民网，http://paper.people.com.cn/rmrb/html/2016-06/28/nw.D110000renmrb_20160628_3-02.htm，最后访问日期：2017年2月14日。

人等被监护人合法权益的情况,二审稿因此还增加了临时监护制度。其实,这些修订也是对2016年民事法律在社会生活实施中的总结和升华。[1]

《民法总则草案(三审稿)》在二审稿的基础上针对备受关注的监护制度、法人、民事责任等章节,作了进一步修改完善。三审稿中增加对于不具有监护资格的人的,监护人由民政部门担任的规定;建议在法人一章中增加第四节特别法人,将机关法人、合作经济组织等归入其中;律师事务所等专业服务机构,被列入非法人组织;实施紧急救助行为造成受助人损害的,除有重大过失外,救助人不承担民事责任。[2] 其实,民法总则规定民事活动的基本原则和一般性规则,在民法典中起统率性、纲领性作用,不仅是维护社会和经济秩序的重要保障,也是民事法律得以妥当实施的根据。可见,民法总则草案在多次审议稿修订的情况下,不断地完善并趋于健全,为2017年民法总则的出台奠定了坚实的基础。

3. 民法总则对民事立法和司法实践的影响

2016年,随着民法总则草案一审稿、二审稿以及三审稿陆陆续续地发布,民事立法、司法实践以及学术研究迎来了新的挑战和契机。尽管民法总则并未正式公布,但民法总则起草与草案审议稿修订过程之中所宣示和彰显的立法精神以及立法原则已经对我国民事法律实施和司法实践产生了重大的影响,具体如下:

第一,在一定程度上,实现了民事制度理论和司法实践的创新。民事立法和司法实践应是在反映民法总则的基本精神和立法原则基础之上开展的。2016年的民事立法和司法实践一方面强调在既有清晰明确的体系、合理的规范、完整的制度、清晰的立法逻辑基础上开展,另一方面还力求契合民法总则草案说明中的基本精神并进行不断创新。2016年民事立法和司法制定较以往年度,呈现出一定程度上的创新。例如,2016年3月实施的《反家庭暴力法》中首次引入"人身安全保护令"制度。当遭受家暴或面临家暴危险时,当事人可申请人身安全保护令。

第二,促进民事立法的科学性和体系性,使司法实践能够有章可循、有法可依。民事立法的科学性,也表现在立法条文必须具有行为规范或者裁判规范这一特点之上。民法总则是民法典的价值宣言书,民法总则的立法精神和体系结构必然会影响既有的民事立法和司法实践。可以说,2016年开展的民事立法不应当只是政治性的,而必须坚持民法总则所要求的科学立法原则,建立体系完整、科学合理的民法体系。另外,民事法律的基本科学性规则就是其规范性,即法律条文必须符合行为规范或者裁判规范

---

〔1〕 参见《民法总则草案二审稿提交审议　全文由186条扩充到202条》,载东方网,http://news.eastday.com/eastday/13news/auto/news/china/20161101/u7ai6163465.html,最后访问日期:2017年2月14日。

〔2〕 参见《民法总则草案三审稿征求公众意见》,载新华网,http://news.xinhuanet.com/legal/2016-12/29/c_1120214397.htm,最后访问日期:2017年2月14日。

的要求。例如,在 2016 年最高法院发布典型案例邓某某诉某速递公司、某劳务公司一般人格权纠纷案中,最高法院指出法院应当在既有的行为规范和裁判规范基础之上予以裁决。[1]

第三,以抽象法律规则指导具体的生活现象,促使司法审判中贯彻以人为本的价值理念。民事立法的规则必须来源于现实,也必须反映现实生活。不符合以人为本的人文精神的民事制度应该予以废弃,司法审判中也应当不予施行。需要编纂一部体例科学、结构严谨、规范合理、具有中国特色、体现时代精神的民法典。其中,中国特色和时代精神表现为社会主义核心价值观以及人文关怀以人为本的精神。[2] 例如,在 2016 年最高法院发布的典型案例"华波与王士波、王希全生命权纠纷执行案"中即强调人与人之间友善互助的精神。[3] 再如,尽管《宪法》《妇女权益保障法》《劳动法》《就业促进法》均规定妇女在政治的、经济的、文化的、社会的和家庭的生活等各方面享有同男子平等的权利,但现实生活中,招聘单位往往以较为隐蔽的方式拒绝录用女性,这使女性在就业时因性别而遭受歧视。法院对实施就业性别歧视的单位通过判决使其承担民事责任,不仅是对全体劳动者的保护,营造平等、和谐的就业环境,更是对企图实施就业性别歧视的单位予以威慑,让平等就业的法律法规落到实处,起到规范、引导的良好作用。

(二)民法分则部分的实施情况

2016 年 6 月民法总则草案发布,草案说明中已经明确,民法典编纂工作拟按照"两步走"的工作思路进行:第一步,编纂民法典总则编;第二步,编纂民法典各分编,拟于 2018 年上半年整体提请全国人大常委会审议,经全国人大常委会分阶段审议后,争取于 2020 年 3 月将民法典各分编一并提请全国人民代表大会会议审议通过,从而形成统一的民法典。[4] 其中,物权法、合同法、婚姻法以及侵权责任法都是民法典的有机组成部分。尽管已有明确的民法典编纂步骤的指导,学术界仍就民法典各分则编修订展开热烈的讨论,积极提出可供参考的意见,立法界和司法界就民法典各分编的法律制度也有一定修订和完善,如 2016 年实施的《物权法司法解释一》《动产抵押登记办法》《关于完善农村土地所有权承包权经营权分置办法的意见》《最高人民法院关于审理独立

---

[1] 参见《邓某某诉某速递公司、某劳务公司一般人格权纠纷案》,载中国法院网,http://www.chinacourt.org/article/detail/2016/08/id/2061925.shtml,最后访问日期:2017 年 2 月 14 日。

[2] 参见龙卫球:《民法主体的观念演化、制度变迁与当下趋势》,载《国家检察官学院学报》2011 年第 4 期。

[3] 参见《最高人民法院关于弘扬社会主义核心价值观典型案例》,载最高人民法院网,http://www.court.gov.cn/zixun-xiangqing-24931.html,最后访问日期:2017 年 2 月 14 日。

[4] 参见《全国人大会议首场发布会——傅莹回应热点》,载人民网,http://news.0898.net/n2/2016/0304/c231187-27865776.html,最后访问日期:2017 年 2 月 14 日。

保函纠纷案件若干问题的规定》等。

1. 物权法的实施

(1)产权保护的法治化推进

2016年8月30日,中央深改组审议通过了《关于完善产权保护制度依法保护产权的意见》(以下简称《产权保护意见》)。11月4日,中共中央、国务院印发的《产权保护意见》标志着产权保护迈向法治化进程。产权本身是一个经济学概念,法律上与其大致对应的概念是财产权,而物权则与债权一起共同构成了近现代财产权的两大基石。[1] 正所谓"有恒产者有恒心",产权制度是社会主义市场经济的基石,保护产权是坚持社会主义基本经济制度的必然要求。其中,物权作为最为基础和重要的产权,是社会每个人、每个团体乃至国家的基本权利,也是民事主体从事各种经济或社会活动、创造财富的基础。

《产权保护意见》中对完善产权保护制度、推进产权保护法治化的有关工作作了全面部署,提出了明确要求:第一,坚持产权司法保护的基本原则;第二,加强产权保护的机制建设;第三,完善产权保护制度,依法保护产权。11月底,最高人民法院颁布了《关于充分发挥审判职能作用切实加强产权司法保护的意见》和《关于依法妥善处理历史形成的产权案件工作实施意见》(以下简称《实施意见》)。其中,《实施意见》包括充分认识依法妥善处理历史形成的产权案件工作重要意见、目标任务和总体要求、工作原则、甄别纠正工作程序、司法政策、工作落实6个部分,共22条。最高人民法院在发布《实施意见》中特别指出,依法妥善处理历史形成的产权案件,是中央加强产权保护决策部署的重要内容和重大举措。由此可见,《产权保护意见》的实施有利于产权保护迈进法治化的进程,从而有利于维护社会公平正义,保持经济社会持续健康发展和国家长治久安,意义重大而深远。

(2)物权登记制度趋于具体化和明确化

2016年1月1日,由国土资源部起草的《不动产登记暂行条例实施细则》正式发布实施,这是与《不动产登记暂行条例》配套的重要规范性文件,对其内容进行了进一步的细化和明确,与实践联系也更为紧密。总体来讲,《不动产登记暂行条例实施细则》规定了业主可对小区内道路绿地等进行登记;各级不动产登记机构应当采取各种措施保障不动产登记信息安全,任何单位和个人不得泄露不动产登记信息;加强不动产登记中违规的追责等,全面规范了不动产登记行为,细化了不动产统一登记制度,为人民群众办理不动产登记、保护产权人合法权益提供了极大方便。2016年9月1日,国家工商行政管理总局修订了《动产抵押登记办法》并正式施行。2016年施行的《动产抵

〔1〕 参见屈茂辉:《民法引论》,商务印书馆2014年版,第23~35页。

押登记办法》增进了动产抵押登记的可操作性。自 1995 年《企业动产抵押物登记管理办法》制定以来，我国的动产抵押登记制度经数次改动，尽管在统一登记机关、简化办理手续、明确登记顺序等方面有一定的进步，但尚不明确也缺乏可操作性。就登记范围和登记机关而言，《动产抵押登记办法》明确在当事人递交的材料上盖动产抵押登记章，并注明登记日期。此项规定同《企业信息公示暂行条例》第 6 条的规定遥相呼应，该条规定，工商行政管理部门应当通过企业信息公示系统公示其在履职过程中产生的"动产抵押信息"，并应当在信息产生之日起 20 个工作日内进行公示。《动产抵押登记办法》还将生产设备、原材料、半成品、成品等单独动产的抵押纳入工商行政管理部门的登记范围。同时，明确登记机关不仅包括县级工商行政管理部门，还包括履行工商行政管理职责的市场监督管理部门。就登记的程序方面，《动产抵押登记办法》规定，动产抵押的设立、变更和注销登记不再需要双方当事人或其委托的代理人共同到登记机关办理，可以由抵押合同一方当事人作为代表或者抵押合同双方共同委托某个代理人进行办理，从而简化了登记成本，提高了办事效率，并且不再用动产抵押登记簿来登记动产抵押信息，取而代之的是企业信息公示系统，只需要登录企业信用信息公示系统查阅即可。

2016 年 3 月最高人民法院公布并正式施行的《物权法司法解释(一)》明确不动产物权登记的诉讼争议以及预告登记的效力，进一步地完善了不动产登记制度：第一，《物权法司法解释(一)》明确了不动产登记与物权确认或基础关系争议。不动产物权登记争议在实践中出现了民事、行政审判部门互相推诿以及民事裁判与行政裁判冲突的现象，这不仅徒增当事人诉累，损害了司法的权威和公信，在很大程度上也导致不动产物权登记适用法律的混乱。为此，《物权法司法解释(一)》在案件的受理上，规定因不动产物权的归属，以及作为不动产物权登记基础的买卖、赠与、抵押等产生争议而提起诉讼的，属于人民法院民事诉讼受案范围，人民法院应依法予以受理，民事审判部门应依法予以审理。就诉讼中不动产登记簿证明力的问题，规定对发生争议的不动产物权归属的最终判断，应当依赖于对原因行为或基础关系的审查，故在当事人有证据证明不动产登记簿的记载与真实权利状态不符、其为该不动产物权的真实权利人的情况下，应当支持其诉讼请求。第二，《物权法司法解释(一)》明确了异议登记的效力。实践中，对于现实登记权利人针对不动产的何种处分，会因违反法律规定而不发生物权效力，存在模糊认识，一些案件中甚至出现不当扩大预告登记效力的倾向。基于预告登记制度的内涵，正确适用预告登记制度，必须注意坚持依法兼顾保障登记权利人的请求权与限制登记义务人的处分权的平衡原则。因而，《物权法司法解释(一)》第 4 条对物权法的"处分行为"采用了限缩性解释，即将其限于未经预告登记的权利人同意而转移不动产所有权或者设定建设用地使用权、地役权、抵押权等其他物权的在法律上危及或者妨碍债权如期实现的行为。

(3)农地"三权分置"趋于完善

近年来,随着工业化、城镇化深入推进,大量农业人口转移到城镇,农村土地流转规模不断扩大,新型经营主体大量涌现,土地承包权主体同经营权主体分离的现象越来越普遍。针对此,2016 年 10 月中共中央办公厅、国务院办公厅发布了《关于完善农村土地所有权承包权经营权分置办法的意见》,提出"现阶段深化农村土地制度改革,顺应农民保留土地承包权、流转土地经营权的意愿,将土地承包经营权分为承包权和经营权,实行所有权、承包权、经营权分置并行,着力推进农业现代化"。意见提出逐步建立规范高效的"三权"运行机制,不断健全归属清晰、权能完整、流转顺畅、保护严格的农村土地产权制度,为发展现代农业、增加农民收入、建设社会主义新农村提供坚实保障,是继家庭联产承包责任制后农村改革又一重大制度创新。[1]

随着《关于完善农村土地所有权承包权经营权分置办法的意见》的施行,并要求各地区各部门结合实际认真贯彻落实,农村土地制度改革迎来了重大理论和政策的创新与突破。该意见实质上是中央再次以文件的形式,对"三权分置"予以确认。这意味着,在坚持农村土地集体所有的前提之下进行"三权分置",将成为未来土地制度改革的基本纲领。在逐步形成"三权分置"格局方面,《意见》要求,完善"三权分置"办法,不断探索农村土地集体所有制的有效实现形式,落实集体所有权,稳定农户承包权,放活土地经营权,充分发挥"三权"的各自功能和整体效用,逐步完善"三权"关系,形成层次分明、结构合理、平等保护的格局。[2]

(4)物权法律制度与物权理论互助互进

物权理论研究弥补物权立法制度的漏洞,典型的如善意取得制度。尽管《物权法》第 106 条规定了善意取得制度,但是《物权法》选择回避有关善意取得制度的适用问题,并没有非常具体地规定善意取得制度中相对人善意的判断标准等适用条件。从司法实践来看,与善意取得相关的纠纷极为常见,它不仅存在于物权确认、执行异议之诉等纠纷中,而且更为广泛地遍布在为数众多的合同、侵权乃至婚姻家庭继承纠纷中。而《物权法》第 106 条在理解上存在诸多争议之处,如何正确适用善意取得制度是《物权法》适用中的一个重点、热点也是难点的问题。对此,学术界就善意取得进行了有益探讨,内容涉及善意取得构成要件、善意要件、制度设计以及与合同效力的接洽等方方面面,有关善意取得的理论研究趋于成熟。在此基础上,2016 年 3 月实施的《物权法司

[1] 参见《农地三权分置改革实行评:积极影响史无前例》,载央广网,http://country.cnr.cn/focus/20161031/t20161031_523232807.shtml,最后访问日期:2017 年 2 月 14 日。

[2] 参见《土地改革纲领出台,三权分置加快放活经营权》,载央广网,http://finance.cnr.cn/gundong/20161031/t20161031_523232050.shtml,最后访问日期:2017 年 2 月 14 日。

法解释（一）》第 16 条就明确规定了“善意”认定的基本标准；第 16 条、第 17 条则分别就不动产善意取得中受让人非善意的认定、动产善意取得中受让人重大过失的认定做出具体规定；这些规定与第 18 条关于善意的判断时间的规定，共同构成了对《物权法》第 106 条所涉“受让人受让该不动产或者动产时是善意的”的具体解释。第 19 条则针对《物权法》第 106 条所涉“以合理的价格转让”的具体标准，明确应严循立法目的与价值取向，立足个别交易的具体情况，以社会一般交易认知感受为标准，准确判断价格是否合理。第 20 条对机动车等特殊动产如何适用《物权法》第 106 条第 3 项进行了明确。可以说，《物权法司法解释（一）》构建了较为完整的善意取得适用的规则体系。事实上，《物权法司法解释（一）》中善意取得规则体系的构建受益于成熟和体系化的善意取得理论研究。由此可见，成熟的物权理论研究在一定程度上有助于弥补既有物权立法的空白和漏洞。

物权立法引导物权理论研究的方向。物权立法制度的规定不仅能够引导物权理论研究，而且还能促进研究的深化。典型的如《物权法》第 101 条确立了按份共有人优先购买权制度，2016 年《物权法司法解释（一）》根据《物权法》第 101 条的立法精神和目的，对按份共有人优先购买权制度进行了细化，通过第 9 条至第 14 条共计 6 个条文，分别从按份共有人优先购买权行使的起始条件、同等条件的认定、行使期间、主体范围以及裁判保护等方面进行了规定，极大地完善了按份共有人优先购买权行使的制度架构，使得这一制度从法律的原则性规定，演化为具有高度可操作性的具体规则。2016 年 3 月份实施的《物权法司法解释（一）》对《物权法》优先购买权的发展，也推动了学术界有关共有人优先购买权的研究。仅 2016 年一年中知网上有关“优先购买权”的文章就多达 1077 篇。[1] 可见，物权法司法解释中有关优先购买的规定在学术界掀起了研究优先购买权的热潮。其中，有关优先购买权行使的前提条件、方法及法律效果等规定可能导致按份共有人优先购买权的实践运用及司法判断标准不一，严重影响按份共有人优先购买权制度功能的发挥，都成为亟须理论研究明确的重要问题。

（5）物权法指导性案例简析

2016 年 9 月 19 日，最高人民法院发布的指导性案例 65 号中确认：第一，维修资金性质上属于专项基金，系为特定目的——为住宅共用部分、共用设施设备保修期满后的维修和更新、改造而专设的资金。它在购房款、税费、物业费之外，单独筹集、专户存储、单独核算。由其专用性所决定，专项维修资金的缴纳并非源于特别的交易或法律关系，而是为了准备应急性地维修、更新或改造区分所有建筑物的共有部分。第二，由于共有部分的维护关乎全体业主的共同或公共利益，所以维修资金具有公共性、公益

---

〔1〕 数据来源，笔者整理。

性。第三,缴纳专项维修资金是为特定范围的公共利益,即建筑物的全体业主共同利益而特别确立的一项法定义务。这种义务的产生与存在仅仅取决于义务人是否属于区分所有建筑物范围内的住宅或非住宅所有权人。因此,缴纳专项维修资金的义务是一种旨在维护共同或公共利益的法定义务,其只存在补缴问题,不存在因时间经过而可以不缴的问题。第四,业主大会要求补缴维修资金的权利,是业主大会代表全体业主行使维护小区共同或公共利益之职责的管理权。如果允许某些业主不缴纳维修资金而可享有以其他业主的维修资金维护共有部分而带来的利益,其他业主就有可能在维护共有部分上支付超出自己份额的金钱,这违背了公平原则,并将对建筑物的长期安全使用,对全体业主的共有或公共利益造成损害。

2. 合同法实施

(1)民间借贷合同不规范

随着经济体制改革的不断深入,民间借贷日趋活跃,借贷规模不断扩大。民间借贷作为正规金融借贷的补充,其存在具有合理性和积极作用。随着我国市场经济的发展,一些中小型企业和个人融资不通畅,通过银行贷款融资的难度增大,民间借贷作为融资的一种渠道,对激活资金、促进经济发展、改善生产生活等方面,都发挥了极为重要的作用。然而,一方面,由于我国金融和法律体系相对不健全,民间借贷风险渐增。民间借贷的发展直接导致大量纠纷成讼,人民法院受理案件数量快速增长。例如,2015 年 10 月 20 日至 2016 年 4 月 1 日,永州市中级人民法院共受理各类民事案件 1422 件,其中合同类案件 713 件,民间借贷案件占其中的 44.5%,为 317 件。[1]

另一方面,民间借贷合同形式不规范,法律约束力有待加强。由于民众法律素养参差不齐,民事主体之间在借款过程往往不区分借条、欠条,甚至借条上只有简单的借款人签名,缺乏借款人身份证号码或者身份证复印件等基本信息。借款合同形式的不规范,也给法院审理案件事实增加了难度。并且实践中,还存在利用借款合同形式简单不规范的特点,双方当事人相互串通,形成虚假诉讼的现象。目前我国法律对于民间借贷的约束还有待完善。尤其是,司法实践中,很多中小型民间投资理财公司以高利息的方式吸收公众存款,投入公司进行投资理财,其实质法律关系为民间借贷。公司在吸收存款后再将款项用于其他用途,加之借贷合同的不规范,助长了中小型公司不规范的管理、公司账目与股东账目不清、财务制度不完善、公司与股东人格混同的情形,且自公司法修改后,公司的注册资本实行认缴制,很多公司并无资金投入,一旦公

[1] 参见《浅析当前民间借贷纠纷案件的特点及处理对策》,载湖南法院网,http://hunanfy.chinacourt.org/article/detail/2016/09/id/2083076.shtml,最后访问日期:2017 年 2 月 14 日。

司投资的资金链断裂,大量债权人的借款无法收回。[1] 例如,2016 年 6 月 5 日,最高法院公布的第 12 批 4 个指导性案例中,在指导案例 57 号“温州银行股份有限公司宁波分行诉浙江创菱电器有限公司等金融借款合同纠纷案”中,法院明确指出本案争议的焦点就在于婷微电子公司签订的借款合同所约定的担保合同范围。

(2)独立保函的规定契合国际化投资需要

2015 年,工农中建四大商业银行保函余额达到 24,450 亿元人民币,商业跟单信用证余额 7232 亿元人民币,独立保函业务的规模和体量已远远超过商业跟单信用证。[2] 与独立保函商业实践高速发展的趋势相对应的是,近年来,起诉至法院的独立保函纠纷案件逐年增多。各地法院对制定独立保函纠纷裁判规则的需求十分迫切。针对此,最高人民法院审判委员会第 1688 次会议审议通过了最高人民法院《关于审理独立保函纠纷案件若干问题的规定》,并于 2016 年 12 月 1 日实施。最高法院出台的独立保函司法解释契合国家投资的需要,为我国独立保函业务的全球化发展提供了健全完善的法治保障。在最高人民法院《关于审理独立保函纠纷案件若干问题的规定》制定过程中,充分借鉴吸收了国际商会《见索即付保函统一规则》《联合国独立保证和备用信用证公约》等国际规则的有关内容,并深入研究了各国有关独立保函的成文法以及普通法国家有关独立保函的司法判例,进一步弥合了我国司法实务与国际规则的差异,做到既依法解释法律,又体现与国际规则充分接轨。

实践中,独立保函的司法解释也是人民法院及时解决新类型案件纠纷,切实维护当事人合法权益的审判实际需要。2016 年 3 月到 9 月,最高人民法院在起草独立保函的司法解释前进行了一定的调研工作,发现独立保函纠纷案件存在确定管辖、适用法律和划分责任方面裁判标准不统一的情况,止付标准低、止付程序不规范等问题。[3] 2016 年 12 月施行的最高人民法院《关于审理独立保函纠纷案件若干问题的规定》共 26 条,有助于:第一,明确界定独立保函的性质,有效统一裁判思路;第二,统一国际国内独立保函交易的效力规则,平等保护当事人权益;第三,明确独立保函的独立性和单据性特征,保证付款的快捷性和确定性;第四,严格界定欺诈情形及证明标准,审慎确定独立性原则的例外;第五,严格规范止付程序,维护程序公正和实体公正;第六,依法确认开立保证金的金钱质权性质,规范针对开立保证金的强制措施。故而,最高人民

---

〔1〕 参见《民间借贷案件多发亟待引起重视》,载湖南法院网,http://hunanfy.chinacourt.org/article/detail/2016/04/id/1834409.shtml,最后访问日期:2017 年 2 月 14 日。

〔2〕 参见《银行发展保函业务的机遇与挑战》,载搜狐网,http://mt.sohu.com/20161017/n470437560.shtml,最后访问日期:2017 年 2 月 14 日。

〔3〕 参见《最高法院发布审理独立保函纠纷案件司法解释》,载最高人民法院网,http://www.court.gov.cn/zixun-xiangqing-31221.html,最后访问日期:2017 年 2 月 14 日。

法院《关于审理独立保函纠纷案件若干问题的规定》及时回应人民法院对统一裁判标准和正确适用法律的需求,通过明确独立保函的性质,明晰独立保函法律关系各方当事人的权利义务,有效定分止争,为切实维护当事人合法权益提供了有力保障。

(3)既有合同类型无法容纳新型合同

近年来,随着旅游合同、特殊承揽合同(如提供婚庆服务合同)、特殊保管合同(骨灰保管合同)、医疗美容服务合同等新型合同之兴起,合同法既有合同类型已经无法容纳新型合同。在传统合同法的基础上,随着新技术、新业态、新交易模式的不断发展,网络购物、金融消费、互联网金融、快递服务、互联网+旅游等新型消费业态不断涌现,合同法面临新的法律问题,如网络购物管辖条款的效力、金融消费者的界定、快递服务的损害赔偿限额等。合同也不再被看作仅仅是物质财富交换的工具,亦成为创造精神财富和满足人们精神需求以实现人的价值的工具。[1] 人文主义关怀民法价值理念的变化必然导致民法制度的发展与对民法既有制度的重新解读。[2] 典型的如旅游合同,旅游服务作为合同标的本身蕴含着对精神愉悦和满足的较高层次的追求,旅游合同是以精神产品为标的物的特殊"目的合同",游客签订旅游合同旨在实现精神之愉悦和满足。[3] 过去,我国民法一直重视对既有合同类型的保护,而忽视了对新型合同的保护规则。[4] 借民法典编纂之际,2016 年司法实践中涌现出了大量有关新型合同的裁决。仅搜索 2016 年有关"合同""违约""精神损害赔偿"的案例就多达 600 余例。[5] 其中,合同的类型已经突破了合同法确定的传统有名合同的规定,呈现出多元化、新型化的趋势,司法实践呼唤修订合同法。由此可见,既有合同法已经不能满足现实生活和司法实践的需要,亟须修订,应当适当地、适时地将新型合同纳入调整的范围。

最高人民法院 2016 年发布的典型案例,即揭露出存在于社会生活之中的大量的新型合同。例如,"北京某集团总医院申请执行陈某春医疗服务合同纠纷案"中,充分体现法院对新型合同关系的态度,弘扬了正确的社会价值导向。在近年来医患关系紧张的社会背景下,类似于该案病人霸占病床、拒绝出院的现象并不罕见,已经成为"社会顽疾"。该案裁决以公序良俗为导向,通过司法执行的途径,在法律体系下裁决新型合同关系,为此类案件的执行提供了操作范本,倡导了在法治体系下解决矛盾纠纷的社会导向,对推进整个社会的法治意识具有积极的作用。又如,"某小区业主委员会诉邓某某物业服务合同纠纷案"中,确定了物业服务合同的特征和规范方式。近几年,由于

[1] 参见陆青:《违约精神损害赔偿研究》,载《清华法学》2011 年第 5 期。
[2] 参见王利明:《民法的人文关怀》,载《中国社会科学》2011 年第 4 期。
[3] 参见幸红:《旅游合同损害赔偿责任法律思考》,载《云南大学学报》2005 年第 6 期。
[4] 参见王利明:《民法对人格尊严的保障应提高到更高位置》,载《北京日报》2016 年 9 月 19 日,第 18 版。
[5] 数据来源,笔者整理。

传统物业公司与业主之间的矛盾激化，业主不满意物业公司的服务、不按时交纳物业管理费、物业公司收费率低，无法维持公司正常运营。目前，我国合同法并未规范物业合同，在审理物业服务合同纠纷案件时，对于类似业主委员会自管这种物业模式并没有明确的裁决标准。出于保护当事人合理诉求的考虑，同时鉴于业主委员会自管小区有利于营造舒适安全的环境，有利于维护小区和谐稳定，法院对新型的物业服务合同予以确认，有利于解决相关的纠纷，完善物权服务合同的内容。

(4)合同法指导案例简析

最高人民法院2016年6月30日发布的指导案例64号，在"刘超捷诉中国移动通信集团江苏有限公司徐州分公司电信服务合同纠纷案"中确认：第一，电信用户的知情权是电信用户在接受电信服务时的一项基本权利，用户在办理电信业务时，电信业务的经营者必须向其明确说明该电信业务的内容，包括业务功能、费用收取办法及交费时间、障碍申告等。如果用户在不知悉该电信业务的真实情况下进行消费，就会剥夺用户对电信业务的选择权，达不到真正追求的电信消费目的。第二，电信业务的经营者作为提供电信服务合同格式条款的一方，应当遵循公平原则确定与电信用户的权利义务内容，权利义务的内容必须符合维护电信用户和电信业务经营者的合法权益、促进电信业的健康发展的立法目的，并有效告知对方注意免除或者限制其责任的条款并向其释明。第三，业务受理单、入网服务协议是电信服务合同的主要内容，确定了双方当事人双方的权利义务内容，入网服务协议有权暂停或限制移动通信服务的情形。第四，电信经营者有告知消费者的义务。话费有效期限直接影响到原告手机号码的正常使用，一旦有效期到期，将导致停机、号码被收回的后果，因此电信经营者对此负有明确如实告知的义务，且在订立电信服务合同之前就应如实告知消费者。如果在订立合同之前未告知，即使在缴费阶段告知，亦剥夺了当事人的选择权，有违公平和诚实信用原则。

3. 婚姻家庭法实施

(1)注重婚姻家庭关系的和谐发展

2016年3月1日，《反家庭暴力法》正式实施。作为中国历史上首部反家暴法，该法律明确了家庭暴力的性质和法律责任，旨在促进家庭稳定、和谐。其实，婚姻关系乃是主体之间基于特定身份结合而成的关系，血亲更是如此，婚姻家庭关系则是个人所构成的稳定和谐的关系。尽管婚姻家庭组织结构已经从传统的以血缘亲子关系为核心的大家庭，转向现代以婚姻关系为核心的小家庭。但是可以明确的是，不管家庭的社会地位、功能作用以及组成人员如何变化，就婚姻家庭的组织结构而言，所谓婚姻家庭就是基于婚姻或血缘身份关系组合而成的共同体。[1] 事实上，婚姻家庭关系的存

---

〔1〕 参见赵庆杰：《家庭与伦理》，中国政法大学出版社2008年版，第250～251页。

在“并不取决于法律”,“而是基于很深的夫妻之情和父母之爱的一种制度。”[1]然而,全国妇联和国家统计局开展的第三期中国妇女社会地位调查结果显示,在工作、劳动、学习中,遭遇过性骚扰的女性占7.8%。在婚姻生活中,曾遭受过配偶侮辱、殴打、强迫性生活等暴力的女性占24.7%。其中,明确表示遭受过对方殴打的女性有5.5%。[2]

家庭暴力对家庭和谐稳定造成了巨大的损害。同时家庭还是社会的基本单位,家庭稳定和谐也是社会稳定和谐的基础。《反家庭暴力法》则是一部为了预防和制止家庭暴力,保护家庭成员的合法权益,维护平等、和睦、文明的家庭关系,促进家庭和谐、社会稳定而制定的法律。因此,《反家庭暴力法》的施行对于建设和谐稳定的家庭关系意义重大。在2016年全国人大新闻发布会上,发言人傅莹就明确表示,《反家庭暴力法》出台之后,与《刑法》《治安管理处罚法》《妇女权益保障法》等共同形成一个法律框架,更好地制约家庭暴力行为,像一个“保护伞”来维护、鼓励家庭和谐。

(2)强化家庭中弱势群体的法律保障

《反家庭暴力法》的施行有利于强化对家庭中弱势一方的保护。《反家庭暴力法》明确规定禁止任何形式的家庭暴力。如此一来,从法律上宣告了对家庭暴力的否定和谴责,明确了家庭暴力不是个人私事而是社会公害,不是一般的家庭纠纷,而是违法犯罪,是对家庭成员人权的侵犯。尤其是,《反家庭暴力法》中明确学校、幼儿园、医疗机构、居民委员会、村民委员会、社会工作服务机构、救助管理机构、福利机构及其工作人员在工作中发现无民事行为能力人、限制民事行为能力人遭受或者疑似遭受家庭暴力的,应当及时向公安机关报案,否则可能会被依法给予处分,给予可能遭受家庭暴力一方的弱势群体予以法律上的救济和保障。对于妇女、孩子、老人在家中一直处于弱势地位的群体而言,在其遭受严重家暴时,可向居住地法院申请人身保护令,保护令包括:禁止实施虐待者与家庭成员同住、要求其迁出居住地;被虐待者是未成年人的,可要求剥夺丈夫监护权资格,并支付赡养费用。由此可见,《反家庭暴力法》的规定对于弱势群体权益的保障具有重要意义。

自《反家庭暴力法》施行后不久,2016年3月4日,杨某向上海市浦东法院递交离婚民事起诉状及人身安全保护令申请,这是首例申请人身安全保护令的案件。在《反家庭暴力法》实施后,2016年中申请人身安全保护令的案例已经多达200余例。因此,可以说《反家庭暴力法》是一部保护弱势群体的法律,对保护妇女、儿童、老人等弱势群体的权益、促进男女平等具有重要意义。任何法律都是建立在一定文化基础上的,法

---

[1] [芬兰]E. A. 韦斯特马克:《人类婚姻史》(第三卷),商务印书馆1992年版,第1244页。

[2] 参见《全国妇联部署第三期中国妇女社会地位调查》,载人民网,http://acwf.people.com.cn/GB/99058/12094299.html,最后访问日期:2017年2月14日。

律的生命也深藏于文化之中。家庭暴力的核心是权力和控制,它反映出施暴者和受害者之间的权力控制关系。在家庭暴力的受害者中,绝大多数是女性。针对女性的家庭暴力,在本质上就是性别歧视的极端表现形式。从这个意义上来讲,反家庭暴力法就是反性别歧视法,它保护弱势群体的人文精神在目标、核心价值方面是完全一致的。反家庭暴力法对平等、和睦、文明的家庭关系的维护,就是在婚姻家庭领域对先进性别文化内涵和价值的确认和保障,就是在婚姻家庭领域进一步弘扬和发展保护弱势群体的基本的价值理念。

(3)婚姻家庭中伦理性愈发脆弱

婚姻家庭法中的伦理性根植于人性深处情感的本能而呈现出情感性色彩。同时,"任何道德都起源于人性基础上的共同体的存在与发展的需要",〔1〕婚姻家庭关系本质上是人伦的情感因素的身份集合体。现代社会中,不同于财产法上团体成员之间的契约性联系,婚姻家庭中的个体之间具有高度的身份性联系。婚姻家庭法构建应特别注重夫妻、亲子或其他亲属之间的精神情感联系,婚姻家庭法中伦理精神即表现为情感性的内在联系。〔2〕 可以说,"情感因素既是身份行为产生的基础,也是亲属身份关系维系的纽带和润滑剂。"〔3〕然而,据 2016 年的数据显示,在全国离婚纠纷案件中,63% 的法院判决结果为当事人双方继续维持婚姻关系,37% 判决解除婚姻关系。其中,在离婚后财产纠纷中,2016 年 1 月至 9 月案件量较 2015 年同期上升 26.3% 。在离婚损害赔偿纠纷中,2016 年 1 月至 9 月案件量较 2015 年同期上升 50.5% 。离婚纠纷案件量排名前三的省份分别是河北、江苏和河南。离婚后财产纠纷案件量排名靠前的省份分别是江苏、北京和广东。离婚损害赔偿纠纷案件量排名前三的省份分别是北京、广东和浙江。每百万人中到法院起诉离婚的人数位居全国前三的地区为新疆、青海和宁夏。每百万人中到法院起诉离婚后财产份额问题的人数位居全国前三的地区为北京、重庆和上海。关于子女抚养的问题。全国离婚纠纷案件中,96% 的案件涉及子女抚养问题。关于受教育水平的分布,在全国离婚纠纷案件中,夫妻双方受教育水平相差不大。其中,夫妻双方学历为初中或小学的,离婚率较高。全国离婚纠纷案件中,婚后 1 年至 5 年为婚姻破裂的高发期。关于离婚的原因,45.9% 的夫妻因为感情不和向法院申请解除婚姻关系,27% 的夫妻因家庭暴力向法院申请解除婚姻关系。其余

---

〔1〕 曹贤信:《亲属法的伦理性及其限度研究》,群众出版社 2012 年版,第 39 页。

〔2〕 参见曹贤信:《亲属法的伦理价值取向及其立法对策》,载《河南师范大学学报》(哲学社会科学版)2012 年第 4 期。

〔3〕 张作华:《亲属身份行为基本理论研究》,法律出版社 2011 年版,第 92 页。

的因出轨、有不良恶习等解除婚姻关系。[1] 从离婚纠纷中的上述因素中,不难发现婚姻家庭关系中的伦理性越发脆弱,这也是离婚率日益增加的主要原因。

(4)婚姻家庭法典型案例简析

最高人民法院2016年度发布的婚姻家庭法领域具有重要代表性和示范性意义的案例,具有积极的示范意义:第一,增进家庭美德。法院在“唐某某诉唐某甲等5子女赡养纠纷案”中指出,当今农村的经济条件越来越好,政府养老政策也比较健全,但在农村地区,赡养纠纷仍时有发生。但法律规定子女都有赡养父母的义务,女儿并不会因为出嫁就不需要赡养自己的父母。还有一些子女为赡养义务附加条件,如将赡养和分家产等问题联系在一起,分不到父母财产的子女即不履行赡养义务。但事实上,赡养是法定的义务,子女不能以任何理由来免除其应该尽到的赡养义务。第二,保护未成年人的合法权益。法院在“林某某被撤销监护人资格案”中明确撤销父母监护权是国家保护未成人合法权益的一项重要制度。父母作为未成年子女的法定监护人,若不履行监护职责,甚至对子女实施虐待、伤害或者其他侵害行为,再让其担任监护人将严重危害子女的身心健康。该典型案例为有关有权申请撤销监护人资格的主体及撤销后的安置问题等规定的出台,提供了实践经验,并对类似情况发生时,如何具体保护未成年人权益,提供了示范样本。第三,明确离婚中,转移财产应少分或不分。最高人民法院在2016年9月19日发布的指导案例66号“雷某某诉宋某某离婚纠纷案本案”中明确一方在离婚诉讼期间或离婚诉讼前,隐藏、转移、变卖、毁损夫妻共同财产,或伪造债务企图侵占另一方财产的,侵害了夫妻对共同财产的平等处理权,离婚夫妻分割共同财产时,应当依照《婚姻法》第47条的规定少分或不分财产。第四,依法切实维护残疾人婚姻权利。在“曾某某与张某某离婚案”中法院指出,判决残疾人离婚与否,将会对该残疾人今后生活产生重大影响,人民法院对残疾人与其配偶之间婚姻关系是否破裂的认定要严格遵照法律规定,更加慎重。曾某某为智残人员,曾某某的父亲以其法定代理人名义起诉离婚,在张某某明确表示愿意与曾某某共同生活且无充分证据证明夫妻关系确已破裂的情况下,人民法院应当本着维护残疾人最大利益的考虑,依法做出了不准予离婚的判决。

4. 继承法实施

(1)保证民事主体最大程度上享有继承利益

2016年7月5日,司法部发布关于废止《司法部、建设部关于房产登记管理中加强公证的联合通知》的通知,通知中废除了有关继承房产、分房遗嘱、赠与房产、涉外涉港

---

[1] 参见《最高人民法院信息中心-司法案例研究院-司法大数据专题报告》,载最高人民法院网,http://www.court.gov.cn/fabu-xiangqing-33631.html,最后访问日期:2017年2月14日。

澳台房产所有权转移等有关房产登记事项公证的规定。废除此类规定，有利于保障民事主体的继承权落到实处，房产登记事项中公证服务不再是强制性的，而变为可选择项。

尽管房产继承通过公证程序，具有公证的法律效力，有利于解决遗产纠纷，但强制性公证程序不利于民事主体享有继承权。典型的如，广东省在2016年9月开始践行该通知的规定。公证行业协会指出，办理继承过户的市民可自由选择公证与否。对于不持公证书的市民，广东省登记中心会根据国土部最新印发的《不动产登记操作规范（试行）》（以下简称操作规范）要求申请人提交其他必要的材料，并对材料进行检验，符合办理条件的即予以受理。同时对登记的不动产事项进行公示，公示时间不少于15天。据悉，操作规范于今年5月底印发，对不动产登记的基本原则、程序、内容、各类登记的审核要点和登记资料的管理等进行全面细化规范。而具体针对广州市的不动产登记规则还在公开征求意见阶段。广东省的规定保证了民事主体更大程度地享有继承权。

（2）增加不动产继承的方式

2016年1月1日开始实施的《不动产登记暂行条例实施细则》第14条规定："因继承、受遗赠取得不动产，当事人申请登记的，应当提交死亡证明材料、遗嘱或者全部法定继承人关于不动产分配的协议以及与被继承人的亲属关系材料等，也可以提交经公证的材料或者生效的法律文书。"按照该实施细则，当事人具体有两种方法4种路径继承不动产：第一，遗嘱继承或遗赠。提供被继承人死亡证明、遗嘱、继承人与被继承人亲属关系证明等材料申请房屋过户登记。第二，法定继承。法定继承又有3种路径：其一，"协商继承"，也就是全部继承人之间如果能协商一致达成不动产分配协议的，可以提交被继承人死亡证明、全部法定继承人关于不动产分配的协议、继承人与被继承人的亲属关系证明以及其他必要的材料申请房屋过户登记；其二，公证继承，也就是被继承人死亡后，继承人申请继承公证，凭继承权公证书申请办理房屋过户登记；其三，诉讼继承，全部继承人之间不能协商一致或者无法取得继承权公证的，则需要到法院提起继承纠纷之诉，待法院判决、调解后，持法院出具的生效法律文书申请房屋过户登记。据此，法律将公证材料作为申请人可选择提供的内容，而不再是"强制性"提交的必备材料。不动产继承方式的多样化，为民众提供了极大便利以及降低了不动产继承的费用。以福建省厦门市为例，按照《厦门市公证处公证收费标准》，办理遗嘱公证费用为100元/件，确认遗嘱效力为400元/件，而证明财产继承、赠与和遗赠，公证费按受益额的2%收取。

（3）继承法典型案例简析

2016年，在最高人民法院发布的有关继承法的典型案例中，明确应当：第一，弘扬友善互助的价值。在"张某等诉杨某继承纠纷案"中，法院明确指出，"远亲不如近邻"。

邻里关系是人们生活中的重要关系,邻里之间互帮互助,是我国社会的优良传统和善良风俗。倡导、培育和维护良好的邻里关系,是互相关照、互相理解、和谐相处的社区建设的重要内容。杨某的父亲长期受到张某夫妇及其儿子的照顾,杨某的父亲将其房产遗赠给张某的儿子,于法有据,于情合理,人民法院依法予以支持。第二,弘扬家庭美德的价值。在"刘某诉刘某某、周某某共有房屋分割案"中,法院指出,孝敬父母,是中国社会传承几千年的重要家庭伦理道德。父母为子女含辛茹苦,将子女培养成人,子女长大后理应善待父母,为他们营造安定的生活环境。本案中,父母为购房支付了大部分房款,并从子女利益考虑,让女儿占有房屋产权 90% 的份额,但作为女儿,原告刘某却意图将父母占有的份额转让给自己,从而占有房屋的全部份额,损害了父母的利益,人民法院依法不予支持。

5. 侵权责任法实施

(1)交通事故人身损害赔偿的认定不易

2016 年,有关交通事故侵权案件频发。以嘉禾县为例,嘉禾县人民法院受理机动车交通事故责任纠纷的案件共计 163 件,审结 125 件,结案率为 76.69%,其中调解 24 件,撤诉 24 件,调解、撤诉占结案总数的 38.4%。[1] 此类案件中人身损害赔偿的认定存在困难,主要是因为:第一,诉讼主体呈现多样化、复杂化。肇事司机与车辆所有人之间存在雇佣、借用、租用等关系,而有的车辆所有人还与运输公司存在挂靠关系,在这种情况下原告一般将驾驶人、车主、运输公司、保险公司都列为被告起诉。另外,还有将投保商业险的保险公司也列为被告。由于诉讼主体的多样化与复杂化,在审判实践中如何认定责任做法不一。第二,对交通事故认定书异议较多。近年来,嘉禾法院审结的道路交通事故一审案件中,当事人对交通事故认定书提出异议,要求复核的案件大幅增加。在《道路交通安全法》实施以前,当事人对公安交警部门做出的道路交通事故责任认定书不服的,可以提起行政诉讼。而《道路交通安全法》实施以后,当事人对公安机关制作的交通事故认定书不能提起行政诉讼,只能要求上一级部门复核。第三,案件调撤率较低。交强险的强制参保,使得赔偿主体的赔偿责任转嫁到了保险公司。绝大多数保险公司把判决书作为理赔的依据。即使是双方当事人达成了一致意见,也需要以判决的形式确定给付内容。另外,交通事故必须各方当事人一致请求公安机关交通管理部门调解的,交警部门才对纠纷进行调解。交警部门一次调解不成即终结调解程序,而并未经过再次调解,经交警部门调解达成协议的案件数量大幅下降。

---

〔1〕 参见《浅析机动车交通事故责任纠纷案件的特点》,载湖南法院网,http://hunanfy.chinacourt.org/article/detail/2017/02/id/2542967.shtml,最后访问日期:2017 年 2 月 14 日。

（2）校园暴力侵权呈现扩张趋势

近些年，校园暴力事件频发，并呈上升趋势，严重影响了广大学生的健康成长，校园暴力现象也成为社会大众关注的焦点。2016 年，中国青少年研究中心针对 10 个省市 5000 多名中小学生调查显示，经常被欺负的占到 6.1%，偶尔被欺负的占到 32.5%。浙江大学《青少年攻击性行为的社会心理研究》调查显示，承认对其他同学有过暴力行为的占到 49%，曾受到其他同学暴力行为的占到 87%。[1] 从这些数字可以看出，校园暴力侵权情况不容乐观。校园暴力侵权呈现扩张的趋势。究其原因，除学生自身特有的年龄小、辨别是非能力及自我控制能力低外，缺乏良好的法律意识，未意识到自己是在侵权也是重要因素，具体如下：一是侵权事由的简单化。2016 年最高人民法院的新闻通告会上，北京、合肥、福建、四川四省高院通报了 67 起发生在校园内的侵权案例。二是侵权结果的严重化。例如，2016 年澧县法院审理校园侵权案件中，两中学生肖某和胡某在 QQ 聊天中言语不和结怨，继而双方邀约多名同龄伙伴相约打架，结果至彭某某死亡。三是侵权形式多样化。[2] 校园侵权分为言语暴力、行为暴力和心理暴力，其行为手段包含了打架斗殴、故意伤害、敲诈勒索、性暴力、恃强凌弱、恐吓、威胁、胁迫受害者做其不想做的事等多种形式，侵权形式呈多样化、低龄化、新型化发展的特点。四是侵权年龄偏低。近年来，校园侵权场所从大学不断向高、初中甚至小学转移，据统计，近年来青少年总数已经占到了侵权总数的 70% 以上，其中十五六岁少年侵权案件又占到了青少年侵权案件总数的 70% 以上。[3]

（3）侵权责任法典型案例简析

2016 年最高人民法院发布的侵权典型案例中仍然强调和突出环境侵权的公益保护。尽管在绿色发展理念引导下，生态文明建设的重要性日益被全社会所认识和接受，但是仍然存在以下不足：第一，现行《侵权责任法》仅规定了环境污染侵权责任，旨在填补受害人个人的损害，无法恢复整体环境、生态；第二，环境污染损害往往具有潜伏性，在损害显现时，污染企业可能已被注销，缺乏相关受益人的直索责任的规定，不利于保护受害人以及生态环境。第三，环境污染司法解释关于因果关系举证责任分配不恰当。故而，最高人民法院在“某环保联合会诉某农化有限公司等环境污染责任纠纷案”中指出，生态环境是人们共同生存和生活的必要条件，良好的生态环境是全社会

[1] 参见《校园欺凌现象调查：不容忽视的隐痛》，载央广网，http://edu.cnr.cn/list/20161214/t20161214_523336239.shtml，最后访问日期：2017 年 2 月 14 日。

[2] 参见《澧县人大常委会副主任刘辉调研法院工作》，载湖南省澧县人民法院网，http://hnlxfy.chinacourt.org/article/detail/2016/12/id/2367660.shtml，最后访问日期：2017 年 2 月 14 日。

[3] 参见《校园欺凌现象调查：不容忽视的隐痛》，载央广网，http://edu.cnr.cn/list/20161214/t20161214_523336239.shtml，最后访问日期：2017 年 2 月 14 日。

的共同福祉,是重要的社会公共利益。无论是日常生活,还是生产经营,都不得以破坏和牺牲生态环境为代价,否则就要依法承担法律责任。某农化有限公司等六被告长期将工业废物直接排进河道,污染了水流,造成了严重环境损害。环保组织提起环境公益诉讼,人民法院应当依法判决排污企业承担环境损害责任。

二、2016 年民事法律实施的总体特点

(一)民事法律实施中重视践行社会主义核心价值

2016 年的民事法律实施立足于司法审判的基本职能,注重社会矛盾纠纷的依法治理、综合治理和源头治理,以推动完善社会治理体系,保障人民安居乐业,维护社会安定有序,从而践行社会主义核心价值理念。

1. 充分认识到民事案件涉及法益的内在价值理念

典型的如,英雄人物的人格利益。英雄人物的个人名誉、荣誉,总是与一定的英雄事件、历史背景相关联,也与近现代中国历史紧密相关,更与我国的社会共识和主流价值观相关。基于这些因素,人民法院认识到,英雄人物的事迹、形象和精神价值,已经成为中华民族共同记忆和民族感情的一部分,它们对现代中国具有不可替代的伟大意义,并由此构成我国社会主义核心价值观的重要组成部分。人民法院审理此类案件,应从更为广阔的视野出发,不仅要依法保护英雄人物的个人权益,也要强调判决的公共价值彰显功能。通过判决,阐发社会主义核心价值观的精神内核,引导社会公众崇尚英雄、捍卫英雄、学习英雄、关爱英雄。再如,诚信的建设。江苏省人民法院与 45 家省级机关召开联合信用惩戒联席会议,省委、省政府制定对失信被执行人实施联合惩戒的意见。推动将失信被执行人名单嵌入相关领域办公平台,被执行人乘坐飞机高铁、进行高消费、担任企业高管、参加招投标、对外投资、出国出境以及贷款等均受到限制,向最高人民法院“失信被执行人名单”推送信息 299,976 人次,促使 52,279 名被执行人履行义务,同比增长 192.42%。[1] 依法规制知假买假、消费欺诈等行为,积极营造公平诚信的消费环境。推动将虚假诉讼、恶意诉讼、滥用诉权等诉讼失信行为纳入社会征信系统。加大对虚假诉讼案件的查处力度,对发现和确认的虚假诉讼案件及时予以清理纠正。

2. 妥当地平衡了不同主体之间的利益

民事法律的实施应当依法平等保护民事权利。例如江苏省区分审判制度,积极推进少年家事审判体制机制试点改革工作,依法保护妇女、儿童、老年人合法权益,一审

---

〔1〕 参见《江苏省高级人民法院工作报告》,载江苏省法院网,http://www.jsfy.gov.cn/tjsj2014/gzbg/2017/02/08090147533.html,最后访问日期:2017 年 2 月 14 日。

审结婚姻家庭、三养、继承等案件120,438件。[1] 依法公正审理涉军租赁合同纠纷案件,支持军队"全面停止有偿服务"改革。维护国防利益和军人军属权益,从而能够真正地平衡不同主体之间的利益。在某些典型复杂的案例中,尽管侵权行为在表现形态上为侵害名誉权等纠纷,但其背后涉及的利益类型和利益主体相当复杂,稍有不慎,可能会导致利益失衡。在审理此类案件过程中,人民法院重视个人权益保护和公民的言论自由、学术自由的关系。总的原则是,公民的言论自由、学术自由应在宪法和法律的框架内行使,在不侵害他人权益和危害公共利益的范围内行使。通过这些案件,人民法院逐步确立了司法裁判的范围,不对学术问题做出司法裁判,但要对以学术研究为名侵害他人合法权益的行为做出制裁。只有坚持平等保护、契约自由和诚实守信原则,立足矛盾化解,着眼权益保障,才能不断满足人民群众多元司法需求。

3. 以个案的事实和证据为基础,全面准确地适用了现行法律和司法解释的规定

民事法律实施需要积极地回应群众关切。2016年一年中,各院严格执行立案登记制,有效杜绝有案不立、有诉不理和拖延立案现象。例如,江苏省人民法院诉讼服务中心规范化建设和服务标准,利用互联网登记立案104,245件,利用12368诉讼服务热线提供服务190,794人次,为人民群众提供更加便捷高效的诉讼服务。充分发挥审判监督职能作用,坚持有错必究,审结申诉、申请再审案件22,755件,审结再审案件2717件,其中改判、发回重审1407件;并为群众提供多渠道信访途径,办理涉诉信访案件16,523件次,同比下降8.76%,连续8年保持下降趋势。[2] 民事法律实施在严格遵循现行法律基础上获得了良好的效果。同时,在侵权行为方式和类型上,人民法院还应当结合互联网技术的新发展和侵权行为的新类型,对行为准确定性;在行为人主观过错的认定上,要结合相互对立的言论的内容、背景、指向等综合判断;在言论主体对他人批评的容忍义务上,要结合言论的内容及言论主体的具体情况,差异化地认定其注意义务的范围及相应的容忍义务;在损害后果的判断上,要根据行为人利用互联网的能力及相应的认识能力等因素加以判断;在侵权责任承担方式上,根据侵权人是否采取了主动删除等补救措施,区分不同情况判决其承担不同的责任。总体而言,在这些典型案例的审理过程中,人民法院以现行法及其解释为基础,以事实为依据,与时俱进,全面准确地把握了侵害名誉权等各类侵权纠纷案件的法律适用,法律论证充分,维护和弘扬社会主义核心价值观,既是我国现行法律体系的核心价值追求,也是人民法

---

〔1〕 参见《2016年全省法院审判执行工作情况通报》,载江苏省法院网,http://www.jsfy.gov.cn/xwzx2014/xwfb/2017/01/17162042966.html,最后访问日期:2017年2月14日。

〔2〕 参见《江苏省高级人民法院工作报告》,载江苏省法院网,http://www.jsfy.gov.cn/tjsj2014/gzbg/2017/02/08090147533.html,最后访问日期:2017年2月14日。

院在司法审判中一贯坚持的立场。2016 年一年中，人民法院通过司法审判，遵循现行法律结合个案特性，保障所有社会成员的合法权益，彰显社会公平正义，维护社会主义核心价值观。

（二）民事法律实施中加强民事案件执行

1. 着力提升群众法治意识

2016 年度落实“谁执法谁普法”责任，以深化司法公开为抓手，引导群众理性表达诉求、依法维护权益，努力培养讲规则、守规则和按规则办事的社会习惯。例如，广东省人民法院经审委会讨论公开发布典型案例 40 件，全省法院在“中国裁判文书网”公布裁判文书 791，819 份。围绕社会关注的打击毒品犯罪、知识产权保护、妇女儿童权益保护等热点问题，举行新闻发布会 517 场次。通过庭审互联网直播平台直播庭审 41，488 场次，同比增长 149.18%。连续 5 年开展“送法进社区”活动，拍摄微电影 62 部，利用法院网站、微博、微信等及时发布法院信息，积极弘扬职业道德、社会公德、家庭美德，不断扩大法治宣传效果，注重提高民众的法治意识。〔1〕

2. 推进矛盾纠纷多元化解和源头预防

2016 年的司法实践围绕征地拆迁、环境污染、非法集资、企业破产等群体性涉诉纠纷，积极争取党委政府、人民团体、基层组织支持，有针对性地开展化解、调处工作。在各级法院诉讼服务中心设立人民调解工作室和律师工作站，协调司法行政机关派驻人民调解员 3828 人，积极引导当事人选择非诉讼途径理性表达诉求。针对物业、保险、道路交通、劳动争议、互联网金融等矛盾纠纷多发领域，积极会同相关部门，完善诉调对接机制，努力形成工作合力。在基层法院诉讼服务中心设立速裁庭，努力实现繁案精审、简案快审。例如，浙江省 2016 年法院适用小额诉讼程序审理案件 106，716 件，同比增长 107.50%。〔2〕

3. 扎实推进“基本解决执行难”

2016 年 3 月 13 日，最高人民法院院长周强在十二届全国人大四次会议上报告最高人民法院工作时明确提出，“用两到三年时间基本解决执行难问题”，旨在实现：第一，被执行人规避执行、抗拒执行和外界干预执行现象基本得到遏制；第二，人民法院消极执行、选择性执行、乱执行的情形基本消除；第三，无财产可供执行案件终结本次执行的程序标准和实质标准把握不严、恢复执行等相关配套机制应用不畅的问题基本解决；第四，有财产可供执行案件在法定期限内基本执行完毕，人民群众对执行工作

---

〔1〕 参见《综合治理工作格局基本形成并初显成效》，载广东省法院网，http://www.gdcourts.gov.cn/ecdomain/framework，最后访问日期：2017 年 2 月 14 日。

〔2〕 参见《浙江法院“三大窗口”纪律作风守则新闻发布会》，载浙江省人民法院网，http://www.zjcourt.cn/col/col118/index.html，最后访问日期：2017 年 2 月 14 日。

的满意度显著提升,人民法院执行权威有效树立,司法公信力进一步增强。该纲要引发社会普遍赞誉和广泛共鸣。各地法院积极落实最高人民法院关于"用两年到三年时间基本解决执行难问题"的要求,并有一定的成效。例如,江苏省人民法院向执行难全面宣战,新收执行案件466,747件,执结421,018件,执结标的金额1831.85亿元,同比分别增长17.04%、12.16%和45.16%。会同省检察院、省公安厅完善拒不执行判决、裁定案件办理机制,71名拒不执行判决裁定罪被告人被追究刑事责任。强化运用搜查、拘传、拘留、罚款等手段,集中开展"现场执行""凌晨执行""假日执行",尽最大努力实现胜诉当事人合法权益。江苏省人民法院与网易、江苏电视台等媒体合作,对徐州、无锡、苏州集中执行活动进行全媒体直播,累计超过1200万网民在线观看,取得良好社会反响。司法网拍55,621次,成交金额351.33亿元,同比增长187.58%,最高单笔成交价8.31亿元。[1]

(三)民事法律实施中推动审判创新,立足高质司法

1.依法加强生态文明的建设

2016年,围绕创新在发展全局中的核心位置,各级人民法院立足司法推进全面创新,增强服务产业结构调整和创新驱动发展的针对性、实效性。司法实践中,尤其是有关生态环境保护的判决,法院对于违法排污、破坏耕地、非法捕捞、跨境倾倒垃圾、走私固体废物等侵害环境的行为予以严厉惩治。服务创新驱动经济发展。因此,完善环境资源审判机制,依法审理环境公益诉讼案件,提升生态文明保护水平,对于加快淘汰违法违规产能,提升产能化解实效,促进产业转型升级,强化关键核心技术,意义非凡。典型的如,湖北省人民法院在依法审理环境公益诉讼案件时,贯彻恢复性司法和预防性司法理念,切实维护社会公众环境权益,新收环境公益诉讼案件25件。[2] 公开开庭审理全国首例由检察机关提起的环境民事公益诉讼案件。依法支持、监督国土、林业、水利等部门履行生态资源保护职责。

2.营造有利于创新的良好氛围

在"大众创业,万众创新"的时代背景下,依法保障企业家投资权益,激发创业热情。人民法院坚持鼓励与规范并重的价值取向,依法审理"互联网+"背景下引发的网络约车、快递服务、金融消费、网络购物等新型纠纷案件,保障新产业、新业态健康发展。加大对创业投资、公平竞争、技术创新的司法保护力度。例如,江苏省新收一审知

---

〔1〕 参见《江苏省高级人民法院工作报告》,载江苏省法院网,http://www.jsfy.gov.cn/tjsj2014/gzbg/2017/02/08090147533.html,最后访问日期:2017年2月14日。

〔2〕 参见《革创新 破解执行难题——省高级人民法院工作报告解读》,载湖北省法院网,http://hubeigy.chinacourt.org/public/detail.php?id=30575,最后访问日期:2017年2月14日。

识产权案件10,058件,审结10,142件,同比分别增长9.65%和13.14%。[1] 加强对关键核心技术、战略性新兴产业的司法保护,推动产业结构转型升级。依法受理加拿大无线未来科技公司诉索尼移动通信产品(中国)有限公司等标准必要专利侵权纠纷案。在南京、苏州设立跨区划管辖的知识产权法庭,发挥集中管辖优势,提升专利等技术类案件审理水平。

3.不断提升司法公信力

2016年9月,广东省高级人民法院出台《贯彻落实〈关于完善人民法院司法责任制的若干意见〉的实施意见(试行)》,按照"让审理者裁判、由裁判者负责"的要求,建立院庭长权力清单,健全法官业绩评价、审判责任追究等制度机制,深入推进司法责任制改革,不断地提高司法公信力。全面推进以法官为中心的审判团队建设,促进审判权公正高效运行。例如,广东省法院院、庭长担任审判长或独任审结案件607,625件,占结案总数的41.29%。广东省人民法庭审结案件339,364件。[2] 法院在收案数量继续增长的情况下,结案总数和法官人均结案数同比均有上升,审判质量和效率得到了进一步提高。其中,司法人员职业保障制度是司法公信力的前提。典型的如,中共江苏省委组织部、中共江苏省委政法委员会、江苏省机构编制委员会办公室、江苏省高级人民法院、江苏省财政厅、江苏省人力资源和社会保障厅在2016年7月发布了《关于推进书记员管理体制改革实施方案》,并旨在2016年年底前全面落实到位各项改革措施。在江苏省委组织部的支持下,扎实推进法官单独职务序列改革,顺利完成对员额法官等级的确定工作。积极配合省人社厅、省财政厅制定实施意见,推动法官薪酬制度改革在全国率先落到实处。会同省委组织部、省委政法委等五部门联合下发《关于推进书记员管理体制改革实施方案》,明确书记员作为全省法院的司法雇员,纳入财政保障范围。会同省人社厅做好书记员岗位等级评定工作,首次为4149名书记员颁发岗位等级证书。成立法官权益保障委员会,依法维护法官的合法权益。

(审读专家:湖南大学法学院院长　屈茂辉教授)

(责任校对:崔雪炜)

[1] 参见《江苏省高级人民法院工作报告》,载江苏省法院网,http://www.jsfy.gov.cn/tjsj2014/gzbg/2017/02/08090147533.html,最后访问日期:2017年2月14日。

[2] 参见《综合治理工作格局基本形成并初显成效》,载广东省法院网,http://www.gdcourts.gov.cn/ecdomain/framework,最后访问日期:2017年2月14日。

撰稿专家

许中缘，1975 年出生，湖南武冈人，中国人民大学民法博士，吉林大学法学硕士、学士。现为中南大学法学院教授，博士生导师，中南大学法学院教授委员会主任、中南大学法学院院长助理，民商法研究所所长，兼任中国仲裁法学研究会常务理事，中国法学教育研究会理事、董必武法学思想（中国特色社会主义法治理论）研究会理事、湖南省人民检察院专家咨询委员会委员，湖南省法学会民商法研究会副会长，湖南省法学会工程法研究会副会长，国家社科基金重大招标项目“中外土地征收制度的资料整理与比较研究”首席专家。《商法的独特品格与我国民法典编纂》入选 2016 年国家社科基金成果文库。研究兴趣在于民法基础理论与法学方法论。先后主持国家重大招标项目、国家社科基金青年项目、教育部后期重点资助项目、司法部重点项目多项。在《中国社会科学》《中国法学》等刊物发表学术论文 60 余篇，出版《商法的独特品格与我国民法典编纂》（上、下册）、《民法总则原理》《民法强行性规范》《体系化的民法与法学方法》学术专著四部，译著《欧共体私法与各国私法之协调及法律解释之经典方法》一部。

夏沁，中南大学法学院民商法专业博士研究生。

第二章

2016年民商法实施报告

中　2016年商法实施报告

龚　博　李依伦

报告要旨

2016年，商事法律的法治实践成绩与问题共显。从对熔断机制的反思到万宝之争的平息，从商事登记制度的地方法治实践到人民法院依破产法稳妥处置“僵尸企业”，再到信托和保险行业监管机构的执法实践，积极监管目标的确立对监管机构的监管模式提出了更高的要求——如何能在发挥市场决定性作用的前提下，通过监管体制的优化实现中国特色社会主义市场经济的健康稳定发展成为商法法治实施中值得思考的课题之一。

核心建议

1. 监管机关应当以积极监管为目标，结合形式和实质正义的要求去进行规制和调整，在制定规则时又应当注重科学性和民主性。

2. 司法机关在依法处置“僵尸企业”中应当适度创新，提高司法能动性，为供给侧结构性改革、提升市场主体竞争力、建立社会主义市场主体退出机制提供司法助力。

一、公司法的法律实施

公司法律的实施状况占整个商事法治实施的大部分。2016年度的上市公司治理水平情况、“万宝之争”以及商事登记制度改革的地方法治实践共同构成了公司法法治实施的宏伟图景。

(一)公司治理水平情况报告[1]

2016年,构成中国上市公司治理指数的股东治理指数、董事会治理指数、监事会治理指数、经理层治理指数、信息披露指数和利益相关者治理指数均呈上升态势,其中股东治理指数和董事会治理指数提高最为显著。

1.公司治理总体概况

2016年中国上市公司治理指数评价样本量为2807家,是同期全部上市公司样本,其中主板1493家,中小企业板772家,创业板492家,金融业板块50家。

中国上市公司治理指数的数据显示,中国上市公司治理水平在2003~2016年总体上不断提高,经历了2009年的回调,金融危机之后,趋于逐年上升态势,并在2016年达到新高62.49,比2015年提高了0.68%,比2003年上升13.53,提高了26.64%。需要说明的是,2016年金融业治理走低。

分行业来看,2016年评价排名中,教育、卫生和社会工作、科学研究和技术服务业、信息传输、软件和信息技术服务业、金融业等行业治理指数均值较高;而综合业、住宿和餐饮业、房地产业和采矿业等行业治理指数均值较低。不同地区治理水平存在一定差异,广东省、浙江省、河南省、北京市、江苏省、福建省和山东省等地区指数均值较高;而宁夏、青海省和山西省指数均值均在60以下。控股股东性质不同治理水平也表现出较大的差异,继2011年之后,2016年民营控股上市公司治理指数连续6年超过国有控股上市公司。不同市场板块的公司治理水平也存在较大差异,其中创业板公司治理指数最高,中小板紧随其后,然后是金融业板块,排在最后面的为主板上市公司。

2.中国上市公司治理六个维度

一是股东治理指数进一步上升。2016年中国上市公司股东治理指数相比2015年有一定幅度的上升,由65.08上升为66.04,上升了0.96。其中,独立性上升了0.08,基本保持不变,中小股东权益保护上升了1.94,关联交易上升了0.41。股东治理指数的提升主要是由中小股东权益保护上升所导致,主要体现为现金分红的完善和网络投票的普及。2016年有1350家(占48.1%)上市公司在过去的5年内持续分红,较2015年801家(占30.9%)大幅上升。由于交易所要求上市公司必须为中小股东提供网络投票方式,该制度无疑得到了极大普及。这也说明公司治理的完善仍需要监管层的推动。民营控股上市公司股东治理指数的平均值明显高于国有控股上市公司,差距为4.88。进一步分析发现,民营控股上市公司在高管及董事独立性、现金分红、累积投票

---

[1] 部分内容来源于李维安教授团队的研究,详见《2016中国公司治理评价报告》,载中国公司治理网,http://www.cg.org.cn/n/8588.html,最后访问日期:2017年2月5日。

实施、中小股东董事提名权、经营类关联交易等重要指标上的表现都要好于国有控股上市公司。

二是民营控股公司董事会治理水平领先国有控股。民营控股上市公司董事会治理的平均水平高于国有控股上市公司。国有控股上市公司在董事会运作效率和董事会组织结构方面超过民营控股上市公司,而民营控股上市公司在董事权利与义务、董事薪酬和独立董事制度方面超过国有控股上市公司,尤其在董事薪酬方面,民营控股公司的优势较大。2011～2016 年,民营控股上市公司的董事会治理质量已连续 6 年超过国有控股上市公司。

三是监事会治理质量逐年提高。上市公司监事会治理质量逐年提高,尤其是从 2006 年新《公司法》实施后,监事会的职权得到加强,监事会治理的履职基础得到强化,监事会治理质量有显著的提高。2016 年我国上市公司监事会治理指数的均值为 58.76,其中监事会运行指数表现良好,平均值为 70.99,监事会会议次数由 2015 年的 5.49 次提高到 5.68 次。监事会胜任能力指数和规模结构指数平均值分别为 59.70 和 50.32,虽然略有提高,但仍是短板。上市公司监事会规模以及职工监事设置上大多仅仅符合公司法的底线要求,2016 年 71.93% 的上市公司监事会规模为 3 人。

四是经理层治理总体呈现平稳趋势。2016 年样本上市公司的经理层治理指数平均值为 58.01,较 2015 年提升 0.21。从经理层评价的三个主要因素层面来看,经理层任免制度指数平均值为 59.32;执行保障指数平均值为 62.32;激励与约束机制指数平均值为 53.12。相较上一年度,其中激励约束指数上升 3.47,任免制度指数和执行保障指数略有下降,样本公司经理层总体治理状况呈现平稳趋势。

五是信息披露日益完善。我国上市公司信息披露水平近 6 年呈现稳定的上升趋势。2016 年信息披露指数为 65.43,比 2015 年上升了 0.26,主要是由相关性和可靠性分指数上升造成,分别提高 0.56 和 0.31,而及时性下降 1.14。相关性指数上升主要体现在公司战略性信息、行业格局及趋势、研发支出及详细信息、关联交易信息、社会责任信息披露、内控缺陷情况披露等方面均略有提升。可靠性方面,报告期内发生财务重述行为的公司减少较多,所占比例相较 2015 年减少 5.29%,标准无保留审计意见公司由 96.33% 升至 96.48%,但内部控制无效及有重大缺陷的公司从 2.93% 升至 6.73%,部分抵销了前两项可靠性提升的作用。及时性的下降主要因为上市公司年度报告的平均披露时滞变长,由资产负债表日后 93 天上升至 97 天,披露日期处于截止日最后 5 天的公司占比由 12.81% 增加至 22.37%。

六是利益相关者治理水平稳步提升。2016 年度我国上市公司利益相关者治理指数的平均值为 62.68,较 2015 年提高了 0.17。这表明我国上市公司愈发重视利益相关者方面的治理。进一步分析来看,2016 年我国上市公司利益相关者参与程度为 50.43,

较2015年下降0.36，这主要是受宏观经济增速放缓的影响，上市公司普遍在投资者关系管理的投入与网站建立与维护等方面削减了开支。而2016年利益相关者协调程度指数为77.05，较2015年上升0.22。

3.上市公司治理的法治提升

为深化公司治理改革，推进公司治理能力现代化，应当从以下方面进行改革：一是进一步强化行政型治理向经济型治理理念的转变；二是发挥治理事件的积极作用，推动治理完善与优化；三是在中小股东支持的前提下，提前设置防止敌意收购的制度保障；四是进一步深化网络治理改革，提供中小股东可以低成本参与治理的工具和平台；五是加强中小股东维权意识，提供便利的股东诉讼渠道；六是在追求股东利益的同时，满足利益相关者的利益诉求；七是加强金融机构有效监管，防御绩效下滑带来治理风险的累计；八是摆正去行政化和薪酬激励机制改革次序。

（二）公司治理法治的规则建设

在部门商事法的法治实施中，最突出的话题当属公司法的实施。

1.公司决议瑕疵的法治治愈

关于公司决议的问题，中国政法大学民商经济法学院副教授朱晓娟认为，法人与自然人一样被认为具有意思和执行能力，公司决议就是公司意思形成的过程，在性质上其不属于法律行为，因此，不宜囿于传统民事法律行为的理论尤其是效力形态对其进行制度构建。私法自治在公司法上的要求就是对公司意思予以尊重，应关注公司的整体利益，尽量不干预公司意思的形成过程而认可其效力。但为消除意思形成过程中因实体或程序瑕疵而使股东、董事或其他主体可能遭遇的利益减损或不公正待遇，朱晓娟建议赋予股东、董事或其他主体以撤销权，即以撤销作为公司瑕疵决议效力的唯一形态。与二元、三元甚至四元效力形态相比，瑕疵决议效力的一元化有助于维护公司自治、确保商事效率、节约司法成本、兼顾社会现实。当然，我国公司法宜为此进行相应的制度修正以提升其运行效率。

对公司决议提出质疑，进而提起诉讼的情形，在实践中也频频出现，华东政法大学副教授丁勇表示，决议瑕疵诉讼以公司为被告是基于诉讼法而非实体法上的考虑。丁勇认为，应明确公司法上的决议无效之诉专指由公司股东、董事及监事提起的，适用公司法上专门的实体及程序规则的一种特殊的确认之诉，以区别于第三人提起的普通确认之诉。不应对股东起诉施加持股时间上的限制，但应考虑对提起决议无效之诉规定起诉期限，股东不能提起确认决议有效之诉，但可在撤销否决性决议时提起肯定性的决议确认之诉。[1] 为保证决议瑕疵诉讼中否定决议效力的判决既判力扩张的正当

〔1〕 丁勇：《公司决议瑕疵诉讼制度若干问题反思及立法完善》，载《证券法苑》2014年第2期。

性,公司法应对诉讼参加、诉讼管辖、公告与合并以及判决效力等做出全面明确的规定。

2. 交易安全的法治保障

我国最近进行的注册资本登记制度改革极大地降低了公司设立的门槛,简化了设立程序,大大激励了投资者的创业积极性,提高了投资效率。但就此次改革是否忽视了交易安全的保障这一问题,同济大学法学院教授高旭军详细分析了此次改革在保护公司债权人利益和交易安全方面的作用,并认为:尽管修改后的规定有维护交易安全的条款,但难以避免股东逃避出资义务、转嫁经营风险,且无需为此承担责任,即使"企业信息公示义务"等配套改革措施也难以防止这一点。为促进我国经济的健康发展,维持经济效率和安全之间的平衡,高旭军提出,至少应该追究股东开设皮包公司企图搞投机行为的刑事责任,并建议将刑法中的虚报注册资本罪和虚假出资、抽逃出资罪扩大适用至所有公司类型。[1] 这也符合国务院《关于印发注册资本登记制度改革方案的通知》有关"强化司法救济和刑事惩治"的精神。

公司章程自治是公司股东通过章程设定规则自主决定公司事务的权利,公司章程自治的内容和边界不得违反法律和行政法规,不得损害社会公共利益。海南大学法学院教授董万程认为,公司章程自治的边界要结合合同法中无效合同的判断标准进行理解和适用,违反公司法中的效力性强制性规定,才应认定公司章程自治行为无效。

(三)上市公司控制权争夺的监管法治

历时一年多的万科股权之争近期已有化解,局面朝着有利于各方利益的方向发展。在这场发生在资本市场的"战争"中,政府监管力量与市场自治力量相互协调,共同发挥作用,最终促成了多方受益的局面。在利益博弈的过程中,由于各方均能在法治规则下行为,政府既未越位,也未缺位,而是恰到好处地履行了监管职责,堪称典范。

1. 监管态度转变

2015 年 12 月 18 日,证监会新闻发言人张晓军表示,市场主体之间收购、被收购的行为属于市场化行为,只要符合相关法律法规的要求,监管部门不会干涉。

2015 年 12 月 25 日,张晓军表示,证监会一直高度关注宝能举牌万科一事,上市公司收购人等信息披露义务人在上市公司收购中应当依法履行信息披露义务;上市公司董事会对收购所做出的决策及采取的措施,应当有利于维护公司及其股东的利益。

2016 年 7 月 22 日,证监会新闻发言人邓舸表示:"证监会一直在持续关注万科之争中各方当事人的言行,证监会将会同有关监管部门继续对有关事项予以核查,依法依规进行处理。"就博弈已久的万科相关股东与管理层之争,证监会斥责万科相关股东

---

〔1〕 高旭军:《投资效率与交易安全保障之平衡》,载《东方法学》2015 年第 1 期。

与管理层未成为建设市场、维护市场、尊重市场的积极力量，相反通过各种方式激化矛盾，置公司广大中小股东利益于不顾，严重影响了公司的市场形象及正常的生产经营，违背了公司治理的义务。对此证监会予以谴责。邓舸最后强调，希望各方在法律法规范围内，拿出切实行动，协商解决问题，促进公司健康发展。证监会也重申，对监管中发现的任何违法违规行为，都将依法严肃查处。

2016 年 11 月 8 日，保监会明确表态，不支持保险资金短期大量频繁炒作股票，目前已经约谈了在二级市场存在短炒行为的保险企业主要负责人，指出该行为短期炒作股票对保险行业及保险资金运用带来负面影响。

2016 年 12 月 3 日，证监会主席刘士余强调，用来路不正的钱，从门口的野蛮人变成了行业的强盗，这是不可以的。挑战了国家法律法规的底线，也挑战了做人的底线，当你挑战刑法的时候，等待你的就是开启的牢狱大门。〔1〕

2016 年 12 月 5 日晚间，保监会突然发布信息，停止宝能旗下前海人寿万能险的新业务，同时，叫停前海人寿、恒大人寿等 6 家保险企业的互联保险业务，〔2〕几家保险企业并遭检查组进驻调查。根据保监会披露的数据，万能险占据前海人寿收入超过 80%。现金流被切断，随之而来的将是流动性与偿付能力的潜在风险。

2. 积极监管目标的实现手段

万宝之争有望迎来多赢结局。在当今高度市场化条件下，当市场失灵失控时，更需要监管部门的积极监管。中共中央国务院《关于深化投融资体制改革的意见》明确指出："完善保险资金等机构资金对项目建设的投资机制……加快推进全国社会保障基金、基本养老保险基金、企业年金等投资管理体系建设，建立和完善市场化投资运营机制"。毫无疑问，这些要求均为相关监管机构的积极监管目标。那么，当现实中已有规则不足以覆盖新情形时，监管机构就应当利用监管规则制定时留出的自由裁量空间对实质正义进行主动探寻。简言之，基于被设定的目标和权限，善于运用自由裁量权，结合形式和实质正义去进行规制和调整，才是监管机关应然角色。〔3〕

市场经济条件下应发挥市场在资源配置上的决定性作用，但市场不是万能的，也会有缺陷和失灵的时候，需要及时纠偏，这个时候就需要政府的"有形之手"，只要它有

---

〔1〕 刘士余：《在中国证券投资基金业协会第二届第一次会员代表大会上的致辞》，载中国证监会网，http://www.csrc.gov.cn/pub/newsite/zjhxwfb/xwdd/201612/t20161203_307137.html，最后访问日期：2016 年 12 月 3 日。

〔2〕 详见《中国保监会监管函（监管函〔2016〕57 号）》，载保监会网，http://www.circ.gov.cn/web/site0/tab5168/info4052178.htm，最后访问日期：2017 年 2 月 16 日。

〔3〕 邓峰：《万科案的监管者该管什么？该怎么管？》，载财经网，http://yuanchuang.caijing.com.cn/2016/0724/4152828.shtml，最后访问日期：2017 年 2 月 16 日。

利于市场健康发展,有利于企业健康发展,有利于相关利益方利益最大化。当市场力量无法满足公共利益时,也可谓市场失灵,政府就应及时出手干预和纠偏。否则,听任资本利用当前新市场形势下金融和监管方面法律法规滞后,甚至不惜违法违规进行投机行为,必然最终摧毁优秀的管理文化基因,损害中小股东利益。不仅如此,即使是对高杠杆资金的使用者而言也是一种莫大的伤害。

三、证券法的法律实施

2016 年,证监会认真贯彻落实习近平总书记关于建立融资功能完备、基础制度扎实、市场监管有效、投资者合法权益得到充分保护的股票市场的重要指示,深刻反思 2015 年股市异常波动教训,着力推进依法监管、从严监管、全面监管,资本市场功能得到一定的修复和改善,市场运行呈现稳中有进的特点。

(一)行政处罚涉诉案件总体情况

随着证监会执法力度不断加大,证监会行政处罚决定涉诉数量增长明显。2016 年,证监会行政处罚涉诉案件共 43 件,连续 3 年创造历史新高。[1] 涉诉案件呈现多样化、新颖化趋势,案件类型既包括信息披露等传统案件,也包括编造传播虚假信息、上市公司大股东违法减持股票等历史上首次涉诉的新型案件,并无司法审查先例可循。与此同时,新行政诉讼法实施后,法院对证监会行政处罚涉诉案件的司法审查标准日趋严格,审查重点呈现由程序合法性向实体合法性审查延伸,由合法性审查向合理性审查延伸等特点,证监会行政处罚应诉工作面临前所未有的挑战。

2016 年,法院对涉及证监会行政处罚的 24 件案件做出判决或裁定,其中胜诉 16 件,原告主动撤诉 6 件,一审败诉 2 件(涉及同一处罚决定)。对一审败诉案件,证监会已依法提起上诉。

通过诉讼,证监会的执法原则和标准得到进一步巩固和确认,证监会的执法权威和公信力得到进一步加强。与此同时,法院在判决中也对证监会执法工作提出了若干建议,助力证监会不断提升依法行政水平。证监会行政处罚应诉结果表明,证监会行政处罚经得起司法审查的检验。证监会严格规范公正文明的执法,必将在法院公平公正的审判中获得支持和肯定。

(二)行政处罚案件总体情况

2016 年,在新的监管理念、监管要求引领下,证监会共对 183 起案件做出处罚,做出行政处罚决定书 218 份,较去年增长 21%,罚没款共计 42.83 亿元,较去年增长

---

〔1〕《2016 年证监会行政处罚涉诉案件综述》,载证监会官网,http://www.csrc.gov.cn/pub/newsite/zjhxwfb/xwdd/201701/t20170120_309814.html,最后访问日期:2017 年 2 月 16 日。

288%，对 38 人实施市场禁入，较去年增长 81%。[1] 行政处罚决定数量、罚没款金额均创历史新高，市场禁入人数也达到历史峰值。除信息披露违法、内幕交易、操纵市场等传统案件外，还显著加强了对中介机构未勤勉尽责、编造传播虚假信息等违法行为的处罚追责力度，全面深入推进私募基金行业和股转系统领域的执法。2016 年全年，证监会还处罚了期货市场操纵、从业人员违法买卖股票、利用未公开信息交易、违法减持股票、法人利用他人账户买卖证券、从业人员私下接受客户委托买卖证券等类型案件若干起。

（三）对熔断机制的法治反思

2016 年第 1 个交易日，我国资本市场熔断机制开始正式实施即触发两档熔断；第 4 个交易日再次触发两档熔断后，当天深夜，监管部门紧急叫停。熔断机制实施仅 4 天即宣告暂停。

熔断机制的“夭折”是由各方面因素共同造成的。但是，其中最为重要的原因是执法机构在事实上行使了“准立法权”，而其制定的规则又未能经过科学论证。从这个意义上说，这是 2016 年法治实施中的败笔，但我们仍能从中吸取有益的经验教训。

首先，由于涉及众多投资者的利益，证券监管制度的推出一定要审慎，需经过认真科学论证，并做市场模拟实验。尽管现在还没有足够的证据证明股票市场的大跌是由熔断机制引起的，但是一项制度在非常短的时间内就被叫停，对于监管机构的公信力是极大的损害。同时，监管制度的推出要充分考虑与相关制度的相容与配套。例如，在已经存在个股涨跌停板制度的情况下，是否还有必要实行指数的熔断机制？

其次，证券监管制度的出台要考虑制度实施所处的环境。在借鉴发达市场经验时，应考虑中国市场的适用性及风险性。中国的证券市场还不是一个成熟的市场，证券市场上还有大量的中小投资者，这些投资者有着更强的从众心理和更弱的市场判断力和抗风险能力。在这样一个市场中实施熔断机制，更可能出现羊群现象。同时由于市场内还存在大量的杠杆融资，这就使得熔断机制的实施可能会带来相较成熟市场更大的波动性。

再次，证券监管制度的实施要考虑时机及实施效果。熔断机制的实施时点，恰逢很多其他政策实施的交汇点。例如，上市公司大股东、董事、监事、高级管理人员通过二级市场减持股份的限制恰好在 2016 年 1 月 8 日到期，然而截至 1 月 7 日熔断收盘前，投资者尚未等到所期待的“减持新规”，直到 1 月 7 日晚，证监会才发布《上市公司大股东、董监高减持股份的若干规定》。再如，注册制的推进速度大大超出投资者的预

---

〔1〕《证监会 2016 年行政处罚情况综述》，载证监会官网，http://www.csrc.gov.cn/pub/newsite/zjhxwfb/xwdd/201612/t20161230_308832.html，最后访问日期：2017 年 2 月 16 日。

期,而监管者在熔断机制暂停后才给出注册制实施时间的解释。这些事后的补救都给熔断机制的实施效果打上了折扣。

最后,证券监管制度的制定要放在全球金融体系的大环境下充分考量。随着中国经济的全球化、人民币的国际化,中国的经济体系与整个世界经济体系日益相容共生,证券监管的复杂性也与日俱增。证券监管部门在制定监管政策时,自然要在全球金融体系的框架下,考虑汇率、人民币国际化以及利率市场化所带来的风险问题,不断总结监管经验,提高监管水平,制定和完善监管措施。[1]

四、破产法的法律实施

2016年,最高人民法院大力推动破产审判机制改革,在全国范围内推动破产审判庭的设置,同时开通了全国企业破产重整案件信息网。不仅如此,习近平主席与美国前总统奥巴马在G20杭州会晤中达成了一系列重要共识,形成了中美元首杭州会晤中方成果清单。[2] 其中,特别强调了要建立和完善破产制度和机制。

(一)司法能动下的法治实现

破产法在2016年中"出镜率"奇高虽然与中央加强了对"僵尸企业"处置等政策性因素有关,但更与司法机关的大力推动分不开。从这一角度考察法院适用破产法的过程本身就是司法能动性在落实法律条文和贯彻国家经济政策中的表现。

1. 疏解北京非首都功能的民商事案件

2016年2月3日,最高人民法院印发《关于为京津冀协同发展提供司法服务和保障的意见》,强调依法审理涉及疏解北京非首都功能的民商事案件。围绕疏解北京非首都功能,及时审理因部分企业搬迁和区域性物流基地、区域性专业市场外迁引发的租赁合同、补偿安置、劳动争议纠纷等案件,依法审理因产业结构调整升级、淘汰落后产能引发的企业重组、破产、强制清算、股东权益纠纷等案件,促进京津冀产业优化升级和产业园区建设。

2. 依法处置"僵尸企业"

2016年2月24日至25日,最高人民法院召开"全国部分法院依法处置僵尸企业调研及工作座谈会",介绍了下一步人民法院开展破产案件审理、依法处置"僵尸企业"的6项重点工作,分别是建立企业清算与破产审判庭、做好执行程序转入破产程序工作、加强破产管理人队伍指导和管理、建立破产费用专项资金、慎重适用重整计划强制

---

〔1〕 姜懿翀:《这是一个书写历史的时代——2016年中国资本市场回眸》,载和讯网,http://stock.hexun.com/2016-12-13/187318230.html,最后访问日期:2017年2月6日。

〔2〕 参见《全国部分法院依法处置僵尸企业调研及工作座谈会纪要(2016年)》。

批准权、积极探索破产案件快审快结程序。

3. 推动破产审判工作常态化、规范化、法治化

2016 年 5 月 24 日，最高人民法院印发《关于依法开展破产案件审理积极稳妥推进破产企业救治和清算工作的通知》，就破产重整企业的识别、与政府建立破产工作统一协调机制、积极完善破产管理人制度等 5 个方面提出明确要求，切实推动破产审判工作常态化、规范化、法治化。

4. 发布破产审判典型案例

2016 年 6 月 15 日，最高人民法院发布 10 起破产审判典型案例，[1] 其中既有破产重整案件，也有破产清算案件，还包括关联企业合并破产、重整程序向清算程序转化、执行案件移送破产审查等案件。这些案例分别在依法维护职工合法权益、充分发挥政府与法院联动协调机制的作用、法院慎重行使强制批准权、注重运用市场化的方式推动企业重整、依法创新资产处置方式、探索采取综合模式挽救企业等方面取得了良好法律效果和社会效果。

5. 设立清算与破产审判庭

2016 年 6 月 21 日，最高人民法院制定下发《关于在中级人民法院设立清算与破产审判庭的工作方案》，要求直辖市至少明确一个中级人民法院设立清算与破产审判庭，省会城市、副省级城市所在地中级人民法院应当设立清算和破产审判庭，其他中级人民法院是否设庭，由高级人民法院根据破产案件的具体数量会同审编办统筹安排。

6. 案件类型独立化

2016 年 7 月 6 日，最高人民法院印发《关于调整强制清算与破产案件类型划分的通知》，将强制清算、破产案件从民事案件中分出，单独作为一大类案件，一级类型名称整合为强制清算与破产案件。

7. 立案制度改革

2016 年 7 月 28 日，最高人民法院下发《关于破产案件立案受理有关问题通知》，明确规定自 2016 年 8 月 1 日起，凡债权人、债务人等法定主体提出破产申请的，人民法院立案部门应一律接受材料，并依法审查受理，不得设置附加条件限制剥夺当事人的破产申请权、影响破产程序的正常启动，为破产案件顺利进入司法程序提供了制度保障。

8. 破产重整案件信息平台上线

2016 年 8 月 1 日，全国企业破产重整案件信息平台上线运行。该平台通过全面公布破产企业信息向全球投资者展示破产企业资源，吸引战略投资人，促进破产企业重

---

[1] 最高人民法院：《人民法院关于依法审理破产案件 推进供给侧结构性改革典型案例》，载最高人民法院网，http://www.court.gov.cn/zixun-xiangqing-22051.html，最后访问日期：2017 年 2 月 16 日。

整再生。通过网上办案、全程公开、步步留痕，倒逼破产受理审理规范化，通过网上发布公告、送达文书、召开债权人会议、投票表决加速破产案件审理进程。为保障平台规范运行，最高人民法院先后制定下发了《关于全国企业破产重整案件信息公开的规定》《全国企业破产重整案件法官工作平台使用办法》《全国企业破产重整案件管理人管理平台使用办法》以及为落实这些办法所制定的具体的相关规定。

9. 全国法院执转破工作视频会议召开

2016 年 12 月 7 日，最高人民法院召开全国法院执转破工作视频会议，部署执行案件移送破产审查有关工作。会议要求，切实树立全国一盘棋思维，积极推进执行案件移送破产审查工作。坚持先易后难、循序渐进、逐步推开，认真审查梳理和迅速确定待转案件。全面贯彻破产审判工作的破产企业识别、统一协调、信息沟通交流、利益衡平机制 4 项工作机制。推进破产审判机构专业化建设，建立合理的破产案件绩效考核标准。要全面推进破产审判信息化，充分发挥全国企业破产重整案件信息网的作用，引导各方充分运用信息网服务市场、规范审判、方便群众。建立健全破产费用保障机制，确保通过破产清算程序彻底了结企业债务纠纷，实现市场出清。

值得一提的是，人民法院开展执行不能案件移送破产审查工作并在符合破产案件受理条件的情况下启动破产程序，是一次重大的理论创新，也是一次必要和有益的司法实践，是定向消除破产程序启动难问题的又一有力举措，能够推动建立和完善市场主体救治和退出机制；能够完善民事商事司法机制，从制度上打通解决部分执行难问题"最后一公里"。当然，破产法实施中凸显出来的不少问题尚需依靠司法实践甚至立法来解决。

（二）G20 中美破产法共识的法治落实

2016 年 G20 峰会特别强调了要建立和完善破产制度和机制。中美双方承诺，最早从 2016 年开始，以论坛或互访等方式，定期和不定期的就双方各自破产法的实施进行沟通和交流。

最高人民法院一庭庭长杜万华指出，这一承诺是最高人民法院作为中方谈判代表与美方代表经过谈判达成的，说明破产制度的发展完善已经上升为国家战略和重大国际问题，具有里程碑式的重要意义。第一，中美元首杭州会晤中方成果清单具有重大意义。成果清单所表述的内容事关国家的诚信与名誉，中国司法审判机关将认真落实成果清单的中方承诺，这对于实现依法治国将起到重要作用。第二，建立和完善破产制度和机制，建立健全市场化导向的市场实体的救治和退出机制，对于完善中国社会主义市场经济体制具有重要意义。第三，建立和完善破产制度和机制，对于我国适应经济新常态，调整产业结构，淘汰落后产能，解决产能过剩，对下一步中国经济发展具有重要意义。第四，建立和完善破产制度和机制，是完善中国商事司法制度的需要。

杜万华具体阐述了对成果清单落实的途径。下一步,法院将落实成果清单中,有关建立和完善公正的破产制度和机制的承诺,推动破产法治实践发展与完善,建立健全市场化导向的市场主体救治和退出机制,保证供给侧结构性改革的顺利推进。一是高度重视应用兼并重组解决产能过剩问题,尊重和支持地方政府、包括国有企业在内的各类市场主体,自主决策开展企业兼并重组。二是坚持把救治生病企业放在首位,以市场化为导向,建立正常的市场化救治和退出机制。要贯彻落实最高人民法院2016年5月24日通知的精神,探索完善破产企业的实施机制,根据破产企业自身经营情况和市场前景决定是对症施治还是依法出清;要建立破产工作政府、法院统一协调机制,形成供给侧结构性改革的合力;要完善企业破产重整信息交流机制,实现各类市场主体破产重整信息对称,降低交易成本,提高重整效率;要坚持利益平衡原则,注意破产案件中的债权人、债务人、投资人、职工、国家等各方利益保护的协调平衡,做好当前利益与长远利益的平衡,贯彻国家产业政策,争取实现社会效益最大化。三是落实立案登记制度,积极解决破产案件启动难问题,并通过破产案件的审理解决实施难的问题。四是继续加快破产审判机构和审判队伍的专业化建设。五是高度重视破产管理人队伍建设,加强监督管理,完善管理程序。六是继续加大信息化建设的力度,积极落实成果清单中关于利用信息化手段推进破产法实施的承诺,充分运用全国企业破产重整案件信息网,推动企业破产案件的审理工作,提升破产案件审判水平。七是深入研究着力解决破产案件中的新问题。八是积极推动破产审判领域的双边多边交流,吸收国外有益经验,宣传推广中国破产制度的优秀成果。[1]

五、信托法的法律实施

(一)行业评级正式开始实施,引领信托公司加快创新转型

2016年3月1日,信托业协会向信托公司下发《关于开展信托公司行业评级的通知》,正式启动行业评级工作。信托公司行业评级虽然属于信托业协会组织的行业自律性质的评级,对于信托公司的业务资格准入和监管措施不产生直接的影响。但是行业评级属于可以对社会公开的评级,行业评级采用定量计算的客观标准,综合确定划分为A(85分以上)、B(70~85分)、C(70分以下)3级,评级结果的公布会对信托公司的声誉和品牌影响力产生影响。然而,2016年,信托业协会并未正式公布初次行业评级结果,只是向每家信托公司通报了各自的评级情况。不过媒体还是有关于信托公司具体行业评级结果的报道,并且被评为A类的信托公司也通过不同的方式对自己的评

---

〔1〕 杜万华:《最高院将从八个方面落实G20中美破产法共识》,载破产法快讯,http://www.gzaba.org.cn/news_view.aspx?TypeId=5&Id=436&Fid=t2:5:2,最后访问日期:2017年2月28日。

级进行披露。因此,行业评级作为信托行业的一种自律行为,同样受到了信托公司的重视。

展望未来,由于行业评级每年进行一次,属于动态的评级,需要根据公司的资本及运营情况实时调整,因此,信托公司会通过增加注册资本、强化风险管理等方式,争取在行业评级中得高分。例如,2016 年,有将近 20 家信托公司增资,增资总额将近 300 亿元。行业评级的第一个方面就是资本实力,总分 28 分,可以认为行业评级是信托公司增资的直接原因之一。总体来看,以资本实力为基础,强调风险管理和增值能力的行业评级体系,与监管层风险管理与业务创新齐头发展的导向是一致的,行业评级的实施对于信托公司加快创新转型可以起到正向激励作用。

(二)多管齐下,风险控制仍是信托监管的核心

2016 年 3 月 18 日,银监会向各银监局下发《中国银监会办公厅关于进一步加强信托公司风险监管工作的意见》,被市场称为继 2014 年银监会发布 99 号文之后又一严格监管文件,该文件强调风险监管的前瞻性和主动性,明确提出要严守风险底线,促进行业稳健发展。58 号文从强调信托项目实质风险化解、引导配资业务进一步向规范化方向发展、加大非标资金池清理力度、强化资本管理和增强风险抵御能力 4 个方面对信托公司风险监管提出了具体要求。值得关注的是,从 99 号文到 58 号文,从监管评级到行业评级,都强调了净资本的重要性。可以预见,未来会有更多的信托公司将通过增加注册资本来扩充资本实力,同时增强风险抵御能力。根据信托业协会披露的数据,截至 2016 年三季度末,信托风险项目规模占比为 0.78%,同比增长 0.09%,虽然整体占比不高,但风险防控仍会是未来很长一段时间的监管重点。

2016 年 3 月初,银监会下发《中国银监会办公厅关于进一步完善新闻发言人制度的通知》,要求各银行业金融机构要高度重视新闻发言人制度建设,同时明确新闻发言人的任职要求、工作职责和保障机制。很长一段时间以来,因为信托产品的私募性质,信托公司并不太注重在媒体上的宣传,因此也导致媒体与信托公司的沟通并不顺畅,从而出现部分媒体对于信托公司的风险项目或潜在风险项目进行片面报道的情况,引发了社会对于信托项目风险的关注。2014 年 99 号文提到要做好非现场监管工作,紧盯数据信息系统及行业舆情。2015 年 4 月,银监会发布的《信托公司监管评级与分类监管指引(征求意见稿)》中,资产管理项下包括公司声誉管理能力,具体指向品牌建设和舆情管理等。可见,在监管政策的引导下,信托公司会继续加大对舆情管理和声誉风险管理的关注度和重视度。

(三)慈善信托

2016 年 3 月 16 日,第十二届全国人大四次会议通过了《慈善法》(自 2016 年 9 月 1 日起实施),2016 年 8 月 27 日,民政部、银监会联合发布《关于做好慈善信托备案有关工作的通知》,对于慈善信托备案的具体事项进行了明确,[1]标志着我国慈善事业的发展从此迈入了依照法律进行的规范发展的新阶段。慈善信托要大力发展,有以下问题需要明确。

第一,慈善信托的税收优惠需要进一步明确。慈善法规定享受税收优惠但具体的实施还需要税务及财政等相关部门出台相应的政策文件才可以进行。第二,信托公司作为受托人时,无法开具捐赠发票,因为信托公司不具备开具捐赠发票的资格,这样不利于引导或吸引更多的人加入到慈善信托中。第三,慈善信托运作模式需要进一步探索和创新。目前的慈善信托大都采取了"信托公司+基金会"的模式,与之前的公益信托或准公益信托相比,除了备案流程以及资金起点以外,并无太大区别。信托公司与基金会合作,除了看中基金会在慈善活动开展领域的丰富经验外,更多是出于对开具捐赠发票的考虑;而对基金会而言,这种模式中的会计处理、发票开具等事项还处于摸索阶段。

从长远来看,与家族信托结合是信托公司慈善信托业务未来发展的方向,家族信托和慈善信托都属于信托本源业务,并且在信托制度发达的国家,家族信托和慈善信托通常是结合在一起进行的。然而,在我国由于家族信托刚刚起步,大部分家族信托的委托人仍停留在财产增值保值的阶段,从财产增值保值到财产的隔离保护与传承还有很长的一段路要走,家族信托中的慈善信托更多地体现在财富的传承与保护阶段。总体来看,2017年,慈善信托仍会有一定程度的发展,然而慈善信托春天的真正到来,仍需要政府监管、信托公司、基金会等慈善相关组织以及社会各界的共同努力。

(四)不良贷款处置相关规则频发,孕育信托业务发展机遇

2016年4月19日,银行间市场交易商协会发布《不良贷款资产支持证券信息披露指引(试行)》(以下简称《指引》)及其配套的表格体系。《指引》立足现有的资产支持证券信息披露框架,针对不良资产证券化的特殊性,额外要求增加对不良贷款基础资产的信息披露要求,基础资产价值评估相关的尽职调查,以及基础资产分布信息及预计回收情况等。截至9月末,已经发行14单不良贷款资产证券化信托产品,合计规模达到156亿元,参与的信托公司有华润信托、中信信托、建信信托、外贸信托、兴业信托、交银信托、金谷信托和中海信托8家。随着不良资产证券化试点的逐步扩大,会有更多的机构参与进来,信托公司作为不可或缺的受托人应当挖掘其中更多的机会。

2016年8月1日,银行业信贷资产流转登记中心(以下简称银登中心)发布《信贷资产收益权转让业务规则(试行)》和《信贷资产收益权转让业务信息披露细则(试行)》,作为中国银监会办公厅发布的《关于规范银行业金融机构信贷资产收益权转让

---

[1] 详见《信托法》第六章　慈善信托。

业务的通知》的细则,对信贷资产收益权转让进行了严格规定。业务规则明确信贷资产收益权转让由信托公司设立信托计划进行受让,让信托公司获取了在银行信贷资产收益权转让上渠道的独占性。虽然 82 号文适用于所有的信贷资产,但由于银行仍需要全额计提风险资本,银行对正常类信托资产肯定不会采取此模式,因此,82 号文主要是针对不良信贷资产处置的。此外,信贷资产收益权在银登中心流转,82 号文明确通过银登中心的交易不纳入非标资产统计,这也为信托产品的标准化流转提供了一种路径。展望未来,参与到银登中心交易的信托公司以及通过银登中心流转的信托产品会进一步增多。

2016 年 10 月 10 日,国务院发布《关于积极稳妥降低企业杠杆率的意见》,特别强调要提高银行不良资产核销和处置能力,拓宽不良资产市场转让渠道,探索扩大银行不良资产受让主体,强化不良资产处置市场竞争。加大力度落实不良资产转让政策,支持银行向金融资产管理公司打包转让不良资产。推动银行不良资产证券化。总体来看,不良资产处置仍会是未来一段时间的关注重点,信托公司应当在提高资产处置能力的同时,抓住时机,深化与银行的合作方式,在主动管理上寻求创造更多价值的机会。

六、保险法的法律实施

党的十八大以来,保险监管系统始终坚持围绕中心、服务大局,深化改革、加强监管的工作方针,保险业实现了历史性变革,各方面工作取得突破性进展。一是不断加强党的领导,确保保险业始终沿着正确方向前进。切实强化政治意识、大局意识、核心意识、看齐意识,严明政治纪律和政治规矩,紧密团结在以习近平同志为核心的党中央周围,坚定维护以习近平同志为核心的党中央权威,始终在思想上政治上行动上同以习近平同志为核心的党中央保持高度一致。二是始终坚持“保险业姓保”,推动保险业实现跨越式发展。全国保费收入从 2011 年的 1.4 万亿元增长到 2016 年的 3.1 万亿元,年均增长 16.8%。三是始终牢记“保监会姓监”,牢牢守住不发生系统性风险的底线。偿付能力不达标公司从 2011 年的 5 家减少到 2016 年三季度末的 3 家,行业净资产从 2011 年的 5566 亿元增加到 2016 年 11 月底的 1.76 万亿元。四是全面深化保险监管改革,推动保险监管走向现代化。坚持“放开前端、管住后端”,积极推进保险费率形成机制改革、市场准入退出机制改革、保险资金运用体制改革、保险产品监管改革,正式实施“偿二代”监管制度体系。五是切实发挥政策引导作用,打造全面服务国家治理体系和治理能力现代化的新格局。国务院发布《关于加快发展现代保险服务业的若干意见》,个人税优健康保险、巨灾保险工作持续推进,大病保险全面铺开,农业保险覆盖面不断扩大,责任保险产品体系日益健全,保险的经济“助推器”和社会“稳定器”作用日益发挥。

（一）保险行业整体发展态势

保险行业的统计数据显示，2016 年前三季度，全行业共实现原保险保费收入 25,168.26 亿元，同比增长 32.18%，增幅较上年同期上升 12.69%。其中，产险和寿险业务分别同比增长 7.78%和 36.95%。赔付支出平稳增长，同比增长 23.80%，增幅较上年同期上升 4.27%。保险业资产总量 14.63 万亿元，较年初增长 18.38%。保险业经营效益较去年同期有一定幅度下降，预计利润总额同比下降 35.68%，降幅较上半年收窄。行业资金运用收益率 3.95%，同比下降 1.97%。[1] 具体来看，保险市场运行呈现以下特点：

一是保险业务快速增长，2016 年前三季度保费规模超 2015 年全年水平。前三季度，保险市场业务规模快速增长。分险种看，首先，财产险业务增速保持稳定，实现原保险保费收入 6370.58 亿元，同比增长 7.78%，增幅同比下降 2.88%。其中，车险业务实现原保险保费收入 4903.68 亿元，同比增长 9.28%。其次，寿险业务高速增长，实现原保险保费收入 14,783.87 亿元，同比增长 36.95%，增幅同比上升 15.70%。其中，新单业务同比增长 59.20%，增幅同比上升 19.55%。最后，普通寿险贡献突出，实现原保险保费收入 8967.26 亿元，同比增长 63.47%。

二是业务结构持续优化，服务国家"一带一路"战略和保障民生能力增强。产险公司农业保险、责任保险和工程保险保持了良好的发展势头。前三季度，农业保险、责任保险和工程保险原保险保费收入分别为 360.06 亿元、280.74 亿元和 77.16 亿元，同比分别增长 11.82%、19.89% 和 10.55%，占财产险公司业务的比例分别为 5.28%、4.11% 和 1.13%，分别较上年同期增加了 0.14%、0.37% 和 0.02%。寿险公司普通寿险业务原保险保费收入 8967.26 亿元，同比增长 63.47%，占寿险公司全部业务的 48.89%，同比上升 5.96%。

三是赔付支出平稳增长，前三季度寿险业务给付金额超 2015 年全年水平。2016 年前三季度，保险公司赔付支出累计 7750.70 亿元，比去年同期增加 1490.16 亿元，同比增长 23.80%，增幅较去年同期上升 4.27%。其中，财产险业务赔款支出 3321.59 亿元，较去年同期增加 429.40 亿元，同比增长 14.85%；寿险业务给付金额 3610.53 亿元，较去年同期增加 867.74 亿元，同比增长 31.64%；健康险业务赔款与给付支出 687.19 亿元，较去年同期增加 170.90 亿元，同比增长 33.10%；意外险业务赔款支出 131.39 亿元，较去年同期增加 22.12 亿元，同比增长 20.24%。

---

〔1〕 保监会：《前三季保险业利润降 35.68%》，载中国投资指南网（商务部公共服务项目），http://www.fdi.gov.cn/1800000121_21_97251_0_7.html，最后访问日期：2017 年 2 月 16 日。

四是外资保险机构业务增速快于行业水平,市场份额同比略有增加。前三季度,中资保险公司原保险保费收入23,924.73亿元,市场份额为95.06%;外资保险公司原保险保费收入1243.54亿元,同比增长45.00%;市场份额为4.94%,比上年同期增加0.44%。外资财产险公司原保险保费收入138.06亿元,同比增长8.74%,市场份额2.02%,与上年同期持平。外资寿险公司原保险保费收入1105.48亿元,同比增长51.30%,市场份额6.03%,同比增加0.31%。

五是资金运用收益率下降。三季度末,资金运用持续面临复杂多变的市场环境,保险公司资金运用余额128,286.19亿元,较年初增长14.75%。实现资金运用收益4828.76亿元,同比减少1139.74亿元,下降19.10%。资金运用收益率3.95%,同比下降1.97%。银行存款和债券余额合计66,396.34亿元,占资金运用余额的比例为51.76%,较二季度末下降了0.52%,较年初下降4.41%,实现收益2164.39亿元,与去年基本持平。股票和证券投资基金余额合计18,281.82亿元,占资金运用余额的比例为14.25%,较二季度末上升0.75%,较年初下降0.93%,实现收益492.89亿元,同比减少1994.30亿元。

六是经营效益有所下降。前三季度,保险公司预计利润总额1569.60亿元,同比减少870.59亿元,下降35.68%,降幅较二季度收窄18.37%。其中,产险公司预计利润总额482.44亿元,同比减少200.40亿元,下降29.35%;寿险公司预计利润总额819.50亿元,同比减少730.97亿元,下降47.15%;再保险公司预计利润总额50.66亿元,同比减少24.52亿元,下降32.61%;资产管理公司预计利润总额56.00亿元,同比增加10.72亿元,增长23.68%。

七是保险公司从业人员大幅度增加。截至三季度末,全国保险机构203家,较年初增加9家。其中,保险集团公司12家,保险公司165家,保险资产管理公司22家,其他公司4家。保险公司中,产险公司79家,寿险公司77家,再保险公司9家。保险公司职工人数109.27万人,较年初增加6.81万人,增长6.6%;保险公司签订了委托代理协议的保险销售从业人员628.13万人,较年初增加156.83万人,增长33.3%。

(二)保险监管工作

通过对保监会2016年执法工作的考察,我们发现保险监管环节最大的特点是在强调“保险姓保”这一行业价值根基的基础上,在加大对人身保险监管力度的同时,也加强了对信息披露制度建设。

1. 加强人身保险监管

2016年9月2日,中国保监会为规范人身保险产品开发和设计,进一步深化人身保险市场供给侧结构性改革,发布了《关于强化人身保险产品监管工作的通知》。该通知进一步完善了人身保险产品监管框架。在明确人身保险产品实行事后备案和事后抽查管理的基础上，通过建立和完善产品退出机制、问责机制、回溯机制和信息披露机制，形成各机制协调联动、各方各负其责的监管架构。一是强化后端监管力度。明确保险产品在销售之后的10日内向中国保监会备案，中国保监会将对已收到保险产品加强事后抽查力度。二是建立产品退出机制。对于违规产品，责令公司停止销售，并做好信息披露等后续工作；对于消费者认可度不高、销量不佳等方面的产品，要求公司及时采取适当措施进行清理，提升产品供给的有效性。三是强化产品问责机制。明确在产品开发设计销售环节，保险公司、公司总经理、总精算师、法律责任人等产品相关人员的具体责任，对存在违法违规问题的进行追责，督促各相关责任人切实发挥管理作用。四是建立产品回溯机制。要求公司成立产品开发管理工作组，对产品精算、财务、销售、投资等产品经营各环节进行全流程管理和风险评估。同时，对于回溯工作中问题不整改、产品不退出、经营指标不调整的采取监管措施。五是完善信息披露机制。解决行业当前产品信息披露不全面、不及时问题，要求公司主动通过官网或行业协会平台将保险产品有关材料充分对外披露，进一步强化产品公开性和透明性，接受社会监督。六是加强新型产品管理。包括针对当前新型产品宣传、销售、利益演示等方面的多发问题进行规范，切实防范新型产品的误导销售风险；加强万能型保险的经营管理，万能险结算利率水平与公司实际投资收益率挂钩并合理确定，防范公司通过不合实际的结算利率进行恶性竞争等问题。

2016年12月30日，中国保监会针对目前行业存在的部分公司中短存续期业务占比较高、精算规定等监管制度执行不到位等问题，印发了《关于进一步加强人身保险监管有关事项的通知》（以下简称《通知》）。通过进一步加强人身保险业务监管和分支机构市场准入监管，引导人身保险公司依法合规经营和优化业务结构，促进人身保险业规范健康发展。该《通知》的主要内容和措施包括以下几个方面：一是建立人身保险公司保险业务分级分类监管制度，要求人身保险公司经营不同类型的保险业务，应当具备相应的管理能力，符合中国保监会关于产品精算、账户管理、业务管理的有关规定；要求2017年1月1日以后开业的人身保险公司自开业之日起1年内开展普通型人身保险业务，开业满1年后根据公司经营管理能力逐步开展其他类型的保险业务。二是要求各人身保险公司对精算规定及相关监管制度执行情况进行自查整改。保监会将对公司自查整改情况进行全面检查，对于自查整改不认真、不到位的公司，以及违反精算规定和相关监管制度的公司，将依法进行行政处罚，采取禁止申报新产品、责令停止接受部分或全部新业务等监管措施，并严肃追究公司高管人员责任。三是进一步加强人身保险公司分支机构市场准入监管，引导公司合规经营和转型发展。对于积极发展风险保障型和长期储蓄型业务的保险公司，保监会将视情况批准其新设分支机构，支持、鼓励其规范健康发展。对于存在违法违规行为和重大风险问题的公司，以及业务结构不符合相关要求的公司,将限制其新设分支机构。四是要求各人身保险公司自2017年起每月统计和报送中短存续期产品相关数据,加大对中短存续期产品的风险监测和日常监管力度,督促各人身保险公司将保监会的相关工作要求落实到位。《通知》正式实施后,保监会还将综合采取多种手段,不断强化人身保险监管,坚决守住风险底线。

2. 加强信息披露工作

2016年,中国保监会分别于6月30日和7月15日印发了《关于进一步加强保险公司关联交易信息披露工作有关问题的通知》和《关于进一步加强保险公司股权信息披露有关事项的通知》对保险公司关联交易在比例控制、信息披露、风险管控等方面存在的问题予以关注,同时保监会在保险公司股权监管,建立科学有效的公司治理结构,提升监管的科学性和有效性等方面做出了及时有效的规定。

譬如,针对关联交易的信息披露问题,保监会要求重点对关联交易的识别、报告、信息披露和法律责任等方面予以明确和规范,主要内容包括:一是扩大披露范围。明确保险公司需在规定时限内,按照交易类型、交易金额分类,对重大关联交易、资金运用类关联交易及一般关联交易进行逐笔或合并信息披露,并对逐笔、合并披露的适用范围和条件分别予以明确。二是细化披露内容。明确各类关联交易需披露的具体要素、渠道和方式,保险公司需完整准确披露相关信息。三是提高披露标准。明确重大关联交易与保险公司总资产的比例关系或单笔交易金额标准,对重大关联交易的认定范围进一步扩大。四是强化法律责任。明确保险公司董事会对公司关联交易合规性负最终责任,董事会秘书是关联交易信息披露责任人,并分别对保险公司、信息披露责任人等明确了相应的监管措施。

在对保险公司股权监管方面,保监会按照"公开透明、关口前移"的基本思路,充分利用信息预披露机制,督促保险公司规范股权管理行为。《通知》要求保险公司变更注册资本和股东的,应当在其官方网站及中国保险行业协会网站上对资金来源、关联关系等信息进行预披露。新设保险公司筹建申请的有关情况,由保监会在官方网站或指定统一信息平台进行公开披露,披露的主要内容包括:一是信息披露的义务人为保险公司股东,股东应当确保提交披露内容真实完整。二是信息披露的内容有:决策程序,包括股东大会议案及表决情况等;增资方案或股东变更的具体情况;资金来源,对自有资金作出声明承诺;股东之间关联关系的说明,并上溯一级披露股权结构等。三是信息披露的平台主要是公司官方网站和中国保险行业协会网站。四是信息披露的时间是股东大会或董事会通过相关决议后的10个工作日。

七、海商法的法律实施

以最高人民法院副院长贺荣大法官担任审判长公开开庭审理再审申请人交通运

输部南海救助局(以下简称“南海救助局”)与被申请人(希腊)阿昌格罗斯投资公司(以下简称“投资公司”)、一审被告香港安达欧森有限公司上海代表处海难救助合同纠纷案为代表的一系列海事海商典型案件为海商法的法治实施增添了良好的指导案例和理论研究对象。

(一)最高人民法院明确雇佣救助法律适用

最高人民法院2016年审理的一起海难救助纠纷案件引起了业界的关注。最高人民法院通过该案的审理首次明确了公约及相关国内法条款的具体适用,对于规范全国法院正确审理同类案件、维护公平合理的海上经济秩序、倡导和鼓励海上救助,保护海上生命、财产和生态环境安全,起到有力的指引作用。同时,本案判决也为国际司法界处理同类案件提供了可资借鉴的案例。最高人民法院公开开庭审理,进行庭审直播,并组织媒体旁听报道,有利于进一步展示中国法院公开透明、公正司法的良好形象,充分体现了中国法院合理阐释与正确适用海事公约的水平,对于不断增强中国对国际海事规则的话语权,努力提高中国海事审判的国际地位,更好履行中国作为一个负责任大国的应有担当,服务保障“一带一路”战略实施,均具有重要意义。

本案中,涉案船舶“加百利”轮遭遇搁浅,船东委托南海救助局进行救助,双方约定:无论是否成功协助出浅,均按时间、人力付费等。船东随后另行雇轮,实施了过驳减载,拖欠获救,但南海救助局要求船东仍按约定支付救助报酬。双方对此发生争议,案件经过广州海事法院和广东高院两审后最终由最高院再审。

最高人民法院再审认为,依据约定,南海救助局救助报酬的获得与否和救助是否有实际效果并无直接联系,而救助报酬的计算,是以事先约定的固定费率和费用为依据,与获救财产的价值并无关联。本案所涉救助合同不属于《救助公约》和《海商法》所规定的“无效果无报酬”救助合同,而属雇佣救助合同。由于《1989年救助公约》和《海商法》对雇佣救助合同下的报酬支付条件及标准均未作具体规定,因此应当适用《合同法》的相关规定,对当事人的权利义务予以规范和确定。

雇佣救助是指救助方依据被救助方的请求实施救助,不论救助成功与否,都按照约定的费用收取报酬的行为。它不具有《1989年国际救助公约》和《海商法》第9章海难救助中无效果无报酬原则的构成要件,救助双方所签订的服务合同不具有中国法下海难救助合同的法律属性。不同的雇佣救助形式所签订的服务合同,按其性质,可以适用《海商法》第9章以外的其他规定和《合同法》等其他上位法的规定。[1]

(二)最高院澄清提单物权凭证属性

长期以来,就提单的物权凭证属性的问题,我国理论及实务界便存在至少3种争

---

〔1〕 司玉琢、吴煦:《雇佣救助的法律属性及法律适用》,载《中国海商法研究》2016年第3期。

议的声音:第一种为否定说;第二种为物权凭证说;第三种为所有权凭证说。而在贸易融资常见的进口押汇中,关于持有提单的信用证开证行享有何种权利,更是观点各异,有同时履行抗辩权说,有所有权说,有担保权说,担保权说中又有动产质权、权利质权、留置权、让与担保等认识之别。最高人民法院第一巡回法庭对这一问题进行了澄清,解决了实践中诸多困扰的问题。

本案的基本事实为常见的贸易融资交易,开证申请人(被告)为获得贸易融资,向银行(原告)办理了进口押汇,将标的货物的提单质押给银行。后因为无力支付货款,银行主张基于其所持提单行使对货物的所有权。

最高人民法院经审理认为,虽然提单既是债权凭证也是物权凭证甚至所有权凭证,但并不意味着谁持有提单谁就当然对提单项下货物享有所有权。对于提单持有人而言,其依法正当地向承运人行使提单权利,应具有法律上的原因或依据,亦即以一定的法律关系存在为前提。基于不同的法律关系,提单持有人享有不同的权利。虽然提单的交付可以与提单项下货物的交付一样产生提单项下货物物权变动的法律效果,但提单持有人是否就因受领提单的交付而取得物权以及取得何种类型的物权,应取决于其所依据的合同如何约定。在本案中,虽然银行履行了开证义务并取得信用证项下的提单,但是,由于当事人之间没有移转货物所有权的意思表示,故不能认为银行在取得提单时即已取得提单项下货物的所有权。

有学者认为,最高人民法院在本案中创设了若干法律规则:(1)提单交付之时,即可发生债权请求权转让的效力,进而完成提单项下货物的指示交付,只是未经通知,其债权请求权的转让对提单项下货物实际占有人不能发生对抗效力。(2)提单持有人是否就因受领提单的交付而取得物权以及取得何种类型的物权,均取决于其所依据的合同如何约定。(3)在合同条款有两种以上的解释时,不应当采纳使部分合同条款成为赘文的解释,而应当采纳使各个合同条款都具备一定意义的解释。[1]

综上,本案既肯定了提单的物权凭证属性,又明确了提单持有人能否行使这一功能取决于取得提单的合同依据,统一了相关裁判规则,具有典型意义。

(三)最高人民法院出台海事案件受理和管辖司法解释

2016年2月24日,最高人民法院发布了《关于海事法院受理案件范围的规定》(以下简称《受理规定》)和《关于海事诉讼管辖问题的规定》(以下简称《管辖规定》),并于2016年3月1日起正式施行。

《受理规定》将海洋及通海可航水域开发利用与环境保护相关纠纷案件单列为一

---

〔1〕 崔建远、耿林:《一份创设法律规则的判决——最高人民法院(2015)民提字第126号民事判决之评释》,载《华东政法大学学报》2016年第3期。

大类案件,同样被单列出来的还有海事行政案件,而海事执行案件不再作为一大类案件单列。调整后,新的海事案件类型由 2001 年规定的 63 项增加至 108 项,增加的主要类型包括港口货物质押监管合同纠纷案件等 28 项,污染海洋环境、破坏海洋生态责任纠纷案件等 9 项以及海事纠纷申请司法确认调解协议案件等 3 项。

《管辖规定》主要涉及如下内容变化:第一,调整了大连、武汉两家海事法院的管辖范围。同之前的规定相比,《管辖规定》明确将吉林省的松花江、图们江等通海可航水域及港口划入大连海事法院的管辖范围。因此,大连海事法院的管辖范围得以扩大。关于武汉海事法院的管辖范围,《管辖规定》以"长江干线及支线水域"的表述代替"与海相通的可航水域",但实际管辖范围并无调整。值得一提的是,《管辖规定》第一次用了"支线水域"(以往的表述为"支流")的新概念,这也为海事法院管辖与长江相通的内水水域(如洞庭湖、鄱阳湖水域)提供了更加有力的依据。第二,规定海事行政案件由海事法院管辖。此次的《管辖规定》明确了海事行政案件归属海事法院管辖:一是对于海事法院审理的第一审海事行政案件,其上诉从由原分管海事海商案件的审判庭审理改为由海事法院所在地的高级人民法院的行政审判庭负责审理。二是明确了行政执法行为实施地海事法院可以管辖人身类行政诉讼案件。三是涉及海关的行政诉讼案件由海事法院管辖。第三,海事法院对管辖权异议案件可以再审。新规增加的法院对管辖异议案件的再审,包括如下两种情况:一是当事人不服管辖权异议裁定的上诉案件由海事法院所在地的高级人民法院负责海事海商案件的审判庭审理。二是发生法律效力的管辖权异议裁定违反海事案件专门管辖确需纠正的,人民法院可依照《民事诉讼法》第 198 条规定再审。在现行《民事诉讼法》排除当事人以管辖错误为由申请再审的情况下,最高人民法院以司法解释的方式再次强调各级人民法院应根据《民事诉讼法》第 198 条规定,依职权对已经发生法律效力的管辖异议裁定案件进行再审,这在某种程度上会增加当事人通过向人民法院申诉引发人民法院依职权启动再审程序、纠正错误裁定的可能性。同时规定还明确了海事海商纠纷管辖异议上诉案件由高级法院负责海事海商审判庭审理,改变了以往由高院立案庭审理的情况。充分考虑了海事海商纠纷管辖异议案件的特殊性,由负责海事海商案件的审判庭审理,有利于海事海商法律的正确适用。

八、结论

商法具有其独立的法律价值。作为距离市场经济最近的法律部门,商法的法治实施水平直接关系到改革的成败。商法具有独立于民法的法律品格。随着中国特色社会主义法律体系的基本建成和依法治国工作的全面推进,在立法模式的选择上不应陷入"民商分立"或者"民商合一"的单一立法模式,而应当建构符合我国商事法律发展规律的立法道路,即民法典和单行商事法构成的统分结合的民商立法模式。这一立法模式是在我国土生土长形成的立法体系,属于真正本土化的中国创制,彰显出鲜明的中国特色。[1]

公司治理水平的高低与公司法的法律实施状况直接相关。从治理实效来看,2016年构成中国上市公司治理指数的股东治理指数、董事会治理指数、监事会治理指数、经理层治理指数、信息披露指数和利益相关者治理指数6大维度均呈上升态势,其中股东治理和董事会治理提高最为显著。分行业来看,2016年评价排名中,教育,卫生和社会工作,科学研究和技术服务业,信息传输、软件和信息技术服务业,金融业等行业治理指数均值较高;而综合业、住宿和餐饮业、房地产业和采矿业等行业治理指数均值较低。不同地区治理水平存在一定差异,广东省、浙江省、河南省、北京市、江苏省、福建省和山东省等地区指数均值较高;而宁夏、青海省和山西省指数均值均在60以下。控股股东性质不同治理水平也表现出较大的差异,继2011年之后,2016年民营控股上市公司治理指数连续6年超过国有控股上市公司。

商事部门法的专业性和复杂性是传统民事法律无可比拟的。当商事法律被立法者创制后,最为重要的是法治实施环节即法的执行和法的适用。持续了一整年的"万宝之争",恰恰体现了商法领域最重要的两部法律——公司法和证券法的法律实施。可以说,"万宝之争"见证了证券监督管理部门监管思路的转变。在以往的观念中,政府的有形之手和市场的无形之手是一组相对的概念,甚至往往是矛盾双方。但是,在"万宝之争"中,可以看到以证监会、保监会为代表的监管机构是如何在维护市场健康稳步发展、保护中小投资者利益和消除资本市场系统性风险的监管目标下积极履行监管职责,在现有法律框架中运用包括自由裁量权对各方主体进行监督管理,最终实现了多赢结局。可以说,无论是消极监管还是积极监管都只是监管手段,而监管效果才是监管的最终目的。监管机构在履行监管职责的过程中,应当以积极落实监管目标为导向,实现监管工作的形式正义与实质正义的统一。

近年来,我国破产案件的受理数量一直在低位徘徊,大部分资不抵债企业本该适用破产程序退出市场,却因为种种原因并未启动。这种局面阻碍了企业破产法的贯彻实施,使破产制度未能发挥其应有作用。为此,为推进供给侧结构性改革、依法处置"僵尸企业",最高人民法院力推中国破产审判体制改革。司法机关积极发挥司法能动性,设立专门审判庭是健全市场主体退出机制,为市场经济运行创造良好环境的必然要求。通过破产程序,可以实现债务的有序清偿,使符合条件的企业合法有序退出市

---

〔1〕 赵旭东:《民法典之外制定商法通则应为科学选择》,载中国法学会官网,https://www.chinalaw.org.cn/Column/Column_View.aspx?ColumnID=956&InfoID=19644,最后访问日期:2017年2月16日。

场，使困境企业通过重整、和解等程序解困复兴，从而促进国家金融和社会秩序的稳定。当然，为使这一司法创新制度取得良好的实施效果，人民法院必须未雨绸缪，设立专门的破产审判庭，配备足额、专业的审判人员，健全工作机制，为改革工作的顺利推进提供司法保障。

（审读专家：中国政法大学民商经济法学院　管晓峰教授）

（责任校对：刘江芮）

撰稿专家

龚博，英国 Durham 大学法学博士，中南大学法学院副教授，硕士生导师，主要研究领域为公司法、公司治理和国有企业法。

李依伦，中南大学法学院民商法专业博士研究生。

第二章

2016 年民商法实施报告

下　2016 年知识产权法实施报告

蒋言斌

报告要旨

2016 年是以创新发展理念引领中国知识产权强国建设的一年，是中国知识产权改革不断深化、知识产权战略不断深入、知识产权制度不断完善的一年。2016 年，国家出台了《知识产权保护和运用“十三五”规划》，完善了产权保护制度，实施了知识产权综合管理改革试点，推进了知识产权民事、行政和刑事案件审判“三合一”工作，正在打通知识产权创造、运用、保护、管理和服务的全链条，提升知识产权质量和效益，扩大知识产权国际影响力。这一年，知识产权事业发展虽然存在各种问题，但专利和商标申请量持续增长，版权产业逆势上扬，知识产权行政和司法保护力度加大，正向知识产权强国迈进。

核心建议

1. 继续推行知识产权损害赔偿标准，在强化知识产权保护的同时，提升知识产权质量。

2. 配套落实知识产权战略“十三五”规划的各项指标，深化知识产权综合管理改革，推进知识产权民事、行政和刑事案件审判“三合一”，以创新发展理念引领知识产权强国建设。

3. 逐步固化、细化和量化全国专利行政执法基准，将试行规则变为普适性规则，及时制定全国商标行政处罚和版权行政执法裁量细化、量化裁判基准。

4. 加大互联网知识产权保护，为创新创业发展提供知识产权支撑。继续完善知识产权审判的示范案例指引,推行技术调查官制度,提升知识产权保护效率。

知识产权法是调整基于知识产权确认、实施、保护等社会关系的法律规范的总和,其实施呈现出鲜明的行政(确认)、民事(实施)、行政和司法(管理和保护)层次特征。2016年是"十三五"全面贯彻落实《关于新形势下加快知识产权强国建设的若干意见》的关键之年。2016年8月,世界知识产权组织(WIPO)发布《2016全球创新指数报告》,指出中国作为中等收入国家已经跻身前25名俱乐部。2016年,我国以创新发展理念引领知识产权强国建设,各项事业蓬勃发展,重点领域改革不断深化。中央全面深化改革领导小组审议通过《知识产权综合管理改革试点总体方案》,《"十三五"国家知识产权保护和运用规划》制定完成,知识产权战略实施工作部际联席会议升格扩容,"一带一路"知识产权高级别会议成功举行,国内有效发明专利拥有量突破100万件,知识产权强省强市强企建设全面启动……"十三五"知识产权事业发展实现了良好开局。

一、2016年中国知识产权总体发展状况

2016年我国经济发展进入新常态,创新成为引领发展的第一动力。党中央、国务院做出了深入实施创新驱动发展战略、推进供给侧结构性改革、加强产权保护制度建设、加快建设世界科技强国等一系列重大部署。知识产权作为激励创新的基本保障、发展的战略性资源和竞争力的核心要素,地位越来越凸显,作用越来越突出。全国知识产权系统着眼国家重大战略需求,以知识产权工作为发力点,不断提升知识产权质量,强化知识产权保护,加强知识产权运用、优化和管理,为国家经济社会发展提供了更加有力的支撑,彰显了知识产权的使命和价值。

(一)专利领域持续发展

2016年我国国内发明专利拥有量破百万,发明专利创造实现量质齐升,对外专利申请增势强劲,但部分领域专利布局与国外尚存差距。

1. 国内专利申请持续稳定增长

2016年,我国共受理发明专利申请133.9万件,同比增长21.5%,连续6年位居世界首位,共授权发明专利40.4万件,其中国内发明专利授权30.2万件,同比增长14.5%。截至12月底,我国国内发明专利拥有量达到110.3万件,是继美国和日本之后,世界上第三个国内发明专利拥有量超过百万件的国家。[1] 2016年,我国专利申请

---

〔1〕 王宇:《2016年我国知识产权事业发展各项指标量质齐升 国内发明专利拥有量突破100万件》,载国家知识产权局网,http://www.sipo.gov.cn/zscqgz/2017/201701/t20170120_1308041.html,最后访问日期:2017年1月20日。

实现量质齐升,其中发明专利申请在全部专利申请中的比例保持在40%左右,企业占国内发明专利申请和授权的比例均达到六成以上,以企业为主的创新主体的专利创造运用能力不断提高。[1] 截至2016年年底,我国国内(不含港澳台)发明专利拥有量共计110.3万件,每万人口发明专利拥有量达到8.0件。国内(不含港澳台)企业发明专利申请受理量方面,华为技术有限公司(4906件)、中国石油化工股份有限公司(4405件)、乐视控股(北京)有限公司(4197件)位列三甲;国内(不含港澳台)企业发明专利授权量方面,排名前三的则是国家电网公司(4146件)、华为技术有限公司(2690件)、中国石油化工股份有限公司(2555件)。[2]

2. 国际化程度逐步提高

2016年,国家知识产权局共受理通过《专利合作条约》(PCT)途径提交的国际申请4.50万件,同比增长47.3%。其中,4.22万件来自国内,同比增长48.5%;0.28万件来自国外,同比增长31.2%。2016年,PCT国际申请超过100件的省(区、市)达到19个,较2015年增加3个。其中,广东2.36万件,居第一位,北京、江苏、上海、山东、浙江均超过千件,以上6省市的PCT国际申请量占全国总量的近九成。[3] 2016年,我国在"一带一路"沿线国家(不含中国)公开的专利申请4834件,同比增长47.1%,专利申请目的地国家为18个,较2015年增加3个。2016年,"一带一路"沿线国家在华提交专利申请3697件,同比增长18.2%。[4]

(二)商标数量持续增长

1. 企业的商标品牌意识增强,商标申请注册量较快增长

2016年,全年商标申请量369.1万件,同比增长28.4%,增速较上年提高1.5%。[5] 其中,网上申请显著增加,共300.1万件,占申请总量的81.3%,所占比重较上年提高12%。至2016年年底,商标有效注册量1237.6万件,每万户市场主体商标拥有量达1422件,比2015年年底的1335件增长6.5%。商标质押登记总量快速增长,2016年办理质权登记申请1410起,同比增长20%,帮助企业融资649.9亿元,同比增

---

〔1〕 王宇:《2016年我国知识产权事业发展各项指标量质齐升 国内发明专利拥有量突破100万件》,载国家知识产权局网,http://www.sipo.gov.cn/zscqgz/2017/201701/t20170120_1308041.html,最后访问日期:2017年1月20日。

〔2〕 参见《2016年国家知识产权局主要工作统计数据及有关情况新闻发布会》,载国家知识产权局网,http://www.sipo.gov.cn/twzb/2016ngjzscqjzygztjsjjygqkxwfbh/,最后访问日期:2017年2月2日。

〔3〕 同上。

〔4〕 同上。

〔5〕 国家工商总局:《2016年企业商标品牌意识增强,商标申请注册量较快增长》,载中国商标网,http://sbj.saic.gov.cn/sbyw/201701/t20170119_174553.html,最后访问日期:2017年1月19日。

长90%。[1]

2. 商标注册程序更加便捷

为贯彻落实工商总局《关于大力推进商标注册便利化改革的意见》,方便申请人办理商标注册申请,商标局批准黑龙江省哈尔滨市市场监督管理局、江苏省南京市工商局、浙江省宁波市市场监督管理局等13个工商和市场监管部门设立商标受理窗口,并于2016年11月1日正式启动运行。随着商标注册便利化改革扎实推进,社会舆论对改革成效给予高度肯定,网络满意度达93.14%,网上申请、委托地方受理商标注册申请、增设注册商标质权登记申请受理点等成为亮点。[2]

(三)版权领域呈现新进展

1. 版权生态环境显著改善

2016年,我国版权创造、运用、保护、管理、服务水平不断提高,国家版权局按照"四个全面"战略布局和创新协调绿色开放共享理念,持续巩固和扩大软件正版化工作成果,深入开展打击网络侵权盗版"剑网2016"专项行动,推动中国网络文学版权联盟成立并制定《自律公约》,构建了良好的版权生态环境,使国民版权意识大幅提升。2016年我国版权产业的产值逆势上扬,已占GDP的7.28%,与澳大利亚基本接近。[3]

2. 作品登记数量大幅增加

2016年6月1日,国家版权局启用新的作品登记证书,从受理、审查、登记、证书、信息统计等方面统一规范了全国作品登记工作。各地版权行政管理部门和版权登记机构高度重视这项工作,部分省市(北京、上海、江苏、四川)已将其纳入了公共文化服务体系,并获得地方财政专项资金的支持,目前有21个省份已实行免费登记。截至10月底,通过全国作品登记信息数据库管理平台审核并公告的共计1,133,203件,计算机软件著作权登记313,539件,同比增长48.67%,全国作品登记量延续了持续高速增长的发展态势。[4]

3. 版权示范工作有声有色

2016年,按照《全国版权示范城市、示范单位、示范园区(基地)管理办法》,国家版

---

〔1〕 国家工商总局:《2016年企业商标品牌意识增强,商标申请注册量较快增长》,载中国商标网,http://sbj.saic.gov.cn/sbyw/201701/t20170119_174553.html,最后访问日期:2017年1月19日。

〔2〕《工商总局举行2016年全国市场主体发展等情况发布会》,载国务院新闻办公室网,http://www.scio.gov.cn/xwfbh/gbwxwfbh/xwfbh/gszj/Document/1540521/1540521.htm,最后访问日期:2017年1月20日。

〔3〕 赖名芳:《版权领域:新数据呈现新发展》,载国家版权局网,http://www.ncac.gov.cn/chinacopyright/contents/518/311367.html,最后访问日期:2016年12月22日。

〔4〕 同上。

权局授予杭州、成都、青岛、苏州、昆山、广州、厦门、张家港8个城市"全国版权示范城市"称号,批复山东省即墨市、广东省东莞市创建全国版权示范城市;授予湖北广播电视台、长江文艺出版社有限公司等18家单位"全国版权示范单位"称号,使全国版权示范单位数量增至74个;授予环上大国际影视园区、中国光谷创意产业基地等6个园区"全国版权示范园区(基地)"称号,使全国版权示范园区(基地)数量增至24个。该项工作有效地发挥了版权示范城市、示范单位和示范园区(基地)在版权创造运用、带动区域经济转型发展、提升城市和单位创新能力、促进版权产业发展的引导作用。

二、2016年知识产权行政和司法保护状况

2016年,全国知识产权系统深入贯彻落实严格知识产权保护决策部署,完善政策措施,创新执法机制,强化打击假冒侵权的执法办案力度,积极适应权利人与创新主体维权需求,进一步增强了社会各界对知识产权保护的信心,有力地维护了权利人的合法权益。[1]

(一)知识产权行政保护力度更强且效率更高

1. 知识产权行政执法力度强化

在专利执法方面,2016年专利行政执法办案总量48,916件,同比增长36.5%。其中,专利纠纷案件首次突破2万件,达到20,859件(其中专利侵权纠纷20,351件),同比增长42.8%;假冒专利案件28,057件,同比增长32.1%。2016年全国31个省(区、市)中,执法办案量超过千件的有12个省,分别是浙江、江苏、广东、湖南、山东、贵州、湖北、河南、福建、四川、安徽和河北;2016年执法办案量同比2015年增长的有29个省。从区域划分来看,华东、华中地区执法办案量最多,西南、东北地区增长最快。从专利侵权纠纷办案量来看,全国20个省(区、市)案件量超过100件,其中浙江、广东和江苏专利侵权纠纷办案量超过了1000件;专利侵权纠纷办案量同比增长超过100%的有9个,分别是辽宁、湖北、安徽、河南、四川、湖南、河北、海南和宁夏。

在商标执法方面,2016年全国工商和市场监管部门共查处各类经济违法违章案件51.6万件,案值72.1亿元。[2] 为加强迪士尼注册商标专用权保护,国家工商总局于2015年10月至2016年10月在全国开展了迪士尼商标保护专项行动。

就版权执法而言,互联网版权保护不断完善,强化了互联网作品管理与保护,启动

---

〔1〕 关健:《16年知识产权系统查处专利侵权假冒违法案件成效显著》,载国家知识产权局网,http://www.sipo.gov.cn/zscqgz/2017/201701/t20170123_1308087.html,最后访问日期:2017年1月23日。

〔2〕 参见《工商总局发布2016年度全国市场主体发展、市场监管和消费维权有关情况》,载国家工商总局网,http://www.saic.gov.cn/zwgk/tjzl/zhtj/xxzx/201701/t20170119_174517.html,最后访问日期:2017年1月19日。

了“剑网2016”专项行动。2016年11月，国家版权局发布《关于加强网络文学作品版权管理的通知》，进一步明确了通过信息网络提供文学作品以及提供相关网络服务的网络服务商在版权管理方面的责任、义务，细化了著作权法律法规的相关规定，规范了网络文学版权秩序。[1] 2016年7月启动的“剑网2016”专项行动突出整治未经授权非法传播网络文学、新闻、影视等作品的侵权盗版行为，重点查处智能移动终端第三方应用程序（APP）、电子商务平台、网络广告联盟、私人影院（小影吧）等平台的侵权行为，进一步规范了网络音乐、网络云存储空间、网络转载新闻作品的版权秩序，保障了权利人的合法权益，营造了网络版权的良好生态。

2. 知识产权行政执法协作加强

2016年商标局加大对跨区域重大商标案件的督办力度，定期发布工作情况通报，提升了区域执法协作案件的办案效率，推动了商标行政执法的区域协作。2016年10月21日，国家工商总局在天津举办商标行政执法区域协作座谈会，北京市、天津市、河北省工商和市场监管部门代表签署了《京津冀商标保护区域合作备忘录》。[2] 为打击侵犯知识产权和制售假冒伪劣商品，严厉打击跨区域假冒专利行为，广东省、广西壮族自治区、海南省知识产权局协同制定了《华南地区专利行政执法协作调度中心工作方案》，并组成联合执法队进行跨区域执法。

3. 重点领域知识产权执法效果显著

全国知识产权系统积极构建知识产权大保护格局，建立适应新的生产方式和交易方式的执法监管方式，强化关键环节和重点领域监管，保持严厉打击专利侵权假冒行为的高压态势，进一步提升了专利执法办案的力度、效率和质量，有效地履行了政府监管职责，进一步推进了知识产权强国建设。2016年，电子商务领域专利执法办案量13,123件，同比增长71.4%；展会专利执法办案量2860件，同比增长2.4%。网络版权领域国家版权局共查处行政案件514件，行政罚款467万元，移送司法机关刑事处理33件，涉案金额2亿元，关闭网站290家，督办4批共计31起侵犯著作权案件。

4. 知识产权执法办案质效提升

2016年，国家知识产权局系统执法办案效率进一步提高，各类专利案件结案率97.5%，同比提高4.3%；其中专利侵权纠纷案件结案率94.4%，同比提高0.8%。专利纠纷办案量与假冒专利办案量的比例约为1∶1.35，相对于2015年的1∶1.45、2014年的1∶1.98和2013年的1∶2.21进一步优化，办理难度较大的专利纠纷案件占案件总

---

[1] 参见《〈关于加强网络文学作品版权管理的通知〉解读》，载书香中国网，http://www.nationalreading.org.cn/2016-11/15/c_129364244.htm，最后访问日期：2016年12月22日。

[2] 参见《监管效能要提升 实现打击全链条 长三角商标行政执法区域协作座谈会举办》，载中国商标网，http://sbj.saic.gov.cn/sbgl/201612/t20161204_172887.html，最后访问日期：2016年11月24日。

量的比重逐年增加。[1] 国家工商局系统共查处经济违法违章案件51.6万件,受理消费投诉166.7万件,为消费者挽回经济损失18.2亿元,清理僵尸企业138.6万户。

(二)知识产权司法保护力度更大且新举措更有效

2016年全国法院知识产权庭和知识产权专门法院受理和裁判的知识产权案件比2015年明显增多,检察机关依法履行各项检察职能,严厉打击知识产权犯罪,知识产权司法保护力度加强。

1. 知识产权司法案件持续上升

2016年,知识产权案件数量总体保持上升态势,增速显著。当事人维权意识显著提高。2016年天津二中院一季度受理知识产权民事案件82件,已经超过了2015年全年案件数量的一半。[2] 2015年5月至2016年4月,深圳两级法院新收知识产权民事案件13,956件(同比上升40.73%),其中一审知识产权民事案件12,817件(同比上升51.59%),二审知识产权民事案件1139件(同比下降22.09%);审结知识产权民事案件11,034件(同比上升27.21%),其中一审知识产权民事案件9788件(同比上升30.02%),二审知识产权民事案件1246件(同比上升8.73%)。[3]

2. 知识产权司法疑难案件增多

2016年,新型疑难案件不断涌现,涉互联网案件进入高发期,案件审理难度不断加大。这些疑难案件包括涉及知名企业品牌利益保护的商标纠纷案件、著名影视文化作品互联网传播的著作权纠纷案件、国际领先高精尖技术的专利侵权纠纷案件,比如烟台张裕卡斯特酒庄有限公司诉上海卡斯特酒业有限公司确认不侵犯商标权纠纷案、"汇源"商标侵权纠纷案、罗地亚集团专利侵权纠纷案以及奥图泰公司垄断纠纷案等。此外,企业也积极配合司法系统打击侵权假冒商品,阿里集团公布了"2016十大知识产权保护案件",包括跨国假冒美孚润滑油案,假冒苹果配件案,微信朋友圈亿元假减肥药案,假冒三星、金士顿内存案,莆田假鞋系列案,假冒贝德玛牌(BIODERMA)卸妆水案等十大案例。[4]

---

[1] 参见《2016年知识产权系统查处专利侵权假冒违法案件成效显著》,载中国人民政府网,http://www.gov.cn/shuju/2017-01/23/content_5162606.htm,最后访问日期:2017年2月3日。

[2] 参见朱虹、康学孔:《知识产权保护对法院审判工作提出新挑战》,载凤凰资讯网,http://news.ifeng.com/a/20160422/48554005_0.shtml,最后访问日期:2016年4月22日。

[3] 《深圳法院知识产权司法保护状况(2015.5—2016.4)》,载深圳市中级人民法院网,http://www.szcourt.gov.cn/sfjj/mtjj/gzdt/2016/05/11101734906.html,最后访问日期:2016年4月22日。

[4] 参见邓一鸣:《阿里公布2016十大知识产权保护案件》,载人民网,http://ip.people.com.cn/n1/2017/0117/c136655-29029955.html,最后访问日期:2017年1月17日。

3. 知识产权犯罪打击力度加大

2016 年，全国各级检察机关充分履行批捕、起诉职能，严惩侵犯知识产权犯罪，知识产权司法保护的主导作用进一步强化。2016 年，全国检察机关共批准逮捕涉知识产权犯罪 2251 件 3797 人，起诉 3863 件 7059 人。其中，批捕假冒注册商标罪 1037 件 1911 人，起诉 1684 件 3259 人；批捕销售假冒注册商标的商品罪 873 件 1330 人，起诉 1486 件 2470 人；批捕非法制造、销售非法制造的注册商标标识罪 167 件 264 人，起诉 294 件 556 人；批捕侵犯著作权罪 66 件 97 人，起诉 182 件 307 人；批捕侵犯商业秘密罪 22 件 36 人，起诉 25 件 57 人。[1]

4. 知识产权司法衔接有效

2016 年，检察机关积极推进建立健全“两法衔接”工作机制，进一步推动各地加强“两法衔接”信息共享平台的有效利用，积极参与推进“健全行政执法与刑事司法衔接机制”的改革任务，与有关部门密切配合，建立健全知识产权保护长效机制，努力实现行政执法与刑事司法无缝对接。

5. 知识产权审判改革创新举措

2016 年，最高人民法院继《关于知识产权法院技术调查官参与诉讼活动若干问题的暂行规定》之后，又制定了《技术调查官管理办法》《技术调查官工作规则》等文件，技术调查官制度初现成效。2016 年 10 月 22 日，北京知识产权法院成立技术调查室，围绕专业化审判需要，积极探索了有助于技术类案件审理的技术调查官制度和人民陪审员制度。广州知识产权法院首聘了 29 名技术咨询专家，[2] 并在尝试启动由技术专家参与的技术专家委员会制度。目前，京、粤、沪三地知识产权法院已形成由专业化人民陪审员、技术调查官、专家辅助人、司法鉴定机构共同参与的“四位一体”技术事实查明机制，探讨不同主体作用联动及多方技术事实查明意见的应用与协调，提高技术事实查明的效率和科学性，为技术类案件的公正审理奠定了良好的基础。

三、2016 年知识产权顶层设计和制度建设

（一）颁布并践行国家知识产权保护和运用“十三五”规划

2016 年 12 月 30 日，由知识产权局会同国务院知识产权战略实施工作部际联席会议成员单位及中组部、中央编办、银监会、证监会、保监会等相关部门共同编制的《“十

---

〔1〕 桂杰：《2016 年检察机关共批捕涉知识产权犯罪 3797 人》，载新华网，http://news.xinhuanet.com/legal/2017-01/24/c_1120373360.htm，最后访问日期：2017 年 1 月 17 日。

〔2〕 参见章宁旦：《法制日报——广州知识产权法院首聘 29 名技术咨询专家》，载广州知识产权法院网，http://www.gipc.gov.cn/showu/big_content.jsp?id=b3d831067e4c4e3f986ba96900e62520，最后访问日期：2016 年 12 月 25 日。

三五”国家知识产权保护和运用规划》(以下简称《规划》)经国务院正式发布,明确了“十三五”知识产权工作的发展目标和主要任务,对全国知识产权工作进行了全面部署。这是知识产权规划首次列入国家重点专项规划,[1]具有知识产权法制建设和顶层设计的里程碑意义,是全面深入实施国务院《关于新形势下加快知识产权强国建设的若干意见》的重大举措。

1. 目标体系

《规划》确立了指导思想,即为了深入实施国家知识产权战略,深化知识产权领域改革,打通知识产权创造、运用、保护、管理和服务的全链条,严格知识产权保护,加强知识产权运用,提升知识产权质量和效益,扩大知识产权国际影响力,加快建设中国特色、世界水平的知识产权强国,为实现“两个一百年”奋斗目标和中华民族伟大复兴的中国梦提供更加有力的支撑。为了实现知识产权强国计划,《规划》坚持创新引领、统筹协调、绿色发展、开放共享4项原则。《规划》确立了发展目标,即从2016年到2020年,知识产权战略行动计划目标如期完成,知识产权重要领域和关键环节的改革取得决定性成果,保护和运用能力得到大幅提升,建成一批知识产权强省、强市,为促进大众创业、万众创新提供有力保障,为建设知识产权强国奠定坚实基础,使知识产权保护环境显著改善,知识产权运用效益充分显现,知识产权综合能力大幅提升。

2. 主要任务

《规划》确定了改革、保护、应用的3大主要任务。一是深化知识产权领域改革。积极研究探索知识产权管理体制机制改革,努力在重点领域和关键环节取得突破性成果。支持地方开展知识产权综合管理改革试点。建立以知识产权为重要内容的创新驱动评价体系,推动知识产权产品纳入国民经济核算,将知识产权指标纳入国民经济和社会发展考核体系。推进简政放权,简化和优化知识产权审查和注册流程。[2] 二是严格实行知识产权保护。加快知识产权法律、法规、司法解释的制定修订,构建包括司

---

〔1〕 参见《〈“十三五”国家知识产权保护和运用规划〉政策解读》,载国务院新闻办公室网,http://www.scio.gov.cn/34473/34515/Document/1540391/1540391.htm,最后访问日期:2017年1月17日。

〔2〕 2015年12月22日,国务院发布《关于新形势下加快知识产权强国建设的若干意见》,要求要推进知识产权管理体制机制改革,实行严格的知识产权保护,促进知识产权创造运用,加强重点产业知识产权海外布局和风险防控,提升知识产权对外合作水平,并加强组织实施和政策保障。要完善知识产权审查和注册机制。建立计算机软件著作权快速登记通道。优化专利和商标的审查流程与方式,实现知识产权在线登记、电子申请和无纸化审批。完善知识产权审查协作机制,建立重点优势产业专利申请的集中审查制度,建立健全涉及产业安全的专利审查工作机制。合理扩大专利确权程序依职权审查范围,完善授权后专利文件修改制度。拓展“专利审查高速路”国际合作网络,加快建设世界一流专利审查机构。《规划》是这一意见的延续与落实。

法审判、刑事司法、行政执法、快速维权、仲裁调解、行业自律、社会监督的知识产权保护工作格局。充分发挥全国打击侵犯知识产权和制售假冒伪劣商品工作领导小组的作用,调动各方积极性,形成工作合力。以充分实现知识产权的市场价值为指引,进一步加大损害赔偿力度。三是促进知识产权高效运用。突出知识产权在科技创新、新兴产业培育方面的引领作用,大力发展知识产权密集型产业,完善专利导航产业发展工作机制,深入开展知识产权评议工作。加大高技术含量知识产权转移转化力度。创新知识产权运营模式和服务产品。完善科研开发与管理机构的知识产权管理制度,探索建立知识产权专员派驻机制。推动军民知识产权转移转化,促进军民融合深度发展。

3. **建设重点**

《规划》设计了制度、保护、质量、建设、强企、产业、开放7大重点工作。第一,完善知识产权法律制度。健全知识产权相关法律制度,研究完善商业模式和实用艺术品等知识产权保护制度和“互联网+”、电子商务、大数据等新业态、新领域知识产权保护规则。积极探索新媒体条件下的新闻作品版权保护和实质性派生品种保护制度。第二,提升知识产权保护水平。要发挥知识产权司法保护作用,强化知识产权刑事保护。完善常态化打防工作格局,进一步优化全程打击策略,全链条惩治侵权假冒犯罪。要加强知识产权行政执法体系建设,强化进出口贸易、传统优势领域、新领域新业态和民生领域的知识产权保护。第三,提高知识产权质量效益。要提高专利质量效益,实施商标战略,打造精品版权,加强地理标志、植物新品种和集成电路布图设计等领域知识产权工作。第四,加强知识产权强省、强市建设。要建成一批知识产权强省、强市,推进引领型、支撑型、特色型知识产权强省建设,发挥知识产权强省的示范带动作用。要促进区域知识产权协调发展,推动开展知识产权区域布局试点,形成以知识产权资源为核心的配置导向目录,推进区域知识产权资源配置和政策优化调整。要做好知识产权领域扶贫工作,加大对边远地区传统知识、遗传资源、民间文艺、中医药等领域知识产权的保护与运用力度。第五,加快知识产权强企建设。要提升企业知识产权综合能力,推行企业知识产权管理国家标准,在生产经营、科技创新中加强知识产权全过程管理。完善知识产权认证制度,探索建立知识产权管理体系认证结果的国际互认机制。要培育知识产权优势企业,出台知识产权优势企业建设指南,推动建立企业知识产权服务机制,引导优质服务力量助力企业形成知识产权竞争优势。要完善知识产权强企工作支撑体系,完善知识产权资产的财务、评估等管理制度及相关会计准则,引导企业发布知识产权经营报告书,提升企业知识产权资产管理能力。第六,推动产业升级发展。要推动专利导航产业发展,完善“中国制造”知识产权布局,促进知识产权密集型产业发展,支持产业形成知识产权联盟。同时,深化知识产权评议工作,推动军民知识产权转移转化。第七,促进知识产权开放合作。要加强知识产权国际交流合作,建设知识产权信息公共服务平台和知识产权服务业集聚区。要加强知识产权服务业监管,完善知识产权服务业统计制度,建立服务机构名录库。

4. 实施保障

一要加强组织协调。各地区、各相关部门要高度重视,加强组织领导,明确责任分工,结合实际细化落实本《规划》提出的目标任务,制定专项规划、年度计划和配套政策,推动规划有效落实。二要加强财力保障。加强财政预算与规划实施的相互衔接协调,各级财政按照现行经费渠道对规划实施予以合理保障,鼓励社会资金投入知识产权各项规划工作,促进知识产权事业发展。三要加强考核评估。各地区、各相关部门要加强对本规划实施情况的动态监测和评估工作。

(二)完善知识产权保护基本制度

知识产权是一个国家的重要战略性资源,产权制度是社会主义市场经济的基石,保护产权是坚持社会主义基本经济制度的必然要求。2016 年 11 月 4 日,中国中央、国务院出台《关于完善产权保护制度依法保护产权的意见》(以下简称《意见》),通过加快完善产权保护制度,依法有效保护经济主体的知识产权及其他财产权,能增强人民群众财富安全感和创业创新动力,保障经济社会持续健康发展和国家长治久安。

1. 制度设计的原则和任务

《意见》确定了制度设计的五大原则和十大任务。加强产权保护,根本之策是全面推进依法治国,进一步完善现代产权制度,推进产权保护法治化。要坚持平等保护、全面保护、依法保护、共同参与、标本兼治五大原则。做好十大任务:加强各种所有制经济产权保护、完善平等保护产权的法律制度、妥善处理历史形成的产权案件、严格规范涉案财产处置的法律程序、审慎把握处理产权和经济纠纷的司法政策、完善政府守信践诺机制、完善财产征收征用制度、加大知识产权保护力度、健全增加城乡居民财产性收入的各项制度、营造全社会重视和支持产权保护的良好环境。

2. 知识产权保护的制度设计

《意见》明确了 4 项制度。第一,全面和平等保护知识产权。知识产权的全面保护,不仅包括传统的专利权、商标权、著作权,也包括域名、植物新品种、商誉等新兴知识产权。知识产权的平等保护,要求无差别地对待任何经济主体的知识产权。要加快推进民法典编纂工作,完善物权、合同、知识产权相关法律制度,清理有违公平的法律法规条款,将平等保护作为规范财产关系的基本原则。第二,加大知识产权保护力度。知识产权是一个国家的核心竞争力,要加大知识产权侵权行为惩治力度,提高知识产权侵权法定赔偿上限,探索建立对专利权、著作权等知识产权侵权惩罚性赔偿制度,对情节严重的恶意侵权行为实施惩罚性赔偿,并由侵权人承担权利人为制止侵权行为所支付的合理开支,提高知识产权侵权成本。第三,严格规范涉案知识产权处置的法律程序。知识产权是一项特殊的民事权利，兼有财产权和人身权双重属性，其处置程序对知识产权质押融资影响极大，因此有必要严格规范。第四，审慎把握涉及知识产权的经济纠纷的司法政策。要充分考虑非公有制经济和知识产权的特点，严格区分经济纠纷与经济犯罪的界限、企业正当融资与非法集资的界限、民营企业参与国有企业兼并重组中涉及的经济纠纷与恶意侵占国有资产的界限，准确把握经济违法行为入刑标准，准确认定经济纠纷和经济犯罪的性质，防范刑事执法介入经济纠纷，防止选择性司法。对于法律界限不明、罪与非罪不清的，司法机关应严格遵循罪刑法定、疑罪从无、严禁有罪推定的原则，防止把经济纠纷当作犯罪处理。

（三）实施知识产权综合管理改革试点总体方案

2016 年 12 月 30 日，国务院办公厅印发的《知识产权综合管理改革试点总体方案》，是深化知识产权领域改革的重大决策部署，有利于加快知识产权强国建设，发挥知识产权制度支撑创新驱动发展作用，促进大众创业、万众创新。

1. 知识产权综合管理改革的方向和原则

知识产权综合管理改革的方向是打通知识产权创造、运用、保护、管理、服务全链条，推动形成权界清晰、分工合理、责权一致、运转高效、法治保障的知识产权体制机制。知识产权综合管理改革要遵循"精简、统一、效能"的原则，按照"放、管、服"要求，突出问题导向，因地制宜实施知识产权综合管理，使知识产权管理由分散向综合转变、由管理向治理转变。

2. 知识产权综合管理改革的任务和要求

一是建立高效的知识产权综合管理体制。科学划分知识产权职责，探索有效可行的知识产权综合管理体制机制。按照实行严格的知识产权保护的要求，结合综合行政执法体制改革，整合优化执法资源，统筹知识产权综合行政执法。加强知识产权工作领导协调机制建设，做好与知识产权司法工作的衔接。二是构建便民利民的知识产权公共服务体系。推行知识产权权利清单、责任清单、负面清单制度。加大知识产权简政放权力度，合理减少审批和管理事项。加强知识产权服务机构事中事后监管。整合知识产权公共服务资源，优化知识产权公共服务供给。三是提升综合运用知识产权促进创新驱动发展的能力。建立健全知识产权评议、专利导航机制，完善知识产权风险预警体系。统筹制定实施知识产权密集型产业促进政策。指导市场主体综合运用专利、商标和版权组合策略，全方位、立体化地保护产品、技术、工业设计等的知识产权。引导市场主体综合运营知识产权，促进知识产权领域军民融合发展，加快药品等领域过期专利技术的有效应用。

3. 地方开展知识产权综合管理改革的试点探索

2016 年，上海市委、市政府联合发布《关于加强知识产权运用和保护支撑上海科技创新中心建设的实施意见》,提出了加强知识产权司法保护、加强知识产权行政执法、完善知识产权纠纷多元解决机制、健全知识产权信用管理等12项具体措施,重点推进知识产权与产业发展相融合,设立国内首支知识产权投贷联动基金,通过多种形式的股权与债权结合融资服务模式,有效降低拥有核心知识产权的小微企业的融资门槛。浦东新区发挥知识产权"三合一"综合管理改革优势,创新知识产权保险产品,国内第一单知识产权运营险和自贸区第一单国际知识产权复合险于2016年11月成功签署。

《广东省知识产权事业发展"十三五"规划》提出,到2020年,广东要成为具有世界影响力的知识产权创造中心和知识产权保护高地,基本建成制度完善、创造领先、转化高效、环境优良的引领型知识产权强省。其中,要求到2020年,全省有效发明专利量超过20万件,年度知识产权质押融资超过100亿元。

南京江北新区深入实施创新驱动发展战略,大力推进自主创新先导区建设,将知识产权工作作为重要突破口。该区正在推进知识产权综合管理改革试点,具体举措包括建立知识产权联席会议制度,加强新区在知识产权战略统筹实施、知识产权密集型产业发展规划、知识产权重大政策制定、重大经济科技活动知识产权评议等方面的工作力度;组建知识产权综合执法队伍,由省、市知识产权管理有关部门向新区派驻专业执法人员,承担综合执法改革的研究、培训、指导和执法工作;扩大知识产权综合管理改革覆盖领域,优化知识产权发展环境,逐步建立专利、商标、版权"三合一"的行政管理体制等内容。

(四)推进知识产权民事、行政和刑事案件审判"三合一"

知识产权民事、行政和刑事案件审判"三合一"是指由知识产权审判庭统一审理知识产权民事、行政和刑事案件,是司法体制改革的重要领域,是落实国家知识产权战略和创新驱动发展战略的重要举措。2016年7月5号,最高人民法院发布的《关于在全国法院推进知识产权民事、行政和刑事案件审判"三合一"工作的意见》,具有重要的实践意义。

1. "三合一"审判改革的必要性

首先,"三合一"工作能提升审判效能。推进"三合一"工作,有利于构建符合知识产权司法特点和规律的工作机制和审判体制,不断提高知识产权司法保护的整体效能;有利于统一法律适用标准,提高审判质量和效率,充分发挥知识产权司法保护的主导作用,建立公正、高效、权威的知识产权司法制度。其次,"三合一"工作能优化资源配置。推进"三合一"工作,有利于增强司法机关和行政机关执法合力,实现知识产权的全方位救济和司法公正;有利于合理调配审判力量,优化审判资源配置,提高知识产权司法保护的效益和效率;有利于知识产权专门审判队伍建设,提高知识产权审判队伍素质。

2. "三合一"审判改革的基本思路

一是组织保障。最高人民法院成立推进"三合一"工作协调小组,统一协调指导全国法院的“三合一”工作。高、中级人民法院要成立相应的协调机构，组织协调辖区内的“三合一”工作，具体负责辖区内知识产权案件的管辖布局和指导监督，上传下达，内外协调，及时解决工作中出现的问题。二是衔接过渡。根据最高人民法院会同最高人民检察院、公安部联合制定下发的有关办理知识产权刑事案件适用法律相关问题的意见，各级人民法院做好知识产权刑事案件的审理工作。各级人民法院的知识产权审判部门，不再称为民事审判第×庭，更名为知识产权审判庭。三是法官配备。各级人民法院知识产权审判庭应当根据审判任务需要配备审判力量，并根据情况配备专门从事行政审判和刑事审判的法官，也可以由行政审判庭或刑事审判庭法官与知识产权审判庭法官共同组成合议庭，审理知识产权行政或刑事案件。四是明确管辖。知识产权民事案件的受理继续依照人民法院有关地域管辖、级别管辖和指定管辖的规定和批复进行。除此之外，中级人民法院辖区内没有基层人民法院具有一般知识产权民事纠纷案件管辖权的，可以层报最高人民法院指定基层人民法院统一管辖，也可以由中级人民法院提级管辖本辖区内的知识产权行政、刑事案件。中级人民法院辖区内有多个具有一般知识产权民事纠纷案件管辖权的基层人民法院的，经层报最高人民法院批准后，可以根据辖区内的案件数量、审判力量等情况对每个基层法院的辖区范围进行划分和调整。〔1〕

3.“三合一”审判改革的保障体系

一要加强改革保障支持。高、中级人民法院要统筹规划本辖区内的“三合一”工作，在人员编制、经费保障、物质装备等方面大力支持“三合一”工作。要建立人民法院与公安机关、检察机关，以及知识产权行政执法机关的沟通联络机制，协调公安机关、检察机关做好刑事案件的侦查和移送起诉工作。二要加强审判业务管理。加快推进和不断完善知识产权案例指导制度，确保裁判标准统一和案件质量。要做好案件审理各个环节的衔接工作。要大力提高知识产权案件裁判文书质量。要对知识产权案件进行分类统计，充分利用信息化手段，加强对相关数据的分析研判。上级法院要及时开展调查研究，加强对开展“三合一”工作法院的指导和监督。三要加强审判队伍建设。各级人民法院要本着立足长远的原则，以培养一支适应知识产权审判发展趋势的专门化法官队伍为目标，严格选拔审判业务骨干，确保参与知识产权审判的法官具有

---

〔1〕 具有一般知识产权民事纠纷案件管辖权的基层人民法院审理中级人民法院指定区域的第一审知识产权刑事、行政案件。不具有一般知识产权民事纠纷案件管辖权的基层人民法院发现所审理案件属于知识产权行政、刑事案件的，应当及时移送中级人民法院指定的有一般知识产权民事纠纷案件管辖权的基层人民法院管辖。中级人民法院知识产权审判庭审理本辖区内基层人民法院审结的知识产权行政、刑事上诉案件以及同级人民检察院抗诉的知识产权刑事案件。高级人民法院知识产权审判庭审理本辖区内中级人民法院审结的知识产权行政、刑事上诉案件，知识产权行政、刑事申请再审案件以及同级人民检察院抗诉的知识产权刑事案件。最高人民法院知识产权审判庭审理各高级人民法院审结的知识产权行政、刑事上诉案件、知识产权行政、刑事申请再审案件、最高人民检察院抗诉的知识产权刑事案件。

相应的审判业务能力和经验。最高人民法院和高级人民法院每年要适时组织针对知识产权审判“三合一”工作的专门培训,同时要注重通过网络方式加大培训覆盖面,不断提高知识产权法官的综合素质。

四、2016 年知识产权保护的热点问题

2016 年,一些典型的法律问题随社会经济发展呈现出不同的形式,知识产权保护在理论和实践中都得到了不断的深化。纵观全国的知识产权保护,核心热点问题凸显在如下几个方面。[1]

(一)专利保护问题

1. 技术调查官问题

技术调查官制度是一项全新的诉讼制度,建立该制度有利于解决专利、技术秘密、计算机软件、技术类案件中由于技术性和专业性较强而带来的技术事实查明难问题。知识产权法院自 2015 年 11 月正式启用技术调查官以来,对技术调查官制度在技术类案件中的适用进行了积极探索,但存在倚重技术调查官查明案件技术事实的问题。因此,既要充分发挥技术调查官帮助法官查明案件技术事实方面的积极辅助作用,又要注意不能对技术调查官形成过分依赖。确立法官在查明技术事实方面的主导作用,探索并发挥技术调查官职能作用。

2. 专利法适用问题

我国《专利法》自实施以来已历经 3 次修改,相应的专利法实施细则、审查指南也屡经修改并有多个版本,存在关于专利法、专利法实施细则、审查指南不同版本的适用问题。同时,各地人民法院在类似案件中也存在裁量标准不统一的问题,加上专利案件技术性强、复杂、周期长,产生了一系列关于专利法适用的问题。比如,在专利授权确权行政案件中对于公知常识的证明责任问题、关于权利要求的选择问题、关于“设计空间”在外观设计专利侵权判断中的适用问题、关于间接侵权的认定问题、关于试验数据的提交及采信问题。

(二)商标保护问题

1. 商标代理人问题

虽然现行《商标法》第 15 条将代理人或者代表人之外的其他商业关系分条款予以了规定,但是在审理案件中需要适用 2001 年《商标法》第 15 条时,该法条本身并未对相关内容进行区分,导致法律实施的难题。此时,建议可结合最高人民法院《关于审理商标授权确权行政案件若干问题的意见》第 12 条的规定,对“代理人或代表人”作扩张

---

〔1〕 参见《北京高院:当前知识产权审判中需注意的 29 个重要法律问题(2016.5 完整版)》,载圈圈网,http://www.0791quanquan.com/news_keji/topic_1409829/,最后访问日期:2016 年 12 月 24 日。

性理解,对抢注行为予以规制。

2. 驰名商标问题

对于商标授权确权行政诉讼中驰名商标的保护范围,应依照相关规定予以确认,对已注册驰名商标的保护不应仅限于避免商品来源的混淆,而应扩大保护至避免该驰名商标的"淡化"。对于商标评审委员会仅以混淆标准确定已注册驰名商标的保护范围,而诉讼中经审理发现需要通过"淡化"标准扩大保护的,应当对商标评审委员会的裁决予以纠正。

(三)著作权保护问题

1. 合作作品的权利归属问题

关于合作作品的权利归属,版权审判中应从主观和客观两个方面予以认定,即主观上当事人之间或者当事人与案外人之间有共同提供作品的主观意思联络,且为实现前述主观意思联络客观上实施了相应行为。因主观意思联络存在臆定性,在裁判中可以根据当事人之间体现合作意愿的协议,认定存在主观意思联络,但应当区别于基于特定技术或商业模式、行为之间具有合作或利益分享、密切联系、客观需求所确立的"形式上的合作"。

2. 关联诉讼的图片著作权问题

对于在先案件中因被诉侵权人不能提供所使用图片的合法授权被认定构成侵权,在后案件中该被诉侵权人又以同一图片的著作权人或专有使用权人身份作为原告起诉的,应当认真审慎地根据在案证据查明案件相关事实,并依法对当事人进行必要的举证指导,按照在案证据证明的事实依法裁判。对于在先生效判决已经查明的事实,在后案件有证据能够推翻的,依据民事诉讼法的相关规定依法裁判。

(审读专家:中南财经政法大学知识产权学院副院长　黄玉烨教授)

(责任校对:邓文武　孙寒宁)

撰稿专家

蒋言斌,博士,中南大学法学院教授,中南大学知识产权研究院研究员、英国班戈大学法学院高级访问学者,商务部海外企业知识产权援助中心专家,民商法、知识产权法硕士研究生导师,中国民主建国会中央法制委员会委员,民建湖南省经济与法律委员会主任,湖南省人民检察院特约检察员,长沙岳麓高校科技成果转化研究中心主任。一直从事中南大学法学院的《知识产权法》《知识产权概论》《知识产权法专题》《国际知识产权法》《罗马法》《外国民商法》等课程的教学研究,在湖南省工商局、湖南省知识产权局等部门以及云南、广西、河南、新

疆以及株洲、湘潭等地开展多场主题讲座。主持完成3个国家社会科学规划课题、自然科学基金课题、教育部十五规划课题、10多个国家知识产权局、司法部、湖南省社会科学规划办等省部级课题;有《知识产权法》《知识产权制度反思与法律调适》等专著3部,主编《知识产权法》教材3部,在《知识产权》《法学研究》《法律科学》等发表论文50多篇,参与《国家知识产权战略》(科技篇)、《湖南省专利条例》等省市多部法规的起草、制定工作,对国内外民商法比较研究、知识产权权利配置与法律救济、企业知识产权战略、企业法律风险诊断与预警、知识产权侵权审判与抗辩等有深入的研究。

第三章

2016年行政法实施报告

胡建淼　骆梅英

报告要旨

2016年是"十三五规划"的开局之年，也是《法治政府建设实施纲要（2015—2020年）》（以下简称《纲要》）实行的第一年。中央、地方各级人民政府紧紧围绕《纲要》，进一步细化制定各部门和各地方的《法治政府建设实施纲要》，并按照《纲要》的要求付诸改革实践，加快法治进程。可以说，这构成了2016年我国政府层面依法行政和法治政府建设的主画面。与此同时，行政立法的问题导向和科学性、民主性进一步加强，行政纠纷解决机制进一步完善、多元，也成为2016年我国行政法治进程中迈出的坚实步伐。尽管简政放权、放管结合、优化服务、纠纷解决等方面的许多改革仍处于试点和探索阶段，其中仍存在诸多问题或矛盾，改革的成效还有待实践的进一步检验，但各级人民政府在践行依法行政的路上不断创新、努力前行。展望2017年，进一步细化落实《纲要》，及时评估试点改革成效，总结样本经验，并以法治政府建设年度报告制度为载体，更好地观察、分析当前法治政府建设进程中的问题和对策，是未来行政法理论研究者与政府实务部门共同的任务。

核心建议

1. 围绕《纲要》，制定细化举措，落实党政主要负责人履行推进法治建设第一责任人职责和法治政府建设年度报告制度。

2. 以"放管服"改革为核心，转变政府职能，坚持政企分开、政资分开、政事分开、政社分开，优化政府与市场、政府与社会关系。

3. 加快推进"互联网＋政务服务"建设，促政府治理转型，在传统一元化治理权威之外开拓多元主体与空间的合作治理。

4.深化行政复议体制改革,健全行政复议案件审理机制,充分发挥复议在解决行政争议、化解社会矛盾中的主渠道作用。

2016年是"十三五规划"的开局之年,也是全面贯彻我国第一个与经济社会发展规划同步同期的"法治建设规划"——《法治政府建设实施纲要(2015-2020年)》的第一年,因而也成为我国"加快建设法治政府"、推进"法治国家、法治政府、法治社会一体建设"的攻坚之年。

党的十八大把法治政府基本建成确立为2020年全面建成小康社会的重要目标。十八届四中全会通过了《关于全面推进依法治国若干重大问题的决定》,对"深入推进依法行政,加快建设法治政府"作了全面部署,明确提出了"加快建设职能科学、权责法定、执法严明、公开公正、廉洁高效、守法诚信的法治政府"的任务。为如期实现法治政府基本建成的奋斗目标,2015年12月,中共中央、国务院印发了《法治政府建设实施纲要(2015—2020年)》(以下简称《纲要》)。《纲要》是"十三五"期间和"国民经济和社会发展第十三个五年规划"相配套的法治建设规划,明确了未来5年法治政府建设的总体目标和衡量标准、主要任务和具体措施以及组织保障和落实机制,成为近远期我国依法行政和法治政府建设的行动指南。[1] 2016年,中央、地方各级人民政府紧紧围绕《纲要》,进一步细化制定各部门和各地方的《法治政府建设实施纲要》,并按照《纲要》的要求付诸改革实践,加快法治进程。可以说,这构成了2016年我国党和政府层面依法行政和法治政府建设的主画面。与此同时,行政立法的问题导向和科学性、民主性进一步加强、行政纠纷解决机制进一步完善、多元,也成为2016年我国行政法治进程中迈出的坚实步伐。

综上,本报告将以《纲要》对法治政府建设提出的目标、措施与标准为中心,结合行政法实施的三大领域——行政立法与决策、行政职权行使与执法、社会矛盾化解与行政司法,描述并分析2016年中国行政法实施的总体状况。

一、行政立法:坚持问题导向回应社会关切

2016年全国人大及其常委会制定法律10部,修订法律25部;国务院制定行政法

---

〔1〕 胡建淼:《一个"十三五"的法治规划》,载法制网,http://www.legaldaily.com.cn/zt/content/2016-01/14/content_6444267.htm?node=80006,最后访问日期:2017年2月1日。

规5部,修订行政法规67部;[1]国务院法制办公室收到地方和部门报送国务院备案并予以登记的法规规章1858部(其中,地方性法规962部,自治州、自治县的自治条例和单行条例58部,地方政府规章566部,国务院部门规章272部)。[2] 其中重要的行政性立法有《网络安全法》《民办教育促进法》《疫苗流通和预防接种管理条例》《企业投资项目核准和备案管理条例》以及开启"网约车新政"的《网络预约出租汽车经营服务管理暂行办法》等。这些立法分属部门行政法领域,均有着鲜明的问题导向和现实关切,反映了立法对近年来社会公众所关注的热点问题的回应。

(一)《网络安全法》:互联网规制的基础性立法

2016年11月7日,十二届全国人大常委会第二十四次会议表决通过了《网络安全法》,该法将于2017年6月1日起实施。这是我国关于信息网络安全的第一部法律,确立了互联网领域行政法规制的基础性框架和脉络,对于保障我国网络基础设施安全、保障网民权益具有重大意义。

截至2016年12月,我国网民规模达7.31亿,互联网普及率达53.2%,超过全球平均水平3.1个百分点,超过亚洲平均水平7.6个百分点,成为世界第一网络大国。[3] 网络空间治理是一个关乎国家生存发展的重大战略问题,网络空间法治化是全国推进依法治国的重要组成。2016年《网络安全法》的出台,正是回应了依法治网的战略需求。该法共7章79条,围绕网络安全支持与促进、网络运行安全、网络信息安全、监测预警与应急处置以及相关法律责任5个方面,分别做出了系统的规范设计。

"科学立法"是《网络安全法》立法的重要特征。一是明确了网络主权原则,建立了互联网安全规制体制。二是确立了关键信息基础设施保护制度,在"基础设施+平台+用户+信息"的互联网治理结构中,打下了"地基性"立法的基础。[4] 三是加强了网络空间的个人信息保护,引入了公民的"被遗忘权"。[5] 四是在《反恐怖主义法》确

---

[1] 国务院制定的行政法规有:《全国社会保障基金条例》《农田水利条例》《海关稽查条例》《无线电管理条例》《企业投资项目核准和备案管理条例》;修订的行政法规包括《疫苗流通和预防接种管理条例》等共67部。参见国务院法制办公室,http://www.chinalaw.gov.cn/article/fgkd/xfg/xzfg/,最后访问日期:2017年2月14日。

[2] 统计数据涵盖2016年1月至12月各地方与部门报送国务院法制办备案的法规规章情况,参见国务院法制办公室,http://www.chinalaw.gov.cn/article/jggz/fztjxx/,最后访问日期:2017年2月15日。

[3] 喻思娈、张洋:《我国网民达7.3亿》,载《人民日报》2017年1月23日,第10版。

[4] 周汉华:《〈网络安全法〉开启我国信息网络立法进程》,载法治政府网,http://fzzfyjy.cupl.edu.cn/info/1021/6025.htm,最后访问日期:2017年2月1日。

[5] 《网络安全法》第43条规定:个人发现网络运营者违反法律、行政法规的规定或者双方的约定收集、使用其个人信息的,有权要求网络运营者删除其个人信息;发现网络运营者收集、存储的其个人信息有错误的,有权要求网络运营者予以更正。网络运营者应当采取措施予以删除或者更正。

立的电信用户实名制基础上,规定了信息发布、即时通讯等服务的实名制要求,保护网络安全和国家安全。五是建立了网络安全监测预警、信息通报和应急处置体系,以解决目前存在的多个部门各自发布预警通报、应急预案体系不完整、不协调等问题,进一步完善了互联网规制体系。

(二)《民办教育促进法》修改:教育行政法律体系进一步完善

2016 年 11 月 7 日,第十二届全国人民代表大会常务委员会第二十四次会议审议通过了《关于修改〈中华人民共和国民办教育促进法〉的决定》,为深化教育领域综合改革、应对民办教育发展的新问题新情况提供了法律方案。截至 2016 年 12 月,我国共有各级各类民办学校 17.1 万所,在校学生 4825.47 万人,民办学校成为我国教育资源供给的重要组成部分。[1] 同时,办学质量参差不齐、法律定性和相关管理措施不明、举办者权益保障不足等问题也成为制约民办教育发展的"瓶颈"和障碍。新修改的《民办教育促进法》对上述问题做出了回应:一是确立分类管理的法律依据。明确实行非营利性和营利性民办学校分类管理,允许举办实施学前教育、高中阶段教育、高等教育以及非学历教育的营利性民办学校。二是进一步保障举办者权益和师生权益。三是进一步完善国家扶持政策。强调民办学校与公办学校具有同等的法律地位,规定非营利性和营利性民办学校在财政、税收优惠、用地、收费等方面的差别化扶持政策。四是进一步健全民办学校治理机制。

此次修法,是 2015 年我国教育法律一揽子修改的延续,[2] 与《教育法》《义务教育法》《高等教育法》等一起,形成了我国"依法治校"的法律闭环,进一步完善了我国教育行政法律法规体系。

(三)《疫苗流通和预防接种管理条例》修改:应对"疫苗安全"监管危机

2016 年 4 月 13 日,国务院第 129 次常务会议通过了国务院《关于修改〈疫苗流通和预防接种管理条例〉的决定》(以下简称《管理条例》),并于当月 23 日公布施行。这是一次应对突发公共卫生事件的紧急修法活动,针对山东济南非法经营疫苗系列案件暴露出来的问题,重点对二类疫苗流通环节的法律规定作了修改,建立了疫苗全程追溯法律制度。

2016 年 3 月,山东警方破获案值 5.7 亿元非法疫苗案,疫苗(含 25 种儿童、成人用二类疫苗)未经严格冷链存储运输销往 24 个省市。该案引起了社会各界的极大关注,

---

〔1〕 孙竞:《2016 年全国民办学校 17.1 万所 在校学生突破 4825 万人》,载人民网,http://edu.people.com.cn/n1/2017/0118/c367001-29033819.html,最后访问日期:2017 年 2 月 10 日。

〔2〕 徐靖:《2015 年行政法实施报告》,载中国行为法学会、中南大学编:《中国法治实施报告(2015)》,法律出版社 2016 年版,第 46~72 页。

并造成“疫苗恐慌”。[1] 李克强总理高度重视此案并做出重要批示，要求彻查“问题疫苗”的流向和使用情况，及时回应社会关切，同时抓紧完善监管制度，落实疫苗生产、流通、接种等各环节监管责任。“问题导向”是此次修法的重要特征，其表现为：一是针对山东济南非法经营疫苗系列案件暴露出来的二类疫苗流通链条长、牟利空间大等问题，新《管理条例》不再允许药品批发企业经营疫苗，并将疫苗的采购全部纳入省级公共资源交易平台。二是针对疫苗在储存、运输过程中因脱离冷链影响疫苗有效性的问题，进一步强化了疫苗全程冷链储存、运输等相关管理制度。三是针对疫苗全程追溯制度不完善、接种记录制度落实不到位等问题，进一步规定国家建立疫苗全程追溯制度。四是针对实践中预防接种异常反应补偿工作不够及时、专业等问题，增加规定“国家鼓励建立通过商业保险等形式对预防接种异常反应受种者予以补偿的机制”。五是进一步惩治疫苗流通、预防接种中的违法犯罪行为和监管不力现象，加大了处罚及问责力度。

（四）《网络预约出租汽车经营服务管理暂行办法》："网约车监管"引热议

2016 年 7 月 28 日，国务院办公厅印发了《关于深化改革推进出租汽车行业健康发展的指导意见》（以下简称《意见》），酝酿了两年之久的《网络预约出租汽车经营服务管理暂行办法》（以下简称《暂行办法》）也最终出台。以“网约车”为典型的共享经济是我国近年来发展迅速的一种经济模式，互联网技术的发展更为其提供了便捷高效的平台，但“网约车”的安全性和合法性问题以及要不要监管、如何设计监管体制的问题，也成为行政法上关注的一个热点。[2] 《意见》和《暂行办法》的出台即是政府对共享经济这一新型经济模式进行监管的一次探索和尝试。截至 2016 年 12 月 30 日，全国共有北京、天津、上海、重庆、杭州、宁波、大连、成都、厦门、福州、广州、合肥、深圳、青岛等 42 个城市正式发布了网约车管理实施细则，进一步根据地方实际细化“网约车”准入条件、运营和监管模式等，另外还有 140 余个城市已向社会公开征求了意见。[3]

此次“网约车新政”相关立法，充分体现了行政立法和决策的公众参与特征。早在

---

[1] 《山东非法疫苗案》，载百度百科，http://baike.baidu.com/item/%E5%B1%B1%E4%B8%9C%E9%9D%9E%E6%B3%95%E7%96%AB%E8%8B%97%E6%A1%88?fromtitle=%E5%B1%B1%E4%B8%9C%E9%97%AE%E9%A2%98%E7%96%AB%E8%8B%97%E6%A1%88&type=syn&sefr=enterbtn，最后访问日期：2017 年 2 月 10 日。

[2] 相关评论参见王静：《中国网约车的监管困境及解决》，载《行政法学研究》2016 年第 2 期；金自宁：《直面我国网络约租车的合法性问题》，载《宏观质量研究》2015 年第 4 期；张效羽：《网约车新政考验地方政府治理水平》，载学习时报，http://www.studytimes.cn/zydx/MZFZ/YIZLF/2016-09-01/6679.html，最后访问日期：2016 年 9 月 2 日。

[3] 乔雪峰：《42 个城市已发布网约车实施细则 140 余城市公开征意见》，载人民网，http://news.china.com/finance/11155042/20170103/30135043.html，最后访问日期：2016 年 2 月 10 日。

2015 年 10 月 10 日,交通部在广泛调研基础上发布了《网络预约出租汽车经营服务管理暂行办法(征求意见稿)》,该意见稿对专车平台、驾驶员以及车辆进行了明确的规范,规定私家车不允许做专车,平台、车辆和驾驶员必须纳入行政审批的程序和监管范畴。政府管制的传统方式与新经济模式之间的兼容性立即引发了社会各界的关注和讨论。一个月内,通过国务院法制办和交通运输部网站、电子邮件、电话、座谈会、当面递交等多种渠道征求意见,共收到有效意见 5008 件。通过拆分处理,共梳理出意见 6832 条。其中,仅简单表示支持或者反对的态度性意见共 903 条,提出具体修改意见和建议的共 5929 条。[1] 这充分体现出公众参与立法和决策的广度和深度。同时,学术界、实务界也以各种方式对意见稿提出了意见。[2] 可以说,《暂行办法》的出台过程,不仅是政府如何应对新经济模式转变监管职能的一个行政法案例,也是政府如何吸收公众意见践行科学立法、民主决策的一个行政法案例。

(五)政府规章制定程序进一步完善

地方政府规章,既是地方人民政府"依法行政"的重要规范依据,也是人民法院审理地方行政案件的重要"参照"依据。地方政府规章的"执法依据性"与"司法可适用性"要求具备此种特殊立法权限的相关地方人民政府必须审慎行使手中的权力,防止"地方保护主义"的立法化。[3] 《立法法》修改后,一方面,地方政府规章的制定主体扩大到"设区的市";另一方面规定,没有上位法依据,政府规章不得减损公民权利或者增加其义务。[4] 同时,《纲要》也对提高政府立法质量,构建系统完备、科学规范、运行有效的依法行政制度体系提出了目标和要求。据此,2016 年,各"设区的市"人民政府纷纷制定或修改《政府规章制定程序规定》,进一步完善立法程序,防止"部门利益规章化"。

一是填补了规章制定程序的多地空白,通过此轮立法形成了较为完善的地方政府规章制定程序规范体系。如新制定的《济宁市政府规章制定程序规定》共 7 章 36 条,对市政府规章的立项、起草、审查、决定、公布和解释等做出了细化规定。

二是加大了公众参与和专家论证。如《哈尔滨市政府规章制定程序规定》第 32 条规定:"市政府法制部门应当通过座谈会、征求意见函、实地走访、问卷调查等形式征求

---

〔1〕 章轲:《出租车新规征求意见结束:5008 条意见提出 12 问》,载《第一财经日报》2015 年 11 月 10 日,第 2 版。

〔2〕 《网约车遇政策瓶颈　专家称有 6 杀手锏》,载网易财经,http://money.163.com/15/1028/07/B70FBEQH00254TFQ.html,最后访问日期:2016 年 2 月 10 日。

〔3〕 徐靖:《2015 年行政法实施报告》,载中国行为法学会、中南大学编:《中国法治实施报告(2015)》,法律出版社 2016 年版,第 46 ~ 72 页。

〔4〕 参见《立法法》第 82 条。

社会各界意见，开展立法协商，听取人大代表、政协委员、民主党派、工商联、无党派人士、人民团体、社会组织、立法联系点等对规章送审稿的意见。”第33条规定：“市政府法制部门建立立法咨询专家库，对专家人选实行动态管理。”“规章送审稿涉及重大法律问题或者专业技术问题的，市政府法制部门应当召开专家论证会。论证会应当形成论证报告，论证报告包括论证会的基本情况、发言人的基本观点、论证结论等内容。论证报告应当作为规章送审稿修改的重要参考”。

三是加强了规章立法后评估，提高政府立法科学性。例如，《合肥市政府规章制定程序规定》第42条规定：“规章公布施行1年后，规章实施部门应当通过调查、评估等方式对规章主要条款的实施情况进行检查，及时发现存在的问题，提出完善意见，形成规章跟踪问效报告后报市政府法制办。市政府法制办应当将规章跟踪问效工作纳入依法行政考核，并将跟踪问效报告作为规章修改或者废止的重要参考。”据此，合肥市探索规章“体检”制度，综合运用问卷调查、实地调研、召开座谈会或论证会、专家咨询、典型案例评查、相关立法比较分析等方法开展政府规章立法后评估，提高规章立法质量。[1]

二、行政职权行使：以“放管服”改革为核心推进政府职能转变

简政放权、放管结合、优化服务，是2016年从中央到地方加快建设法治政府、全面正确履行政府职能的关键词和“主抓手”。李克强总理指出：“‘放管服’改革实质是政府自我革命，要削手中的权、去部门的利、割自己的肉。用政府减权限权和监管改革，换来市场活力和社会创造力释放。”2016年5月24日，国务院印发《2016年推进简政放权放管结合优化服务改革工作要点》，对深化审批制度改革、加强监管创新、推动政务服务供给侧改革做出了部署。

（一）简政放权与行政审批制度改革

《行政许可法》所确立的放松管制、有限政府、电子政务等理念，构成了我国10余年来行政审批制度改革的核心命题。在审批制度改革进入深水区和攻坚期的当下，审批标准化改革成为2016年改革继续推进的“主抓手”。同时，投融资体制改革和商事登记制度改革的齐头并进，也为进一步简政放权注入了新的动力。

一是以标准化促行政审批规范化。2016年，国务院审改办、国家标准委制定并发布首个《行政许可标准化指引（2016版）》，源于地方实践的审批标准化改革在全国推开，“以标准化促审批规范化”成为当前处于“攻坚期”的审批制度改革走向深入的“主

---

〔1〕《合肥市立法后评估步入常态化 完善立法为政府规章“体检”》，载安徽政府法制网，http://www.ahfzb.gov.cn/content/detail/57b2bffecfd9f36c07000000.html，最后访问日期：2017年2月20日。

抓手”和“推进器”。不同于以往更注重事项精简的“减量型”审改模式,审批标准化改革是指将标准化思维和方式引入审批服务领域,构建行政许可准入实体标准、实施程序标准、许可机关的内部管理标准和场所设施标准,规范许可裁量权。例如,成都武侯区全面开展行政服务标准化国家级和省级试点,以服务管理、服务质量、事项办理、流程优化等 23 个板块为重点,以 415 个具体指标为支撑,构建起了一整套行政审批标准化体系,并对全区 13 个街道社会事务服务中心和 87 个社区居民服务中心进行标准化建设,做到场地设施、事项办理、监督考评等“七统一”,取得了显著的改革成效。[1]

在行政法上,许可标准的实质是法定的许可条件的具体化,这一具体化需要结合法律解释技术和现实情况对政府的裁量权进行“基准化”。而审批标准化在法律上实际是一场“许可权的裁量基准运动”。[2] 随着审批标准化在全国的推开,如何合理汇编、科学制定审批标准,如何分类型、按地区细化行业审批标准、区域审批标准和项目审批标准,如何解决审批标准背后的权力配置、流程设置和规范冲突等问题,从部门到地方都有着强烈的实务诉求。因而,审批标准化改革所承载的政治学意义上的公共服务标准化理论、政府流程再造理论以及行政法意义上的行政许可裁量基准理论、法律规范之适用、冲突与汇编理论等,对于改革中实务问题的解决均有重大指引。

二是推进投资体制改革,出台《企业投资项目核准和备案管理条例》。长期以来,核准制和备案制是我国政府控制固定资产投资的两种方式。然而,由于同在 2004 年但一前一后实施的《行政许可法》与《国务院关于投资体制改革的决定》两个文本在政策协同和概念体系上的不衔接,使得如何在法律上定性核准和备案行为,如何在行政审批制度改革和行政许可法的框架下认识核准制和备案制的问题,一直没有理顺。其结果是,我国的投资管理体制改革并未与前六轮“审改”同步进行。然而,从功能的角度来说,核准的作用是基于公共利益的需要控制重要行业的投资准入,属于许可法上的一般许可。备案的作用是收集市场信息,掌握生产力布局,服务于决策需要,属于规制理论中的信息工具,是替代性规制方式。备案包括强制性备案和告知性备案,实践中,尤其是强制性备案往往演变成变相审批。核准和备案都是政府控制市场准入的两种方式,均应按照简政放权、转变政府职能的要求进行改革。自 2013 年以来,新一轮“审改”不断扩大简政放权的力度,将投资项目核准制、备案制纳入行政审批制度改革的范畴。2016 年,国家发展改革委投资项目在线监管平台正式进入全国范围的试运行应用阶段。2016 年 7 月 5 日,中共中央、国务院《关于深化投融资体制改革的意见》指出“投

---

〔1〕 王进:《成都武侯区:行政审批标准化改革“标杆”》,载中国改革报网站,http://www.crd.net.cn/2016-08/02/content_21273356_2.htm,最后访问日期:2016 年 8 月 2 日。

〔2〕 骆梅英:《行政许可标准的冲突及解决》,载《法学研究》2014 年第 2 期。

资法制建设滞后，投资监管法治化水平亟待提高”，要求探索建立并逐步推行投资项目审批首问负责制，投资主管部门或审批协调机构作为首家受理单位“一站式”受理、“全流程”服务。2016年12月14日，《企业投资项目核准和备案管理条例》（以下简称《条例》）出台，这是我国在固定资产投资领域的第一部行政法规，在转变政府职能、便利企业投资方面具有重要意义。《条例》限制了政府对投资项目的审批职权，实行企业投资项目核准范围最小化，规定政府仅对涉及国家安全、全国重大生产力布局、战略性资源开发和重大公共利益等项目实行核准管理，其他项目一律实行备案管理。而在备案项目上，政府仅了解和掌握投资项目意向信息和项目建设动态信息。与此同时，《条例》也要求核准机关、备案机关以及其他相关部门加强事中事后监管，采取在线监测、现场核查等方式，加强对项目实施的监督检查。《条例》的实施为投融资体制改革纳入审批制度改革的范畴，加快政府转变投资管理体制，降低投资准入门槛提供了法律保障。

三是深化商事制度改革。商事制度改革正是我国简政放权改革的缩影。2016年，我国商事登记制度改革再提速。2016年7月5日，国务院办公厅发布《关于加快推进“五证合一、一照一码”登记制度改革的通知》，要求“从2016年10月1日起正式实施‘五证合一、一照一码’，在更大范围、更深层次实现信息共享和业务协同，巩固和扩大‘三证合一’登记制度改革成果。”截至2016年11月底，全国发放“五证合一、一照一码”营业执照233.5万张。同时，个体工商户营业执照和税务登记“两证整合”改革，于12月1日在全国顺利实施。截至12月19日，共发放“两证整合”营业执照186.3万张。[1] 在放权的同时，也更加注重实施公正监管，推进综合监管，探索审慎监管，促进各类市场主体公平竞争。2016年6月，国务院出台《关于在市场体系建设中建立公平竞争审查制度的意见》，明确要建立和实施公平竞争审查制度，规范政府有关行为，加快建设统一开放、竞争有序的市场体系。与此同时，更加注重加强事中事后监管，创新市场监管方式，包括运用“互联网+”、大数据等手段对市场主体实行“智能”监管，构建新型监管制度。

（二）“放管结合”与行政执法体制改革

党的十八届三中全会提出“深化行政执法体制改革”目标，要求“整合执法主体，相对集中执法权，推进综合执法，着力解决权责交叉、多头执法问题，建立权责统一、权威高效的行政执法体制”。2015年12月24日，中共中央、国务院发布《关于深入推进城市执法体制改革改进城市管理工作的指导意见》（以下简称《指导意见》），这是顶层设计层面首次针对城市管理执法改革的全面部署。《指导意见》指出行政执法体制改革

---

〔1〕 刘长忠：《中国将实施“多证合一”登记制度改革》，载新华网，http://news.xinhuanet.com/fortune/2016-12/22/c_1120168279.htm，最后访问日期：2017年2月13日。

的具体任务是:调整执法职能配置、整合执法机构、推进执法重心下移、转变执法方式。2016 年,各地方以《意见》为依据,深入实践,积极探索符合地方实际的行政执法新模式,成效较为显著。

一是结合公务员分类管理改革,探索行政执法类公务员管理体制机制创新。2016 年 7 月 14 日,中央组织部、人社部、国家公务员局联合颁布了《专业技术类公务员管理规定(试行)》《行政执法类公务员管理规定(试行)》,在深圳试点改革的基础上,国家公务员分类改革正式启动实施。公务员分类改革,是在遵循《公务员法》和综合管理类公务员管理基本制度体系前提下,划分行政执法类和专业技术类公务员,并按照各自类别进行招录、考核、晋升、培训等管理。例如,2016 年,上海在试点基础上全面推开行政执法类公务员分类管理改革。[1] 改革主要从制度层面解决以下三个问题:一是现行职位分类没有充分体现现场一线执法的职业特点,不利于执法类公务员队伍的科学化、职业化、专业化建设;二是职务设置"天花板"现象严重,职务层次主要限制在科级以下,职业发展通道较窄;三是收入分配不合理,收入水平相对偏低,没有充分体现一线执法人员"白加黑""五加二"户外执勤的工作特点。改革的内容则是分批推进,建立执法类公务员分类招录、因类施训、单列管理、严肃纪律、职业保障的管理新机制,加快推进行政执法队伍正规化、专业化、职业化建设。[2]

二是出台细化措施,积极探索执法机构整合和执法重心下移。例如,2016 年 8 月,宁波市综合行政执法局正式挂牌成立,"一盘棋"推进县(市)区和乡镇(街道)执法管理工作,从城市管理领域迈向城乡统筹的跨部门跨领域综合行政执法阶段。[3] 各县(市)区均成立综合行政执法机构,开启权责统一、权威高效的行政执法新模式。在相对集中执行权方面,在原城市管理相对集中的行政执法权基础上,又增加人防(民防)、陆域渔政、石油天然气管道保护并扩大水行政等方面法律、法规、规章规定的全部或部分行政执法职权。在人员编制方面,宁波市保证用于一线执法人员的编制将不少于综合行政执法人员编制总数的 85%,解决基层"看得见、摸不着"和执法力量分散薄弱的问题,朝着综合执法改革又迈出了坚实的一步。

三是全面推行"双随机一公开"监管改革。"双随机一公开"是完善事中事后监管的重要制度。在 2015 年试点基础上,2016 年在各级政府和部门全面推行。如根据《工商总局关于新形势下推进监管方式改革创新的意见》,工商部门除投诉举报、大数据监测、转办交办以外,对市场主体的监督检查,均应当通过"双随机"抽查的方式进行,不

---

〔1〕 张骏:《上海深化行政执法类公务员分类管理改革》,载《解放日报》2016 年 7 月 11 日,第 1 版。

〔2〕 臧鸣:《上海行政执法类公务员分类改革试点扩大至全市》,载《东方早报》2016 年 7 月 8 日。

〔3〕 黄合:《宁波市"一盘棋"推进综合行政执法体制改革》,载浙江在线,http://cs.zjol.com.cn/system/2016/11/13/021364976.shtml,最后访问日期:2017 年 2 月 10 日。

得随意对市场主体开展检查。上海市则通过“双随机一公开”监管信息系统,建立市场主体名录库和执法人员名录库,实行随机抽取检查对象和随机选派执法检查人员,推行全程公开和社会监督,并加大对违法失信企业的检查力度。[1]

(三)“优化服务”与“互联网+政务服务”改革

互联网技术的发展不仅带来了新的经济模式,也为政府治理模式与行政法的变革带来了新的契机。在“互联网+”背景下,信息壁垒、数据垄断被破除,人与人、物与物之间的连接方式打破了时间和空间的限制,公共治理活动被置于社会公众的监督之下,公民参与政府治理的成本降低、渠道大增。李克强总理在2016年的《政府工作报告》中强调指出,要大力推行“互联网+政务服务”,实现部门间数据共享,让居民和企业少跑腿、好办事、不添堵。简除烦苛,禁察非法,使人民群众有更平等的机会和更大的创造空间。2016年9月29日,国务院印发《关于加快推进“互联网+政务服务”工作的指导意见》,指出要加快推进“互联网+政务服务”工作,切实提高政务服务质量与实效。

2016年,“互联网+”与政府治理的融合进一步深入,以信息技术为依托的政府管理与服务创新逐渐步入快车道,在全国多地都有了新的创新与进展。一是各省政务“一张网”建设蔚然成风,在行政组织法上推动了整体政府理念,并带来组织结构“扁平化”的变革。截至2016年7月,浙江政务服务网实名注册用户270多万,日浏览量高达200万次,上线两年来入网办件数超过1700万件,辐射面涉及全省126多个县(市、区)、开发区等。[2] 新开通的江苏政务服务网则集合了江苏所有政府部门的3.6万项在线服务、10万项便民服务和8万个办事场所和服务场馆信息。[3] 二是各种政务APP、即时通信工具的使用,带来了公众参与政府治理方式的变革。在《湖南省通信条例(草案送审稿)》的审查过程中,湖南省政府通过随机向通信用户发送征求意见短信、在多个微信群征求意见和召开通信用户座谈会等方式,共向1000余名通信用户征求意见,收到近200份回复意见。[4] 在深圳,《深圳市公共信用信息管理办法(征求意见稿)》的立法听证会更是实现了现场听证与微信平台听证同步进行。[5] 微信听证会的

---

〔1〕 陈颖婷:《上海工商推出“双随机”抽查制度》,载《上海法治报》2016年1月18日,第1版。

〔2〕 《2016浙江政务服务网年中成绩单》,载浙江新闻官网,http://zj.zjol.com.cn/news/409537.html,最后访问日期:2017年2月1日。

〔3〕 杨帆:《苏州10万项便民服务“一网办”》,载中国江苏网,http://jsnews.jschina.com.cn/sz/a/201702/t20170216_67309.shtml,最后访问日期:2017年2月3日。

〔4〕 《湖南省改革政府立法听取意见方式提高公众参与度》,载湖北省政府法制网,http://www.hbzffz.gov.cn:82/fzdt/wbxw/20179.htm,最后访问日期:2017年2月3日。

〔5〕 雷燕:《深圳立法听证会首开微信听证直播平台》,载《深圳晚报》2016年5月6日,第8版。

50 名听证代表是从深圳市内外报名参加的近百名网友中遴选出来的,其中既有专家教授、律师、公务员、企业高管,也有社会工作者、IT 从业人员、媒体记者。现场听证会则邀请了包括人大代表、政协委员、政府部门和普通市民等 19 名听证代表。听证会上,现场代表的发言直接被发布到市法制办微信平台上,微信网友的发言也同步推送到听证会现场的大电子显示屏上。三是政府与第三方平台合作推进"互联网 + 政务服务",是在传统一元化治理权威之外开拓多元主体与空间的合作治理,丰富了行政法上公私合作治理的理论与案例。2016 年 4 月,国家发展改革委等 10 部门发布《推进"互联网 + 政务服务"开展信息惠民试点实施方案》,提出打破信息孤岛,变"群众跑腿"为"信息跑路",变"群众来回跑"为"部门协同办",变被动服务为主动服务的改革目标。政府与第三方平台合作推进"互联网 + 政务服务"成为常态。例如,截至 2016 年 6 月,全国 31 个省级单位的 347 个城市已经入驻了支付宝"城市服务"。70 个国内大中城市中,有 69 个城市共计推出政务 APP 316 个,分布在交通、社保、民政、旅游、公共安全等多个领域。可获得下载量信息的政务 APP 共 261 个,总下载量为 2476.9 万次。[1] 相应地,政府与第三方平台在数据共享、数据安全、行为协同和责任方面的问题也值得进一步研究。

三、行政司法:发挥复议主渠道功能多元化解行政纠纷

(一)深化行政复议体制改革,提升复议独立性、专业性

行政复议制度作为一项重要的行政争议解决机制,在推动依法行政、促进法治政府建设、维护群众权益、化解社会矛盾等方面发挥着重要作用。但不可否认的是,现行复议体制在解决行政争议方面,化解纠纷的功能远未得到有效发挥;其区别于司法机制的便捷高效、灵活专业的优势也未得以展现。对此,《纲要》提出:"完善行政复议制度,改革行政复议体制,积极探索整合地方行政复议职责。"现行改革的问题主要体现在集中复议职权、提升复议机构的独立性与审理程序正当性以及行政复议与行政诉讼的衔接等方面。2016 年,全国行政复议体制改革在"行政复议委员会"模式上又有推进。如浙江省成立全国第一个行政复议局,相对集中行使复议职权,改革成效显著。而在复议案件的审理机制上,以上海市行政复议案审制为代表的探索,也进一步推进了复议的专业性、独立性。

2016 年 7 月 12 日,浙江省政府在原有义乌复议局的改革试点基础上,总结成功经验,成立了浙江省行政复议局,加快推进行政复议体制改革,力争实现"一级政府只设

---

〔1〕 郑跃平、黄博涵:《"互联网 + 政务"报告(2016)——移动政务的现状与未来》,载《电子政务》2016 年第 9 期。

立一个行政复议机构、实行一个牌子对外，全省形成一支稳定、专业的行政复议人员队伍，行政复议案件办理形成一套完善的工作机制”。浙江省行政复议局的设立，对于我国行政复议体制改革以及未来行政复议法的修改均有着重要的探索意义：一方面，作为真正意义上专门的行政复议机构，行政复议局的设立将进一步推动行政复议职权的统一行使，逐渐形成统一受理、统一审理、统一决定的行政复议程序，以更好地完善行政复议这一行政救济方式；另一方面，旧有的行政复议决定由各部门的法制部门或者科室进行，在很大程度上缺乏独立性，行政复议局的设立将在很大程度上保证行政复议决定的中立性、客观性，也将使行政复议工作更为专业化和规范化。

而在复议案件的审理机制上，上海市政府以“开门复议、复议为民”为原则，实施行政复议案审制，设立行政复议委员会，通过案审会对重大、复杂、疑难和新类型复议案件进行审议。案审会大量吸收行政复议机构之外的专家学者参与，明确审议权与调查权相分离，实行多数票决制，不断扩大当事人和公众参与，并率先将复议文书网上公开。通过系列改革，使得行政复议个案监督、权益维护与推进依法行政的功能得到了更好地发挥。

（二）综合运用仲裁、调解，完善纠纷多元化解机制

2015 年 10 月 13 日，中央全面深化改革领导小组审议通过了《关于完善矛盾纠纷多元化解机制的意见》，指出“将预防矛盾纠纷贯穿重大决策、行政执法、司法诉讼等全过程；坚持人民调解、行政调解、司法调解联动，鼓励通过先行调解等方式解决问题”，“推动各种矛盾纠纷化解方式的衔接配合，建立健全有机衔接、协调联动、高效便捷的矛盾纠纷多元化解机制。”2016 年，各地各部门在细化落实《意见》基础上，积极探索适应地方实际的多元纠纷化解机制。例如，青岛市出台《关于完善矛盾纠纷多元化解机制的意见》，构建党委领导、政府主导、综治协调、发挥部门职能作用、社会力量广泛参与的矛盾纠纷多元化解工作格局。推进区（市）、镇（街道）、村（社区）三级矛盾纠纷多元化解中心建设，10 个区（市）矛盾纠纷多元化解中心相继建成并投入运行。全市 27 家群团组织设立了纠纷调解、权益维护的工作内容，112 家较大行业协会和 1.16 万家社会组织成立了人民调解委员会。全面推进公共法律服务体系建设，区（市）公共法律服务中心建成率达 90%，镇（街道）公共法律服务工作站建成率达 100%，社区（村）司法行政工作室建成率达 100%，城区半小时、农村一小时公共法律服务圈基本形成。[1]另外，随着互联网应用的发展，在线纠纷解决机制（ODR）与我国矛盾纠纷多元化解机制的有效衔接，包括电子调解、电子仲裁、电子复议、电子司法、电子信访的体制机制一体化建设，将会在实践领域带来更多的探索和变革。

---

〔1〕《青岛市人民政府关于 2016 年法治政府建设情况的报告》，载青岛政务网，http://www.qingdao.gov.cn/n172/n1524/170210164831311238.html，最后访问日期：2017 年 2 月 12 日。

(三)推进信访制度改革:以“阳光信访”“责任信访”“法治信访”为导向

《法治政府建设实施纲要(2015—2020年)》指出,依法有效化解社会矛盾纠纷需要把信访纳入法治化轨道,规范信访工作程序,优化传统信访途径,严格实行诉访分离,引导群众在法治框架内解决矛盾纠纷。

以《纲要》为指导,2016年全国信访工作制度改革继续深化,阳光信访、责任信访、法治信访建设齐头并进。自2016年1月1日起,全国信访数据实现全部从信访信息系统自动生成,随时统计、随时调取。[1] 2016年5月10日,国家信访局办公室印发《国家信访局2016年政务公开工作实施方案》规定,进一步完善各级网上信访受理平台,推动省、市、县、乡全应用,全力打造网上信访主渠道,实行信访事项受理、办理、督办过程公开。全程跟踪群众满意度评价结果,从群众评价中查找问题,加强提醒、回访、督办,倒逼改进工作。各地方网上信访制度建设也成效显著,如河南省积极探索实行“9+1”阳光信访工程,把窗口接访、领导约访、联合处访、网络调防、数据研访、督查巡访、复核息访、群众评访、智能回访“9方面”的群众信访,统一到信访信息系统“1张网上”,实现了信访形式、过程、范围的全覆盖。[2] 随着《信访工作责任制实施办法》的出台,信访工作责任制度也进一步完善落实。责任制度是信访工作的“牛鼻子”,如果缺乏严密的责任体系,出现信访问题可以不担责,办理信访问题可以不负责,造成严重后果可以不问责,那么再好的信访制度也是“纸老虎”“稻草人”,对规章制度的“习惯性漠视”“随意性变通”等问题自然会大行其道。[3] 2016年10月8日由中共中央办公厅、国务院办公厅印发的《信访工作责任制实施办法》,首次对信访工作各责任主体的责任内容进行明确规定,解决了工作实践中理解不一、难以界定和把握不准的问题。《办法》共5章19条,将信访工作责任按照主体划分为领导责任、部门责任、属地责任、信访部门责任和工作人员责任,并对各责任主体的责任内容做出了具体规定,明确了信访工作督查的主体、内容、频率和程序以及责任追究的情形和方式,强化了信访工作问责力度。

四、总结与展望

法治化是国家治理现代化的主要内容,是衡量国家治理现代化水平的重要标准,是实现国家治理现代化的关键。法治化与国家治理现代化具有同步性,国家治理现代

---

〔1〕《2016新一年,信访工作制度改革的10个新看点》,载人民网,http://politics.people.com.cn/n1/2016/0125/c1001-28082344.html,最后访问日期:2017年2月12日。

〔2〕《以创新推进“三个信访建设”》,载光明网,http://theory.gmw.cn/2016-12/09/content_23226425.htm,最后访问日期:2017年2月12日。

〔3〕参见舒晓琴:《积极探索信访工作新理念新思路》,载《求是》2016年第4期。

化的过程也是法治化的过程。[1] 而这其中，作为衡量政府治理能力和法治水平的行政法治化，意义尤为重要。2016 年是贯彻实施《法治政府建设实施纲要》的第一年，各项加快建设法治政府的改革正在精心部署、全面推开和科学评估之中。尽管不乏行政法理论仍未回应改革实践、部分改革成效仍待分析评估等问题，但总体而言，中央和地方各级人民政府和部门积极落实党中央、国务院深入推进依法行政、加快建设法治政府的各项举措，努力推动政府职能依法全面履行、依法行政制度体系逐步完善、简政放权优化政务服务不断深入，这些改革实践为行政法理论研究提供了丰富的素材，而现在以及未来行政法学理论如何更好地回应真实世界发生的行政法现象，必然也成为这一代学人的共同使命。

本报告以行政立法、行政职权行使和执法、行政司法为纲，试图在 2016 年行政法实施"异彩纷呈"的画面中，提取主色彩加以描绘分析，但行政法治建设内容包罗万象，涉及法治国家、法治政府、法治社会一体建设的方方面面，报告所及，难免挂一漏万。展望 2017 年，进一步细化落实《纲要》，特别是以法治政府建设年度报告制度为载体，[2] 形成法治政府建设的"大数据""素材库"，以更好地观察、分析当前法治政府建设进程中的问题和对策，成为未来行政法理论研究与政府实务部门共同的任务。

（责任校对：刘江芮）

---

〔1〕 胡建淼：《治理现代化关键在法治化》，载《人民日报》2015 年 11 月 23 日，第 7 版。

〔2〕 《法治政府建设实施纲要（2015—2020 年）》规定：县级以上地方各级政府每年第一季度要向同级党委、人大常委会和上一级政府报告上一年度法治政府建设情况，政府部门每年第一季度要向本级政府和上一级政府有关部门报告上一年度法治政府建设情况，报告要通过报刊、政府网站等向社会公开。河北、山东等省份已经细化建立法治政府建设情况报告制度，部分地市如青岛市等已经发布 2016 年法治政府建设情况报告。

撰稿专家

胡建淼,国家行政学院一级教授,法学部主任、博士生导师,中国法学会常务理事兼学术委员会委员,中国行为法学会副会长兼行政执法研究会会长,中国法学会行政法学研究会顾问,中国特色社会主义法治理论研究会副会长,中国法学教育研究会副会长,最高人民法院特邀咨询员和案例指导工作委员会委员,最高人民检察院专家咨询委员。

1957 年 11 月生于浙江省慈溪市,1989 年 7 月毕业于中国政法大学研究生院,1993 年起享受国务院"人民政府特殊津贴",1995 年被评为中国首届十大"杰出中青年法学家",1995 年 8 月起任原杭州大学副校长,1998 年 9 月起任浙江大学副校长,2007 年 10 月起任浙江工商大学校长,2010 年 12 月调任国家行政学院法学部主任。

长期从事公法和行政法研究,自 1990 年以来,曾到美国斯坦福大学、英国爱丁堡大学、澳大利亚西澳大学、德国基尔大学、法国马赛大学等做过访问学者或进行学术交流。自 1987 年以来,共出版著作 90 余部(含合著),发表论文 100 余篇(含合著)。

骆梅英,浙江工商大学法学院教授、党委书记、博士生导师。主要从事行政法、政府规制研究。已在《法学研究》《环球法律评论》等学术刊物上发表论文近 40 篇,著有译著及参与编著、专著等 6 部,主持国家社科基金、司法部等省部级以上课题 8 项。研究成果曾获浙江省哲学社会科学优秀成果奖应用对策类一等奖、三等奖、浙江省 2010 ~ 2014 年"法学研究十佳优秀成果"奖等荣誉。

第四章

2016年经济法实施报告

上　2016年市场规制法实施报告

李胜利

报告要旨

2016年市场规制法的实施水平稳步提升。反垄断、反不正当竞争执法及司法工作稳步推进,公平竞争审查制度正式出台并初步建立,《反不正当竞争法》的修订工作取得重大进展,消费者权益保护取得新进展,广告市场得到进一步净化,电子商务法治建设稳步推进,价格改革工作有显著进展,价格机制及市场监管正在逐步完善。2016年市场规制法的实施特点主要有:市场规制法的实施水平稳步提升,市场规制法律法规体系进一步完善,互联网市场监管有所加强,相关部门合作程度进一步提升,社会力量作用进一步发挥。2016年市场规制法的实施仍存在如下问题:经济法内部各子部门之间关系有待进一步优化,部分市场监管问题仍需要法律法规进一步明确,政府执法仍有进步空间。展望2017年的市场规制法,预计反垄断工作将会有新气象,《反不正当竞争法》有望正式修订,网络不正当竞争行为的控制仍将是热点,继续强化互联网市场的监管,价格机制改革将呈现新局面。

核心建议

1. 完善公平竞争审查制度,营造公平竞争的环境。
2. 健全信用约束和失信联合惩戒机制,增强市场主体法律责任意识。
3. 促进执法部门规制的精细化。
4. 加强电子商务法的国际交流与合作。

根据学界通说以及撰稿人个人理解,所谓市场规制法,即调整市场规制关系的法律规范的总称,是指基于社会整体经济利益,而由国家或者政府对那些危及市场良性运作的行为予以规范、控制,以维持良好市场秩序为基本内容的法律规范的总称。[1]具体而言,本报告主要涉及我国有关反垄断法、反不正当竞争法、消费者权益保护法、价格法、广告法以及电子商务法等内容。通过对有关国家机关以及社会组织、媒体等发布的2016年信息的总结提炼,尝试对我国市场规制法方面的实施进展进行年度盘点。

一、2016 年市场规制法实施的总体状况

(一)反垄断、反不正当竞争各项工作稳步推进

截至2016年年底,商务部反垄断局共收到经营者集中申报378件,立案360件,审结395件,同比分别增长7.4%、6.5%和19%,均创反垄断法实施以来新高。审结案件中无条件批准393件,附条件批准2件,分别是:附条件批准"百威英博收购南非萨博米勒案",要求百威英博剥离华润雪花49%股权,维护了中国啤酒市场公平竞争秩序和广大消费者利益;附条件批准"雅培收购圣犹达股权案",维护了中国小腔血管闭合器市场的公平竞争和消费者利益。重点审查"泛林收购科天案",要求申报方解决竞争关注,交易方最终放弃交易,避免了对半导体市场竞争的负面影响。除此之外,商务部还加强了对未依法申报的查处与对企业海外反垄断应诉的指导。对"庞巴迪瑞典与新誉集团设立合营企业""北京北车与日立制作所设立合营企业"等5起未依法申报案件公开做出处罚,提高了企业的守法意识,维护了反垄断法的权威。指导企业有效应对美国维生素C反垄断诉讼,我国企业华北制药在历时11年的美国维生素C案反垄断诉讼中胜诉。[2] 除上述执法活动外,商务部正在研究修订《反垄断法》,抓紧修订《经营者集中审查办法》。[3]

2016年工商机关共立案调查涉嫌垄断案件14件,结案12件,其中最引人注目的是持续4年零10个月之久的"利乐反垄断案"调查在11月16日尘埃落定,国家工商总局首次突破性地将"忠诚折扣"作为《反垄断法》第17条第1款第7项"国务院反垄断执法机构认定的其他滥用市场支配地位的行为"进行规制,并据此认定利乐违法,责令停止违法行为,处罚款计667,724,176.88元人民币。该案是中国工商机关正式调查处

---

[1] 华国庆主编:《经济法学》,法律出版社2016年版,第67页。

[2] 参见商务部新闻办公室:《2016年商务工作年终综述之十二:全面推进反垄断工作,营造法治化营商环境》,载中国商务部网,http://www.mofcom.gov.cn/article/ae/ai/201701/20170102499312.shtml,最后访问日期:2017年2月8日。

[3] 同上。

理完毕的第一起外国企业垄断案,是调查时间最长的反垄断案,也是工商机关反垄断执法中罚款数额最高的一个,具有多方面的意义和广泛的影响力。除此之外,2016 年 4 月 7 日,工商总局发布《关于公用企业限制竞争和垄断行为突出问题的公告》,据此,全国工商和市场监管系统以供水、供电、供气、公共交通、殡葬等行业为重点,针对强制交易、滥收费用、搭售商品、附加不合理交易条件等突出的问题,在全国范围内开展集中整治公用企业限制竞争和垄断行为专项执法行动,成效显著。截至 2016 年年底,全国工商和市场监管系统共立案 1267 件,结案 585 件,罚没金额 1.67 亿元,退赔多收费用及减少消费者经营者损失 4.7 亿元。[1]

2016 年国家发改委共完成对 17 起行政垄断案件的调查,对滥用行政权力排除限制竞争行为予以大力整治:北京市住建委承诺纠正混凝土行业管理中滥用行政权力排除限制竞争行为;[2]上海市交通委承诺纠正黄浦江游览行业管理中滥用行政权力排除限制竞争行为;[3]深圳市教育局承诺纠正中小学学生装管理中涉嫌滥用行政权力排除限制竞争行为等;[4]对新建居民小区供配电设施建设管理中存在的统一建设、统一收费问题进行调查,督促 12 个省级政府部门对照反垄断法和公平竞争审查制度调整相关政策,目前 12 起案件已经完成整改。另外,据不完全统计,各地依据法律授权查处了 21 起行政垄断案件,并已经审结。除此之外,2016 年国家发改委还进一步加强对价格垄断协议案件的查处,如对重庆青阳、重庆大同、江苏世贸天阶、上海信谊联合、商丘华杰 5 家公司达成并实施别嘌醇片垄断协议案依法做出处罚,合计罚款 399.54 万元;[5]对华中药业、山东信谊、常州四药 3 家公司达成并实施艾司唑仑原料药、片剂垄

[1] 参见工商总局:《集中整治公用企业限制竞争和垄断行为成效显著》,载中国政府网,http://www.gov.cn/xinwen/2017-01/12/content_5159120.htm,最后访问日期:2017 年 2 月 8 日。

[2] 参见国家发改委价格监督检查与反垄断局:《北京市住建委纠正混凝土行业管理中滥用行政权力排除限制竞争行为》,载国家发展改革委网,http://jjs.ndrc.gov.cn/gzdt/201612/t20161229_833264.html,最后访问日期:2017 年 2 月 8 日。

[3] 参见国家发改委价格监督检查与反垄断局:《上海市交通委承诺纠正黄浦江游览行业管理中滥用行政权利排除限制行为》,载国家发展改革委网,http://jjs.ndrc.gov.cn/gzdt/201612/t20161229_833265.html,最后访问日期:2017 年 2 月 8 日。

[4] 参见国家发改委价格监督检查与反垄断局:《深圳市教育局承诺纠正中小学学生装管理中涉嫌滥用行政权力排除限制竞争行为》,载国家发展改革委网,http://jjs.ndrc.gov.cn/gzdt/201612/t20161229_833266.html,最后访问日期:2017 年 2 月 8 日。

[5] 参见国家发改委政策研究室:《我委依法查处别嘌醇垄断协议案》,载国家发展改革委网,http://www.sdpc.gov.cn/fzgggz/jgjdyfld/jjszhdt/201601/t20160128_790487.html,最后访问日期:2017 年 2 月 8 日。

断协议案依法做出处罚,合计罚款260余万元等,[1]继续加强价格监管,打击垄断行为,维护市场竞争秩序。另外截至2016年年底,国家发改委承担的6部反垄断指南起草工作均已接近尾声。其中,《关于滥用知识产权的反垄断指南》已提交反垄断委员会办公室进行统稿;《反垄断案件经营者承诺指南》《横向垄断协议案件宽大制度适用指南》《关于汽车业的反垄断指南》《关于垄断协议豁免一般性条件和程序的指南》已进入会签程序,正在与有关部门作进一步沟通;《关于认定经营者垄断行为违法所得和确定罚款的指南》即将会签各成员单位。

在司法方面,全国法院受理审结的反垄断、反不正当诉讼案件类型增多、数量明显增加。2016年5月20日最高人民法院发布关于虚假宣传的58号指导案例"成都同德福合川桃片有限公司诉重庆市合川区同德福桃片有限公司、余晓华侵害商标权及不正当竞争纠纷案"。2016年12月30日北京知识产权法院对"脉脉非法抓取使用新浪微博用户信息"案做出终审判决,判决驳回上诉,维持原判。该案是大数据时代涉及数据商业化利用的第一案,审理历时两年,其判决结果对相关行业发展具有重要意义。[2]

(二)公平竞争审查制度初步建立

公平竞争是市场经济的基本原则,是市场机制高效运行的重要基础。针对一些地区和行业目前仍然存在的对市场不当干预的政策措施,2016年6月1日,国务院正式印发《关于在市场体系建设中建立公平竞争审查制度的意见》(以下简称《公平竞争审查意见》),并于7月1日正式开始实施。该意见的出台成为2016年反垄断最具标杆性的事件,对我国确立竞争政策基础性地位、维护市场公平竞争、防止滥用行政权力排除限制竞争、建设统一开放竞争有序市场体系、进一步厘清政府与市场边界、促进经济持续健康发展具有重大而深远的意义。《公平竞争审查意见》对建立公平竞争审查制度做出了顶层设计,并将其概括为"三个结合、四类标准、五项措施"。为响应号召,江苏省、湖南省、河北省、辽宁省、宁夏回族自治区、贵州省、北京市、广西壮族自治区、陕西省、浙江省、南通市等人民政府相继出台有关实施意见。武汉、长沙、南昌、合肥等签署合作一体化备忘录,表示四市将共建和完善公平竞争审查机制。

(三)《反不正当竞争法》修订取得重大进展

2016年2月25日,国务院法制办就《反不正当竞争法(修订草案送审稿)》(以下简称送审稿)向社会公开征求意见,修改内容涉及现行法33条中的30条,其中删除7

---

〔1〕 国家发改委价格监督检查与反垄断局:《我委依法查处艾司唑仑药品垄断协议案》,载国家发展改革委网,http://www.sdpc.gov.cn/fzgggz/jgjdyfld/jjszhdt/201607/t20160727_812590.html,最后访问日期:2017年2月8日。

〔2〕 参见薛军:《大数据时代数据信息权益的法律保护》,载中国知识产权资讯网,http://www.iprchn.com/Index_NewsContent.aspx?newsId=97722,最后访问日期:2017年2月8日。

条,新增9条,共35条,以弥补1993年施行至今的《反不正当竞争法》所存在的内容狭窄陈旧、法律空白点多、条款缺失、行政执法分散、执法标准不统一、法律责任制度不完善、处罚力度过弱等问题,以更好地维护公平竞争市场秩序,保护消费者合法权益。[1] 送审稿较好地体现了与《反垄断法》《反不正当竞争法》《广告法》等相关部门法的衔接与较强的可操作性。11月23日召开的国务院常务会议决定将该草案提请全国人大常委会审议,草案完善充实了对不正当竞争行为的法律界定,补充了打击商业贿赂、加强商业秘密保护和互联网领域反不正当竞争等规定,强化民事赔偿责任,加大了对违法行为的信用惩戒和行政处罚力度。[2] 这次修订必将为日后《反不正当竞争法》实施提供强有力的法律保障。

(四)消费者权益保护取得新进展

消费者权益保护法律法规体系更完整。2016年,工商总局出台了《流通领域商品质量监督管理办法》,中国民航局修订了《公共航空运输服务消费者投诉管理办法》,中国人民银行制定了《金融消费者权益保护实施办法》。国家工商总局起草的《消费者权益保护法实施条例(送审稿)》,"根据新《消费者权益保护法》实施两年多来的实践,对《消费者权益保护法》的规定做了进一步细化,对消费者反映强烈的如网络购物无理由退货、个人信息保护、预付卡等问题进行了有针对性的规范。"[3] 目前已经结束征求意见。安徽、黑龙江等省市也相继修改了本省的消费者权益保护条例。为进一步加强互联网领域消费者权益保护工作,2016年10月19日工商总局发布了《关于加强互联网领域消费者权益保护工作的意见》。2016年2月5日工商总局制定《网络购买商品七日无理由退货指引(征求意见稿)》向社会公开征求意见,进一步细化了网络购物7日无理由退货,使之更具有操作性。[4] 为了落实消费公益诉讼,为消费者协会提起以及人民法院审理消费公益诉讼提供指引,最高人民法院发布了《关于审理消费民事公益诉讼案件适用法律若干问题的解释》,自2016年5月1日实施,从而明确了省级以上消费者协会提起公益诉讼的受理条件、管辖法院、举证责任、诉讼费用等程序事项。

消费者权益保护程度提高。2016年全国工商和市场监管部门共受理消费投诉166.7万件,已办结158.7万件,办结率95.2%,比上年提高1.5%;调解成功114.1万件,比上年增长21.7%;涉及争议金额40.6亿元,为消费者挽回经济损失

---

〔1〕 参见《解读〈中华人民共和国反不正当竞争法(修订草案送审稿)〉》,载找法网,http://china.findlaw.cn/chanquan/fbzdjzf/zhishi/1260197.html,最后访问日期:2017年2月8日。

〔2〕 参见国务院:《李克强主持召开国务院常务会议》,载中国政府网,http://www.gov.cn/premier/2016-11/24/content_5137110.htm,最后访问日期:2017年2月8日。

〔3〕 任震宇:《十大亮点细化消费者权益保护》,载《中国消费者报》2016年8月1日,第2版。

〔4〕 2017年1月6日,国家工商总局正式公布了《网络购买商品七日无理由退货暂行办法》。

18.2 亿元。[1] 根据中国消费者协会(以下简称中消协)的统计,2016 年全年全国消协组织共受理消费者投诉 653,505 件,解决 529,339 件,投诉解决率 81%,为消费者挽回经济损失 38,721.43 万元。其中,因经营者有欺诈行为得到加倍赔偿的投诉 2183 件,加倍赔偿金额 864 万元。全年接待消费者来访和咨询 107 万人次。[2] 投诉等非诉讼方式已经成为维护消费者权益的重要手段。2016 年 7 月 1 日,中消协就雷沃重工股份有限公司等被告违法、违规生产销售正三轮摩托车案向北京市第四中级人民法院提起消费民事公益诉讼,并被受理立案。中消协积极督促三星公司召回在中国大陆地区销售的全部 SM - N9300 Galaxy Note 7 数字移动电话机。吉林省消费者协会也提起了一起针对用工业盐假冒食用盐进行销售提起了民事公益诉讼案件,吉林省人民检察院依照《人民检察院提起公益诉讼试点工作实施办法》的有关规定,提出检察建议,支持起诉。消费者协会在维护消费者权益保护中发挥着日益重要的作用。

在产品质量领域,国家质量监督检验检疫总局制定的《缺陷消费品召回管理办法》于 2016 年 1 月 1 正式颁布实施,对于烟草及烟草制品、机动车产品、民用航空器、民用船舶、食品、药品等其他法律法规明确规定之外的消费品召回提供了规则。截至 2016 年 11 月底已经召回消费品 220 次,数量 610 万件,产品类别从儿童玩具、电子电器扩展到了儿童用品、家具、文教体育用品、日用纺织品、服装和五金建材等。2016 年 1 ~ 11 月,已经实施汽车召回 167 次,涉及数量达 1076 万辆,同比增长了 93%,年度召回的数量首次突破了 1000 万辆,创历史新高。据统计,2016 年由质检总局引导、督促、迫使相关生产企业实施的召回活动占召回总数量的 70% 以上。[3] 由此可见,我国企业在产品召回方面主动性不强。2016 年 11 月,国家食品药品监督管理总局起草的《食品安全法实施条例(修订草案送审稿)》,已经结束征求意见。

(五)广告市场进一步净化

2016 年广告法律法规体系进一步完善。工商总局制定出台了《公益广告促进和管理暂行办法》《互联网广告管理暂行办法》《广告发布登记管理条例》,修订公布了《农药广告审查发布标准》《兽药广告审查发布标准》和《房地产广告发布规定》等,细化了《广告法》的相关规定。尤其是 2016 年 9 月 1 日实施的《互联网广告管理暂行办法》的出台解决了我国在互联网领域广告监管面临的难题,从互联网广告主体、

---

〔1〕 国家工商总局:《工商总局发布 2016 年度全国市场主体发展、市场监管和消费维权有关情况》,载国家工商总局网,http://www.saic.gov.cn/zwgk/tjzl/zhtj/xxzx/201701/t20170119_174517.html,最后访问日期:2017 年 1 月 24 日。

〔2〕 中国消费者协会:《2016 年全国消协组织受理情况分析》,载中国消费者协会网,http://www.cca.org.cn/tsdh/detail/27192.html,最后访问日期:2016 年 1 月 25 日。

〔3〕 参见任震宇:《深化供给侧改革 助消费转型升级》,载《中国消费者报》2016 年 12 月 6 日,第 2 版。

行为、责任等方面进行了详细的规定,"针对互联网广告特点、突出问题导向、突出可操作性,着力解决基层监管执法中迫切需要解决的问题,厘清了各参与主体之间的义务和责任"。[1]

广告监管进一步加强。2016 年 1 月至 9 月,全国各地工商系统共查处虚假食品广告案件 1303 件,罚款 3960 万元。[2] 2016 年广告监管的重点领域依旧是食品、医药等事关消费者健康权、生命权的领域,如 2016 年 11 月 11 日,国家新闻出版广电总局办公厅发文要求各地方电视台立即停止播出"北京华盛医院"等 26 条违规广告。[3] 针对微博、微信广告等更具有隐蔽性、低成本等特点的新媒体广告,工商系统也相继查处了几起违法广告行为。例如,重庆市工商局对万州区某 4S 店利用微信公众号发布虚假广告开出了首张罚款 19 万元的大额罚单。[4] 2016 年 4 月工商总局等 17 部门印发《开展互联网金融广告及以投资理财名义从事金融活动风险专项整治工作实施方案》,对互联网金融广告开展专项执法活动。

(六)电子商务法治建设稳步推进

2016 年 1 ~ 11 月,网络零售交易额为 4.6 万亿元,同比增长 26.2%。其中实物商品网上零售额占社会消费品零售总额的比重达到 12.5%。[5] 商务部与工商总局等对电子商务的发展高度重视,通过市场监管、法制建设等多种方式为电子商务良性发展保驾护航。

2016 年 4 月 15 日国务院办公厅《关于深入实施"互联网 + 流通"行动计划的意见》明确了加快流通转型升级、创新发展等 7 项重点任务,提出了增强流通领域公共服务支撑能力等 5 项保障措施,切实推进线上线下互动融合发展。商务部会同有关部门完

---

〔1〕 甘霖:《我国广告市场秩序持续好转　互联网广告将成监管重头戏》,载国家工商总局网,http://www.saic.gov.cn/ggs/gzdt/201611/t20161117_172476.html,最后访问日期:2017 年 1 月 20 日。

〔2〕 国家工商总局广告监督管理司:《今年 1 至 9 月全国工商系统查处虚假食品广告案 1300 余件》,载国家工商总局网,http://www.saic.gov.cn/ggs/gzdt/201611/t20161129_172792.html,最后访问日期:2017 年 1 月 23 日。

〔3〕 参见国家新闻出版广电总局办公厅:《关于立即停止播出"北京华盛医院"等 26 条违规广告的通知》,载国家新闻出版广电总局网,http://www.sarft.gov.cn/art/2016/11/18/art_113_32059.html,最后访问日期:2017 年 1 月 22 日。

〔4〕 参见国家工商总局广告监督管理司:《重庆市工商局查处一起微信公众号发布虚假广告》,载国家工商总局网,http://www.saic.gov.cn/ggs/dfdt/201611/t20161117_172486.html,最后访问日期:2017 年 1 月 25 日。

〔5〕 商务部新闻办公室:《加快电子商务创新发展　推动商务信息化建设——2016 年全国商务工作年终综述系列摘选》,载中国商务部网,http://www.mofcom.gov.cn/article/difang/201701/20170102502416.shtml,最后访问日期:2017 年 1 月 28 日。

成了《电子商务“十三五”发展规划》[1]编制,深入研究了电子商务在国民经济发展中的新地位和新现象,为进一步拓展网络经济空间,推动我国电子商务发展,明确了工作思路、发展目标和主要任务。

工商总局推动线上线下一体化监管,构建网络市场大监管工作格局。开展2016年网络市场监管专项行动,共检查网站网店191.8万个次,责令整改网站1.95万个次,查处违法案件1.34万件。“双十一”前,对15家大型网络经营企业进行行政指导,加强企业自治和规范管理。[2]

“全国网络交易平台监管服务系统”的一期工程——“网络商品交易平台监管服务子系统”,已于2016年7月正式上线运行。该系统可监测全国网络商品交易平台及其千万数量级的网店,并可逐步实现智能监控平台中的商品及违法经营行为。[3]

2016年12月19日,全国人大常委会初次审议了全国人大财经委提请的《电子商务法(草案)》,这是我国第一部电商领域的综合性法律。商务部组织起草的《跨境商品电子商务经营服务规范(征求意见稿)》与《移动商品电子商务经营服务规范(征求意见稿)》相继出台,面向社会公众征求意见。这对于电子商务的发展具有规范与促进作用。

(七)价格机制逐步完善

以2015年10月中共中央、国务院发布的《关于推进价格机制改革的若干意见》为指导,2016年价格改革工作有显著进步,价格机制及市场监管正在逐步完善。

价格机制改革主要集中在能源、医疗服务、交通运输等领域,以促进竞争性领域和环节价格全面放开,由市场竞争决定价格。

继2013年成品油价格机制修改完善以来,发改委进一步完善成品油价格机制。根据近年来试行办法的实施情况,《石油价格管理办法》于2016年1月13日公布生效,对国内石油(包括原油和成品油)价格进行调控。发改委会同有关方面拟定了《天然气管道运输价格管理办法(试行)》和《天然气管道运输定价成本监审办法(试行)》,于2016年8月16日面向社会公众征求意见。

---

[1] 参见商务部新闻办公室:《商务部、中央网信办、发展改革委联合发布〈电子商务“十三五”发展规划〉》,载中国商务部网,http://www.mofcom.gov.cn/article/ae/ai/201612/20161202425305.shtml,最后访问日期:2017年1月28日。

[2] 《张茅在全国工商和市场监管工作会议上的讲话(全文)》,载国家工商总局网,http://www.saic.gov.cn/ywdt/gsyw/zjyw/xxb/201612/t20161223_173665.html,最后访问日期:2017年1月28日。

[3] 陈建平:《关于“全国网络交易平台监管服务系统”的思考》,载人民网,http://theory.people.com.cn/n1/2016/0815/c40531-28637949.html?from=singlemessage&isappinstalled=0,最后访问日期:2017年2月18日。

2016年的电价改革，国家发改委牵住“降成本”的牛鼻子，推进电价改革，降低实体经济企业成本，年减少企业电费支出1000多亿元。[1] 输配电价改革全面展开，改革试点范围从2015年的内蒙古西部、安徽、湖北、宁夏、云南、贵州6个省级电网覆盖到包括北京、天津、重庆、广东在内的18个省级电网和1个区域电网。这不仅促进了电网经营模式变革以及利润空间透明化，有助于售电环节市场竞争的实现，也为2017年全面推开输配电价改革奠定了基础。发改委会同有关方面拟定了《省级电网输配电价定价办法（试行）》并于2016年11月16日予以公告，向社会公开征求意见。两部制电价用户基本电价执行方式也在逐步完善。发改委下发《关于完善两部制电价用户基本电价执行方式的通知》，其实施将有利于降低全国约60万户大工业企业基本电费负担。[2] 此外，电力市场化建设稳步进行。2016年2月29日，北京电力交易中心组织开展了我国首笔跨区电力直接交易，这是电力体制改革以来首次实现的点对点跨区交易，为跨区电力市场开放带来暖意。[3] 国家能源局印发《关于做好京津冀电力市场建设有关工作的通知》《京津唐电网电力用户与发电企业直接交易暂行规则》，更是进一步推动了电力市场的发展。年内，先后有贵州电力交易中心、云南昆明电力交易中心、重庆电力交易中心有限公司等31家电力交易机构组建成功，促进了电力供需市场的有序开放和“多买多卖”市场格局的形成。

在医疗服务领域，《推进医疗服务价格改革的意见》（以下简称《意见》）出台。该意见明确了医疗服务价格实行分类管理，全面推进医疗服务价格改革，其目的是调整扭曲的医疗机构收入结构，推动医疗机构建立科学合理的补偿机制。《意见》为医疗服务价格改革的推进奠定了框架基础。目前，黑龙江省齐齐哈尔市、浙江省杭州市、安徽省滁州市、福建省三明市、山东省青岛市、重庆市、陕西省宝鸡市7个城市作为医疗服务价格改革联系示范点率先展开改革探索。

在交通运输领域，建立健全铁路普通旅客列车软座、软卧票价形成机制，由铁路运输企业依法自主制定铁路普通旅客列车软座、软卧票价，普通旅客列车高级软卧包房票价继续实行市场调节，使之适应运输市场竞争的基本需要。发改委会同有关方面研

---

[1] 国家发改委价格司：《电价改革这一年——企业成本降低了　电价机制建立了　经济活力增强了》，载国家发展改革委网，http://jgs.ndrc.gov.cn/gzdt/201612/t20161228_833055.html，最后访问日期：2017年1月24日。

[2] 国家发改委价格司：《国家发展改革委完善基本电价执行方式切实减轻大工业企业用电负担》，载国家发展改革委网，http://jgs.ndrc.gov.cn/gzdt/201607/t20160711_810902.html，最后访问日期：2017年1月24日。

[3] 南方电网情报中心：《2016年配售电侧改革回顾》，载搜狐网，http://mt.sohu.com/20161230/n477368250.shtml，最后访问日期：2017年1月24日。

究拟定《铁路普通旅客列车运输定价成本监审办法(试行)》,于 2016 年 12 月 1 日予以公布并向社会公开征求意见。

在其他领域,国家物价局、财政部《关于发布司法系统行政事业性收费项目和标准的通知》等 9 个涉及教材价格和部分服务收费政策文件被废止,由省级管理教材价格、公证服务收费和司法鉴定服务收费,促进市场在资源配置中发挥决定作用。2016 年 4 月 22 日《盐业体制改革方案》出台,由于分步实施改革的计划安排,2016 年盐业体制改革的主要工作任务是抓紧研究制定食盐生产及批发企业规范条件、食盐储备、市场监管和价格监测、干预等政策措施,修改完善相关制度,确保改革前后政策衔接连贯,服务于全面放开食盐价格的改革大局。

发改委组织开展针对市场价格的专项检查活动,涉及医药、宾馆酒店、旅游、教育等民生重点行业,市场价格监管工作在 2016 年取得良好成效。景区门票价格专项整治工作成效显著。各地共降低了 312 个调价间隔期或幅度等不符合政策规定、执行定调价程序不规范景区的门票价格,平均降幅为 17.7%;共查处景区价格违法案件 88 件,共实施行政处罚 2030 万元。[1] 同时,各地价格主管部门也加强了节假日期间、汛期对于市场价格的监管,及时查处违法价格行为,保障消费者的合法权益。2016 年 7 月 11 日,针对洪涝灾害,国家发展改革委发出《关于加强汛期蔬菜等重要商品价格监测预警和调控监管的紧急通知》,要求各地价格主管部门切实做好汛期价格监测预警,加强价格调控监管,保障蔬菜等重要商品市场和价格稳定,妥善安排困难群众生活。

全国"12358"价格监管平台为价格监管发挥了很大作用。2016 年,全国"12358"价格监管平台共受理价格举报、投诉、信访、咨询共计 715,110 件,与 2015 年相比增长 7.9%。其中,价格举报、投诉共计 183,662 件,同比增长 75.3%。价格举报办结率为 95.8%。在网络购物行业蓬勃发展的同时,各种不正当价格行为也大量出现,导致网络购物价格举报呈暴涨趋势。2016 年 12 月,网络购物举报量首次突破 1 万件。[2] 网络购物行业已成为价格监管的重点。

为了充分落实价格监管并深化价格机制改革,在发改委的部署下,全国价格主管

---

〔1〕 参见国家发展改革委网:《降低虚高门票价格 规范旅游价格秩序——全国景区门票价格专项治理取得明显成效》,载国家发展改革委网,http://jgs.ndrc.gov.cn/gzdt/201612/t20161208_829604.html,最后访问日期:2017 年 1 月 26 日。

〔2〕 参见全国"12358"价格监管平台:《全国 12358 价格监管平台 2016 年分析报告》,载全国"12358"价格监管平台官网,http://12358.ndrc.gov.cn/EC0F227DDDC5E2B6D6F8943EA8FE957C/2017-01-18/DEC5A7136FE65F8E3BDD584276C5C92E.htm,最后访问日期:2017 年 1 月 26 日。

部门清理废止规章和规范性文件约 1.6 万件。[1] 该举措基本符合现行文件与法律法规一致、与价格改革同步的要求，夯实了价格工作依法行政的法制基础，便于公众知晓，促进社会监督。

二、2016 年市场规制法实施的主要特点与问题

(一)主要特点

1. 市场规制法的实施水平稳步提升

反垄断审查机制进一步完善。在反垄断审查方面，商务部在审查程序上推行案件繁简分流，简化简易案件申报和审查程序，提高了审查效率。据统计，2016 年，初步审查阶段(30 天内)审结案件 324 件，占全部案件的 82%，较 2015 年增加 8%。全年简易案件占全部案件的 76%，其中 98.6% 在初步审查阶段审结。[2]

执法服务水平进一步提高。2016 年商务部反垄断局积极接受企业咨询，主动提供立案前商谈服务，有效指导企业做好申报工作，切实做到 5 日内一次书面告知申请人需要补充的全部材料。在政务公开方面，商务部利用政务信息平台在其反垄断局网站上及时公布禁止和附条件批准案件公告、无条件批准案件基本信息、未依法申报案件处罚决定；发改委方面在其价格监督与反垄断局网站上及时发布国家发展和改革委员会行政处罚决定书以及地方价格垄断协议案件的处理动态；工商局方面也在其门户网站上公开发布了各地集中整治公用企业限制竞争和垄断行为的相关信息以及利乐案的处理结果。

反垄断执法能力显著提升。以利乐案为例，该案从 2012 年 1 月立案到 2016 年 11 月做出处罚决定，历时近 5 年之久，执法机关在这个期间通过现场检查、市场问卷调查(内容大致是从消费者角度看待液态饮料包装的可替代性问题，为相关市场的界定做准备)、询问调查以及与当事人面对面交流等各种措施，获取了当事人排除限制竞争的大量证据，并就案件涉及的专业技术、经济学以及法律等各种问题进行了深入地研究、论证和专家咨询，直接体现了执法机关对案件的审理做到了慎重和周密，也体现了被调查人充分地陈述了自己的意见，即案件做到了程序公正。利乐反垄断调查注重经济学分析与法律分析的结合，尤其是对忠诚折扣的分析，不仅填补了我国反垄断法研究中比较空白的部分，而且对经济学分析与法学分析的结合方式进行了很好的传播，并

---

[1] 参见国家发展改革委网：《全国价格主管部门清理废止规章和规范性文件约 1.6 万件》，载国家发展改革委网，http://jgs.ndrc.gov.cn/gzdt/201612/t20161208_829531.html，最后访问日期：2017 年 1 月 26 日。

[2] 参见商务部新闻办公室：《2016 年商务工作年终综述之十二：全面推进反垄断工作，营造法治化营商环境》，载中国商务部网，http://www.mofcom.gov.cn/article/ae/ai/201701/20170102499312.shtml，最后访问日期：2017 年 2 月 8 日。

形成了“追溯累计折扣”“增量折扣”“多种折扣叠加使用”等一系列规范化的用语,它们将在以后的研究中成为重要的概念工具。以上均反映出我国反垄断执法的能力又有了显著提升。[1]

国际交流频繁、国内合作增多。2016 年,商务部方面,举行“第三次中美反垄断高层对话”,深化双边合作;参加中美经济对话、商贸联委会等竞争议题谈判,达成积极成果;与日本竞争机构签署反垄断合作备忘录;与美欧竞争机构就 10 余起重大跨国并购案件开展执法合作,共同维护市场竞争;与美欧日工商界开展对话,主动回应企业关注,增信释疑,提升执法形象;签署金砖国家反垄断备忘录,推动区域合作;推动区域全面经济合作伙伴关系协定(RCEP)等自贸协定竞争议题谈判,推动各方合作应对国际贸易和投资中的垄断行为,促进区域和双边经贸关系发展;参加多边竞争交流,如世界贸易组织(WTO)、经合组织(OECD)、联合国贸发会(UNCTAD)等国际组织召开的国际竞争会议,加强与其他司法辖区竞争机构交流。[2] 发改委方面,国家发展改革委价监局与欧盟竞争总司于 3 月 14 ~ 15 日在北京联合召开“中欧竞争周”研讨会;与德国国际合作机构于 9 月 7 日在北京联合举办公平竞争审查制度国际研讨会等,相互借鉴彼此好的经验做法,促进经贸往来公平竞争。在国内合作方面,2016 年 12 月底,国家发展改革委价监局分别与中国政法大学、武汉大学、暨南大学签署竞争政策与反垄断合作协议,共同推动竞争政策实施和反垄断执法,提高价格监管与反垄断工作水平。而此前,价监局已与中国人民大学、上海大学、东北财经大学等签署合作协议。[3]

随着公平竞争审查制度的正式出台,竞争政策的基础性地位得到又一次确认,从而有助于解决各种行政垄断问题。

2. 互联网市场监管进一步加强

随着互联网时代的发展,互联网消费、互联网广告已经是司空见惯,而互联网所具有的隐蔽性、分散性以及法律的滞后性等特点,导致互联网领域消费者权益被侵害、广告违法行为多发。因此,近年来,我国互联网消费者权益保护以及互联网广告监管一直备受全社会的关注。2016 年,随着立法对互联网消费者权益以及广告行为的进一步明确,工商等行政管理部门利用技术手段,加强了对互联网市场的监管。工商部门采

---

[1] 参见余瀛波:《对垄断行为定性划清市场行为边界将激励创新》,载《法制日报》2016 年 12 月 7 日,第 6 版。

[2] 参见商务部新闻办公室:《2016 年商务工作年终综述之十二:全面推进反垄断工作,营造法治化营商环境》,载中国商务部网,http://www.mofcom.gov.cn/article/ae/ai/201701/20170102499312.shtml,最后访问日期:2017 年 2 月 8 日。

[3] 参见国家发改委价格监督检查与反垄断局:《国家发展改革委价监局与部分高校签署竞争政策与反垄断合作协议》,载国家发展改革委网,http://jjs.ndrc.gov.cn/gzdt/201612/t20161221_832040.html,最后访问日期:2017 年 2 月 8 日。

取线上线下一体化监管,着力加强网络市场监管。通过搜索关键词查找涉嫌违法行为,锁定监控范围,对搜索发现的涉嫌违法线索,借助市场主体数据库、网站备案数据库等信息,进行核实比对和线下实地检查,从中发现网络违法经营行为。通过线上线下一体化监管,着力查处通过网络销售质量不合格商品、不正当竞争、假冒公司名义、无照经营、发布违法广告、侵害消费者合法权益、网络传销等违法行为,促进互联网市场的健康发展。在"2016 网络市场监管专项行动"中,全国工商和市场监管部门抓住节假日等集中促销关键时点,重点整治网络商标侵权、销售假冒伪劣商品、虚假宣传、刷单炒信等突出违法问题,取得阶段性成效。[1]

为净化消费环境,保障消费者合法权益,工商部门积极开展重点领域网络交易商品质量抽检。另外,工商部门加强与商务、经信等电商行业主管部门的协作配合,争取公安、通信管理等执法部门的支持配合,努力构建"协同管网"的新格局。由工商总局牵头的网络市场监管部际联席会议制度在 2016 年 12 月 9 日得以建立。该制度的正式建立是加强网络市场监管,促进电子商务稳定发展的有力举措。

全国网络商品交易平台监管服务系统也在市场监管中发挥重要角色,与全国"12358"价格监管平台相互配合,共同维护市场秩序,保护消费者合法权益。

3. 法律法规体系进一步完善

2016 年,《反不正当竞争法(修订草案送审稿)》已向社会公开征求意见。国家发改委负责起草的 6 部反垄断指南编制工作均已接近尾声。在消费者权益保护与广告监管领域,有多部法律法规正在进行修订工作或已公布实施。例如,《消费者权益保护实施条例(送审稿)》《食品安全法实施条例(修订草案送审稿)》《互联网广告管理暂行办法》等。此外工商总局等行政机关发布了多部规范性文件。这些规范性文件对概括性的法律条文进行了详细的阐述,进一步明确了条文的含义,从而减少因理解不同而产生的分歧,增强法律的确定性。例如,《互联网广告管理暂行办法》中明确定义了互联网广告,并明确了付费搜索引擎的广告性质。

4. 相关部门合作程度进一步提升,社会力量作用进一步发挥

消费者权益保护以及广告监管几乎涉及整个微观市场,为有效维护整个市场的消费者权益保护以及整治整个市场的广告行为,亟须加强部门之间的配合。2016 年由工商总局牵头,分别于 8 月、12 月,建立消费者权益保护工作部际联席会议制度与网络市场监管部际联席会议制度,涉及十几个部门,上述制度的建立极大地促进了各部门在消费者权益保护领域与电子商务网络监管领域的协调配合。此外,各部门多次联合组织了专项活动,合作程度进一步提升。

---

〔1〕 畲颖:《2016 网络市场监管专项行动效果初显》,载《经济日报》2016 年 6 月 22 日,第 12 版。

在市场规制中,政府简政放权,行业协会自律,社会公众监督,已经成为我国的共识。“政府失灵”的问题,需要社会力量予以弥补。在消费者权益保护中,消费者协会发挥着越来越重要的作用。随着互联网消费、互联网广告的发展,互联网平台也在消费者权益保护、广告监管中承担着重要的作用。另外,我国投诉、举报、调解、诉讼等救济措施也日益便利化,社会公众的维权意识和法律意识也相应提高。

(二)存在问题

1. 经济法内部各子部门之间关系有待进一步优化

尽管在2016年《反不正当竞争法》的修订取得了重要进展,但仍未能正式修订;《反不正当竞争法》《反垄断法》《价格法》《招标投标法》等法律之间仍有部分条款存在竞合现象,使得执法机关在一些具体案件中的执法依据选择引发争论。这意味着我国经济法体系仍需进一步优化。

另外,经济法领域中法律与政策交织的现象极为普遍,离开竞争政策、财政政策、金融政策来谈竞争法、财政法、金融法几乎不可能,产业政策法则更是如此。尽管2016年公平竞争审查制度的出台被学界视为我国竞争政策的又一个里程碑,但是长期以来我国经济发展中倚重各种类型的产业政策,某种程度上已经形成“路径依赖”。在新的历史时期,如何正确认识竞争政策与产业政策以及其他经济政策之间的关系,并使之体现到经济法各子部门立法之中,是一个十分重大而又复杂的理论及实践课题。

2. 部分市场监管问题仍需要法律法规进一步明确

随着公平竞争审查制度的建立与《反不正当竞争法(修订草案送审稿)》的出台,竞争规则的统一成为更迫切的需求,亟须加快法律体系的重整与部分法律的修订。其中,实施近10年的《反垄断法》应当尽快修订以响应竞争规则的统一。另外,虽然我国消费者权益的保护体系相对较为完善,但是随着互联网经济的发展,仍然出现了一些有待加强之处。在广告监管中,虽然《广告法》是2015年修订的,但也存在若干不够完善之处,如植入式广告是否属于《广告法》规制的对象以及如何规制等问题都需要法律法规进一步明确。

3. 政府执法仍有进步空间

首先,政府定位尚不清晰。在市场规制中,我国一直以来是“强政府、弱社会”,政府享有了过多的权力,承担了过多的职责,而忽视了市场、社会的作用,导致我国政府的权力过大,过多干预了市场,不利于激活市场活力。伴随着价格机制改革,政府定价的范围在逐渐缩小,主要集中在重要公用事业、公益性服务、网络型自然垄断环节。由于大部分价格由市场决定,政府职能也需要转变以适应经济发展的需求。一方面,需要厘清政府与市场的关系,把握好政府与市场的边界,促进市场机制的良性发展。应该由市场进行调整的,政府不应过多干预,政府只需履行自身权责;而应当由政府进行管控的,则不可放任市场调节。在市场经济中,政府应当尊重市场规律,为企业竞争提供公平竞争的环境。另一方面,政府的市场监管职能更加重要。价格机制改革使政府在很多领域的监管重点转变为事中监管与事后监管,政府的监管体制与机制也需要转变,与之适应。此外,当前市场秩序、市场环境还存在一些问题。假冒伪劣、虚假宣传、盗版侵权、价格违法行为问题仍然较为突出,电子商务领域的市场监管工作仍不到位。

其次,缺乏常态、长效、高水平的监管执法。一方面,在消费者权益保护以及广告监管中,政府部门往往是运动式执法。运动式执法虽然具有集中整治的效果,但往往存在"一刀切"现象,且喜欢运用"严打"的方式。在规制中不考虑市场的实际需求,运动式执法是非常态、非长效的监管手段。另一方面,政府执法水平不高,执法队伍的素质不高。尤其是在应对互联网领域的消费者权益保护以及广告监管时,由于缺乏全国统一的有效的信息获取制度,监管效果不是很理想。

最后,执法权配置有待进一步完善。如学界一直呼吁的解决反垄断执法中的执法机构分散、职权过小、缺少独立性及权威性等的问题,以及在基层政府部门中统一市场监管机构及职权后,市场秩序监管力量反而下降等问题,需要今后加以解决。

三、2017 年市场规制法实施的展望与建议

(一)实施热点

1. 反垄断工作将会有新气象

截至 2016 年年底,国家发改委负责起草的 6 部反垄断指南编制工作均已接近尾声,有望于 2017 年全部出台。届时,与《反垄断法》相配套的法规、规章、规定将更加完善,反垄断执法力度、透明度、规范性有望得到进一步提高,同时也将有力地推进公平竞争审查制度的运行。

公平竞争审查制度有望得到进一步推动,从而有利于遏制行政垄断。公平竞争审查制度自提出到最后出台相关规定,速度之快确实超出想象,表明了中共中央和国务院全面深化改革的决心。一方面,《公平竞争审查意见》的出台弥补了《反垄断法》对由政府部门造成竞争机制的破坏之规制的不足,从根源上对政府部门制定政策或措施对竞争产生的影响程度进行评估和审查;另一方面,我国的公平竞争审查的对象主要是增量政策措施,强调政策制定机关的自我审查,审查标准具有中国特色。[1] 但《公平竞争审查意见》本身以及包括江苏、湖南等省人民政府相继出台的有关实施意见内容较为原则,可操作性则差强人意。因此期待在 2017 年中央及各地方政府经过探索后提出更明确、细致的审查规则,构建一套有中国特色的公平竞争审查体系。

2.《反不正当竞争法》有望正式修订,网络不正当竞争行为的控制仍将是热点问题

经过多年努力,《反不正当竞争法》有望在 2017 年得到修订,从而有利于对包括网

---

[1] 王健:《我国公平竞争审查制度的特点及优化建议》,载《竞争法律与政策评论》2016 年第 2 卷。

络不正当竞争行为在内的各种不正当竞争行为的治理。但网络经济的固有特点,导致网络中不正当竞争行为的监管难度较大,侵权容易而受害方维权成本过高。因此,2017 年《反不正当竞争法》修订出台后网络不正当竞争行为能否有效控制仍不无疑问。

3. 继续强化互联网市场的监管

在广告监管中,随着《互联网广告管理暂行办法》的出台,我国互联网广告行为监管必然需要严格落实。尤其是在互联网金融广告中,仍旧需要继续开展互联网金融广告专项整治活动。充分利用广告数据中心和互联网广告监测中心,加强互联网广告日常监测。在消费者权益保护中,结合互联网交易的特点,工商部门将全面推进"12315"体系建设,启动全国"12315"互联网平台建设,高效便捷地解决消费者争议,进一步拓宽消费者诉求渠道。[1]

在电子商务领域中,2016 年全国网络商品交易平台监管服务系统上线运行,向消费者提供消费警示,进行信用监管。2016 年 12 月,国务院同意建立由工商总局牵头的网络市场监管部际联席会议制度,旨在加强对网络市场监管的协同、指导和监督,协调解决网络市场监管中的重大问题。加之《电子商务法》有望在 2017 年出台,互联网市场的监管有望继续得到强化。

4. 价格机制改革将呈现新局面

根据中共中央、国务院《关于推进价格机制改革的若干意见》,2017 年将实现竞争性领域和环节价格基本放开,政府定价范围主要限定在重要公用事业、公益性服务、网络型自然垄断环节的改革目标。2016 年价格机制改革主要集中在成品油、电力、医疗服务等领域,政府价格监管也逐渐转变为事中事后监管,价格机制改革在不断纵深推进。在当前的改革状况下,一些领域的价格机制改革仍然需要细化措施并加以落实,2017 年的改革工作将更加细致。同时,2017 年价格改革工作将深入到能源、医疗服务、交通运输服务等领域。在一些诸如医疗服务、交通运输服务的价改"硬骨头"领域,改革工作更加艰难,价格机制改革与体制的改革不可分割,要突破价改难关,必须进行与之配套的体制改革。

(二)若干建议

1. 完善公平竞争审查制度,营造公平竞争的环境

为确保公平竞争审查制度的有效实施,营造公平竞争的环境,还需进一步完善配套制度。首先,虽然《公平竞争审查意见》指出审查以政策制定机关的自我审查为主,但由于公平竞争审查工作的专业性和复杂性,公平竞争审查需要一个推进审查的组织机构;[2] 其次,对于自我评估,应当有"纠错机制"以防止政策制定机关通过自我审查

---

〔1〕 参见《国家工商总局力推赔偿先付制度　12315 将有互联网平台》,载央广网,http://finance.cnr.cn/jjgd/20161223/t20161223_523384758.shtml,最后访问日期:2017 年 1 月 23 日。

〔2〕 王晓晔:《推动公平竞争审查　大力遏制行政垄断》,载《竞争法律与政策评论》2016 年第 2 卷。

将"不合理"的政策措施"合法化";[1]最后,针对推行公平竞争审查制度过程中可能遇到的阻力和制度衔接问题,有学者建议我国竞争法学术和实务界的专家组成跨区域、跨所属单位的联合智库,充分发挥专业性优势和实效性优势,共同为各地区的地方性立法公平竞争审查提供指导、监督和评估。此外,这种跨区域的联合智库作为第三方评估机构还能很好地规避地方性保护的问题。[2]

2. 加快构建社会共治的市场监管机制

社会共治是指"为共治理念的新发展,是多元社会主体在社会权力的基础上共同治理公共事务,通过协商民主等手段发起集体行动以实现共同利益的过程,是社会治理改革的新境界。"[3]市场规制法直接规制市场主体,随着互联网经济的发展,主体日益多元化,应当充分发挥企业、网络平台在市场规制法实施中的作用。正如有学者指出"在信息传播、金融安全甚至在网上纠纷解决机制建设与运行等方面,政府主动或被动地赋权于网络平台或企业,互联网领军企业也更多地基于安全或社会责任而承担起网络社会的公共管理职能,这也是探索政府、企业与网民共治网络环境的一种有效实践尝试。"[4]此外,在大数据时代的市场规制也绝对不能完全依赖传统的政府规制部门,而应允许更多的社会中间层参与其中。法律法规应当明确授权社会中间层规制的范围、方式、强制力、规制依据。

3. 健全信用约束和失信联合惩戒机制,增强市场主体法律责任意识

我国消费者权益保护以及广告监管主要依赖政府部门的行政执法,即使在高压执法下,经营者、广告发布者等相关主体法律责任意识仍旧不强。这主要是由于我国缺乏健全的信用约束以及失信联合惩戒机制,市场诚信体系尚未建立。市场规制法的实施,离不开市场主体自觉遵守法律法规的规定。因此,应当通过发挥企业信用监管的作用,推动企业诚信经营。完善经营异常名录、严重违法失信企业名单制度,在各地区、各部门"黑名单"管理基础上,形成统一的"黑名单"管理规范。实行跨部门信用联合惩戒,加大对失信企业惩治力度,对具有不良信用记录的失信市场主体,在经营、投融资、取得政府供应土地、进出口、出入境、注册新公司、工程招投标、政府采购、获得荣誉、安全许可、生产许可、从业任职资格、资质审核等方面,依法予以限制或禁止。

4. 执法部门规制的精细化

首先,执法部门应当准确定位,理清其与市场之间的界限,向服务型政府转变。部门之间的职责也应当精准划分,信息公开、细致、可查询。党的十八届四中全会《中共

---

[1] 应品广:《公平竞争审查制度:中国竞争政策的重大创新》,载《竞争法律与政策评论》2016年第2卷。

[2] 袁嘉:《对地方性立法进行公平竞争审查的难点问题》,载《竞争法律与政策评论》2016年第2卷。

[3] 王明、李建:《社会共治制度初探》,载《行政论坛》2014年第5期。

[4] 姚海放:《经济法国家观研究:基于社会本位与国家概念的展开》,载《政治与法律》2016年第12期。

中央关于全面推进依法治国若干重大问题的决定》提出“推行政府权力清单制度,坚决消除权力设租寻租空间”,根据该决定,相关执法部门应当尽快出台市场规制的权力清单。其次,如今已经是大数据时代,大数据作为一种基础性社会制度,“是一种能制约、派生或影响其他制度的原生性行为规则,对其他层面的制度运行和体制改革具有深刻的影响”。[1] 因此,大数据也必然会带来市场规制的转变。就执法部门而言,应当利用相应的互联网技术,创新监管方式,保证市场参与主体的信息公开与信息获取,并利用数据证据,从而准确地进行规制。

5. 加强电子商务法方面的国际交流与合作

电子商务广泛地渗透到我国生产、流通、消费等各个领域,改变了传统经营管理模式和生产组织形态,在增强经济发展活力,转变经济增长方式,提高资源配置效率,促进中小企业发展,带动创新就业等方面,发挥了不可替代的作用。我国电子商务发展迅速,电子商务市场广阔,应加强电子商务国际交流与合作以促进良性发展。我国应积极参与联合国贸发会议、亚太经合组织、上海合作组织等国际与区域组织中的电子商务工作,与其他国家进行电子商务合作与多边交流,积极参与电子商务相关国际规则和标准的研究制定,增加我国在国际电子商务领域的话语权,发挥电子商务桥梁作用,促进“引进来”和“走出去”,不断提升国内电子商务的发展水平。

(责任校对:潘人玮)

撰稿专家

李胜利,1972 年出生,安徽颍上人,法学博士。安徽大学法学院副院长、教授、博士生导师,安徽大学经济法制研究中心副主任、研究员。兼任中国经济法学研究会理事、安徽省法学会经济法研究会副会长。主要从事经济法学、竞争法学、房地产法学等课程的教学与研究工作。曾在《法商研究》《法学评论》《财贸经济》《法制日报》(理论版)等刊物发表学术论文、译文约 50 篇,其中多篇被人大复印资料和《中国社会科学文摘》转载转摘。现主持国家社科基金“反不正当竞争法与反垄断法的关系研究”(15BFX123)、教育部人文社会科学研究项目“政府采购领域中垄断行为的法律规制研究”(14YJA820016)等科研项目多项;独撰《美国联邦反托拉斯法百年:历史经验与世界性影响》(法律出版社 2015 年版),合撰《竞争法原论》(武汉大学出版社 2011 年版)等学术著作多部。

---

〔1〕 王永强、管金平:《精准规制:大数据时代市场规制法的新发展——兼论〈中华人民共和国食品安全法(修订草案)〉的完善》,载《法商研究》2014 年第 6 期。

第四章

2016年经济法实施报告

下　2016年宏观调控法实施报告

王湘平　刘继虎

报告要旨

2016年，宏观调控法的实施稳步推进。在金融法领域，稳健的货币政策和灵活的货币工具，强力支持创新创业和“精准扶贫脱贫”；国际金融合作，化解了“黑天鹅”事件带来的金融风险；保险市场的强化监管，维护了良好的保险市场秩序；证券市场的规范，防范了证券交易的风险；互联网金融的监管，规范了相关活动行为。在财税法领域，预算资金的管理和税收结构的优化，保障了国家财政收入的稳步增长。在价格法领域，价格的管理与调整、收费标准的规范，使市场价格处于稳定合理水平。在产业促进法领域，通过调整农业结构，促进农业现代化；通过化解产能过剩，促进产业转型或升级；通过体制改革，促进交通运输业和商贸业的发展；通过弘扬传统优秀文化，推进文化产业的发展。本年度宏观调控法的实施呈现出金融调控政策稳步推进、财税体制改革不断深化、价格调控政策适用范围不断扩大、产业政策支持针对性增强等特点，但仍存在“精准扶贫”落实偏差、网络借贷侵蚀校园生活、企业税负过重以及税收优惠政策过多等不足。2017年宏观调控法实施的展望：证券市场投资机会有望增强，投资者的利益得以保护；有望初步建立全社会的诚信体系，提高社会信用水平；互联网金融将成为金融监管的重点；大力促进农业现代化，进一步解决“三农”问题。

核心建议

1. 建构互联网金融监管制度。

2. 加快出台新《预算法》实施条例或实施细则。

3. 重构企业所得税税率,减轻企业负担。

4. 深化税制改革,完善个人所得税免征机制。

2016年是"十三五"规划的开局之年,尽管世界经济不景气、国内外经济环境错综复杂,但是我国经济运行缓中趋稳、稳中有进,保持了中高速增长。全年GDP增速为6.7%(前三季度为6.7%,第四季度为6.8%);居民消费价格温和上涨,全国居民消费价格比上一年度上涨2.0%,在居民消费价格涨幅3.0%的合理区间内。[1] 这应归功于宏观调控法的有效实施。

一、宏观调控法实施的现状

(一)金融法领域

1. 实施稳健灵活的货币政策,发挥货币政策的调控功能

2016年,英国脱欧、美国大选等"黑天鹅"事件,造成国际金融市场持续动荡和新兴金融市场风险凸显。《巴黎协定》和"杭州共识"强调绿色金融理念。我国在亚洲基础设施投资正式开业的基础上,采取一系列措施,深化金融改革,推进普惠金融规划,促进经济发展。

(1)运用货币政策工具,保持适度流动。2016年2月18日,中国人民银行(下文简称央行)发布公告,决定从即日起正式建立公开市场每日操作常态化机制,根据货币政策调控需要,原则上每个工作日均开展公开市场操作。25日,央行按照定向降准相关制度,对参与定向降准的金融机构2015年度支持"三农"和小微企业的情况进行考核,根据考核结果动态调整其存款准备金率。3月,央行普遍下调金融机构人民币存款准备金率0.5个百分点,以保持金融体系流动性合理充裕。同时,借助公开市场操作、常备借贷便利(SLF)、中期借贷便利(MLF)以及抵押补充贷款(PSL)等工具,保持了流动性的合理适度。7月,进一步改革存款准备金考核制度,将人民币存款准备金的交存基数由旬末一般存款余额时点数调整为旬内一般存款余额的算术平均值。8月和9月,央行在以7天期逆回购为主开展公开市场操作的基础上,先后增加了14天期和28天期逆回购品种,适度提高市场利率,加强对金融机构期限错配和流动性风险的防范。此外,央行将差别准备金动态调整机制"升级"为宏观审慎评估体系(MPA),从资本和杠杆、资产负债、流动性、定价行为、资产质量、跨境业务风险、信贷政策执行7大方面

---

[1] 资料来源:《2016年国民经济实现"十三五"良好开局》,载中央人民政府网,http://www.gov.cn/xinwen/2017-01/20/content_5161507.htm,最后访问日期:2017年2月16日。

将金融机构的金融活动和资产扩张行为纳入宏观审慎管理范围。

(2)创新金融工具,支持创新创业和“精准扶贫脱贫”。在服务实体经济方面,2016年2月,央行等8部委联合印发《关于金融支持工业稳增长调结构增效益的若干意见》,加大金融对工业供给侧结构性改革和工业结构调整的支持力度,推动工业转型升级。3月,央行等5部委联合印发《关于金融支持养老服务业加快发展的指导意见》,推动金融组织创新金融产品和服务,支持养老服务业快速发展。此外,2月,央行与银监会联合发布《关于调整个人住房贷款政策有关问题的通知》,在不实施“限购”措施的城市,下调个人住房贷款最低首付款比例。3月,央行等6部门联合印发《农民住房财产权抵押贷款试点暂行办法》,央行等5部门联合印发《农村承包土地的经营权抵押贷款试点暂行办法》,农民可以以住房所有权、所占宅基地使用权或承包土地的经营权作抵押,向银行业金融机构贷款。4月,央行印发《抵押补充贷款管理办法(试行)》,进一步加强抵押补充贷款管理。7月,央行、财政部、人力资源社会保障部联合印发《关于实施创业担保贷款支持创业就业工作的通知》,调整小额担保贷款政策为创业担保贷款政策,扩大适用范围,统一贷款额度,调整贷款期限,支持创业、创新。在“精准扶贫、精准脱贫”方面,3月,央行等7部门联合印发《关于金融助推脱贫攻坚的实施意见》,紧紧围绕“精准扶贫、精准脱贫”基本方略,提出了金融助推脱贫攻坚6个方面共22条细化落实措施,明确了新形势下金融助推脱贫攻坚的总体要求、目标任务和重点工作。同时,央行印发《关于开办扶贫再贷款业务的通知》,创设扶贫再贷款,专门用于支持贫困地区地方法人金融机构扩大贫困地区涉农信贷投放,降低贫困地区融资成本,为打赢脱贫攻坚战提供有力金融支持。5月,央行等5部门联合印发《关于加强金融精准扶贫信息对接共享工作的指导意见》,推动建立金融扶贫信息与扶贫基础信息对接共享机制,夯实金融精准扶贫的工作基础。6月,央行印发《中国人民银行扶贫再贷款管理细则》,规范扶贫再贷款管理,提高支持精准扶贫政策效果。9月,央行、发改委、银监会、国务院扶贫办联合印发《关于加快2016年易地扶贫搬迁信贷资金衔接投放有关事宜的通知》,督促指导金融机构加快2016年易地扶贫搬迁信贷资金衔接投放工作,促进2016年易地扶贫搬迁建设顺利开展。

(3)加强境外人民币管理,促进国际金融合作。在人民币结、清算方面,2016年1月,央行办公厅印发《关于调整境外机构人民币银行结算账户资金使用有关事宜的通知》,央行决定自25日起对境外金融机构在境内金融机构存放执行正常存款准备金率政策。6月,央行与美国联邦储备委员会签署了在美国建立人民币清算安排的合作备忘录,并给予美国2500亿元人民币合格境外机构投资者(RQFII)额度。同期,央行与俄罗斯中央银行签署了在俄罗斯建立人民币清算安排的合作备忘录。9月,央行分别授权中国银行纽约分行和中国工商银行(莫斯科)股份有限公司担任美国和俄罗斯的人民币清算行。在投融资方面,1 月,央行发布《关于扩大全口径跨境融资宏观审慎管理试点的通知》,决定自 2016 年 1 月 25 日起,面向 27 家金融机构和注册在上海、广东、天津、福建 4 个自贸区的企业扩大本外币一体化的全口径跨境融资宏观审慎管理试点。2 月,央行发布公告,引入更多符合条件的境外机构投资者投资银行间债券市场,取消投资额度限制,简化管理流程。4 月,央行印发通知,自 5 月 3 日起在全国范围内实施本外币一体化的全口径跨境融资宏观审慎管理框架。8 月,央行和国家外汇管理局联合发布《关于人民币合格境外机构投资者境内证券投资管理有关问题的通知》,规范人民币合格境外机构投资者境内证券投资管理。在存放境内代理行人民币存款方面,1 月,央行对境外人民币业务参加行存放境内代理行的人民币存款执行正常存款准备金率,即境内代理行现行法定存款准备金率,以防范宏观金融风险,促进金融机构稳健经营。同时,按季交纳存款准备金的境外人民币业务参加行存放境内代理行人民币存款,其交存基数也调整为上季度境外参加行人民币存放日终余额的算术平均值。此外,2016 年,央行与新加坡金管局、摩洛哥中央银行、塞尔维亚中央银行、匈牙利央行、欧洲中央银行共签署了 6715 亿元人民币的双边本币互换协议;经央行授权,中国外汇交易中心宣布在银行间外汇市场正式开展人民币对南非兰特、韩国韩元、阿联酋迪拉姆、沙特里亚尔直接交易。7 月,中国银行(香港)有限公司以直接参与者身份接入人民币跨境支付系统(CIPS),由此 CIPS 直接参与者数量增加至 27 家。8 月,世界银行(国际复兴开发银行)首期特别提款权(SDR)计价债券在中国银行间债券市场成功发行。

(4)其他货币政策的实施。2016 年 2 月,央行发布《全国银行间债券市场柜台业务管理办法》,严格规范柜台债券交易、托管与结算。央行、住房城乡建设部、财政部联合印发《关于完善职工住房公积金账户存款利率形成机制的通知》,决定将职工住房公积金账户存款利率,由按照归集时间执行活期和 3 个月存款基准利率,调整为统一按 1 年期定期存款基准利率执行。3 月,央行和银监会联合印发《关于加大对新消费领域金融支持的指导意见》,明确创新金融支持和服务方式,大力发展消费金融,更好地满足新消费重点领域的金融需求,发挥新消费引领作用。6 月,央行发布公告,将个人投资人认购大额存单起点金额由不低于 30 万元调整为不低于 20 万元。9 月,央行发布《银行间市场信用风险缓释工具试点业务规则》及相关产品指引。

2. 强化保险服务功能,规范保险市场秩序

《保险法》修订实施后,中国保监会根据《国民经济和社会发展第十三个五年规划纲要》和《关于加快发展现代保险服务业的若干意见》,编制了《中国保险业发展“十三五”规划纲要》。在《保险法》实施方面,2016 年主要是推动保险业服务社会民生和实体经济,加强和改进保险监管。

2016 年 1 月,保监会发布《关于正式实施中国风险导向的偿付能力体系有关事项

的通知》，自1月1日起正式将保险业偿付能力监管体系的“双轨并行”切换为中国风险导向的偿付能力体系。3月，保监会发布《关于中短存续期人身保险产品有关事项的通知》，将高现价产品更名为中短期产品，延长存续期，明确规定保险公司的综合偿付能力充足率和年度保费收入。5月，保监会、财政部联合发布《建立城乡居民住宅地震巨灾保险制度实施方案》，标志着我国以地震保险为突破口的巨灾保险制度进入实践阶段。同时，上海保险交易所成立，重点搭建国际再保险、国际航运保险、大宗保险项目招投标、特种风险分散的业务平台。6月，保监会发布《关于加强组合类保险资产管理产品业务监管的通知》，要求保险资管产品明确其投资的基础资产的种类和比例，权益类、混合类分级产品的杠杆倍数不得超过1倍。7月，保监会下发《关于商业车险条款费率管理制度改革试点全国推广有关问题的通知》，决定将商业车险改革试点推广到全国范围。7月，保监会先后发布《关于进一步加强保险公司关联交易信息披露工作有关问题的通知》和《关于进一步加强保险公司股权信息披露有关事项的通知》，要求保险公司披露股东对其注资的资金来源及股东之间的关系，扩大关联交易信息披露范围，明确交易需披露的具体要素，强化信息披露责任人的法律责任。9月2日，保监会发布《关于强化人身保险产品监管工作的通知》和《关于进一步完善人身保险精算制度有关事项的通知》，明确人身保险产品的事后备案和抽查制度，建立产品的退出、问责、回溯和信息披露机制。

3. 规范证券市场，防范证券交易风险

尽管我国目前的证券交易处于低迷期，但是证券市场的交易风险不容忽视。因此，证监会采取措施加强证券业监管制度建设，促进证券市场规范发展。

2016年1月，证监会发布《上市公司大股东、董监高减持股份的若干规定》，要求上市公司大股东和董监高通过“集中竞价交易”的途径减持股份。此外，证监会决定自1月8日起，上交所、深交所和中金所暂停实施指数熔断机制。4月，证监会、财政部和央行联合发布修订后的《证券投资者保护基金管理办法》，完善证券投资者保护基金的公司治理结构、融资方式、收缴程序等规定。6月，证监会发布修订后的《证券公司风险控制指标管理办法》及配套规则，从改进净资本与风险资本准备计算公式、完善杠杆率指标与流动性监管指标、明确逆周期调节机制等方面，提升证券公司风控指标的完备性和有效性。7月，证监会公布修订后的《上市公司股权激励管理办法》，完善股权激励的参与条件、实施程序、决策程序等规定，强化内部问责和监督处罚。同时公布修订后的《证券期货经营机构私募资产管理业务运作管理暂行规定》，进一步明确监管对象和范围，强化对违规推介和销售、从事违法业务活动、开展“资金池”业务、实施过度激励等8项行为的禁止性规定。9月，证监会发布《内地与香港市场交易互联互通机制若干规定》，将互联互通范围由沪港通扩至沪港通和深港通。10月，证监会发布修订后的

《上市公司重大资产重组管理办法》及配套规定,完善认定标准,明确累积首次原则的期限,提高配套融资的门槛。

4.加强互联网金融监管,规范互联网金融活动

随着互联网金融的快速发展,与互联网金融相关的违法犯罪活动呈上升趋势。因此,国务院及各部委采取一系列措施加强互联网金融监管,规范互联网金融活动,防止和打击互联网金融违法犯罪活动。

2016年4月,教育部办公厅、中国银监会办公厅下发《关于加强校园网络不良网络借贷风险防范与教育引导工作的通知》,提出加强对校园不良网络借贷平台的监管和整治。保监会等15部门联合出台《互联网保险风险专项整治工作实施方案》,重点整治互联网高现金价值业务、保险机构依托互联网跨界开展业务、非法经营互联网保险业务;同时出台《股权众筹风险专项整治工作实施方案》,重点整治互联网股权融资平台以“股权众筹”等名义从事股权融资业务。此外,银监会出台《P2P网络借贷风险专项整治工作实施方案》,央行等13部门联合出台《非银行支付机构风险专项整治工作实施方案》,央行等17部门联合出台《通过互联网开展资产管理及跨界从事金融业务风险专项整治工作实施方案》。8月,银监会等4部门联合出台《网络借贷信息中介机构业务活动管理暂行办法》,对备案管理、业务规则与风险管理做出明确规定。9月,央行等10部门出台《关于促进互联网金融健康发展的指导意见》,提出分类指导,明确监管责任;健全制度,规范市场秩序。保监会下发《关于加强互联网平台保证保险业务管理的通知》,提出遵守偿付能力监管要求、严格选择互联网平台、建立风险管控机制。央行下发《关于加强支付结算管理防范电信网络新型违法犯罪有关事项的通知》,提出加强实名制、转账、银行卡业务管理,强化可疑交易监测,健全紧急止付和快速冻结机制,加大对无证机构的打击力度,建立责任追究机制。10月,工商总局等17部门联合出台《开展互联网金融广告及以投资理财名义从事金融活动风险专项整治工作实施方案》,清理整治互联网金融广告,排查整治以投资理财名义从事金融活动的行为。国务院办公厅出台《互联网金融风险专项整治工作实施方案》,重点整治P2P网络借贷和股权众筹业务、通过互联网开展资产管理和跨界从事金融业务、第三方支付业务以及互联网金融领域广告等方面。此外,中国互联网金融协会还发布了《互联网金融信息披露个体网络借贷》标准(T/NIFA 1-2016)和《中国互联网金融协会信息披露自律管理规范》。

(二)财税法领域

1.深化财政体制改革,加强预算资金管理

中共中央十八届三中、四中、五中全会提出了“深化财税体制改革”“全面推进依法治国”战略,新《预算法》的实施在压缩“三公”经费、预防腐败等方面取得了良好效果。

2016年,在新修订的《预算法》实施的基础上,财政法重点加强对转移支付资金、补贴资金、国有资本以及一些基金等方面的管理。

2016年1月,财政部、教育部印发《现代职业教育质量提升计划专项资金管理办法》,规范现代职业教育质量提升计划专项资金管理,提高资金使用效益。2月,财政部印发《中央对地方专项转移支付管理办法》,进一步加强中央对地方专项转移支付管理,提高财政资金使用的规范性、安全性和有效性;财政部印发《中央国有资本经营预算管理暂行办法》,加强和规范中央国有资本经营预算管理,优化国有资本配置;财政部出台《政府投资基金暂行管理办法》,明确规定政府投资基金的设立、运作与风险控制、终止与退出以及预算管理、资产管理、监督管理等制度;财政部、国土资源部、央行以及银监会联合发布《关于规范土地储备和资金管理等相关问题的通知》,规范土地储备金的使用管理。3月,财政部出台《政府非税收入管理办法》,对政府非税收入的设立、征收、票据、资金和监督等方面的管理做出明确规定。4月,财政部、水利部联合出台《江河湖库水系综合整治资金使用管理暂行办法》,明确规定了专项资金的适用范围、分配方法、绩效评估以及法定程序。5月,财政部印发《关于采取有效措施进一步加强地方财政库款管理工作的通知》,要求进一步加强对预算编制、财政支出预算执行的管理,加快结余结转资金清理收回和统筹使用。6月,财政部出台《工业企业结构调整专项奖补资金管理办法》,对专项补贴的范围、计算公式、分配方法等进行了明确规定;财政部、农业部联合发布《农业支持保护补贴资金管理办法》,对补贴范围、标准、支付方式等做出明确规定。7月,财政部、国家档案局联合出台《国家重点档案专项资金管理办法》,对专项资金的支出范围、分配方法、资金申请和预算下达、资金支付与使用、预算监管和绩效进行了明确规定;财政部、国家安全生产监督管理总局联合出台《安全生产预防与应急专项资金管理办法》,明确规定了专项资金支持范围、一般公共预算补助地方的专项资金的测算方式等内容;财政部出台《中央级公益性科研院所基本科研业务费专项资金管理办法》,对基本科研业务费的使用方向、管理和使用原则、支出规划及年度预算等进行了明确规定。9月,财政部、全国哲学社会科学规划领导小组联合出台《国家社会科学基金管理办法》,对项目资金开支范围、预算编制与审核、执行与决算、管理与监督进行了明确规定;财政部出台《普惠金融发展专项资金管理办法》,明确规定了县域金融机构涉农贷款增量奖励政策、农村金融机构定向费用补贴政策、创业担保贷款贴息与奖补政策、政府和社会资本合作项目以奖代补政策。10月,财政部、教育部联合出台《中央高校基本科研业务费管理办法》,对中央高校基本科研经费管理权限与职责、预算、支出与决算、绩效评价与监督检查做出了明确规定。11月,财政部、教育部联合出台《城乡义务教育补助经费管理办法》,规定了落实城乡义务教育经费保障机制、实施农村义务教育阶段学校教师特设岗位计划、实施农村义务教育学生营养改善计划。12月,财政部、水利部联合出台《中央财政水利发展资金使用管理办法》,对水利发展资金支出范围、水利发展资金实行中期财政规划管理、分配方法等做出明确规定。

2. 深化税收体制改革,优化税收结构

2016年,国际税收多边合作和税制改革不断推进,我国在党中央国务院提出"深化财税体制改革"的战略目标下,不断深化税制改革,优化税制结构,保证了国家财政收入的稳定增长。

(1)在全面实施营业税改增值税(以下简称营改增)方面,3月,财政部、国家税务总局下发《关于全面推开营业税改增值税试点的通知》,规定自5月1日起,在全国范围内,将建筑业、房地产业、金融业、生活服务业等全部营业税纳税人纳入营改增的试点范围。同时印发《营业税改征增值税试点实施办法》《营业税改征增值税试点有关事项的规定》《营业税改征增值税试点过渡政策的规定》和《跨境应税行为适用增值税零税率和免税政策的规定》,明确营改增试点后营业税与增值税的对接,维持营业税的一些规定在增值税中的适用。3月,国家税务总局发布《关于全面推开营业税改增值税试点后纳税申报有关事项的公告》,对纳税申报表及附列资料做出明确规定。4月,财政部、国家税务总局下发《关于营改增后契税、房产税、土地增值税、个人所得税计税依据问题的通知》,明确成交价格、租金收入、转让收入、个人所得税应税收入均不含增值税,免征增值税的,不扣减增值税额。同时,财政部、国家税务总局下发《关于进一步明确全面推开营改增试点金融业有关政策的通知》和《关于进一步明确全面推开营改增试点劳务派遣服务、收费公路通行费抵扣等政策的通知》,分别对金融机构的利息收入和服务收入、劳务派遣服务销售额、收费公路通行费抵扣和征收等政策做出了补充规定。此外,国务院印发《全面推开营改增试点后调整中央与地方增值税收入划分过渡方案》,以2014年为基数核定中央返还和地方上缴基数;中央分享增值税的50%;地方按税收缴纳地分享增值税的50%。5月,财政部、国家税务总局下发《关于营改增试点有关文化事业建设费政策及征收管理问题的补充通知》,确定提供娱乐服务的单位和个人应按照提供娱乐服务取得的计费销售额和3%的费率计算娱乐服务应缴费额。此外,国家税务总局出台《营业税改征增值税跨境应税行为增值税免税管理办法(试行)》。6月,财政部、国家税务总局下发《关于进一步明确全面推开营改增试点有关再保险、不动产租赁和非学历教育等政策的通知》,对再保险服务、不动产租赁服务和一般纳税人提供非学历教育服务增值税的税基和税率做出补充规定。8月,国家税务总局发布《关于营改增试点若干征管问题的公告》,对不属于在境内销售服务或者无形资产、个人采取一次性收取租金的形式出租不动产、单用途商业预付卡与支付机构预付卡业务、单位将其持有的限售股在解禁流通后对外转让、银行提供贷款服务按期计收利息等情形做出明确规定。

（2）在所得税方面，3 月，财政部、国家税务总局下发《关于铁路债券利息收入所得税政策问题的通知》，铁路债券利息收入，减半征收。4 月，财政部、国家税务总局下发《关于公益股权捐赠企业所得税政策问题的通知》，企业实施公益股权捐赠，视同转让股权，准予转让收入额税前扣除历史成本。9 月，国家税务总局发布《关于股权激励和技术入股所得税征管问题的公告》，对个人所得税、企业所得税以及实施时间予以明确。10 月，财政部、国家税务总局下发《关于银行业金融机构存款保险保费企业所得税税前扣除有关政策问题的通知》，对税前扣除的条件、计算公式予以明确，但不包括滞纳金。此外，财政部、国家税务总局、民政部下发《关于生产和装配伤残人员专门用品企业免征企业所得税的通知》，提出了免征所得税的居民企业的条件。

（3）在税收优惠政策方面，1 月，财政部、国家税务总局下发《关于中国农业发展银行涉农贷款营业税优惠政策的通知》，规定自 1 月 1 日起 3 年内，对中国农业发展银行总行及其各分支机构提供涉农贷款取得的利息收入减按 3% 的税率征收营业税。财政部、国家税务总局下发《关于继续实行农产品批发市场、农贸市场房产税城镇土地使用税优惠政策的通知》，对专门经营农产品的批发市场、农贸市场使用的房产、土地，暂免征房产税和城镇土地使用税；对同时经营其他产品的批发市场和农贸市场使用的房产、土地，按占用面积的比例确定征免房产税和城镇土地使用税。2 月，财政部、国家税务总局下发《关于城市公交站场道路客运站场城市轨道交通系统城镇土地使用税优惠政策的通知》，对城市公交站场、道路客运站场、城市轨道交通系统运营用地，免征城镇土地使用税；财政部、国家税务总局、住房城乡建设部联合下发《关于调整房地产交易环节契税　营业税优惠政策的通知》，对个人购买家庭第一套住房和第二套住房的，以住房面积 90 平方米为界限确定契税税率；个人对外销售购买的住房，以购买 2 年为界限，征免营业税。此外，财政部、国家税务总局下发《关于继续实行农村饮水安全工程建设运营税收优惠政策的通知》，对饮水工程运营管理单位免征契税、印花税、房产税、城镇土地使用税和增值税。5 月，财政部、国家税务总局下发《关于促进残疾人就业增值税优惠政策的通知》，对安置残疾人就业的单位和个体工商户，实施即征即退增值税的办法。7 月，财政部、国家税务总局下发《关于城市公交企业购置公共汽电车辆免征车辆购置税的通知》，规定自 1 月 1 日起 5 年内，对城市公交企业购置的公共汽电车辆免征车辆购置税；因转让、改变用途等原因应补缴车辆购置税。8 月，财政部、国家税务总局下发《关于供热企业增值税、房产税、城镇土地使用税优惠政策的通知》，规定自 1 月 1 日起 3 年内，对供热企业免征增值税、房产税、城镇土地使用税。10 月，财政部、海关总署、国家税务局下发《关于调整享受税收优惠政策的天然气进口项目的通知》,新增加广西液化天然气项目享受优惠政策。11 月,财政部、国家税务总局、商务部、科技部、发改委联合下发《关于在服务贸易创新发展试点地区推广技术先进型服务企业所得税优惠政策的通知》,符合条件的技术先进型服务企业减按 15% 的税率征收企业所得税;实际发生的职工教育经费支出,在薪金总额 8% 之内准予扣除,超过部分准予结转扣除。12 月,财政部、国家税务总局下发《关于减征 1.6 升及以下排量乘用车车辆购置税的通知》,购置 1.6 升及以下排量的乘用车减按 7.5% 的税率征收车辆购置税。

(4)在税收征管方面,1 月,国家税务总局出台《耕地占用税管理规程(试行)》,明确涉税信息、纳税认定、申报征收、减免退税、税收风险等管理规定。2 月,国家税务总局发布《关于税务行政许可若干问题的公告》,明确了税务行政许可的事项、可实施机关、可实施程序及监督检查等规定。3 月,国家税务总局出台《纳税人跨县(市、区)提供建筑服务增值税征收管理暂行办法》,对预缴税款的计算方式及申报资料予以明确规定。国家税务总局出台《房地产开发企业销售自行开发的房地产项目增值税征收管理暂行办法》,对纳税人的销售额、预缴税款、进项税额、纳税申报、开具发票做出明确规定。此外,国家税务总局出台《纳税人转让不动产增值税征收管理暂行办法》《不动产进项税额分期抵扣暂行办法》和《纳税人提供不动产经营租赁服务增值税征收管理暂行办法》。5 月,国家税务总局出台《营业税改征增值税跨境应税行为增值税免税管理办法(试行)》,对应税行为予以明确规定。财政部、国家税务总局、水利部联合出台《水资源税改革试点暂行办法》,对纳税人、征税对象、税额标准、计算公式等进行了明确规定。11 月,国家税务总局出台《印花税管理规程(试行)》,明确了税源管理、税款征收、减免税和退税管理、风险管理等规定。

(5)在税收协定方面,1 月,国家税务总局发布《关于〈多边税收征管互助公约〉生效执行的公告》,《多边税收征管互相公约》适用于税务机关根据我国法律征收管理的税种。2016 年,国家税务总局发布中国政府和津巴布韦、马来西亚、智利、爱沙尼亚、波兰、俄罗斯、德国、巴林、印度尼西亚等政府《〈对所得避免双重征税和防止偷漏税的协定〉议定书生效执行的公告》及内地和澳门、香港特别行政区《〈关于对所得避免双重征税和防止偷漏税的安排〉议定书生效执行的公告》。此外,12 月,全国人大常委会审议通过了《环境保护税法》,该法自 2018 年 1 月 1 日起实施。

2016 年,财税体制的深化改革使财政收支稳定上升。根据财政部的统计,[1] 2016 年全国财政收支累积如下:

---

〔1〕 资料来源:《2016 年财政收支情况》,载财政部网,http://gks.mof.gov.cn/zhengfuxinxi/tongjishuju/201701/t20170123_2526014.html,最后访问时间:2017 年 2 月 16 日。

表　2016 年全国财政收支累积

预　算		中　央			地　方			总　额	
类别	收支	数额（亿元）	增长率（%）	同口径（%）	数额（亿元）	增长率（%）	同口径（%）	数额（亿元）	增长率（%）
一般公共预算	收入	72,357	4.7	1.2	87,195	4.2	7.4	159,552	4.5
	支出	27,404	7.3		160,437	6.2		187,841	6.4
政府性基金	收入	4178	2.6		42,441	12.9		46,619	11.9
	支出	2890	-4.3		43,962	13		46,852	11.7
国有资本经营	收入	1430	-11.3		1172	24.9		2602	2
	支出	937	-6.8		1234	48.5		2171	18.2

注：全国一般公共预算收入中的税收收入 130,354 亿元，同比增长 4.3%；非税收入 29,198 亿元，增长 5.0%。

（三）价格法领域

1. 发挥立法作用，加强价格管理

市场经济一个最突出的特点就是市场决定价格，但价格调控政策有利于市场稳定有序地发展。因此，我国在社会主义市场经济的基础上，不断深化价格体制改革，通过价格立法，加强价格管理，增强价格宏观调控的作用。

2016 年 1 月，国务院办公厅发布《关于推进农业水价综合改革的意见》，提出分级制定农业水价、探索实行分类水价和逐步推行分档水价。同时，发改委出台《石油价格管理办法》，对价格制定与调整、信息发布、价格监督检查进行了明确规定。7 月，发改委、卫计委、人力资源社会保障部、财政部联合出台《推进医疗服务价格改革的意见》，推进医疗服务价格分类管理，逐步理顺医疗服务比价关系，改革医疗服务价格项目管理，推进医疗服务定价方式改革，加强医疗服务价格监督。10 月，发改委出台《天然气管道运输价格管理办法（试行）》和《天然气管道运输定价成本监审办法（试行）》，前者对价格制定与调整、定调价程序和信息公开等进行了明确规定；后者对定价成本构成与归集、定价成本核定等做出明确规定。12 月，发改委制定《省级电网输配电价定价办法（试行）》，对准许收入的计算方法、输配电价的计算方法、输配电价的调整机制予以明确规定。

2. 实施价格调整，完善价格机制

价格的宏观调控作用在于随着市场的发展，对价格进行不断调整，以适应市场经济发展的需要。价格调整包括制定新价格、放开管制价格和调整不合理价格。因此，实施价格调整，完善价格机制，仍然是我国社会主义市场经济发展的一项重要任务。

2016 年 3 月,发改委、央行联合下发《关于完善银行卡刷卡手续费定价机制的通知》,要求降低发卡行服务费、网络服务费费率水平,调整发卡行服务费、网络服务费封顶控制措施,对部分商户实行费率优惠措施,收单环节服务费实行市场调节价。6 月,发改委下发《关于完善铁路普通旅客列车软座、软卧票价形成机制有关问题的通知》,在中央管理企业全资及控股铁路上开行的普通旅客列车软座、软卧票价,由铁路运输企业依法自主制定;普通旅客列车高级软卧包房票价继续实行市场调节价。7 月,发改委办公厅下发《关于完善两部制电价用户基本电价执行方式的通知》,放宽基本电价计费方式变更周期限制,放宽减容(暂停)期限限制。8 月,发改委下发《关于太阳能热发电标杆上网电价政策的通知》,核定全国统一的太阳能热发电标杆上网电价为每千瓦时 1.15 元(含税)。10 月,发改委下发《关于放开食盐价格有关事项的通知》,规定自 2017 年 1 月 1 日起,放开食盐出厂、批发和零售价格,由企业根据生产经营成本、食盐品质、市场供求状况等因素自主确定。同时,发改委下发《关于明确储气设施相关价格政策的通知》,明确储气设施相关价格政策:储气服务价格由供需双方协商确定,储气设施天然气购销价格由市场竞争形成。11 月,发改委下发《关于推进化肥用气价格市场化改革的通知》,全面放开化肥用气价格,由供需双方协商确定,通过市场交易形成价格,实现价格公开透明。12 月,发改委下发《关于调整光伏发电陆上风电标杆上网电价的通知》,降低光伏发电和陆上风电标杆上网电价,明确海上风电标杆电价;鼓励各地通过招标等市场竞争方式确定光伏发电、陆上风电、海上风电等新能源项目的业主和上网电价。

3. 制定收费标准,规范收费行为

行政事业性收费尽管对市场经济反应的灵敏度不高,但也是价格体系的一部分。近年来,国务院已经在不断下放或者取消许多行政事业性收费,但某些领域的行政事业性收费在标准和行为上仍存在不规范之处。因此,明确行政事业性收费标准、规范收费行为是价格法治的重要内容。

2016 年 3 月,发改委、财政部下发《关于重新核发中央管理的卫生计生部门行政事业性收费标准等有关问题的通知》,明确了医疗事故鉴定费标准、社会抚养费征收标准、考试考务费标准以及其他医疗费标准。4 月,发改委、财政部下发《关于核发中央管理的人民检察院行政事业性收费标准的有关问题的通知》,人民检察院收取案卷材料复制费的收费标准,按照所在地省、自治区、直辖市价格主管部门会同同级财政部门依据国家发展改革委、财政部《关于行政机关依申请提供政府公开信息收费标准及有关问题的通知》的有关规定制定的复制费标准执行。5 月,发改委、财政部下发《关于重新核发银监会、证监会、保监会监管费等收费标准的通知》,监管费收费标准分别按照银行业、证券期货业、保险业监管费收费标准执行;从业人员资格考试费按照《国家发展改革委财政部关于改革全国性职业资格考试收费标准管理方式的通知》的有关规定执行，在国家规定的收费标准上限范围内按成本补偿原则自行确定。12月，发改委、财政部下发《关于重新核发中国红十字会总会行政事业性收费标准等有关问题的通知》，由中国红十字会总会制定中华骨髓库在对国（境）外骨髓库或医疗机构提供正式检索、血样高分辨检测、血样采集检测、造血干细胞采集移植服务的收费标准，并报国家发改委、财政部。同时，发改委、财政部联合下发《关于重新核发中共中央党校行政事业性收费标准等有关问题的通知》，明确了中央管理的中共中央党校行政事业性收费项目，实行综合定额标准，分项核定，总额控制。

（四）产业促进法领域

1. 推进农业结构调整，规划全国农业现代化

农业是国民经济发展的基础，解决"三农"问题是当务之急。党中央国务院高度重视农业的发展，目前已经有14份关于"三农"问题的"中央一号"文件。国务院根据《中华人民共和国国民经济和社会发展第十三个五年规划纲要》，编制《全国农业现代化规划》，各部门采取措施推进农业结构调整，规划全国农业现代化。

2016年5月，农业部出台《关于加快推进渔业转方式调结构的指导意见》，提出优化养殖空间布局、转变养殖业发展方式、促进捕捞业转型升级、推进产业链延伸拓展、确保渔业安全等要求。同时，农业部办公厅印发《关于促进草牧业发展指导意见》，提出了全国天然草原鲜草总产草量的目标、区域划分和经营模式。此外，农业部等9部门联合印发《贫困地区发展特色产业促进精准脱贫指导意见》，从科学确定特色产业、促进一二三产业融合发展、发挥新型经营主体带动作用、完善利益联结机制、增强产业支撑保障能力、加大产业扶贫投入力度、创新金融扶持机制和加大保险支持力度8个方面推进产业扶贫。9月，农业部印发《关于大力发展休闲农业的指导意见》，要求加强规划引导、丰富产品业态、推动产业扶贫、弘扬优秀农耕文化、保护传统村落。10月，国务院印发的《全国农业现代化规划（2016—2020年）》提出，深化农业农村改革，推进农业结构调整，发展绿色农业，提升农业对外合作水平，加大强农惠农富农政策力度。11月，国务院办公厅出台《关于支持返乡下乡人员创业创新促进农村一二三产业融合发展的意见》，提出改进农业生产经营模式，壮大农产品加工业，发展农业生产性服务业和生活性服务业，以及其他新产业、新业态、新模式。12月，国务院办公厅下发《关于进一步促进农产品加工业发展的意见》，提出优化结构布局、推进多种业态发展和加快产业转型升级。

2. 化解产能过剩，推进制造业升级或转型

2016年不仅是"十三五"规划的开局之年，也是推进结构性改革的攻坚之年。政府应当全面贯彻党的十八大和十八届三中、四中、五中全会精神，按照"五位一体"总体布局和“四个全面”战略布局,着力加强供给侧结构性改革,加快培育新的发展动能,改造提升传统比较优势,抓好去产能、去库存、去杠杆、降成本、补短板5大任务,实现“十三五”时期社会经济发展的良好开局。

2016年2月,国务院下发《钢铁行业化解过剩产能实现脱困发展的意见》,提出严禁新增产能、化解过剩产能和推动行业升级。同时,国务院下发《煤炭行业化解过剩产能实现脱困发展的意见》,提出严格控制新增产能、加快淘汰落后产能、有序退出过剩产能、推进企业改革重组、促进行业调整转型。5月,国务院出台《关于深化制造业与互联网融合发展的指导意见》,提出打造制造企业互联网“双创”平台、推动互联网企业构建制造业“双创”服务体系、支持制造企业与互联网企业跨界融合、培育制造业与互联网融合新模式。此外,国务院办公厅下发《关于促进建材工业稳增长调结构增效益的指导意见》,提出压减过剩产能、加快转型升级、促进降本增效、完善支持政策。6月,国务院办公厅下发《关于营造良好市场环境促进有色金属工业调结构促转型增效益的指导意见》,提出严控新增产能、加快退出过剩产能、加强技术创新、扩大市场应用、健全储备体系和积极推进国际合作。8月,国务院办公厅下发《关于石化产业调结构促转型增效益的指导意见》,提出努力化解过剩产能、统筹优化产业布局、改造提升传统产业、促进安全绿色发展、健全完善创新体系、推动企业兼并重组、加强国际产能合作。

3. 深化体制改革,促进运输业发展

随着改革开放的不断推进,在党中央国务院的战略部署下,我国交通运输业获得长足发展,运输能力大幅提高。但是,民用航空运输服务业相对发展缓慢,因此,国务院、中央军委采取措施,促进通用航空运输服务业的发展。

2016年5月,国务院办公厅发布《关于促进通用航空业发展的指导意见》,提出“培育通用航空市场、加快通用机场建设、促进产业转型升级”。国务院、中央军委分别于8月、10月和11月同意新建湖南郴州、湖北荆州、湖南湘西、安徽芜湖宣城和河南安阳等民用机场。7月,国务院办公厅印发《关于深化改革推进出租汽车行业健康发展的指导意见》,提出“科学定位出租汽车服务、深化巡游车改革、规范发展网约车和私人小客车合乘”。

4. 加强国内外贸易合作,促进商贸业的发展

经济全球化既是当代世界经济的重要特征之一,也是世界经济发展的重要趋势。商贸业是经济全球化的重要内容。因此,加强国内外贸易合作,促进商贸业发展,是社会经济发展的驱动力之一。

2016年1月,国务院下发《关于促进加工贸易创新发展的若干意见》,提升产品技术含量和附加值,向高端发展;延长产业链,向生产制造与服务贸易融合发展;增强经营主体实力,向技术、品牌、营销型企业转变;优化区域布局,逐步实现东中西部协调发

展和境内外合理布局；转换增长动力，向要素驱动和创新驱动相结合转变。2 月，国务院发布《关于同意开展服务贸易创新发展试点的批复》，同意在天津等 15 地开展服务贸易创新发展试点，要求有关部门和省、直辖市人民政府加强对试点工作的指导和政策支持。5 月，国务院发布《关于促进外贸回稳向好的若干意见》，提出在出口信用保险、企业融资、贸易便利化水平、出口退税、减免收费、加工贸易政策、边贸发展、外贸新业态、自主品牌、双向投资、知识产权保护等方面给予支持。11 月，国务院办公厅印发《关于推动实体零售创新转型的意见》，提出调整商业结构、创新发展方式、促进跨界融合、优化发展环境和强化政策支持。

5. 弘扬优秀传统文化，促进文化产业发展

文化产业是市场经济条件下繁荣发展社会主义文化的重要载体，不仅能够助力经济转型，而且将成为国民经济的支柱性产业。因此，党中央、国务院高度重视发展文化产业，采取一系列政策措施，深入推进文化体制改革，加快推动文化产业发展，在国家经济面临较大下行压力的情况下，提出了“文化强国”战略。

2016 年 3 月，国务院印发《关于进一步加强文物工作的指导意见》，提出健全国家文物登录制度、加强不可移动文物保护、加强城乡建设中的文物保护、加强文物保护规划编制实施、加强可移动文物保护、加强文物安全防护。国务院分别于 4 月和 12 月批复同意将浙江省温州市和湖南省永州市列为国家历史文化名城。5 月，国务院印发《关于修改部分行政法规的决定》，对《互联网上网服务营业场所管理条例》《营业性演出管理条例》《娱乐场所管理条例》等行政法规的部分条款予以修改，规范行政审批和市场秩序，实行审批与执法联动，加强执法和信用监督。同时，文化部、发改委、财政部、国家文物局出台《关于推动文化文物单位文化创意产品开发的若干意见》，提出深入发掘文化文物单位馆藏文化资源，发展文化创意产业，开发文化创意产品，弘扬中华优秀文化，传承中华文明。7 月，文化部下发《关于加强网络表演管理工作的通知》，提出督促网络表演经营单位和表演者落实责任，依法查处违法违规网络表演活动、对网络表演市场全面实施“双随机一公开”。9 月，文化部发布《关于推动文化娱乐行业转型升级的意见》，提出加强行业内容建设、鼓励开发新产品、丰富经营业态和发展连锁经营、支持以竞技赛事带动行业发展、鼓励参与公共文化服务。12 月，文化部发布《“一带一路”文化发展行动计划（2016—2020 年）》，提出健全文化交流合作机制、完善文化交流合作平台、打造文化交流品牌、推动文化产业繁荣发展、促进文化贸易合作。12 月，文化部等 5 部委印发《关于推进县级文化馆图书馆总分馆制建设的指导意见》，把总分馆制建设纳入现代公共文化服务体系。为完善文化市场体系，文化部印发了《艺术品经营管理办法》和《文化市场黑名单管理办法（试行）》。4 月，中共中央办公厅、国务院办公厅印发了《关于进一步深化文化市场综合执法改革的意见》，明确适用范围、加强队

伍建设、健全制度机制、推进信息化建设、完善信用体系、建全运行机制。

二、2016 年度宏观调控法实施特点与问题分析

(一)2016 年宏观调控法实施的主要特点

1. 金融调控政策稳步推进

货币政策稳健灵活。为保持流动性的合理适度,将每周两次的公开市场操作提高为每日操作,建立每日操作常态化机制;在以 7 天期逆回购为主开展公开市场操作的基础上,先后增加了 14 天期和 28 天期逆回购品种。及时开展常备借贷便利(SLF)、中期借贷便利(MLF),按需足额提供短期流动性支持。定向降准考核和普调人民币存款准备金率,增强对"三农"和小微企业的支持。为进一步完善宏观审慎政策框架,更好地发挥逆周期调节作用,将差别准备金动态调整机制"升级"为宏观审慎评估体系,将外汇流动性和跨境资金流动纳入宏观审慎管理范畴,对境外金融机构在境内金融机构存放执行正常存款准备金率。通过稳健灵活的货币政策,加大对"三农"和小微企业的支持力度。为全面贯彻落实中共中央、国务院《关于打赢脱贫攻坚战的决定》,强力支持"精准扶贫脱贫",央行印发《关于扶贫再贷款业务的通知》,开办扶贫再贷款,专项用于支持贫困地区地方法人金融机构扩大涉农信贷投放,以支持贫困地区发展特色产业和贫困人口创业、就业。

人民币国际地位不断提升。全球"黑天鹅"事件频发,金融风险凸显,为进一步完善人民币汇率市场化形成机制,央行与境外货币当局签署双边本币互换协议,继续采取措施推动人民币直接交易市场的发展,保持人民币汇率在合理均衡水平上的基本稳定。人民币正式纳入特别提款权(SDR)货币篮子,成为 IMF 官方储备货币之一,在国际化道路上迈出了坚实一步。

存款保险制度有序推进。《存款保险条例》的实施使得银行存款格局保持稳定,经营秩序正常,存款保险机制的作用初步发挥。目前,全国已经有近 3700 多家吸收存款的银行业金融机构办理投保手续,并定期归集保费。保险业资产保持较快增长,2016 年全年累积实现保费收入 3. 1 万亿,同比增长 27. 5%,保险业总资产 15. 12 万亿,同比增长 22. 31%。[1]

股票市场指数总体稳定。虽然熔断机制失效引起大盘连续暴跌,但全年股票市场指数并未出现大幅度震荡。2016 年全年上证指数以 3536. 59 点开盘,最高点为 3538. 69

---

〔1〕 参见江帆:《保险市场保持强劲增长》,载中央人民政府网,http://www. gov. cn/xinwen/2017 - 02/15/content_5168031. htm,最后访问日期:2017 年 2 月 16 日。

点，以3103.64点收盘，最低点为2638.3点，全年下跌435.54点，年跌幅为12.31%。[1]

互联网金融监管初见成效。中国互联网金融协会的成立和国务院办公厅发布的《互联网金融风险专项整治工作实施方案》，有效遏制了互联网金融的行业乱象。自2016年10月专项整治以来，P2P网贷行业平台数量在两个月的时间内锐减了310多家；截至2016年年底，公安机关查处的互联网金融案件达1400起，处罚人员4800多名，涉案金额高达5000多亿元。[2]

2. 财税体制改革不断深化

2016年在《预算法》实施的基础上，不断深化预算制度改革。一年来，国务院及各部委出台一系列有关专项资金、补助资金、政府基金以及财政性资金的管理办法，加大对农业结构调整、农民创业就业、化解产能过剩行业、"精准扶贫脱贫"、小微企业、科研教育的支持力度。

同样，税收体制改革也不断深化。在全面推行营改增试点后，从税收收入可以看出企业税负明显减轻，如合并营业税和增值税计算，全年累计增长5.4%，其中1～5月增长36.6%，而6～12月下降16.9%。尽管全面推行"营改增"试点，但企业所得税同比增长6.3%，主要是因为增值税实行每个环节征税，每个环节抵扣，从某种程度上抑制了逃税、漏税现象。由于二手房交易活跃，个人所得税增长较快。除对"三农"和小微企业继续实施税收优惠政策外，对创新创业、公共事业、产能过剩企业的转型或升级等都实施了税收优惠政策。因此，国内消费税、资源税、印花税、耕地占用税等出现不同程度的同比下降。此外，在《税收征收管理法》修订期间，为了更好地加强税收征收管理，国家税务总局出台管理规程或暂行办法加强对不动产、房地产租赁与出售涉及的税收、耕地占用税、水资源税、印花税等税收征收的管理。为了贯彻落实《多边税收征管互助公约》，国家税务总局发布《〈对所得避免双重征税和防止偷漏税的协定〉议定书生效执行的公告》和《〈关于对所得避免双重征税和防止偷漏税的安排〉议定书生效执行的公告》，加强国际税收合作。

3. 价格调控政策适用范围不断扩大

尽管我国的社会主义市场经济已经形成，但价格调控机制在经济发展中仍然发挥重要作用。2016年，居民消费价格温和上涨，全国居民消费价格比上一年度上涨2.0%，控制在居民消费价格涨幅3.0%的合理区间内。价格调控政策的重点集中在价格管理立法、新能源价格核定以及行政事业性收费等领域。农业水价综合改革支持农

---

[1] 参见连建明：《2016年上证指数下跌12.31%　全球最差》，载大河网，http://news.dahe.cn/2016/12-30/108070634.html，最后访问日期：2017年2月16日。

[2] 参见卢建波：《互联网金融专项整治成效显现》，载凤凰财经网，http://finance.ifeng.com/a/20170105/15124227_0.shtml，最后访问日期：2017年2月16日。

业生产的发展;医疗服务价格改革在于理顺医疗服务比价关系;核定太阳能热发电标杆上网电价和调整光伏发电、陆上风电标杆上网电价,以减轻企业负担,促进新能源的发展。天然气购销由供需双方协商形成,实施价格市场竞争化。全面放开食盐价格,企业根据生产经营成本、食盐品质、市场供求状况等因素自主确定。除此之外,将卫生部门、检察系统、政府机关、保监会、银监会、证监会、中央党校、红十字会等单位的行政事业性收费标准纳入价格调控的政策范围。

4. 产业政策支持针对性强

2016年产业政策在重点支持服务业、制造业、电子信息业和文化产业的基础上,将农业、交通运输业纳入重点支持的范围。农业始终是国民经济的基础,我国在"精准扶贫脱贫"的基础上,加大对农业生产的支持力度。国务院出台《全国农业现代化规划(2016—2020)》,提出"创新强农、协调惠农、绿色兴农、开放助农、共享富农"的方针政策,推动农业结构调整,促进农村一二三产业融合发展。此外,稳步推进农村集体产权制度改革,促进农民创收增收。目前,产能过剩是我国制造业的瓶颈,严重制约了整个经济的发展。为此,一方面要深化互联网与制造业的融合发展,另一方面要淘汰落后产能、有序退出过剩产能、推进企业改革重组、促进行业调整转型或升级。为促进交通运输业的发展,加快通用航空机场的建设和促进出租汽车行业的健康发展。现代服务业不仅是产业结构调整的必然结果,也是经济发展的支柱之一,目前我国服务业产值占GDP的比重与发达国家相比仍然存在较大的差距。在经济面对巨大下行压力的情形下,传统优秀文化、现代主流文化以及国际交流文化均可助力经济转型、促进经济快速增长,实现文化强国战略。

(二)2016年度宏观调控法实施中存在的问题

1."精准扶贫"在落实上产生偏差

为了贯彻落实中共中央、国务院《关于打赢脱贫攻坚战的决定》精神,国务院办公厅出台《关于支持贫困县统筹整合使用财政涉农资金试点的意见》,优化财政涉农资金供给机制,保障贫困县集中资源打赢脱贫攻坚战;此外,国务院印发《"十三五"脱贫攻坚规划(2016—2020)》。要打赢脱贫攻坚战,首先要扶贫,扶贫应做到"精准扶贫","精准扶贫"的关键在于"精准",确保"精准"的一个重要因素就是找准扶贫对象。但是由于各种因素的影响,扶贫在"精准"对象上产生偏差,主要有以下表现:第一,由于贫困没有明确界限,扶贫对象界定模糊,人情扶贫、关系扶贫处处存在;或者对扶贫对象缺乏深入调查,只是凭感觉确定扶贫对象。第二,个别地方为了套取扶贫资金,数字、信息弄虚作假,以至于"年年扶贫年年贫",村委会成员工作业绩蒸蒸日上,扶贫对象日日增加。如有些村民小组三四十户农户,除一两户不是扶贫对象,其他均可领取扶贫款,不管是否具备扶贫的条件。同样,在脱贫上也产生偏差。有些地方政府为了完成任务，弄虚作假、搞“数字脱贫”，在国务院扶贫开发系统中直接将贫困户变成脱贫人口，使他们“被脱贫”。“扶贫”是为了“脱贫”，“精准扶贫”是为了真正地消除贫困，显然，上述情形不仅不利于“精准扶贫”，也不利于打赢脱贫攻坚战。

2. 网络借贷侵蚀校园生活

随着经济的快速发展，超前消费理念日盛，由此，一些不良网络借贷平台把目光瞄准在校大学生。不良网络借贷平台强化对分期产品或小额贷款低门槛、零首付、零利息等好处的宣传，而弱化高利息、高违约金、高服务费的分期成本；或者采取虚假宣传、降低贷款门槛、隐瞒实际资费标准等手段，诱导学生过度消费，甚至陷入“高利贷”陷阱。2016 年 6 月，借贷宝和多家针对学生群体的校园贷平台上出现了“裸条”事件，即以手持身份证的裸照为抵押进行借款，逾期无法还款将被威胁公布裸照给家人朋友，且借款周利息高达 30%。此外，网络借贷平台通过申请人提供个人信息、父母电话或者辅导员联系方式，认准借款人或贷款人身后的最终还款责任承担者。同时，网络借贷平台还在校园发展业务员，帮助联系、鼓动其他学生进行网络借贷。但是，由于校园网络借贷监管主体不明确，出现监管真空现象。尽管教育部办公厅、中国银监会办公厅下发《关于加强校园不良网络借贷风险防范和教育引导工作的通知》，但该通知只能教育学生不盲从、不攀比、不炫耀，引导学生合理消费、理性消费、适度消费，而很难对网络借贷平台实施监管。因此，自 2016 年以来，因网络借贷引起的校园事件频发。河南某学校一名同学，因无法偿还网络借贷利滚利所产生的 60 余万元债务，在青岛一家酒店跳楼自杀。据调查，校园近 9% 的学生使用贷款获取资金，其中 50% 为网络借贷。由此可见，网络借贷正在严重侵蚀校园生活。

3. 企业税收负担过重

尽管 2016 年国家对企业的利息所得实施了减征、税前扣除等众多优惠措施，但总体上企业负担仍过重。因此，关于“死亡税率”形成了正反两面的交锋。正方代表民营企业利用“实际税负”支持“死亡税率”，反方代表官方运用“宏观税负”进行反驳。无论“死亡税率”是否存在，都不可否认的是民营企业萎缩或破产倒闭或转移、外资外商企业转移已成事实。从企业所得税来看，我国企业所得税税率为 25%，处于中等水平，世界上征收企业所得税的 126 个国家标准税率平均为 23.7%，欧盟国家所得税标准税率平均为 22.1%，OECD 国家平均为 24.8%。尽管有些国家和地区的增值税高于我国，但其所得税在逐年下调，而我国企业所得税与增值税基本上固定不变。此外，在中国改革开放过程中，行政性收费极度膨胀，经过多年努力，目前审批权仍有 400 多项，这些权力背后形成的既得利益团体，无形之中增加了企业负担。加之，民营企业全额承担五险一金，民营企业的整体负担相比国有企业要繁重得多。中国中小企业发展促进中心发布的《2016 年全国企业负担调查评价报告》表明，56% 的企业认为当前总体负担较重,其中只有20%的企业认为行政审批及监督检查负担有所减轻;70%以上的企业建议出台相关"结构性减税""降低融资成本和拓展融资渠道"等方面政策,60%以上企业希望"降低企业用能、用地成本""取消不必要的审批手续、降低制度性交易成本"。[1]

4. 税收优惠政策过多

税收优惠政策在经济调控中发挥着杠杆作用,但税收优惠是以牺牲公平原则、损害公平竞争为代价的。由此,过多的税收优惠不仅损害公平原则,而且扭曲市场公平竞争机制。2016年国家税务总局出台各种部令达249项,其中有关税前扣除、减免税、退税等税收优惠的部令达30余项,占比达12%,且不包括常态化的小微企业税收优惠政策以及历年来已经在实施的其他各种税收优惠政策。如果地方各级政府再实施一些公开或隐秘的税收优惠措施,那么税收优惠政策就"常态化"了。因此,在清理税收优惠政策的同时,要防止出台更多的新税收优惠政策,加快将各税种暂行条例"升级"为法律,有效落实税收法定原则。

三、2017年宏观调控法实施的展望与建议

(一)2017年宏观调控法实施的展望

1. 证券市场投资机会有望增强

近年来,我国证券市场震荡波动,投资者的信心不足,股票成交量同比下降,虽总体平稳,但一直处于低迷状态。随着《证券法》修订案和一系列证券投资管理办法的出台,2017年证券市场投机机会有望增强。

第一,一些有关证券投资的管理办法经过修订后已颁布实施,以激励和约束证券市场。2016年6月1起实施的《证券投资者保护基金管理办法》;7月1日起实施的《证券期货投资者适当性管理办法》;9月1日起实施的《上市公司重大资产重组管理办法》;10月1日起实施的《证券公司风险控制指标管理办法》;证监会颁布并于2016年8月13日起实施的《上市公司股权激励管理办法》。第二,2016年5月1日起实施的《全国社会保障基金条例》规定,全国社会保障基金理事会投资运营全国社会保障基金,应当坚持安全性、收益性和长期性原则,在国务院批准的固定收益类、股票类和未上市股权类等资产种类及其比例幅度内合理配置资产。社保基金的入市将增强投资者的信心。第三,2016年10月1日,人民币正式纳入特别提款权(SDR)货币篮子,成

---

[1] 资料来源:《2016年全国企业负担调查评价报告》,载工业信息化部网,http://www.miit.gov.cn/newweb/n1146285/n1146352/n3054355/n3057511/n3057517/c5296248/content.html,最后访问日期:2017年2月16日。

为 IMF 官方储备货币之一，增强了 A 股对外开放程度。第四，12 月 15 日开通的深港通将吸引香港资本投入深市。第五，《上市公司大股东、董监高减持股份的若干规定》，要求上市公司大股东和董监高通过“集中竞价交易”途径减持股份，并要求细化相关信息披露行为，强化上市公司的信息披露。第六，2017 年 1 月 26 日，国务院办公厅印发《关于规范发展区域性股权市场》的通知，要求在推进供给侧结构性改革、促进大众创业万众创新、服务创新驱动发展战略、降低企业杠杆率的前提下，推动多层次资本市场长期稳定健康发展，防范和化解金融风险，支持实体经济特别是中小微企业发展，保护投资者合法权益。

2. 有望初步建立全社会的诚信体系

2014 年，国务院编制了《社会信用体系建设规划纲要（2014—2020 年）》，提出树立诚信文化理念、弘扬诚信传统美德，建立守信激励和失信约束的奖惩机制，提高全社会的诚信意识和信用水平。虽然社会诚信意识在不断提高，但并没有建立全社会的诚信体系。因此，2016 年年底，国务院及办公厅发布诚信体系建设的指导意见，以促进全社会诚信体系的初步形成。为弘扬诚信传统美德，增强社会成员诚信意识，提高全社会信用水平，营造优良信用环境，2017 年有望初步建立全社会的诚信体系。

第一，2016 年 6 月，国务院发布《关于建立完善守信联合激励和失信联合惩戒制度加快推进社会诚信建设的指导意见》，要求健全褒扬和激励诚信行为机制、健全约束和惩戒失信行为机制、构建守信联合激励和失信联合惩戒协同机制、加强法规制度和诚信文化建设。第二，2016 年 12 月，国务院办公厅发布《关于加强个人诚信体系建设的指导意见》，要求加强个人诚信教育，加快推进个人诚信记录建设，完善个人信息安全、隐私保护与信用修复机制，规范推进个人诚信信息共享使用，完善个人守信激励和失信惩戒机制。第三，2016 年 12 月，国务院发布《关于加强政务诚信建设的指导意见》，要求探索构建广泛有效的政务诚信监督体系、建立健全政务信用管理体系、加强重点领域政务诚信建设。此外，2016 年 11 月，国家税务总局发布《关于按照纳税信用等级对增值税发票使用实行分类管理有关事项的公告》，根据纳税人纳税信用程度，确定使用增值税发票量，督促纳税人诚信纳税。

3. 互联网金融将成为金融监管的重点

互联网金融的快速发展对传统金融制度产生冲击，而且互联网金融灵活、便捷、快速的特点使其存在产生金融风险的可能。不仅如此，不良网络借贷还会产生社会危害。总体上，2017 年，国务院及各部委已经具备了对互联网金融进行重点监管的各种条件和要求。

第一，中国互联网金融协会的成立。协会的成立标志着行业自律、行业调查、制定行业标准和行业培训等监管主体的确定。第二，出台法规规章。协会先后发布了《互联网保险风险专项整治工作实施方案》《P2P 网络借贷风险专项整治工作实施方案》,并要求对网贷平台信息披露、资金存管、风险管控、信息共享等多方面信息进行规范。银监会出台《网络借贷信息中介机构业务活动管理暂行办法》,明确了网络借贷平台信息中介的定位。国务院公布《互联网金融风险专项整治工作实施方案》,各地方政府陆续公布地方互联网金融整治方案。第三,研发数字货币。央行公开招聘数字货币研发技术人才,加快推进法定数字货币研发工作。第四,互联网金融事件频发。唯品会等多家公司高价收购支付牌照、网络借贷平台的校园"裸条"、招财宝等事件加快促进了互联网金融监管的步伐。第五,互联网金融平台数量过大。据了解,截至 2016 年年底,国内正常运行的互联网金融平台为 2448 家,如果按 2017 年年底跌到 1200 家左右计算,今年还将有 50% 的平台要退出互联网金融行业,而且拿到 ICP 经营许可证的互联网金融企业还不足 10%,而完成银行资金存管、符合监管要求的互联网金融平台更是不足 5%,这也预示着不少平台面临淘汰压力。[1]

4. 进一步解决"三农"问题

"三农"问题一直是我国经济发展的根本问题,新世纪以来已经有 14 份有关"三农"的中央一号文件。党中央国务院高度重视"三农"问题,积极采取措施进一步解决"三农"问题。

首先,党中央国务院要求牢固树立和深入贯彻落实创新、协调、绿色、开放、共享的发展理念,大力推进农业现代化;出台《脱贫攻坚责任制实施办法》,落实攻坚的责任;提出深入实施精准扶贫、精准脱贫;要求健全农村土地产权制度,完善所有权、承包权、经营权三权分置。其次,国务院印发《推进普惠金融发展规划(2016—2010 年)》,重点普惠"三农"和小微企业;出台《农田水利条例》,以促进农业生产的发展;国务院办公厅印发《关于支持农民工等人员返乡创业的意见》和《关于推进农村一二三产业融合发展的指导意见》,支持返乡下乡人员创业创新,促进农村一二三产业融合发展;国务院还提出,完善支持政策,促进农民增收;提出进一步加强农村留守儿童关爱保护工作,为广大农村留守儿童健康成长创造更好的环境。再次,农业部提出,加快推进渔业转方式调结构,以及促进牧草业发展。农业部等 9 部门提出,发展特色产业,促进贫困地区精准脱贫。农业部出台《"十三五"全国农业农村信息化发展规划》,推动信息技术与农业农村全面深度融合,有力引领和驱动农业现代化;出台《全国农产品加工业与农村一二三产业融合发展规划》,强化农产品加工业等供给侧结构性改革,大力推进农产品加工业与农村产业交叉融合互动发展。又次,财政部全面推开农业"三补贴"改革,即将

---

〔1〕 参见卢建波:《互联网金融专项整治成效显现》,载凤凰财经网,http://finance.ifeng.com/a/20170105/15124227_0.shtml,最后访问日期:2017 年 2 月 16 日。

农业“三项补贴”合并为农业支持保护补贴，政策目标调整为支持耕地地力保护和粮食适度规模经营；国家能源局提出，加快贫困地区能源开发建设推进脱贫攻坚；水利部提出，做好中央财政补助水利工程维修养护经费安排使用；发改委提出，充分满足广大农民用电需求，加快城乡电力服务均等化进程，还提出，支持贫困地区农林水利基础设施建设推进脱贫攻坚；此外，银监会、国土资源部出台《农村集体经营性建设用地使用权抵押贷款管理暂行办法》。最后，2017 年“中央一号”文件为中共中央、国务院《关于深入推进农业供给侧结构性改革加快培育农业农村发展新动能的若干意见》。

（二）2017 年宏观调控法实施的若干重点建议

2016 年宏观调控法的实施在促进国民经济和社会发展方面取得良好效果，虽然存在一些问题和不足，但是问题的解决均有轻重缓急。目前，我国互联网金融不仅冲击传统金融制度，而且存在巨大金融风险，甚至已经出现了互联网金融违法犯罪现象；新《预算法》已经实施两年，由于缺乏配套的实施条例或者实施细则，在实际操作中存在一些困难；企业所得税税率不仅对外国资金、先进技术等方面的吸引力有所减弱，也加重了本国居民企业的主要负担，尽管“死亡税率”的提法可能不够准确，但存在税负过重导致企业破产倒闭或转移海外的事实；《个人所得税法》正处于修订之际，在设计合理的税率制度的基础上[1]，应当完善个税免征制度，实行分类与综合相结合的个税免征机制。因此，依据党的十八届三中、四中、五中全会“完善金融市场体系、深化财税体制改革”的精神，并在现有的法律法规以及部门规章的制度框架下，对 2017 年宏观调控法的实施提出几点浅见。

1. 建构互联网金融的监管体系

互联网金融处于全面快速发展阶段，有效的监管有助于保障其稳定有序发展。因此，应当建立完善的互联网金融监管体系。第一，建立互联网金融监管的法律制度。尽管我国目前有适用于互联网金融的相关法律规定，但对互联网金融的业务边界、主体的准入退出、市场营运、互联网信用风险管理等方面没有做出相应制度安排。因此，应当加紧制定有关金融监管的法律法规，其中设专章对互联网金融监管做出明确规定，或者专门制定互联网金融监管条例。第二，确定互联网金融监管的主体。我国金融业包括银行、保险、证券和信托等领域，而互联网金融已侵入金融业的各个领域。因此，从中央层面来看，央行、银监会、保监会、证监会为监管主体，从地方层面来看，各级地方政府、财政、税务、工商、公安、司法等部门都有履行监管的义务。2016 年成立的中

---

〔1〕 目前，我国个人工资、薪金所得税税率不合理，中低档税率累进幅度较大，而中高档税率累进幅度较小，存在课税不公平。参见中国行为法学会、中南大学主编：《2015 年中国法治实施报告》，法律出版社 2015 年版，第 205 页。

国互联网金融协会,其宗旨之一就是对互联网金融行业进行自律规范,因而直接进行行业监管。第三,确定互联网金融监管的范围。目前,互联网金融的模式有第三方支付、P2P网贷、大数据金融、众筹、信息化金融机构、互联网金融门户6大类。因此,这6大类模式为互联网金融监管的范围。第四,健全互联网金融信息披露和风险提示制度。强制要求互联网金融机构或平台进行信息披露和风险提示。不仅如此,互联网金融机构或平台对披露的信息和提示的风险的真实性、准确性、完整性承担责任。第五,建立互联网金融的征信评价机制。借助第三方权威信用评估机构,定期对互联网金融机构或平台进行信用评级并公布评级报告。此外,对互联网金融从业人员的工作绩效、业务行为以及信用进行评价,可以定期公布,以监管从业人员的行为。

2. 加快出台新《预算法》实施条例或实施细则

新《预算法》已经实施两年,但其实施条例或实施细则仍然没有出台。尽管2016年财政部等部委出台了一些有关专项资金管理的部门规章,但不仅每部规章只涉及某一领域的某一方面,而且法律效力比较低。根据我国立法"宜粗不宜细"的原则,新《预算法》的许多规定只是原则性的一般规定而在实际中难以操作。如新《预算法》规定的"公开透明"以及"向社会公开",在逻辑关系上,后者是对前者的具体化。但是,"向社会公开"只是一种原则性的规定,具体如何公开以及公开的方式在新《预算法》中没有明确规定。这种"向社会公开"的方式只能通过实施条例或者实施细则予以具体化、明确化。如《税收征收管理法》中的欠税公告也是如此。又如,"各级人大对本级预算、决算进行监督",仍是一种原则性规定。人大如何进行监督,人大是否可以派人参与预算、决算的编制,新《预算法》没有规定。只能在实施条例或实施细则中做出可操作性的具体规定。因此,应当加快出台新《预算法》实施条例或者实施细则。

3. 重构企业所得税率,减轻企业税负

在改革开放初期,为了吸引外商投资,我国实行境内外差别企业所得税税率,而且没有建立税率法定原则。2008年实施的《企业所得税法》规定企业所得税税率为25%,实现了境内外统一税率,而且一直保持不变。2015年通过实施的《立法法》第8条明确规定税率法定。所以,25%的企业所得税税率为法定税率,不可任意变更。但是,企业所得税税率不仅是国家财政收入的保护器,也是企业税收负担轻重最突出的指示器。

随着经济和社会的发展,企业的要素成本,包括人工成本、融资成本、水电气土地等负担不断加重,行政事业收费项目尽管在不断减少,但也是企业不可规避的一项负担。与过去较低成本相比,在效益与成本不成比例的情况下,税负是企业最大的负担,其中税率最高的企业所得税是最重的税负。这一点民营企业的主管感受最为深刻。由于近年来许多民营企业破产倒闭或者进行海外投资,所以著名的财政学者认为,

40%的税负对中国企业意味着死亡，即称为“死亡税率”。40%的税负当然包括25%的企业所得税，所以企业所得税税率直接指示了企业过重负担。

2008年我国《企业所得税法》颁布实施时，适用25%的基本税率，在世界范围内处于中等水平。但随着各国企业所得税税率的调整，相对来说，我国这一税率略微偏高。目前，OCED成员国的企业所得税的平均税率已经低于25%。印度和南非的企业所得税的基本税率高于25%，但实际税率低于25%；俄罗斯与巴西的企业所得税已经远远低于25%。周边国家与地区，除马来西亚、印度尼西亚、缅甸、以色列、加纳的企业所得税税率为25%外，越南、韩国、埃及、斯洛文尼亚、阿富汗、爱沙尼亚、乌克兰、老挝、新加坡、柬埔寨、文莱、伊拉克、我国香港特区、我国台湾地区等所得税税率均低于25%。[1] 美国目前企业所得税税率高于25%，但特朗普上台后，明确表示实施税收削减计划。

由此可见，我国企业与过去相比，成本加重压缩了利润空间甚至破产倒闭或投资海外；与外国企业相比，企业所得税税率偏高使得本国企业在国际市场上失去竞争优势。因此，在平衡国家财政收入和企业负担上，应通过适当修订《企业所得税法》，降低我国企业所得税税率，实行“放水养鱼”，以减轻企业税负。因降低企业所得税税率造成国家财政收入减少的部分，可以通过减少税收优惠政策进行填补。这既遵循了税率法定，保障了国家财政收入，又减轻了企业负担。

4. 深化税制改革，完善个人所得税免征机制

我国《个人所得税法》第6条规定，工资、薪金所得，以每月收入额减除费用3500元后的余额，为应纳税所得额。也就是说，目前我国个人工资、薪金所得的免征额为3500元。这种免征是否是综合考虑的结果，在效果上存在很大差异。如果综合考虑，统一免征额度，有失公平。因为，领取同样工资、薪金的个人承担一人家庭和承担数人家庭，其负担是不一样的。这种税前统一免征额明显是不公平的。因此，在《个人所得税法》修订之际，应当完善个税免征机制。

第一，纳税申报方式的选择机制。个人工资、薪金所得可以采用两种纳税申报方式，即个人申报和家庭申报，纳税人可以根据最有利于自身利益的方式自主选择纳税申报方式。第二，建立动态的免征额调整机制。免征额的提高意味着应税额的减少，在税率不变的情形下，纳税额相应减少。但是，随着经济和社会的发展，个人或家庭的基本要求不断提高，生活费用持续上升，应当保持相当的免征额。就目前的免征额而言，已经不适应基本生活的要求。最基本的是物价指数的提升对基本生活的影响。第三，建构专项免征额机制。提高免征额，不能解决家庭和地区之间生活成本的差异。

---

〔1〕 资料来源：OCED：Tax Database，Centre for Tax Policy and Administration，载 http://www.oecd.org/ctp/tax-policy/tax-database.htm，最后访问日期：2017年2月16日。

在中国这样一个广袤的区域内,不同地区适用同样的免征额,不能适应现实的需要,因而在标准免征额之外,还应设立个人所得税制的专项免征额。如不同地区的房租、房贷利息应纳入免征额范围内。同样,在同一地区的不同家庭之间因不同因素应适用不同的专项免征额。有时,医疗费支出和教育费支出成为家庭的沉重负担。将医疗保险之外的支出和教育费支出纳入个人所得税制的专项免征额范围内,有助于收入分配的公平。

(审读专家:上海财经大学法学院　王全兴教授)

(责任校对:孙寒宁)

撰稿专家

刘继虎,湖北省荆门人,法学博士。中南大学法学院副院长、教授、博士生导师,主要从事财税法、经济法、信托法的教学和研究。兼任中国财税法学研究会常务理事、中国经济法学研究会理事、湖南省法学会财税法学研究会会长。主持国家社科基金课题、司法部课题、湖南省社科基金课题多项,在《中国法学》《政法论坛》《法学家》等期刊发表学术论文60余篇,专著《法律视角下的信托所得税制》荣获第十二届湖南省社会科学优秀成果奖二等奖。

王湘平,中南大学法学院经济法专业博士研究生。

第五章

2016年社会法实施报告

上　2016年劳动和社会保障法实施报告

刘文华　王新生

报告要旨

2016年度我国劳动和社会保障法的实施取得重要成绩。在劳动关系方面，构建和谐的劳动关系仍然是劳动法实施的主旋律。年初的“两会”上，人大代表及政协委员们就如何修改《劳动合同法》展开了讨论，社会各界也纷纷发表看法，争论较为激烈。人社部发布《重大劳动保障违法行为社会公布办法》，促使各地密集出台关于保障农民工及时取得劳动报酬的规定。在社会保障方面，《全国社会保障基金条例》颁布施行，国务院颁发《关于整合城乡居民基本医疗保险制度的意见》，标志着我国社会保障法治建设又取得重大进展。随着全面二孩政策的实施，女性职工产假延长、阶段性降低社会保险费率、试点生育保险和医疗保险等问题开始凸显，相关社会保险制度必须变革。在社会政策方面，规范人力资源市场，鼓励大众创业万众创新，正式施行“精准扶贫”政策，我国消除贫困进入倒计时。

核心建议

1. 推动《劳动合同法》的修订工作，构建和谐的劳动关系。
2. 完善社会保险制度，规范人力资源市场，鼓励大众创业万众创新。
3. 合理发挥行政机关的主导作用，推动各项劳动与社会保障政策的落实。
4. 进一步发挥司法的积极作用，保护弱势群体的合法权益。

劳动法和社会保障法是中国特色社会主义法律体系的重要组成部分。劳动法是调整劳动关系及与之密切相关的其他社会关系的法律规范的总和,[1]其主要包括就业创业、劳动合同法、集体合同、工作时间与休息休假法、工资法、劳动保护、劳动监察等法律制度。社会保障法则是调整社会保障关系的法律规范的总称,其内容不仅包括养老、医疗、失业、工伤等传统项目,还包括公共服务、社会救助、扶贫优抚等福利制度。

2016 年既是国家“十三五”规划的开局之年,也是实现 2020 年全面建成小康社会目标的关键之年。为此,国家采取了一系列措施,如全面治理拖欠农民工工资问题,开展“精准扶贫”,关爱保护农村留守儿童、残疾人、扶助特困人员,下调社保费率,“五险一金”变“四险一金”,稳步推动社会保障制度的改革。2016 年 1 月 17 日,国务院办公厅颁布了《关于全面治理拖欠农民工工资问题的意见》,以建筑市政、交通、水利等工程建设领域和劳动密集型加工制造、餐饮服务等易发生拖欠工资问题的行业为重点,健全源头预防、动态监管、失信惩戒相结合的制度保障体系,完善市场主体自律、政府依法监管、社会协同监督、司法联动惩处的工作体系。到 2020 年,形成制度完备、责任落实、监管有力的治理格局,使拖欠农民工工资问题得到根本遏制,努力实现基本无拖欠。2016 年 8 月,中共中央提出增加劳动力市场灵活性,重点在于修改《劳动合同法》。劳动合同法修改草案已经草拟并在内部征求意见,重点探讨现行无固定期限劳动合同制度。人社部发布《重大劳动保障违法行为社会公布办法》,明确社会保障违法行为应当向社会公布,记入用人单位劳动保障守法诚信档案,纳入人力资源社会保障信用体系,并与其他部门和社会组织依法依规实施信息共享和联合惩戒。社会保障领域,2016 年 1 月 1 日,修改后的计生法实施,全面开放二胎政策落地。各地陆续修改地方性计生条例,目前全国 30 省市(新疆除外)出台了地方计生条例,大大延长了产假时间,如西藏最高达到 356 天。人社部今年分别发布《关于阶段性降低社会保险费率的通知》和《关于做好企业“五证合一”社会保险登记工作的通知》两个文件,前者要求养老保险单位缴费比例降低至 20%,并试点生育保险和医疗保险合并;后者则强调五证合一后加强社保信息和工商信息的联动比对。前者旨在为企业减负,后者标志着社保大数据时代的来临。随着“金税三期”的全国推开,个税、社保、公积金数据不匹配或者低基数缴纳社保或者异地委托代缴社保的企业将迎来巨大的合规风险。人力资源与社会保障部(以下简称人社部)发布《关于执行〈工伤保险条例〉若干问题的意见(二)》,明确规定,达到或超过法定退休年龄,但未办理退休手续或者未依法享受城镇职工基本养老保险待遇,继续在原用人单位工作期间受到事故伤害或患职业病的,用人单位依法承担工伤保险责任。此规定意味着退休返聘用工风险和成本增加,企业要

[1] 林嘉:《劳动法和社会保障法》,中国人民大学出版社 2014 年版,第 1 页。

严格审查退休人员是否已享受养老保险待遇。在社会政策方面，党中央明确提出，到2020年全面实现脱贫，为消除贫困工作提出了指导和目标；国务院制定的《居住证暂行条例》、全面开放二胎政策，对就业及社会保障的影响持续发酵。当然，劳动法和社会保障法实施过程中仍然存在一些不足，需要采取应对措施加以解决。

一、宏观政策

中共中央、国务院《关于构建和谐劳动关系的意见》(2015年3月发布)是新时期指导我国劳动关系工作的纲领性文件。该文件的发布，表明和谐劳动关系的构建已上升为国家战略。该文件对构建和谐劳动关系的指导思想、工作原则和目标任务作了清晰论述，并着重对依法保障职工基本权益、健全劳动关系协调机制、加强企业民主管理制度建设、健全劳动关系矛盾调处机制、营造构建和谐劳动关系的良好环境及加强组织领导和统筹协调作出全面部署。2016年1月17日，国务院办公厅发布了《关于全面治理拖欠农民工工资问题的意见》，就农民工工资问题特别是工程建设领域拖欠工资问题，提出了重点整改意见。该意见明确工资支付各方主体责任，严格规范劳动用工管理，推行银行代发工资制度，推进企业工资支付诚信体系建设，严厉查处拖欠工资行为，及时处理欠薪争议案件，完善欠薪突发事件应急处置机制。上述两个文件为构建和谐劳动关系奠定了宏观政策基础。

二、就业创业

在供给侧结构性改革的背景下，2016年我国的就业压力持续加大，就业方面法律的实施坚持就业优先原则，将鼓励创业与促进就业有机结合，就业政策进一步完善，全国就业形势整体稳定。

(一)立法方面

就业是民生之本和安国之策。党中央、国务院高度重视就业工作，把就业工作放到经济社会发展的全局去考虑、去推进。全国人大常委会修改《就业促进法》后，2016年1月18日，国务院常务会议审议通过了《“十三五”促进就业规划》，明确要求把实施积极的就业政策摆在更加突出的位置，切实推动稳定和扩大就业，打造高素质劳动者队伍，这为做好就业工作提供了行动指南。促进就业也有许多有利条件，如经济发展向好的基本面没有变，这是中国经济的一个大趋势。我国经济发展仍处于合理区间，经济总量增大、经济结构优化，以及商事制度改革、简政放权等改革所带来的红利持续释放，还包括新型城镇化、“一带一路”等重大战略部署的推进实施，特别是“双创”蓬勃发展，新技术、新业态的不断涌现，也都将进一步拓展就业增长空间，对就业的拉动能力进一步增强。同时，就业政策措施日趋完善，从2002年确立中国特色积极就业政策以来,针对不同时期的就业工作特点和情况,不断丰富完善,形成了一整套积极就业和扶持就业创业的政策体系。同时,职业培训和公共就业服务体系也不断加强和健全,促进就业的效果也进一步显现。这些都保证2016年就业局势总体稳定。

(二)行政方面

各级政府采取措施,扩大就业,鼓励创业,取得了明显的成绩。2016年,全国城镇新增就业1314万人,城镇失业人员再就业554万人,就业困难人员实现就业169万人,超额完成全年目标任务。四季度末全国城镇登记失业率为4.02%,低于4.5%的年度调控目标。[1]

1. 政策

国务院及相关部委发布了18部政策性文件,从各个不同方面促进就业。

表1　2016年扩大就业创业政策制定情况

发布时间	政策名称
2016.1.20	国务院关于取消一批职业资格许可和认定事项的决定
2016.1.25	人力资源社会保障部　国务院扶贫办　全国总工会　全国妇联关于开展2016年春风行动的通知
2016.2.2	人力资源社会保障部关于做好2016年全国高校毕业生就业创业工作的通知
2016.3.29	人力资源社会保障部办公厅关于实施中法千人实习生计划有关事项的通知
2016.4.8	人力资源社会保障部　国务院扶贫办关于开展粤湘劳务协作试点工作的通知
2016.4.20	中共中央组织部　人力资源社会保障部等9部门关于实施第三轮高校毕业生“三支一扶”计划的通知
2016.5.25	人力资源社会保障部办公厅关于简化优化流动人员人事档案管理服务的通知
2016.5.25	人力资源社会保障部关于“先照后证”改革后加强人力资源市场事中事后监管的意见
2016.6.8	国务院关于取消一批职业资格许可和认定事项的决定
2016.6.8	人力资源社会保障部办公厅全国妇联办公厅关于印发《巾帼家政服务专项培训工程实施方案》的通知
2016.6.13	人力资源社会保障部办公厅、农业部办公厅、国务院扶贫办行政人事司、共青团中央办公厅、全国妇联办公厅关于实施农民工等人员返乡创业培训五年行动计划(2016~2020年)的通知

---

[1] 中华人民共和国人力资源和社会保障部:《人社部2016年第四季度新闻发布会》,载中国网,http://www.china.com.cn/zhibo/2017-01/23/content_40145688.htm#fullText,最后访问日期:2017年2月16日。

续表

发布时间	政策名称
2016. 8. 4	人力资源社会保障部关于在打赢脱贫攻坚战中做好人力资源社会保障扶贫工作的意见
2016. 8. 8	人力资源社会保障部关于举办第四届部分大中城市联合招聘高校毕业生专场活动的通知
2016. 8. 12	人力资源社会保障部关于开展2016年全国高校毕业生就业服务月活动的通知
2016. 8. 30	人力资源社会保障部办公厅财政部办公厅关于印发《“三支一扶”人员能力提升专项计划实施方案》的通知
2016. 10. 21	人力资源社会保障部办公厅关于加快推进公共就业服务信息化建设和应用工作的指导意见
2016. 10. 26	人力资源社会保障部教育部关于实施高校毕业生就业创业促进计划的通知
2016. 11. 1	关于开展东北等困难地区就业援助工作的通知
2016. 12. 1	国务院关于取消一批职业资格许可和认定事项的决定
2016. 12. 2	人力资源社会保障部财政部国务院扶贫办关于切实做好就业扶贫工作的指导意见
2016. 12. 12	人力资源社会保障部中国残疾人联合会关于开展2017年就业援助月专项活动的通知

2. 相关措施

一是平稳推进重点群体就业。组织实施高校毕业生就业创业促进计划，深入实施高校毕业生“三支一扶”计划，引导和鼓励高校毕业生到基层工作，高校毕业生就业形势总体平稳。扎实做好钢铁煤炭行业化解过剩产能职工安置工作，摸清底数，强化服务，加强分类指导，加强突发事件预防和处置，职工安置工作平稳有序开展。加强就业援助，确保零就业家庭实现动态清零。出台切实做好就业扶贫工作的指导意见，通过劳务协作试点、技能脱贫、创建就业“扶贫车间”等多种形式，扎实做好农村贫困劳动力转移就业工作。

二是以创业带动就业，组织开展就业创业服务系列专项活动，创业带动就业。深入推进创业孵化基地建设，积极开展“双创活动周”“中国创翼”青年创业创新大赛等活动。实施3年行动计划，促进更多农民工返乡就业创业。

三是降低社会就业创业门槛，减轻各类人才和用人单位的负担。2016年，人社部根据国务院决策部署，继续牵头开展减少职业资格许可和认定工作。自2013年至2016年年底，削减国务院部门设置的职业资格许可和认定事项已达70%以上，其中专业技术人员职业资格154项、技能人员职业资格280项,[1]遏制了职业资格过多过滥的势头,有效降低了社会就业创业门槛,推动了政府职能转变,提高了职业资格管理的科学化规范化水平,激发了市场活力和社会创造力。

四是进一步加强公共就业服务。出台加快推进公共就业服务信息化建设应用指导意见,加快人力资源市场整合步伐,提高公共就业服务能力和水平。推进人力资源服务业快速发展,创新人力资源市场事中事后监管方式,市场在促进就业中的作用进一步发挥。同时,加大职业培训工作力度,实施职业培训行动计划,劳动者素质得到进一步提高。

三、社会保险

截至2016年年底,全国基本养老、基本医疗、失业、工伤、生育保险参保人数分别达到8.9亿人、7.5亿人、1.8亿人、2.2亿人、1.8亿人;五项基金总收入为5.3万亿元,同比增长14.7%,总支出为4.7万亿元,同比增长19.3%。[2]

(一)《全国社会保障基金条例》颁布施行

1.《全国社会保障基金条例》出台背景及颁布进程

2000年8月,经党中央批准,国务院设立全国社会保障基金,作为国家社会保障储备基金,用于我国人口老龄化高峰时期的养老保险等社会保障支出的补充、调剂,由全国社会保障基金理事会负责管理运营。16年来,通过财政拨款、国有资本划转等方式不断充实基金,加上投资收益,截至2015年12月底,基金规模已达15,085.92亿元。目前,我国已处于人口老龄化阶段,2014年我国60周岁及以上人口2.12亿,占总人口比为15.5%;65周岁及以上人口1.38亿,占总人口比为10.1%。[3] 随着人口老龄化进程不断加剧,基金规模不断扩大,保障基金安全的任务越来越重,迫切需要强化对基金投资运营的管理和监督。

今年3月28日,国务院为了规范全国社会保障基金的管理运营,加强对全国社会保障基金的监督,在保证安全的前提下实现保值增值,根据《社会保险法》,制定《全国社会保障基金条例》(以下简称《条例》)。《条例》是继《社会保险法》之后,全国社会保

[1] 参见人社部:《2013年以来国务院已公布取消的国务院部门职业资格许可和认定事项》,载《人民日报》2017年2月20日,第9版。

[2] 中华人民共和国人力资源和社会保障部:《人社部2016年第四季度新闻发布会》,载中国网,http://www.china.com.cn/zhibo/2017-01/23/content_40145688.htm#fullText,最后访问日期:2017年2月16日。

[3] 国务院:《国务院法制办负责人就社会保障基金条例热点问题答问》,载新华网,http://news.xinhuanet.com/2016-03/28/c_1118467471.htm,最后访问日期:2017年2月17日。

障基金法治建设的又一项重要成果。《条例》从全局和战略的高度,明确全国社会保障基金是"国家社会保障储备基金""用于人口老龄化高峰时期的养老保险等社会保障支出的补充、调剂",并对基金安全规范运营、实现保值增值提出了具体要求。

2. 全国社会保障基金的运营情况

全国社会保障基金自设立以来,发展很快,运营稳健,管理严格,在保证安全的前提下较好地实现了保值增值,在不断发展中壮大了保民生的实力,为进一步充实我国社会保障资金,完善我国社会保障体系发挥了重要作用。截至 2015 年 12 月底,全国社会保障基金规模已由设立时的 200 亿元发展到 15,085.92 亿元,累计投资收益额为 7033.34 亿元,年均投资收益率为 8.82%,超过同期年均通货膨胀率 6.47 个百分点。[1] 可以预见,随着全国社会保障基金规模的不断扩大,其对我国人口老龄化高峰时期的养老保险等社会保障支出的补充、调剂作用也会不断增强,必将成为我国社会保障制度的一块"压舱石"。[2]

3.《条例》关于保障基金安全、控制风险等问题的规定

《条例》在立法目的中明确提出全国社会保障基金要"在保证安全的前提下实现保值增值"。其规定了多项措施:一是明确基金的投资范围、种类和比例,规定全国社会保障基金理事会应当按照国务院批准的比例在境内外市场投资运营基金,合理配置经国务院批准的固定收益类、股票类和未上市股权类等资产。二是完善基金的风险管理和内部控制制度,规定全国社会保障基金理事会制订基金的资产配置计划、确定重大投资项目,应当进行风险评估,并集体讨论决定;制定风险管理和内部控制办法;定期向国务院财政部门、国务院社会保险行政部门报告基金管理运营情况,提交财务会计报告;从符合法定条件的专业投资管理机构、专业托管机构中选聘基金的投资管理人、托管人;风险管理和内部控制办法、有关合同报国务院财政部门等备案。三是强化对投资管理人、托管人的管理,规定全国社会保障基金理事会应当按照公开、公平、公正的原则选聘投资管理人、托管人,并对其进行考评,同时明确了投资管理人审慎投资、托管人安全保管基金的法定职责和禁止行为。

4.《条例》关于加强基金监管方面的规定

《条例》设专章对基金的监管做了规定:一是明确各监管部门的职责权限,规定国务院财政部门、国务院社会保险行政部门按照各自职责对基金的收支、管理和投资运营情况实施监督,发现存在问题的,依法处理;不属于本部门职责范围的,依法移送国务院外汇管理部门、国务院证券监督管理机构、国务院银行业监督管理机构等有关部

---

〔1〕 资料来源:笔者整理。

〔2〕《1.5 万亿社保投资将"有规可依"》,载《经济参考报》2016 年 3 月 29 日,第 2 版。

门处理。二是加强对投资管理人、托管人的监督,规定对投资管理人、托管人,由国务院外汇管理部门、国务院证券监督管理机构、国务院银行业监督管理机构按照各自职责实施监督。三是强化对基金的审计,规定审计署每年对基金进行审计,审计结果向社会公布。四是完善基金公开制度,规定全国社会保障基金理事会应当通过其官方网站、全国范围内发行的报纸每年向社会公布基金的收支、管理和投资运营情况,接受社会监督。

(二)社保降费

4月13日召开的国务院常务会议决定,从2016年5月1日起两年内,一是对企业职工基本养老保险单位缴费比例超过20%的省份,将缴费比例降至20%;单位缴费比例为20%且2015年年底基金累计结余可支付月数超过9个月的省份,可以阶段性降低至19%。二是将失业保险总费率由现行的2%阶段性降至1%~1.5%,其中个人费率不超过0.5%。随后,各地社保降费方案陆续出炉。中新网记者梳理发现,目前至少已有上海、重庆、四川、新疆、山西、江西、陕西、天津、湖北、河南、山东、广西等10多个省份出台了本地社保降费方案。

在养老保险费率方面,上海提出养老保险企业的单位缴费费率下调1个百分点,即从21%降到20%;重庆、四川、新疆、山西、江西、天津、湖北、河南、广西等地则将企业职工基本养老保险单位缴费比例从20%降至19%。在失业保险费率方面,湖北、陕西、广西、重庆、山西、江西等地将失业保险费率降至1%;河南将失业保险费率由2%降为1.5%。其中,在个人费率方面,湖北、河南将个人费率降至0.3%,广西、天津、重庆等地降至0.5%。

有关部门强调,下调社保费率,参保人员社会保险待遇标准不会降低。另外,各地的社保降费方案不只局限于降低养老保险、失业保险费率,一些地区还提出了降低医疗保险费率。[1]

(三)养老保险方面的政策与措施

表2　2016年养老保险政策制定情况

发布时间	政策名称
2016.5.30	人力资源社会保障部办公厅关于城乡居民养老保险关系转移接续有关问题处理意见的复函
2016.6.7	人力资源社会保障部办公厅关于举办完善养老保险制度培训班的通知
2016.7.14	人力资源社会保障部办公厅财政部办公厅关于加快推进中央国家机关所属京外单位属地参加机关事业单位养老保险工作的通知

[1] 资料来源:笔者整理。

续表

发布时间	政策名称
2016.11.28	人力资源社会保障部关于城镇企业职工基本养老保险关系转移接续若干问题的通知
2016.12.17	人力资源社会保障部办公厅关于实施中加社会保障协定的通知

随着我国养老制度改革的推进,公平的养老保险制度不断得到完善。具体体现如下:一是社会保险覆盖范围持续扩大。加快实施全民参保计划,积极开展扩面征缴工作。二是社会保障制度不断完善。阶段性降低基本养老保险单位缴费费率和失业保险费率,进一步降低企业成本。全面实施机关事业单位养老保险制度,研究制定相关配套政策。整合城乡居民基本医疗保险制度,30个省区市和新疆生产建设兵团出台整合制度相关文件。推进大病保险全覆盖,出台生育保险和医疗保险合并实施的办法,开展长期护理保险制度试点。完善《工伤保险条例》配套政策,制定工伤保险辅助器具配置管理办法。三是待遇水平不断提高。实现企业和机关事业单位养老金待遇同步调整,1亿多退休人员受益。提高城乡居民基本医疗保险补助标准,达到人均420元。四是经办管理服务和基金投资管理工作进一步加强。医保全国联网和跨省异地就医直接结算工作取得积极进展。推广社会保障卡发行和应用,社会保障卡持卡人数达到9.72亿人。正式启动基本养老保险基金投资管理,印发职业年金基金管理暂行办法。我国在覆盖城乡社会保障体系建设中取得的成就获得国际社会充分肯定和高度评价,国际社会保障协会授予中国政府“社会保障杰出成就奖”。

(四)医疗保险方面的政策与措施

表3　2016年医疗保险政策制定情况

发布时间	政策名称
2016.1.3	国务院关于整合城乡居民基本医疗保险制度的意见
2016.1.13	人力资源社会保障部关于做好贯彻落实《国务院关于整合城乡居民基本医疗保险制度的意见》有关工作的通知
2016.1.21	人力资源社会保障部办公厅关于调整规范国家基本医疗保险、工伤保险和生育保险药品目录中部分药品名称的通知
2016.3.9	人力资源社会保障部　国家卫生计生委　民政部　财政部　中国残联关于新增部分医疗康复项目纳入基本医疗保障支付范围的通知
2016.4.26	国务院办公厅关于印发深化医药卫生体制改革2016年重点工作任务的通知
2016.4.29	人力资源社会保障部财政部关于做好2016年城镇居民基本医疗保险工作的通知

续表

发布时间	政策名称
2016. 5. 13	关于加强儿童医疗卫生服务改革与发展的意见
2016. 5. 25	关于推进家庭医生签约服务的指导意见
2016. 6. 22	人力资源社会保障部办公厅关于印发流动就业人员基本医疗保险关系转移接续业务经办规程的通知
2016. 6. 27	人力资源社会保障部办公厅关于开展长期护理保险制度试点的指导意见
2016. 6. 29	人力资源社会保障部关于积极推动医疗、医保、医药联动改革的指导意见
2016. 9. 27	人力资源社会保障部关于深入学习贯彻全国卫生与健康大会精神的通知
2016. 12. 8	人力资源社会保障部财政部关于做好基本医疗保险跨省异地就医住院医疗费用直接结算工作的通知
2016. 12. 13	人力资源社会保障部办公厅关于做好基本医疗保险跨省异地安置退休人员备案工作的通知
2016. 12. 16	人力资源社会保障部办公厅关于加快推进跨省异地就医结算系统建设的通知

城乡居民医保整合是社会保障体系的一项重大改革,是中央推出的又一项重大的改革举措。这项改革对于健全体系、完善制度和夯实社会保障的基础,具有十分重要的意义。国务院关于整合城乡居民基本医疗保险制度的意见下发以后,各地狠抓贯彻落实,全面持续推进整合工作。

2016 年年底,全国已经有 30 个省区市和新疆生产建设兵团出台了制度整合的文件,做出了工作部署。其中有 9 个省份,包括天津、上海、浙江、山东、广东、重庆、宁夏、青海和新疆生产建设兵团,在国务院文件下发前,就全面整合建立了统一的制度。有 22 个省份在国务院文件下发后,新出台文件,明确整合制度的基本政策,实现"六个统一"。[1] 其中河北、湖北、内蒙古、江西、新疆、北京、湖南、广西、云南、河南、山西、黑龙江、江苏 13 个省份,加上之前已经实现整合的 9 个省份,还理顺了管理体制,全民医保三项制度统一由人社部门管理,实现整个医疗保险一体化运行与社会化管理服务。

目前,已经整合的地方实践成效显著。各地普遍按照"缴费就低不就高,待遇就高不就低,目录就宽不就窄"的思路,居民医保制度的公平性显著增强,特别是农村居民医疗服务利用水平与保障水平普遍提高,群众普遍得到实惠,改革的获得感进一步增强。同时,制度整合也增强了医保基金的互助共济能力。自此,医疗保险"双轨制"宣告终结。

---

〔1〕 中华人民共和国人力资源和社会保障部:《人社部 2016 年第四季度新闻发布会》,载中国网,http://www.china.com.cn/zhibo/2017-01/23/content_40145688.htm#fullText,最后访问日期:2017 年 2 月 16 日。

四、劳资关系

2016年我国劳动关系协调工作取得积极进展，积极稳妥做好化解过剩产能中的劳动关系处理工作。同时开展专项行动，加强源头治理，保障农民工工资支付长效机制逐步健全。进一步健全协调劳动关系三方机制，深入推进集体合同制度实施攻坚计划。以农民工、小企业为重点，督促企业和职工依法签订劳动合同。

（一）《劳动合同法》修改

1. 争议焦点及修改建议

《劳动合同法》从孕育到出生，争议一直没停过。无论从立法调研到起草审议，还是从立法宗旨到具体条款，劳资双方的意见始终针锋相对，集中体现在“法律对劳动者权利是否存在过度保护”的问题上。2006年3月20日，全国人大常委会将《劳动合同法（草案）》向社会征求意见时，不到1个月便收到了19万多条建议或意见，成为中国立法史上不多见的“奇特现象”。2007年5月，正当劳资双方的利益代言人围绕《劳动合同法》鏖战正酣的时候，山西省“黑砖窑事件”被媒体曝光，大大刺激了公众的神经，也刺痛了立法者的眼球，“依法保护劳动者权益”在舆论上占了上风，助推《劳动合同法》高票通过。但是，关于《劳动合同法》的争议并未因法律的通过而停止，不时有两会代表提出修法的建议。

2016年两会前后，修改《劳动合同法》的讨论风起云涌，针对《劳动合同法》是否对劳动者保护过度而损害了企业利益，以及无固定期限劳动合同、经济补偿金等内容出现很大争议。现在从人社部的表态来看，《劳动合同法》的修改是大势所趋。

表4　2016年《劳动合同法》修改建议情况

序号	涉及制度	修改建议
1	立法宗旨	单方保护、倾斜保护不变：适当调整过度保护、要适当平衡
2	适用范围 （分层规范）	（1）区别对待高级管理人员、高级技术人员和普通员工，尤其是对高端人才在违约责任、经济补偿、工时加班、解职解雇等方面不适用 （2）减弱管理力度、加大协商空间，在工时制、加班工资、经济补偿、解雇保护等方面应当适当放宽用人单位的自主权 （3）减弱小微公司雇主责任 （4）用工模型
3	无固定期限 劳动合同	（1）就业稳定与用工僵化 （2）限制员工签订无固定期限劳动合同的权利
4	合同的履行与变更	（1）协商一致与书面变更 （2）公司单方调岗权的扩大、公司内部管理权的充分体现

续表

序号	涉及制度	修改建议
5	合同的解除与终止(灵活用工)	限制员工被迫解除劳动合同的权利
6	经济补偿金	(1)重新定义经济补偿金(国外基本无强制要求) (2)公司无过错不应支付 (3)失业金与经济补偿金二选一
7	劳务派遣	(1)派遣员工的比例不得超过10%要再修订:仅适用国企 (2)派遣适用无固定期限劳动合同
8	非全日制用工	(1)放宽4小时、每周30小时可以协商 (2)不能简单确认是全日制用工
9	减轻用人公司的法律责任	(1)未签书面劳动合同2倍工资:11个月改为3~5个月,并入过错机制 (2)修改第38条被动辞职补偿:区分过错原因、责任大小
10	加大劳动者义务	(1)高管限制单方解除权 (2)强调劳动者诚信义务 (3)适当增加劳动者违约成本

2. 司法实践中的有关认定

最高人民法院2016年11月30日公布的《第八次全国法院民事商事审判工作会议(民事部分)纪要》明确,用人单位在劳动合同期限内通过"末位淘汰"或"竞争上岗"等形式单方解除劳动合同,劳动者可以用人单位违法解除劳动合同为由,请求用人单位继续履行劳动合同或者支付赔偿金。

最高人民法院民一庭负责人表示,"末位淘汰"与解除劳动合同之间不能等同,解除劳动合同必须要依法进行。从劳动合同法上看,我国法律没有允许用人单位与劳动者在劳动合同中约定以"末位淘汰"为由解除劳动合同,可见企业管理考核中的末位员工被"淘汰",缺乏法律依据。

(二)《企业劳动保障守法诚信等级评价办法》颁布施行

2016年7月25日,人社部根据《劳动保障监察条例》有关规定,为增强劳动保障监察的针对性,提高效率,实行企业分类监管,督促企业遵守劳动保障法律规定,履行守法诚信义务,出台《企业劳动保障守法诚信等级评价办法》(以下简称《办法》),2017年1月1日起正式施行。

《办法》规定的开展评价工作的具体依据包括:(1)企业制定内部劳动保障规章制度的情况;(2)与劳动者订立劳动合同的情况;(3)遵守劳务派遣规定的情况;(4)遵守禁止使用童工规定的情况;(5)遵守女职工和未成年工特殊劳动保护规定的情况;(6)遵守

工作时间和休息休假规定的情况；(7)支付劳动者工资和执行最低工资标准的情况；(8)参加各项社会保险和缴纳社会保险费的情况；(9)其他遵守劳动保障法律、法规和规章的情况。《办法》第7条将企业劳动保障守法诚信等级划分为A级、B级和C级。具体划分标准为：企业遵守劳动保障法律、法规和规章，未因劳动保障违法行为被查处的，评为A级。企业因劳动保障违法行为被查处，但不属于C级所列情形的，评为B级。对于C级，具体列明了几种情形：因劳动保障违法行为被查处三次以上(含三次)的；因劳动保障违法行为引发群体性事件、极端事件或造成严重社会影响的；因使用童工、强迫劳动等严重劳动保障违法行为被查处的；拒不履行劳动保障监察限期整改指令、行政处理决定或者行政处罚决定的；无理抗拒、阻挠人力资源社会保障行政部门实施劳动保障监察的；因劳动保障违法行为被追究刑事责任的。

对于被评为A级的企业，人力资源社会保障行政部门将适当减少劳动保障监察日常巡视检查频次。对于被评为B级的企业，适当增加劳动保障监察日常巡视检查频次，督促其尽快改正违法行为。对于被评为C级的企业，将列入劳动保障监察重点对象，强化劳动保障监察日常巡视检查。同时，对于C级企业，人力资源社会保障行政部门也将对其主要负责人、直接责任人进行约谈，敦促其遵守劳动保障法律、法规和规章。

《办法》规定，人力资源社会保障行政部门还应当与工商、金融、住房城乡建设、税务等部门和工会组织建立信用信息交换共享机制，对企业实行守信联合激励和失信联合惩戒。而地方各级人力资源社会保障行政部门要结合贯彻落实办法相关规定，切实规范和完善本地守法诚信等级评价制度，制定评价实施细则，要在劳动保障“两网化”管理工作的基础上，加强劳动保障监察管理信息系统建设，充分利用信息技术和手段，整合信息资源，提高企业劳动保障守法诚信等级评价工作效率。

(三)《重大劳动行为违反事件公布办法》公布

为贯彻落实中共中央、国务院《关于构建和谐劳动关系的意见》、国务院办公厅《关于全面治理拖欠农民工工资问题的意见》等，切实加大对重大劳动保障违法行为的惩戒力度，发挥社会舆论监督作用，督促和引导用人单位遵守劳动保障法律、法规和规章，加强对各地人社行政部门开展社会公布工作的指导，促进依法行政，人社部于2016年9月1日公布了《重大劳动保障违法行为社会公布办法》，自2017年1月1日起施行。

确定重大劳动保障违法行为的认定标准是依法规范重大劳动保障违法行为社会公布工作的关键环节，也是各地人社行政部门反映需要立法予以明确的重要内容。《重大劳动保障违法行为社会公布办法》第5条明确七类重大劳动保障违法行为应当进行社会公布，包括：(1)克扣、无故拖欠劳动者劳动报酬，数额较大的；(2)拒不支付劳动报酬，依法移送司法机关追究刑事责任的；(3)不依法参加社会保险或者不依法缴纳社会保险费，情节严重的；(4)违反工作时间和休息休假规定，情节严重的；(5)违反女职工和未成年工特殊劳动保护规定,情节严重的;(6)违反禁止使用童工规定的;(7)因劳动保障违法行为造成严重不良社会影响的;(8)其他重大劳动保障违法行为。这几类劳动保障违法行为既是当前劳动保障监察执法的重点问题,也是与劳动者合法权益、劳动关系和谐稳定密切相关的问题。为了强调社会公布的严肃性、规范性和公平性,人社部对此七类重大劳动保障违法行为予以统一规制。

(四)欠薪问题及应对措施

欠薪一直是劳资纠纷的主要成因。特别是每到岁末年初,治理欠薪问题都是一项重要工作,党中央、国务院高度重视,社会各界非常关心。2016 年年初,国务院印发了《关于全面治理拖欠农民工工资问题的意见》,提出了"一揽子"、一系列的治标治本的解决农民工工资拖欠问题的措施。各地认真落实这个文件,到 2016 年年底,各省区市政府普遍出台了相应实施意见,完善了工作协调机制。还有许多地区把解决农民工工资问题纳入政府考核评价范围和社会治安综合治理的考核内容,可见各地对治理拖欠农民工工资问题的高度重视。通过这一年的工作,总体来看,各地预防和解决拖欠农民工工资问题的长效机制初步建立,属地管理的责任进一步落实。2016 年,通过开展日常的劳动保障监察,共查处工资类违法案件 23.3 万件,同比下降了 14.8%,共为 372.2 万名劳动者追发工资等待遇 350.6 亿元,涉及劳动者人数同比下降了 22.7%,涉及的工资数额同比也下降了 16.7%。[1]

1. 行政措施

一是在全国范围部署专项检查。人社部会同部际联席会议成员单位,从 2016 年 11 月中旬到 2017 年春节前,在全国范围内组织开展专项检查,并且在这个过程中组成联合督查组,对部分重点地区开展工作督查,确保工作措施落实到位。

二是开展集中宣传。开展了依法保障农民工劳动报酬权益宣传活动,督促用人单位依法履行法定义务,引导农民工依法理性维权,形成良好氛围。同时,在专项检查期间,集中公布拒不支付劳动报酬犯罪的典型案例,督促用人单位依法用工,切实维护劳动者合法权益。

三是积极查处欠薪案件。劳动保障监察行政执法部门都有对外公布的举报热线,又进一步畅通举报投诉渠道,加大劳动保障监察执法力度,对所有欠薪隐患进行排查,并逐一登记备案,制定整改措施。对欠薪案件发现一起、查处一起,对采取非法手段讨薪或以讨要工资名义讨要工程款,扰乱社会治安秩序的,由公安机关依法查处。[2]

---

[1] 中华人民共和国人力资源和社会保障部:《人社部 2016 年第四季度新闻发布会》,载中国网,http://www.china.com.cn/zhibo/2017-01/23/content_40145688.htm#fullText,最后访问日期:2017 年 2 月 16 日。

[2] 同上。

2. 司法方面

2017 年 1 月 22 日，人社部公布了第二批 2016 年查办的拖欠劳动报酬典型案件。以“云南泛华永泰建设(集团)有限公司昆明分公司拖欠劳动报酬案”为例，2015 年 12 月 28 日，昆明市“东环大厦”工地发生劳动者集体讨薪，云南省昆明市盘龙区人社局立即赶赴现场调查处置。经查，该项目由泛华永泰建设(集团)有限公司昆明分公司承建，共拖欠劳动报酬 213.3 万元。2016 年 4 月 18 日，盘龙区人社局先后对该公司下达了劳动保障监察限期改正指令书、行政处理决定书和行政处罚决定书。该公司逾期未支付拖欠的劳动报酬。2016 年 12 月 7 日，盘龙区人社局向盘龙区人民法院申请强制执行。[1]

(五)化解煤炭、钢铁行业过剩产能时相关劳动关系的处理

钢铁、煤炭业是国民经济的重要基础行业。近年来，受国内外市场需求明显下降、国际大宗商品价格持续下跌等的影响，产能过剩矛盾凸显，企业生产经营困难加剧，亟须通过化解过剩产能推动行业结构优化、脱困升级。妥善安置职工是化解过剩产能工作的关键，关系供给侧结构性改革的顺利实施，关系职工切身利益和改革发展稳定大局。2016 年 4 月 7 日，人社部、国家发展改革委等 7 部门出台了《关于在化解钢铁煤炭行业过剩产能实现脱困发展过程中做好职工安置工作的意见》(以下简称《意见》)。《意见》从 4 个方面来处理化解煤炭、钢铁行业过剩产能中的劳动关系。第一，企业实施兼并重组吸纳原企业职工的，继续履行原劳动合同。企业发生合并或分立等情形的，由承继其权利和义务的企业继续履行原劳动合同，经与职工协商一致可以变更劳动合同约定的内容，职工在企业合并、分立前的工作年限合并计算为在现企业的工作年限；职工在企业内部转岗安置或内部退养的，双方协商一致后依法变更劳动合同，不支付经济补偿金。第二，企业在被依法宣布破产、责令关闭或决定提前解散等情形下主体消亡的，应与职工依法终止劳动合同。第三，企业与职工解除或终止劳动合同的，应依法支付经济补偿金，偿还拖欠职工在岗期间的工资，补缴欠缴的社会保险费。第四，企业使用被派遣劳动者的，要按照《劳务派遣暂行规定》妥善处理好用工单位、劳务派遣单位、被派遣劳动者三方的权利义务。

五、与劳动和社会保障相关的其他内容

(一)《人力资源和社会保障法治建设实施纲要(2016—2020 年)》印发施行

2016 年 9 月 2 日，为贯彻落实中共中央、国务院印发的《法治政府建设实施纲要(2015—2020 年)》，全面推进人力资源和社会保障法治建设，人社部制定《人力资源和

---

〔1〕 人社部：《人社部公布第二批拖欠劳动报酬典型案件》，载 http://www.mohrss.gov.cn/SYrlzyhshbzb/dongtaixinwen/buneiyaowen/201701/t20170122_265378.html，最后访问日期：2017 年 2 月 27 日。

社会保障法治建设实施纲要(2016—2020年)》。纲要提出要增强劳动力市场灵活性,坚持问题导向和目标导向,以体制机制创新为突破口,运用法治思维和法治方式,协调推进立法、执法、执法监督和普法工作,为人力资源和社会保障事业科学发展提供有力法治保障。

(二)最低工资标准较大幅度调整

2016年1月1日起,全国江苏、上海、天津、山东、辽宁、重庆、海南、河北、北京等多个省市上调了最低工资标准,平均增幅在11%左右。调整最低工资标准是为了提高低工资人群的收入水平,保证制造业等相关产业对人才的吸引力,增强经济活力。但是最低工资标准上调会使低端劳动力成本上升,低端劳动力占比高的中小企业用工成本会上升,对中小企业造成一定的冲击。因此政府需要继续指导各地加强对经济形势的分析研判,统筹考虑经济增长水平、企业劳动生产率、就业状况、职工收入和物价水平,保证企业与员工的双赢。

(三)精准扶贫

自党的十八大以来,党中央对脱贫攻坚做出新的部署,吹响了打赢脱贫攻坚战的进军号,脱贫攻坚取得显著成绩。精准扶贫工作要做到"对象要精准、项目安排要精准、资金使用要精准、措施到位要精准、因村派人要精准、脱贫成效要精准"。2013年至2016年4年,每年农村贫困人口减少都超过1000万人,累计脱贫5564万人;贫困发生率从2012年年底的10.2%下降到2016年年底的4.5%,下降5.7个百分点;贫困地区农村居民收入增幅高于全国平均水平,贫困群众生活水平明显提高,贫困地区面貌明显改善。[1] 接下来,要强化领导责任、强化资金投入、强化部门协同、强化东西协作、强化社会合力、强化基层活力、强化任务落实,集中力量攻坚克难,更好推进精准扶贫、精准脱贫,确保如期实现脱贫攻坚目标。

(四)"放管服"改革

1.放宽职业资格

深入落实国务院转变政府职能、推进"放管服"改革任务要求,大幅削减职业资格许可和认定事项,在前5批已取消272项国务院部门设置的职业资格基础上,又分两批取消职业资格161项,总计取消433项,完成国务院确定取消70%的目标,各地也都取消了一批自行设置的职业资格,人才负担和制度性成本持续降低。研究制定国家职业资格目录清单管理制度,提出国家职业资格目录清单,职业资格规范化管理进一步

---

〔1〕 中共中央总书记习近平在主持中共中央政治局第三十九次集体学习时的讲话。

加强。[1]

2."三证合一"到"五证合一"

简政放权自实施以来,对推动全面改革、激发市场活力、增强发展动力、社会创造力和转变政府职能等具有非常重要的引领带动作用。2016 年 5 月 18 日,国务院常务会议对推进商事制度改革做出新部署,决定在全面实施企业"三证合一"基础上,再整合社会保险和统计登记证,实现"五证合一、一照一码",降低创业准入的制度性成本。5 月 24 日,国务院又公布了《关于印发 2016 年推进简政放权放管结合优化服务改革工作要点的通知》,再次部署"五证合一"。而与"五证合一"配套的改革措施还有削减审批、"证照分离"试点等,目前"证照分离"改革仅在上海试点,虽然改革的好处显而易见,大家对试点都有积极性,但必须听从指挥,由国务院统一部署。

3.全面推开"双随机、一公开"监管

"双随机"是指要建立随机抽取检查对象、随机选派执法检查人员的"双随机"抽查机制,严格限制监管部门自由裁量权。建立健全市场主体名录库和执法检查人员名录库,通过摇号等方式,从市场主体名录库中随机抽取检查对象,从执法检查人员名录库中随机选派执法检查人员。推广运用电子化手段,对"双随机"抽查做到全程留痕,实现责任可追溯。"一公开"即要加快政府部门之间、上下之间监管信息的互联互通,依托全国企业信用信息公示系统,整合形成统一的市场监管信息平台,及时公开监管信息,形成监管合力。"双随机、一公开"机制的确立,在增强监管科学性和执法公正性的同时,也为我国监管模式改革提供了新思路,要将监管重点从事前审批转向加强事中事后监管,推动简政放权、放管结合和优化服务。

(五)深化人才评价机制改革,加强人才队伍建设

建立适合不同人才成长规律和实际特点的评价机制,印发关于深化职称制度改革意见,分类推进人才评价机制改革。高层次人才选拔培养工作有序实施,开展"万人计划"百千万工程领军人才、享受政府特殊津贴专家选拔工作,实施万名专家服务基层行动计划。做好留学回国人员服务工作,实施高层次留学人才回国资助、海外赤子为国服务行动计划。贯彻落实国务院办公厅关于改革完善博士后制度的意见,实施博士后创新人才支持计划。实施专业技术人才知识更新工程,完成急需紧缺人才培养和岗位培训 127.35 万人次。大力弘扬"工匠精神",隆重表彰了 30 名中华技能大奖获得者和 299 名全国技术能手,突出宣传了一批优秀技能人才的典型。高技能人才振兴计划深入实施,制订技工教育"十三五"规划,技工院校改革发展推向深入,校企合作广泛开

[1] 中华人民共和国人力资源和社会保障部:《人社部 2016 年第四季度新闻发布会》,载中国网,http://www.china.com.cn/zhibo/2017-01/23/content_40145688.htm#fullText,最后访问日期:2017 年 2 月 16 日。

展,企业新型学徒制试点取得成效,各类技能竞赛规模扩大。[1]

六、劳动法和社会保障法实施过程中存在的不足

劳动法和社会保障法要更好地发挥作用,需要是一个内部统一、协调联动的整体,还必须是一个功能齐全的有机体,这也正是立法科学化的整体目标。但从当前的情况来看,我国现有的劳动法和社会保障法体系化程度可以说是远远不够的。

(一)劳动法方面的立法在执行时的问题

已有劳动立法在执行时存在不少问题。以《劳动合同法》为例,《劳动合同法》的立法宗旨在于保护劳动者的合法权益,构建、发展和谐稳定的劳动关系,但该法强调书面劳动合同形式以及无同定期限的适用范围,大大制约了单位用工形式的灵活性。在司法实践中,倾向于不深入考查原因,简单地把未签订劳动合同的责任归咎于单位,这既不利于保护用工单位的合法权益,也有悖《劳动合同法》的立法本意。关于签订无固定期限劳动合同的问题,《劳动合同法》来了个"一刀切",凡已签订过两次劳动合同再次续订的,用人单位必须与员工签订无固定期限劳动合同,事实上使本属自由意愿的劳动用工变成了"终身制"。在一些人员流动性高的行业极大加重了企业的负担,导致用人单位纷纷通过劳务派遣、非全日制用工等方式规避法律以降低劳动力成本。而这最终对劳资双方的合法权益的保护均无裨益。

(二)社会保障法实施过程中的问题

社会保障法在实施过程中也存在较多问题。社会保障管理资金混乱,在社保基金的使用方面,除大量企业逃避参保外,目前较为普遍的问题是提前退休以及退休人员死亡后由家属继续领取养老金等。在失业保险方面,最突出的问题是难以有效甄别参保人员尤其是登记失业人员的实际就业状态,造成了已经重新就业仍继续领取失业保险金的现象。同时,城镇社会保险覆盖面窄且难以扩大,目前参加城镇社会保险的单位绝大多数仍为原来的国有、集体企业,从人员构成来看,个体、私营经济组织只占总数的8%。大量涌现的个体、民营经济不参保或参保不缴费的现象十分严重。

七、劳动法和社会保障法实施的思考

(一)多运用市场调节机制而减少行政管理

在劳动法和社会保障法的实施上,我国长期存在的问题是行政因素过重,在改革过程中虽有较大的改进,但仍存在一系列问题,国家仍需进一步退位。目前,行政管理

---

[1] 中华人民共和国人力资源和社会保障部:《人社部2016年第四季度新闻发布会》,载中国网,http://www.china.com.cn/zhibo/2017-01/23/content_40145688.htm#fullText,最后访问日期:2017年2月16日。

在劳动关系中扮演着角色，但劳动关系的产生、结束与运行不应当是三方关系，而只应当是劳动者与用人单位的双方关系。

（二）劳动保障和社会保障应与经济发展相适应

劳动保障和社会保障体制的发展与经济的发展密切相关，劳动保障和社会保险与福利的实施程度必须严格控制在经济条件允许的范围内，保障水平过低不能满足合理的保障要求，保障水平过高则会影响经济发展，成为经济发展的拖累，而最终使立法的目标落空。因此，在保障的建立过程中应坚持与社会经济发展同步的原则。

（三）社会保障的立法工作应加快步伐

我国的社会保障立法工作水平还很低。现行的社会保障法律体系以城镇为主，对农民的保障相对比较薄弱。这种状况既与我们的基本国情不相适应，与农村居民占国民的绝大多数、农业是国民经济基础不太相称，长期下去会影响全面建设小康社会目标，并影响社会秩序安定和国家的长治久安。[1] 因此，要不断为完善社会主义市场经济管理体制和法制建设注入活力。

（责任校对：臧　骞）

撰稿专家

刘文华，湖南省人力资源社会保障厅法规处处长。

王新生，法学博士。长沙理工大学文法学院院长、教授、硕士生导师，长沙理工大学法学学科带头人；主要从事法理学、宪法学、社会法学研究；兼任中国法理学研究会理事、湖南省法学会常务理事、湖南省社会法研究会副会长、湖南省宪法学研究会副会长。

---

〔1〕 刘洪鹏：《试论我国农村社会保障制度的立法缺陷及解决途径》，载《改革与战略》2008 年第 10 期。

第五章

2016年社会法实施报告

中　2016年环境法实施报告

张　宝

报告要旨

总体而言,2016年环境法实施呈现出明显的法律与政策齐头并进、执法与司法并驾齐驱、环境保护职责逐渐归位的局面。主要体现在5个方面:一是生态文明体制改革稳步推进。中央全面深化改革领导小组会议先后出台了20项具体改革方案,以建章立制、试点试验、示范引领、逐级部署、评价考核、奖励追责等方式,打出了一套理念先行、目标明确、系统推进的生态文明体制改革"组合拳"。二是立法修法固化改革成果。全国人大常委会全年共制定和修改环境与资源方面的法律10部,占全部立法修法数量的28.6%;出台环境保护部门规章4件,重要规范性文件10件。三是执法体制和重心发生位移。行政处罚力度进一步加强,各类案件数量均有所上升,执法力度持续加大;环境行政执法和刑事司法联动机制逐渐建立,多数省市已初步建立并执行环保行政执法与刑事司法衔接的"三项制度"和"四项机制";执法重心逐渐从环保部门单打独斗向各级党委、政府及相关部门齐抓共管转变,从"督企"向"督政""督企"同步推进转变;环保督察地位进一步提升,中央和省级环保督察在各地展开。四是司法专门化全面提速。最高司法机关加强"顶层设计",发布多项司法政策和司法解释,发布环境资源审判白皮书,并连续发布指导案例和典型案例;地方法院也不断创新审判机构和审判模式。五是信息公开和公众参与逐步深化。城市污染源信息公开水平总体继续攀升;企业环境信息公开的范围和力度也在逐步加大;环保组织提起环境公益诉讼在曲折中前行。但是,当前环境法实施中立法、行政和司法仍然存在不少问题,环境法实施的外部形势也比较严峻,必须以改善环境质量为核心,实行最严格的环境保护制度,将环境治理纳入制度化、法治化轨道。

核心建议

1. 总结生态环境文明体制改革经验,条件成熟时加以固化,做到“重大改革于法有据”。

2. 建立环保督察长效机制,强化“党政同责、一岗双责、齐抓共管、失职追责”。

3. 建立中央层级的环境司法协调机制,尽快促进环境资源司法统一。

党的十八大把生态文明建设纳入中国特色社会主义事业五位一体总体布局。十八届三中全会提出紧紧围绕建设美丽中国深化生态文明体制改革。十八届四中全会要求用严格的法律制度保护生态环境。十八届五中全会将绿色发展作为新时期的五大发展理念。今年全国两会审议批准“十三五”规划纲要,将生态环境质量改善作为全面建成小康社会目标,提出加强生态文明建设的重大任务举措。这些文件的密集出台,描绘了中央关于生态文明建设的顶层设计图,为深入推进工作指明了方向。“铁腕治污”的效果也逐渐显现:2016 年,338 个地级及以上城市细颗粒物(PM2.5)平均浓度同比下降 6.0%,优良天数比例同比提高 2.1 个百分点;全国地表水国控监测断面Ⅰ～Ⅲ类水体比例同比增加 5.7 个百分点,劣Ⅴ类断面比例减少 2.3 个百分点。[1] 但与此同时,总体生态形势仍不容乐观,环境问题复杂性增加,解决难度不断加大,生态环境已成为全面建成小康社会的突出短板,需要进一步加大法治实施力度,为全面推进“五位一体”总体布局和“四个全面”战略布局提供坚强的法治保障。

一、生态文明体制改革稳步推进

2015 年,中共中央、国务院先后出台《关于加快推进生态文明建设的意见》和《生态文明体制改革总体方案》,前者是指导我国全面开展生态文明建设的顶层设计文件,后者是统筹生态文明领域各项改革的纲领性文件。2016 年全国“十三五”规划纲要提出实行最严格的环境保护制度,党中央、国务院出台生态文明体制“1+6”改革方案,明确要求建立健全 8 方面的制度,形成生态文明建设和体制改革“组合拳”。在此推动下,生态文明和环境保护体制机制的改革进展迅速,围绕改善环境质量这个生态文明的核心,2016 年,中央全面深化改革领导小组会议先后出台了 20 项具体改革方案,以建章立制、试点试验、示范引领、逐级部署、评价考核、奖励追责等方式,打出了一套理

---

〔1〕 陈吉宁:《让百姓树立信心看到希望》,载《人民日报》2017 年 1 月 14 日,第 9 版。

念先行、目标明确、系统推进的生态文明体制改革“组合拳”。

表 1 2016 年度中央深改组通过的生态文明体制改革文件

序号	文件名称	公布日期
1	关于健全生态保护补偿机制的意见	2016. 3. 22
2	探索实行耕地轮作休耕制度试点方案	2016. 5. 21
3	关于设立统一规范的国家生态文明试验区的意见	2016. 6. 27
4	国家生态文明试验区(福建)实施方案	2016. 6. 27
5	关于省以下环保机构监测监察执法垂直管理制度改革试点工作的指导意见	2016. 7. 22
6	重点生态功能区产业准入负面清单编制实施办法	2016. 8. 30
7	关于构建绿色金融体系的指导意见	2016. 8. 30
8	生态文明建设目标评价考核办法	2016. 8. 30
9	关于在部分省份开展生态环境损害赔偿制度改革试点的报告	2016. 8. 30
10	关于全面推行河长制的意见	2016. 10. 11
11	建立以绿色生态为导向的农业补贴制度改革方案	2016. 11. 1
12	关于划定并严守生态保护红线的若干意见	2016. 11. 1
13	自然资源统一确权登记办法(试行)	2016. 11. 1
14	湿地保护修复制度方案	2016. 11. 1
15	海岸线保护与利用管理办法	2016. 11. 1
16	关于健全国家自然资源资产管理体制试点方案	2016. 12. 5
17	大熊猫国家公园体制试点方案	2016. 12. 5
18	东北虎豹国家公园体制试点方案	2016. 12. 5
19	围填海管控办法	2016. 12. 5
20	关于加强耕地保护和改进占补平衡的意见	2016. 12. 5

(一)改革环境管理体制,落实地方党政领导责任

我国现行以块为主的地方环保管理体制存在“4 个突出问题”:一是难以落实对地方政府及其相关部门的监督责任;二是难以解决地方保护主义对环境监测监察执法的干预;三是难以适应统筹解决跨区域跨流域环境问题的新要求;四是难以规范和加强地方环保机构队伍建设。习近平总书记就中共中央《关于制定国民经济和社会发展第十三个五年规划的建议》起草的有关情况向十八届五中全会作说明时,提出“省以下环保机构监测监察执法垂直管理,主要指省级环保部门直接管理市(地)县的监测监察机

构，承担其人员和工作经费，市（地）级环保局实行以省级环保厅（局）为主的双重管理体制，县级环保局不再单设而是作为市（地）级环保局的派出机构”。经中央全会广泛讨论，《中共十八届五中全会公报》正式提出实行省以下环保机构监测监察执法垂直管理制度的建议。随后，2016 年 3 月全国人大通过了《国民经济和社会发展第十三个五年规划纲要》，正式提出“实行省以下环保机构监测监察执法垂直管理制度，探索建立跨地区环保机构，推行全流域、跨区域联防联控和城乡协同治理模式”。为响应中共中央和全国人大的改革部署，中央深改组审议通过了《关于省以下环保机构监测监察执法垂直管理制度改革试点工作的指导意见》（以下简称《意见》），并由中共中央办公厅、国务院办公厅于 2016 年 9 月联合印发。

图 1　省以下环保机构监测监察执法垂直管理制度改革典型模式示意图（改革后）〔1〕

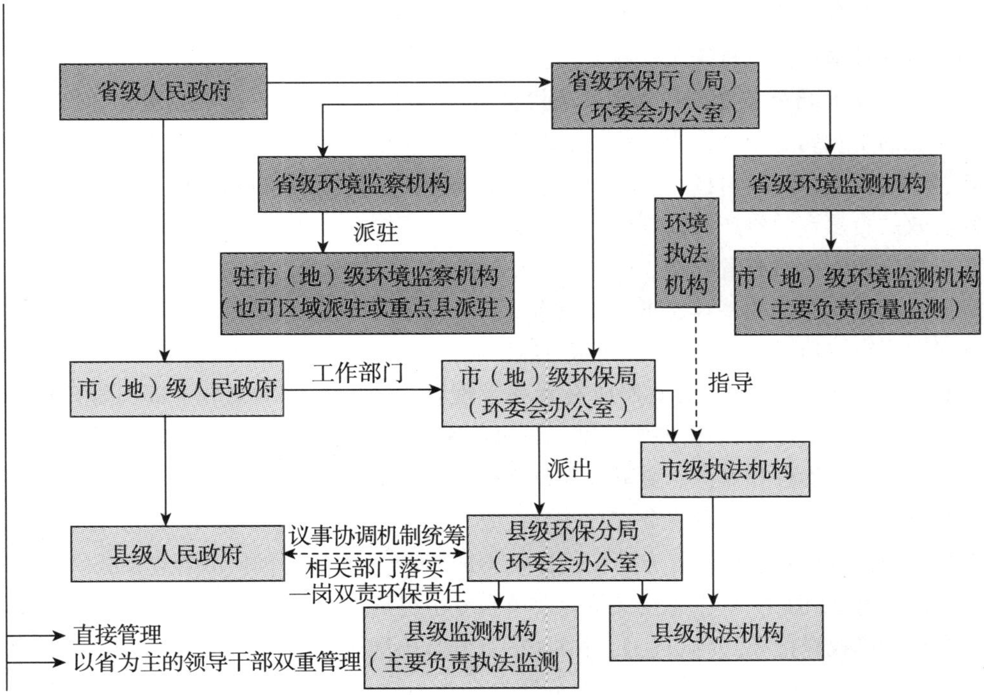

《意见》提出了“两个加强、两个聚焦、两个健全”的环保垂直管理制度改革关键路径：“两个加强”是指加强地方党委政府及其相关部门环保责任的明确和落实，加强对地方党委政府以及相关部门环保责任落实的监督检查和责任追究；“两个聚焦”是指省

〔1〕 参见任勇：《垂直管理改革的逻辑与任务》，载《中国环境报》2016 年 10 月 13 日，第 3 版。

级环保部门聚焦生态环境质量监测和环境监察,市(地)县两级聚焦环境执法;“两个健全”是指建立健全议事协调机制,建立健全信息共享机制。[1] 目前,河北、上海、江苏、福建、山东、河南、湖北、广东、重庆、贵州、陕西、青海12个省(市)提出了改革试点申请,开展了改革实施方案起草等前期准备工作。根据部署,试点省份的垂改工作将在2017年6月完成,全部改革工作在2018年完成。根据环保部部长陈吉宁的介绍,“垂改一个重要思路就是明确地方政府各部门的环保职责,建立各部门保护环境的协调协作机制,抓发展的抓环保,抓产业的抓环保,抓建设的抓环保,形成齐抓共管的工作格局”。[2]

为配合环境监测改革,环保部已联合财政部印发《关于支持环境监测体制改革的实施意见》,制定《国家环境监测事权上收实施方案》,出台《环境监测数据弄虚作假行为判定及处理办法》《关于推进环境监测服务社会化的指导意见》,正在会同中央编办制定全国环境监测机构编制标准化建设的指导意见。

(二)健全自然资源产权管理和确权机制,完善自然资源资产产权制度

党的十八届三中全会明确提出,要健全自然资源资产产权制度,对水流、森林、山岭、草原、荒地、滩涂等自然生态空间进行统一确权登记,形成归属清晰、权责明确、监管有效的自然资源资产产权制度。健全国家自然资源资产管理体制,统一行使全民所有自然资源资产所有者职责。《生态文明体制改革总体方案》进一步提出了健全自然资源资产产权制度的基本要求。2016年12月5日,中央全面深化改革领导小组第三十次会议审议通过了《关于健全国家自然资源资产管理体制试点方案》,指出健全国家自然资源资产管理体制,要按照所有者和管理者分开和一件事由一个部门管理的原则,将所有者职责从自然资源管理部门分离出来,集中统一行使,负责各类全民所有自然资源资产的管理和保护。要坚持资源公有和精简统一效能的原则,重点在整合全民所有自然资源资产所有者职责,探索中央、地方分级代理行使资产所有权,整合设置国有自然资源资产管理机构等方面积极探索尝试,形成可复制可推广的管理模式。

2016年11月1日,中央全面深化改革领导小组第二十九次会议审议通过了《自然资源统一确权登记办法(试行)》,并在12月20日由国土资源部、中央编办、财政部、环境保护部、水利部、农业部、国家林业局联合印发,该办法分总则,自然资源登记簿,自然资源登记一般程序,国家公园、自然保护区、湿地、水流等自然资源登记,登记信息管理与应用以及附则,共6章29条。其核心内容是以不动产登记为基础,明确对水流、森

---

[1] 新华社:《围绕“4个突出问题”,推进环保机构监测监察执法垂直管理制度改革——访环保部副部长李干杰》,载 http://www.gov.cn/xinwen/2016-09/23/content_5111356.htm。

[2] 《环保督察将更严今年要杀回马枪》,载《人民日报》2017年1月17日,第6版。

林、山岭、草原、荒地、滩涂以及探明储量的矿产资源等自然资源的所有权统一进行确权登记。由于自然资源统一确权登记涉及面广、影响大,中央决定在2016年12月至2018年2月在7个地区进行先行先试。

表2　自然资源统一确权登记试点内容

试点地区	试点内容
青海三江源等国家公园	探索以国家公园作为独立的登记单元,开展全要素的自然资源确权登记,着力解决自然资源跨行政区域登记的问题
甘肃、宁夏	探索以湿地作为独立的登记单元,开展湿地统一确权登记
福建厦门、黑龙江齐齐哈尔	探索以水流作为独立的登记单元,开展水流确权登记
福建、贵州、江西等国家生态文明试验区	推进自然资源统一确权登记,探索国家所有权和代表行使国家所有权登记的途径和方式,福建、贵州开展探明储量的矿产资源确权登记的路径和方法研究
湖南芷江、浏阳、澧县等	探索个别重要的单项自然资源统一确权登记
黑龙江大兴安岭地区和吉林延边	探索国务院确定的国有重点林区自然资源统一确权登记

(三)划定生态保护红线,推行生态补偿制度

为落实十八届三中全会以及《生态文明体制改革总体方案》中关于用途管制和生态红线制度,2016年11月1日,中央全面深化改革领导小组第二十九次会议审议通过《关于划定并严守生态保护红线的若干意见》,指出要按照山水林田湖系统保护的思路,实现一条红线管控重要生态空间,形成生态保护红线全国"一张图"。要统筹考虑自然生态整体性和系统性,开展科学评估,按生态功能重要性、生态环境敏感性脆弱性划定生态保护红线,并将生态保护红线作为编制空间规划的基础,明确管理责任,强化用途管制,加强生态保护和修复,加强监测监管,确保生态功能不弱化、面积不减少、性质不改变。

严守生态红线的同时,也要建立健全生态补偿制度。2016年5月3日,国务院办公厅正式印发了《关于健全生态保护补偿机制的意见》,这是国务院关于生态保护补偿方面的首个专门文件,是生态保护补偿的顶层制度设计,是指导重点领域补偿、重要区域补偿和地区间补偿的指导性文件。根据该意见,健全生态保护补偿机制的目标任务是:到2020年,实现森林、草原、湿地、荒漠、海洋、水流、耕地等重点领域和禁止开发区域、重点生态功能区等重要区域生态保护补偿全覆盖,补偿水平与经济社会发展状况相适应,跨地区、跨流域补偿试点示范取得明显进展,多元化补偿机制初步建立。

(四)建立生态文明建设评价考核标准,落实生态环境损害赔偿制度改革

生态文明体制改革的各项目标和任务落到实处,离不开完善的评价考核标准和责任追究制度。8 月 30 日,中央深改组第二十七次会议审议通过了《生态文明建设目标评价考核办法》(以下简称《办法》),并由中办、国办于 12 月 22 日印发。《办法》重点强调“党政同责”“一岗双责”,要求强化省级党委和政府生态文明建设主体责任,重点评价各地区生态文明建设进展总体情况,考核国民经济和社会发展规划纲要中确定的资源环境约束性目标,以及生态文明建设重大目标任务完成情况。《办法》采取年度评价和 5 年考核相结合的方式,既监测评价每年的绿色发展进展成效,也综合考核生态文明建设阶段效果。

2015 年年底,中共中央办公厅、国务院办公厅印发《生态环境损害赔偿制度改革试点方案》,对今后一个时期我国生态环境损害赔偿制度改革做出全面规划和部署。此后,国务院选取吉林、江苏、山东、湖南、重庆、贵州、云南 7 个省市作为开展生态环境损害赔偿制度改革的试点省份。2016 年 8 月 30 日,中央深改组第二十七次会议审议通过了在上述 7 个地区开展试点的报告,随后,各省印发了各自的试点工作实施方案。根据部署,2017 年是各试点省份实施生态环境损害赔偿制度改革的关键一年。

二、立法修法固化改革成果

习近平总书记明确提出:“我们要坚持改革决策和立法决策相统一、相衔接,立法主动适应改革需要,积极发挥引导、推动、规范、保障改革的作用,做到重大改革于法有据,改革和法治同步推进,增强改革的穿透力。”党的十八届四中全会决定在这方面也提出了新的要求,强调建设中国特色社会主义法治体系,必须坚持立法先行,发挥立法的引领和推动作用;同时,对实践证明比较成熟的改革经验和行之有效的改革举措,应当尽快上升为法律,为改革提供支持和保障。改革和法治如鸟之两翼、车之两轮,要做到“在法治下推进改革、在改革中完善法治”。[1]

(一)环境立法成为年度立法工作重心

2016 年,国家最高立法机关新制定法律 10 部,修改法律 25 部,出台法律解释 1 部,还对多部法律草案进行了审议,涉及政治、经济、环保、民生、文化、国防等领域。其中,环境与资源保护方面的立法共有 10 部,占据全部数量的 28.6%。《核安全法(草案)》首次提请十二届全国人大常委会第二十四次会议审议,主要目的是防范核领域可能发生重大污染事件和核安全事故;《水污染防治法修正案(草案)》由十二届全国人大常委会第二十五次会议进行了分组审议,主要修改之处表现为两个方面:一是与新《环境保护法》相衔接;二是转化《水污染防治行动计划》的内容。

---

〔1〕 张德江委员长在第十二届全国人民代表大会第三次会议闭幕会上的讲话。

表 3　2016 年环境资源法律制定和修改情况

序号	法律名称	通过时间	施行时间	立改情况
1	《深海海底区域资源勘探开发法》	2016. 2. 26	2016. 5. 1	新制定
2	《野生动物保护法》	2016. 7. 2	2017. 1. 1	修订
3	《节约能源法》	2016. 7. 2	2016. 7. 2	打包修改
4	《水法》	2016. 7. 2	2016. 7. 2	打包修改
5	《环境影响评价法》	2016. 7. 2	2016. 9. 1	打包修改
6	《海洋环境保护法》	2016. 11. 7	2017. 11. 7	修改
7	《固体废物污染环境防治法》	2016. 11. 7	2017. 11. 7	打包修改
8	《煤炭法》	2016. 11. 7	2017. 11. 7	打包修改
9	《气象法》	2016. 11. 7	2017. 11. 7	打包修改
10	《环境保护税法》	2016. 12. 25	2018. 1. 1	新制定

2016 年 2 月 26 日由第十二届全国人民代表大会常务委员会第十九次会议通过的《深海海底区域资源勘探开发法》是该年全国人大及其常委会通过的第一部法律，该法对于规范和促进我国公民、法人或者其他组织从事深海海底区域资源勘探开发和资源调查活动，发展海洋经济、提升深海资源开发能力、保护海洋环境，实现永续发展提供了重要法律依据，也是履行国际义务，维护人类共同利益的实际行动。

2016 年 7 月 2 日，全国人大常委会高票表决通过《野生动物保护法》三审稿，这次修订突出以“保护”为核心，审议过程中删除了立法目的中关于“规范野生动物资源利用”的表述，增加了不少禁止性规定和保护性措施，并对“利用”做出了系统规范。

同日，全国人大常委会表决通过《关于修改〈节约能源法〉等六部法律的决定》，主要涉及《节约能源法》《水法》《防洪法》《职业病防治法》《环境影响评价法》《航道法》规定的 8 项行政审批事项。修改后，这 8 项行政审批不再作为可行性研究报告审批或项目核准的前置条件，目的是配合推进行政审批制度改革和政府职能转变。随后，环保部印发了《“十三五”环境影响评价改革实施方案》，表示环评改革以改善环境质量为核心，以全面提高环评有效性为主线，以创新体制机制为动力，以“生态保护红线、环境质量底线、资源利用上线和环境准入负面清单”（“三线一单”）为手段，强化空间、总量、准入环境管理，尤其是环评改革与排污许可制相融合，实现制度关联、目标措施一体。

2016 年 11 月 7 日，全国人大常委会表决通过《关于修改〈对外贸易法〉等十二部法律的决定》，再次“一揽子”修改 12 部法律，取消了一批行政审批事项和职业资格事项，目的仍是推动简政放权。

2016年年末在十二届全国人大常委会第二十五次会议上通过的《环境保护税法》是党的十八届三中全会提出“落实税收法定原则”要求后,全国人大常委会审议通过的第一部单行税法,也是我国第一部专门体现“绿色税制”、推进生态文明建设的单行税法。其总体思路是由“费”改“税”,即按照“税负平移”原则,实现排污费制度向环保税制度的平稳转移,纳税人为直接向环境排放应税污染物的企业事业单位和其他生产经营者,应税污染物为大气污染物、水污染物、固体废物和噪声4种。

(二)环境保护配套规范性文件逐渐齐备

除了通过国家层面上的正式立法来固化改革成果外,国务院、各部委和有关地方还积极制定和发布法规、规章和重要规范性文件,来规范、指导和落实环境保护的各项目标和任务。

表4　2016年度环境保护领域行政法规和部门规章制定情况

序号	名　　称	颁布日期	制定部门
1	放射性物品运输安全监督管理办法	2016. 3. 14	环保部
2	国家危险废物名录	2016. 6. 14	环保部、发改委、公安部
3	建设项目环境影响登记表备案管理办法	2016. 11. 16	环保部
4	船舶及其有关作业活动污染海洋环境防治管理规定	2016. 12. 13	交通运输部
5	船舶污染海洋环境应急防备和应急处置管理规定	2016. 12. 13	交通运输部
6	污染地块土壤环境管理办法(试行)	2016. 12. 31	环境保护部

表5　2016年度国务院及各部门发布的环境保护重要规范性文件

序号	名　　称	颁布日期	制定部门
1	关于开展规划环境影响评价会商的指导意见(试行)	2016. 1. 4	环保部
2	关于健全生态保护补偿机制的意见	2016. 4. 28	国务院办公厅
3	环境保护部规范性文件合法性审查办法	2016. 5. 19	环保部
4	关于印发土壤污染防治行动计划的通知	2016. 5. 28	国务院
5	关于加强资源环境生态红线管控的指导意见	2016. 5. 30	财政部、国家发改委、国土资源部等9部委
6	关于加强矿山地质环境恢复和综合治理的指导意见	2016. 7. 1	国土资源部、工信部、财政部等
7	关于设立统一规范的国家生态文明试验区的意见	2016. 8. 22	中办、国办

续表

序号	名　　称	颁布日期	制定部门
8	关于省以下环保机构监测监察执法垂直管理制度改革试点工作的指导意见	2016. 9. 22	中办、国办
9	关于推进山水林田湖生态保护修复工作的通知	2016. 9. 30	财政部、国土资源部、环保部
10	关于开展第二次全国污染源普查的通知	2016. 10. 20	国务院
11	全国生态保护"十三五"规划纲要	2016. 10. 28	环保部
12	关于全面推行河长制的意见	2016. 12. 11	中办、国办
13	关于加快建立流域上下游横向生态保护补偿机制的指导意见	2016. 12. 20	财政部、环保部、发改委
14	生态文明建设目标评价考核办法	2016. 12. 22	中办、国办

2016 年 9 月 14 日，根据国务院办公厅《关于做好行政法规部门规章和文件清理工作有关事项的通知》，环境保护部决定对 10 件规章和 121 件规范性文件予以废止。[1]

表 6　环境保护部废止的部分环保部门规章名录

序号	名　　称
1	城市放射性废物管理办法
2	废物进口环境保护管理暂行规定
3	关于废物进口环境保护管理暂行规定的补充规定
4	秸秆禁烧和综合利用管理办法
5	污染源监测管理办法
6	畜禽养殖污染防治管理办法
7	淮河和太湖流域排放重点水污染物许可证管理办法(试行)
8	废弃危险化学品污染环境防治办法
9	限期治理管理办法(试行)
10	危险化学品环境管理登记办法(试行)

2016 年 11 月 14 日和 30 日，环保部先后印发了《关于公布现行有效的国家环保部

〔1〕 环境保护部：《关于废止部分环保部门规章和规范性文件的决定》，载 http://www.zhb.gov.cn/gkml/hbb/bl/201607/t20160715_360790.htm。

门规章目录的公告》和《关于公布现行有效的国家环保部门规范性文件目录的公告》,根据目录,截至2016年6月30日,现行有效的国家环保部门规章共计85件,[1]规范性文件共计400件。[2]

三、环境执法体制和重心发生位移

(一)环境执法力度进一步加强

以新修订的《环境保护法》《大气污染防治法》的出台为标志,环境行政执法迈上新台阶。环境执法力度持续加大,环境违法行为得到有力打击,守法氛围逐渐形成;联合执法更趋成熟,环境行政执法和刑事司法联动机制日益完善,执法效果得以保证;创新执法更加务实,"双随机"全面推开,提高了执法效能;日常监管和专项执法相结合,环境执法能力进一步提升。

环境行政处罚数量稳步增长。2016年1~11月,按日连续处罚案件共798件,罚款数额达75,012.82万元,查封、扣押案件7413件,限产、停产案件4410件,移送行政拘留3274起,涉嫌犯罪移送公安机关案件1725起。与去年同期相比,各类案件数量均有所上升,执法力度持续加大。其中,按日连续处罚案件数量上升31%,适用查封、扣押案件数量上升100%,适用限产、停产案件数量上升76%,移送拘留案件数量上升89%,移送涉嫌环境污染犯罪案件数量上升17%。案件数量1000件以上的地区有7个,分别为浙江、江苏、广东、福建、安徽、河南、山东,占全国案件总量64%。

环境行政执法和刑事司法联动机制逐渐建立。多数省市已初步建立并执行环保行政执法与刑事司法衔接的"三项制度"(联动执法联席会议、常设联络员和重大案件会商督办制度)和"四项机制"(案件移送、联合调查、信息共享和奖惩机制)。例如,湖南环保部门和公安部门先后发布了《关于办理环境污染刑事案件的意见》《湖南省涉嫌环境违法或犯罪案件移送和通报工作程序》《湖南省涉嫌环境违法或犯罪案件调查取证工作规程》等规范性文件。全年共查处环境违法企业1786家,公安机关共侦办破坏环境资源保护类刑事案件541起,其中受理环境主管部门移送行政拘留案件179起,侦办污染环境刑事案件51起,较2015年同比增长219%。[3]

---

〔1〕《关于公布现行有效的国家环保部门规章目录的公告》,载 http://liganjie.mep.gov.cn/gkml/hbb/bgg/201611/t20161122_367974.htm。

〔2〕《关于公布现行有效的国家环保部门规范性文件目录的公告》,载 http://panyue.mep.gov.cn/gkml/hbb/bgg/201612/t20161205_368549.htm。

〔3〕新华社:《湖南侦办污染环境刑事案件数量同比增长逾两倍》,载《经济参考报》2017年1月9日,第5版。

（二）环保督察地位进一步提升

地方保护主义一直被认为是束缚环境保护工作的一大痼疾，其典型体现是地方政府容易在以 GDP 为核心的政绩观主导下放松对环境监管的要求，而地方环保部门的人财物受制于地方政府，这容易导致“顶得住的站不住，站得住的顶不住”，故理论和实践中一直存在要求环境保护垂直管理的呼声，以破解地方保护主义顽疾。但环保事权上收又很难契合《环境保护法》规定的地方各级人民政府对本区域内的环境质量负责的要求，且容易导致地方政府主体性和问责制的缺失。故生态文明体制改革的重要任务，就是使中央和地方、地方政府和环保部门各归其位，共同实现环境保护的目标。

为此，《关于省以下环保机构监测监察执法垂直管理制度改革试点工作的指导意见》给出的方案是对监测监察事权进行重新配置，即基层环保部负责现场环境执法，而上级政府则负责对下级政府落实环境质量责任制的情况进行督察和评价考核，“奖勤罚懒”，实现环境监管由传统的“督企”（监督企业守法状况）到“督企”“督政”（监督下级政府环境保护职责履行状况）并举的转型。环保督察就是实现这种转变的有力手段，是解决环境问题的“牛鼻子”。

环保督察的前身是环保部开展的环保综合督查。2015 年，环境保护部对 33 个市（区）开展综合督查，公开约谈 15 个市级政府主要负责同志；省级环保部门共对 163 个设区市、自治州、直辖市的区县人民政府实施综合督查，督查比例达到 39.5%，各地共对 31 个市进行约谈、对 20 个市县实施区域环评限批、对督查中发现的 176 个问题进行挂牌督办。[1] 但督查过程中也发现，有的地方对综合督查的概念有些模糊，将综合督查工作混同于一般的监督检查，督查组级别较低，督查时间也较短，督查程序不健全，其他有关部门对督查的配合不够，督查结果利用不够，难以起到督政的作用。为推动环保督察工作的常态化，2015 年 7 月中央深改组审议通过了《环境保护督察办法（试行）》，要求把环境问题突出、重大环境事件频发、环境保护责任落实不力的地方作为先期督察对象；中共中央《关于制定国民经济和社会发展第十三个五年规划的建议》也明确提出“开展环保督察巡视，严格环保执法”。据此，从 2016 年 1 月起，中央启动了环保督察试点工作，根据部署，中央环保督察组由党中央、国务院批准，督察组组长由现职或近期退出领导岗位的省部级干部担任，副组长由环保部现职副部级干部担任，主要针对省级党委、政府以及有关部门，必要时下沉到部分地市区进行督察。督察重点是贯彻落实党中央国务院环境保护部决策部署的落实情况和“党政同责”“一岗双责”等，而不是将重点放在某一个超标排污企业上。同时，强调督察结果的应用，重大问题

---

〔1〕 环境保护部办公厅：《关于 2015 年度环境保护综合督查工作情况的通报》（环办环监函〔2016〕214 号）。

要向中央报告,督察结果要向中央组织部移交移送,其结果作为被督察对象领导班子和领导干部考核评价任免的重要依据。

中央环保督察试点首先于2016年1月在河北拉开帷幕;7月,中央环保督察组陆续进驻内蒙古、黑龙江、江苏、江西、河南、广西、云南、宁夏8省区;11月,第二批中央环保督察组对北京、上海、湖北、广东、重庆、陕西、甘肃7个省份进行了督察,目前已经督察完成。中央环保督察组共计受理群众举报3.3万余件,立案处罚8500余件、罚款4.4亿多元,立案侦查800余件、拘留720人,约谈6307人,问责6454人,有力地推动了地方党委政府环境保护责任的落实,解决了一批突出环境问题。[1]

表7 第一批中央环境督察反馈数据

被督察地区	办结举报	责令整改	立案查处	拘留	约谈	问责
内蒙古	1637件	/	206件	57人	238人	280人
黑龙江	/	1034件	220件	28人	32人	560人
江苏	2451件	2712件	1384件	108人	618人	449人
江西	1050件	777件	224件	57人	220人	124人
河南	2682件	1614件	188件	31人	148人	1231人
广西	2341件	1739件	176件	10人	204人	351人
云南	1234件	515件	189件	11人	322人	681人
宁夏	476件	/	/	8人	35人	105人

在中央环保督察工作推动下,全国有21个省(区、市)党委政府出台省级环保督察方案,20多个省(市、区)成立环保督察机构,河北、山西、安徽、福建、四川、贵州、新疆等省(区)已启动对地市党委政府的督察工作,形成了中央和省级两级督察体制。

四、环境司法专门化全面提速

与往年度环境司法主要由各地单兵突进、自下而上推动不同,在环境司法专门化推行十周年之际,最高司法机关开始发力,密集发布环境司法政策、司法解释,公布指导性案例和典型案例,力图推进环境司法的统一。各地环境司法的创新和实践仍此起彼伏。环境司法专门化全面提速。

---

〔1〕《首批中央环保督察收尾:交办举报13316件 问责3287人》,载http://www.yicai.com/news/5164752.html。

(一)最高法院再发环境司法政策,并首次发布环境资源审判白皮书

继2014年6月底最高人民法院发布《关于全面加强环境资源审判工作为推进生态文明建设提供有力司法保障的意见》以后,时隔两年,2016年6月2日,最高人民法院再次发布《关于充分发挥审判职能作用为推进生态文明建设与绿色发展提供司法服务和保障的意见》,共分为七个部分27条,对环境司法的基本理念和总体要求、环境案件的基本类型和审理原则以及环境司法的审判机制和组织保障进行了全面规定,提出了要牢固树立严格执法、维护权益、注重预防、修复为主、公众参与的现代环境司法理念,将环境资源案件划分为涉环境污染和生态破坏案件、自然资源案件、气候变化案件以及生态环境损害赔偿案件4类,要求积极探索建立跨行政区域专门审判机构,探索将环境资源民事、行政乃至刑事案件统一由一个审判机构审理的"二合一"或者"三合一"归口审理模式,探索建立符合生态环境保护需要的特别诉讼规则。

7月27日,最高人民法院召开推进环境资源审判工作推进会并首次发布《中国环境资源审判白皮书》(以下简称《白皮书》),从全国法院在履行环境资源审判职能状况、环境资源审判机构建设情况、环境资源审判工作机制建设情况、环境司法理念和审判规则情况以及环境资源审判队伍建设情况5个方面介绍了中国环境资源审判从初创探索逐步走向规范成熟的发展历程。

根据《白皮书》记载,自2012年以来,我国受理环境资源案件的数量得到大幅增长。从2012年1月到2016年6月,全国法院受理环境资源刑事、民事、行政一审案件575,777件,数量是此前10年总和的5倍。

图2 2012年前后全国法院受理环境资源案件数量对比图

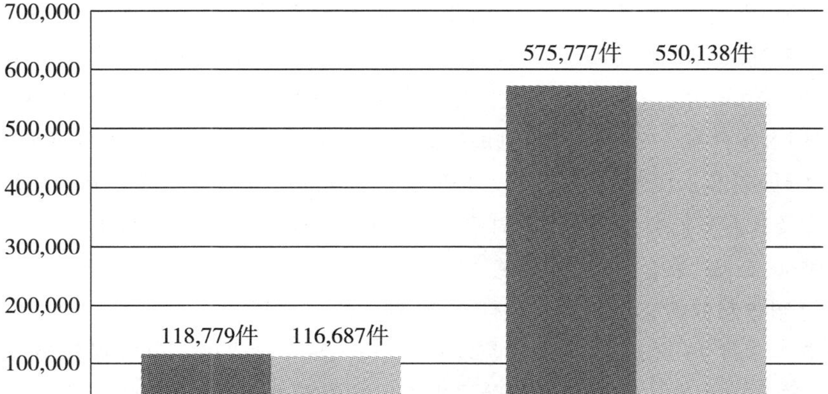

图3 2014年1月~2016年6月全国法院受理环境资源类案件类型对比图

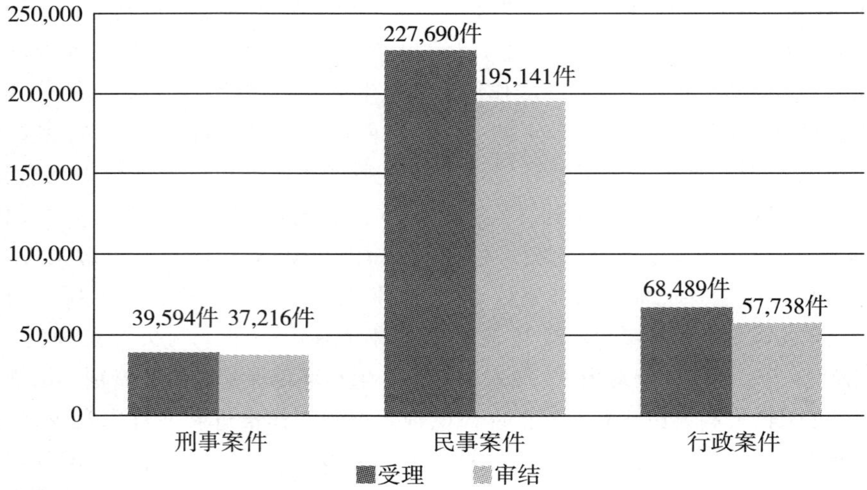

在环境公益诉讼方面,自2015年1月至2016年6月,全国法院共受理社会组织提起的环境民事公益诉讼一审案件93件;自2015年7月全国人大常委会授权检察机关提起环境公益诉讼试点,到2016年12月底,全国法院共受理人民检察院提起的环境民事、行政公益诉讼案件21件。

在审判机构建设方面,截至2016年6月,全国法院共设立环境资源审判庭、合议庭或者巡回法庭共计558个,部分法院积极探索建立与行政区划适当分离的环境资源案件管辖制度,贵州、江苏、湖北、广东、河北、青海、新疆等地法院确定辖区内部分中级人民法院或者基层人民法院实行跨行政区划集中管辖审理环境资源案件以及环境公益诉讼案件。部分法院包括最高人民法院还积极探索将涉及环境资源的民事、行政案件,乃至刑事案件统一归口一个审判庭审理的"二合一"或者"三合一"归口审理模式。2016年4月,最高人民法院决定将以环境保护主管部门为被告的第二审、申请再审的行政案件及其业务监督指导工作,调整由环境资源审判庭负责,开始实施审理环境资源案件民事、行政"二合一"工作模式。

(二)制定和修改环境司法规范性文件,建立统一规则

2016年2月25日,最高人民法院发布《人民法院审理人民检察院提起公益诉讼案件试点工作实施办法》,明确人民法院受理人民检察院提起民事、行政公益诉讼的案件范围、级别管辖、审理规则和裁判依据。

2016年12月26日,最高人民法院、最高人民检察院联合发布《关于办理环境污染刑事案件适用法律若干问题的解释》,自2017年1月1日起施行,这是自1997年刑法修订以来,最高人民法院针对环境污染犯罪第3次专门出台司法解释。相较于2013年版同名司法解释,本次修改进一步细化了污染环境罪的判断标准,使追究环境犯罪的门槛进一步降低。

表8 十八大以来最高人民法院发布的环境司法规范性文件

序号	名 称	公布日期	文件类型
1	关于办理环境污染刑事案件适用法律若干问题的解释	2013.6.18	司法解释
2	关于全面加强环境资源审判工作为推进生态文明建设提供有力司法保障的意见	2014.6.28	规范性文件
3	关于在部分地方人民法院推进环境民事公益诉讼审判工作的指导意见	2014.7.4	规范性文件
4	关于审理环境民事公益诉讼案件适用法律若干问题的解释	2015.1.6	司法解释
5	关于审理环境侵权责任纠纷案件适用法律若干问题的解释	2015.6.2	司法解释
	人民法院审理人民检察院提起公益诉讼案件试点工作实施办法	2016.2.25	规范性文件
6	关于充分发挥审判职能作用为推进生态文明建设与绿色发展提供司法服务和保障的意见	2016.6.2	规范性文件
7	关于办理环境污染刑事案件适用法律若干问题的解释	2016.12.23	司法解释

(三)连续发布指导案例和典型案例,促进统一裁判

2016年12月28日,最高人民法院发布第15批8件指导性案例,其中指导案例75号中国生物多样性保护与绿色发展基金会诉宁夏瑞泰科技股份有限公司环境污染公益诉讼案是最高人民法院发布的首个涉及环境资源类指导性案例,主要涉及对《环境保护法》第58条规定的"专门从事环境保护公益活动的社会组织"的认定问题。该案的裁判要点包括三个方面:(1)社会组织的章程虽未载明维护环境公共利益,但工作内容属于保护环境要素及生态系统的,应认定符合司法解释关于"社会组织章程确定的宗旨和主要业务范围是维护社会公共利益"的规定。(2)司法解释规定的"环境保护公益活动",既包括直接改善生态环境的行为,也包括与环境保护相关的有利于完善环境治理体系、提高环境治理能力、促进全社会形成环境保护广泛共识的活动。(3)社会组织起诉的事项与其宗旨和业务范围具有对应关系,或者与其所保护的环境要素及生态系统具有一定联系的,应认定符合关于"与其宗旨和业务范围具有关联性"的规定。

与此同时,最高人民检察院也公布了第8批5起指导性案例,均涉及检察机关针对侵害生态环境问题提起的公益诉讼,对于这些指导性案例,下级人民检察院办理类似案件,不应与指导性案例所阐述的要旨相冲突,并且可以引用指导性案例作为释法说理根据。

表9 最高人民检察院第8批指导性案例

案例序号	名称	裁判要旨和指导意义
检例第28号	常州市人民检察院诉许建惠、许玉仙民事公益诉讼案	全国首例由检察机关提起的民事公益诉讼案件 (1)侵权人因同一行为已经承担行政责任或者刑事责任的,不影响承担民事侵权责任。 (2)环境污染导致生态环境损害无法通过恢复工程完全恢复的,恢复成本远远大于其收益的或者缺乏生态环境损害恢复评价指标的,可以参考虚拟治理成本法计算修复费用。 (3)专业技术问题,可以引入专家辅助人。专家意见经质证,可以作为认定事实的根据
检例第29号	吉林省白山市检察院诉白山市江源区卫生和计划生育局及江源区中医院行政附带民事公益诉讼	公益诉讼试点后全国首例行政附带民事公益诉讼案 (1)检察机关可以提起行政附带民事公益诉讼; (2)检察机关提起此类诉讼应当同时履行行政公益诉讼和民事公益诉讼诉前程序; (3)原则上应由市以上人民检察院办理
检例第30号	十堰市郧阳区人民检察院诉郧阳区林业局行政公益诉讼案	(1)检察机关提起公益诉讼的前提是公共利益受到侵害; (2)行政机关没有依法履行法定职责与国家和社会公共利益受到侵害是检察机关提起行政公益诉讼的必要条件
检例第31号	福建省清流县人民检察院诉清流县环保局行政公益诉讼案	(1)检察机关提起行政公益诉讼,必须严格履行诉前程序; (2)依法适时变更诉讼请求
检例第32号	贵州省锦屏县人民检察院诉锦屏县环保局行政公益诉讼案	(1)行政机关违法作为或不作为是人民检察院提起行政公益诉讼的前提条件; (2)生态环保民事、行政案件可以指定集中管辖

除了发布指导性案例外,司法机关还先后发布了3批涉及环境保护行政案件、矿业权民事案件和环境污染犯罪典型案例。典型案例虽不具有指导性案例"参照适用"的效力,但也是下级法院审判工作的重要"参考性案例"。[1]

---

〔1〕 胡云腾:《关于案例指导制度的几个问题》,载《光明日报》2014年1月29日,第16版。

表 10　最高人民法院第二批环境保护行政案件十大典型案例(2016 年 3 月)

序号	案例名称	典型意义
1	吴轶诉江苏省环境保护厅不履行法定职责案	本案属于规范环保机关履行噪声污染监督管理职责的典型案例。当不同部门职能交叉、界限不清时,相互间宜主动沟通,共同协调解决,不宜简单将群众关切与投诉问题归于信访,一推了之
2	浦铁(青岛)钢材加工有限公司诉青岛市环境保护局环保行政处罚案	本案是维护环保机关依法履职的典型案例。许多法律法规规定了环保机关的现场调查权,同时明确了被调查对象的协助义务,相对人作为钢材加工企业应当诚恳接受、配合环保部门的监督检查,不能拒绝或以公司内部管理规定为由对抗
3	威海阿科帝斯电子有限公司诉威海市环境保护局环保行政处罚案	本案是涉及迁址企业是否需要重新进行环境影响评价的典型案例。由于前后厂址环境不同,项目性质、生产工艺以及对周边环境的影响都已变化,故该公司应依法重新报批环境影响评价文件
4	张小燕等人诉江苏省环境保护厅环评行政许可案	本案是涉及环保知情权、参与权保障的典型案例。虽然被诉环评行政许可合法适当,但环保部门应采取措施加强信息公开,方便公众及时了解实时数据,保障其环境信息知情权
5	临湘市壁山新农村养猪专业合作社诉临湘市环境保护局环保行政处罚案	本案是涉及农业养殖造成环境污染的典型案例。明显违反上述规定,造成环境污染,市环保局作出的处罚决定和责令停止排污决定于法有据,人民法院应予大力支持。该案对保护农村群众生活环境具有一定示范意义
6	晋海家居用品有限公司诉上海市奉贤区城市管理行政执法局行政处罚案	本案是有关查处生产企业未依法履行收集、运输废弃物义务的典型案例。企业未自行收集、运输涉案废弃物,亦未委托市容环卫作业服务单位收集、运输,而是将废弃物出售给案外人岳某,属于违反规定应受处罚行为
7	上海勤辉混凝土有限公司诉上海市奉贤区人民政府责令关闭行政决定案	本案是涉及饮用水水源保护的典型案例。虽然涉案区域被划为水源保护区系在勤辉公司成立后 4 年,但其继续生产排放污染物可能会对水体产生影响,故政府有权责令关闭,但对因环保搬迁的企业应当依法给予合理补偿
8	周锟、张文波诉环境保护部环评批复案	本案是涉及高铁项目环境影响评价许可的典型行政案件。对于环评涉及的专业性、技术性问题,法院尊重行政机关基于专业性的裁量所作的判断与选择,既有力监督了行政机关依法行使职权,也准确把握了司法审查的范围和界限
9	刘德生诉胶州市环境保护局环保行政处罚案	本案是涉及判断行政裁量权行使的合理性的典型案例。行政裁量事关行政机关在法定幅度、范围内如何正确行使职权,是依法行政的内在要求
10	锦屏县人民检察院诉锦屏县环境保护局不履行法定职责案	本案是人民法院首例审结的检察机关提起的公益诉讼案件。被告虽先后作出限期改正通知书和行政处罚,但由于之后未及时履行监管责任,致使有关企业违法行为持续

表11　人民法院关于依法审理矿业权民事纠纷案件典型案例(2016年7月)

序号	案例名称	典型意义
1	孙素贤等三人与玄正军探矿权权属纠纷案	矿业权兼具民事物权属性和行政许可特性在探矿权须经行政许可方能设立、变更或者撤销的情况下,当事人请求确认《矿产资源勘查许可证》归其所有,不符合法律规定的民事诉讼受案范围
2	傅钦其与仙游县社硎乡人民政府采矿权纠纷案	矿业权出让应由县级以上国土资源主管部门根据法定权限依法进行,乡级政府并非适格的矿业权出让主体,应给予此类合同否定性法律评价。在维护矿产资源国家所有权的同时,应综合考虑过错因素,保护当事人的合法利益和矿业权流转市场的交易秩序
3	陈付全与确山县团山矿业开发有限公司采矿权转让合同纠纷案	矿业权转让合同未经国土资源主管部门批准并办理矿业权变更登记手续,不发生矿业权物权变动的效力,但应确认转让合同中的报批义务条款自合同成立时起即具有法律效力
4	四川省宝兴县大坪大理石矿与李竞采矿权承包合同纠纷案	应区分以承包形式转让采矿权和采矿权承包两种流转方式的不同。若当事人签订采矿权承包合同,同意他人与之共同进行采掘活动或者将开采权中所包含的经营管理权属赋予他人,但采矿权的权利主体不发生变更,发包人作为采矿权人不退出矿山管理,继续履行采矿权人的法定义务、承担相应法律责任的,在不违反法律、行政法规强制性规定的情况下,应依法确认其效力
5	资中县鸿基矿业公司、何盛华与吕志鸿劳务承包合同纠纷案	采矿权人将采矿任务发包给承包人完成,向承包人给付一定的劳务报酬,享有承包人的劳务成果的,其性质应认定为劳务承包合同。矿产资源勘查、开采的劳务承包不发生采矿权人主体的变更,不属于以承包形式转让采矿权,不受合同须经国土资源主管部门批准始生效的法律规制
6	朗益春与彭光辉、南华县星辉矿业有限公司采矿权合作合同纠纷案	矿业权合作合同履行中,矿业权人未放弃矿山经营管理,继续履行其法定义务并承担相应法律责任,矿业权主体并未发生变更的,不构成矿业权变相转让,合作合同不受自国土资源主管部门批准之日起生效的法律限制。当事人以未办理审批手续为由请求确认合作合同无效或者未生效的,人民法院不予支持
7	薛梦懿等与西藏国能矿业发展有限公司、西藏龙辉矿业有限公司股权转让合同纠纷	股权与矿业权是不同的民事权利,矿山企业的股权转让导致股东变化,不当然导致矿业权主体变更,不构成以合法的矿山企业股权转让之形式,逃避行政监管,实现实质上非法的矿业权转让目的的,不宜认定为变相的矿业权转让,径行判令无效
8	黄国均与遵义市大林弯采矿厂、苏芝昌合伙纠纷案	矿业权人与他人签订合伙协议,但并无实际合伙经营的事实,实施采矿行为一方缴纳挂靠费用,以矿业权人名义自行投资、自负盈亏、自担责任,独立从事矿产资源开采,以达到逃避行政监管的非法目的的,合伙协议应认定无效

续表

序号	案例名称	典型意义
9	新疆临钢资源投资股份有限公司与四川金核矿业有限公司特殊区域合作勘查合同纠纷案	针对自然保护区等特殊区域签订的勘查、开采矿产资源合同，即使已经得到国土资源主管部门批准，人民法院仍应对合同效力进行特别审查，若合同违反法律、行政法规的强制性规定，损害环境公共利益的，应依法认定无效
10	云和县土岩岗头庵叶腊石矿与国网浙江省电力公司矿床压覆侵权纠纷案	矿床压覆人未经审批评估、协商补偿、办理矿产资源储量登记等法定程序，直接压覆矿产资源，侵害了矿业权人的合法利益。但就涉案工程关涉国家利益和社会公共利益，投资巨大并已投入运营等因素，不宜径行判令拆除。在矿业权人仅请求排除妨碍时，法院应予以充分释明，告知其可另行主张适当的责任方式

表12 最高人民法院环境污染犯罪典型案例(2016年12月)

序号	案例名称	典型意义
1	刘祖清污染环境案	排放含重金属的污染物严重超标(排放含镍、铬、铜、锌的废水，超过国家规定的排放标准23,199倍、4.76倍、35倍、25.4倍)，严重污染环境，构成污染环境罪
2	田建国、厉恩国污染环境案	非法收购废旧铅酸电池，利用火法冶金工艺进行炼铅，在非法处置过程中，产生的大量废水、废气均未经处理直接排放，溢出的粉尘用自制布袋收集，生产的成品铅锭露天堆放，造成严重污染，构成污染环境罪
3	浙江汇德隆染化有限公司等污染环境案	违反国家规定，排放、倾倒、处置有毒物质，将一万八千余吨精馏残液倾倒海塘，严重污染环境，构成污染环境罪，且属后果特别严重
4	王秋为等污染环境案	明知涉案物流园用地不具备生活垃圾处置功能，且他人无处置生活垃圾资质，任其倾倒、填埋生活垃圾，造成公私财产重大损失
5	湖州市工业和医疗废物处置中心有限公司污染环境案	指使、授意或者同意其下属经营管理人员，将该中心收集的危险废物共计5950余吨交由没有相应资质的单位和个人处置，从中牟利。其中，部分危险废物被随意倾倒
6	建滔(河北)焦化有限公司污染环境案	在未采取有效措施使蒸氨废水处理达标的情况下，捏造达标的虚假水质检测表，并将这些未达标废水用于熄焦塔补水，导致蒸氨废水中的挥发酚被直接排入大气，严重污染环境
7	白家林、吴淑琴污染环境案	被告一违反国家规定，非法处置危险废物三吨以上，严重污染环境；被告二明知被告一无经营许可证，向其提供危险废物，严重污染环境，构成共同犯罪
8	浙江金帆达生化股份有限公司等污染环境案	委托不具备危险废物处置资质的单位和个人，非法倾倒草甘膦母液三万五千余吨，严重污染环境，后果特别严重

同时,最高人民法院本年度还在其他一些再审案件中确立诉讼规则。在江苏泰州“天价”水污染环境公益诉讼再审审查案中,明确了“不能以部分水域的水质得到恢复为由免除污染者应当承担的环境修复责任”的裁判规则。该庭还依法审查腾格里沙漠污染系列环境公益诉讼申请再审案,在裁定指令下级法院依法受理的同时,对于社会组织是否属于“专门从事环境保护公益活动”的判断标准进行了明确。在新疆临钢资源投资股份有限公司与四川金核矿业有限公司合作勘查合同纠纷一案中,对于在自然保护区内为合作开发矿产资源所缔结的合同,依法认定因损害环境公共利益而宣告合同无效。后两起案件分别入选2016年度《人民法院报》评选的人民法院十大民事行政案件和最高法院公布的矿业权十大典型案例。

表13　2016年度人民法院十大民事行政案件(环境资源类)

序号	案例名称	典型意义
1	泰州市环保联合会诉江苏常隆农化有限公司等水污染纠纷案	最高人民法院再审审查的首例环境民事公益诉讼案件。明确了“不能以部分水域的水质得到恢复为由免除污染者应当承担的环境修复责任”的裁判规则
2	中华环保联合会与德州晶华集团振华有限公司大气环境污染责任纠纷案	全国首例大气污染民事公益诉讼案件
3	栾树海等21名养殖户诉康菲石油中国有限公司、中国海洋石油总公司海上污染损害责任纠纷案	对于缺乏证据证明损害程度,又不接受行政协调赔偿补偿提起诉讼的,人民法院可以根据行政协调结果酌定损失数额

(四)地方法院探索不断,创新审判机构和审理模式

在最高司法机关动作连连的同时,各地环境司法机关也是创新不断,极大地丰富了环境司法专门化的实践和素材。

创新环境资源审判机构和审理模式。2016年6月6日,四川省高级人民法院环境资源审判庭正式挂牌,并实行刑事、民事、行政“三合一”归口审理模式。11月1日,海南省高级人民法院出台了《关于在部分法院推行环境资源案件“三合一”归口审理的意见(试行)》,正式开始启动全省法院环境资源案件“三合一”归口审理工作。在高级人民法院层面,除贵州、福建、海南、江苏、河北、山东、广西、江西8省市在此前已经设立了环境资源审判庭外,2016年又有广东、重庆等8家高级法院设立了环境资源审判庭,其中多数审判庭实行“三合一”归口审理模式,但亦有法院探索民事、行政“二合一”模式(河南)或者仅受理环境资源类民事案件(如广东、湖南)。

表 14 2016 年度高级人民法院环境资源审判机构设置情况

序号	名称	设立时间	审理模式
1	广东高院环境资源审判庭	2016. 1. 21	民事案件
2	重庆高院环境资源审判庭	2016. 3	民事、行政、刑事三合一
3	河南高院环境资源审判庭	2016. 3. 29	民事、行政二合一
4	云南高院环境资源审判庭	2016. 6. 2	民事、刑事、行政、公益诉讼案四合一
5	湖南高院环境资源审判庭	2016. 6. 3	民事案件(民三庭加挂)
6	四川高院环境资源审判庭	2016. 6. 6	民事、行政、刑事三合一
7	吉林高院环境资源审判庭	2016. 6. 6	民事、行政、刑事三合一
8	青海高院环境资源审判庭	2016. 11. 10	民事、行政、刑事三合一

发布环境资源司法保护情况白皮书。2016 年 6 月 3 日,云南省高级人民法院发布《云南省法院环境资源司法保护情况白皮书》,显示自 2008 年以来,云南先后有昆明、玉溪、曲靖、大理 4 家中级人民法院、11 家基层法院成立环资庭,部分法院设置了环保合议庭,至今共审理了 1300 余件民事、刑事、行政环境资源案件,审查 300 余件非诉行政执行申请案件,审结 6 件环境民事公益诉讼案件,出台多项实施意见,创新多项工作举措,关注环境公益诉讼,并率先在全国成立首个“环境公益诉讼救济专项资金账户”明确公益诉讼的利益归属,建成首个“环境公益诉讼林”示范基地,探索生态修复等多样性诉讼责任承担方式。同日,贵州省高级人民法院发布《贵州法院环境资源审判工作白皮书》,显示自 2015 年 1 月 1 日以来,贵州法院共受理环境资源类案件 4980 件,审结 3942 件。其中 2015 年共受理环境资源公益诉讼案件 12 件,占全国环境资源公益诉讼案件的 19. 35% 。6 月 5 日,安徽省高级人民法院发布《安徽省环境资源司法保护状况及典型案例白皮书》,显示自 2014 年以来,全省法院共受理环境资源案件 743 件,审结 698 件,同比分别增长 19. 3% 和 15. 2% 。刑事案件方面,共受理违反环境保护法、破坏环境资源的刑事案件 648 件,审结 614 件,同比增长 15. 3% 和 11. 4% ,判处罪犯 949 人。民事案件方面,共受理环境资源类民事案件 71 件,审结 65 件,同比分别增长 42% 和 47. 7% ,涉案标的额 1603. 19 万元。行政案件方面,共受理环境资源行政案件 24 件,审结 19 件,同比上升 118% 和 90% 。该省并未设立专门的环境资源审判机构,而是要求各中基层法院确定一个审判部门具体负责环境资源审判。

五、信息公开和公众参与不断深化

新《环境保护法》第 5 章专章规定了信息公开和公众参与,规定公民、法人和其他组织依法享有获取环境信息、参与和监督环境保护的权利,而各级人民政府环境保护主管部门和其他负有环境保护监督管理职责的部门则具有保障这些权利的义务。同时,该章还分别规定了政府和企业强制信息公开的种类和范围。

政府环境信息公开稳步推进。根据《环境保护法》规定,环境质量、环境监测、突发环境事件以及环境行政许可、行政处罚、排污费的征收和使用情况等信息应由政府主动公开。根据2016年3月环保部印发的《环境保护部政府信息公开工作2015年度报告》,2015年,围绕环境质量、环保审批、企业污染治理、环境监管执法等重点领域,环境保护部大力推进空气质量、水环境质量、污染物排放、污染源减排、建设项目环评、重点监管对象目录、区域环境质量状况等信息公开。同时加强信息发布、政策解读和回应关切,强化制度机制和平台建设,不断拓展公开范围、增强公开实效,提高政府信息公开工作服务水平,切实保障人民群众的知情权、参与权、监督权和表达权。

表15　2015年度政府环境信息公开状况

类型	公开内容	公开载体
主动公开	财政经费、政策法规、人事任免、科技标准、总量减排、环评审批、环境监测、污染防治、生态保护、核与辐射安全、环境监察、国际交流、突发环境事件等政府信息	环保部网站、《中国环境报》《环境保护部公报》、其他
依申请公开	共收到政府信息公开申请682件,全部按规定予以答复。申请内容主要涉及环境监测、项目环评、科技标准、污染防治、生态保护、政策法规、环境监察执法等方面	信函形式申请374件,占54.84%;电子邮件形式申请169件,占24.78%;网站在线申请121件,占17.74%;以其他形式申请18件,占2.64%
行政复议和诉讼	环保部受理政府信息公开行政复议申请共45件。其中,针对环境保护部政府信息公开事项25件,针对地方环保部门政府信息公开事项20件。应对政府信息公开行政诉讼5件	其中议案56件、建议386件、提案295件,占总数的5.2%。公开建议提案主办件办理复文151件,公开率达62.4%

政府环境信息公开力度的逐步加大,从公众环境研究中心(IPE)与自然资源保护协会(NRDC)联合发布的"2015－2016年度120城市污染源监管信息公开指数(PITI)评价结果"也可见一斑。自2009年以来,IPE与NRDC连续7年对全国污染源监管信息公开状况进行评价,评价涉及全国120个城市,包括各直辖市和国家环保规划确定的主要环保重点城市。报告显示,城市污染源信息公开水平总体继续攀升。2016年,在日常超标违规记录发布、排污费公示、自动监测信息公开、重点企业数据公开等10项评价指标中,北京市以77.1分首度排名全国第一位。排名前10的地区分别是北京、杭州、青岛、宁波、温州、广州、嘉兴均超过70分,这是2013年度标准升级以来首次出现70以上高分。但排名垫底的10个省份中,攀枝花、克拉玛依、大庆、临汾、大同已连续两年垫底,大同仅得分15.6。报告同时也反映出一些问题,如企业环境行为/信用等级

评价中，公布评价结果的城市不足一半，所有城市均未公布完整评价依据；自动监测信息公开方面，9 省区平台自动监测数据发布之后，重庆、山西尚未覆盖全部国控污染源的自动监测数据公开；依申请公开方面，7 个城市申请失败，113 个申请成功的城市中 26 个无回复。[1]

企业环境信息公开的范围和力度也在逐步加大。根据《环境保护法》以及《企业事业单位环境信息公开办法》规定，重点排污单位应当如实向社会公开其主要污染物的名称、排放方式、排放浓度和总量、超标排放情况，以及防治污染设施的建设和运行情况，接受社会监督。根据 IPE 的数据，2016 年度共计有 213 个地市公布了重点排污单位名录，较 2015 年 146 个地市增加了 67 个城市。[2] 中国环境新闻工作者协会、北京化工大学低碳经济与管理研究中心 2016 年发布的《中国上市公司环境责任信息披露评价报告（2015）》显示，上市公司是我国发布环境责任信息报告比例最高的板块。2015 年发布环境信息报告的数量为 747 家，比 2014 年增加了 39 家，占所有上市公司数量的 26.62%。同时，上市公司环境信息披露总体水平与 2014 年相比基本持平，属于我国目前环境信息披露水平领先的企业群体，但仍处于发展阶段，整体水平尚存较大上升空间。行业间环境信息披露质量水平存在明显差距，其中，采矿业环境信息公开最好。在国有企业、民营企业、外资企业、集体企业、公众企业及其他企业 6 类企业中，发布环境信息相关报告最多的为国有企业，得分最高的为外资企业；从区域水平来看，东部地区环境信息披露水平最高，高于总体水平，西部地区高于中部地区；从得分率来看，环境绩效部分的公开情况最差。很多企业相关报告中对具体环境绩效信息披露的内容呈现模糊性、泛泛性描述，甚至有些企业对环境责任用几句话一带而过。[3]

六、2016 年环境法实施中存在的主要特征、问题与对策

（一）2016 年环境法实施的基本特征

一是政策与法律协同并进。2016 年，中央深改组会议多次涉及生态文明建设议题，先后审议通过了《关于健全生态保护补偿机制的意见》《关于省以下环保机构监测监察执法垂直管理制度改革试点工作的指导意见》《生态文明建设目标评价考核办法》《关于健全国家自然资源资产管理体制试点方案》等一系列事关生态文明建设和环境保护的改革文件。从生态补偿到生态环境损害赔偿，从目标评价考核到划定严守生态

[1] 《蓄势待发：2015－2016 年度 120 城市污染源监管信息公开指数（PITI）报告》，载 http://www.gzepb.gov.cn/hjzs/201609/P020160914419003856166.pdf。

[2] 同上。

[3] 《〈中国上市公司环境责任信息披露评价报告（2015 年）〉发布》，载 http://www.ccstock.cn/gscy/qiyexinxi/2017－01－22/A1485096780206.html。

红线,从环境监测到环保执法,中央深改组为生态文明建设和环境治理出台了详细的执行方案。与此同时,生态文明立法也齐头并进,年度全国人常委会共通过环境与资源保护方面的法律 10 部,占据年度全部法律立法数量的 28.6% 。

二是环境保护政府职责逐渐理顺和归位。长期以来,我国环境执法的重心在于监督企业的守法状况,且中央和地方的环境保护事权一直没有明确的界限。2015 年以来,这一状况逐渐得到纠正,环境执法开始由“督企”转向“督企”与“督政”并重。[1] 2016 年,中央层面的改革使得这一趋势更为明确,环境保护事权在纵向和横向层面的划分也逐渐清晰。具体表现在 3 个方面:第一,明确基层环保部门主要负责“督企”,而上级政府及其环保主管部门主要负责“督政”,并通过中央、省级层层环保督查来落实这一制度;第二,矫正“环境保护是环保部门的工作”,要求“管发展的要管环保,管生产的要管环保,管行业的要管环保”,强化“党政同责、一岗双责、齐抓共管、失职追责”,政府则承担主体责任;第三,推动省级以下监测、监察执法垂直管理,为上述纵横两方面的事权划分提供保障。

(二)年度环境法实施中存在的突出问题及其对策

一是环境司法专门化程度尚待深化。环境侵害不同于传统的侵害类型:一方面,体现为环境侵害所造成的损害呈现出人身、财产等私益损害与生态环境损害等公益损害相互交织的局面;另一方面,体现为基于生态整体性特征,环境侵害所造成的影响往往不限于单一介质和单一地域。这就使传统以行政区划为地域管辖基础,由民事、行政、刑事审判庭对环境案件分而审之的司法体制不具有天然正当性,反倒应率先在环境司法领域建立与行政管辖适度分立的司法管辖制度,并探索环境诉讼的特别程序。但目前,除贵州、青海等少数省份实行跨区域管辖外,多数地方的环保法庭管辖仍然是与行政区划完全重叠;环境资源案件的审判模式和审理程序还存在较大争议,生态环境损害赔偿政府索赔权与行政管理权、政府索赔诉讼与公益诉讼的适用关系尚未明确,私益诉讼与公益诉讼的角色定位仍显混乱等。由于环境司法专门化是一个系统工程,涉及各个部门的协同与合作,当前由法院系统主导的自下而上的改革已经遭遇“瓶颈”期,亟须进行“顶层设计”,才能保证环境司法专门化朝向规范化、制度化和常规化发展。应推动建立中央层级的协调机制,化解掣肘专门审判机构设立的障碍。建议由最高人民法院、最高人民检察院、公安部、中央编办等相关部门联合发布文件,明确专门审判机构的设置标准,并推动建立与跨区域审判机构相协调的生态环境检察机构和环保公安机构。应在继续深化试点、总结经验的基础上,推动制定专门的《环境诉讼特别程序法》,对环境司法的特殊问题做出规定。

---

[1] 张宝:《2015 年环境法实施报告》,载江必新主编:《中国法治实施报告 2015》,法律出版社 2016 年版。

二是环境法实施的外部环境依然严峻。当前,我国工业化、城镇化、农业现代化的任务尚未完成,生态环境保护仍面临巨大压力。伴随着经济下行压力加大,发展与保护的矛盾更加突出,一些地方环保投入减弱,进一步推进环境治理和质量改善任务艰巨。区域生态环境分化趋势显现,污染点状分布转向面上扩张,部分地区生态系统稳定性和服务功能下降,统筹协调保护难度大。我国积极应对全球气候变化,推进"一带一路"建设,国际社会尤其是发达国家要求我国承担更多环境责任,深度参与全球环境治理挑战大。[1] 因而,必须对生态文明和环境保护有个清醒认识,要树立"绿水青山就是金山银山"的强烈意识,深化生态文明体制改革,尽快把生态文明制度的"四梁八柱"建立起来,把生态文明建设纳入制度化、法治化轨道。[2] 具体来看,根据2016年全国环境保护工作会议确定的"十三五"期间环境保护工作的思路,即紧紧围绕"五位一体"总体布局和"四个全面"战略布局,牢固树立和贯彻落实五大发展理念,以改善环境质量为核心,实行最严格的环境保护制度,打好大气、水、土壤污染防治三大战役,推进主要污染物减排,严密防控环境风险,确保核与辐射安全,加强环境基础设施建设,强化污染防治与生态保护联动协同效应,不断提高环境管理系统化、科学化、法治化、精细化和信息化水平,加快推进生态环境治理体系和治理能力现代化,确保2020年生态环境质量总体改善。

（审读专家:武汉大学法学院　柯坚教授）

（责任校对:吴珊珊）

撰稿专家

张宝,1983年出生,法学博士(中美联合培养)、博士后,现任中南大学法学院院长助理,副教授、硕导,中南大学环境司法研究中心执行主任,湖南省高级人民法院环境资源审判庭庭长助理(挂职)。主要从事环境法与传统法领域的交叉研究,独著2部、合著10余部,发表论文40余篇,主持国家、部省级项目10余项。兼任中国环境科学学会环境法分会委员、湖南省法学会环境资源法学研究会秘书长、《中国环境法学评论》编辑等。

---

〔1〕 参见《"十三五"生态环境保护规划》。

〔2〕 习近平:《要尽快把生态文明制度的"四梁八柱"建立起来》,载澎湃新闻网,http://www.thepaper.cn/newsDetail_forward_1572796。

第五章

2016 年社会法实施报告

下 2016 年卫生法实施报告

陈云良 岳远雷

报告要旨

2016 年度卫生法实施针对现实热点问题、焦点问题具有鲜明的针对性和回应性。卫生法律法规不断完善细化;医药卫生政策不断有新举措;卫生计生工作取得新进展;药品监管工作取得新成效;健康中国建设上升为国家新战略;严肃立规,打击医闹;医药领域实施反垄断调查;医疗健康领域成为 FCPA 执法的重点领域;为保障民生,司法机关应严厉打击医药卫生领域违法犯罪。存在的问题既有卫生立法的碎片化导致卫生法难具权威性,也有卫生与健康事业发展面临的新挑战,还有卫生法律实施凸显空洞性等问题以及严格执法与执法机关能力之间的矛盾。

核心建议

1. 卫生法律实施需要依靠行政法、社会法、民法、刑法等诸法的鼎力支持。
2. 全面加强健康卫生法治建设是医药卫生事业改革发展的重要保障。
3. 将“健康中国建设”上升为国家新战略。
4. 要积极司法,强化对医药卫生法治领域的司法救济。

实现卫生事业规制法治化,是实现依法治国、全面建成法治政府的宏伟目标的重要组成部分。随着我国社会主义市场经济体制的完善与民主法治建设进程的深化,我国的法律体系逐步完善。卫生法是中国法律体系的重要组成部分,在保障公民健康权益、推进经济社会和谐发展方面发挥着不可或缺的作用。近年来,中国的卫生法律体系逐步丰富和完善,但卫生法律实施薄弱的问题仍比较突出,需要从更深的层面进行分析和研究。最大限度地保障公民的健康权益是卫生法律实施的根本目的,研究卫生法律实施必然要从卫生法律运行的整体角度去探讨,从全部要素和层次及其相互联系中进行整体化的研究和全方位的把握。基于这种认识,我们认为卫生法律实施是从卫生立法到卫生执法、卫生法适用、卫生法治实现的一个系统过程。

一、2016 卫生法实施状况全景描述

(一)卫生法律法规不断完善细化

1.《中医药法》通过

2016 年 12 月 25 日,第十二届全国人大常委会第二十五次会议表决通过了《中医药法》,该法于 2017 年 7 月 1 日正式实施。中医药法的通过对中医药事业的发展具有里程碑的意义,可以增强中华文化软实力。中医药法有 5 大亮点:第一,明确了中医药事业的重要地位和发展方针。中医药法规定中医药事业是我国医药卫生事业的重要组成部分,国家大力发展中医药事业,实行中西医并重的方针。第二,建立符合中医药特点的管理制度。中医药法在中医诊所、中医医师准入、中药管理等多个方面对现有的管理制度进行了改革创新,规定了适应中医药发展规律,符合中医药特点的管理制度。第三,加大对中医药事业的扶持力度。中医药法进一步加大对中医药事业的扶持力度,包括明确县级以上政府应当将中医药事业纳入国民经济和社会发展规划,建立健全中医药管理体系,将中医药事业发展经费纳入财政预算,为中医药事业发展提供政策支持和条件保障,统筹推进中医药事业发展。第四,坚持扶持与规范并重,加强对中医药的监管。针对中医药行业中存在的服务不规范、中药材质量下滑等问题,中医药法作了有针对性的规定,包括明确开展中医药服务应当符合中医药服务基本要求,加强对中医医疗广告的管理;加强中药材质量监测,建立中药材流通追溯体系和进货查验记录制度。第五,加大对中医药违法行为的处罚力度。针对中医诊所和中医医师非法执业、医疗机构违法炮制中药饮片、违法配制中药制剂、违法发布中医医疗广告等违法行为规定了明确的法律责任。[1]

2.《药品管理法实施条例》修订

2016 年 3 月,国务院总理李克强签署第 666 号国务院令,公布《国务院关于修改部分行政法规的决定》,其中包括《药品管理法实施条例》。该决定第 30 条对《药品管理

---

〔1〕《中医药法明年 7 月 1 日实施,看看有哪五大亮点》,载新华网,http://jjckb.xinhuanet.com/2016-12/25/c_135931520.htm,最后访问日期:2017 年 2 月 16 日。

法实施条例》的多个条款做出了修改,除删除了有关药品生产、经营许可前置程序方面的规定,还删除了有关药品价格的条款,并按照简政放权的原则,修改了药品经营企业实施GSP认证的有关条款,同时将《药品管理法实施条例》第33条改为第32条,第42条改为第41条,增加1款作为第2款。《药品管理法》是药品监管领域最重要的"基本法",是食品药品监管部门依法行政的主要法律依据。之前这部法律已经修改,上位法的变化使下位法中一些条款和相关规定已经不再适用,而《药品管理法实施条例》的修订又不能在朝夕间完成,正因为此,国务院先行对个别条款予以修改,以增强监管执法的可操作性。

3.《疫苗流通和预防接种管理条例》修订

2016年4月23日,国务院公布《关于修改〈疫苗流通和预防接种管理条例〉的决定》(以下简称《决定》),自公布之日起施行。

《决定》共24条,主要针对山东济南非法经营疫苗系列案件暴露出来的问题,坚持问题导向,坚持突出重点,着力完善第二类疫苗的销售渠道、冷链储运等流通环节法律制度,建立疫苗全程追溯法律制度,加大处罚及问责力度,坚决保障接种安全,有力维护人民群众生命健康,有效提高政府公信力和执行力。《决定》改革了第二类疫苗流通方式,取消疫苗批发企业经营疫苗的环节,明确将疫苗的采购全部纳入省级公共资源交易平台,第二类疫苗由省级疾病预防控制机构组织在平台上集中采购,由县级疾病预防控制机构向疫苗生产企业采购后供应给本行政区域的接种单位。同时,疾病预防控制机构、接种单位要建立真实、完整的购进、接收等记录,做到票、账、货、款一致。

《决定》强化了疫苗全程冷链储运管理制度,明确配送责任,强化储运的冷链管理,要求疫苗储运全过程不得脱离冷链并定时监测记录温度,部分疫苗还应加贴温控标签,同时在疫苗接收环节增设索要温度监测记录的义务。《决定》完善了疫苗全程追溯管理制度,规定国家建立疫苗全程追溯制度,相关企业和单位应记录疫苗流通、使用信息,实现疫苗最小包装单位的全程可追溯;对存在包装无法识别、来源不明等情形的疫苗,要如实登记并向药品监管部门报告,由监管部门会同卫生主管部门监督销毁。《决定》加大了处罚及问责力度,对未在规定的冷藏条件下储运疫苗等严重违法行为提高了罚款额度、增设了禁业规制,增加了地方政府及监管部门主要负责人应当引咎辞职的规定,并完善了与刑事责任的衔接。[1]

但是,要解决疫苗领域的问题,不是简单修改《疫苗流通和预防接种管理条例》就能够得以根本解决的,如何理顺疾控部门、生产企业以及疫苗接种点的关系,仍有待相

〔1〕 参见《国务院常务会议通过〈国务院关于修改《疫苗流通和预防接种管理条例》的决定(草案)〉》,载国家卫生计生委网,http://www.nhfpc.gov.cn/zhuz/xwfb/201604/fa156781a9744c05b6e6c26e77cc16e6.shtml,最后访问日期:2017年2月16日。

关配套措施的跟进出台。

4.《禁止非医学需要的胎儿性别鉴定和选择性别人工终止妊娠的规定》

2016年3月28日,《禁止非医学需要的胎儿性别鉴定和选择性别人工终止妊娠的规定》已经国家卫生和计划生育委员会委主任会议讨论通过,并经国家工商行政管理总局、国家食品药品监督管理总局同意,自2016年5月1日起施行。与原《规定》相比,新《规定》有以下突破:建立了部门配合、共同治理出生人口性别比偏高问题的工作机制,将禁止"两非"工作纳入计划生育目标管理责任制,明确了组织、介绍实施"两非"行为的法律责任,建立了涵盖相关医疗广告、医疗器械和药品的监管制度以及有奖举报制度,等等。

5.深圳出台国内首部地方医疗"基本法"

2016年8月25日,历经两年四审的《深圳经济特区医疗条例》终于在深圳市人大常委会会议中获得表决通过,于2017年1月1日起施行。《深圳经济特区医疗条例》是全国首部地方性医疗基本法规。该条例对深圳医疗资源配置与保障、医疗机构登记、医疗执业管理、医疗秩序与纠纷处理、医疗监督管理以及行业自律管理等方面作了全面、系统的规范,对进一步完善医疗卫生服务体系、深化医疗卫生体制改革、保障居民健康权益、推进医疗卫生事业发展具有重要意义。该条例的主要内容和制度创新如下:强化政府保基本的责任,坚持基本医疗服务公益性;二三级医院可适当限制接诊,推进分级诊疗制度建设;取消医疗机构设置许可(筹建审批),鼓励社会办医;建立医疗机构主体资格登记制度,营业执照、执业许可证"同名";向患者公开全部病历,保障患者知情权;明确医疗机构为公共场所,严禁"医闹""倒号""医托""医赖";实行医师执业区域注册,促进医师多点执业;明确电子病历和电子签名效力,为医生减负,全面推动"互联网+"医疗发展;完善医疗行业诚信管理机制,医疗机构和医师累积记分与处罚挂钩;推行医师"业必归会",加强行业自律管理。[1]

(二)2016年卫生执法

执法是实现立法目的的主要手段,没有执法,法律就很难得到贯彻实施。卫生行政执法是国家行政执法中的一个专门领域。卫生行政执法是指卫生行政机关及其工作人员依据法律赋予的职权,履行法律规定的具体行政行为。

1.深入推进行政审批政务公开工作

为贯彻落实党中央、国务院关于深化行政体制改革,加快转变政府职能的决策部署,切实维护法制统一和推进依法行政,根据国务院关于规章清理工作的要求,2016年国家卫生计生委对现行有效部门规章进行了全面清理,公布了现行有效部门规章目

---

〔1〕参见余海蓉、深卫信:《深圳出台国内首部地方性医疗基本法》,载深圳特区报网,http://sztqb.sznews.com/html/2016-09/01/content_3609201.htm,最后访问日期:2017年2月16日。

录、决定不再作为部门规章的文件目录和决定废止的部门规章目录。[1]

推行政府部门权力和责任清单制度是党的十八届三中、四中全会部署的重要改革任务,是国家治理体系和治理能力现代化建设的重要举措,对于深化行政体制改革,建设法治政府、创新政府、廉洁政府和服务型政府具有重要意义。2016 年,根据党中央、国务院的部署和要求,各单位要全面推行权力清单、责任清单、负面清单制度并进行动态管理,向社会全面公开部门职能、法律依据、实施主体、职责权限、管理流程、监督方式等事项。国家卫生计生委和国家食品药品监督管理总局分别作了本部门权责事项梳理,经中央编办、国务院法制办对两部门基础权责清单的研究审核,两部委对权力清单进行了公示。[2]

2015 年以来,国务院深化行政审批制度改革,进一步推进简政放权、放管结合、优化服务改革,创新卫生计生行政管理方式,加快政府职能转变,推进政务公开。按照国务院统一部署,国家卫生计生委、国家食品药品监督管理总局加快了对中央指定地方实施的行政审批事项的清理,并及时公开清理结果。2016 年 7 月 19 日,国务院审改办向社会公布了法律、行政法规和国务院决定的指定地方实施的行政许可事项清单,其中包括地方卫生计生委实施的许可事项 33 项[3],以及食品药品监督管理局实施的行政许可事项 44 项。[4]

2017 年 1 月 21 日,国务院印发《关于第三批取消中央指定地方实施行政许可事项的决定》,明确了在前两批取消 230 项审批事项的基础上,再取消 39 项中央指定地方实施的行政许可事项。本次取消的事项中涉及医药行业的有:药物临床试验机构资格认定初审、药用辅料(不含新药用辅料和进口药用辅料)注册、互联网药品交易服务企业(第三方平台除外)审批。

2. 卫生与健康政策新举措

(1)健康优先成为国家战略

2016 年 8 月 19 ~ 20 日,全国卫生与健康大会在北京召开。中共中央总书记、国家

---

[1] 三类目录参见《国家卫生和计划生育委员会公告(2016 年第 1 号)》,载国家卫生计生委法制司网,http://www.nhfpc.gov.cn/fzs/s7851/201601/4df3966ea7654734b73443b11920bcf0.shtml,最后访问日期:2017 年 2 月 21 日。

[2] 《卫生计生委权力清单》,载中央人民政府网站,http://www.gov.cn/fuwu/2016-07/26/content_5094886.htm,最后访问日期:2017 年 2 月 21 日。

[3] 《卫生计生委地方实施许可清单》,载中央人民政府网站,http://www.gov.cn/fuwu/2016-07/26/content_5094816.htm,最后访问日期:2017 年 2 月 21 日。

[4] 《食品药品监管总局地方实施许可清单》,载中央人民政府网,http://www.gov.cn/fuwu/2016-07/26/content_5094806.htm,最后访问日期:2017 年 2 月 21 日。

主席习近平在会上强调,没有全民健康,就没有全面小康。习近平总结概括了“以基层为重点,以改革创新为动力,预防为主,中西医并重,把健康融入所有政策,人民共建共享”的卫生与健康工作新38字方针。要把人民健康放在优先发展的战略地位,以普及健康生活、优化健康服务、完善健康保障、建设健康环境、发展健康产业为重点,加快推进健康中国建设,为实现“两个一百年”奋斗目标、实现中华民族伟大复兴的中国梦打下坚实的健康基础。这次大会是近20年来我国卫生和健康领域最重要的会议。习近平总书记站在实现民族复兴、增进人民福祉的战略高度,首次提出“健康优先”这一全新的发展理念,成为引导社会经济发展方向的新标识。“健康优先”这一发展理念,使医疗卫生事业发展有了坚定的方向。这是国民经济社会生活中“健康”地位的又一次提升,也是我国卫生与健康事业发展史上的一个里程碑。

(2)健康促进有了新起点

国际和国内的经验都表明,“健康促进”是一个非常有效的、成本效益很高的促进公众健康的途径。健康促进概念的提出,是人类逐步了解健康、应对健康挑战的结果。2016年11月21~24日,由国家卫生计生委和世界卫生组织联合主办、上海市政府承办的第九届全球健康促进大会在沪召开,国务院总理李克强出席大会开幕式并致辞。全球健康促进大会是健康促进领域最高级别会议,受到国际社会的广泛关注。这次盛会把健康促进列入可持续发展议程中,将其提升为各国政府的政治承诺,是健康促进领域的新起点。李克强指出,健康是人类的永恒追求,健康促进是国际社会的共同责任。大会发布了成果文件《2030可持续发展中的健康促进上海宣言》和《健康城市上海共识》。大会呼吁世界各国增强命运共同体意识,将健康促进放在社会经济可持续发展全局的重要位置,推动全球健康治理更加公正合理,筑牢全球公共卫生安全防控屏障,促进传统医学与现代医学互学互鉴,共同构筑公平、创新、共享、融合的健康促进事业发展道路。2016年是推进“健康中国”建设的启航之年,又恰逢首届全球健康促进大会召开30周年。在这样一个关键时刻,由中国举办第九届全球健康促进大会,提升了健康在可持续发展目标中的地位和作用,也有利于推动健康促进的理论发展和实践。

(3)健康中国有了规划纲要

为推进健康中国建设,提高人民健康水平,2016年10月25日,中共中央、国务院发布《“健康中国2030”规划纲要》(以下简称《纲要》)。《纲要》围绕总体健康水平、健康影响因素、健康服务与健康保障、健康产业、促进健康的制度体系等方面设置了若干量化指标,并据此提出了健康中国“三步走”的目标,即“2020年,主要健康指标居于中高收入国家前列”;“2030年,主要健康指标进入高收入国家行列”的战略目标;2050年,“建成与社会主义现代化国家相适应的健康国家”。《纲要》突出强调了以下重点内容:预防为主,调整优化健康服务体系,将“共建共享、全民健康”作为战略主题,实现全民健康。2016年8月19~20日召开的全国卫生与健康大会征求了全体与会代表的意见,对《“健康中国2030”规划纲要》进行修改;8月26日,中共中央政治局会议审议通过《纲要》,预示着建设健康中国新征程的开启。从健康中国概念首次提出,到上升为国家战略,再到《“健康中国2030”规划纲要》落地,可以看到,健康中国逐渐从抽象的概念变成清晰的行动指南。《纲要》不仅明确了指导原则,还细致地阐述了战略重点、主要任务及保障措施。国家从顶层设计上描绘了健康中国建设的蓝图,从供给侧和需求侧两端发力,统筹社会、行业和个人3个层面,实现政府牵头负责、社会积极参与、个人履行健康责任,形成维护和促进健康的强大合力,真正实现“将健康融入所有政策”。

(4)药品审批加快改革

国家食品药品监管总局积极推进药品审评、审批制度的改革。提高了药品的审批标准,对已经上市的仿制药品开展一致性评价。简政放权,提高效率,推进药品上市许可持有人的试点,促进制药工业由生产大国向质量强国转变。2015年11月4日,第十二届全国人民代表大会常务委员会第十七次会议通过《关于授权国务院在部分地方开展药品上市许可持有人制度试点和有关问题的决定》,明确允许试点省市药品研发机构和科研人员取得药品批准文号,对药品质量承担相应责任。2016年3月5日,国务院办公厅印发《关于开展仿制药质量和疗效一致性评价的意见》,规定化学药品新注册分类实施前批准上市的仿制药,凡未按照与原研药品质量和疗效一致原则审批的,均须开展一致性评价。2016年6月6日,国务院办公厅印发《药品上市许可持有人制度试点方案》(以下简称《方案》),在北京、四川等10省(市)开展试点工作。《方案》提出,试点行政区域内的药品研发机构或科研人员可以作为药品注册申请人提交药物临床试验申请和药品上市申请,申请人取得药品上市许可及药品批准文号的,可以成为药品上市许可持有人。为加强药品注册管理,加快具有临床价值的新药和临床急需仿制药的研发上市,解决药品注册申请积压的矛盾,2016年2月26日,总局发布《关于解决药品注册申请积压实行优先审评审批的意见》。2016年8月24日,国家食品药品监督管理总局对《关于药物临床试验数据核查有关问题处理意见的公告(征求意见稿)》公开征求意见,以便进一步规范药物临床试验活动,处理药物临床试验数据核查发现的数据不真实、不完整和不规范的问题。2016年11月7日,工信部、国家卫计委等6部门联合印发《医药工业发展规划指南》,要求医药工业提高国际化发展水平,鼓励开展新药、化学仿制药、中药、生物类似药国际注册,实现3~5个新药和200个以上化学仿制药在发达国家市场上市。

(5)健康扶贫工程全面实施

在国家全面推进精准扶贫的大格局中,健康扶贫是重要的一环。2016 年,健康扶贫工作迎来政策春天,全方位、多领域、多部门、多层级打造健康扶贫大环境。2016 年 6 月,国家卫生计生委、国务院扶贫办等 15 部委联合印发《关于实施健康扶贫工程的指导意见》,建立基本医疗保险、大病保险、疾病应急救助、医疗救助等制度的衔接机制,发挥协同互补作用,形成保障合力。2016 年 7 月,国家卫生计生委、国务院扶贫办、中央军委后勤保障部卫生局联合召开全国健康扶贫工作会议,国家卫生计生委主任李斌在会上强调,实施健康扶贫工程,要因地因人施策、因病分类救治,加大健康扶贫投入,充分动员社会力量参与,形成健康扶贫强大合力。2016 年,健康扶贫工作取得突出成效。农村贫困人口新农合政策范围内住院费用报销比例提高 5 个百分点以上,医疗保障水平明显提高;启动 9 种大病集中救治工作试点,分类救治贫困患者 100 多万人;安排 889 家三级医院对口帮扶所有贫困县的 1149 家县级医院,蹲点帮扶工作全面开展。[1]

(6)健康医疗大数据迈入新时代

随着互联网、大数据和人工智能技术与健康的加速融合,"互联网 + 健康"从概念迈向实干,大数据在健康领域的应用也愈加广泛;"互联网 + 健康"需要国家从更高层面积极推动信息流动和共享,推动互联网与医疗健康的深度融合。健康医疗大数据是涵盖人的全生命周期,既包括个人健康,又涉及医药服务、疾病防控、健康保障和食品安全、养生保健等多方面数据的汇聚和聚合。利用健康医疗大数据,不仅对改进健康医疗服务模式,而且对经济社会发展都有着重要的促进作用,是国家重要的基础性战略资源。[2] 2016 年 6 月 24 日,国务院办公厅印发《关于促进和规范健康医疗大数据应用发展的指导意见》,部署通过"互联网 + 健康医疗"探索服务新模式、培育发展新业态,努力建设人民满意的医疗卫生事业,为打造健康中国提供有力支撑。2016 年 10 月 24 日,2016 年全国人口健康信息化工作会议召开,国家卫生计生委副主任马晓伟在会上提出,要全面推进人口健康信息化建设,积极促进和规范健康医疗大数据的应用发展。2016 年 11 月 17 日,第三届世界互联网大会在浙江乌镇举办,并特设"互联网 + 智慧医疗"分论坛。这是世界互联网大会首次举办与医疗相关的主题活动。可以看到,

---

[1] 《国家卫生计生委召开 2017 年全国健康扶贫工作会议》,载国家卫生计生委网,http://www.nhfpc.gov.cn/zhuz/xwfb/201701/5f3b0e5fe173496a8755541cf26e06cf.shtml,最后访问日期:2017 年 2 月 12 日。

[2] 《发展和规范健康医疗大数据应用(国务院政策吹风会文字实录节选)》,载国家卫生计生委网,http://www.nhfpc.gov.cn/zhuz/xwfb/201606/a571683d5b8f4c7b8e5360b39cf15f9c.shtml,最后访问日期:2017 年 2 月 16 日。

信息化已经深入医疗卫生的各个领域,成为医疗卫生事业发展的重要引擎,利用信息化手段可以提升医疗机构医务人员的管理水平,推动分级诊疗工作,延伸放大医疗卫生机构服务能力,同时加强医疗质量安全。

3. 医药卫生工作取得新成效

(1)深化医药卫生体制改革扎实推进

全民医保制度基本建立,基本医疗保险参保率稳固在95%以上,覆盖人口超过13亿人,2016年城乡居民医保财政补助标准达到人均420元,城乡居民大病保险全面推开,保障水平大幅提升。公立医院综合改革持续拓展深化,全国1977个县(市)全面推开县级公立医院综合改革,公立医院综合改革试点城市扩大到200个,科学的管理体制和运行机制正在形成。基层医疗卫生服务体系不断健全,基本实现乡乡有卫生院、村村有卫生室,服务能力明显提高。药品供应保障体系进一步健全,实行国家基本药物制度,推行公开透明的公立医疗机构药品省级网上集中采购,逐步建立以市场为主导的药品价格形成机制。分级诊疗制度建设加快推进,全国超过一半的县(市)开展了基层首诊试点,县域内就诊率达80%以上。[1]

(2)公共卫生和卫生应急能力整体上了新台阶

基本公共卫生服务人均经费补助标准提高到40元,服务内容增加到12类45项。艾滋病疫情控制在低流行水平,肺结核报告发病率下降到63.4/10万,所有血吸虫病流行县达到传播控制标准,基本消除或控制重点地方病危害。初步建立起慢性病防治体系,严重精神障碍防治网络不断完善。爱国卫生运动深入开展。居民健康素养水平稳步提升。推广血液筛查核酸检测,血液安全水平进一步提高。联防联控工作机制不断完善,成功防范和应对人感染禽流感等突发急性传染病和公共卫生事件。卫生计生综合监督执法进一步加强。食品安全标准与监测评估工作扎实推进。[2]

(3)医疗卫生服务质量和满意度进一步提升

服务流程不断优化,有效增加群众"获得感"。各地运用信息化手段,进一步优化服务流程、提高服务效率、改进服务质量。截至2016年年底,1378家医疗机构提供移动支付结算方式,同比增加710余家;三级医院预约诊疗率平均达到38.6%,同比提高6.5%,3329家医疗机构实现分时段预约诊疗,有效减少患者的候诊时间。医疗质量不

---

〔1〕《中共中央办公厅 国务院办公厅转发〈国务院深化医药卫生体制改革领导小组关于进一步推广深化医药卫生体制改革经验的若干意见〉》,载国家卫生计生委网,http://www.nhfpc.gov.cn/zhuz/xwfb/201611/caae87ae61564a2aa0b640ae08f5e752.shtml,最后访问日期:2017年2月16日。

〔2〕《国务院关于印发"十三五"卫生与健康规划的通知》(国发〔2016〕77号),载国家卫生计生委网,http://www.nhfpc.gov.cn/bgt/gwywj2/201701/4c906ad0e5c1481e9b1d333a0f5dc11a.shtml,最后访问日期:2017年2月17日。

断改进，持续增强群众“信任感”。各地大力推行临床路径管理，认真落实优质护理要求，不断加强合理用药管理，有效保障患者安全。截至2016年年底，7700余家医疗机构实施临床路径管理，其中三级医院1953家、二级医院5792家，同比分别增加354家、1229家；所有三级医院、6000余家二级医院开展了优质护理服务；1507家三级医院利用信息化手段开展临床合理用药指导。医院通过推行日间手术、专病门诊、多学科联合门诊等模式，为患者提供更加方便快捷的医疗服务。截至2016年年底，396家医疗机构设置日间手术中心，同比增加近300家，日间手术占择期手术比例达11%；6800余家医疗机构开展远程医疗服务，覆盖了1330个县。[1]

（4）全面两孩政策稳妥实施

实施全面两孩政策、改革完善计划生育服务管理，是促进人口均衡发展的重大举措，有利于优化人口结构、增加劳动力供给、减缓人口老龄化压力，有利于更好落实计划生育基本国策，促进家庭幸福与社会和谐。2015年12月14日，中共中央政治局审议《关于实施全面两孩政策改革完善计划生育服务管理的决定》（下文简称《决定》）。2016年1月1日，新修订的《人口与计划生育法》正式施行，该法第18条明确规定：“国家提倡一对夫妻生育两个子女。”2016年，全国上下贯彻落实《决定》和新修订的《人口与计划生育法》，完善配套政策措施，深化服务管理改革，确保全面两孩政策平稳落地。发改委、卫计委等部门研究编制《国家人口发展规划（2016—2030年）》《“十三五”全国计划生育事业发展规划》，统筹谋划构建鼓励按政策生育的制度体系，深入推进计划生育服务管理改革。2016年1月1日，全面两孩政策正式实施。根据国家统计局发布的1‰抽样调查推算数据，全年出生人口达到1786万人；根据卫计委统计数据，全年住院分娩活产数为1846万人。[2] 在全面两孩政策实施一年多，还应对政策实施情况进行评估，特别是对目标群体的生育意愿、生育行为、生育时间、抚育成本等实施第三方监测，这样不仅有利于真实、客观掌握政策的现实效果，也将为相关政策的进一步调整和完善提供重要参考。

（5）中医药工作取得重大突破

2016年是中医药发展史上具有里程碑意义的一年。2016年2月，国务院印发《中医药发展战略规划纲要（2016－2030年）》，把中医药发展上升为国家战略，对新时期

---

〔1〕《2017年2月例行新闻发布会材料：进一步改善医疗服务行动计划工作情况》，载国家卫生计生委网，http://www.nhfpc.gov.cn/zhuz/xwfb/201702/d19cca3bd7df4e19b4f6a7762e3b473a.shtml，最后访问日期：2017年2月18日。

〔2〕《2017年1月全面两孩政策工作进展专题新闻发布会材料一：关于全面两孩政策实施进展情况》，载国家卫生计生委网，http://www.nhfpc.gov.cn/zhuz/xwfb/201701/8745c900089b42218ba9a0b5a10fc25f.shtml，最后访问日期：2017年2月16日。

推进中医药事业发展做出系统部署。2016 年 8 月,国务院批复同意建立中医药工作部际联席会议制度,由刘延东副总理亲自担任召集人。2016 年是新中国开启中医药高等教育 60 周年,召开了中医药高等教育改革与发展座谈会,评选表彰了 60 名中医药高等学校教学名师。为进一步提升基层中医药服务能力,坚持“保基本、强基层、建机制”的基本原则,2016 年 10 月 17 日,国家中医药管理局、国家卫生计生委、人力资源社会保障部、国家食品药品监管总局、中央军委后勤保障部联合制定了《基层中医药服务能力提升工程“十三五”行动计划》。2016 年 12 月 6 日,国务院新闻办首次发表了《中国的中医药》白皮书,详细介绍了我国发展中医药的政策措施及成效,着重展示了中医药的文化内涵和科学价值,充分体现了国家对中医药这个中华民族瑰宝的高度重视,向世界宣告了中国坚定发展中医药的信心和决心。2016 年 12 月 25 日,全国人大常委会第二十五次会议审议通过《中医药法》并经国家主席习近平以第 59 号令签署颁布,将于 2017 年 7 月 1 日起正式施行。中医药法以法律方式将党和国家发展中医药的方针政策固定下来,对于继承和弘扬中医药、保障和促进中医药事业发展、维护人民健康,具有十分重要的意义。

(6)全国人大常委会开展《食品安全法》执法检查

执法检查是人大及其常委会行使监督权的法定形式和重要途径,也是人大及其常委会推动法律贯彻实施、推进法治国家建设的主要抓手。2016 年 4 月 12 日,新修订的《食品安全法》实施半年之际,中共中央政治局常委、全国人大常委会委员长张德江主持召开全国人大常委会食品安全法执法检查组第一次全体会议,正式启动 2016 年度全国人大常委会执法检查。2016 年 4 月至 5 月,全国人大常委会专门成立食品安全法执法检查组,分成 5 个小组,分别赴天津、内蒙古、黑龙江、福建、湖北、广东、甘肃等 10 个省(自治区、直辖市)开展执法检查。2016 年 6 月 30 日,十二届全国人大常委会第二十一次会议举行第三次全体会议,张德江委员长出席会议并作全国人大常委会执法检查组关于检查食品安全法实施情况的报告。2016 年 12 月 23 日,第十二届全国人民代表大会常务委员会第二十五次会议召开,国家食品药品监督管理总局局长、国务院食品安全办主任毕井泉受国务院委托,向全国人大常委会作了研究处理食品安全法执法检查报告及审议意见情况的反馈报告。2016 年度全国人大常委会执法检查首选新修订《食品安全法》的实施情况,说明了全国人大及其常委会对推动该法全面有效实施,切实保障人民群众饮食安全的高度重视。但从执法检查来看,我国食品安全形势依然严峻,部分食品生产经营者主体责任意识较弱,监管体制机制需要进一步研究完善,部分法律适用问题亟需进一步明确。这就要求各级监管部门仍需加大新修订《食品安全法》的宣传力度,增强全社会食品安全意识和法治意识,推动法律正确有效实施,进而确保人民群众吃得安全、吃得放心、吃得健康。

(7)药品监管工作取得新进展

2016 年 CFDA 共计对药品生产企业组织开展飞行检查 45 家次,跟踪检查 210 家次。对 49 个药品品种实施境外生产现场检查,开展生化药、中药饮片、牛黄专项整治。组织对 269 个品种 2 万批次药品抽检,向 471 家企业发出质量风险提示函,收回药品生产企业 GMP 证书 33 张。按照国务院的部署,严查济南非法经营疫苗系列案件,严惩不法分子。整顿药品流通秩序,立案查处批发企业 1345 家,责令整改 4224 家,移送公安机关 47 家,吊销和注销药品经营许可证 241 张,撤销和收回药品 GSP 证书 437 张。开展医疗器械临床试验监督抽查,促使 122 家企业主动撤回 263 项注册申请。对 51 家第三类医疗器械生产企业、16 家经营企业开展飞行检查,责令停产整改 8 家。对 1763 家义齿生产企业开展检查,立案查处 303 家。对进口医疗器械份额较大的 19 家境外生产企业进行检查。同时,CFDA 联合公安等部门查处了非法经营和使用注射用透明质酸钠的企业或单位 662 家,责令整改 1202 家。开展医疗器械流通领域违法经营行为集中整治,注销或吊销经营许可证 4562 张,取消第二类医疗器械经营备案凭证 2666 张,立案 1562 件,罚没款 2356 万元,责令整改 23,749 家企业。[1]

(三)卫生法适用

1. 严肃立规,打击医闹

2015 年 8 月 29 日第十二届全国人民代表大会常务委员会第十六次会议通过《刑法修正案(九)》,加大了对暴力伤医等行为刑事打击的力度,为构建和谐医患关系提供法律保障。2015 年 11 月 1 日起,《刑法修正案(九)》正式施行。《刑法修正案(九)》规定,聚众扰乱社会秩序,情节严重,致使工作、生产、营业和教学、科研、医疗无法进行,造成严重损失的,首要分子和其他积极参加者构成犯罪的,要受到刑罚惩罚。2016 年 9 月 29 日,最高人民检察院印发了《关于全面履行检察职能为推进健康中国建设提供有力司法保障的意见》。其中重点提及要加大对涉医犯罪的打击力度,明确不仅医闹、伤医是犯罪行为,而利用互联网等媒体恶意炒作,侮辱、诽谤、诬告陷害医务人员都将构成犯罪,保障正常医疗秩序和医务人员人身安全。为依法惩处非法行医犯罪,保障公民身体健康和生命安全,根据刑法的有关规定,2016 年 12 月 12 日最高人民法院修订了《关于审理非法行医刑事案件具体应用法律若干问题的解释》。为保障医务人员和就医患者的人身安全,营造安全、有序的诊疗环境,促进社会和谐稳定,国家卫生计生委、中央综治办、中央宣传部、中央网信办、最高人民法院、最高人民检察院、公安部、司法部、中国保监会 9 部门决定自 2016 年 7 月起,在全国范围内开展为期 1 年的严厉打

---

[1] 《全国食药监管理工作会:药品积压注册申请减少 1 万多件,2016 飞行检查 45 家次,跟踪检查 210 家次》,载搜狐网,http://mt.sohu.com/20170113/n478664927.shtml,最后访问日期:2017 年 2 月 16 日。

击涉医违法犯罪专项行动。实践证明,处置涉医违法犯罪不能只靠严打,更重要的是形成法治化、常态化机制,推进医疗纠纷预防与处理长效机制建设。

2. 司法机关严厉打击食品药品违法犯罪

2015年,公安部组织全国公安机关开展了为期1年的食品药品打假“利剑”行动,集中力量专项打击食品药品犯罪,全年共侦破危害食品安全犯罪案件1.5万起、危害药品安全犯罪案件1.1万起,抓获犯罪嫌疑人3.7万名。2016年2月5日,公安部公布了2015年打击食品、药品犯罪十大典型案例,分别是浙江省海宁杨某等制售有毒有害蔬菜案、重庆垫江熊某等制售地沟油案、山西晋城张某等制售“病死猪”案、陕西渭南崔某等制售“毒面粉”系列案、上海虹口制售宁老大牌假牛肉案、湖北十堰“11·01”系列制售假药案、山东济南庞某等非法经营疫苗案、河北承德“12·15”网络销售假药案、江苏苏州王某等制售假药案、福建福州陈某等人销售假药案。[1] 山东济南非法经营疫苗系列案件发生后,国务院批准组成部门联合调查组,并成立国务院工作督查组,深入开展实地调查,推进全国协查联办,加大案件查办督促指导力度。根据已查明情况,会议决定,依法依纪对食品药品监管总局、卫生计生委和山东等17个省(区、市)相关责任人予以问责,有关方面先行对357名公职人员等予以撤职、降级等处分。[2] 2016年4月25日,已查实45家涉案药品经营企业存在编造药品销售记录、向无资质的单位和个人销售疫苗等生物制品、出租出借证照、挂靠走票等行为,严重违反了相关法律法规及规章,有关地方食品药品监管部门正在对这些企业依法予以查处。其中,拟吊销《药品经营许可证》的企业41家,已注销《药品经营许可证》的企业2家,涉嫌犯罪被移送公安机关正在追查的企业2家。据最高人民检察院微博消息,检察机关已对涉嫌非法经营疫苗犯罪的125人批准逮捕,立案侦查职务犯罪37人。[3]

3. 医药领域实施反垄断调查

药品和医疗器械是特殊商品,关系到人民群众的生命与健康。国家发改委针对医药领域存在的价格垄断问题,加大执法工作力度,切实维护医药领域公平竞争秩序,保护消费者合法权益。配合医改政策推进,国家发改委价监局一直在关注药品和医疗器械行业的市场情况,对个别品种的原料药过度涨价的情况开展反垄断调查,同时对100家药品生产和销售企业开展了前期摸排,这其中也包括医疗器械行业。2016年以来,

---

〔1〕 参见《公安部公布2015年打击食品药品犯罪十大典型案例》,载中国法院网,http://www.chinacourt.org/article/detail/2016/02/id/1804955.shtml,最后访问日期:2017年2月21日。

〔2〕 《山东疫苗案第一阶段查处完成,国务院决定先行处分357人》,载澎湃新闻,http://www.thepaper.cn/www/v3/jsp/newsDetail_forward_1456013,最后访问日期:2017年2月12日。

〔3〕 《检察机关已对涉嫌非法经营疫苗犯罪的125人批捕》,载凤凰网,http://finance.ifeng.com/a/20160520/14403154_0.shtml?_zbs_baidu_bk,最后访问日期:2017年2月16日。

国家发改委价监局共公布3起药品和医疗器械领域反垄断案件,2016年1月依法查处别嘌醇片垄断协议案,到2016年7月查处艾司唑仑药品垄断协议案,再到2016年12月依法查处美敦力价格垄断案,集中瞄准医药领域。医药领域经营者在竞争方面存在的问题主要涉及几个方面:首先是横向垄断协议,包括串通投标;其次是纵向垄断协议;最后是滥用市场支配地位,常表现为操控原料药和滥用知识产权行为。2016年以来,国家发改委价监局先后公开曝光了别嘌醇片价格垄断案和艾司唑仑价格垄断案,之前还公布过复方利血平垄断案。这些案子属于横向垄断协议或者滥用市场支配地位的类型。这次查处的美敦力价格垄断案属于典型的纵向垄断协议。[1] 另外,2016年12月12日,国家工商总局发布2016年第12号《竞争执法公告》。重庆西南制药二厂因原料药垄断,被立案调查;没收违法所得,并处2015年度销售收入1%的罚款。[2] 从时间上来看,这一垄断案例和美敦力涉嫌垄断被发改委处罚,几乎同时发生。虽然部门不同,行业也有差异,但是相似的结果总能给行业一点紧迫感。

4. 医疗健康领域成为FCPA执法的重点领域

相较于沉寂的2015年,在2016年我们再一次见识了美国《反海外腐败法》(英文缩写FCPA)的威力。案件执法数量直逼历史记录。按罚款金额排位的前十大案件也被接连刷新。涉及中国的案件在2016年也显得令人瞩目。其中10宗案件与中国相关(在一些案件中SEC和DOJ进行了联合执法)。葛兰素史克、阿斯利康、诺华、赛生制药等知名药企受到了FCPA的处罚。(1)葛兰素史克案(GlaxoSmithKline 2016/9/30):葛兰素史克在华子公司为增加其产品销量,向公立医院的医生提供现金/礼品等有价物。葛兰素史克同意支付2000万美元,与SEC就其在FCPA项下受到的指控达成和解。(2)张俊平案(Jun Ping Zhang 2016/9/13):哈里斯公司(Harris Corporation)在华子公司前董事会主席兼执行总裁张俊平(美国公民)涉嫌推动行贿计划,其领导的公司销售人员利用虚假票据报销获得现金,以采购礼品向公立医院的医生给予不恰当礼品。张俊平同意支付4.6万美元的罚金,与SEC就其在FCPA项下受到的指控达成和解。张俊平未能在哈里斯公司进行收购前的尽职调查中予以披露,并对哈里斯公司隐瞒该等行为。SEC决定不指控哈里斯公司。(3)阿斯利康案(AstraZeneca 2016/8/30):阿斯利康在华子公司涉嫌向公立医院的医生提供现金、礼品和其他物品,以激励其采购或使用阿斯利康产品,并且向政府官员支付现金以减轻或免除对公司的经济处罚。阿斯利康在俄子公司同样向当地政府官员支付了不恰当款项。阿斯利康同意支付约550

---

〔1〕 刘祎辰《发改委开药品反垄断首张罚单 向抱团恶意涨价说不!》,载网易网,http://news.163.com/16/0128/09/BEDHHR5R00014JB5.html,最后访问日期:2017年2月17日。

〔2〕 《药企垄断:工商总局立案、罚款!》,载健康网,http://www.cn-healthcare.com/article/20161216/content-488048.html,最后访问日期:2017年2月17日。

万美元,与 SEC 就其在 FCPA 项下受到的指控达成和解。(4)诺华案(Novartis AG 2016/3/23):诺华在华子公司涉嫌通过向医生给付金钱、礼品以及其他有价物,以增加其产品销量。诺华同意支付约 2500 万美元,与 SEC 就其在 FCPA 项下受到的指控达成和解。(5)赛生制药案(SciClone Pharmaceuticals 2016/2/4):赛生制药子公司涉嫌通过向中国公立医院的医生给予现金、礼品及其他有价物以获得产品销量增长。赛生制药子公司同意支付 1200 余万美元,与 SEC 就其指控达成和解。[1]

二、2016 年卫生法实施的主要特点

(一)问题导向型制度完善成为卫生法治运行趋势新特点

盘点近 10 年卫生法律制度建设进程,可以发现,随着我国卫生法律体系的完善,卫生行政法规层面的制度趋于稳定。卫生法律的实施,基于实施形成的问题,以及反馈带动的修法乃至立法成为医药法律制度建设的主要议题。2016 年 1 月,湖南养天和大药房企业集团有限公司将国家食品药品监督管理总局告上法庭,认为“强制推行药品电子监管码的行政行为违法”,引起广泛关注。2016 年 2 月 20 日,国家食品药品监管总局发布了决定暂停执行国家食品药品监管总局《关于药品生产经营企业全面实施药品电子监管有关事宜的公告》(2015 年第 1 号)中药品电子监管的有关规定,将执行药品电子监管码改为执行药品追溯。2016 年 7 月 1 日,国家发展和改革委员会、国家卫生计生委、人力资源和社会保障部、财政部发出《关于印发推进医疗服务价格改革意见的通知》,要求提出医疗服务价格实行分类管理,公立医疗机构提供的基本医疗服务实行政府指导价;非公立医疗机构提供的医疗服务,落实市场调节价政策。2016 年 9 月 30 日,人力资源和社会保障部针对《2016 年国家基本医疗保险、工伤保险和生育保险药品目录调整工作方案(征求意见稿)》公开征求意见。该意见稿提出 2016 年年底前完成医保药品目录调整工作,2017 年修改完善基本医保用药管理办法,逐步建立规范的药品目录动态调整机制。

(二)卫生法的实施体现出鲜明的政策性色彩

在卫生法实施的各具体领域,体现出鲜明的政策化特征。不仅各种具体措施是以政策形式发布,而且总体规划和专项行动均以政策方式落实。2016 年 2 月 26 日,国务院印发《中医药发展战略规划纲要(2016—2030 年)》,明确了未来 15 年我国中医药的发展方向和工作重点,是新时期推进我国中医药事业发展的纲领性文件。2016 年 3 月 22 日,中央全面深化改革领导小组第二十二次会议审议通过《关于加强儿童医疗卫生

---

[1] 《2016 年 FCPA 涉中国案件回顾》,载金杜说法网,http://www.kwm.com/zh/CN/knowledge,最后访问日期:2017 年 2 月 16 日。

服务改革与发展的意见》;2016 年 4 月 18 日,中央全面深化改革领导小组第二十三次会议审议通过《关于推进家庭医生签约服务的指导意见》;2016 年 8 月 19 日,国务院办公厅印发《国务院中医药工作部际联席会议制度》;2016 年 10 月 25 日,国家卫生计生委公布《关于加强生育全程基本医疗保健服务的若干意见》;2016 年 10 月 27 日,国务院办公厅印发《关于调整国务院深化医药卫生体制改革领导小组组成人员的通知》;2016 年 11 月 8 日,中共中央办公厅、国务院办公厅转发《国务院深化医药卫生体制改革领导小组关于进一步推广深化医药卫生体制改革经验的若干意见》;2016 年 12 月 27 日,国务院印发《"十三五"卫生与健康规划》和《"十三五"深化医药卫生体制改革规划》两个规划文件。2016 年,国家层面密集出台了多个深化医改的政策文件,顶层设计更加完善,实施路径更加清晰,有力地推动了医改。

(三)健康中国建设上升为国家新战略

党的十八届五中全会审议通过《关于制定国民经济和社会发展第十三个五年规划的建议》,从维护全民健康和实现长远发展出发,提出"推进健康中国建设"的新目标,为更好地满足人民群众的健康新期盼做出制度性安排,凸显了党和国家对保护国民健康的高度重视和坚定决心。习近平总书记深刻指出,没有全民健康,就没有全面小康。随着我国综合国力的提升和人民生活水平的改善,群众对健康的追求更突出、更迫切。推进健康中国建设,努力为全体国民提供均等化的基本医疗卫生服务,有利于促进社会公平正义,实现发展成果由人民共享,是我们党以人为本、执政为民理念的重要体现,是为实现"两个一百年"宏伟目标提供健康支撑的必然要求。[1] "十二五"以来,特别是党的十八大以来,我国卫生事业快速发展,深化医药卫生体制改革取得突破性进展和明显成效,医疗卫生资源总量继续增长,基本公共卫生服务均等化程度显著提高,基本医疗服务设施条件明显改善,服务的质量、效率和满意度持续提升,居民疾病经济负担进一步减轻,国民健康水平总体上处于中高收入国家水平。

(四)"三医联动"推进综合医改

2016 年的深化医改工作尤其强调要强化医疗、医保、医药"三医联动",加强部门协同配合,形成改革合力,推动医改工作从试点探索、单项突破逐步转向系统配套、全面推进,充分发挥各项改革政策的叠加效应。2016 年 1 月,国务院印发《关于整合城乡居民基本医疗保险制度的意见》(以下简称《意见》),就整合城乡居民医保制度政策明确提出了"六统一"的要求。该意见要求各地于年底前出台具体实施方案,并鼓励有条件的地区理顺医保管理体制,统一基本医保行政管理职能。2016 年 6 月 29 日,人社部印

---

〔1〕《新华网评:健康中国,风雨兼程》,载国家卫生计生委网,http://www.nhfpc.gov.cn/xcs/s3574/201510/c392f8f24a5f46a988e6123f0e633e72.shtml,最后访问日期:2015 年 2 月 28 日。

发《关于积极推动医疗、医保、医药联动改革的指导意见》,提出积极探索发挥医保在医改中的基础性作用,发挥医保对医疗服务的外部制约作用,促进医疗、医药体制机制改革。这是人社部首次发文要求推动“三医联动”,同时也确立了医保在“三医联动”中的核心地位。2016 年 11 月 8 日,中共中央办公厅、国务院办公厅转发《关于进一步推广深化医药卫生体制改革经验的若干意见》。该意见总结了新一轮深化医改以来典型地区形成的 24 条经验,其中,“深化医改工作由地方各级党政一把手亲自负责”位列第一项。另外,国家卫生计生委、国家发改委、人社部等 7 部委要求各地做好国家谈判药品集中采购的相关工作,并做好与医保支付政策的衔接。要推动政策落地见效,关键还要建立强有力的领导体制,形成统筹医疗、医保和医药改革的推动机制。

(五)食品药品监管法治建设稳步推进

2015 年,注定是食品药品监管历程中十分重要的一年。2016 年,食品药品监管法治建设稳步推进。《关于全面加强食品药品监管系统法治建设的实施意见》的印发,确立了全系统法治建设的总体目标;《全国食品药品监管系统法治宣传教育第七个五年规划(2016—2020 年)》的出台,对系统法治宣传教育工作进行了全面部署;《疫苗流通和预防接种管理条例》的修订,建立了疫苗全程追溯法律制度;《网络食品安全违法行为查处办法》的发布,明晰了网络食品违法行为查处的职责和要求。2016 年 5 月 3 日,国家食品药品监督管理总局发布《关于整治药品流通领域违法经营行为的公告》,该公告要求各地对药品流通领域违法经营行为开展集中整治。2016 年 6 月 30 日,《关于修改〈药品经营质量管理规范〉的决定》经国家食品药品监督管理总局局务会议审议通过,自公布之日起施行。此次修改主要涉及 3 个方面的内容:首先是根据国务院办公厅《关于加快推进重要产品追溯体系建设的意见》,对药品流通环节中药品经营企业如何执行药品追溯制度提出了操作性要求;其次是根据国务院《关于修改〈疫苗流通和预防接种管理条例〉的决定》,将《药品经营质量管理规范》中关于疫苗经营企业的相关规定修改为疫苗配送企业的要求;最后是根据《国务院办公厅关于加快推进“三证合一”登记制度改革的意见》,将首营企业需要查验的证件合并规定为“营业执照、税务登记、组织机构代码的证件复印件”。这些条款的及时修订,对规范企业药品经营行为、保证药品经营质量具有重要意义。有法可依是依法行政的前提和基础,这一部部法规、规章的制修订,加快了我国食品药品法律法规体系完善的步伐,为各级食品药品监管部门依法行政打下了坚实基础。

(六)积极司法,强化对医药法治领域的司法救济

2015 年 8 月 29 日第十二届全国人民代表大会常务委员会第十六次会议通过《刑法修正案(九)》。加大对暴力伤医等行为刑事打击的力度,为构建和谐医患关系提供法律保障。2016 年 5 月 10 日,重庆市石柱土家族自治县中医院、江西省人民医院发生暴力伤医事件。事件发生后，国家卫生计生委协同公安部第一时间对两起案件进行督办，责成地方依法严惩违法犯罪分子，及时向社会公布事件处理情况，切实维护医务人员合法权益。2016 年 10 月，国家卫生计生委、公安部责成严厉惩办山东莱芜恶性涉医刑事犯罪，对暴力伤医始终坚持“零容忍”。2016 年 11 月 1 日，长春市中级人民法院依法公开审理吉林省消费者协会诉光复路龙昌调料行（工商登记经营者韩某）、韩某龙、王某丽民事公益诉讼一案。据悉，此案系全国首例食品药品安全领域检察机关支持起诉的民事公益诉讼案件。医保资金是老百姓的血汗钱，应该取之于民用之于民，最大的发挥互济效应，任何管理者贪污、挪用、玩忽职守都将受到法律的制裁。2016 年有 42 位医疗保险系统的官员被立案侦查、提起公诉或逮捕，在落马的官员里，超过半数来自新农合。[1]

（七）积极构建食品药品行政执法与刑事司法衔接工作机制

2015 年 12 月，为进一步健全食品药品行政执法与刑事司法衔接工作机制，加大对食品药品领域违法犯罪行为的打击力度，切实维护人民群众生命安全和身体健康，按照中央深化改革相关工作部署，国家食品药品监督管理总局、公安部、最高人民法院、最高人民检察院、国务院食品安全办联合研究制定了《食品药品行政执法与刑事司法衔接工作办法》。本办法适用于各级食品药品监管部门、公安机关、人民检察院、人民法院办理的食品（含食品添加剂）、药品、医疗器械、化妆品等领域涉嫌违法犯罪的案件。为完善卫生计生领域行政执法与刑事司法衔接工作机制，四川省检察院与公安厅、卫计委经过多次会商，研究制定了《四川省卫生计生行政执法涉嫌犯罪案件移送标准》。该标准对医疗事故罪、非法行医罪、故意伤害罪、组织出卖人体器官罪等 14 个涉嫌犯罪罪名，按照违法行为、行政处罚相关规定、移送标准、移送依据 4 个方面进行梳理，将行政执法相关法律法规规定的违法情形、处罚依据与《刑法》、公安机关刑事案件立案追诉标准、相关司法解释等一一对应，形成普遍适用、操作性强的“两法衔接”工作指引，为及时移送、规范移送提供了依据，有助于更加有效地打击违法犯罪行为。

三、卫生法实施存在的问题

在目前卫生法律体系初步完善的情况下，卫生法制建设面临的问题主要是卫生法律实施中的问题。

（一）卫生立法的碎片化，导致卫生法难具权威性

我国卫生立法是在“成熟一个，制定一个”的方针指导下制定出来的，法律之间不

---

〔1〕《42 位医保官员落马，新农合成重灾区！》，载搜狐网，http://mt. sohu. com/20161223/n476775038. shtml，最后访问日期：2017 年 2 月 16 日。

可避免地存在诸多不衔接甚至抵触的情况。在立法指导思想上,实行了宜粗不宜细和有关部门共管的原则,使许多卫生法律法规制定得过于笼统,内部逻辑结构不严密,条文规定过于原则;在卫生法律法规与实施细则之间,原则规定和具体措施没有配套。欠缺法律所具有的系统性,导致法律漏洞以及法律冲突难以解决。2016 年最突出的问题,就是所谓的"史上最严厉的食品安全法"某些条款设计"过罚不称",导致一线执法难以实施的困局。为此,2016 年 12 月 1 日,国家食品药品监督管理总局办公厅发布了《关于食品安全行政处罚法律适用有关事项的通知》,该通知指出:"《食品安全法》是规范食品生产经营活动及其监督管理的基本法律,《中华人民共和国行政处罚法》(以下简称《行政处罚法》)是规范行政处罚的种类、设定及实施的基本法律。"通知指出,《食品安全法》对食品安全严重违法和一般违法行为的行政处罚做出了不同的规定,各省级食品药品监督管理部门要进一步规范行政处罚自由裁量制度,统一执法尺度,避免畸轻畸重。《行政处罚法》第 27 条明确了以下 4 种可以给予从轻、减轻行政处罚的具体情形:主动消除或者减轻违法行为危害后果的;受他人胁迫有违法行为的;配合行政机关查处违法行为有立功表现的;以及其他依法从轻或者减轻行政处罚的。同时,该法还规定违法行为轻微并及时纠正,没有造成危害后果的,不予行政处罚。各级食品药品监督管理部门在行政执法中,可以按照上述从轻、减轻及不予处罚的规定执行。通知最后提醒,《食品安全法》第 36 条规定,食品生产加工小作坊和食品摊贩等的具体管理办法由省、自治区、直辖市制定。同时,第 127 条规定,对食品生产加工小作坊、食品摊贩等的违法行为的处罚,依照省、自治区、直辖市制定的具体管理办法执行。各省级食品药品监督管理部门应当积极推进地方立法工作步伐,进一步做好食品安全监管工作。

(二)卫生与健康事业发展面临新挑战

随着医改进入攻坚期和深水区,改革任务更为艰巨。同时,我国经济发展进入新常态,工业化、城镇化、人口老龄化进程加快,疾病谱变化、生态环境和生活方式变化、医药技术创新等,都对深化医改提出更高要求。人口结构性问题日益突出,出生人口素质有待提高。全面两孩政策实施,老龄化进程加速,城镇化率不断提高,部分地区医疗卫生资源供需矛盾将更加突出。经济社会转型中居民生活环境与生活方式快速变化,慢性病成为主要的健康问题。重大传染病和重点寄生虫病等疾病威胁持续存在。境内外交流的日趋频繁加大了传染病疫情和病媒生物的输入风险。大气等环境污染和食品安全问题严重影响人民健康。经济发展进入新常态,互联网等新兴信息技术快速发展,要求卫生与健康领域加快转变发展方式,创新服务模式和管理方式。此外,制约卫生与健康事业改革发展的内部结构性问题依然存在。[1]

(三)卫生法律实施凸显空洞性

综观2016年及以前的卫生法实施情况,不仅各种具体措施是以政策形式发布,而且总体规划和专项行动均以政策方式落实。法律规定在实施中则显得空洞,指导性强而约束性弱,难操作难落地,权威性不高。魏则西事件揭开医疗信息搜索黑幕,虚假医疗宣传监管亟须补位;罗尔事件暴露互联网慈善灰色地带,善良不该被消费;各地校园频现"毒跑道","国家标准"要与时俱进;"丢肾门""纱布门"一再撩拨医患关系,涉医失实报道何时休。另外,在容易细化和规范化的方面,卫生法在实施中体现出相反的特征,即成熟制度的法制化趋势明显,低位阶法律规范文件替代高位阶法化也是突出表现。

(四)严格执法与执法机关能力之间的矛盾

卫生立法工作的开展使我国卫生社会关系领域主要的、基本的方面已经有法可依。但总体上卫生法律法规的执行情况不尽理想,其中的重要原因之一,是执法机关的状况不适应执法工作的需要。这主要表现在:财政保障不到位、执法体制不顺、执法手段落后、执法力量严重不足。尤其是基层食品药品安全监管执法体制变化频繁,"N合一"后对执法队伍人心稳定有一定影响,执法的专业化素质难以保证,执法效果有待科学评估。

(五)公民卫生法律意识较为淡薄

表面上看,卫生事业中存在的问题反映在手段上是因为法制不健全;其实,在更深层次上,则反映出我国公民在对待法律的态度上存在突出问题。当前,医患关系紧张透露出公民在总体上法律意识比较淡薄,这不仅削弱了公民运用法律进行自我保护的能力,而且使公民不能理解法治的社会意义,有时甚至出现轻视法律、抵制法律、对抗法律的现象,这与法治社会对公民法律素质的要求相距甚远。

四、未来卫生法实施的展望与建议

2017年是为推进健康中国建设打基础、利长远的关键一年。改进和完善卫生法实施是一个系统工程,本报告结合前述问题,主要从以下几个方面提出展望和建议。

(一)坚持立法先行,完善卫生法律体系

卫生立法要与医疗卫生事业的发展相适应,对滞后的法律应该及时修订。由于目

---

[1] 《国务院关于印发"十三五"卫生与健康规划的通知》(国发〔2016〕77号),载国家卫生计生委网,http://www.nhfpc.gov.cn/bgt/gwywj2/201701/4c906ad0e5c1481e9b1d333a0f5dc11a.shtml,最后访问日期:2017年2月16日。

前中国还没有卫生基本法律,所以现在各类卫生法律、法规之间缺乏相互衔接配套,因此应该尽快制定高层次的卫生基本法,推进《基本医疗卫生法》立法进程,提高执法依据的权威性。鉴于健康中国建设以及与之并行的医药卫生体制改革,都事关重大,纷繁复杂,须于法有据,因此,起步于2015年年底的"基本医疗卫生法"立法,必须加强力量、加快进度,确保及时出台。另外,国家卫生计生委也要推动审议《医疗纠纷预防与处理条例》《医疗器械监督管理条例》《公共场所控制吸烟条例》等行政法规,加快制修订事业改革发展亟需的部门规章,加大规范性文件合法性审查力度。[1] 启动卫生标准改革,开展卫生标准实施试点工作。在具体立法中,要妥善处理好卫生行政部门与管理相对人的关系,医疗机构及其医务人员与病人的关系。在拓宽新的卫生立法领域的同时,要加强清理和完善现有卫生法律法规制度和卫生标准工作。[2] 增强卫生法律法规体系的协调统一性和系统性,切实维护法制统一。

(二)迈向健康中国建设新征程

2016年10月,中共中央、国务院印发《"健康中国2030"规划纲要》,标志着顶层设计已经完成,开启了健康中国建设新征程。落实预防为主,抓好健康促进,加强重大疾病防控,提高卫生应急核心能力。倡导健康生活方式,继续开展全民健康素养促进行动、健康中国行等品牌活动;加快推进健康教育专业机构和基地建设,因地制宜推动基层计划生育专干承担健康教育职责培训;建设健康科普专家库和资源库,规范养生保健类节目栏目,打造权威健康科普平台。进一步主动优化调控医疗资源布局,深入实施健康扶贫工程,继续实施改善医疗服务行动,增强人民群众健康获得感;贯彻落实《中医药法》,支持和规范中医药发展;完善健康产业发展政策,培育健康服务新业态,满足群众多层次、多样化的健康需求。

(三)加快建立基本医疗卫生制度框架

为贯彻落实《关于进一步推广深化医药卫生体制改革经验的若干意见》的要求,要统筹推进各项医改工作。要加快推进分级诊疗制度建设,推动形成基层首诊、双向转诊、急慢分治、上下联动的就医新秩序。因地制宜推广城市紧密型医联体、县域医共体、专科联盟、远程医疗协作网等,加强与医保政策的衔接,健全管理、运行和考核机制。要加快建立现代医院管理制度,扩大县级公立医院综合改革示范,实施公立医院薪酬制度改革试点方案,建立健全符合行业特点的人事薪酬制度。要健全全民医保制

---

〔1〕《国家卫生计生委关于印发2017年卫生计生工作要点的通知》,载国家卫生计生网,http://www.nhfpc.gov.cn/bgt/s7692/201701/12ca020891e04e53835a2fd06ea85daf.shtml,最后访问日期:2017年2月16日。

〔2〕李显朋、兰迎春:《论法治视野中的卫生管理法制化建设》,载《中国农村卫生事业管理》2008年第11期。

度,推动落实城乡居民基本医保“六统一”政策,加快推进按病种付费、按床日付费、总额预付等复合型支付方式改革。要实施药品供应保障制度改革,推进公立医疗机构药品采购“两票制”,落实药品分类采购,鼓励省际跨区域和专科医院联合采购。

(四)稳妥扎实有序全面落实两孩政策

要深入学习贯彻中央决策部署,改革完善计划生育服务管理,全面落实两孩政策。要开展全国生育状况调查,加强出生人口信息管理和人口形势分析,深化国家与省级计划生育业务信息互联互通,跟踪研判政策成效。要研究制定新时期目标管理责任制的指导性指标体系,组织开展省级督查。支持民族地区、贫困地区做好计划生育工作。落实生育登记服务制度,大力推广网上办事,积极推进“一次登记、全程服务”。要推进妇幼健康优质服务示范工程,扩大免费孕前优生健康检查覆盖面,实施孕产期全程服务。

(五)加强卫生行政执法,维护群众合法权益

加快转变政府职能,完善与医药卫生事业发展相适应的监管模式,提高综合监管效率和水平,推进监管法制化和规范化,建立健全职责明确、分工协作、运行规范、科学有效的综合监管长效机制。[1] 积极推进公共卫生、医疗卫生和计划生育综合监督执法,使综合监督执法机构的规格、编制、素质和人员与其承担的职责和任务相适应。增强卫生计生综合监督执法技术支持能力,落实经费保障。[2] 完善常态化监管机制,加强事中事后监管,实行“双随机”抽查机制,加强全行业监管。健全行政执法制度,围绕社会高度关注、涉及群众切身利益的卫生计生突出问题,大力开展专项整治、重点监督检查和经常性督导检查,严厉打击违法行为。健全严密高效、社会共治的食品药品安全治理体系。推进食品安全信用体系建设,完善食品安全信息公开制度,健全从源头到消费全过程的监管格局。全面加强药品监管,形成全品种、全过程的监管链条。加强医疗器械和化妆品监管。要推进执法全过程记录制度的建设,开展行政执法、执法案卷等专项稽查。要推广使用手持执法终端,推动监督信息公开。要对接司法,建立健全案情会商研判、信息交流共享、联合执法办案、线索移交移送、案件成果联合发布等机制,把行政执法和刑事司法更加紧密地衔接起来,确保对违法犯罪行为的法律责任追究到位。

(六)培养公众的卫生法治理念

社会卫生法律意识是卫生法律实施的基础,也是影响卫生执法的重要因素。卫生

---

〔1〕《国务院关于印发“十三五”深化医药卫生体制改革规划的通知》(国发〔2016〕78 号),载国家卫生计生委网,http://www. nhfpc. gov. cn/bgt/gwywj2/201701/c2cb5f11ebbd4dea99b9b0c32080fda6. shtml,最后访问日期:2017 年 2 月 18 日。

〔2〕《国家卫生计生委关于全面加强卫生计生法治建设的指导意见》(国卫法制发〔2015〕1 号)。

法律法规制定以后,应充分利用法制宣传、报纸杂志、电视广播、网络媒体等途径和方式,有针对性地广泛进行卫生法制的宣传教育。对相对人开展卫生法培训,同时在执法过程中加强卫生法制宣传教育,使他们知法守法。在此基础上,促进公众形成自觉守法的意识、主动维护法律的观念,行使和履行健康保障的权利义务,成为卫生法律实施的基础和根本动力。在公众卫生法治意识养育过程里,在医疗卫生健康服务和食品流通领域,要审慎把握简政放权、减少行政许可事项、简化审批流程的节奏和程度,使其与社会治理水平、诚信体系相匹配。在寻找到科学可行的结合点之前,要谨慎对待“双随机一公开”执法监管改革,敬畏行业规律,务求安全、可靠。

总之,卫生法律实施是卫生法治建设的一项系统工程,需要通过立法层次、执法途径、守法层面等全方位的相互协调、共同作用;需要在失信联合惩戒机制之下,通过立法机关、司法机关、执法机关以及政府、单位、组织、个人的共同努力。因此,要在依法治国、依法行政的框架内,明确各方面的职责和义务,调动各方面的积极因素,共同促进卫生法律实施的有效运行,保障社会公众的健康权益,实现卫生法治建设的目标。

(审读专家:南京市卫生和计划生育委员会医院管理办公室　胡晓翔处长)

(责任校对:孙寒宁)

撰稿专家

陈云良,湖南双峰人,博士。中南大学法学院院长、教授、博士生导师。日本神户大学访问学者。研究方向:经济法、法理学、卫生法,提出的模糊法学理论、转轨经济法理论、公共服务法制化理论有广泛影响。

岳远雷,医学学士、法学硕士。现为湖北中医药大学人文学院讲师,湖北今天律师事务所兼职律师。曾在《中国卫生事业管理》《医学与哲学》《中国医学伦理学》《理论与观察》《医学与法学》等杂志上发表论文30余篇,参编《卫生法学》《医事法》《医疗法律风险防范与处理》《医事程序法事务》等8本教材,擅长处理医药卫生方面的各种法律事务。

第六章

2016年刑法实施报告

李风林

报告要旨

2016年是《刑法修正案(九)》实施第1年。本报告围绕严厉打击电信网络诈骗、持续打击环境污染犯罪、继续对毒品犯罪进行严厉打击、打击拐卖妇女儿童犯罪、审判“大老虎”最多之年、死刑适用问题6个方面，展示一年来刑法实施中的新问题、新情况、新进展。充分关注社会热点，关切民生问题。展示刑法在维护社会稳定，修复社会秩序，建设法治中国中的重大作用。

核心建议

1. 加强网络技术手段研发建设，持续打击电信网络诈骗犯罪。
2. 整治环境污染，准确理解并适用《关于办理环境污染刑事案件适用法律若干问题的解释》。
3. 打击毒品犯罪，注重源头治理。
4. 适应新的形势，修改《收养法》。
5. 深刻汲取错案教训，严格审慎适用死刑。

2016年是《刑法修正案(九)》实施第一年。一年来，刑法在打击犯罪，维护社会稳定中发挥了重要作用。据统计，2016年全国公开的刑事案件共计65万余件。居第一位的是侵犯财产类犯罪，共计19.6万余件，占全部刑事案件的30%；第二位为危害公共安全类犯罪，共计16.9万件，占全部刑事案件的25.8%；妨害社会管理类案件及侵犯人身类案件分别居第三、第四位，占比分别为23%和13%。各地刑事案件数量与经济发达水平密切相关,刑事案件发案最多的前 10 个省份基本上也位居全国 GDP 排行前 10 的阵营,例外的是安徽和福建两省,在全国 GDP 排名中位居 15 位和 12 位,但其刑事案件数量位居全国的第 8 位和第 10 位。如福建省,2016 年全年共审结危害国家安全、黑社会性质组织、邪教组织犯罪和危害人民群众生命财产安全犯罪 49,979 件;走私、非法集资等经济犯罪案件 3744 件;贪污、贿赂等职务犯罪案件 1630 件;毒品犯罪案件 4445 件;电信网络诈骗案件 880 件;拐卖妇女儿童、性侵未成年人和校园暴力等犯罪案件 555 件。宽严相济,依法判处各类犯罪 5 年以上有期徒刑直至死刑 3742 人,判处缓刑、管制等非监禁刑 17,221 人,宣告 26 名被告人无罪。寓教于审,判处未成年人犯 1464 人,实行轻罪记录封存,帮助失足青少年复学、就业。[1]

通过梳理一年来我国刑事的立法司法、社会热点、人民群众关注度等情况,本报告围绕严厉打击电信网络诈骗、持续打击环境污染犯罪、继续对毒品犯罪进行严厉打击、打击拐卖妇女儿童犯罪、审判"大老虎"最多之年、死刑适用问题等方面,展示一年来刑法实施中的新问题、新情况、新进展。充分关注社会热点,关切民生问题。展现刑法在维护社会稳定,修复社会秩序,建设法治中国中的重大作用。

一、严厉打击电信网络诈骗

2016 年 8 月 19 日,山东临沂市高考录取新生徐某某被犯罪嫌疑人以发放助学金的名义,实施电信诈骗骗走 9900 元。案发后,徐某某与父亲到公安机关报案,回家途中心脏骤停,送医院抢救无效死亡。案发后,本案引发社会广泛关注,点燃了民众近年来对猖獗的电信网络诈骗的仇恨,并引起中央领导高度关注。经公安机关大力侦查,福建省安溪县陈某辉等 7 名犯罪嫌疑人先后落网。

近年来,利用通讯工具、互联网等技术手段实施的电信网络诈骗犯罪活动持续高发,侵犯公民个人信息,扰乱无线电通讯管理秩序,掩饰、隐瞒犯罪所得、犯罪所得收益等上下游关联犯罪不断蔓延。此类犯罪严重侵害人民群众财产安全和其他合法权益,严重干扰电信网络秩序,严重破坏社会诚信,严重影响人民群众安全感和社会和谐稳定,社会危害性大,人民群众反映强烈。

2016 年,人民法院、人民检察院、公安机关针对电信网络诈骗等犯罪的特点,坚持全链条全方位打击,坚持依法从严从快惩处,坚持最大力度最大限度追赃挽损,进一步

---

〔1〕 全国的数据来源于无讼案例 2016 年数据。福建省数据来源于 2017 年 1 月 20 日福建省高级人民法院院长马新岚向省人大代表大会作的法院工作报告。福建省地处我国东南沿海,下辖九个地级市,人口 3800 多万。福建省森林覆盖率达 66%,位居全国第一。最新的空气质量排名中,福州、厦门位列全国前五名,清新福建是他的名片。福建省经济总量在全国排名 12 左右,位居中游,不是最发达地区,也不是最落后地区,所以审结的刑事案件情况有一定的代表性。

健全工作机制，加强协作配合，坚决有效遏制电信网络诈骗等犯罪活动，努力实现法律效果和社会效果的高度统一。例如，受人关注的福建省，通过近一年来的专项行动，战果和成效明显：一是破案打击取得成效，1 月至 9 月，全省共立案 36,859 起、比降 4.83%，破案 6631 起、比升 51.25%，刑拘 2575 人、逮捕 1684 人，分别比升 69.52% 和 109.45%，群众损失 6.55 亿元、比降 23.48%，初步实现"两升两降"的任务目标。二是防范拦堵挽损成效明显。截至 9 月 30 日，各地共拦截电信网络诈骗案件 1858 起，封堵电话号码 187,094 个，拦截涉案银行账户 4860 个，止付被骗资金 11,713.9 万元，返还被害人资金 1098.05 万元。三是重点整治效果得到提升。经政府牵头开展重点地区整治后，2016 年 1 月至 9 月此类网络购物诈骗犯罪发案量降幅达 91.98%。国务院第三次联席会议点名安溪输出犯罪问题后，安溪公安机关集中部署赴外打击任务，共抓获诈骗分子 264 人。四是齐抓共管新格局稳步向好。省通信管理局研究制定电信网络省际出入口诈骗电话防范系统工作方案。人民银行福州中心支行配合省公安厅查控涉案银行账户、"灰名单"账户。福建银监局大力推动各地建立反诈骗中心，会同省公安厅出台快速查询止付冻结涉案银行账户操作细则。省高级人民法院、省人民检察院对电信网络诈骗案件依法快捕快诉，提高审理效率。2014 年至 2016 年 8 月，全省法院共受理电信网络犯罪案件 1663 件 3484 人，审结 1553 件 3356 人，判处 5 年以上有期徒刑 437 人，涉案金额 4.5931 亿余元，有力地配合了专项行动的开展。[1]

当前打击治理工作中存在的问题和短板：一是网络诈骗案件高发并逆势增长。网络诈骗案件发案总占全部电信网络诈骗案件 51.46%，呈高发态势，但在各类型诈骗案件中破案率最低；二是冒充公检法查案类诈骗犯罪猖獗，极大损害了执法部门的权威和形象，甚至出现冒充反诈骗中心实施诈骗犯罪。三是重点地区整治存在短板。原籍地人员犯罪、原籍地输出犯罪问题突出。窝点聚集地问题突出。综合治理不够到位。四是涉案资金的查控工作待完善。五是警通协作不足。六是缺乏紧密联动的协作机制。

与此同时，最高司法执法部门在法律适用上出台解释，对电信网络诈骗司法实践进行指导，2016 年 12 月 19 日，最高人民法院、最高人民检察院、公安部联合发布《关于办理电信网络诈骗等刑事案件适用法律若干问题的意见》，为下一步打击电信网络诈骗提供法律适用指导，该解释明确了诈骗的数额标准和酌情从重的情形；明确了诈骗数额难以查证的诈骗罪认定标准；明确了此罪与彼罪的界限，厘清了司法实践中的争端。

---

〔1〕 以上资料来源于福建省高级人民法院关于贯彻落实省政府打击治理电信网络新型违法犯罪工作的专项调研成果。

新时期,正如2017年1月12日孟建柱书记在全国政法工作会议上所讲,我国网络犯罪已占犯罪总数的1/3,并以每年30%以上速度增长。将来,绝大多数犯罪都会涉及网络。我们要适应新形势,加强网络技术手段研发建设,善于运用大数据关联犯罪嫌疑人行为轨迹,创新网上网下一体化打防管控模式。针对电信网络诈骗犯罪,要完善电信网和互联网国际出入口诈骗电话防范系统,完善银行账户和支付账户异常资金交易风险防控系统,研究解决实名登记中存在的漏洞,及时查封虚假、钓鱼网站,切断不法分子实施电信诈骗的网上通道。针对"校园贷"引发的问题,要加强网络借贷平台监控,防止电信网络诈骗的黑手伸向高校贫困生。针对窃取泄露买卖公民个人信息新动向,要深化专项行动,重点打击灰色产业群,强化重点行业信息安全防护措施。

二、持续打击环境污染犯罪

保护环境是我国的基本国策,是可持续发展战略的重要内容。党的十八大以来,习近平总书记多次强调"绿水青山就是金山银山""像保护眼睛一样保护生态环境,像对待生命一样对待生态环境",形成了一系列重要论述,为今后一个时期解决环境问题指明了方向。党的十八届五中全会提出创新、协调、绿色、开放、共享的新发展理念,十二届全国人大四次会议审议通过的"十三五"规划通篇贯穿绿色发展理念,提出了生态环境质量总体改善的奋斗目标。

然而,现实情况仍然残酷。雾霾天气一度成为北方地区尤其是京津冀及周边地区人民群众心中挥之不去的噩梦。环保部2016年12月28日晚发布京津冀及周边地区重污染天气预警提示,受不利气象条件影响,京津冀中南部、山东西部、河南北部等地区将发生一次持续4天以上的重污染天气。一时间,黄河上下,人心惶惶。而现实的情况更残酷,以上地区的PM2.5甚至破千。由此观之,实行最严格的环境保护制度已被提出并成为社会共识。司法是保护环境的重要手段,在推进环境治理体系现代化进程中发挥着不可替代的作用。

2013年7月至2016年10月,全国法院新收污染环境、非法处置进口的固体废物、环境监管失职刑事案件4636件,审结4250件,生效判决人数6439人;年均收案1400余件,生效判决人数1900余人。相较于过去年均二三十件的案件量,污染环境刑事案件量增长十分明显。这对于强化环境司法保护,推进生态文明建设,发挥了十分重要的作用。

与此同时,近年来环境污染犯罪又出现了一些新的情况和问题,如危险废物犯罪呈现出产业化迹象,大气污染犯罪取证困难,篡改、伪造自动监测数据和破坏环境质量监测系统的刑事规制存在争议,等等。鉴此,为有效解决实践问题,进一步加大对生态环境的司法保护力度,最高人民法院会同最高人民检察院,在公安部、环保部等有关部门的大力支持下，经深入调查研究、广泛征求意见，2016 年 12 月 23 日，发布《关于办理环境污染刑事案件适用法律若干问题的解释》(以下简称《解释》)。此前，2013 年 6 月，最高人民法院与最高人民检察院曾联合发布了《关于办理环境污染刑事案件适用法律若干问题的解释》(以下简称《2013 年解释》)，对污染环境罪的定罪量刑标准等问题做出了明确。《2013 年解释》施行以来，各级公检法机关和环保部门依法查处环境污染犯罪，加大惩治力度，取得了良好效果。这是 1997 年刑法施行以来最高司法机关就环境污染犯罪第 3 次出台专门司法解释，且距《2013 年解释》的公布仅三年半左右的时间，充分体现了最高司法机关对环境保护的高度重视。

《解释》结合当前环境污染犯罪的特点和司法实践反映的问题，依照刑法、刑事诉讼法相关规定，用 18 个条文对相关犯罪定罪量刑标准的具体把握等问题作了全面、系统的规定。主要包括以下 10 个方面的内容：一是明确了污染环境罪定罪量刑的具体标准。二是明确了非法处置进口的固体废物罪、擅自进口固体废物罪、环境监管失职罪定罪量刑的具体标准。三是明确了宽严相济刑事政策的具体适用。四是明确了环境污染共同犯罪的处理规则。五是明确了环境污染犯罪竞合的处理原则。六是明确了环境影响评价造假的刑事责任追究问题。七是明确了破坏环境质量监测系统的定性及有关问题。八是明确了单位实施环境污染相关犯罪的定罪量刑标准。九是明确了“有毒物质”的范围和认定问题。十是明确了监测数据的证据资格。新的《解释》的发布，对于进一步提升依法惩治环境污染犯罪的成效，进一步加大环境司法保护力度，有效保护生态环境，推进美丽中国建设，必将发挥重要作用，我们拭目以待。

三、继续对毒品犯罪进行严厉打击

一年来，司法机关严惩走私、制造毒品和大宗贩卖毒品等源头性犯罪，严厉打击毒枭、职业毒犯、累犯、毒品再犯等主观恶性深、人身危险性大的毒品犯罪分子，该判处重刑和死刑的坚决依法判处。据报道，广东省公安厅于 2016 年 12 月 30 日开始为期 10 天的“飓风 2016”专项行动成果展，侦破涉毒案件 23, 231 宗，缴获各类毒品 25 吨，打击毒品犯罪成效明显。同时，这也说明受国际毒潮持续泛滥和国内多种因素影响，我国禁毒斗争形势严峻复杂，毒品犯罪高发、多发，禁毒工作任务十分艰巨。

2017 年新年伊始，即 1 月 20 日，周立波在美国纽约长岛被捕，被警察搜出枪支和毒品可卡因。该新闻一度惊爆全国民众，名人吸毒再度进入人们视野，让人回味毒品对民众对民族的危害可谓无孔不入。

2016 年 4 月 6 日，最高人民法院发布《关于审理毒品犯罪案件适用法律若干问题解释》(以下简称《毒品犯罪解释》)。《毒品犯罪解释》以依法从严惩处毒品犯罪为指导思想，体现了对走私、贩卖、运输、制造毒品等各类严重毒品犯罪，以及具有武装掩护犯罪,暴力抗拒检查、拘留、逮捕,多次、向多人实施犯罪,组织、利用未成年人、病残人员犯罪,国家工作人员犯罪等严重情节的毒品犯罪分子的依法严惩。同时,为全面贯彻宽严相济这一基本刑事政策,更好地分化瓦解毒品犯罪分子,对其中罪行较轻或者具有从宽处罚情节的,根据罪刑相适应的刑法基本原则,也体现了从宽处理。

《毒品犯罪解释》共15条,共涉及10类毒品犯罪的定罪量刑标准和其他实践中较为突出的毒品犯罪法律适用问题。在充分调查研究和认真总结各地经验的基础上,《毒品犯罪解释》对原有司法解释和规范性文件没有规定,但实践中迫切需要解决的毒品犯罪法律适用问题做出新规定,对原有规定中不适应当前毒品犯罪形势发展的内容作了修改,同时也吸收了原有司法解释和规范性文件的部分内容。《毒品犯罪解释》的主要内容和重要意义有如下几个方面。

一是明确或者下调了部分新类型毒品的定罪量刑数量标准。《毒品犯罪解释》系统规定了28种毒品的定罪量刑数量标准。其中,新增了甲卡西酮、曲马多、安钠咖等12种新类型毒品的定罪量刑数量标准,并下调了在我国危害较为严重的毒品氯胺酮的定罪量刑数量标准,为实践中相关犯罪的打击处理提供了明确依据,有利于依法从严惩治新类型毒品犯罪。二是配合刑法修订加大了对制毒物品犯罪的惩处力度。近年来,制毒物品流入非法渠道被用于制造毒品的情况在我国较为突出,根据《刑法修正案(九)》修订制毒物品犯罪的精神,《毒品犯罪解释》整体下调了全部33种制毒物品的定罪量刑数量标准,以体现对制毒物品犯罪的严厉打击,强化对毒品犯罪的源头惩治。三是首次以司法解释的形式全面规定了各类毒品犯罪的定罪量刑标准。《毒品犯罪解释》规定了容留他人吸毒罪,非法种植毒品原植物罪,非法买卖、运输、携带、持有毒品原植物种子、幼苗罪,非法提供麻醉药品、精神药品罪4类犯罪的定罪标准;规定了走私、贩卖、运输、制造毒品罪,非法持有毒品罪,包庇毒品犯罪分子罪,窝藏、转移、隐瞒毒品、毒赃罪,引诱、教唆、欺骗他人吸毒罪,非法提供麻醉药品、精神药品罪6类犯罪的"情节严重"标准;结合《刑法修正案(九)》对非法生产、买卖、运输制毒物品、走私制毒物品罪的定罪量刑标准做出新的规定,为各类毒品犯罪的定罪和刑罚适用提供了明确依据。此外,《毒品犯罪解释》还对武装掩护走私、贩卖、运输、制造毒品的认定,以暴力抗拒检查、拘留、逮捕"情节严重"的认定,网络涉毒犯罪的法律适用等其他毒品犯罪法律适用问题作了规定。

总的看,《毒品犯罪解释》较为有效地解决了毒品犯罪审判中的一些亟待规范的法律适用问题,具有很强的实践指导意义,有利于进一步规范毒品犯罪案件的办理工作,提高案件办理质量,加大依法惩治毒品犯罪的力度。

四、打击拐卖妇女儿童犯罪

2016年,拐卖妇女儿童犯罪仍然是社会关注的热点之一。网络上甚至有"建议国家修法，拐卖妇女儿童死刑！买孩子判无期”的呼声。之所以群众有这样的呼声，因为拐卖妇女儿童严重威胁整个社会治安秩序，造成一种广泛的心理安全恐慌。关于中国儿童拐卖的权威完整数据缺乏，有第三方机构估计有数万人之多，即使被解救，也只有不到1/10能够回到亲生父母身边。

2015年，全国法院审结拐卖妇女、儿童犯罪案件853件、判处刑罚1362人，与2012年审结1918件、判处刑罚2801人相比，下降50%以上；2016年1～11月，全国法院审结618件，判处刑罚1107人。

2010年，最高人民法院牵头起草并会同最高人民检察院、公安部、司法部发布了《关于依法惩治拐卖妇女儿童犯罪的意见》，明确了“公安机关接到儿童及不满十八周岁少女失踪必须立即立为刑事案件”“以非法获利为目的出卖亲生子女以拐卖妇女、儿童罪论处”等制度和原则。近年来，随着依法严惩及综合治理措施的逐步落实，此类犯罪高发态势逐渐得以遏制。但是，拐卖妇女、儿童犯罪案件法律政策适用方面仍然存在一些争议，亟须明确。例如，什么是偷盗婴幼儿出卖？如何区分正常的婚姻介绍与打着介绍婚姻旗号拐卖妇女犯罪的界限？实践中认识不一。自2015年11月1日起施行的《刑法修正案（九）》对收买被拐卖的妇女、儿童罪作了重大修改，体现了对收买被拐卖的妇女、儿童行为加大打击力度的精神，如何准确适用相关条款，亟须司法解释予以明确。

2016年12月21日，最高人民法院公布《关于审理拐卖妇女儿童犯罪案件具体应用法律若干问题的解释》（以下简称《拐卖妇女儿童解释》），该《拐卖妇女儿童解释》对刑法第240条第1款第6项规定的“偷盗婴幼儿”以及“收买被拐妇女儿童的行为”等依据立法精神作了细化解释，这将有助于减少实践争议，更有助于杜绝犯罪分子利用“模糊地带”逃避打击和处罚。对进一步保护妇女儿童的权益，将发挥重要作用。

《拐卖妇女儿童解释》对拐卖儿童罪中的“偷盗婴幼儿”进行了解释。不满1周岁的人为婴儿，1周岁以上不满6周岁的为幼儿。根据《刑法》第240条规定，拐卖妇女、儿童的，处5年以上10年以下有期徒刑，并处罚金；以出卖为目的，偷盗婴幼儿的，处10年以上有期徒刑或者无期徒刑，并处罚金或者没收财产；情节特别严重的，处死刑，并处没收财产。婴幼儿缺少应有的辨别是非和自我防护能力，刑法对偷盗婴幼儿出卖配置更重的法定刑，体现了对婴幼儿的特殊保护。司法实践中，趁监护人、看护人不注意，将熟睡中的婴幼儿抱走，属于通常所理解的“偷盗婴幼儿”，但这种案件较少。更常见、多发的案件是，利用父母等监护人或者看护人的疏忽，以给付婴幼儿玩具、外出游玩等哄骗手段将婴幼儿拐走，这种行为可视为是针对监护人、看护人进行的“偷盗”。这类犯罪严重侵害儿童身心健康，造成许多家庭骨肉分离，社会危害更大，但对该种情形是否属于“偷盗婴幼儿”，实践中存在争议。《拐卖妇女儿童解释》将对婴幼儿采取欺骗、利诱等手段使其脱离监护人或者看护人行为界定为“偷盗婴幼儿”，符合立法精神，有利于从严惩治拐卖儿童犯罪。

近年来,媒体报道了一些妇女被拐卖迫使结婚的案例,也报道了非法中介借介绍涉外婚姻诈骗钱财或者拐卖妇女的案例,《拐卖妇女儿童解释》对类似问题有了相应规定。正常介绍婚姻与打着介绍婚姻旗号拐卖妇女是两类性质不同的行为。正常介绍婚姻有时也会涉及收取一定感谢费等钱财,但介绍人是明知男女双方地位平等的基础上,基于双方自愿,为促成婚姻的缔结而居间联系。而不法分子打着介绍婚姻的旗号,违背妇女意志,将妇女作为商品出卖给他人,侵害了妇女独立人格尊严,则是属于拐卖妇女犯罪行为。实践中,有些不法分子采取劫持、诱骗等方式限制妇女人身自由,或者采取扣押身份证件等方式,迫使妇女同意与他人生活、结婚,索取钱财。也有些不法分子以介绍婚姻等名义将妇女拐带至外地,利用妇女人地生疏、语言不通、孤立无援等境况,使妇女不得不屈从于行为人的要求,被迫与他人生活、结婚,不法分子借此索取钱财获利,同样违背了妇女意志,已构成拐卖妇女罪。《拐卖妇女儿童解释》以列举方式明确了实践中对是否违背妇女意志、是否构成拐卖犯罪有分歧的情形,有助于准确界定罪与非罪,依法打击拐卖妇女犯罪。当然,实践中情形很复杂,有些是伴随介绍婚姻引发的财产、感情纠纷,属于民事法律关系范畴,应当根据主客观要件准确甄别。鉴于以介绍婚姻为名,与被介绍妇女串通骗取他人钱财的案件也时有发生,《拐卖妇女儿童解释》规定应当以诈骗罪追究刑事责任。

《刑法修正案(九)》对收买被拐卖的妇女、儿童罪进行了修改,将原刑法规定"收买被拐卖的妇女、儿童,按照被买妇女的意愿,不阻碍其返回原居住地的,对被买儿童没有虐待行为,不阻碍对其进行解救的,可以不追究刑事责任",修改为"收买被拐卖的妇女、儿童,对被买儿童没有虐待行为,不阻碍对其进行解救的,可以从轻处罚;按照被买妇女的意愿,不阻碍其返回原居住地的,可以从轻或者减轻处罚",体现了对收买行为人加大惩治力度的导向。对收买被拐卖的儿童犯罪,《拐卖妇女儿童解释》将实践中较为常见的藏匿、转移被买儿童、经说服教育仍不配合等行为解释为"阻碍解救",有利于加大打击力度。同时,为充分尊重被拐妇女的意愿,稳定既已形成的婚姻家庭关系,对妇女自愿继续留在当地共同生活的情形,《拐卖妇女儿童解释》规定视为"按照被买妇女的意愿、不阻碍其返回原居住地",但需注意的是,具备该情形,只是可以依法从轻处罚,构成犯罪需要追究刑事责任的,还要依法追究。

最高人民法院这次司法解释还明确将"在国家机关工作人员排查来历不明儿童或者进行解救时,将所收买的儿童藏匿、转移或者实施其他妨碍解救行为,经说服教育仍不配合的"定性为"阻碍解救行为",也进一步提高了收买方的犯罪成本。"没有买卖就没有伤害",如果立法和司法中一直能够坚持"从严从紧"原则,可以在相当大的程度上减少买卖行为,将有助于减少因拐卖收买而造成的家败人亡惨剧。

当然,拐卖儿童妇女行为特别是拐卖儿童行为猖獗,在一定程度上也与我国收养制度不够完善相关。实践中，很多人收买被拐卖儿童是因为难以从正规渠道收养儿童，核心原因在于现行《收养法》规定的收养条件较为严苛，收养手续烦琐、过程冗长，难以满足现实需要。

现行收养法是1991年通过的，1998年11月进行了部分修改，至今已施行近19年。19年来，我国的经济社会环境发生了巨大变化，这部法律却一直没有修改，诸多内容已与现实脱节，也应当尽快修改完善。

五、审判“大老虎”最多之年

2016年，反腐败问题仍然是人们关注的热点。据《法制日报》报道，截至2016年12月27日，2016年全国法院共一审开庭审理省部级及以上落马官员42人，宣判34人。而2015年一审开庭审理18人，宣判16人。2014年一审开庭审理6人，宣判4人。从开庭审理的密集度来看，2016年除了4月份，其余11个月每月都有“老虎”被公开审理。9月和11月份较多，分别有6人被开庭审判。从宣判的密集度来看，2016年11月有10位大老虎领刑，是目前宣判大老虎最多的月份。其次，在10月和12月，分别有6个大老虎领刑。

十八大以来，共有10名落马大老虎被判无期徒刑，其中2016年判了7人，分别为令计划、郭伯雄、申维辰、金道铭、杜善学、万庆良、谭力。2015年有两人被判无期徒刑，刘铁男、王素毅；2014年只有周永康1人。此外，十八大以来，2名落马官员被判死缓，分别为白恩培、朱明国（广东省原政协主席）。1人被判死刑立即执行，赵黎平。

内蒙古自治区政协原副主席赵黎平是十八大以来首个被判处死刑的贪官。2016年9月11日至13日，山西省太原市中级人民法院对内蒙古自治区政协原副主席赵黎平故意杀人，受贿，非法持有枪支、弹药，非法储存爆炸物一案，进行了一审公开开庭审理。庭审长达3天。经审理查明，2015年3月20日，被告人赵黎平在内蒙古自治区赤峰市持枪将被害人李某某杀害。2008年至2010年，赵黎平利用担任内蒙古自治区公安厅厅长的职务便利，在企业经营、干部选拔任用等方面为他人谋取利益，非法收受人民币2368万元。公安机关勘查杀人相关现场时查获了赵黎平藏匿的转轮手枪、六四式手枪及49发子弹；还在赵黎平的办公室内查获其非法存放的91枚雷管。2016年11月11日，法院公开宣判，对内蒙古自治区政协原副主席赵黎平决定执行死刑，剥夺政治权利终身，并处没收个人财产人民币200万元。

《刑法修正案（九）》正式施行后，首个被判终身监禁的是白恩培。1946年出生的白恩培今年已经70岁。作为全国人大环境与资源保护委员会原副主任委员的他在70岁这一年成为中国首个被判终身监禁的罪犯。这意味着，他不能减刑、也不能假释，将在狱中度过余生。2016年10月9日，河南省安阳市中级人民法院一审以白恩培犯受贿、巨额财产来源不明罪判处其死刑缓期两年执行,并适用终身监禁,不得减刑和假释。

之后,国家能源局煤炭司原副司长魏鹏远、黑龙江龙煤矿业集团股份有限公司物资供应分公司原副总经理于铁义相继因受贿罪被判死缓并终身监禁。其中,白恩培的涉案金额为2.46亿元,刷新了落马省部级高官贪腐案的纪录;魏鹏远和于铁义的涉案金额分别为2.1亿余元和3亿余元。2015年11月1日,《刑法修正案(九)》首次引入"终身监禁",规定"对犯贪污、受贿罪,被判处死刑缓期执行的,人民法院根据犯罪情节等情况可以同时决定在其死刑缓期执行二年期满依法减为无期徒刑后,终身监禁,不得减刑、假释。"从法院的公开判决看,判处白恩培、魏鹏远、于铁义终身监禁的依据是:"受贿数额特别巨大、犯罪情节特别严重、社会影响特别恶劣、给国家和人民利益造成特别重大损失,论罪应当判处死刑。"

2016年10月17日,《永远在路上》在中央电视台综合频道首播。该片是由中央纪委宣传部、中央电视台联合制作的大型电视专题片。这部专题片共8集,拍摄了40多个典型案例,采访了70余位国内外专家学者、纪检干部。其中,苏荣、周本顺、李春城等10余位落马省部级及以上大老虎在电视上集中"露脸",讲述自己如何走上贪腐之路,忏悔过去的行为。他们的讲述,给人很强的警示和教育意义。专题片引起了震动,各单位纷纷组织收看。专题片警示教育党员领导干部,严守政治纪律和政治规矩,筑牢理想信念的根基,坚定对党的信心和信任,以此为鉴。

2016年成为高官审判密集期,与最高人民法院、最高人民检察院联合出台《关于办理贪污贿赂刑事案件适用法律若干问题的解释》并自2016年4月18日起施行有关。《刑法修正案(九)》对贪污贿赂仅有数额较大、数额巨大、数额特别巨大的抽象规定,司法实践中亟须具体可操作的标准。该司法解释的出台,对司法实践有了具体的指引。该司法解释详细规定了关于"数额较大""其他较重情节""数额巨大""数额特别巨大"的认定,以及关于极刑的适用。该司法解释的出台,让抽象的法条变得具体可操作,本年度成为了贪官审判季。"大老虎"的审判举世关注,实际上更多的是对"苍蝇"的审判。一年来的司法实践可见,贪污受贿案件的定罪量刑标准较以前大大提高,以前10万元以上要10年以上量刑,现在一般要300万元以上判10年以上徒刑。巨贪涉案1亿元以上判处无期徒刑的也有之。这使社会民众对此类犯罪有了新的认识。但这也正是社会进步的体现。刑罚的力量不在于它的严苛性,而在于它的不可避免性。数额标准虽然大大提高,但如前所述,心怀侥幸者,终究不得善终。

有人曾质疑近年来的反腐行动不过是运动式反腐,像一阵清风一样,吹过去就罢了。近5年来的实践表明,这种观点是错误的。八项规定已然深入人心,虽然会被一些商家诟病影响了他们的生意,但改善的是社会风气,收获的是民心,巩固的是共产党的执政地位。非但如此,2016年10月24日至27日召开的十八大六中全会的主题就是研究全面从严治党重大问题。方方面面都表明,从严治党和反腐败斗争正在继续向深层次推进。

六、死刑适用问题

2016 年是《刑法修正案(九)》实施第 1 年。该修正案在废除 9 种罪名死刑,提高绑架罪死刑门槛,提高死缓适用门槛等方面再次向世人昭示,保留死刑,严格限制死刑,坚持少杀慎杀仍然是我国坚持不变的立场。就笔者所在的省份来看,通过 10 年来的实践,从中级人民法院到省高级人民法院,再到最高人民法院,办案人员对严格审慎的适用死刑已经形成了共识,除了毒品犯罪外,对故意杀人、强奸、抢劫、故意伤害等罪名的死刑适用基本达成一致,故此,很多案件在中级人民法院即被消化,此类犯罪的死刑适用较以前大大下降,保守估计,死刑适用较 10 年前核准权收归最高院之初,至少缩减了 2/3 以上。

形成鲜明对比的是,由于对毒品犯罪打击力度的加大,办案人员手中的毒品死刑案件,较往年显著增多。根据最高人民法院的通报来看,由于人民禁毒战争的有力打击,全国范围内毒品犯罪报最高院核准死刑的数量竟然跃至最前列,已经引起高层注意,并相应调整了毒品案件死刑适用的标准,这与我国一贯的少杀慎杀政策是相适应的。

梳理近年已有案例可以发现,把握死刑案件杀与不杀,第一,要看犯罪主体。法律明确规定,犯罪的时候不满 18 周岁的人和审判时怀孕的妇女,不适用死刑。甚至到了 20 岁也要审查,因为有些贫穷落后地区的被告人虚报年龄,身份证和户口簿显示的年龄比实际年龄大。哪怕他杀了多人,手段特别残忍,都不能杀。我们曾主办一个案件,被告人王某抢劫一个杂货店,致一死一重伤,年龄是 18 岁零 10 个月,承办法官为此非常纠结,按照我国法律规定,已满 18 周岁,可以适用死刑,为了限制死刑适用,实践中对刚满 18 岁的犯罪主体适用死刑也很慎重,一般不予适用,而何谓刚满 18 岁,一般掌握在半年以内,而本案是 18 岁零 10 个月,所犯罪行又是严重危及人身安全和财产安全的抢劫罪,造成一死一伤,后果严重。且实践中,对此类案件民事调解尤为慎重,有的法官甚至不考虑调解。本案最终报最高人民法院核准。核准期间,最高人民法院开展相关调研,为了限制死刑适用,认为对抢劫类的犯罪,如果双方自行达成谅解的,也可以予以考虑,最终该案在最高人民法院期间,双方达成谅解,予以改判。通过本案可见,我国对未成年人甚至刚成年的被告人,一贯的政策是不变的,以教育感化为主,不能轻易适用极刑。第二,要看犯罪对象。死刑案件中,判断杀与不杀,要看被告人的犯罪对象。犯罪分子如果杀的是老弱病残孕及未成年人,或者杀的是警察,以及无辜的人,适用死刑一般没有问题,如廖某某故意杀人案,廖某某因房屋拆迁与村支书发生纠纷,为了泄愤,残忍杀害了村支书年仅 8 周岁的独子,依法被判处死刑,报最高人民法院核准后,很快便予以核准。第三,要看犯罪方式。犯罪行为方面也是审查的要点之一。如手段特别残忍,采用折磨的方式,将被害人杀害,还有杀人焚尸、杀人分尸等,一般都会处以死刑。如笔者刚审结的陈某某故意杀人、强制猥亵妇女案,陈某某将同村弱智女骗至家中,进行猥亵,恐罪行败露,掐住被害人脖子,拿起玻璃酒瓶敲击头部,又拿起一个药罐子摔击头部,从家中拿起一个破裂瓷砖,用锋利的一角连续击砸头部,又拿起一把菜刀,朝颈脖砍击数刀致当场死亡。从本案来看,被告人犯罪动机卑劣,手段残忍,依法应适用死刑。第四,是关于民愤问题。民愤对刑事审判尤其是死刑适用具有显著影响。[1] 实践经验表明,民愤尤其是被害人家属的情绪很大程度地左右了办案人的思维。尤其在尸体没有火化等情况下,一度成为很多法官判断民愤是否很大的晴雨表。对此,司法裁判应当坚持"让法律的归法律,民愤的归民愤"。不能让民愤绑架司法审判。2016 年下半年以来,贾某故意杀人案一度被媒体炒得沸沸扬扬,但最高人民法院最终还是核准了被告人贾敬龙死刑。这在某种意义上表明最高人民法院顶住了舆论的压力做出了专业客观的审判。第五,死刑案件还要看事实是否清楚,证据是否确凿。2016 年,聂树斌依法被改判无罪,主要的理由是事实不清,证据不足。斯人已逝,留下后人唏嘘不止。本案再次向世人特别是从事刑事审判工作者昭示务必严格依法办案。对证据存疑、存在瑕疵甚至矛盾的,必须反复审视,该改判的改判,该无罪的无罪,不能被所谓的民愤或其他外界不当干扰所绑架。人头不是韭菜,割了长不回来,毛主席的话如犹在耳,值得后来人三思再三思!

(审读专家:湘潭大学法学院　黄明儒教授)

(责任校对:吴旭冉)

撰稿专家

李风林,福建省高级人民法院刑事审判第三庭审判员,审判长,福建省首批员额法官,负责一个审判团队。西北政法大学法学学士,法学硕士,武汉大学刑法学博士。长期从事刑事审判工作。曾在《刑法评论》《河北法学》《南方周末》等刊物发表专业文章30余篇,参与并执笔最高人民法院重点调研课题一项,负责福州市法院重点调研课题一项。论文和负责课题曾获全国一、二等奖。

---

〔1〕 详见李风林:《死刑适用标准研究》,2008 年武汉大学博士论文;李风林:《在"民愤"与法律之间》,载《南方周末》(法治版),2007 年 1 月 18 日。

第七章

2016 年诉讼法实施报告

上　2016 年刑事诉讼法律实施报告

陈卫东

报告要旨

2016 年度刑事诉讼法律的实施与当前全面深化司法改革动态结合越发紧密，内部运行机制更为注重权力与权利的良性互动，办案机关工作规范化水平不断提升，包括被追诉人、被害人在内的诉讼主体的地位及其权利得到进一步保障，整体适用效率显著提高。但其中也出现诸多新问题值得我们特别关注。未来改革宜通过规范、科学的方案消解立法与实务难题，推动刑事诉讼的现代化转型。

核心建议

1. 重视刑事诉讼法实施与司法改革方案落实到位的配合，有效破解条款冲突或者衔接性不足导致的适用困境。

2. 刑事诉讼的现代化发展有赖立法规定的科学合理，在总结反思新修条款适用存在问题及其原因的基础上，专门机关可通过出台解释意见等方式规范法律条款的可操作性。

刑事诉讼法是国家的“应用宪法”，在维护社会稳定、保障公民合法权益、惩罚犯罪领域的作用不言而喻。2016 年度我国刑事诉讼法的实施深刻受到当前全面深化司法改革的影响，顶层设计者在推动诸多针对性改革举措逐渐取得显著成效的同时，也为刑事诉讼法的有效适用创造更为适宜的平台和环境。

一、2016 年度刑事诉讼法实施的总体状况与主要特点

(一)总体状况

1. 刑事侦查与强制措施

随着以审判为中心的诉讼制度改革的不断推进,[1]审判职能的核心作用越来越受到重视,各项改革措施逐步落实,以确保侦查、审查起诉的案件事实证据经得起法律的检验,实现程序公正和实体公正的价值之统一。诉讼制度改革是牵一发而动全身的系统化工程,实现以审判为中心的诉讼制度的改革要求审前程序的合理化改造。[2]为了适应改革需求,2016 年度关于侦查程序的改革与试点工作此起彼伏。例如,即将在全国范围开展试点工作的检察介入侦查工作,通过检察机关提前介入侦查程序实现对侦查合法性的监督和对规范取证活动的引导。[3] 再如,随着羁押必要性审查制度和逮捕诉讼化制度改革的推进,相关的实证研究数据表明羁押率普遍有所降低,[4]以此强化了检察机关对强制措施的监督。

从相关调查结果来看,当前讯问、勘验检查、鉴定以及询问等主要侦查措施能够应对日常的侦查工作,但整体水平不高,仍有较大提升空间。[5] 违反法定程序适用侦查措施的现象依然常见,勘验、检查、鉴定等刑事技术工作缺乏一定的规范性,询问、讯问等取证手段的经验性和技巧性不足,容易发生刑讯逼供等程序违法行为。为了实现对侦查程序的有效监督,中央将“建立对公安派出所刑事侦查活动监督机制”列为司法改革任务,最高人民检察院将此项改革任务列入《关于深化检察改革的意见(2013 - 2017 年工作规划)》,并于 2015 ~ 2016 年在山西等 10 个省份开展了“建立对公安派出所刑事侦查活动监督机制”改革试点工作。

2. 刑事辩护与法律援助

以审判为中心的诉讼制度的核心是庭审实质化,这对于保证辩护权具有重要意

---

[1] 为贯彻落实最高人民法院、最高人民检察院、公安部、国家安全部、司法部《关于推进以审判为中心刑事诉讼制度改革的意见》,全面推进改革工作,最高人民法院近期印发了《关于全面推进以审判为中心刑事诉讼制度改革的实施意见》。

[2] 参见陈卫东:《以审判为中心:当代刑事司法改革的基点》,载《法学家》2016 年第 4 期。

[3] 有学者认为,在我国既有的警检分立格局的基础上,构建检察介入侦查的机制实现对侦查权的有效制约和对证据体系统一把握,是推进以审判为中心诉讼制度改革背景下改革侦诉体制的不错选择。参见张小玲:《审判中心背景下审前侦诉关系之重塑》,载《政法论坛》2016 年第 3 期。

[4] 参见谢小剑:《羁押必要性审查制度实效研究》,载《法学家》2016 年第 2 期;闵春雷:《论审查逮捕程序的诉讼化》,载《法治与社会发展》2016 年第 3 期。

[5] 王峥、刘文强:《我国刑事侦查措施运行状况实证研究》,载《中国刑警学院学报》2016 年第 1 期。

义,而完善法律援助制度是当务之急。[1] 2016年度各地积极开展和推进法律援助工作,并在积累、总结已有经验的基础上相继出台了一些规范性文件。[2] 2016年10月19日,司法部在北京召开完善法律援助制度推进会,会议对推进法律援助工作、完善法律援助制度做出了全面部署,[3]法律援助立法也已列入国务院立法计划。从实践状况来看,刑事法律援助制度获得显著发展,刑事法律援助案件的数量有所增长,援助的及时性得到了较大的改善,这对于加强犯罪嫌疑人、被告人在刑事诉讼中的人权保障起到了重要作用。但是,也应当看到,我国刑事诉讼中律师辩护率还不高,相关的实证研究数据表明只有30%左右,[4]而且目前的法律援助制度适用范围还比较窄,这些情况都说明法律援助制度可发挥作用的空间有待优化。另外,有些法律援助律师履职积极性不高,援助活动流于形式,导致刑事法律援助效果大打折扣。根据H省X市所收集的数据来看,有两方面的现象值得关注:第一,在审判前阶段,法律援助律师一般很少阅卷,仅仅是会见嫌疑人并互相了解基本情况,基本不会去申请调查取证;第二,在审判阶段,法律援助律师的辩护活动颇为简单,提出的辩护意见质量不高,基本没有申请排除非法证据或者申请证人出庭作证的情况。

3. 羁押必要性审查

2016年2月,最高人民检察院公布的《人民检察院办理羁押必要性审查案件规定(试行)》(以下简称"最高检审查规定")在吸收地方经验的基础上对该制度的体系化建构作了针对性完善,提升了该项制度的实践适用性。在"最高检审查规定"文件中,完善了羁押必要性审查制度的制度基础和可操作性,确立了以下运行机制:一是对外建立了协作配合制度。规范了检察机关、公安机关、司法行政机关在羁押必要性审查工作中各自的职责,起到了既监督制约、又协作配合的作用,保证了司法公正,节约了司法资源,使羁押必要性审查案件占捕后案件的比例逐年提高。二是对内推动建立了归口办理制度。为提高工作效率,形成部门合力,最大限度地发挥羁押必要性审查制度的功效,试行羁押必要性审查案件归口由刑事执行检察部门办理,其他相关部门共同协作配合的审查制度。三是建立了统一受理制度。羁押必要性审查案件由本院案件管理部门统一受理。无论是在押犯罪嫌疑人、被告人及其近亲属、辩护律师申请还

---

[1] 参见顾永忠:《以审判为中心为背景下的刑事辩护突出问题研究》,载《中国法学》2016年第2期。

[2] 关于其中的部分规范性文件可参见:"中共重庆市委办公厅、重庆市人民政府办公厅印发《关于完善法律援助制度的实施意见》",载《重庆日报》2016年11月10日版;"省委办公厅、省政府办公厅印发《关于完善法律援助制度的实施意见》",载《安徽日报》2016年3月10日版;《广东省法律援助条例》,载《南方周末》2016年2月23日版;《关于完善法律援助制度的实施意见》,载《江西日报》2016年7月18日版。

[3] 李海洋:《司法部多举措加速完善法律援助制度》,载《中国商报》2016年10月25日版。

[4] 相关具体实证数据可参见刘方权:《刑事法律援助实研究》,载《国家检察官学院学报》2016年第1期。

是依职权发现的羁押必要性审查案件,均交由案件管理部门统一受理登记、统一审查。羁押必要性审查案件由刑事执行检察部门统一办理,各有关部门积极协作配合,确保信息共享和流转顺畅,提高羁押必要性审查案件的质量和效率。四是建立了公开审查制度。在实践中,地方试点单位为了切实提高羁押必要性审查工作的公开、公平和公正性,专门对公开审查的案件范围、主体、程序、方法等进行规定,并成立听证委员会,建立公开听证审查案件制度,对存在意见分歧的、案情复杂的或者提出申请的案件,以公开听证形式充分听取案件相关人员意见,从而确定犯罪嫌疑人、被告人是否有继续羁押的必要,以此提高羁押必要性审查工作的公正性。从笔者所在研究中心2016年收集到的实证数据上看,自启动羁押必要性改革试点以来,该试点单位共受理羁押必要性审查案件265人,其中提出羁押必要性审查265人,采纳264人,采纳率平均值为99.6%。审查起诉羁押率由2010年的50.9%下降为2016年的31.0%,检察院提出变更强制措施建议采纳率高达99.2%。无论从降低我国畸高的羁押率、缩短办案期限的角度,还是从保障嫌疑人、被告人人权的角度上看,羁押必要性审查制度的实施都将发挥更为积极的作用。

4. 非法证据排除规则

我国非法证据排除规则主要是实体真实驱动下的规则,其主要目的在于保障无辜者不被错误追究,是在发现和追求真实价值下对无辜者的保障制度。自2016年以来,随着司法体制改革的不断深化,非法证据排除规则同法官检察官的司法责任制改革和对冤假错案的纠正等内容的关系不断密切,在规范侦查、庭审活动,促进司法公正,追求事实真相,保障被追诉人权利方面发挥着积极的作用。2017年2月最高人民法院修订印发的《关于庭审活动录音录像的若干规定》(简称《若干规定》),不仅可以健全我国同步录音录像制度,而且还将极大地促进庭审阶段非法证据排除规则实施的规范化和程序化。可以说,非法证据排除制度在提高办案质量、维持裁判公信力等方面发挥着越发明显的作用。

从实务部门非法证据排除规则的实施状况上来看,我国目前非法证据排除规则的适用存在以下特点:其一,高申请率和低启动率。自非法证据排除规则修改实施以来,被告人法庭上对非法证据申请排除的数量激增,而与之相对应的是法庭审查后启动非法证据排除程序的案件极少。其二,立法设立的非法证据排除标准在实践中难以达到。针对辩护方提出的证据合法性质疑,侦查人员在实务操作中往往运用加盖公章的"情况说明"予以应对,这种不符合法定证据形式的材料难以满足立法"使法庭确信该证据系合法取得"的要求。其三,我国刑事诉讼法专门设置了庭前会议制度来解决控辩双方关于证据的合法性争议问题,然而在实务中,提出非法证据排除申请的时间往往集中于审判阶段而非庭前阶段。其四,我国目前非法证据成功排除的案例较少,且多见于审查起诉阶段。相较于检察机关而言,法院(法官)对于证据的排除显得更有顾虑。

5. 庭前会议与庭前准备

庭前会议制度是刑事诉讼法修改中增加的一项制度,其功能在于通过专门的庭前会议,使得控辩双方在庭前能够解决诸如回避、提出非法证据排除动议等程序性事项,从而提高庭审效率。然而,庭前会议制度在实践过程中的适用并不太理想。在S省J市进行调研的326件案件中,仅有7件案件法院召开了庭前会议,适用比率仅为2.1%。[1] 实施过程中,庭前会议的功能定位模糊、作用不明显等现象庭前会议制度适用率低下的重要原因。造成该现象的原因是多方面的,从立法层面来看,法律规定过于笼统缺乏可操作性是造成庭前会议制度功能定位模糊的重要因素;另外,关于回避制度、非法证据排除制度等程序性事项在基层法院的发生适用率本就不高,并且由于基层法院进行认罪认罚从宽制度试点、扩大简易程序的适用率等相关司法改革,越来越多的审判程序以更为便捷的形式予以分流,相较而言可以适用庭前会议制度的普通程序的案件就显得尤为"罕见"。再者,即便出现了需要双方当事人开庭前沟通的情形,法官及双方当事人也更乐于运用手机通话、视频或者其他更为便捷的方式进行,在这样的情况下庭前会议制度价值的发挥也就难免会受到影响。

6. 简易程序与二审程序

(1)简易程序改革

简易程序是我国刑事司法领域重要的制度之一。随着司法改革的推进,简易程序在提高诉讼效率、促进案件分流、缓解案多人少突出问题以及落实宽严相济刑事政策、体现刑事司法谦抑性等方面发挥着越来越多的作用。笔者所在研究中心调研了解到,部分法院的简易程序适用率偏低,在不同地域的适用率也有一定差异。2014年10月,党的十八届四中全会通过的《关于全面推进依法治国若干重大问题的决定》(以下简称四中全会《决定》)提出要"完善刑事诉讼中认罪认罚从宽制度"。2016年7月,中央全面深化改革领导小组第26次会议审议通过《关于认罪认罚从宽制度改革试点方案》,明确指出完善刑事诉讼中认罪认罚从宽制度,涉及侦查、审查起诉、审判等各个诉讼环节,要明确法律依据、适用条件,选择部分地区依法有序稳步推进试点工作。2016年9月3日,第十二届全国人民代表大会常务委员会第二十二次会议通过了《关于授权最高人民法院、最高人民检察院在部分地区开展刑事案件认罪认罚从宽制度试点工作的决定》(以下简称《试点决定》),正式授权最高人民法院、最高人民检察院在北京、天津、上海等18个城市开展刑事案件认罪认罚从宽制度试点工作,为期两年。据了解,最高人民法院、最高人民检察院已经制定《关于适用普通程序审理"被告人认罪案件"

[1] 参见冀祥德:《新刑事诉讼法实施状况实证研究》,方志出版社2016年版,第127页。

的若干意见(试行)》并推开试点。以上改革举措均对我国简易程序的适用以及简易程序与刑事速裁程序试点带来直接的影响。

随着简易程序、刑事速裁程序的试点与完善,我国刑事审判程序的繁简分流体系雏形逐步确立。虽然从目前各地实践运行和程序实施的过程中看,程序衔接、从宽量刑幅度、律师在场和辩护等方面依然存在瑕疵和不足,但是从对诉讼效率的影响上看,简易程序的相关改革简化了庭审程序和相关诉讼文书,提高了诉讼效率,在一定程度上缓解了"案多人少"的矛盾。此外,在试点试行过程中有关值班律师强制法律援助制度,控辩双方以《量刑指导意见》为依据对量刑幅度和从宽范围进行协商,法官对于控辩双方协商结果的严格审查以及保留被告人庭审过程中的最后陈述权等必要权利的做法,都是实践中值得保留和肯定的有益经验。

(2)二审程序

根据中共十八届四中全会《中共中央关于全面推进依法治国若干重大问题的决定》(以下简称"四中全会决定")的精神,在完善"审级制度"部分则重申"二审重在解决事实法律争议、实现二审终审"的功能,为健全我国刑事二审制度明确了方向。2012年《刑事诉讼法》专门就提高刑事二审程序的适用性进行修订,集中完善有关二审开庭、发回重审制度、上诉不加刑制度、延长二审期限和检察院派员出庭等内容,有效协调了一审与二审功能定位。从实务部门二审程序的实施状况上看:首先,法院开庭审理二审的数量逐年稳步提升,由2012年修改后的32.71%提高到了2016年的38.56%,远超1996年刑诉法实施期间17.8%的二审开庭率。其次,检察院出庭公诉案件的数量变化明显。刑事诉讼法修改开庭审理的法定条件使法院开庭审理数量增多,相应地,检察院派员出庭的工作任务随着增大,公诉人员所承担的抗诉工作责任明显加重。再次,检察机关和辩护人阅卷时间难以保障,法院迫于结案压力,往往对检察院和辩护人的阅卷期限进行压缩,实践中60%以上的案件阅卷时间只有6~15天左右,远低于刑诉法规定1个月的阅卷期限。最后,关于律师参与刑事二审案件的整体运行状况而言,刑诉法的修改增加了律师参与二审程序的机会和空间,有利于律师辩护职能的行使。然而也应当看到,由于二审阶段开庭审理的情形较少,律师参与二审程序并不充分,履行辩护职能的效果往往不佳。且在二审阶段律师会见和阅卷权有时会受到不当干预,律师与实务部门的沟通和交流机制还需要进一步疏通。

(二)主要特点

1.顺应司法改革机遇,刑事诉讼法的整体实施进步明显

2016年刑事诉讼法的实施坚持以司法改革工作为导向,力求进一步推进全面深化司法改革在刑事诉讼活动中的落实。积极响应中共中央《关于全面深化改革若干重大问题的决定》《关于全面推进依法治国若干重大问题的决定》中的有关指示,并取得了可喜的成效。

(1)侦查工作质量得以提升

侦查工作作为刑事诉讼源头,对诉讼活动的质量具有基础的决定性作用,在2016年刑事诉讼法的实施中侦查阶段证据收集工作得以改观。2016年9月20日,最高人民法院、最高人民检察院、公安部颁布了《关于办理刑事案件收集提取和审查判断电子数据若干问题的规定》,用以规范电子数据的收集提取和审查判断,提高刑事案件办理质量。2016年10月11日,最高人民法院、最高人民检察院、公安部、国家安全部、司法部出台的《关于推进以审判为中心的刑事诉讼制度改革的意见》要求在侦查阶段做到依法全面客观及时收集证据;完善讯问制度;保障当事人、辩护人的诉讼权利。尤其是要全面贯彻证据裁判规则,严格依法收集、固定、保存、审查、运用证据,实现侦查工作在刑事诉讼中的基础性作用。在2016年3月1起公安部制定的《公安机关人民警察执法过错责任追究规定》中对人民警察在执法办案中,故意或者过失造成的认定事实错误、适用法律错误、违反法定程序、做出违法处理决定等过错做出了责任追究的规定,保障公安机关及其人民警察依法正确履行职责。

(2)检察职能得以充分的发挥

2016年刑事诉讼法实施过程中推行的"以审判为中心的诉讼制度改革"使检察职能得以充分的发挥。一方面,增强了检察机关规范侦查取证的职能,防范刑讯逼供的产生。如建立健全符合裁判要求、适应各类案件特点的证据收集指引;为确保讯问合法进行,要求完善讯问制度;探索建立重大案件侦查终结前讯问合法性核查制度。另一方面,强化了检察机关审前过滤职能。如完善补充侦查制度,进一步明确了退回补充侦查的条件,建立人民检察院退回补充侦查引导和说理机制;规范补充侦查行为,对于确实无法查明的事项,公安机关、国家安全机关应当书面向人民检察院说明理由;完善不起诉制度,规定对未达到法定证明标准的案件,人民检察院应当依法做出不起诉决定,防止事实不清、证据不足的案件进入审判程序;完善撤回起诉制度,规范撤回起诉的条件和程序。

(3)庭审实质化得以进一步实现

在"以审判为中心的诉讼制度改革"指导下,2016年刑事诉讼法的实施过程中针对这一问题发生了较大改观,主要在两方面得到了体现:一方面,证据裁判规则得以严格贯彻。严格遵守法定证据采纳标准和法定证明标准,准确认定案件事实;落实疑罪从无原则,防止冤假错案的发生。另一方面,庭审在查明事实、认定证据、保护诉权、公正裁判中的决定性作用得以发挥。包括:完善证人、鉴定人、侦查人员出庭作证制度;规范法庭审理程序,实现公正审判;完善法庭辩论规则,保护被告人辩护权的实现;完善当庭宣判和定期宣判制度。初步做到了"诉讼证据出示在法庭""案件事实查明在法庭”“控辩意见发表在法庭”“裁判结果形成在法庭”。

(4)司法机关权责分工更加明确

2016年刑事诉讼法的实施在法院检察院依法独立行使职权和司法责任制改革的影响下,办案机关权责进一步明确,人民法院、人民检察院在依法独立行使职权的过程中,免于遭受行政机关、社会团体和个人的干涉。权责分工的明确使得案件质效得以提升,切实维护了司法公正和司法权威。2016年刑诉法实施是建立在不断完善的司法责任制基础之上的。2015年9月,最高人民法院和最高人民检察院相继发布了完善司法责任制的意见,通过了对审判组织模式、裁判文书签署机制、审判委员会制度、明确司法人员职责和权限、明确违法审判责任的情形、检察院运行机制等内容的改革。于2015年12月出台的《人民检察院案件请示办理工作规定(试行)》中明确了下级检察院应当和不得向上级检察请示的情形和请示的具体程序,并明确了下级检察院有关人员和上级检察院有关人员过错导致做出错误答复时有关人员应承担相应纪律责任和法律责任,为2016年检察机关落实人民检察院司法责任制要求,完善人民检察院司法办案指导决策机制提供了规范依据。此外,为了进一步促进法官、检察官依法行使职权,落实法官、检察官办案责任制,最高人民法院最高人民检察院于2016年11月7日发布了《关于建立法官、检察官惩戒制度的意见(试行)》。虽然改革的道路尚远,但2016年刑事诉讼法的实施距离“让审理者裁判、由裁判者负责”的目标更近了一步。有助于确保人民法院依法独立公正行使审判权,让人民群众在每一个司法案件中都感受到公平正义。

2. 刑事诉讼法的适用注重内部权力与权利互动,优化资源配置

2016年刑事诉讼法实施的着力点之一是在追求司法公正的同时实现司法效率的提升。在前期刑事速裁程序试点的基础上,认罪认罚从宽制度在2016年得到了大力推进。2016年3月两高工作报告均将“探索刑事诉讼认罪认罚从宽制度”“探索检察环节认罪认罚从宽制度”作为2016年工作重点之一,随后中央还通过了认罪认罚的试点方案和工作部署。使公权力和私权利之间的关系得以缓和,在不牺牲司法公正的同时使诉讼效率得以提升。

在以往刑事诉讼实施过程中一方面督促公权力的行使以惩罚犯罪;另一方面强调制约公权力以保障私权利,两者之间呈现出非此即彼的冲突关系。得益于速裁程序的试点和认罪认罚从宽制度的推进,2016年刑事诉讼法的实施在内部权力与权利互动和优化资源配置方面取得了显著成效。在基层司法实践中,2016年4月,在石狮市出现了全国首例获法院判决“认罪协商”案件。在石狮检察院与法院会签的《关于公诉案件认罪协商程序的规定(试行)》中,明确规定对达成认罪协议的案件,承办人可根据协商结果对犯罪嫌疑人提出从宽处理的量刑建议,并适用简易程序向法院提请公诉,法院

可简化法庭调查程序，根据检察机关的指控依法判决，并在量刑建议幅度内判处刑罚。

根据适用速裁程序的规定，“犯罪嫌疑人、被告人承认自己所犯罪行，对指控的犯罪事实没有异议”，“犯罪嫌疑人、被告人同意适用速裁程序”是程序适用的前提。这种实体和程序上的双方合意的达成使程序简化得以正当化，也是促进繁简分流，优化司法资源配置的前提。与此同时，速裁程序也蕴含认罪认罚从宽的精神在其中。根据“两高”《关于刑事案件速裁程序试点情况的中期报告》显示，“据抽样统计，检察机关审查起诉周期由过去的平均20天缩短至5.7天；人民法院速裁案件10日内审结的占94.28%，比简易程序高58.40个百分点；当庭宣判率达95.16%，比简易程序高19.97个百分点”，“刑事速裁案件被告人被拘留、逮捕的占52.8%，比简易程序低13.91个百分点；适用非监禁刑的占36.88%，比简易程序高6.93个百分点。通过减少审前羁押，对被告人从快处理、从宽量刑，更加准确兑现了宽严相济刑事政策，充分体现了认罪认罚从宽处罚精神”。认罪认罚从宽制度试点工作的推进使内部权力与权利互动和优化资源配置的效果更加显著。相对于速裁程序，其适用的案件范围更加广泛，不管案件可能判处的刑罚轻重如何，只要满足认罪认罚的条件都可以获得程序上的从简和实体上的从宽。

3. **持续规范刑事诉讼行为，纠正冤假错案，贯彻落实保障人权**

2016年，司法体制改革进入关键时期，新刑事诉讼法实施也进入第4个年头，人权保障观念和程序意识不断强化。在刑事诉讼法的实施过程中，重点强化诉讼过程中当事人和其他诉讼参与人的知情权、陈述权、辩护辩论权、申请权、申诉权的制度保障，健全落实罪刑法定、疑罪从无、非法证据排除等法律原则及相关制度，完善对限制人身自由的强制措施的司法监督，加强对刑讯逼供和非法取证的源头预防，健全冤假错案有效防范、及时纠正机制。数据显示，2016年1月至10月，全国各级法院依法宣告808人无罪，纠正了聂树斌案、陈满案、刘吉强案等冤假错案。[1] 围绕冤假错案暴露出的相关问题，最高人民法院、最高人民检察院、公安部、国家安全部、司法部联合印发《关于推进以审判为中心的刑事诉讼制度改革的意见》，以严格司法、公正审判为原则探索完善庭前准备、庭审裁判及证据认定规则，充分发挥庭审在查明事实、认定证据、保护诉权、公正裁判中的作用，切实维护司法公正，防止冤假错案。尊重和保障人权是当代刑事诉讼法的重要目标，也是我国刑事诉讼法长期坚持的价值取向。中共中央《关于全面推进依法治国若干重大问题的决定》中明确提出要加强人权司法保障，在2016年刑事诉讼法实施过程这一要求得到了充分的贯彻和落实。具体包括以下方面：

---

〔1〕 王亦君：《最高法：进一步建立健全冤假错案防范和纠正机制》，载《中国青年报》2017年2月22日，第4版。

第一,首次提出探索建立重大案件侦查终结前讯问合法性核查制度,对公安机关、国家安全机关和人民检察院侦查的重大案件,由人民检察院驻看守所检察人员讯问犯罪嫌疑人,核查是否存在刑讯逼供、非法取证情形,并同步录音录像。

第二,严格实行非法证据排除规则,切实防止刑讯逼供、非法取证。《关于推进以审判为中心的刑事诉讼制度改革的意见》重申法律规定的非法证据排除规则,并对完善讯问程序提出明确要求。法院应当严格落实法律规定,对各类非法证据依法认定、严格排除,促使办案人员严格执行法定取证程序。同时要立足司法实践,进一步明确非法证据的范围和认定标准,减少非法证据排除规则适用中的法律争议。

第三,加强羁押必要性审查,维护犯罪嫌疑人、被告人的合法权益。2016 年最高人民检察院发布《人民检察院办理羁押必要性审查案件规定(试行)》,要求人民检察院落实《刑事诉讼法》第 93 条的规定,对被逮捕的犯罪嫌疑人、被告人有无继续羁押的必要性进行审查,对不需要继续羁押的,建议办案机关予以释放或者变更强制措施。犯罪嫌疑人、被告人有权向检察机关申请进行羁押必要性审查。羁押必要性审查使逮捕的审查和羁押的审查在客观上相互独立,弱化了羁押对逮捕措施的依附性,有效防止犯罪嫌疑人、被告人的人身自由受到侦查、检察机关不公正、不合理的限制。[1]

第四,保障当事人、辩护人的诉讼权利。中共中央《关于全面推进依法治国若干重大问题的决定》强调,要健全当事人、辩护人和其他诉讼参与人的权利保障制度;在案件侦查终结前,犯罪嫌疑人提出的无罪或者罪轻的辩解,辩护律师提出的犯罪嫌疑人无罪或者依法不应追究刑事责任的意见,侦查机关应当依法予以核实。

4. 刑事诉讼与科学技术发展的融合促成新变化

科学技术的进步,对刑事诉讼带来深刻影响。以互联网、大数据、人工智能等先进技术在刑事诉讼中的运用为标志,刑事司法进入"智慧司法"时代。

第一,科学技术的进步推动了刑事司法能力现代化。2016 年,最高人民法院在全国范围内设立第一家司法大数据研究基地,成立全国法院司法大数据公司,在"以审判为中心的诉讼制度改革"中,为刑事审判业务提供支持。以数据为依据,人民法院通过大数据管理与服务平台,以全国法院刑事审判的统计数据及其态势分析为检验刑事诉讼法的实施状况及司法改革的推进情况提供路径。2016 年年底,最高人民法院信息中心、司法案例研究院首次发布司法大数据专题报告,这是最高审判机关运用大数据对全国审判工作进行总结与指导的重要尝试。最高人民检察院以《"十三五"时期科技强检规划纲要》的提出为契机,推动"感、传、知、用、管"五位一体的智慧检务应用体系建设。依托全国检察机关统一业务应用系统,汇集检察办案信息数据,立体构建司法办

---

〔1〕 郭冰:《羁押必要性审查制度实践运行审视》,载《中国刑事法杂志》2016 年第 2 期。

案评价体系。通过司法办案知识库,解决长期存在的"案多人少"矛盾。利用司法办案智能辅助系统,实现定罪量刑标准化。[1] "智慧法院""智慧检务"的建设是审判机关、检察机关在深化司法体制改革的关键时期,顺应信息化和技术化发展,以科技推动刑事司法能力现代化的重要举措,服务于国家治理体系和治理能力现代化。

第二,科学技术的进步提高了刑事诉讼的公正与效率。在侦查阶段,信息化侦查手段和现代化侦查装备的运用在发掘线索、侦查取证、侦查决策、犯罪预防各环节大大增强了侦查能力,助力侦查方式由"从供到证"向"从证到供"的转变。[2] 在审查起诉阶段,检察办案情况实时进入统计平台,既为案件决策提供支持,也对检察办案环节中所有可能存在的风险进行防控,[3]使大数据中的检察权运行更加规范。[4] 在审判阶段,数据库收集案件收案、立案、当事人、审理情况等信息,通过多维度统计分析,为法官提供更全面的审判信息支持,提高审判工作透明度。电子证据的运用对刑事审判方式以及证据规则的创新提出了新的要求。[5] 在执行阶段,大数据实时监控执行流程、执行措施、执行款项等信息,提高了执行办案智能化水平。[6] 科学技术的进步为许多长期存在于刑事诉讼中的实践难题提供了新的行之有效的解决方案,促进了刑事诉讼公正与效率价值的共同实现。

第三,科学技术的进步加强了刑事诉讼中的权利保障。刑事诉讼的发展史就是一部权利保障不断加强的历史,科学技术的进步为刑事诉讼参与人享有的诉讼权利提供了新的实现方式。监控式讯问的产生与发展为犯罪嫌疑人的权利提供了时空保护。[7] 案件信息公开系统为当事人及其辩护人申请变更强制措施、申请羁押必要性审查、申诉控告等权利提供更便捷的实现途径。当事人可通过统一的审判流程查询系统,查询承办人信息、案件进展情况等,[8]以知情权的落实促进诉讼参与权的实现。此外,信息技术的运用也为律师执业权利的实现提供了便利,以往律师会见难、阅卷难问题通过电子预约会见、电子阅卷等方式得以解决。

---

〔1〕 参见中国新闻社:《中国最高检:司法大数据解"案多人少"难题辅助定罪、量刑》,2017 年 2 月 16 日,国内新闻版。

〔2〕 胡东林:《运用大数据推进职务犯罪侦查转型升级》,载《人民检察》2016 年第 14 期。

〔3〕 杨积林、夏林杰:《检察权大数据"解决方案"》,载《检察风云》2016 年第 2 期。

〔4〕 王成波:《检察信息化助推司法规范化探索与思考》,载《人民检察》2016 年第 4 期。

〔5〕 刘品新:《电子证据的关联性》,载《法学研究》2016 年第 6 期。

〔6〕 严剑漪、邱悦:《执行信息化:大数据里的"智慧执行"》,载《上海人大》2016 年第 12 期。

〔7〕 马静华:《非法讯问与监控试讯问机制——以公安机关侦查讯问为中心的考察》,载《法学家》2015 年第 6 期。

〔8〕 周强:《深化司法公开、促进司法公正》,载《人民法院报》2014 年 1 月 27 日版。

二、2016年度刑事诉讼法实施的问题与成因

(一)侦查阶段

当前我国刑事诉讼的侦查阶段存在的显著问题有两个:其一是侦查环节的管辖规定适用效果不尽人意;其二是办案人员仍未能摆脱由供到证的传统办案方式,收集实物证据的意识偏低。

1. 侦查管辖的问题

尽管我国刑事诉讼法和《公安机关办理刑事案件程序规定》中对立案管辖作了划分,但在实践中还在一定程度上呈现混乱的局面。这主要是由于地方保护主义的干预,超越管辖权、滥用职权现象严重,缺乏应有的制约措施和制裁程序。尤其是随着我国经济建设的不断深入,地方企业成为了当地主要的财政来源,随之有关的经济案件是当地司法机关保护的重要对象,表现在争夺办案权、滥用侦查权或者消极执法,或者制定"土政策"阻挠外地或其他司法机关进行正常的执法办案活动。经济犯罪侦查中的地方保护主义严重影响了我国司法的权威性、公正性。

经济犯罪侦查受地方保护主义掣肘的成因主要有三点:首先,从制度和文化的角度看,我国的商业环境复杂,政府往往扮演了裁判者和运动员的双重角色,为了发展本地经济、扶植本地企业,出台各种有利的红头文件和法规,甚至干预经济案件的侦查。其次,受到我国司法地方化的影响。与域外国家不同,我国的司法辖区和行政辖区完全一致,政府财政统管和人事统管的体制造成了司法机关对地方政府的严重依赖,难免司法活动受到地方党政机关的干预。在十八届四中全会召开以后,党中央通过出台人财物省级统管等配套措施致力于司法机关去行政化地方化改革,但是推行效果差强人意。最后,我国根深蒂固的熟人社会思想也是地方保护主义形成的因素,从而影响关涉地方利益的案件的侦查。

2. 侦查阶段的口供依赖问题

侦查阶段过分依赖口供定罪仍然是司法改革推行之后尚未全部解决的突出问题。虽然我国《刑事诉讼法》第53条[1]对仅依口供可予定罪和无口供不可定罪两项理论都予以了否定,在制度层面上绝对摒弃"口供中心主义",但目前在我国的刑事司法实践中,口供依然是定罪量刑的重要依据。究其原因,主要还是我国侦查人员素质偏下、侦查能力和手段局限和有罪推定的错误导向所致,甚至案件不靠取得口供无法定罪。

---

[1] 《刑事诉讼法》第53条规定:对一切案件的判处都要重证据,重调查研究,不轻信口供。只有被告人供述,没有其他证据的,不能认定被告人有罪和处以刑罚;没有被告人供述,证据确实、充分的,可以认定被告人有罪和处以刑罚。

2016年最高人民检察院、最高人民法院和公安部联合出台的《关于推进以审判为中心的刑事诉讼制度改革的意见》明确提出了对证据的要求。意见要求，侦查应该依法全面客观及时收集证据，严格排除非法证据，并强调所有证据应当妥善保管、随案移送，为公正裁判奠定坚实基础。意见促进我国刑事诉讼中经年累月形成的“口供为王”传统向“物证为王”逐步扭转，并且强调证据收集的合法性。

（二）审查起诉阶段

在审查起诉阶段，辩护律师会见犯罪嫌疑人、行使辩护权等得到较为充分的保障，“老三难”的问题逐步被消解。但在职务犯罪案件中，律师会见、指定居所监视居住的问题仍持续存在，并未获得有效解决。

1. 职务犯罪案件的律师会见

实务中仍然存在对“特别重大贿赂犯罪案件”条件扩大适用、滥用会见许可权的问题，办案单位往往以“涉案金额巨大属于特别重大贿赂犯罪”为由，长期不安排律师会见。关于何为“特别重大贿赂犯罪”，刑事诉讼法并没有进一步细化规定。《人民检察院刑事诉讼规则（试行）》中规定，“有下列情形之一的，属于特别重大贿赂犯罪：涉嫌贿赂犯罪数额在50万元以上，犯罪情节恶劣的；有重大社会影响的；涉及国家重大利益的。”这为司法实践的操作提供了一个标准，但司法实践中仍然难以实现规范适用的目的。[1] 一些检察机关在办理贿赂犯罪案件中，对“特别重大贿赂犯罪案件”条件进行了扩大适用。例如，有的对“涉嫌犯罪数额在五十万元以上”的规定曲意理解，有以报案数额为准的、有以初查线索为准的、还有以共犯共同涉案数额为准的；有的对“特别重大贿赂案件”只看数额不看情节，只要涉嫌犯罪数额在50万以上，无论是否“情节恶劣”，都不许可会见；还有的甚至扩大至与所侦查贿赂案件相关联案件的会见，按法律规定本不应受会见限制的案件一旦与大案关联，办案机关通常也会限制会见犯罪嫌疑人。[2] 因此，50万的涉案金额标准成为律师会见职务犯罪案件犯罪嫌疑人的主要阻碍原因，希望立法对此问题作进一步明确。

2. 指定居所监视居住措施的适用

在适用指定居所监视居住的案件中，有些办案机关通知被监视居住人的家属时，并不告知被监视居住的地点，辩护律师无法及时会见犯罪嫌疑人。一些执业律师将其称为“秘密关押”，而这一该期限可以长达6个月。刑事诉讼法并未如其草案中一样规定通知家属的内容，但是一般认为，该内容应当包括犯罪嫌疑人、被告人监视居住的原因和指定居所的地点，可是司法实践中仍存在仅通知监视居住原因而不通知指定居所

---

〔1〕 程雷：《指定居所监视居住实施问题的解释论分析》，载《中国法学》2016年第3期。

〔2〕 孙谦：《关于修改后刑事诉讼法执行情况的若干思考》，载《国家检察官学院学报》2015年第3期。

地点的情况,这很大程度上是由现有法律规定的不周延或故意规避所致。《公安规定》完全未涉及通知家属的内容。《高检规则》第114条则规定,对犯罪嫌疑人决定在指定的居所执行监视居住,除无法通知的以外,人民检察院应当在执行监视居住后24小时以内,将指定居所监视居住的原因通知被监视居住人的家属,其中对通知的内容仅列明为"指定居所监视居住的原因",因此检察机关似乎完全可以不将指定居所的地点通知被监视居住人的家属。实践中甚至出现了有家属与辩护律师因不知道被监视居住人的所在而申请将指定居所监视居住变更为逮捕这种匪夷所思的情况出现,这也从侧面显示了不通知家属指定居所的地点之不合理性。这种情况使犯罪嫌疑人、被告人在某种意义上处于"强迫失踪"状态,显然并不妥当,未来应针对上述条款完善。〔1〕

(三)审判阶段

继十八届四中全会《决定》提出推进以审判为中心的诉讼制度改革,2016年6月,中央全面深化改革领导小组审议通过了《关于推进以审判为中心的刑事诉讼制度改革的意见》,标志着以审判为中心的刑事诉讼制度改革全面启动。坚持以审判为中心,应突出审判程序在刑事诉讼中的中心地位,所有定罪的事实证据都要经过法庭质证,确保侦查、起诉、审判的案件事实证据经得起法律检验。随着2012年刑事诉讼法新增制度的实施以及各项改革举措的出台,一定程度上改善了原来"案卷中心主义"的积病,但制度实施效果还不尽如人意。

1. 非法证据排除难

非法证据排除规则与疑罪从无原则和证据裁判规则密不可分。很多冤错案件的产生就是因为在有罪推定思想指导下非法取得的证据没有被排除。最高人民法院常务副院长沈德咏讲到"只有彻底否定和摒弃有罪推定等错误的司法观念,才能肃清冤假错案的思想根源。"〔2〕司法活动必须坚持疑罪从无原则,落实证据裁判规则,指控的证据不足以证明有罪,就应当做出无罪的判决。这需要法官们强大的法律信仰和较高的职业素质。这就涉及非法证据排除规则的适用,但实践中成功适用此制度排除非法证据还是比较少的。究其原因:一方面,公检法三机关地位有待调整,长期的"流水线"式司法运作模式、"侦查中心主义"错误导向以及三机关负责人(特指公安机关)在行政级别管辖上的差异,导致了法院的地位受到其他机关的不当影响,在审判阶段不敢排除侦查机关和检察机关审查通过的证据;另一方面,非法证据的排除可能直接关涉到案件能否定罪。如果一旦排除了非法证据,接下来会导致国家赔偿和绩效考核不通过

〔1〕陈卫东、聂友伦:《监视居住制度问题研究》,载《贵州民族大学学报》(哲学社会科学版)2016年第4期。

〔2〕2016年7月29日,最高人民法院常务副院长沈德咏在全国政法干部学习讲座第三讲上作了《统一思想,凝聚共识,积极推进以审判为中心的刑事诉讼制度改革》的讲座。

等一系列连锁反应，排除非法证据的成本过高，所以能够真正排除非法的证据的情况少之又少。而非法证据排除规则直接影响着证据裁判规则的实现和对被告人定罪量刑的诉讼利益。这些因素或多或少、直接或间接加大了冤假错案发生的概率。

2. 证人出庭作证难

证人、鉴定人出庭作证是核实证据的关键环节，也是落实庭审中心主义的重要依据。2012 年刑事诉讼法并未很好地解决审判中的证人出庭问题。有关数据显示证人、鉴定人出庭率没有显著变化，主要原因还是刑事诉讼法在法律规则层面的供给不足，187、188 条虽然规定了证人出庭作证的强制性规定，但是 178 条第 1 款实质抬高了证人必须出庭的门槛。同时，庭审中的证人出庭难的问题，不仅关涉法律规定，还有实践因素的影响，很多证人担心出庭作证会给自己带来利益的损害或者人身的危险，实践中并没有完备的证人出庭的保护措施。2016 年《关于推进以审判为中心的刑事诉讼制度改革意见》中也明确提出完善对证人、鉴定人的法庭质证规则，落实证人、鉴定人、侦查人员出庭作证制度，提高出庭作证率。但是依然缺乏切实可行的操作细则。实践中证人出庭作证多受阻碍，既包括司法办案机关因法律规范不明而积极性不高，也存在证人无法获得有效保护而怯于出庭。尤其是针对侦查人员出庭作证的，在侦查机关内部的争议仍未消停，也在一定程度上影响证人出庭作证制度的适用。

3. 二审不开庭

刑事诉讼法第 187 条规定了二审审理方式以开庭审理为原则，特殊情况下可以不开庭审理。随着时间的推移，刑事二审不开庭审理方式存在的弊端表现得尤其突出。在司法实践中，我国绝大部分刑事二审案件是以不开庭方式审理的，产生了一系列问题：第一，违背了直接言词原则，无法保证二审法官发现案件真实、形成正确心证；第二，导致二审程序性质异化，蜕变为一种书面的、秘密的行政复议程序；第三，违背了程序参与原则，控辩双方无法充分参与二审审理活动，无法对终审判决施加有效的影响；第四，社会公众无法旁听庭审活动有违程序公开原则，无法发挥社会的监督作用；第五，这种审判方式违背了审级设置的目的和初衷，二审作为刑事案件的终审程序，与一审程序相比处理的问题应更复杂，裁判的效力更确定，因而更应该强调程序的正当性和完整性，而实际情况却不尽然。

（四）刑罚执行

统一刑罚执行标准关乎法律实施的公平与正义、关乎罪犯与被害人权益的保护，也涉及国家法律的统一实施以及刑事诉讼目的的最终实现。减刑、假释、暂予监外执行工作中暴露出一些问题，尤其是一些“有权人”“有钱人”被判刑之后，减刑相对较快、假释及暂予监外执行比例过高、实际服刑时间偏短，个别案件办理违背法律及司法解释规定，甚至暗藏徇私舞弊、权钱交易，对司法公正和公信损害巨大，影响恶劣。

以往各地刑罚执行机关在进行减刑、假释时,通常依据的是当地自行制定的规范性文件,存在标准不统一的问题,直接导致同类型罪犯获得司法奖励次数、期限、幅度差异较大。实践中,不少罪犯向往被移押至刑罚变更较为宽松的省市监狱服刑。为了从实体上统一减刑、假释案件的办案理念、裁判尺度和执法标准,2016 年 11 月 15 日,最高人民法院发布了新的《关于办理减刑、假释案件具体应用法律的规定》,明确了减刑、假释的性质及适用要求,与此同时,还对职务犯罪罪犯、黑社会性质组织犯罪罪犯、金融犯罪罪犯以及严重危害国家安全犯罪、恐怖活动犯罪、严重暴力性犯罪等依法应当从严控制减刑、假释的罪犯,新增了减刑起始时间、间隔时间、减刑幅度从严的规定。值得注意的是,该规定还新增了对决定终身监禁的贪污、受贿罪犯不得再减刑、假释的规定。此外,对死缓考验期内故意犯罪但尚未达到情节恶劣、不执行死刑的罪犯,在明确死缓执行期间重新计算的同时,新增了“减为无期徒刑后,五年内不予减刑”的从严规定。

有关暂予监外执行的规定多见于最高人民法院、最高人民检察院、公安部、司法部等单独或联合发布的文件之中,由于立法规定的不尽完善及实际操作中存在的一些问题,监外执行在实践中存在无法可依问题,亟待高度重视。

第一,有的司法机关做出监外执行判决、裁定或决定时主观随意性大,把关不严、不及时,在职务犯罪、经济犯罪中尤为突出。在呈报和决定暂予监外执行时违反法定条件和程序,呈报单位和审批部门受人情关系的影响,不坚持原则,对申请暂予监外执行的罪犯,既不组织人员到指定医院复查所患疾病的真假和严重程度,又不按规定对照审查,仅凭医院的病情证明就做出决定。有些监管部门为了减轻监管压力而违法拒收年老、患病罪犯,为了减轻负担将这些罪犯放宽条件监外执行。把关不严使一些本应在监内服刑的罪犯变为监外罪犯,这些人大多没有彻底转化,成为再犯罪的高危人群,具有很强的社会危害性。而对一些需要延期的保外就医罪犯,在公安机关呈报后,人民法院未及时做出是否暂予监外执行决定,延期手续办理不及时,也容易造成脱管失控。

第二,“暂予情形消失”难把握,导致“及时收监”难落实。刑事诉讼法第 254 条“有严重疾病需要保外就医的”、第 257 条“发现不符合暂予监外执行条件的”和“严重违反有关暂予监外执行监督管理规定的”等规定较为笼统,很难掌握或界定,一些监管单位存在能拖就拖、拖够监管时间就了事的现象。另外,“决定”和“批准”的依据不同,存在执法不统一等问题。比如,监狱批准的保外就医罪犯是依照刑诉法以及司法部、最高人民检察院、公安部《罪犯保外就医执行办法》等的规定进行审批的,而有些有判决书和暂予监外执行决定书却没有相关医院出具的证明材料,“暂予”情形内容不详,“暂予”时间不确定。

第三,人员配备和经费保障不足,导致暂予监外执行的监管不力。乡镇司法所正式在编的司法人员一般只有一人，至多配备一名临时辅助人员，对监管对象暂予情形是否消失、是否可以收监执行等问题很难监管到位。检察监督同样也存在力量配备不足的问题。社区矫正的相关规定对经费保障问题并没有做出具体规定，使经费保障问题成为制约对暂予监外执行罪犯社区矫正工作深入有效开展的障碍。

（五）特别程序

1. 未成年人刑事案件诉讼程序

包括刑事诉讼法、最高法司法解释等规定在内的不同效力层级规范文件存在一定适用冲突问题未能得到有效化解，影响了未成年人刑事诉讼程序实施的效果，突出问题有以下两点：第一，我国的未成年人社会调查主体范围的法律规定过于原则，缺乏明确性。虽然刑事诉讼法规定未成年人刑事案件社会调查的法定启动和实施主体为侦查和司法机关，并且规定社会团体组织、共青团组织和司法行政机关可以接受委托实施社会调查，但是，对于可以接受委托的社会组织的具体范围却并未予以明确规定。实践中，公安机关、人民检察院、人民法院均依据各自的规范性文件开展社会调查工作，缺乏统一的标准。第二，根据新刑事诉讼法规定，附条件不起诉适用于涉嫌刑法分则第四、五、六章，可能判处1年有期徒刑以下刑罚，符合起诉条件且有悔罪表现的未成年人，但是司法实践中做出附条件不起诉决定的数量和比例远低于立法预期。一方面，检察院在预期法院宣告刑的时候很难准确把握附条件不起诉的刑期标准。审判机关量刑时要考虑的因素相当复杂，尤其是在“应当从轻或减轻处罚”的未成年人犯罪案件中，还要受到一系列量化减刑标准的限制，情况更为复杂，检察机关在适用法律规定的标准时很难把握。另一方面，未成年人附条件不起诉案件的承办检察官除了常规的证据审查、事实认定等工作外，还需要争取法院、公安、司法行政、共青团、妇联、工委、工会等部门配合，这一系列配套工作会耗费大量时间精力，容易导致检察官不愿意不主动适用附条件不起诉，甚至造成案件隐性流失。

2. 当事人和解的公诉案件诉讼程序

2012年刑诉诉讼法对于当事人和解的公诉案件诉讼程序设置较为简单，在适用过程中存在的问题仍然较为明显，相关改革并未对此专做设计，影响其适用效果。第一，当事人和解赔偿数额无标准性，有可能造成社会公平失衡。当事人和解的赔偿数额没有统一标准，由当事人自愿协商决定，被害人受利益驱使往往以追究被告人刑事责任为筹码，漫天要价，被告人及其家属出于免受监禁刑的考虑，不得不同意被害人的赔偿要求。经济能力有限的被告人即使真诚悔悟，愿意赔偿被害人损失，但不能满足被害人的要求的，被害人往往无原则地要求法院从重处罚。在审判实践中，被害人的意见常常成为法院做出判决的重要考虑因素，为了避免被害人得不到赔偿缠诉、闹访，法院对达成和解的被告人一般做出从轻处罚，而对没有达成和解协议，即使积极认罪悔过，愿意尽所能赔偿被害人损失,法院也不会做出从轻判决,这种现象引起量刑失衡。第二,当事人和解的不稳定性,难以实现真正和解。当事人和解制度作为一种恢复社会关系的司法新模式,在侦查、起诉、审判阶段都可以进行,有的案件在侦查、起诉阶段被害人为了尽快得到经济赔偿,与犯罪嫌疑人达成刑事和解的,在审判阶段被害人又反悔,提出赔偿数额少,要求向被告人追加赔偿额,达不到要求,把矛盾集中法院,要求法院对被告人必须从重判决,从各方面给办案法官施加压力,使法官在审理中承受方方面面的压力,不能很快做出判决,即使做出的判决量刑公正,被害人也认为判决不公,目前这类案件成为信访的较大隐患。

3. 犯罪嫌疑人、被告人逃匿、死亡案件违法所得的没收程序

从实施情况来看,实务部门对该程序的适用诸多分歧,导致该程序面临的最大问题就是适用率极低,原因之一即程序启动的不确定性。根据修改后的刑诉法规定,对符合违法所得没收条件的案件,人民检察院可以向人民法院提出没收违法所得的申请。可见,对于违法所得没收程序的启动与否,检察机关具有一定的裁量权,可以启动,也可以不启动。但对于不启动需要符合哪些法定条件,法律并未规定,这就导致程序的启动具有不确定性,从而影响违法所得没收制度的适用几率。启动的不确定性也会带来选择性执法的后果,由于法律对于启动该程序并无强制性规定,实践中可能会存在对于情况相似的案件,有些适用了违法所得没收程序,有些则没有适用的情况。同时,司法实践中对财产没收范围的争议也较大。根据刑事诉讼法的规定,财产没收范围是指依照刑法规定应当追缴的违法所得及其他涉案财产。最高人民法院相关司法解释和《人民检察院刑事诉讼规则(试行)》将其细分为3类,即实施犯罪行为所取得的财物及其孳息、非法持有的违禁品和供犯罪所用的本人财物。从理论上分析,似乎界限比较清晰,但实践中一些犯罪,特别是经济犯罪中,犯罪嫌疑人、被告人的财产来源不清,构成复杂,在界定财产没收范围时难度较大。

4. 依法不负刑事责任的精神病人强制医疗程序

依法不负刑事责任的精神病人强制医疗程序,打破了以往刑事强制医疗领域相关程序立法缺位的局面,但是因缺乏对一系列细节问题的周延考虑,精神病人强制医疗程序在时间的运作过程中亦暴露出问题。主要突出的问题有二:一是精神病鉴定期限过长的问题。启动强制医疗特殊程序的前提是经过法定程序鉴定其是不负刑事责任的精神病人,但实践中往往鉴定期间过长,影响诉讼的按时进行,也限制了被强制人的人身自由。二是被强制人的人身限制问题。《刑事诉讼法》第285条规定公安机关可以采取临时的保护性约束措施。临时的保护性约束措施是人民法院在决定强制医疗前公安机关唯一可以采取的人身强制性措施,但在实践中有被随意适用的倾向。主要原因是,与域外国家制度不同,我国临时的保护性约束措施不必接受司法审查,但是这

种临时性保护措施具有羁押性质，不经司法机关审查批准容易造成侦查机关的随意滥用。

（责任校对：薛梦茹）

作者介绍

陈卫东，1960年出生，山东蓬莱人，法学博士。中国人民大学法学院博士生导师，长江学者讲座教授，国务院政府特殊津贴专家，2012年度CCTV中国“法治人物”评选获奖者。现担任中国人民大学诉讼制度与司法改革研究中心主任、中国人民大学刑事法律科学研究中心执行主任、中国人民大学律师业务研究所所长、中国人民大学法学院学术委员会主席。兼任中国刑事诉讼法学研究会常务副会长、中国法学会审判理论研究会副会长、中国检察学研究会副会长、国际刑法学会中国分会副主席、国际证据科学协会理事；受聘担任最高人民检察院专家咨询委员会委员，最高人民法院、公安部特邀监督员等。在《中国社会科学》《中国法学》《法学研究》等学术刊物上发表论文400余篇，出版专著《转型与变革：中国检察的理论与实践》《反思与建构：刑事证据的中国问题研究》《程序正义之路》（一、二卷）、《检察监督职能论》《审判监督程序论》等多部，主编、参编各类教材、著作数十部；主持多项国家社科基金、教育部人文社会科学研究等项目，主持撰写《羁押场所巡视制度研究报告》《我国秘密侦查合法化之辩》等重要报告；受邀参加了全国人大、最高人民法院、最高人民检察院、司法部等机关的一系列司法改革论证会，参与了律师法、国家赔偿法、看守所法等法律法规的立法、起草与修正工作，全程参与1996年刑事诉讼法以及2012年刑事诉讼法的修正工作。

第七章

2016年诉讼法实施报告

中　2016年民事诉讼法实施报告

唐东楚

报告要旨

2016年度民事诉讼法实施的关键词是“深化”，重点是执行，民商事审判和执行收结案件稳中有升。本年度民事诉讼法实施的主要特征表现为五方面：一是“执行，执行，执行！”为了达到“基本解决执行难”的目的，各地法院使出了“洪荒之力”，司法解释和理论研究持续跟进，执行立法呼之欲出；二是环境和消费者权益保护民事公益诉讼持续发力，检察机关提起民事公益诉讼取得了初步效果；三是在法官员额制“人的分流”基础上，继续加强“案件的分流”，注重纠纷的多元化解决或化解，充分发挥简易程序、小额诉讼等的便民优势；四是在回应网络时代司法需要的同时，通过司法审判引领和维护社会主义核心价值观，传播社会正能量，具体表现为诚信风气的引领、防范制裁虚假诉讼和对英雄人物的评价上；五是家事审判改革试点，回归温馨和谐的一面。值得注意的是，人民法院“案多人少”的矛盾亟待解决，民事诉讼制度改革也要“以审判为中心”，检察机关提起公益诉讼与夫妻共同债务的认定急需立法解释，民事执行的单行立法和学术研究亟待加快、加强。

核心建议

1. 加快加强执行的立法研究，尽快出台单独的执行法典。

2. 在改革试点的基础上，出台家事审判的司法解释和文件，为未来的家事审判立法做准备。

3. 通过立法解释明确检察机关提起民事公益诉讼的地位和程序。

本报告在沿袭2015年民事诉讼法实施报告的思路与风格的基础上，根据民事诉讼的立案、审判和执行，以及民事诉讼法典即《民事诉讼法》的立法体例，结合有关的司法解释和司法文件，在实证分析的基础上，对2016年度的民事诉讼法实施进行较为全面的定性和定量分析，起到“立此存照”的作用。

与2015年民事诉讼法实施报告相同的是，本报告不涉及人民陪审、司法公开与司法改革等本书另有专题介绍的内容，同时也与上下年度具有一定的连贯性或跨越性，不少诉讼案件或者司法改革举措等，不能完全片面、静止或者孤立地“锁定”在2016这一年之内。鉴于全国各地的情况千差万别，海量信息的收集整理难免挂一漏万，本报告只能算是本年度民事诉讼法实施的素描或映像，只能尽量把脉本年度的民事诉讼法实施概况。

一、本年度民事诉讼法实施的基本情况

2016年是号称“史上最长”的“民诉法解释”（共23章552条，约6万字）公布实施的第2个年头，也是立案登记制实施的第2年。在司法改革的大背景下，为了人民群众对司法的“获得感”，在深化改革的同时，重点推出了两到三年内“基本解决执行难”的攻坚克难行动，民商事审判和执行收结案件稳中有升。

（一）民商事审判和执行收结案件稳中有升

2016年整体而言，全国法院共受理案件2305.6万件，审结、执结1979.5万件，同比分别上升18.1%和18.3%。[1] 相对于2015年来说，我国的司法审判又迈上了一个新台阶。

1. 离婚纠纷增幅较大，尤其是离婚后的财产纠纷与损害赔偿纠纷

虽然人民法院早已告别二十世纪七八十年代主要只审理婚姻案件的“离婚法院”时代，2014年度的《中国法治实施报告》也表明，合同和侵权类纠纷在社会生活中的比例已经大大超过传统的婚姻家庭纠纷，社会生活的重心已经不再局限于家庭，[2]但近3年来离婚纠纷案件数量一直持续增高，反映了社会转型时期个人的“原子化”和家庭的“孤岛化”。

根据最高人民法院信息中心和司法案例研究院2016年11月对2014年1月1日至2016年9月30日全国民事一审审结案件离婚纠纷的统计分析，2014年全国一审审结离婚纠纷案件为112余万件，2015年为120余万件，2016年1月至9月为104余万件，较2015年同比上升10.8%。其中，离婚后财产纠纷中，2015年的案件量较之2014

---

〔1〕 参见周强2017年1月14日在全国高级法院院长会议上的讲话。

〔2〕 参见中国行为法学会、中南大学编：《中国法治实施报告（2014）》，法律出版社2015年版，第292页。

年同比上升 11.7%,2016 年 1 月至 9 月较之 2015 年同期上升 26.3%;离婚后损害赔偿纠纷中,2015 年的案件量较之 2014 年同比上升 32.4%,2016 年 1 月至 9 月较之 2015 年同期上升 50.5%。[1]

继 2015 年因《反家庭暴力法》出台,最高人民法院曾先后两次密集公布家暴、涉老、涉小等婚姻家庭纠纷典型案例之后,2016 年 5 月 11 日,最高人民法院又召开视频会议做出具体部署,在部分法院开展家事审判方式和工作机制改革试点工作。2016 年 5 月 31 日,最高人民法院发布了 12 起撤销监护人资格的典型案例,回应了 2015 年 1 月 1 日起施行的最高人民法院、最高人民检察院、公安部、民政部两院两部《关于依法处理监护人侵害未成年人权益行为若干问题的意见》。其中包括了 2015 年轰动一时的江苏省徐州市铜山区民政局作为申请人的"邵某某、王某某被撤销监护人资格案",该案被媒体称为"全国首例民政部门申请撤销监护人资格案"。[2]

2. 立案登记制实施后新收和审执结案件在当年"井喷"后本年度再创新高

实施于 2015 年 5 月 1 日的立案登记制,变审查立案为登记立案,当场登记立案率达到 95%,基本解决了立案难问题,[3]但同时也带来了民商事案件的"井喷"。2015 年当年,全国地方各级人民法院、军事法院等人民法院,共新收各类案件 17,659,861 件,同比上升 22.81%。审执结案件 16,713,793 件,同比上升 21.14%。新收、审执结案件的同比增幅均是 2014 年的 3 倍多,也是近 10 年来的最高水平。其中,新收一审案件数量首次突破千万件(11,444,950 件,其中民商事一审案件 10,097,804 件,占 88.23%),同比上升 20.6%,同比增幅接近 2014 年的 3 倍。[4]

2016 年在此基础上,新收案和审结执结案件数量又创新高。以中国裁判文书网上的裁判文书数量作为参照,大致可以推知 2016 年度的民商事案件审结、执结数量与上一年度的对比。以"2016 年""民事案件"为条件进行检索,共有 5,030,506 个结果,比 2015 年增加 38%,其中按照关键词筛选,排序前 10 的为:(1)合同类;(2)利息类;(3)利率类;(4)民间借贷类;[5](5)合同约定类;(6)交通事故类;(7)返还类;(8)担保

---

〔1〕 参见最高人民法院信息中心、司法案例研究院:《司法大数据专题报告》,载最高人民法院网,http://www.court.gov.cn/fabu-xiangqing-33631.html,最后访问日期:2017 年 2 月 22 日。

〔2〕 参见中国行为法学会、中南大学编:《中国法治实施报告(2015)》,法律出版社 2016 年版,第 318 页。

〔3〕 参见最高人民法院院长周强在 2016 年 3 月 13 日在第十二届全国人大第四次会议上所作最高人民法院工作报告。

〔4〕 参见最高人民法院研究室:《2015 年全国法院审判执行情况》,载《人民法院报》2016 年 3 月 18 日,第 4 版。

〔5〕 民间借贷类民事裁判文书的 2016 年度查询结果为 342,257 个,但因为 2015 年数据没有此项结果,不便计算增幅百分比,故在下表未予列出。

类;(9)鉴定类;(10)借款合同类。具体数比分析见下表:

表1 中国裁判文书网查询2016年、2015年民事裁判结案参考比较表〔1〕

单位:件

项目 年份	总案数	合同类	利息类	利率类	合同约定类	交通事故类	返还类	担保类	鉴定类	借款合同类
2016	5030506	884104	682869	492022	314242	282847	276384	260681	250206	245647
2015	3659098	627024	484304	337001	232772	212667	198837	194538	185338	184697
增幅	37%	41%	41%	46%	35%	33%	39%	34%	35%	33%

根据最高人民法院公布的数据,全国法院每年新收案与审结执结案件数量和同比增幅,对立案登记制实施前后的2014年、2015年、2016年这3年的情况进行比较,可以很明显地发现,民商事案件激增带来的全国法院结案压力和努力。具体见下表:

表2 立案登记制实施前后全国法院年度新收和审结执结案件比对表〔2〕

数比 年份	新收案件		审结执结案件	
	案件数(万件)	同比增长(%)	案件数(万件)	同比增长(%)
2014年	1566.2	10.1	1380.7	6.6
2015年	1952.7	24.7	1672.8	21.1
2016年	2305.6	18.1	1979.5	18.3

仅以湖南省为例,立案登记制实施的2015年是2011~2016年收案和结案数中最为"激增"的节点,一改此前4年不温不火的状态,而2016年又创新高。具体见下图:

〔1〕 本表格的数据只是中国裁判文书网上的民事案件文书数量对比,仅供年度结案数的参考。文书数量见http://wenshu.court.gov.cn/。

〔2〕 资料来源:最高人民法院2014年、2015年的两会工作报告,以及2017年1月14日全国高级法院院长会议上周强院长的讲话。本表根据前述数据来源进行了适当计算,并未区分民事、行政和刑事诉讼案件,但一般每年民商事审判和执行案件约占所有案件的百分之八九十。

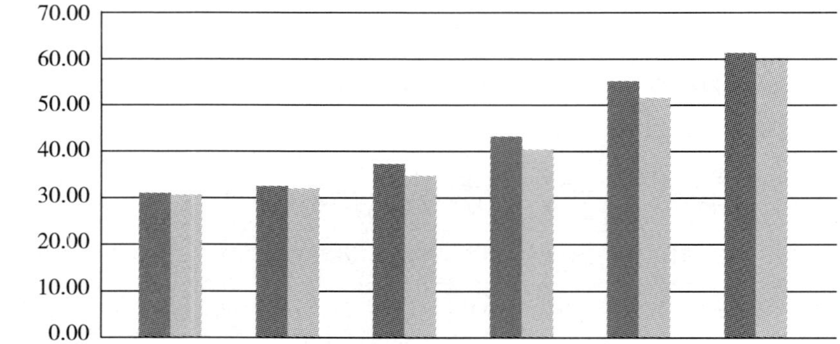

	2011年	2012年	2013年	2014年	2015年	2016年
收案数	32.38	33.82	38.80	44.74	56.78	62.98
结案数	31.96	33.61	36.07	41.76	53.32	61.49

图 1　2011～2016 年湖南全省法院收结案情况图[1]

湖南省 2016 年度的全省法院一审民商事诉讼结案构成图也显示,婚姻家庭、合同类纠纷和侵权类纠纷,仍然是民商事案件的“三驾马车”。具体见下图:

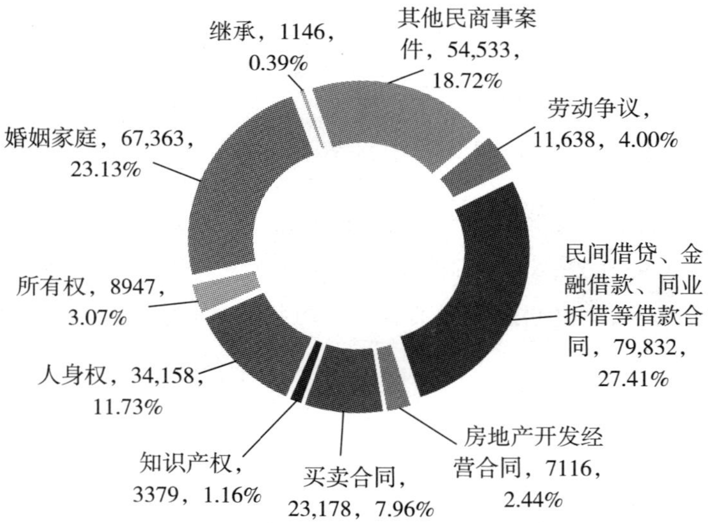

图 2　2016 年湖南全省法院一审民商事诉讼结案构成图[2]

---

〔1〕 何淼玲、曾妍:《湖南省高级人民法院 2016 年工作报告亮点解读:让公平看得见》,载华声在线,http://hunan.voc.com.cn/article/201701/201701180654243365.html,最后访问日期:2017 年 2 月 15 日。

〔2〕 同上。

根据2016年度各省市高级人民法院工作报告中的数据,随机对湖南省、北京市等7省市的新收与审结执结案件数量增幅进行列表比较,可以发现2016年在案件绝对数量较大的情况下,依然保持了较高的同比增幅。具体见下表:

表3　2016年度部分省市法院新收与审结执结案件数量增幅比较表〔1〕

数比 省市	新收案件		审结执结案件	
	案件数(万件)	同比增长(%)	案件数(万件)	同比增长(%)
湖南省	62.98	10.9	61.49	15.3
北京市	65.16	8.3	65.47	20.6
河北省	91.40	30.1	96.64	29.5
上海市	71.49	14.8	71.09	15.7
浙江省	149.00	11.9	145.40	14.2
重庆市	73.54	24.7	67.35	26.2
四川省	95.60	4.5	86.94	5.9

(二)关键词是"深化"

最高人民法院在2016年的工作安排中,曾经特意强调"破解难题、补齐短板":依法保障供给侧结构性改革顺利进行;加强对物权、债权、股权、知识产权等权利的司法保护;依法审理企业破产重整案件,建立全国企业破产重整案件信息网,稳妥处置"僵尸企业",推动用法治手段化解产能过剩;健全环境资源司法制度,依法审理公益诉讼案件,推进美丽中国建设;服务和保障"一带一路"、海洋强国等战略实施;增设最高人民法院巡回法庭;继续推进跨行政区划法院改革;健全矛盾纠纷多元化解机制;继续深化司法公开,加快建设"智慧法院"等。最高人民法院指出信息化是人民法院一场深刻的变革,要通过信息化实现审判执行全程留痕,规范司法行为,力争到2017年年底建成全面覆盖、移动互联、透明便民、安全可靠的智能化信息系统。并且第一次提出,用两到三年时间"基本解决执行难",破除实现公平正义的最后一道藩篱。〔2〕

总结2016年度民事诉讼法实施的关键词,就是两个字——"深化"。正如最高人民法院江必新副院长在2016年1月8日至9日的全国执行工作经验交流座谈会上所强调:"在深字上做文章,在实字上见成效"。除了本报告所列的"基本解决执行难"攻

---

〔1〕参见互联网各省市2017年年初所作的高级人民法院工作报告,其中数据按四舍五入,对案件(万件)数精确到小数点后两位数,对百分比精确到小数点后一位。

〔2〕参见最高人民法院院长周强在2016年3月13日在第十二届全国人大第四次会议上所作最高人民法院工作报告。

坚战、环境和消费者权益保护公益诉讼、家事审判改革、企业破产重整、案件繁简分流、打击虚假诉讼等主要方面之外,2016 年度的民事诉讼法律实施,在检察监督、财产保全、服务社会经济建设等方面也进行了深化。

2016 年 1 月 8 日,“两段式、不间断”审判模式研讨会在天津市第二中级人民法院召开。2 月 18 日,最高人民法院召开新闻发布会,发布《关于为京津冀协同发展提供司法服务和保障的意见》并答记者问。2 月 24 日,最高人民法院公布实施《关于为长江经济带发展提供司法服务和保障的意见》。2 月 24 日,最高人民法院在浙江杭州召开“全国部分法院依法处置僵尸企业调研及工作座谈会”。4 月 20 日,最高人民法院召开学习贯彻《关于完善产权保护制度依法保护产权的意见》专题会议。5 月 21 日,北京法治论坛暨“审判资源配置与审判权运行机制”研讨会在北京召开。5 月 26 日,最高人民法院发布《关于充分发挥审判职能作用为推进生态文明建设与绿色发展提供司法服务和保障的意见》。7 月 7 日,全国法院知识产权审判工作座谈会暨全国法院知识产权审判“三合一”推进会(改革试点 20 周年回顾)在江苏南京召开。7 月 25 日,最高人民法院发布《关于人民法院在互联网公布裁判文书的规定》。9 月 1 日,最高人民法院审判监督庭、最高人民检察院民事行政检察厅发布《关于印发〈关于办理民事诉讼检察监督案件若干问题的会议纪要〉的通知》。9 月 7 日,最高人民法院发布《关于审理民事、行政诉讼中司法赔偿案件适用法律若干问题的解释》。9 月 22 日,最高人民法院召开新闻发布会,发布 8 月 30 日最高人民法院与国家发展改革委、工业和信息化部、住房和城乡建设部、交通运输部、水利部、商务部、国家铁路局、中国民用航空局 9 部门联合签发的《关于在招标投标活动中对失信被执行人实施联合惩戒的通知》,进一步落实了 2016 年年初最高人民法院与中央 44 家单位联合签署的《关于对失信被执行人实施联合惩戒的合作备忘录》。11 月 7 日,最高人民法院发布《关于人民法院办理财产保全案件若干问题的规定》。该规定填补了民诉法典没有财产保全中担保数额规定的空白,规定诉讼保全的担保数额不超过请求保全数额或争议标的财产价值的 30%,同时规定了对赡养费、扶养费、抚育费等涉及弱势群体以及公益诉讼等案件可以免于担保的情形。11 月 28 日,最高人民法院同时发布《关于充分发挥审判职能作用切实加强产权司法保护的意见》和《关于依法妥善处理历史形成的产权案件工作实施意见》。12 月 30 日,最高人民法院出台《关于为自由贸易试验区建设提供司法保障的意见》。

另外,2016 年度法院信息化程度得到加强,大数据分析应用到司法领域。2016 年度召开的第十三届法官与学者论坛的主题即为网络交易和网络司法,以应对涉及互联网的外卖、网约车、直播平台、网购等各种 APP 产生的侵权案件。新修订的《消费者权益保护法》第 44 条第 1 款规定:“消费者通过网络交易平台购买商品或接受服务,其本身合法权益受到损害的,可以向销售者或者服务者要求赔偿……”但现实生活中,网络本身的虚拟性和时空性使维权者有一种无力感。

本年度一系列司法系统内部的举措得到贯彻,并取得了优异的成绩,但社会反响还不够强烈,说明司法改革的力度、宣传和实效等还有待检验。

(三)重点是民事执行

重视民事执行是近几年司法务实的重要表现,司法公信力的提高和司法权威的维护关键在生效裁判得以“兑现”,而不是“法律白条”。2015 年 2 月 4 日公布实施的《民诉法解释》加大了对规避执行等行为的制裁力度。2015 年,执行案件大幅上升。新收各类执行案件 4, 159, 949 件,上升 32. 55% ;执结 3, 815, 560 件,上升 31. 26% ;申请执行标的金额 1. 7 万亿元,上升 81. 94% 。其中,民商事执行案件超过八成,新收民商事执行案件 3, 496, 716 件,占所有新收各类执行案件总数的 84. 06% 。[1]

2016 年是“基本解决执行难”攻坚克难行动的第一年,全国法院使出洪荒之力,取得了巨大的成效。司法解释、司法文件、实务经验交流、理论研究等也密集出台和跟进。比较主要的会议、司法文件有:1 月 8 日,第 6 届中国执行论坛在南京召开,由中国行为法学会执行行为研究会、最高人民法院执行局、江苏省高级人民法院共同主办。最高人民法院副院长江必新指出,执行工作急需理论指导和理论支撑,不是“拳打脚踢”的理论,理论创新必须高度重视“反向制度预设”。最高人民法院执行局局长刘贵祥强调解决执行难要坚持“一性两化”,即突出执行工作的强制性,推进信息化和规范化的基本工作思路。3 月 4 日,最高人民法院与中国证监会联合下发《关于试点法院通过网络查询、冻结被执行人证券有关事项的通知》。9 月 12 日,全国法院审执分离体制改革试点工作经验交流会在河北唐山召开,由最高人民法院举办。10 月 26 日,最高人民法院、国土资源部发布《关于推进信息共享和网络执行查询机制建设的意见》,明确了“点对点”“点对总”“总对总”全面建设网络执行查询机制的目标、重点、责任和合作。10 月 29 日,最高人民法院印发《关于严格规范终结本次执行程序的规定(试行)》,共 19 条,自 2016 年 12 月 1 日起施行。11 月 7 日,最高人民法院《关于民事执行中变更、追加当事人若干问题的规定》,共 35 条,自 2016 年 12 月 1 日起施行。11 月 10 日,最高人民法院召开“基本解决执行难”暨执行案款清理工作动员部署视频会。11 月 12 日,中国民事诉讼法学研究会 2016 年在陕西西安西北政法大学召开年会,其主题就是——“民事执行的理论与立法研讨”。具体分论题为“执行难及其应对”“执行不能与终结本次执行程序”“执行改革的比较法视角”“执行

---

[1] 参见最高人民法院研究室:《2015 年全国法院审判执行情况》,载《人民法院报》2016 年 3 月 18 日,第 4 版。

检察监督与执行监督”“执行措施与执行中的人权保障”。12 月 19 日,最高人民法院、最高人民检察院发布《关于民事执行活动法律监督若干问题的规定》,共 22 条,自 2017 年 1 月 1 日起施行。

司法公信力缺失的主要症结之一在执行。法院判决后,如果没有采取合理及时的执行措施保护胜诉人的利益,致使司法权威得不到维护,不信任就由此而生。执行本身是一个庞大的系统工程,执行难的原因主要集中在两个方面:一是执行局工作人员不够,尤其在基层法院这种压力更为明显;二是法院与其他部门的协调不到位,如与银行、证券等行业部门之间没有很好的协调沟通机制等。质言之,执行难的关键还在于法院本身所发挥的功能与其在社会中的实际地位和权力不相称。

二、2016 年度民事诉讼法律实施的主要特征

本年度民事诉讼法律实施的主要特征和重点表现为“基本解决执行难”攻坚战打响、民事公益诉讼持续发力、案件繁简分流注重多元化纠纷解决、司法审判弘扬法治正能量、家事审判改革试点,以及防范和制裁虚假诉讼、司法处置“僵尸企业”、涉民生审判和执行、最高人民法院增设巡回法庭等。

(一)执行,执行,执行

2016 年 3 月 28 日,最高人民法院召开专题会议,研究部署破解执行难问题,审议并原则通过《关于落实“用两到三年时间基本解决执行难问题”的工作纲要》,打响了“基本解决执行难”的攻坚战,明确了“四个基本”的总体目标:

“基本遏制”被执行人规避执行、抗拒执行和外界干预执行的现象;“基本消除”人民法院消极执行、选择性执行、乱执行的情形;“基本解决”无财产可供执行案件终结本次执行的程序标准和实质标准把握不严、恢复执行等相关配套机制应用不畅的问题;“基本执行完毕”法定期限内有财产可供执行的案件。

4 月 29 日,最高人民法院印发了《关于落实“用两到三年时间基本解决执行难问题”的工作纲要》。这源于 3 月 13 日周强院长在十二届全国人大第四次会议上报告最高人民法院工作时的庄严承诺:“用两到三年时间基本解决执行难问题”。该文件明确了改革和完善的主要任务,具体包括执行模式改革、执行体制改革、执行管理改革、财产处置改革、完善执行工作机制、完善执行规范体系、完善执行监督体系、完善专项治理机制 8 个方面。

2016 年,全国地方各级法院进行了多种工作,取得了显著的成绩。各地方法院也积极采取各种方法打击老赖行为,如网上搜索、在火车站和商业街的电子屏上公布个人信息、对支付宝账户冻结、禁止其购买机票、旅游、对子女上学设置限制条件等,效果非常明显。

在集中执行方面,湖南省长沙市中级人民法院7月27日召开向“执行难”全面宣战誓师大会暨“集中执行——长沙法院夏日风暴”活动启动仪式正式开始集中执行。截至12月中旬,全省法院共执结案件5.13万件,执行到位标的额89.7亿元。有财产案件执结率达到90%以上,无财产案件调查措施实施率和执行制裁等强制措施实施率超过98%。[1] 在执行中,午夜间和节假日执行达1593次,以临澧为例,截至12月,其开展夜间拘留行动达19次,抓获“老赖”29人,夜间执行已成常态。在网络执行方面,湖南省高级人民法院于1月15日与省工商局签订了“点对点”网络查控合作协议,该协议的签订进一步打破网络信息不畅通,使湖南向网络化执行又迈进了一步。今年2月,株洲市石峰区法院首次通过微信平台曝光失信被执行人的名单,该执行名单通过朋友圈的转发迅速传播,迫使被执行人承担起其应有的法律责任。借助互联网的力量进行的执行,既节省了人力物力,又能及时见成效。在创新执行方式方面,推行“板块”执行。祁阳今年探索了“板块”执行的方式,其板块的方式包括将执行机构板块化,执行领域板块化以及执行责任板块化。将执行大体系按照一定的逻辑细化,极大地提高了执行的效率,推动了执行难问题的解决。

四川省高级人民法院出台的《关于进一步加强失信被执行人联合惩戒推进四川诚信建设的意见》中,新增了5项对“老赖”的惩戒措施,对信用惩戒作了“史上最严”的规定。

广东省高级人民法院于9月25日发布《关于在执行工作中实行悬赏执行的意见(试行)》,并从6月份起开展了为期3个月的“夏季执行大会战”活动。

2016年,全国法院向执行难全面宣战,惩治“老赖”由1家单干变为24部门联手,100余项新招“亮剑”,大批“老赖”被限制购买飞机票、担任各类企业高管,为司法公平正义搬开“绊脚石”,执行难由此打开突破口。数据显示,截至2016年12月31日,全国法院累计公布失信被执行人644.52万例,其中自然人550.96万人、企业或其他组织93.56万个。[2]

随机抽取的6省市2016年度人民法院工作报告显示,上海市的裁判自动履行率可能一直较高,所以执行的收结案数是最少的,只有其他省份的一半左右,但依然保持了将近5%的增幅;浙江省的执行案件绝对数是最多的,增幅处于中间位置。不管如何,“基本解决执行难”已经初见成效。具体见下表:

---

〔1〕 曾妍:《湖南法院集中执行专项活动成效显著》,载《人民法院报》2016年12月22日,第1版。

〔2〕 参见刘子阳:《最高法百余项新招“亮剑”执行难累计公布“老赖”644.52万例》,载人民网,http://legal.people.com.cn/n1/2017/0112/c42510-29017056.html,最后访问日期:2017年2月17日。

表 4　2016 年度部分省市法院执结案件数量增幅比较表〔1〕

省市＼数比	执结案件数(万件)	同比增幅(%)
湖南省	17.38	45.9
河北省	22.30	12.0
上海市	12.75	4.9
浙江省	46.00	22.2
重庆市	18.37	69.31
四川省	23.91	33.3

(二)民事公益诉讼持续发力

民事公益诉讼是近几年的热点问题,尤其是建设美丽中国、舌尖上的安全等方面,司法部门频频发力,2016 年也不例外。《民事诉讼法》第 55 条规定了环境和消费者权益保护的公益诉讼,但本身没有规定具体的原告资格,导致不少民事公益诉讼案件因为缺少适格原告而得不到法院的立案受理,使原本一度红火的公益诉讼反而"遇冷"。〔2〕2016 年最高人民法院印发了《人民法院审理人民检察院提出公益诉讼案件试点工作实施办法》,检察院成为公益诉讼的主力军。

2016 年 1 月 21 日,最高人民法院在本院第一法庭公开开庭,对曾经轰动一时的"1.6 亿泰州天价环境公益赔偿案",就再审申请人泰兴锦汇化工有限公司与被申请人泰州市环保联合会等环境污染侵权赔偿纠纷一案进行询问,明确了原告的主体资格,当庭裁定驳回泰兴锦汇公司的再审申请。该案是最高人民法院再审审查的首例环境民事公益诉讼纠纷。

1 月 22 日,最高人民法院针对中国生物多发性保护与绿发会诉宁夏瑞泰科技股份有限公司环境污染公益诉讼案,因为不符合原告主体资格而一审、二审被驳回起诉、上诉的裁定而提起的再审申请,裁定提审;并于 1 月 28 日做出(2016)最高法民再 47 号民事裁定,认为绿发会具体提起环境民事公益诉讼的主体资格,裁定本案由宁夏回族自治区中卫市中级人民法院立案受理。该案于 2016 年 12 月 28 日,被最高人民法院以第 75 号指导性案例的形式予以发布。

7 月 20 日,山东省德州市中级人民法院对中华环保联合会 2015 年 3 月 19 日提起

〔1〕 参见互联网各省市 2017 年年初所作的高级人民法院工作报告,其中数据按四舍五人,对案件(万件)数精确到小数点后两位数,对百分比精确到小数点后一位。

〔2〕 参见中国行为法学会、中南大学编:《中国法治实施报告(2014)》,法律出版社 2015 年版,第 300 页。

的全国首例雾霾公益诉讼案一审，做出判决，被告德州晶华集团振华有限公司赔偿因超标排放污染物造成的损失2198.36万元，用于德州市大气环境质量修复，并在省级以上媒体向社会公开赔礼道歉。本案是新环保法实施后，我国首例针对大气污染行为提起公益诉讼并胜诉的案件，入选2016年度《南方周末》等评选的“十大影响性诉讼”。

2016年4月24日，最高人民法院发布《关于审理消费民事公益诉讼案件适用法律若干问题的解释》，共19条，自2016年5月1日起施行。该解释明确规定不予受理反诉，对原告在消费者权益保护公益诉讼中承认对己方不利的事实，人民法院认为损害社会公共利益的，不予确认。

（三）案件繁简分流，注重纠纷的多元化解决和化解

盘点民事诉讼法的实施必须关注立案登记制带来的案件激增和“繁简分流”，因为立案登记制涉及的案件96%以上都是民商事案件。

6月28日，最高人民法院同时发布《关于人民法院进一步深化多元化纠纷解决机制改革的意见》（以下简称《纠纷解决意见》）及《关于人民法院特邀调解的规定》（以下简称《特邀调解规定》）。《纠纷解决意见》明确提出，要健全特邀调解制度、建立法院专职调解员制度、推动律师调解制度建设；建立案件调解与裁判在人员和程序方面适当分离的机制，立案阶段从事调解的法官原则上不参与同一案件的裁判工作；健全登记立案前的“委派调解”和立案登记后或者审理过程中的“委托调解”程序。对调解不成的民商事案件实行繁简分流，通过简易程序、小额诉讼程序、督促程序等分流案件，实现简案快审、繁案精审。《特邀调解规定》对特邀调解的界定是：“人民法院吸纳符合条件的人民调解、行政调解、商事调解、行业调解等调解组织或者个人成为特邀调解组织或者特邀调解员，接受人民法院立案前委派或者立案后委托依法进行调解，促使当事人在平等协商基础上达成调解协议、解决纠纷的一种调解活动”。

另外，最高人民法院2016年9月12日发布了《关于进一步推进案件繁简分流优化司法资源配置的若干意见》，规定要科学制定简单案件与复杂案件的区分标准和分流规则，采取随机分案为主、指定分案为辅的方式，确保简单案件由人民法庭、速裁团队及时审理，系列性、群体性或关联性案件原则上由同一审判组织审理；第4条规定，发挥民事案件快速审判程序的优势，比如简易程序、小额诉讼程序、实现担保物权案件的特别程序、督促程序等，根据民诉法及其司法解释的规定，积极引导当事人双方约定适用简易程序审理民事案件，对于不符合小额诉讼法定标准的案件，如果双方当事人约定适用小额诉讼程序的，可以适用小额诉讼程序审理，推广使用电子支付令。

《纠纷解决意见》第38条和《繁简分流意见》第22条，都提到了诉讼费用负担的杠杆作用：对当事人自行和解而申请撤诉的，免交案件受理费；对当事人接受法院委托调解的，可以适当减免诉讼费用；对于无正当理由不参与调解或者不履行调解协议、故意拖延诉讼的,可以酌情增加其诉讼费用的负担;对于当事人存在滥用诉讼权利、拖延承担诉讼该义务等明显不当的行为,造成诉讼对方或第三人直接损失的,人民法院可以根据具体情况对无过错方依法提出的赔偿合理的律师费用等正当要求予以支持。这些规定都丰富和发展了民诉及其司法解释关于诉讼费用杠杆作用的规定。

民商事审判的繁简分流,对裁判文书的规范性也提出了要求。《繁简分流意见》第15条规定,推行裁判文书繁简分流,根据法院审级、案件类型、庭审情况等,对裁判文书的体例结构及说理进行繁简分流。具体而言:对复杂案件的裁判文书,应当围绕争议焦点进行有针对性的说理;对新类型、具有指导意义的简单案件,加强说理;对其他简单案件,可以使用令状式、要素式、表格式等简式裁判文书,简化说理;对当庭宣判的案件,裁判文书可以适当简化;对当庭即时履行的民事案件,经征得各方当事人同意,可以在法庭笔录中记录相关情况后不再出具裁判文书。

最高人民法院于7月5日发布了《人民法院民事裁判文书制作规范》和《民事诉讼文书样式》,此次公布的民事诉讼文书样式共有568个,增加了近3倍,其中人民法院用文书样式463个,当事人参考文书样式105个。湖南高级人民法院推行民事商事裁判文书简化改革,并确定48家法院为改革试点单位。

另外,7月13日,最高人民法院与中国证券监督管理委员会联合召开了全国证券期货纠纷多元化解机制试点工作推进会。最高人民法院、中国保监会发布了《关于全面推进保险纠纷诉讼与调解对接机制建设的意见》。

(四)司法审判引领和维护社会主义核心价值观

网络时代带来了言论自由,但也需要传播正能量,防范歪曲历史、侵犯他人人格利益的负面言论,本年度的司法审判在这方面表现不俗。

2016年8月22日,最高人民法院发布了9起关于诚实诚信美德和公序良俗的典型性案例,分别涉及了诚实守法、诚实守规、诚信诉讼、公序良俗、家庭美德、社会公德和友善互助,很好地引领和维护了社会主义核心价值观,传播了法治的正能量。

10月19日,最高人民法院将涉及“狼牙山五壮士”和英雄人物邱少云等名誉被侵权的4个典型案例予以发布。具体包括:黄某、洪某快诉梅新育名誉侵权纠纷案;黄某、洪某快诉郭松民名誉侵权纠纷案;葛某生、宋某宝诉洪振快名誉侵权纠纷系列案;邱某华诉孙某、加多宝(中国)饮料有限公司一般人格权纠纷案。这4个典型案例,准确把握了侵权法在互联网时代的新发展,利益平衡得当,保护了英雄人物的名誉和荣誉,维护了社会公共利益,对于侮辱、诋毁民族英雄和革命先烈的行为具有鲜明的警示作用。

防范和制裁虚假诉讼也是弘扬法治正能量的重要课题之一。

6月20日,最高人民法院发布《关于防范和制裁虚假诉讼的指导意见》,对民商事审判领域虚假诉讼的要素构成、注意事项、虚假诉讼参与人的责任处理等做出了规定，明确在“人民法院民事诉讼风险提示书”中告知参与虚假诉讼应当承担的法律责任，加强对调解协议的审查力度以及执行公证债权文书、仲裁裁决书、调解书等的实质审查力度，审查其是否损害国家利益、社会公共利益或者案外人的合法权益。

8 月 27 日，虚假纠纷诉讼有效治理高端论坛在中山大学召开，与会学者认为虚假诉讼的构成要素未必一定具有“双方恶意沟通”，也存在“单方侵害型”的虚假纠纷诉讼，而且虚假诉讼的本质是“假纠纷，真诉讼”，故应将其概念修正为“虚假纠纷（的）诉讼”。[1]

9 月 19 日，最高人民法院发布了上海欧宝生物科技有限公司诉辽宁特莱维置业发展有限公司企业借贷纠纷案。[2] 该案是 2015 年最高人民法院第二巡回法庭认定的最高人民法院首次审理的虚假诉讼案件，对双方当事人虚假诉讼各罚款 50 万元。[3]

（五）家事审判改革试点

2016 年 4 月 21 日，最高人民法院印发《关于开展家事审判方式和工作机制改革试点工作的意见》，指出探索家事纠纷的专业化、社会化和人性化解决方式，要加大法官的职权干预力度，强化不公开审理。作为一种纠纷解决机制，家事审判实质上是将司法的灵活性进一步放大，将工作重点放到调解上，是一种为法官减负和以相对温和的方式化解社会矛盾的新尝试。但此项制度关键要立足于实际，了解当地的人文风俗才能发挥出更好的作用，这对于法官尤其是异地任职的法官来说是一种新的挑战。

5 月 11 日，最高人民法院召开视频会议做出具体部署，在部分法院开展家事审判方式和工作机制改革试点工作。最高人民法院决定在全国范围内选择北京市东城区人民法院等 100 个左右的基层人民法院和中级人民法院，自 2016 年 6 月 1 日起开展为期两年的家事审判方式和工作机制改革试点工作，探索引入家事调查员、社工陪护及儿童心理专家等多种方式。湖南省设立了 4 个家事审判改革试点，包括永州市中级人民法院、津市市人民法院、邵东县人民法院以及长沙市岳麓区人民法院。因为家事案件与未成年人案件在诉因机理、审判理念、裁判方式上的共通性，最高人民法院表示，各省区高级人民法院在指导试点法院时，可以根据各地情况自行确定少年审判与家事审判合并试点或分头试点两种模式，打造家事审判和少年审判的强强联合，凸显家事审判的司法温馨和人文关怀。

6 月 13 日，湖南省高级人民法院联合省公安厅、省妇联举办新闻发布会，公布了

---

〔1〕 参见罗恬漩、黄蔚菁：《虚假纠纷诉讼有效治理高端论坛综述》，载《人民法院报》2016 年 9 月 7 日，第 7 版。

〔2〕 参见罗书臻：《最高人民法院发布第 14 批指导性案例》，载《人民法院报》2016 年 10 月 8 日，第 3 版。

〔3〕 参见中国行为法学会、中南大学编：《中国法治实施报告. 2015》，法律出版社 2015 年版，第 311 页。

《湖南省家庭暴力告诫制度实施办法》,该办法于6月20日起实施。该办法明确了告诫的适用范围、适用情形、实施程序和法律后果。告诫的对象不仅包括三代以内血亲和姻亲等近亲属,而且还包括家庭成员以外具有监护、扶养、寄养、同居等关系且共同生活的人之间发生的暴力伤害行为。《家庭暴力告诫书》可以作为人民法院审理涉及家庭暴力案件认定家庭暴力事实的证据。

12月10日,“家事审判方式改革和家事诉讼立法研讨会”在山东武城召开,由南京师范大学法学院、山东省德州市中级人民法院主办。此次研讨会探索了家事审判的方式和工作机制,并对学者提出的《家事诉讼法》(建议稿)进行了讨论。

(六)其他案件(破产、环资、民生、金融消费等)

2016年,最高人民法院成立了“一带一路”司法研究中心,为国家“一带一路”重大战略的实施提供司法服务和保障;司法部制定《关于司法行政工作服务“一带一路”建设的意见》,举办包括沿线国家在内的法律服务管理人员培训班,建立跨越国界的法律服务机制,让法律更好地服务于国家经济发展。

对于破产企业重整和司法审判,以及破产与执行的关系处理,把人民法院当作“生病企业的医院”,也是2016年民事诉讼法律实施的一个亮点。2月24日,最高人民法院在浙江杭州召开“全国部分法院依法处置僵尸企业调研及工作座谈会”。6月15日,最高人民法院发布了涉及长航凤凰股份有限公司破产重整案、浙江安吉同泰皮革有限公司执行转破产清算案等,涉及破产的典型案例10个。6月22日,最高人民法院下发《关于在中级人民法院设立清算与破产审判庭的工作方案》,其确定在直辖市以及省会城市、副省级市中级人民法院设立破产审判庭。8月8日,广东高院成立了全国首个高级法院破产审判庭,并在广州、珠海、佛山、惠州4个中级法院设立破产审判庭。据统计,从2016年1月至11月,广东法院新收破产案件466件,同比增长了54.3%。专门审判庭的建立为企业的重整与退出提供了一条更为便捷的途径,能够在一定程度上提高企业清算与破产事务的积极性。8月13日,第七届中国破产法论坛在北京举行。

与建设青山绿水、美丽中国相应,2016年的环资民事审判也具有亮点。5月26日,最高人民法院发布《关于充分发挥审判职能作用为推进生态文明建设与绿色发展提供司法服务和保障的意见》,该意见为审判职能的充分发挥,人民群众环境健康权益的保障提供了方向性的指导。其在第17条明确指出,要积极构建有利于社会组织提起环境民事公益诉讼的程序和配套机制,妥善处理司法保护和其他路径保护的关系,尊重行政机关的首次判断权和自由裁量权,为行政机关发挥职能作用创造有利条件。在尊重审判规律的前提下,依法适度强化能动司法,创新审理方法和裁判方式,探索符合需要的证据保全、先予执行、执行监督等特殊规则,发挥公益诉讼的评价指引和政策形成功能;第18条规定,遵循职权法定原则,依法及时受理检察机关根据全国人大常委会授权决定试点提起的环境民事公益诉讼案件，在法律框架范围内创新、完善具体的审判工作方式方法，坚持正当程序的基本规则，依法保障举证、辩论等诉讼权利的充分行使，平等保护各方当事人的合法权益。最高人民法院于2016年7月12日，发布了涉及探矿、采矿权权属或者合同纠纷的10个典型案例。广东省高级人民法院于1月设立环境资源审判庭，并相继在20多个中级、基层法院设立环境资源审判专门合议庭。在1月至10月间，该省共受理环境资源民商事案件19,302件，审结17,649件。表明广东省环境资源案件的审理取得了一定的成绩，但是在该种案件审理过程中，仍然缺少相关配套机制以及专门的人才，该些问题亟待解决。

民生案件一直是近年来的大戏之一。最高人民法院于2016年5月13日发布8件涉及残疾人权利保护的典型案例，具体涉及残疾人的婚姻权利、人身权益、劳动权利、继承权、生产经营权、财产权、及时全面获得执行款等。交通事故纠纷作为第一大民生案件，一直困扰着各法院。3月份，浙江建立了交通道路纠纷“网上数据一体化处理”机制，这种创新是司法与互联网的又一次亲密接触。从立案到调解、判决及送达、司法确认等程序都可以在网上完成。

同时，由e租宝案件引起的金融消费者权益保护司法实务也引发了热烈的讨论。专家学者建议：第一，在金融企业内部建立投诉争议解决机制；第二，鼓励公益组织等民间团体加入消费者权益保护的行列；第三，扩大以仲裁为代表的公力救济纠纷处理机制。人民银行金融消费权益保护局投诉调查处副处长舒雄认为，可以探索建立专业化、公益性的金融消费纠纷调解仲裁组织，形成一个“投诉—调解—裁决”一站式的非诉解决机制。[1]

环球拓业新三板挂牌“跑路”学员索赔系列诉讼案，入选2016年度《南方周末》等评选的“十大影响性诉讼”。2016年9月30日，刚刚获准在新三板（全国中小企业股份转让系统）挂牌上市不到两周、主业为英语培训的北京环球拓业教育咨询股份有限公司总部突然关闭，致数百学员无从继续求学。工商登记信息显示，环球拓业的法定代表人8月26日由陈国忠突然变更为肖宏。肖宏及部分学员认为环球拓业大股东及董事长陈国忠疑似卷款“跑路”，均于当日向公安机关报案。数十学员10月底以来分别向北京市东城区法院和朝阳区法院提起诉讼，以其涉嫌合同欺诈为由要求追究环球拓业的法律责任，并根据《消费者权益保护法》要求3倍赔偿。部分学员还将主办券商、律师事务所、会计师事务所列为共同被告，要求其承担连带赔偿责任。本系列诉讼涉及预付款消费风险、新三板上市监管松懈、民事案由规定僵化、消费欺诈认定难及3倍

[1] 参见王鑫、孔燕萍：《新金融背景下金融消费者权益的保障——“金融消费者权益保护司法实务”研讨会综述》，载《人民法院报》2016年5月11日，第7版。

索赔难、中介机构追责难等问题。

最高人民法院的巡回法庭被群众称为“家门口的最高人民法院”,发挥了改革“试验田”“排头兵”的作用。[1] 2016 年 12 月 27 日,最高人民法院发布《关于修改〈最高人民法院关于巡回法庭审理案件若干问题的规定〉的决定》,对第 1 条第 1 款进行了修改,决定增设南京、郑州、重庆、西安 4 个巡回法庭,并明确其各自的管辖区域。

三、本年度民事诉讼法实施存在的问题与建议

2016 年度民事诉讼法实施有重点,有突破,总体效果不错,但也存在一些新、老问题,主要表现在案多人少之间的矛盾、“以审判为中心”诉讼制度改革尚存误区、司法数据保存查找尚有欠缺等。

(一)案多人少之间的矛盾亟待解决

立案登记制下,法院工作量大大增加,如何解决案多人少之间的矛盾成为难点。尽管各级法院在推广非现场立案、就近立案、分流人群、批量案件预约登记、加大诉前保全力度等一系列措施上进行了创新和尝试,但人案矛盾依然突出。重庆全市法院受理案件数已经连续两年增幅超过 24%,2016 年全市法院法官人均结案 150.3 件,同比增加 11.83%,主城区基层法院法官人均结案 261.65 件,同比增长 27.82%,全市一线法官人案比达到 1∶192,同比增加 23 件,部分法院加班加点办案成为常态。[2] 名列全国第一的浙江省,一线法官年人均结案 260.3 件。[3] 河北、上海等法院也坦言法官超负荷办案,压力大,身心健康受到一定影响。

2016 年 10 月 18 日,“司法改革背景下人案矛盾破解”研讨会在上海一中院举行,围绕“诉讼机制改革与人案矛盾破解”“审判资源配置与人案矛盾破解”及“审判服务信息化、集约化、社会化探索与人案矛盾破解”3 项专题开展讨论,试图通过汇聚各方智识进行“头脑风暴”,为审判“生产力”的有效释放和提升提供方案。[4]

要想解决人案矛盾,除了推行院庭长办案常态化,院长、庭长不再签发未参加审理案件的裁判文书以提高审判质效,以及案件繁简分流外,还是要尽量做到“四个协调”:

---

[1] 参见最高人民法院院长周强在 2016 年 3 月 13 日在第十二届全国人大第四次会议上所作最高人民法院工作报告。

[2] 参见重庆市高级人民法院副院长黄明耀 2017 年 1 月 17 日在重庆市第四届人大代表大会第五次会议上所作《重庆市高级人民法院工作报告》。

[3] 参见浙江省高级人民法院院长陈国猛 2017 年 1 月 18 日在浙江省第十二届人大第五会议上所作的《浙江省高级人民法院工作报告》。

[4] 参见敖颖婕:《“司法改革背景下人案矛盾破解”研讨会举办》,载《人民法院报》2016 年 10 月 19 日,第 1 版。

立案、审判、执行之间的协调；诉讼与非诉程序之间的协调；一审、二审和审判监督程序之间的协调；诉讼与调解之间的协调。[1]

（二）民事诉讼制度改革也要"以审判为中心"

本年度的民事诉讼法实施是在整个司法制度改革的背景下发生的，也要"以审判为中心"。"以审判为中心"的诉讼制度改革并非刑事诉讼的专利，也并非刑事诉讼法学者说的那样："如果推进'以审判为中心'的民事诉讼制度改革，很可能异化为审判权约束诉权，阻碍二者之良性互动，从而牺牲当事人利益"。[2] 其实与刑事诉讼"以审判为中心"的改革不是以法院为中心，而是针对以往"以侦查为中心"而提出的一样，民事诉讼的"以审判为中心"，就是针对我国长期以来法院调审不分的"以调解为中心"而言的。如果裁判者一味追求调解，而不顾司法规律，则民事诉讼法律无从发展，理论也无从精进。

笔者一向主张，不要为调解而调解，要做到调解的"水到渠成"。必要时可以尝试审判和调解的"二元分离"，即主审法官与调解人之间，审判程序与调解程序之间的"适度分离"。[3] 这样方能使法院摆脱"调解法院"的尴尬角色，而将工作重心放到审判中来，从而更好地推动纠纷的多元化解决与化解，而不是"种了调解的田，荒了审判的地"。2016 年 6 月 28 日最高人民法院发布的《纠纷解决意见》，在第 30 条明确提出，要推动调解与裁判的适当分离，建立案件调解与裁判在人员和程序方面适当分离的机制，立案阶段从事调解的法官原则上不参与同一案件的裁判工作。这是"调判分离"第一次在法律文件中的正式体现，值得欣慰，但观念的改变尚需时日。

（三）检察机关提起公益诉讼以及夫妻共同债务认定的立法解释亟待出台

我国长期以来存在"依司法解释审判"的传统，2012 年修正后的《民事诉讼法》条文仅 284 条，但 2015 年出台的《民诉法解释》却多达 552 条，尽管司法解释在统一裁判尺度、明辨法律模糊、补充法律漏洞方面起到了巨大的作用，但同时也带来了一些法院和法官的"司法懒政"。当前，一方面，检察机关提起公益诉讼的改革试点已经基本完成，鉴于公益诉讼的严峻形势和现实需要，建议立法机关对《民事诉讼法》第 55 条做出立法解释，明确检察机关提起公益诉讼的法律地位和法律程序；另一方面，鉴于 2004 年最高人民法院出台的《婚姻法解释（二）》第 24 条（以下简称"24 条"）在实践中导致大量的夫妻离婚一方当事人"被负债"，已经严重背离了其当初防范夫妻共同串通逃避债

---

〔1〕参见杜万华：《贯彻实施民诉法和民诉法解释应遵循的审判执行规律》，载《人民法院报》2015 年 10 月 14 日，第 5 版。

〔2〕卞建林、谢澍：《"以审判为中心"视野下的诉讼关系》，载《国家检察官学院学报》2016 年第 1 期。

〔3〕参见中国行为法学会、中南大学编：《中国法治实施报告（2015）》，法律出版社 2016 年版，第 322 页。

务的司法解释初衷,[1]建议全国人大常委会出台夫妻共同债务认定的立法解释,或者由最高人民法院废止“24条”并报全国人大备案。

(四)民事执行的单行立法和学术研究需要加快、加强

制定单独的民事强制执行法是全球性的潮流和趋势。自2001年以来,最高人民法院已经先后起草了6部《民事强制执行法草案》,第九届、第十届全国人大常委会也先后将其列入了立法规划,这一立法目标在党的第十八届四中全会通过的《关于全面推进依法治国若干重大问题的决定》中最终得以确定。民事执行的单行立法应该尽快出台。

长期以来,学术界关于民事执行的研究不温不火,与执行法的呼之欲出不相匹配。为此,中国民事诉讼法学研究会将2016年的年会主题定为“民事执行的理论与立法研讨会”,对民事执行的研究进行了一次全盘的总动员和总操练。同时,中国民诉法学研究会在2016年11月出版的会刊《民事程序法研究》第16辑中,专门编发了“民事执行基础理论与制度建构”的专栏系列论文,肖建国教授在本辑的刊首语中,特意强调:“强制执行研究较为薄弱、理论准备不足、不少领域存在研究空白,或许是制约我国强制执行立法的最大障碍。因此,加强民事执行的理论研究,应当成为民事诉讼法学者的使命与担当。”[2]尽管当今学术过于量化值得商榷,但真正的科研和讨论,对于“临门一脚”的民事执行法而言,的确是十分紧迫的。

四、结语

2016年民事诉讼法律的实施,在司法改革的大背景中,深化求实,收效显著,但也有不尽人意之处。立案登记制带来的人案压力致使基层法院法官不堪重负,“司法独

[1] “24条”规定,债权人主张“婚姻存续期间”的一方债务,应当作为夫妻的共同债务,其本意是为了防范夫妻串通逃避善意第三人的债务,但现实中已经导致不少离婚的夫妻一方“被负债”现象,甚至出现前夫欠了情人的个人债由离婚了的妻子来偿还的怪现象。“24条”的精神不仅与《婚姻法》第41条关于夫妻离婚时,用于“共同生活”的债务应当共同偿还的精神相违背,而且与1993年最高人民法院关于夫妻离婚时财产分割的司法解释也不符合,忽视了新时代家事代理的特点与合同相对性原则,而非最高法院负责人解释的该条与《婚姻法》第41条处理夫妻外部关系与夫妻内部关系的“内外有别”那么简单,湖南省的有关团体、法院和人大代表均对此多次提出质疑和废改建议。更多的资讯参见周凌如:《长沙天心区法院前院长马贤兴:夫妻共同债务不能只看借条》,载红网,http://hn.rednet.cn/c/2016/10/12/4105352.htm,最后访问日期:2017年2月23日;周凌如:《阴阳判决书:离婚之后悲伤前夫欠下的巨款纸质版判女子担责,网络版判无责》,载《潇湘晨报》2017年1月19日,第A8版;马贤兴:《离婚“被负债”现象面面观》,载《人民之友》2017年第1期;等等。

[2] 肖建国:《强制执行法的两个基本问题》,载张卫平主编:《民事程序法研究》(第16辑),厦门大学出版社2016年版,刊首语第1页。

立”的误区与纠偏此起彼伏。改革是需要几代人费尽心力慢慢探索的艰辛之路，错误不可避免，我们所能做的是且行且珍惜。期望2017鸡年的民事诉讼法律实施，闻鸡起舞，撸起袖子加油干！

（审读专家：湘潭大学　张立平教授）

（责任校对：臧　骞）

撰稿专家

唐东楚，法学博士、伦理学博士后，美国东北大学法学院访问学者（2012～2013年）。现任中南大学法学院教授，主要研究民诉法与司法制度。兼湖南省孚悦律师事务所律师、长沙仲裁委员会仲裁员，任中国民诉法学研究会理事、湖南省诉讼法学研究会学术委员会委员和常务理事、湖南省依法治省讲师团成员、湖南省暨湘潭大学调解研究与培训中心专家等。曾获中南大学讲课“十佳”和湖南省教学成果二等奖、中南大学教学成果一等奖等。主持国家社科基金一般课题1项，中国法学会重点课题1项，以及湖南省社科基金、教育教改课题多项，发表法学论文50余篇。

第七章

2016年诉讼法实施报告

下　2016年行政诉讼法实施报告

黄先雄

报告要旨

2016年是新《行政诉讼法》颁行后的第二年，也是多项重大行政诉讼制度被强力推行的一年。这一年，全国法院受理的行政案件数量总体上仍保持一定幅度的增长，但增幅回落，个别地方案件数量同比有所下降；非诉行政执行案件数量总体上有所增加；全国各级法院审结的行政案件数量大幅上扬；中级以上各级人民法院受理、审结行政案件的任务空前加重；城市建设类、自然资源类、公安类、劳动与社会保障类四大类案件的数量约占了全国法院全年新收一审行政案件总数的一半；在法院审结的案件中，被告败诉率变化不大，案件调撤率总体下降明显。这一年，行政公益诉讼制度试点工作全面展开；行政机关负责人出庭应诉制度高调落地；跨行政区域集中管辖制度改革大范围推开；行政诉讼裁判公开工作切实推进；司法与行政之间的互动进一步加强。不过，在跨行政区域集中管辖、行政机关负责人出庭应诉、立案登记、审判质效等方面还有不少亟待改进的空间。

核心建议

1. 要实现各级法院行政审判职能的合理定位，最好通过构建相对独立的三级行政法院体系来解决，由初等行政法院（中院级别）承接绝大部分一审行政案件的审理及裁判工作，高等行政法院、最高行政法院的工作格局按照两审终审制依次上推。

2. 采取诸如网上立案、远程审判、巡回审判等措施，切实便利当事人参与诉讼，是今后进一步推进跨行政区域集中管辖制度过程中需要关注的一个问题。

3. 借鉴德国经验，加强行政审判合议庭和法官的专业化分工。

2016 年是新《行政诉讼法》颁行后的第二年，也是多项重大行政诉讼制度被强力推行的一年。这一年，行政公益诉讼制度依仗“尚方宝剑”多地“试水”，跨行政区域集中管辖行政案件试点工作全面推开，行政机关负责人出庭应诉制度高调落地，行政诉讼裁判公开制度进一步深化……本报告在对这些重大制度的实施情况进行总结归纳的同时，对这一年行政案件的受理、审理、裁判等方面的基本情况，将进行一个粗线条的勾勒；对各级法院为营造良好司法环境的“传统作法”即司法与行政互动的基本情况，也将有一个交待。除此之外，对新发现的行政诉讼中的一些问题，也将简要分析。[1]

一、行政诉讼法实施的基本情况

（一）全国法院受理的行政案件数量总体上仍保持一定幅度增长，但增幅回落，个别地方案件数量同比有所下降

根据最高人民法院研究室提供的数据，2016 年全国各级法院新收一审、二审、再审案件共计 331, 549 件，与 2015 年同比增加 10. 6%，[2] 相对于 2015 年 55. 13% 的增幅，明显回落。其中，2016 年新收一审行政案件 225, 485 件，同比增加 2. 3%；新收二审行政案件 104, 836 件，同比上升 34%；但新收再审案件仅 1228 件，[3] 同比下降 10. 9%。这里，2. 3% 的增幅说明新行政诉讼法颁布后出现的全国法院一审行政案件数量迅猛增长的态势已经成为历史；而 34% 的增幅说明 2015 年后半年猛增的一审行政案件开始涌入二审法院。[4]

在全国法院行政案件数量总体上增幅开始回落的同时，部分省、自治区、直辖市的法院 2016 年行政案件的增长幅度仍然较高。例如，黑龙江全省法院共受理各类行政案

---

〔1〕 本报告的撰写依据主要来源于从官方媒体获取的工作报告、新闻报道、研究文献等，这些官方媒体包括但不限于人民法院报、法制日报、中国裁判文书网、中国人大网、最高人民法院网和各省市高级人民法院以及部分中级人民法院网站。除此之外，还有最高人民法院研究室提供的，关于全国 2016 年行政一审、二审、再审的统计资料。囿于获取数据与信息途径的局限，写作资料不足，本报告存在片面、粗陋之处在所难免，敬请读者谅解。

〔2〕 下文中，如未作特别说明，“同比”均指与 2015 年同时段相比。

〔3〕 据了解，向全国各级人民法院申请再审的行政案件数以万计，但最终能启动再审的案件数量不多，2016 年只有 1228 件。

〔4〕 相关数据中 2016 年的数据由最高人民法院研究室直接提供；2015 年的比对数据来自最高人民法院研究室：《2015 年全国法院审判执行情况》，载最高人民法院网，http://www. court. gov. cn/fabu-xiangqing-18362. html，最后访问日期：2017 年 2 月 14 日。

件6746件,同比上升52.18%。其中,一审受案3839件,同比上升15.39%;二审受案2272件,同比上升168.88%。[1] 广西壮族自治区全区法院受理各类行政案件11,009件,同比上升34.4%。[2] 河南全省法院共受理行政案件46,929件,同比上升32.3%。[3] 甘肃全省法院受理行政案件4220件,同比上升31.38%。[4] 北京全市法院新收行政案件19,403件,同比上升25.6%。[5] 上海全市法院共受理一审行政案件6695件,同比上升17.2%。[6] 贵州全省法院共受理一审行政案件8585件,同比上升12.72%。[7] 山西全省法院共受理一审行政案件4772件,同比上升13.20%。[8] 但重庆全市法院受理一审行政案件9281件,同比下降4.87%。[9]

(二)全国法院审结的行政案件数量大幅上扬

随着行政案件的大量涌入和各级人民法院对审判流程管理的不断加强,全国法院2016年审结的行政案件数量普遍大幅上扬。据最高人民法院研究室统计,2016年全国各级法院行政一审收案225,485件,旧存45,331件,结案225,020件,结案率为83.1%。在中国裁判文书网上,以"裁判日期:2015年1月1日至12月31日"+"案件类型:行政案件"+"案由:行政案由"为检索条件,且分别以"判决书""裁定书""调解书"为"文书类型",共搜得裁判文书65,103份;其他条件不变,以"裁判日期:2016年1月1日至12月31日"为条件检索,共搜得裁判文书94,391份,同比增加45%。[10] 这在一定程度上说明:2016年各级法院审结案件的成效大幅提高,人均年审结行政案件的数量急剧增加。

各地法院审结的行政案件数量普遍大幅上扬。如,四川全省法院审结一审行政案件10,024件(2015年全省法院审结一、二审行政案件才3099件),同比成数倍增长。[11] 黑龙江全省法院行政案件结案2823件,同比上升61.31%;二审结案1839件,

---

[1] 参见刘曼:《助推法治政府建设 营造良好法治环境——黑龙江十大举措强化行政审判》,载《人民法院报》2016年12月25日,第1版。

[2] 参见黄克:《广西壮族自治区高级人民法院工作报告》,载《广西日报》2017年1月26日,第6版。

[3] 参见河南省高级人民法院:《张立勇院长向省十二届人大七次会议作工作报告》,载河南省高级人民法院网,http://www.hncourt.gov.cn/public/detail.php?id=168870,最后访问日期:2017年2月11日。

[4] 参见梁明远:《甘肃省高级人民法院工作报告(摘要)》,载《甘肃日报》2017年2月1日,第2版。

[5] 参见杨万明:《北京市高级人民法院工作报告》,载《北京日报》2017年2月7日,第3版。

[6] 参见崔亚东:《上海市高级人民法院工作报告》,载《解放日报》2017年1月24日,第5版。

[7] 参见孙潮:《贵州省高级人民法院工作报告》,载《贵州日报》2017年2月7日,第4版。

[8] 参见左世忠:《山西省高级人民法院工作报告(摘要)》,载《山西日报》2017年2月6日,第7版。

[9] 参见黄明耀:《重庆市高级人民法院工作报告》,载《重庆日报》2017年2月1日,第3版。

[10] 该组数据是笔者于2017年2月12日搜得。

[11] 参见王海萍:《四川省高级人民法院工作报告(摘要)》,载《四川日报》2017年2月5日,第4版。

同比上升177.79%。[1] 山西全省法院审结行政案件4242件，同比上升50.53%。[2] 北京全市法院审结行政案件19,187件，同比上升38.1%。[3] 新疆维吾尔族自治区全区法院审结行政案件4234件，同比增长29.4%。[4] 广西壮族自治区全区法院审结行政案件8336件，同比上升29.2%。[5] 天津全市法院审结行政案件7410件，同比增长28.3%。[6] 吉林全省法院审结行政案件10,349件，同比上升25.9%。[7] 云南全省审结行政案件4278件，同比增长21.5%。[8] 安徽全省法院审结行政案件12,153件，同比增长21.5%。[9] 贵州全省法院全年审结行政案件7981件，同比上升17.54%。[10] 上海全市法院审结行政案件6297件，同比上升17%。[11] 宁夏回族自治区全区法院审结行政案件1971件，同比上升13.7%。[12] 湖南全省法院审结一审行政案件9207件，同比增长5.14%。[13] 青海全省法院审结一审行政案件514件，同比上升2.39%。[14] 但重庆市全市法院全年审结行政案件8444件，同比下降4.89%。[15] 据了解，不少地方法院为解决行政案件积压、人手不够的问题，迫不得已将行政案件分派给其他庭室如民事审判庭、审判监督庭、司改办等庭室或综合部门的法官进行审理。

---

〔1〕 参见刘曼：《助推法治政府建设　营造良好法治环境——黑龙江十大举措强化行政审判》，载《人民法院报》2016年12月25日，第1版。

〔2〕 参见左世忠：《山西省高级人民法院工作报告（摘要）》，载《山西日报》2017年2月6日，第7版。

〔3〕 参见杨万明：《北京市高级人民法院工作报告》，载《北京日报》2017年2月7日，第3版。

〔4〕 参见《图解新疆高院2017年“两会”工作报告》，载人民网，http://xj.people.com.cn/n2/2017/0111/c188514-29582932.html，最后访问日期：2017年2月13日。

〔5〕 参见黄克：《广西壮族自治区高级人民法院工作报告》，载《广西日报》2017年1月26日，第6版。

〔6〕 参见唐玉洁、韩昱君：《图解新闻：2017年天津市高级人民法院工作报告》，载人民网，http://tj.people.com.cn/GB/n2/2017/0118/c375366-29614479.html，最后访问日期：2017年2月13日。

〔7〕 参见《〈吉林省高级人民法院工作报告〉解读》，载《吉林日报》2017年1月18日，第7版。

〔8〕 参见张学群：《云南省高级人民法院工作报告》，载《云南日报》2017年2月5日，第5版。

〔9〕 参见耿磊：《一图读懂：安徽省高级人民法院工作报告》，载中安在线网，http://ah.anhuinews.com/system/2017/01/19/007549423.shtml，最后访问日期：2017年2月13日。

〔10〕 参见孙潮：《贵州省高级人民法院工作报告》，载《贵州日报》2017年2月7日，第4版。

〔11〕 参见崔亚东：《上海市高级人民法院工作报告》，载《解放日报》2017年1月24日，第5版。

〔12〕 参见李彦凯：《自治区高级人民法院工作报告——2017年1月12日在宁夏回族自治区第十一届人民代表大会第七次会议上》，载宁夏长安网，http://www.nxzfw.gov.cn/zfczlk/38486.htm，最后访问日期：2017年2月13日。

〔13〕 参见何森玲：《让公平看得见——湖南省高级人民法院工作报告亮点解读》，载红网，http://hn.rednet.cn/c/2017/01/18/4194177.htm，最后访问日期：2017年2月13日。

〔14〕 参见董开军：《青海省高级人民法院工作报告》，载《青岛日报》2017年2月7日，第3版。

〔15〕 参见黄明耀：《重庆市高级人民法院工作报告》，载《重庆日报》2017年2月1日，第3版。

(三)中级以上各级人民法院受理、审结行政案件的任务空前加重

如上所述,2016 年全国法院新收二审行政案件数量总体上同比上升 34%,这些二审案件涌入了行政审判法官数量相对较少的中级人民法院、高级人民法院和最高人民法院,使得法院受理、审结行政案件的任务陡然加重。最高人民法院行政审判庭庭长贺小荣在 2016 年 9 月份就曾指出:中级以上人民法院所受理的案件增长尤为明显,高级人民法院和最高人民法院受理的案件数量均创历史新高,案多人少的矛盾异常尖锐。这一现象与新行政诉讼法提高级别管辖有关。[1]

从下表也可以看出这一点。全国各级法院上传到中国裁判文书网的、有关行政案件的 2016 年法律文书(主要是行政判决书和裁定书)数量分别是 1055、12,593、37,487、45,872 份。[2] 与 2015 年法律文书数量相比,最高人民法院做出的行政法律文书数量增幅达 4923.8%,各高级人民法院做出的行政法律文书数量增幅达 228.2%,各中级人民法院做出的行政法律文书数量增幅达 52.3%。2016 年,各中级人民法院做出的行政法律文书数量已达到各基层人民法院做出的行政法律文书数量的 81.7%;各高级人民法院做出的行政法律文书数量已达到各中级人民法院做出的行政法律文书数量的 33.6%。这些数据在相当程度上反映了 2016 年中级以上各级人民法院受理案件数量的增长幅度。个别高级人民法院受案数量增幅甚至远高于上述比例,以黑龙江省高级人民法院为例,2016 年该院受理各类行政案件 909 件,同比上升 522.60%。其中,二审受案 342 件,同比上升 1800%;申请再审受案 559 件,同比上升 350.81%;再审受案 8 件,同比上升 100%。[3]

---

[1] 参见张维:《行政诉讼案件分布呈倒金字塔结构——最高人民法院受理行政诉讼案今年将超过三千件》,载《法制日报》2016 年 10 月 17 日,第 6 版。

[2] 根据 2016 年 10 月 1 日起实施的《最高人民法院关于人民法院在互联网公布裁判文书的规定》的第 7 条,"发生法律效力的裁判文书,应当在裁判文书生效之日起七个工作日内在互联网公布。依法提起抗诉或者上诉的一审判决书、裁定书,应当在二审裁判生效后七个工作日内在互联网公布",表中的数据应该基本反映了各级人民法院的行政审判工作"出产量"和行政案件数量增长的趋势。

[3] 参见陈远飞:《2016 年'国家宪法日'行政审判工作新闻发布词》,载黑龙江法院网,http://www.hljcourt.gov.cn/public/detail.php?id=15272,最后访问日期:2017 年 2 月 12 日。

表 1　2015 ~ 2016 年全国各级人民法院有关行政案件法律文书份数统计表〔1〕

份数 / 法院	所有类型的行政案件法律文书		判决书		裁定书		调解书	
	2015 年	2016 年	2015 年	2016 年	2015 年	2016 年	2015 年	2016 年
最高人民法院	21	1055	3	37	18	1018	0	0
各高级人民法院	3837	12,593	2222	3510	1532	8540	0	0
各中级人民法院	24,616	37,487	14,213	19,553	10,254	16,902	0	1
各基层人民法院	37,110	45,872	15,504	18,874	21,356	25,951	1	5

（四）四大类案件约占了全国法院新收一审行政案件总数的一半

2016 年，全国法院新收一审行政案件中四大类案件的数量约占了总数的一半。这四大类分别是城市建设类、自然资源类、公安类、劳动与社会保障类。城市建设类案件 35,890 件，占全国法院新收一审行政案件总数的 15.9%，涉及规划、拆迁、房屋登记等领域；自然资源类案件 27,989 件，占比 12.4%，涉及土地、地矿、林业、草原等领域；公安类案件 23,785 件，占比 10.5%，涉及治安、劳教等领域；劳动与社会保障类案件 15,360 件，占比 6.8%。四大类案件合计占全国新收一审行政案件总数的 46.6%。不过，与 2015 年相比，2016 年，城市建设类案件下降 0.5%；公安类案件下降 4.8%。〔2〕

（五）信息公开类、行政不作为类、行政协议类案件在法院公开裁判文书的案件中增幅明显

1. 信息公开类案件相较于 2015 年继续大幅增加，但占比几乎相同

笔者以“案件类型：行政案件” + “案由：行政案由”为检索条件，且分别以“判决书”“裁定书”“调解书”为“文书类型”，分别搜得 2015 年和 2016 年的裁判文书各总共 65,103 份、94,391 份。其他条件不变，增加“全文检索：信息公开”条件，分别搜得 2015 年和 2016 年的信息公开类裁判文书 7443 份、10,874 份，各占当年行政裁判文书总数的 11.4%、11.5%，占比相当。但 2016 年信息公开类案件裁判文书相较于 2015 年增幅达 46%。

2. 行政不作为类案件增幅巨大，且占比进一步增加

笔者以“案件类型：行政案件” + “案由：行政案由” + “全文检索：不履行法定职

---

〔1〕 该表数据由笔者根据中国裁判文书网上公布的裁判文书，于 2017 年 2 月 12 日以“案件类型：行政案件” + “案由：行政案由”为检索条件，附期间选择、文书类型等条件，搜集统计所得。该表中“所有类型的行政案件法律文书”包括判决书、裁定书、决定书、调解书、批复、函、令、答复、通知书等。

〔2〕 相关数据中 2016 年的数据由最高人民法院研究室直接提供；2015 年的比对数据来自最高人民法院研究室：《2015 年全国法院审判执行情况》，载最高人民法院网，http://www.court.gov.cn/fabu-xiangqing-18362.html，最后访问日期：2017 年 2 月 14 日。

责”为检索条件,且分别以“判决书”“裁定书”“调解书”为“文书类型”,分别搜得2015年和2016年的不作为类裁判文书3805份、6677份,各占当年行政裁判文书总数的5.8%、7.1%,占比有所增加。同时,2016年不履行法定职责类案件裁判文书相较于2015年增幅达75.5%。另据最高人民法院研究室统计,2016年全国法院新收要求行政机关履行法定职责、履行义务类一审行政案件共计13,884件,占新收一审行政案件总数的6.2%,这一比例与前述7.1%的比例相差不是很大。

3. 行政协议类案件数十倍增长,但占比不大

笔者以“案件类型:行政案件”+“案由:行政案由”+“全文检索:行政协议”为检索条件,且分别以“判决书”“裁定书”“调解书”为“文书类型”,分别搜得2015年和2016年的行政协议类裁判文书108份、1781份,各占当年行政裁判文书总数的0.16%、1.9%,占比大幅增加。2016年行政协议类案件裁判文书相较于2015年增幅达1549.1%。

(六)被告败诉率变化不大,案件调撤率下降明显,非诉行政执行案件数量有所增加

1. 被告败诉率变化不大

据最高人民法院研究室统计,在2016年全国各级法院一审结案的225,020件行政案件中,判决撤销或部分撤销行政行为、变更行政行为、确认行政行为违法、责令行政机关履行法定职责、责令赔偿的案件共计30,085件,占比13.4%。13.4%这一比例与2014年12%左右的行政机关败诉率相比,变化不大。2016年各地方法院审理的行政案件中行政机关的败诉率多在这一比例上下浮动。如山西全省法院一审行政案件中确认行政行为违法、撤销行政行为、要求履行法定职责的案件占18.37%。[1] 湖南全省各级法院判决确认行政行为违法或无效、撤销行政行为、判决行政机关履行法定职责、变更行政行为的案件有1450件,占比15.75%;相较于2015年的13.52%,有所上升。[2] 北京市各级法院依法判决撤销行政行为或者确认行政行为违法、无效的案件数占行政案件结案数的10.7%。[3] 甘肃全省法院判决撤销或变更行政行为、限期履行法定职责、确认行政行为违法、无效及判决行政机关赔偿的310件,占比8.5%。[4] 重庆全市行政机关败诉率10.95%。[5] 四川全省法院判决撤销、变更原行政行为或确

---

〔1〕 参见左世忠:《山西省高级人民法院工作报告(摘要)》,载《山西日报》2017年2月6日,第7版。

〔2〕 参见何森玲:《让公平看得见——湖南省高级人民法院工作报告亮点解读》,载红网,http://hn.rednet.cn/c/2017/01/18/4194177.htm,最后访问日期:2017年2月13日。

〔3〕 参见杨万明:《北京市高级人民法院工作报告》,载《北京日报》2017年2月7日,第3版。

〔4〕 参见梁明远:《甘肃省高级人民法院工作报告(摘要)》,载《甘肃日报》2017年2月1日,第2版。

〔5〕 参见黄明耀:《重庆市高级人民法院工作报告》,载《重庆日报》2017年2月1日,第3版。

认违法的案件有 803 件，占比 8%。[1] 一些跨行政区域审理行政案件的铁路运输法院，其裁判中行政机关的败诉率相对较高。以兰州铁路运输法院为例，自 2015 年 12 月底至 2016 年 10 月 19 日，兰铁两级法院共受理行政案件 772 件，在一审做出实体判决的 178 件案件中，判决行政机关败诉的案件有 54 件，判决中行政机关的败诉率为 30.3%。[2]

2. 案件调撤率下降明显

据最高人民法院研究室统计，2016 年在全国各级法院审结的 225,020 件一审行政案件中，原告主动撤诉的案件 41,493 件，占比 18.4%，其中因为被告改变原行政行为而撤诉的案件有 2810 件，占一审结案数的 1.2%。[3] 18.4% 这一比例相对于 2011 ~ 2015 年全国法院以撤诉方式审结的一审行政案件的比率 42.9%，大幅下降。[4] 以省、自治区、直辖市法院为例，重庆 2016 年全市法院依法开展行政和解，当事人主动撤回起诉案件 1849 件，占结案数的 21.9%。[5] 宁夏回族自治区 2016 年行政案件协调处理率达到 22%。[6] 但在有些地方行政案件的调撤率仍然比较高，如河南省全省法院 2016 年行政案件调撤率为 34.3%。[7]

3. 非诉行政执行案件数量有所增加

根据最高人民法院研究室统计，2016 年全国各级法院审查非诉行政执行案件 198,660 件，裁定准予执行的案件 162,411 件，裁执率 81.9%。相对于 2015 年的 172,880 件，同比增加 14.9%。[8] 但非诉行政执行案件的数量继 2015 年之后继续明显少于行政案件，且有些地方非诉行政执行案件数量开始下降，如，湖南省 2016 年受理

[1] 参见王海萍：《四川省高级人民法院工作报告（摘要）》，载《四川日报》2017 年 2 月 5 日，第 4 版。

[2] 参见《敢告敢审敢判 "民告官"不再难——我省跨行政区域集中管辖行政案件试点工作纪实》，载《甘肃日报》2016 年 12 月 15 日，第 3 版。

[3] 相关数据由最高人民法院研究室提供。

[4] 参见最高人民法院院长周强在 2015 年 11 月 2 日在第十二届全国人民代表大会常务委员会第十七次会议上所作的《最高人民法院关于行政审判工作情况的报告》。

[5] 参见黄明耀：《重庆市高级人民法院工作报告》，载《重庆日报》2017 年 2 月 1 日，第 3 版。

[6] 参见李彦凯：《自治区高级人民法院工作报告——2017 年 1 月 12 日在宁夏回族自治区第十一届人民代表大会第七次会议上》，载宁夏长安网，http://www.nxzfw.gov.cn/zfzczlk/38486.htm，最后访问日期：2017 年 2 月 13 日。

[7] 参见《张立勇院长向省十二届人大七次会议作工作报告》，载河南省高级人民法院网，http://www.hncourt.gov.cn/public/detail.php?id=168870，最后访问日期：2017 年 2 月 11 日。

[8] 相关数据中 2016 年的数据由最高人民法院研究室直接提供；2015 年的比对数据来自最高人民法院研究室：《2015 年全国法院审判执行情况》，载最高人民法院网，http://www.court.gov.cn/fabu-xiangqing-18362.html，最后访问日期：2017 年 2 月 14 日。

各类非诉行政执行案件 12,607 件,[1]相较于 2015 年受理的 13,120 件,数量有所下降。甘肃全省法院 2016 年受理非诉行政执行案件 1614 件,[2]相比于 2015 年受理的 1924 件非诉行政执行案件,数量亦有所下降。

二、行政诉讼法实施中的重要举措

(一)行政公益诉讼制度试点工作全面展开

行政公益诉讼制度在 2015 年修改后的《行政诉讼法》中并没有明确规定,为具体落实党的十八届四中全会关于探索建立检察机关提起公益诉讼制度的要求,2015 年 7 月 1 日全国人大常委会做出了《关于授权最高人民检察院在部分地区开展公益诉讼试点工作的决定》。为落实这一决定,2016 年 2 月 25 日最高人民法院颁行了《人民法院审理人民检察院提起公益诉讼案件试点工作实施办法》,该办法对人民检察院提起行政公益诉讼的范围、诉讼材料提交、诉讼请求种类、诉讼中的权利义务、管辖法院、庭审组织形式等进行了规定。该办法自 2016 年 3 月 1 日起开始在北京、内蒙古、吉林、江苏、安徽、福建、山东、湖北、广东、贵州、云南、陕西、甘肃 13 个省、自治区、直辖市实施。截至 2016 年 6 月底,全国 13 个检察机关提起公益诉讼的试点地区全部“破冰”。[3]

其实在最高人民法院的上述规定出台之前,个别基层法院就开始尝试受理行政公益诉讼案件,如 2016 年 1 月,贵州省六盘水市六枝特区检察院以贵州省安顺市镇宁县丁旗镇政府在垃圾场选址和处置过程中,存在违法履行职责和怠于监管的行为为由,向贵阳市内清镇市法院提起行政公益诉讼,法院受理了此案;[4]安徽省蚌埠市淮上区人民法院受理了淮上区人民检察院针对蚌埠市国土资源局不依法履行职责提起的行政公益诉讼案,该案是全国人大常委会授权检察机关提起公益诉讼试点工作后,安徽省检察机关提起的首例公益诉讼案件,也是全国首例针对市级行政机关提起的资源保护型行政公益诉讼案件。[5]

---

[1] 参见何森玲:《让公平看得见——湖南省高级人民法院工作报告亮点解读》,载红网,http://hn.rednet.cn/c/2017/01/18/4194177.htm,最后访问日期:2017 年 2 月 13 日。

[2] 参见梁明远:《甘肃省高级人民法院工作报告(摘要)》,载《甘肃日报》2017 年 2 月 1 日第 2 版。

[3] 参见刘子阳:《提起公益诉讼 30 件发现线索 1942 件　检察公益诉讼试点全面“破冰”》,载《法制日报》2016 年 8 月 17 日,第 3 版。

[4] 参见闫起磊:《六盘水一检察院跨区提起公益行政诉讼》,载《新华每日电讯》2016 年 1 月 28 日,第 5 版。

[5] 参见:《安徽蚌埠淮上区检察院对市国土局提起行政公益诉讼》,载人民网,http://legal.people.com.cn/n1/2016/0120/c42510-28070270.html,最后访问日期:2017 年 2 月 25 日。

(二)行政机关负责人出庭应诉制度高调落地

为贯彻落实《中共中央关于全面推进依法治国若干重大问题的决定》中关于"健全行政机关依法出庭应诉、支持法院受理行政案件、尊重并执行法院生效裁判的制度"的要求,保障我国《行政诉讼法》的有效实施,加快建设法治政府,经国务院同意,国务院办公厅2016年6月27日下发了《关于加强和改进行政应诉工作的意见》。这是我国首个全面规范行政应诉工作的专门性文件,从答辩举证、出庭应诉、参与庭审、裁判执行等方面对行政机关提出了明确要求,尤其是明确规定了行政机关负责人必须出庭应诉的情形,即对涉及重大公共利益、社会高度关注或者可能引发群体性事件的案件,以及人民法院书面建议行政机关负责人出庭的案件,被诉行政机关负责人必须出庭。随后,7月28日,最高人民法院下发了《关于行政诉讼应诉若干问题的通知》,该通知中明确规定,行政机关负责人和行政机关相应的工作人员均不出庭,仅委托律师出庭的;或者人民法院书面建议行政机关负责人出庭应诉,行政机关负责人不出庭应诉的,人民法院应当记录在案并在裁判文书中载明,可以依照我国《行政诉讼法》第66条第2款的规定予以公告,建议任免机关、监察机关或者上一级行政机关对相关责任人员严肃处理。

在上述全国性规定颁行的大背景下,一些省市政府也颁行了相应的规定,如广东省于2016年12月施行《广东省行政应诉工作规定》,海南省五指山市9月份颁行《五指山市行政机关负责人出庭应诉工作规定》。同时,全国各地行政机关负责人全年出庭应诉的比率同比明显增加。例如,上海市行政机关负责人出庭应诉1097人次,同比上升44.5%。[1] 重庆市行政机关负责人出庭应诉1287人次,同比增长37.5%。[2] 四川省行政机关负责人出庭应诉率同比上升15.3%。[3] 天津市行政机关负责人出庭应诉558人次,同比上升8.7%。[4] 甘肃省行政机关负责人出庭应诉率达40.6%,同比上升7.6%。[5] 甘肃省兰州两级铁路法院从2015年年底至2016年11月公开开庭审理的375件案件中,行政机关负责人出庭应诉案件有264件,出庭应诉率达70.4%。[6]

---

[1] 参见崔亚东:《上海市高级人民法院工作报告》,载《解放日报》2017年1月24日,第5版。

[2] 参见黄明耀:《重庆市高级人民法院工作报告》,载《重庆日报》2017年2月1日,第3版。

[3] 参见王海萍:《四川省高级人民法院工作报告(摘要)》,载《四川日报》2017年2月5日,第4版。

[4] 参见唐玉洁、韩昱君:《图解新闻:2017年天津市高级人民法院工作报告》,载人民网,http://tj.people.com.cn/GB/n2/2017/0118/c375366-29614479.html,最后访问日期:2017年2月13日。

[5] 参见梁明远:《甘肃省高级人民法院工作报告(摘要)》,载《甘肃日报》2017年2月1日,第2版。

[6] 参见《敢告敢审敢判 "民告官"不再难——我省跨行政区域集中管辖行政案件试点工作纪实》,载《甘肃日报》2016年12月15日,第3版。

黑龙江省行政机关负责人出庭应诉率由2015年的7.04%上升为11.55%。[1] 河南省各省辖市均出台行政首长出庭应诉规定,全年7126名行政机关负责人主动参加庭审,为历年来最多。[2] 在一些行政案件数量相对较少的基层人民法院,行政机关负责人出庭应诉的比率达到了100%,如湖北省南漳法院全年行政案件共计结案45件,每件案件中都有行政机关负责人出庭应诉;[3] 新疆疏勒县人民法院全年审理的10余起行政案件中,被诉行政机关均由正职或副职领导出庭应诉。[4]

在行政机关负责人出庭应诉的案件中,陈鸣明副省长出庭应诉备受关注。2016年4月11日上午,贵阳市中级人民法院开庭审理的原告丁加强诉请撤销被告贵州省人民政府行政复议决定一案,陈鸣明副省长作为行政机关负责人坐上被告席,到庭应诉。作为行政机关负责人出庭应诉行政级别最高的第一案,引发新闻媒体、社会舆论、专家学者等社会各界的广泛关注与热议。

(三)跨行政区域集中管辖制度改革大范围推开

在2015年跨行政区域集中管辖制度局部试点的基础上,[5] 最高人民法院开始大范围推开该项改革,截至2016年11月,已经批准了广东等近20个省市上报的行政诉讼管辖改革方案。[6] 此次纳入跨行政区域集中管辖制度改革的法院,从地域分布看,东部、中部、西部地区分别都有一些法院参与此项改革试点工作;从获批推进此项改革的法院看,主要有全部试点、局部试点、类案试点三种形式。第一种样式是全部试点,即在整个辖区范围内中级、基层人民法院全面开展改革试点,如安徽、福建、山西等省。第二种样式是局部试点,即中级人民法院一审案件管辖维持不变,在中级人民法院管辖区内推动基层人民法院行政案件相对集中管辖,如湖南省的永州市。第三种样式是类案试点,即推动某种类型案件向某一法院集中管辖。如天津市高级人民法院指定以天津海关及各隶属海关为被告提起诉讼的行政案件,由天津市第二中级人民法院管

---

[1] 参见刘曼:《助推法治政府建设 营造良好法治环境——黑龙江十大举措强化行政审判》,载《人民法院报》2016年12月25日,第1版。

[2] 参见河南省高级人民法院:《张立勇院长向省十二届人大七次会议作工作报告》,载河南省高级人民法院网,http://www.hncourt.gov.cn/public/detail.php?id=168870,最后访问日期:2017年2月11日。

[3] 参见王洪:《南漳行政机关负责人出庭应诉率100%》,载《人民法院报》2016年11月7日,第4版。

[4] 参见沙鸿雁:《疏勒县法院确保行政机关负责人出庭应诉常态化》,载新疆法院网,http://www.xjcourt.org/public/detail.php?id=26833,最后访问日期:2017年2月9日。

[5] 如广东省在2015年已实现逾八成行政案件实现跨区划集中管辖。参见张慧鹏、范贞:《广东逾八成行政案件实现跨区划集中管辖》,载新华网,http://news.xinhuanet.com/legal/2016-07/19/c_129158558.htm,最后访问日期:2017年2月8日。

[6] 参见乔文心:《跨行政区域法院:破除司法地方化藩篱——人民法院全面推进依法治国工作亮点巡礼》,载《人民法院报》2016年11月14日,第1版。

辖;以市级行政机关为被告提起诉讼的行政案件,由天津市和平区人民法院管辖,但因不动产提起诉讼的案件和因市级行政机关复议维持原行政行为作为共同被告的案件除外;环境保护行政案件由天津铁路运输法院管辖。在上述三种改革样式中,采取第二种样式的居多。同时,在跨行政区域集中管辖制度改革过程中,各地法院积极依托铁路运输法院开展改革试点工作。[1]

各地跨行政区域集中管辖制度改革正式启动的时间不一。例如,陕西省的此项改革于2016年1月18日在局部启动,将原来由西安市、安康市两级法院管辖的行政案件和环境资源案件,划归西安铁路运输中级法院、西安铁路运输法院、安康铁路运输法院两级三院集中管辖。山西省于2016年5月1日起在全省范围内实行跨行政区域集中管辖行政案件的实施方案。同日,湖南省永州市中级人民法院将全市11个县区的行政案件集中在4个基层法院跨区域集中管辖。上海依托上海铁路运输法院,自2016年7月起试点行政案件集中管辖改革。上海铁路运输法院依法管辖原由静安、虹口、普陀、长宁四个基层法院管辖的一审行政案件,原由上海铁路运输法院管辖的上海市轨道交通运营区域内发生的一审行政案件,以及上级法院指定管辖的其他一审行政案件。[2] 云南省多个州市法院于2016年8月1日起试点实行跨行政区域集中管辖部分行政案件的工作。有些地方相对集中管辖制度的改革试点则迟至2017年1月1日才推开,如广东省梅州市。[3]

实行跨行政区域集中管辖制度改革后,部分法院的行政案件增加迅猛。如北京市第四中级人民法院在2016年上半年受理以区政府为被告的一审行政案件1371件,[4] 数量已接近2015年全年,同比增长144.82%,为2014年北京全市同类案件的6.4倍。[5] 上海铁路运输法院截至2016年12月31日,共受理行政案件735件,同比集中

[1] 参见程琥:《行政案件跨行政区域集中管辖与行政审判体制改革》,载《法律适用》2016年第8期。

[2] 参见严剑漪、陈凤:《行政案件集中管辖:迈出“去地方化”坚实一步》,载上海法院网,http://shfy.chinacourt.org/article/detail/2016/11/id/2356253.shtml,最后访问日期:2017年2月8日。

[3] 参见黄义涛:《优化司法资源配置　探索行政案件集中管辖》,载《人民法院报》2017年1月18日,第2版。

[4] 据了解,北京市第四中级人民法院受理的所有类型的一审案件中行政案件占了70%左右。

[5] 参见乔文心:《跨行政区域法院:破除司法地方化藩篱——人民法院全面推进依法治国工作亮点巡礼》,载《人民法院报》2016年11月14日,第1版;孙永欣、刘向智:《北京四中院立足跨区法院职能实现审判机制“五创新”》,载首都政法综合网,http://www.bj148.org/zzgjj/zzdt/201607/t20160715_1227467.html,最后访问日期:2017年2月10日。

管辖前四区法院收案总和增长35%。[1] 广州铁路运输第一法院于2016年1月1日成为跨行政区域集中管辖改革试点的基层法院后,截至2016年7月,共受理行政案件1692件,非诉行政执行案件2831件。[2]

(四)行政诉讼裁判公开工作切实推进

行政诉讼裁判文书公开制度进一步规范。2016年8月30日,最高人民法院发布了《关于人民法院在互联网公布裁判文书的规定》(修订)(以下简称《规定》),修订后的《规定》进一步详细规定了应当公开的裁判文书类型、内容、期限和相关程序等,这些规定对督促各级法院全面、及时公开行政裁判文书起到了重要作用。

行政审判白皮书或工作年报发布工作继续推进。2016年,各地高级人民法院、中级人民法院甚至一些基层人民法院也发布了行政审判白皮书或工作年报,高级人民法院如黑龙江省、浙江省、安徽省、湖南省、广东省、青海省、重庆市、山东省等地的高级人民法院;中级人民法院如武汉市中级人民法院、南通市中级人民法院、兰州铁路运输中级法院、北京市第四中级人民法院等;基层法院如天津市河东区人民法院、山西省朔城区人民法院、重庆市涪陵区人民法院。

行政审判典型案例公布工作蓬勃开展。除了最高人民法院于3月公布第二批环境保护行政典型案例外,各高级人民法院纷纷公布了一系列行政典型案例。例如,山东省高级人民法院3月公布了10件政府信息公开典型案例;青海省高级人民法院5月发布5起行政机关败诉典型案例;江西省高级人民法院12月发布8件涉民生领域行政审判典型案例;陕西省高级人民法院12月发布5起依法保护诉权的典型案例;另外,广东省、湖南省、安徽省、甘肃省等地的高级人民法院也先后发布了行政典型案例。除此之外,黑龙江省高级人民法院于5月首次发布了行政审判十大典型案例,这十起典型案例中,涉及行政协议1件,政府信息公开1件、治安处罚1件、房产行政处罚1件、土地行政登记1件,行政强制措施1件,不履行法定职责2件,房屋征收补偿决定2件。[3] 福建省高级人民法院于7月首次发布典型案例,共9个,案例覆盖范围较广,既

---

[1] 参见《上铁法院:行政案件集中管辖改革试点半年成绩单》,载上海市高级人民法院“浦江天平”微信公众号,http://mp.weixin.qq.com/s?__biz=MzA3MjcxNDM5OQ==&mid=2650470021&idx=1&sn=0213a95128efe26c218bb6b973a951ab&chksm=87144775b063ce63bb10ae1c86db61d7cba853f69ac0b064e8dd5d4a1e3cf7531fff52e0d048&mpshare=1&scene=5&srcid=0216L1xeMMTRZlcSYJSIgQ1s#rd,最后访问日期:2017年2月16日。

[2] 参见张慧鹏、曾宇阳:《广州铁路运输第一法院行政案件集中管辖改革初现成效》,载《人民法院报》2016年7月17日,第4版。

[3] 参见《我省法院召开“2015年行政审判工作情况及十大典型案例”新闻发布会》,载新浪网,http://hlj.sina.com.cn/city/gcdh/2016-05-18/city-ifxsenvm0582176.shtml,最后访问日期:2017年2月9日。

有行政案件，也有非诉行政执行案件，其中要求行政机关准确公开政府信息、依法保障行政协议顺利履行等新类型行政案件成为亮点。[1] 在各地高级人民法院公开发布行政典型案例的同时，各地中级人民法院甚至一些基层人民法院也不甘落后，如北京市第一、二、四中级人民法院，河南省商丘市中级人民法院，江西省抚州市中级人民法院，兰州铁路运输中级法院，河南商丘市睢阳区人民法院等都先后发布了行政典型案例。

（五）司法与行政之间的互动进一步加强

在全国上下如火如荼推进司法体制改革，以期切实增强法院审判独立的大背景下，司法与行政互动以求营造良好司法环境的传统作法，不但没有被削弱，反而有不断被强化的趋势。

在实行跨行政区域管辖行政案件的法院中，以北京市第四中级人民法院为例。该院自建院以来，高度重视司法与行政互动工作，采用联合成立依法行政教育基地、为行政机关进行法制培训、到行政机关走访座谈等方式加强两权互动。有报道称，该院两年以来，在延伸审判职能方面，依托常态化公开庭审打造依法行政教育基地，超过 3000 名行政领导和执法人员到该院旁听庭审并座谈交流，厅局级领导干部达 2000 余人；多名法官多次应邀赴 16 区为区政府常务会议讲法释法，促进行政机关依法行政，协同推进法治政府建设；与此同时，采取巡回走访、座谈等方式，遍访北京 16 区政府法制部门，收集到 6 大类 200 余个问题，对症下药帮助解决各区政府在推进依法行政工作中的疑难问题。[2]

在高级人民法院中，以黑龙江省、吉林省高级人民法院为例。黑龙江省高级人民法院在 2015 年年底联合省政府法制办就行政机关负责人出庭应诉、执行法院生效判决等问题，在共赴外省考察学习的基础上，又于 2016 年举行座谈会，邀请省政府法制办共同研讨新情况、新问题，并就建立联席会议制度达成一致意见；为提升行政机关应诉能力，两家还建立了旁听庭审常态化机制，法制办工作人员已旁听行政案件庭审 20 余次；该院还积极协助行政机关规范行政行为，与有关省级部门共同研究，帮助其梳理相关法律法规，以期使其执法行为更加规范有序。[3] 吉林省高级人民法院与省政府法

---

〔1〕 参见王莹：《福建省高院首次发布典型行政案件　新类型案件成亮点》，载法制网，http://www.legaldaily.com.cn/judicial/content/2016－07/26/content_6736470.htm，最后访问日期：2017 年 2 月 9 日。

〔2〕 参见李木元：《北京市四中院两年受理民告官行政案件占比超 3/4》，载人民政协网，http://www.rmzxb.com.cn/c/2017－01－11/1279568.shtml，最后访问日期：2017 年 2 月 10 日。

〔3〕 参见陈远飞：《2016 年“国家宪法日”行政审判工作新闻发布词》，载黑龙江法院网，http://www.hljcourt.gov.cn/public/detail.php?id＝15272，最后访问日期：2017 年 2 月 12 日。

制办建立联席会议制度,定期通报行政审判情况,共同研究涉诉重点问题;针对房屋拆迁、土地征收等重点领域,加强与住建、国土等部门工作联系,统一法律适用标准;与政府部门协调配合,以求化解涉及重大项目建设的法律纠纷。[1]

在中级人民法院中,以安徽省滁州市中级人民法院、河南省三门峡市中级人民法院为例。2016年,滁州市中级人民法院进一步完善与市法制办联动机制,推动基层法院与基层行政执法部门建立联席会议制度,还通过专题研讨、例会协调、联合培训等多种形式,以求统一法律认识,增进工作共识;全市法院共组织或参加各类专题疑难案件研讨23次,形成会议纪要11份;积极开展“法官送法”活动,安排法官为行政机关讲解法律法规等13次。[2] 三门峡市中级人民法院强化法院与政府互动,主动走访行政案件较多的住建、土地、交通等行政机关,听取对法院行政审判的意见和建议,了解在行政执法中遇到的问题和困惑并给予司法指导;共培训市、县行政执法人员1000多人(次),接受行政机关咨询100余次;邀请市、县行政机关250余人(次)参加庭审观摩、庭后座谈,共同探讨新常态下解决行政审判、行政执法中存在问题的办法。[3]

高级人民法院、中级人民法院与行政机关之间的互动不断加强,基层人民法院更是如此。有些基层人民法院还在不断创新互动方式,如重庆市沙坪坝区人民法院,为加强行政审判与行政执法之间的互动,2016年5月,该院接受区卫生和计划生育委员会指派的沙坪坝区卫生计生执法监督局一名工作人员到该院行政庭进行了为期一月的交流。在交流过程中,双方针对卫生行政执法领域的法律法规、规章规范进行梳理,交流共享各自在处理具体问题中所遵循的规范性文件和原则,并确定建立长期信息沟通与共享机制;同时,行政庭安排该行政人员参加典型行政处罚类案件的庭审旁听,共同梳理总结与医疗卫生监管相关的具体行政行为中存在的突出问题,以及卫生监管部门在行政诉讼中应诉的情况及存在的问题,以便行政机关有针对性地采取有效措施进行落实整改。[4]

在司法与行政之间互动的方式中,行政机关到法院旁听庭审并于庭审后与法官交流,成为非常盛行的一种方式。笔者仅在各省高级人民法院、少部分中级人民法院网页上就搜到相关新闻报道10余篇。如,山东省政府法制办组织的“百名厅(局)长庭审

---

〔1〕 参见《〈吉林省高级人民法院工作报告〉解读》,载《吉林日报》2017年1月18日,第7版。

〔2〕 参见马清:《滁州中院主动延伸职能促依法行政》,载安徽法院网,http://www.ahcourt.gov.cn/sitecn/gzbd/81142.html,最后访问日期:2017年2月10日。

〔3〕 参见吴洁梅、周珊:《三门峡中院:妥善化解行政争议促进依法行政》,载三门峡市中级人民法院网,http://smxzy.hncourt.gov.cn/public/detail.php?id=10771,最后访问日期:2017年2月11日。

〔4〕 参见秦冲:《沙区法院探索行政审判与行政执法互动的新模式》,载重庆法院网,http://cqfy.chinacourt.org/article/detail/2016/07/id/2010449.shtml,最后访问日期:2017年2月12日。

观摩”活动。[1]

三、行政诉讼法实施中的主要问题及建议

新《行政诉讼法》自2015年5月1日起实施以来，已逾一年半，《行政诉讼法》实施中原有的和新出现的问题，在笔者撰写的2014年、2015年《行政诉讼法实施报告》中对绝大部分问题已有较为详尽的介绍与说明，[2]在此不再赘述。本报告只是查漏补缺，就2016年新发现的一些问题进行说明并提出一些建议。

（一）关于跨行政区域集中管辖制度改革的配套制度及其局限问题

跨行政区域集中管辖制度改革在一定程度上使法院变得超脱，法官少了后顾之忧，公正司法更有底气，有效改变了过去人民法院“有案不敢立、立了审不了”的状况，但仍然存在一些问题亟待解决。[3]

其一是便利当事人诉讼问题。行政案件跨行政区域集中管辖必然给当事人诉讼带来一些不便同时增加其诉讼成本，因此，便利当事人参与诉讼是跨行政区域集中管辖制度改革需要解决的一个重要问题。当前一些法院推行的网上立案、远程审判、巡回审判等方式值得关注，[4]需要及时总结经验、发现问题，适时通过司法解释或司法文件等方式予以明确和规范。

其二是行政法官集中问题。在当前不成立行政审判专门法院的情况下，跨行政区域集中管辖制度改革在直辖市推行起来问题不大，在省、自治区却存在一些法律上的障碍，而且由于省、自治区地域跨度较大，导致行政案件集中了，而行政法官却难以集中或不愿意被集中。这一问题最终如何解决，可能是一个系统工程，需要各方面的制度跟进和人员配合。

其三是信访和维稳压力问题。按照现行维稳格局，行政案件跨行政区域集中管辖

---

〔1〕参见曹天健、张帆：《30名厅官旁听工伤行政认定案》，载《法制日报》2016年9月19日，第6版。

〔2〕详细内容请参见江必新主编：《中国法治实施报告（2014）》《中国法治实施报告（2015）》，法律出版社2015年版，第305～324页；2016年版，第325～354页。

〔3〕本小节的大部分内容参见程琥：《行政案件跨行政区域集中管辖与行政审判体制改革》，载《法律适用》2016年第8期。

〔4〕如山西省法院系统、上海铁路运输法院等。参见郝宇佳：《避免受制约　下月起山西“民告官”案件异地管辖》，载太原新闻网，http://www.tynews.com.cn/wbl/c/2016-04/22/content_1468590.htm；《上铁法院：行政案件集中管辖改革试点半年成绩单》，载上海市高级人民法院“浦江天平”微信公众号，http://mp.weixin.qq.com/s?__biz=MzA3MjcxNDM5OQ==&mid=2650470021&idx=1&sn=0213a95128efe26c218bb6b973a951ab&chksm=87144775b063ce63bb10ae1c86db61d7cba853f69ac0b064e8dd5d4a1e3cf7531fff52e0d048&mpshare=1&scene=5&srcid=0216L1xeMMTRZlcSYJSIgQ1s#rd，最后访问日期：2017年2月17日。

后,该管辖法院要承担其他非集中管辖法院行政案件的信访和维稳压力,如果追责机制不合理,必然会挫伤集中管辖法院法官们的积极性。为此,必须逐步改变现行维稳格局和不合理的追责机制。

其四是审判独立问题。实际上,行政案件跨行政区域集中管辖改革只能算是行政审判体制改革的一种过渡性制度安排,其存在的局限性不言而喻。如果非集中管辖法院所在行政区域的被诉行政机关刻意想要干预集中管辖法院的行政审判活动,仍可能通过其所在县区政府并经由集中管辖法院所在地政府出面协调,或者由两地共同的上一级政府协调,充其量只是干预环节增多、成本提高而已。[1]

(二)关于四级法院职能的重新定位乃至组织重构的问题

在2015年5月1日之前,我国四级法院行政审判工作的职能定位格局大致是:基层人民法院承接大部分一审行政案件的审理及裁判工作;中级人民法院承接少部分一审行政案件、绝大部分二审行政案件和部分再审案件的审理及裁判工作;高级人民法院承接少部分二审及部分再审行政案件的审理及裁判工作,同时负责对辖区内的审判工作进行指导和协调;最高人民法院主要是对全国法院的审判工作通过司法解释、司法文件以及典型案例等进行指导,同时承接少部分再审行政案件的审理及裁判工作。但自2015年以来,尤其是2016年,整体的工作格局几乎完全上移了一级,使中级以上各级人民法院的审理裁判工作负荷与其现有审判力量之间的比例严重失衡,法官们疲于应对案件,严重影响了司法效率和其原有职能的行使。

要改变上述状况,短期来看,除了临时抽调增加法官外,还要适当调整四级法院的职能定位,改变四级法院审理模式高度"同质化"和"圆筒状"的现状,避免同一纠纷在各级法院不同的诉讼环节被反复进行事实认定和法律适用审查。强化一审法院化解矛盾、定分止争的职能,健全二审法院辨法析理、两审终审的职能,发挥再审法院审查监督、有错必纠的职能,完善最高人民法院统一裁判标准、保证法律正确实施、树立和维护司法权威的职能,并在此基础上确定一审、二审、再审案件的审理重点和裁判标准。[2] 长期来看,要彻底改变上述状况,实现各级法院行政审判职能的合理定位,最好在现有跨行政区划法院、铁路运输法院、相对集中管辖法院的基础上,通过构建相对独立的三级行政法院体系来解决,由初等行政法院(中院级别)承接绝大部分一审行政案件的审理及裁判工作,高等行政法院、最高行政法院的工作格局按照两审终审制依次上推。

---

〔1〕 参见罗重海等:《排除行政干预 依法公正审判——湖南永州中院关于行政诉讼集中异地管辖的调研报告》,载《人民法院报》2017年1月12日,第8版。

〔2〕 参见耿宝建:《新〈行政诉讼法〉实施一年回顾与展望》,载《法律适用》2016年第8期。

(三)关于立案登记制下的滥诉与驳回起诉比例偏高的问题

根据最高人民法院研究室的统计,在2016年全国法院审结的225,020件一审行政案件中,法院裁决驳回起诉的高达50,387件,占比22.4%。毋庸置疑,这其中肯定不乏因当事人滥诉被驳回起诉的情形。例如,北京市第四中级人民法院2016年就甄别排查了各类滥用诉权行为1356起,并对滥用诉权行为当事人予以惩戒3人次。[1] 有调查显示,滥诉情形较多地出现在政府信息公开、投诉举报、行政层级监督等领域。[2] 造成当事人滥诉的原因,既有当事人对立案登记制的误解即将其简单理解为诉状登记制的原因,也有新行政诉讼法对立案登记制规定不完善以及现实情况复杂等原因,当然也不排除少数当事人的恶意。另外,需要关注的是,行政案件驳回起诉比例偏高,使一些当事人对法院产生不信任感和抵触情绪,尤其是那些立案后被审判庭驳回起诉的案件的当事人。

今后,法院立案庭要在准确把握新《行政诉讼法》规定的立案条件的基础上,加强与行政审判庭的沟通协调,对依法应当裁定不予立案的案件直接裁定不予立案,减少行政审判庭因裁定驳回起诉而加重当事人诉讼负担,避免当事人误解;立案庭也应加大诉讼引导,依法规范和引导当事人正确行使诉讼权利。当然,也要防止立案登记制恢复为立案审查制、立案庭裁定驳回起诉比例过高的问题出现,为此,有必要明确起诉条件的审查标准,并明确列举、公示各类行政案件立案登记所需的起诉材料等。[3]

(四)关于案多人少的矛盾与审判质效问题

当下行政诉讼案多人少的矛盾不断凸显,过去作为法院"短板"的行政审判,本来人员队伍就比较薄弱,当下案件数量急剧增加,压力更大,尤其是中级以上人民法院行政审判案多人少的矛盾非常突出,单纯靠法院其他庭室、部门的法官帮忙,并非长久之计,而且其审判质量很难保证。

为应对案多人少矛盾与审判质效难于保证的问题,近期的解决方式是,将行政审判队伍建设与省以下人财物集中管理、法官员额制改革紧密结合,从具备相应资格和经历的法官中多加遴选,经法定程序和短期集中培训后充实到行政审判法官队伍中去。对行政审判法官的培训,既要注重组织学习《行政诉讼法》,也要组织学习其他相关审判业务知识,还要学习行政实体法,必要时,近期内可以与行政执法机关采取"请进来——走出去"的方式相互沟通和学习,以解决行政审判法官行政实体法方面的"短板",化解新类型案件裁判中的"本领恐慌"。[4] 今后,可以借鉴德国等国的经验,加强

---

〔1〕 参见张宇:《民告官 四中院两年收案4290件》,载《北京晚报》2017年1月5日,第8版。

〔2〕 参见耿宝建:《新〈行政诉讼法〉实施一年回顾与展望》,载《法律适用》2016年第8期。

〔3〕 参见黄先雄、黄婷:《行政诉讼立案登记制的立法缺陷及应对》,载《行政法学研究》2015年第6期。

〔4〕 参见耿宝建:《新〈行政诉讼法〉实施一年回顾与展望》,载《法律适用》2016年第8期。

行政审判合议庭和法官的专业化分工,[1]如可以将行政案件较为集中的城市建设类、自然资源类、公安类、劳动与社会保障类、交通事故类、工伤认定类、政府信息公开类等类型的案件确定为固定合议庭或者固定法官进行审理,研究示范性诉讼的适用,实现裁判标准统一。[2]

在不断充实行政审判法官队伍、努力打造专家型行政审判法官的基础上,要落实庭审中心主义,以推进庭审实质化来提升裁判质量,提高司法效率。另外,还要注重改革案件审理和裁判模式,实行繁简分流,推行简案快审、简判,减少对司法资源的无谓消耗。

(五)其他问题

1. 行政复议机关作共同被告时的管辖与负责人出庭应诉问题

行政复议机关作共同被告是新行政诉讼法的制度创新之一,除了笔者在前述2015年行政诉讼实施报告中曾列明的问题之外,需要注意解决的问题就是管辖和行政复议机关负责人出庭应诉的问题。关于管辖问题,新《行政诉讼法》第18条规定:"行政案件由最初作出行政行为的行政机关所在地人民法院管辖。经复议的案件,也可以由复议机关所在地人民法院管辖……";同时,最高人民法院关于适用该法的司法解释的第8条规定:"作出原行政行为的行政机关与复议机关为共同被告的,以作出原行政行为的行政机关确定案件的级别管辖"。这两条规定未明确的问题在于:原行政机关和复议机关分属于不同级别法院管辖时,根据上列第18条,当事人是否具有选择复议机关所在地的低一级人民法院管辖的权利?实践中尚存争议。关于行政复议机关负责人出庭应诉的问题,由于行政复议维持的决定并没有新设当事人的权利义务,只是对原行政行为的强化,当事人争议的焦点仍然是原行政行为的合法性,行政复议机关负责人出庭应诉是否有必要,值得探讨。[3]

---

〔1〕 参见[印]M. P. 赛夫:《德国行政法——普通法的分析》,周伟译,山东人民出版社2006年版,第189页。

〔2〕 上海铁路运输法院为此就进行了很好的探索,它们以"案件类型相对集中、审判力量科学整合"为思路,在征收补偿、治安处罚、信息公开等收案较为集中的行政管理领域,按照司改精神,结合业务专长、审判经验、年龄结构等实际,组建审判团队,确定了四个行政审判庭的专业职能,充分发挥了专业化审判优势。参见《上铁法院:行政案件集中管辖改革试点半年成绩单》,载上海市高级人民法院"浦江天平"微信公众号,http://mp.weixin.qq.com/s?__biz=MzA3MjcxNDM5OQ==&mid=2650470021&idx=1&sn=0213a95128efe26c218bb6b973a951ab&chksm=87144775b063ce63bb10ae1c86db61d7cba853f69ac0b064e8dd5d4a1e3cf7531fff52e0d048&mpshare=1&scene=5&srcid=0216L1xeMMTRZlcSYJSIgQ1s#rd,最后访问日期:2017年2月16日。

〔3〕 参见王雪梅:《复议机关为共同被告的审判问题研究》,载《法律适用》2016年第8期。

2. 关于行政机关对投诉举报的处理行为的可诉性及举报人的诉讼主体资格认定的问题

近年来,因投诉举报行为引发的行政不作为诉讼频发。此类诉讼中,有的当事人是因为自身利益受到侵犯而进行投诉举报后提起的诉讼,有的则是因为公共利益受到侵犯进行投诉举报后提起的诉讼。对于后者,行政机关对投诉举报的处理行为是否可诉?举报人是否具有诉讼主体资格?对此问题,不无争议,司法实践操作不一,亟待明确。笔者认为,后者可区分为两种情况:一种是法律条文中明确赋予了公民投诉举报权,并要求行政机关予以接受并做出相应处理;另一种则是法律条文中没有明确赋予公民投诉举报权。对于第一种情况,公民的投诉举报权是一种法定的程序性权利,受到侵犯后,无论其实体权益是否遭到侵犯,都应当赋予其诉讼主体资格,承认此类行政处理行为的可诉性。

3. 关于尊重行政机关首次判断权的问题

2014 年 9 月,最高人民法院在其公布的 2013 年度人民法院“信息公开”十大案例中,罕见地两次使用了“尊重”“行政机关首次判断权”的表述。[1] 随后,在中国裁判文书网上,也陆续出现了一些以尊重行政机关首次判断权为判决理由的行政案件判决书。但迄今为止,法院在什么情形下需要尊重行政机关的首次判断权?其理论渊源何在?法院什么时候可以忽略行政机关的首次判断权?……对于这些问题,司法界缺乏明确的指引,行政法学界也缺乏系统的研究。在司法实践已经“超前”使用该术语的情况下,在立法上或司法解释中明确该理论的内涵与适用规则等,已显得尤为重要与迫切。否则,尊重行政机关首次判断权的理论就可能会被滥用,成为法院推卸裁判责任、增加当事人维权成本的“挡箭牌”“遮羞布”。目前我国司法实务中就存在不太恰当甚至错误适用该理论的情形。今后,我们有必要结合课予义务判决所针对的行政不作为的不同类型,从立法上明确法院尊重行政机关首次判断权的情形。

---

〔1〕 在全国法院 2013 年度“信息公开”十大案例中的第一个案例即“余穗珠诉海南省三亚市国土环境资源局案”中,最高人民法院指出其典型意义:“……第三,行政机关先行判断。考虑到行政机关获取的企业环境信息可能存在涉及第三方商业秘密的情形,应当首先由行政机关在行政程序中作出判断,法院并未越俎代庖直接判决公开,而是责令行政机关重新作出是否公开的答复,体现了对行政机关首次判断权的尊重。”在第七个案例即“彭志林诉湖南省长沙县国土资源局案”中,最高人民法院指出其典型意义在于:“……法院考虑到涉案政府信息是否应当提供,尚需被告调查和裁量,因此判决其重新答复,亦属对行政机关首次判断权的尊重。”参见李楠楠:《最高法通报全国法院 2013 年度“信息公开”十大案例》,载人民网,http://legal.people.com.cn/n/2014/0912/c42510-25650566.html,最后访问日期:2017 年 2 月 26 日。

四、结语

2016 年是修改后的《行政诉讼法》被强力推进的一年,也是让人充满期待的一年。这一年,除了统一的司法改革举措如员额制、裁判文书公开等方面的改革外,行政公益诉讼制度、跨行政区域集中管辖制度、行政机关负责人出庭应诉制度等的实施取得了重大进展;行政案件数量继续保持增长态势,人们对通过行政诉讼制度获得权利救济的期望值不断增加。不过,由于行政审判体制改革存在“碎片化”倾向,保障行政审判独立的体制与机制之建立还有很长的路要走;同时,行政审判法官队伍的锤炼与壮大尚需假以时日,对其给予完善的职业保障也非一蹴而就。总之,行政诉讼制度功能的充分彰显,还需要我们以足够的耐心去等待!

(审稿专家:中国行政法学会行政诉讼专业委员会常任委员　梁凤云博士)

(责任校对:李　超)

撰稿专家

黄先雄,湖南常德人,法学博士,中南大学法学院教授、博士生导师,美国华盛顿大学法学院 2010 ~ 2011 年访问学者,执业律师,湖南省普通高等学校学生申诉处理委员会委员。主要研究领域:行政法与行政诉讼法、司法制度、法学教育等。

第三编　法治实施专题报告

第八章　2016 年党内法规制度建设专题报告

第九章　2016 年司法改革专题报告

第十章　2016 年反腐败专题报告

第十一章　2016 年互联网法治专题报告

第八章

2016 年党内法规制度建设专题报告

宋功德

报告要旨

在党内法规制度建设历史上,2016 年是承前启后、继往开来的重要一年。这一年,发生了诸多彪炳史册的标志性事件:党的十八届六中全会以审议通过《关于新形势下党内政治生活的若干准则》《中国共产党党内监督条例》两部党内法规为重点专题研究全面从严治党,这在党的历史上是第一次;12 月 13 日,《中共中央关于加强党内法规制度建设的意见》发布实施,这是党中央第一次专门制定出台文件对加强党内法规制度建设进行顶层设计、做出全面部署;12 月 24 日至 25 日,党中央召开党的历史上第一次全国党内法规工作会议,习近平总书记会前专门做出重要批示,指出加强党内法规制度建设是全面从严治党的长远之策、根本之策,必须坚持依法治国与制度治党、依规治党统筹推进、一体建设,要以改革创新精神加快补齐党建方面的法规制度短板,力争到建党 100 周年时形成比较完善的党内法规制度体系。这些重要事件具有重大现实意义和深远历史意义,标志着新形势下党内法规制度建设完成了顶层设计和战略布局,标志着党内法规制度建设由此进入全面推进、纵深推进、加速推进的新阶段。

核心建议

1. 抓好党中央决策部署的落实落地。党中央《意见》和全国党内法规工作会议解决了新形势下党内法规制度建设的谋篇布局问题,2017 年及今后一个时期,重点任务是抓好党中央《意见》要求和会议精神的贯彻落实,各地区各部门要切实扛起党内法规制度建设的主体责任,坚持问题导向和目标导向相结合,找准党中央要求和本地区本部门实际的结合点,创造性地贯彻落实党中央的决策部署。

2. 制定修订一批基础主干党内法规。在党内法规制度体系中,准则、条例等基础主干党内法规是其“四梁八柱”。要按照党中央《意见》要求,针对党的组织法规制度、党的领导法规制度、党的自身建设法规制度、党的监督保障法规制度4大板块中的缺项和短板,制定修订若干部准则和条例,通过“立柱架梁”带动整个党内法规制度体系建设。

3. 下功夫提高党内法规制度执行力。要坚持制定和实施并重,一手抓制定出台新规,一手抓严格实施现行有效法规制度,建立健全党内法规执行责任制,切实破解有规不依、执规不严、违规不究的老大难问题,消灭“稻草人”、堵住“天窗”和“后门”、最大限度避免发生“破窗效应”,真正让铁规发力、让禁令生威,使法规制度真正成为党员干部的硬约束、成为带电的高压线。

4. 解决好依法治国与依规治党统筹推进、一体建设的理论和实践问题。党依法执政,既要求党依据宪法法律治国理政,也要求党依据党内法规管党治党。在党的领导下建设中国特色社会主义法治体系、建设社会主义法治国家,如何在“大法治”理念指引下科学解决党规与国法的分工与合作关系,以努力形成国家法律法规与党内法规制度相辅相成、相互促进、相互保障的格局,这是法治中国建设必须认真对待的重大主题。

2016年12月13日,《中共中央关于加强党内法规制度建设的意见》(以下简称党中央《意见》)发布实施,它是新形势下加强党内法规制度建设的纲领性文件。党中央《意见》主要回答了3个问题:一是阐明重大意义,将加强党内法规制度建设、推进依规治党放在党和国家工作大局中定位;二是明确总体目标,提出“到建党100周年时,形成比较完善的党内法规制度体系、高效的党内法规制度实施体系、有力的党内法规制度建设保障体系,党依据党内法规管党治党的能力和水平显著提高”;三是对照总体目标量身定制一整套具体举措,针对加强党内法规的制定工作、实施工作和保障工作做出部署、提出要求。针对党中央《意见》指向的3个基本问题,2016年党内法规工作交出了一份漂亮答卷。下面,以党中央《意见》的逻辑框架为参照系,笔者从知与行两个角度对2016年党内法规制度建设情况作一梳理盘点,以勾勒过去一年我们党在认识党内法规制度重要性上达到的新高度,以及在推动形成“三大体系”目标上提出的新要求、取得的新进展。

一、在提升对党内法规制度建设重要性的认识上达到了新高度

要写好加强党内法规制度建设这篇大文章,首当其冲的是在党和国家工作大局中找准定位。党中央《意见》开宗明义,“治国必严治党,治党务必从严,从严必依法度。

加强党内法规制度建设，是全面从严治党、依规治党的必然要求，是建设中国特色社会主义法治体系的重要内容，是推进国家治理体系和治理能力现代化的重要保障，事关党长期执政和国家长治久安。”这就深刻阐明了党内法规制度建设在党和国家工作大局中举足轻重的地位和作用。规则为治而生，制度因治而立。党规之治的“治”，是一种聚焦治党、着眼治国、保障法治、引领治理的“大治”，新形势下加强党内法规制度建设，要按照党中央《意见》要求，在“四治合一”中找准定位。

第一个“治”是指聚焦管党治党，通过加强党内法规制度建设推进全面从严治党。习近平总书记指出：“党要管党、从严治党，是党的建设的一贯要求和根本方针”。党的十八大以来，党中央把全面从严治党纳入“四个全面”战略布局，坚持问题导向，抓思想从严、抓管党从严、抓执纪从严、抓治吏从严、抓作风从严、抓反腐从严，党中央《意见》提出“从严必依法度”，贯穿“六个从严”始终的是从严建章立制、从严执规执纪，依靠依规治党推动全面从严治党向纵深发展。全面从严治党，之所以要走加强党内法规制度建设、依规治党的路子，这是因为法规制度更带有根本性、全局性、长期性和稳定性。推进依规治党，不仅符合现代政党奉行制度治理的普遍做法，更是马克思主义政党纪律严明、规矩分明的内在要求。规范党内关系、解决党内矛盾，治理一个年近百年的老党、有 8800 多万党员和 440 多万党组织的大党、在一个 13 亿多人口的大国长期执政的党，最可靠、最有效、最持久的管党治党方式就是制度治党、依规治党。党的建设历史经验教训反复证明，如果没有一套完善的党内法规制度并严格执行，管党治党就会失之宽松软。因此，要做到管党有方、治党有力、建党有效，就必须把党的制度建设贯穿党的思想建设、组织建设、作风建设、反腐倡廉建设的始终，推进依规治党，明规矩、定遵循、严要求，构筑起坚实的法规制度“防火墙”。

第二个“治”是指着眼执政治国，通过加强党内法规制度建设为党执政治国、执政兴国提供制度保障。习近平总书记指出，在中国，东西南北中，党政军民学，党是领导一切的。“办好中国的事，关键在党”，因此“治国必先治党，治党务必从严”。党要履行好执政治国、执政兴国的重大历史使命，必须坚持依法执政，而依法执政既要求党依据宪法法律治国理政，也要求党依据党内法规管党治党。党依法执政所依之“法”，既包括国法也包括党规，这集中体现为党章和宪法分别以党和国家根本大法的形式明确规定党是中国特色社会主义事业的坚强领导核心，总揽全局、协调各方。因此，要建立健全同党执政治国、执政兴国相适应的法规制度保障，既要在宪法统率下形成“完备的法律规范体系”，又要在党章统领下形成“完善的党内法规体系”，二者缺一不可。在这个意义上，加强党内法规制度建设不能只是囿于党的自身建设的“小党建”，而是涵盖党的领导和执政的“大党建”。为此，党中央《意见》明确指出，加强党内法规制度建设旨在“为保持党的先进性和纯洁性，提高党的执政能力和领导水平、增强抵御风险和拒腐防变能力提供坚强法规制度保证,确保党始终成为中国特色社会主义事业坚强领导核心”。也就是说,坚持和改善党的领导、巩固党的执政地位,这是加强党内法规制度建设的逻辑起点,是制度治党、依规治党的价值基点。

第三个“治”是指保障法治建设,通过加强党内法规制度建设推进全面依法治国。习近平总书记指出:“我们党要履行好执政兴国的重大历史使命、赢得具有许多新的历史特点的伟大斗争胜利、实现党和国家的长治久安,必须坚持依法治国与制度治党、依规治党统筹推进、一体建设”。这既是从建设法治中国的战略高度得出的一个重大判断,也是推进中国法治建设必须遵循的一个基本原则。厉行法治、依法治国,无疑要依靠宪法法律,这是法治的共性。但是,建设中国特色社会主义法治体系、建设社会主义法治国家,仅仅依靠宪法法律还不够,还要重视发挥党内法规制度在法治建设中的重要作用,这是中国法治建设的独特个性。党的十八届四中全会将“形成完善的党内法规体系”确定为中国特色社会主义法治体系的重要内容,将加强党内法规制度建设确定为推进中国特色社会主义法治建设的重要组成部分,“努力形成国家法律法规和党内法规制度相辅相成、相互促进、相互保障的格局”,这种法治模式,是一种将法治建设一般规律与中国法治建设具体实际紧密结合起来的“大法治”。这种“大法治”模式的形成,可以从党章和宪法中找到根源。作为党规和国法的顶层制度安排,党章和宪法在规定党执政治国的基本主张上是异曲同工的,比如,党章阐明了党领导中国特色社会主义伟大事业的基本纲领和重要主张,同时要求党必须在宪法和法律范围内活动;而宪法则明确了党的领导地位,阐明了中国特色社会主义道路、理论体系、文化,并将党的领导主张转化为中国特色社会主义制度方面的规定。党章和宪法的相辅相成、相互促进、相互保障,这就为以党章为根本遵循的依规治党与以宪法为根本遵循的依法治国的“统筹建设、一体建设”提供了制度基点。邓小平同志早在1978年就深刻指出:“没有党规党法,国法就很难保障”。党内法规之于法治建设的特殊重要性,主要体现在两个方面:一方面是依靠党规承担国法力不能及的一些法治化任务。法治的引领和规范作用在于依靠制度统筹社会力量、平衡社会利益、调节社会关系、规范社会行为、维护社会公平正义,而提升党的生机活力、实现党的宗旨、规范党内关系、解决党内突出问题、规范党组织和党员行为、贯彻落实民主集中制原则等,这些都是中国特色社会主义法治建设题中应有之义。要完成此类属于党的自身建设、管党治党范畴的法治化任务,对于国法而言是鞭长莫及的,而这些恰恰是党规大有作为之处。另一方面是依靠党规为国法的制定实施提供坚强政治保障。党的十八届四中全会强调指出:“党的领导是全面推进依法治国、加快建设社会主义法治国家最根本的保证。必须加强和改进党对法治工作的领导,把党的领导贯彻到全面推进依法治国的全过程。”在党领导法治工作实践中,党委(党组)怎么履行好法治建设主体责任?这需要党内法规提出明确要求；按照什么样的体制机制去研究部署法治建设重大问题？这需要党内法规提供遵循；采用什么样的方式方法去领导立法、保证执法、支持司法、带头守法？这需要党内法规作出具体规定。

第四个“治”是引领公共治理，通过加强党内法规制度建设推进国家治理体系和治理能力现代化。习近平总书记指出，必须适应国家现代化总进程，提高党科学执政、民主执政、依法执政水平，提高国家机构履职能力，提高人民群众依法管理国家事务、经济文化事务、自身事务的能力，实现党、国家、社会各项事务治理制度化、规范化、程序化，不断提高运用中国特色社会主义制度有效治理国家的能力。推进国家治理体系和治理能力现代化，要始终在党的领导下进行，这就决定着党规之治既是公共治理的重要内容，更是引领和保障公共治理的重要力量。一则，要依赖党内法规有效治理党内事务。如何把各级党组织和全体党员管好治好，把纷繁复杂的党务关系理顺，把党内事务治理纳入党内法规制度轨道，这是公共治理的一个难点和重点问题，是推进国家治理体系和治理能力现代化的重要任务。二则，要依赖党内法规建立健全党的领导体制机制。党是中国特色社会主义事业的坚强领导核心，推进国家治理体系和治理能力的现代化的关键是改革和完善党的领导体制机制，这就需要建立健全党的领导和执政方面的党内法规制度，使党的领导制度与组织制度更加成熟、更加定型，据此不断提高党的执政能力和领导水平。三则，要依赖党内法规保证党对国家治理变革的正确领导。推进国家治理体系和治理能力的现代化，无论是完善和发展根本政治制度、基本政治制度，还是完善和发展中国特色社会主义法律体系、基本经济制度以及建立在这些制度基础上的经济体制、政治体制、文化体制、社会体制等各项具体制度，这些重要的制度变革都必须在党的领导下有序推进，而党委（党组）如何组织领导、研究部署、统筹推进、贯彻落实这些重要治理制度变革，无疑离不开党内法规提供行为遵循、提供制度保障。四则，要发挥党内法规制度创新对国家和社会治理制度变革的示范引领作用。良规善治引领良法善治。如同党风改进带动政风、行风、民风转变，党内法规制度创新也会有力带动相关的国家和社会治理制度变革。比如，中央八项规定引领政风制度变革，《厉行节约反对浪费条例》推动一大批配套性行政规章的出台，《问责条例》《党内监督条例》《党纪处分条例》会引领行政问责、行政监督、政纪处分方面的法律法规变革，《党的工作机关条例》的出台对制定国家机构编制法具有重要示范意义。

二、在着力形成“完善的党内法规制度体系”上取得了新进展

推进依规治党，首先要解决有规可依问题。因此，加强党内法规制度建设的首要任务是形成完善的党内法规制度体系。党内法规制度体系化建设问题，是近几年才逐步凸显出来的。在建党或者建国之初，没有正式考虑、事实上也没多大必要考虑去理

性设计形成一个什么样的党内法规制度体系。从历史的角度来看,党内法规制度建设经历了一个由点到线、由线到面、再由面到体的发展历程。在建党、建国之后很长一段时间内,制定党内法规制度的注意力主要集中在逐一解决一些重点、难点和关键点上党组织工作、活动和党员行为的规范化问题,随着制度点的日益增多逐渐形成一条制度线,若干条制度线纵横交织形成了一个制度平面,而若干个制度平面的联结就会形成一个立体,这就是党内法规制度体系。也就是说,由于早期的党内法规数量比较有限,不同党内法规之间的分工协作关系问题并不突出,因此体系化问题不是主要问题。但是,随着党内法规制定主体越来越多,包括党的中央组织、中纪委和中央各部门、省级党委3类;法规制度数量越来越多,目前全党约有2400部党内法规,包括170多部中央党内法规、200多部中央部委党内法规、2000多部地方党内法规,特别党的十八大以来党内法规制定工作驶入快车道,制定修订了70多部党内法规,超过现有中央党内法规总数的40%;法规制度调整领域越来越广,涵盖党的领导和党的建设各个方面;法规规范之间的匹配性要求越来越高,组织规范、行为规范、监督保障规范各有侧重、三位一体;法规制度时间跨度越来越长,从新中国成立至今60多年时间不同时期出台的"老中青少"法规并存;等等。这些使党内法规制度体系化建设问题日益突出、越来越紧迫。如果不抓紧解决好体系化问题以理顺各种党内法规间的上下左右、新老内外等逻辑关系,那就很容易造成不同党内法规规范之间的边界不清、叠床架屋、相互掣肘甚至冲突打架,那就无法有效维护党内法规制度的协调统一、制约着制度合力的形成,那就不能适应全面从严治党、依规治党提出的织密权力制约笼子和权利保障屏障的现实需要。正是在这个意义上,注重顶层设计、加强体系化建设,已经成为建章立制的主要问题和重点任务,重大而紧迫。

党的十八大以来,党内法规制度体系化建设问题被摆上重要议事日程。习近平总书记指出,要构建以党章为根本、若干配套党内法规为支撑的党内法规制度体系,体系建设要坚持宏观思考、总体规划,要立治有体、施治有序,注重前后衔接、左右联动、上下配套、系统集成。党的十八届四中全提出,要"形成完善的党内法规体系"。《中央党内法规制定工作五年规划纲要(2013—2017年)》要求,"到建党100周年时全面建成内容科学、程序严密、配套完备、运行有效的党内法规制度体系"。

在此基础上,党中央《意见》明确提出到建党100周年时,要形成比较完善的党内法规制度体系,并对其内涵与外延作出明确界定:"党内法规制度体系,是以党章为根本,以民主集中制为核心,以准则、条例等中央党内法规为主干,由各领域各层级党内法规制度组成的有机统一整体。要坚持目标导向和问题导向,按照'规范主体、规范行为、规范监督'相统筹相协调原则,完善以'1+4'为基本框架的党内法规制度体系,即在党章之下分为党的组织法规制度、党的领导法规制度、党的自身建设法规制度、党的监督保障法规制度4大板块。”

2016年,党中央及中央纪委、中央各部门和省(自治区、直辖市)党委共制定出台434件党内法规,其中,中央党内法规25件,部委党内法规8件,地方党内法规411件。这些党内法规特别是一批基础主干中央党内法规的制定出台,使党内法规制度体系建设往前迈进了一大步。

第一,在党的组织法规制度方面,2016年共制定出台31件党内法规。在党内法规制度体系中,党的组织法规制度侧重从“主体”上解决各级各类党组织的产生、职责和运行问题,以夯实管党治党、执政治党的组织制度基础。2016年在这一板块制定的党内法规中,最重要的是《中国共产党工作机关条例(试行)》(以下简称《条例》)。中共中央政治局11月30日召开会议审议通过该《条例》。《条例》提出,党的工作机关是党实施政治、思想、组织领导的政治机关,是落实党中央和地方各级党委决策部署、加强党的建设、推进党的事业的执行机关。新形势下,我们党要更好进行具有许多新的历史特点的伟大斗争、推进党的建设新的伟大工程、推进中国特色社会主义伟大事业,必须加强和规范党的工作机关工作。《条例》继承优良传统和宝贵经验,注重改革创新,对党的工作机关进行了科学分类,对党的工作机关的设立、职责、领导机构、议事决策形式、监督与追责等作出系统规定,是党中央继制定修订《中国共产党党组工作条例(试行)》《中国共产党地方党委工作条例》之后加强党的组织制度建设的又一重要制度建设举措,对提高党的领导水平和执政能力具有重要意义。党中央要求,各级党委要从全面从严治党的战略高度,充分认识加强和改进党的工作机关工作的重要性和紧迫性,把党的工作机关建设摆上重要议事日程,确保条例各项要求落到实处。

第二,在党的领导法规制度方面,共制定出台105件党内法规。在党内法规制度体系中,党的领导法规制度侧重从“行为”上对外解决党的领导和执政活动问题,以加强和改进党对各方面工作的领导,为党发挥总揽全局、协调各方的领导核心作用提供制度保证。2016年在这一板块制定的党内法规中,代表性的主要有以下3件:①《党政主要负责人履行推进法治建设第一责任人职责规定》。该规定共12条,要求党政主要负责人履行推进法治建设第一责任人职责,必须坚持党的领导、人民当家作主、依法治国有机统一;坚持宪法法律至上,反对以言代法、以权压法、徇私枉法;坚持统筹协调,做到依法治国、依法执政、依法行政共同推进,法治国家、法治政府、法治社会一体建设;坚持权责一致,确保有权必有责、有责要担当、失责必追究;坚持以身作则、以上率下,带头尊法学法守法用法。党政主要负责人作为推进法治建设第一责任人,应当切实履行依法治国重要组织者、推动者和实践者的职责,贯彻落实党中央关于法治建设的重大决策部署,统筹推进科学立法、严格执法、公正司法、全民守法,自觉运用法治思维和法治方式深化改革、推动发展、化解矛盾、维护稳定,对法治建设重要工作亲自部署、重大问题亲自过问、重点环节亲自协调、重要任务亲自督办,把本地区各项工作纳入法治化轨道。党政主要负责人应当将履行推进法治建设第一责任人职责情况列入年终述职内容,上级党委应当对下级党政主要负责人履行推进法治建设第一责任人职责情况开展定期检查、专项督查。上级党委应当将下级党政主要负责人履行推进法治建设第一责任人职责情况纳入政绩考核指标体系,作为考察使用干部、推进干部能上能下的重要依据。党政主要负责人不履行或者不正确履行推进法治建设第一责任人职责的,应当依照《中国共产党问责条例》等有关党内法规和国家法律法规予以问责。②《健全落实社会治安综合治理领导责任制规定》。该规定共 6 章 33 条,适用于各级党的机关、人大机关、行政机关、政协机关、审判机关、检察机关及其领导班子、领导干部,人民团体、事业单位、国有企业及其领导班子、领导干部、领导人员参照执行。该规定要求健全落实社会治安综合治理领导责任制,应当坚持问题导向、法治思维、改革创新,抓住"关键少数",强化担当意识,落实领导责任,科学运用评估、督导、考核、激励、惩戒等措施,形成正确导向,一级抓一级,层层抓落实,使各级领导班子、领导干部切实担负起维护一方稳定、确保一方平安的重大政治责任,保证党中央、国务院关于社会治安综合治理决策部署的贯彻落实。该规定明确了责任内容,要求严格落实属地管理和谁主管谁负责原则,构建党委领导、政府主导、综治协调、各部门齐抓共管、社会力量积极参与的社会治安综合治理工作格局,各级党委和政府应当切实加强对社会治安综合治理的领导,列入重要议事日程,纳入经济社会发展总体规划,认真研究解决工作中的重要问题,从人力物力财力上保证社会治安综合治理工作的顺利开展。该规定对督促检查提出明确要求,各地区各部门各单位应当建立完善社会治安综合治理目标管理责任制,把社会治安综合治理各项任务分解为若干具体目标,制定易于执行检查的措施,建立严格的督促检查制度、定量考核制度、评价奖惩制度,自上而下层层签订社会治安综合治理责任书;各级党委常委会应当将执行社会治安综合治理领导责任制的情况,作为向同级党的委员会全体会议报告工作的一项重要内容;各级党政领导班子和有关领导干部应当将履行社会治安综合治理责任情况作为年度述职报告的重要内容。③《信访工作责任制实施办法》(以下简称《办法》)。该办法共 5 章 19 条,适用于党的机关、人大机关、行政机关、政协机关、审判机关、检察机关,以及各级党政机关派出机构、直属事业单位以及工会、共青团、妇联等人民团体,国有和国有控股企业参照执行。《办法》要求,落实信访工作责任制,要按照"属地管理、分级负责,谁主管、谁负责,依法、及时、就地解决问题与疏导教育相结合"的工作原则,综合运用督查、考核、惩戒等措施,依法规范各级党政机关履行信访工作职责,把信访突出问题处理好,把群众合理合法利益诉求解决好,确保中央关于信访工作决策部署贯彻落实。《办法》对责任内容做出明确规定,各级党政机关应当将信访工作列入议事日程,定期听取工作汇报、分析信访形势、研究解决工作中的重要问题,从人力物力财力上保证信访工作顺利开展;应当科学、民主决策,依法履行职责,从源头上预防和减少导致信访问题的矛盾和纠纷;党政机关领导班子主要负责人对本地区、本部门、本系统的信访工作负总责,其他成员根据工作分工对职权范围内的信访工作负主要领导责任;各级领导干部应当阅批群众来信和网上信访,定期接待群众来访,协调处理疑难复杂信访问题;各级党政机关工作部门对属于本部门职权范围内的信访事项,应当依照有关法律法规规定和程序,及时妥善处理;垂直管理部门负责本系统的信访工作,应当督促下级部门和单位依法及时就地解决信访问题;地方各级党委和政府在预防和处理本地区信访问题中负有主体责任,应当加强矛盾纠纷排查化解和信访风险防控预警,针对具体问题明确责任归属,协调督促有关责任部门和单位依法及时就地解决,并加强对信访群众的疏导教育;各级信访部门应当在党委和政府的统一领导下,协调、指导和监督本地区的信访工作,依照法定程序和诉讼与信访分离制度受理、交办、转送和督办信访事项,协调处理重要信访问题,分析研究信访情况,提出改进工作、完善政策和给予处分的建议。

第三,在党的自身建设法规制度方面,共制定出台138件党内法规。在党内法规制度体系中,党的自身建设法规制度侧重从“行为”上对内解决党的思想建设、组织建设、作风建设、反腐倡廉建设等问题,深化党的建设制度改革,以增强党的创造力、凝聚力、战斗力。2016年在这一板块制定的党内法规中,代表性的主要有以下3件:①《关于新形势下党内政治生活的若干准则》(以下简称《准则》)。党的十八届六中全会审议通过的该准则,是党中央制定出台的第3部准则。习近平总书记指出,严肃认真的党内政治生活是我们党坚持党的性质和宗旨、保持先进性和纯洁性的重要法宝,是解决党内矛盾和问题的“金钥匙”,是广大党员、干部锤炼党性的“大熔炉”,是纯洁党风的“净化器”。党中央之所以要在1980年《关于党内政治生活的若干准则》基础上再制定出台一部新准则,一是由于1980年准则虽然至今仍然具有重要指导意义,但由于这个准则针对的是当时的历史条件和主要矛盾,现在党内出现的一些突出矛盾和问题当时尚未遇到,而当时比较突出的一些矛盾和问题现在已经不突出了;二是由于党的十八大和修订通过的党章以及党的十八届三中、四中、五中全会对新形势下严肃党内政治生活有关问题做出了明确规定,但比较原则,需要具体化;三是改革开放以来特别是近年来制定一系列党内法规和规范性文件,不少涉及规范党内政治生活问题,但比较分散,需要系统化。作为新形势下加强和规范党内政治生活的基本遵循,新《准则》约13,600字,分3大板块、12个部分。其中,第一板块是序言,属于总论,阐述党内政治生活的重大作用和历史经验、存在的突出问题、面临的形势任务以及新形势下加强和规范党内政治生活的重要性紧迫性,提出加强和规范党内政治生活的目标要求。第二板块是分论,是主体部分,从12个方面提出明确要求、做出具体规定,即坚定理想信念,这是开展党内政治生活的首要任务;坚持党的基本路线,这是党内政治生活正常开展的根本保证;坚持维护党中央权威,这是加强和规范党内政治生活的重要目的;严明政治纪律,这是党内政治生活的重要内容;保持党同人民群众的血肉联系,这是加强和规范党内政治生活的根本要求;坚持民主集中制,这是党内政治生活正常开展的重要制度保障;发扬党内民主和保障党员权利,这是党内政治生活积极健康的重要基础;坚持正确选人用人导向,这是严肃党内政治生活的组织保证;严格党的组织生活制度,这是党内政治生活的重要内容和载体;开展批评和自我批评,这是加强和规范党内政治生活的重要手段;加强对权力运行的制约和监督,这是加强和规范党内政治生活的重要举措;保持清正廉洁的政治本色,这是加强和规范党内政治生活的重要任务。这 12 条要求涵盖新形势下加强和规范党内政治生活的首要任务、根本保证、重要目的、重要内容、根本要求、重要制度保障、重要基础、组织保证、重要内容和载体、重要手段、重要举措、重要任务,全面回答了严肃党内政治生活是什么、为什么、干什么、怎么干等基本问题,形成一个有机统一整体。第三板块是结束语,主要规定加强组织领导和督促检查、高级干部带头示范,以确保各项任务落到实处。②规范党和国家领导人有关待遇等文件。中共中央政治局 11 月 30 日召开会议,审议通过有关文件,对党和国家领导人办公用房、住房、用车、交通、工作人员配备、休假休息等待遇进一步做出规定,明确提出党和国家领导人退下来要及时腾退办公用房;不能超标准配备车辆、超规格乘坐交通工具,外出要轻车简从,最大限度减少对群众生产生活的影响;按规定配备工作人员并加强教育管理,严格约束亲属和身边工作人员;压缩赴外地休假休息时间,实行严格报批制度等。这些文件坚持从严要求,按照“保障工作需要、待遇适当从低”的原则,统一规范,强化约束,是贯彻落实党的十八届六中全会精神的重要举措,是对中央八项规定的拓展和深化,对加强党的作风建设意义重大,充分体现了以习近平同志为核心的党中央坚持以身作则、率先垂范,对全党具有重要示范和带动作用。③《县以上党和国家机关党员领导干部民主生活会若干规定》。民主生活会是党内政治生活的重要内容,是发扬党内民主、加强党内监督、依靠领导班子自身力量解决矛盾和问题的重要方式。坚持和完善民主生活会制度,是保证党的团结统一、保持党的先进性和纯洁性的一大法宝。该规定共 22 条,是对 1990 年《关于县以上党和国家机关党员领导干部民主生活会的若干规定》的全面修订。修订和实施规定,对坚持和完善民主生活会制度,加强和规范党内政治生活,引导党员领导干部牢固树立政治意识、大局意识、核心意识、看齐意识,严肃认真开展批评和自我批评,做到忠诚干净担当,具有十分重要的意义。该规定明确要求,民主生活会应当遵循“团结——批评——团结”的方针,贯彻整风精神,充分发扬民主,开展积极健康的思想斗争,增强党内政治生活的政治性、时代性、原则性、战斗性。参加民主生活会的党员领导干部应当严肃认真开展批评和自我批评,坚持实事求是，讲党性不讲私情、讲真理不讲面子，按照“照镜子、正衣冠、洗洗澡、治治病”的要求，严肃认真提意见，满腔热情帮同志，达到统一思想、增进团结、互相监督、共同提高的目的。该规定提出，中央政治局要带头开好民主生活会。各级党委（党组）履行组织开好民主生活会的领导责任。领导班子遇到重要或者普遍性问题，出现重大决策失误或者对突发事件处置失当，经纪律检查、巡视和审计发现重要问题，以及发生违纪违法案件等情况的，应当专门召开民主生活会，及时剖析整改。民主生活会应当直面问题，领导干部应当在会上把自身存在的突出问题说清楚、谈透彻，开展批评和自我批评，明确整改方向。自我批评应当联系实际、针对问题、触及思想。相互批评应当开诚布公指出问题，防止以工作建议代替批评意见。对待批评应当有则改之、无则加勉，不搞无原则纷争，也不搞一团和气。该规定要求，要把执行民主生活会制度情况纳入领导班子及其成员履行全面从严治党责任考核内容，作为考核评价领导班子的重要依据；对不按规定召开民主生活会的应当严肃指出、限期整改，对走过场的责令重新召开，并在一定范围通报批评，情节严重的追究主要负责人责任；对无正当理由不参加民主生活会的党员领导干部，给予严肃批评教育。

第四，在党的监督保障法规制度方面，共制定出台170件党内法规。在党内法规制度体系中，党的监督保障法规制度侧重从“监督保障”体制机制上切实规范对党组织工作、活动和党员行为的监督、考核、奖惩以及党员权利保障、党的机关运行保障等问题，确保党组织和党员领导干部行使好党和人民赋予的权力。2016年在这一板块制定的党内法规中，代表性的主要有以下3件：①《中国共产党党内监督条例》（以下简称《条例》）。党内监督是党的建设的重要内容，也是全面从严治党的重要保障。党的执政地位，决定了党内监督在党和国家各种监督形式中是最基本的、第一位的。只有以党内监督带动其他监督、完善监督体系，才能为全面从严治党提供有力制度保障。长期以来，党中央高度重视党内监督，采取了有力措施，取得了显著成绩。但也出现一些突出矛盾和问题，它们与管党治党宽松软有密切关系。全面从严治党，必须从根本上解决主体责任缺失、监督责任缺位、管党治党宽松软的问题，把强化党内监督作为党的建设的基础性工程，使监督的制度优势充分释放出来。该条例是对2003年颁布施行的《党内监督条例（试行）》的全面修订，共8章、47条，分3大板块：第一章是总则，构成第一板块，列了9条，主要明确立规目的和依据，阐述党内监督指导思想、基本原则、监督内容、监督对象、监督方式以及强化自我监督、构建党内监督体系等重要问题。第二章至第五章构成第二板块，是条例的主体部分，列了27条，分别就党的中央组织、党委（党组）、党的纪律检查委员会、基层党组织和党员这4类监督主体的监督职责以及相应监督制度作出规定。其中，将党的中央组织的监督单设一章，是对原条例的突破，体现党中央以身作则、以上率下。第六章至第八章构成第三板块，列了11条，分别就党内监督和外部监督相结合、整改和保障、附则等作出规定。②《中国共产党问责条例》。有权必有责、有责要担当、失责必追究。党中央紧紧抓住落实主体责任这个"牛鼻子",把问责作为从严治党利器,先后对一批在党的建设和党的事业中失职失责典型问题严肃问责,强化问责成为管党治党、治国理政的鲜明特色。为规范和强化党的问责工作,党中央决定制定《中国共产党问责条例》,该条例共13条,以党章为根本遵循,聚焦全面从严治党,突出管党治党政治责任,明确规定问责对象、问责情形、问责方式、问责主体,着力解决一些党组织和党的领导干部党的领导弱化、党的建设缺失、全面从严治党不力,党的观念淡漠、组织涣散、纪律松弛、不担当、不负责等突出问题,体现了党的十八大以来管党治党理论和实践创新成果,是全面从严治党的重要遵循,对于统筹推进"五位一体"总体布局和协调推进"四个全面"战略布局,实现党的历史使命,具有十分重要的意义。党中央要求,各级党组织和党的领导干部要密切联系实际,把自己摆进去,以身作则、以上率下,敢于较真碰硬、层层传导压力,让失责必问、问责必严成为常态;要言出纪随,抓住典型问题,勇于铁面问责,发挥震慑警示效应,唤醒责任意识,激发担当精神。③《生态文明建设目标评价考核办法》。资源环境生态问题是我国现代化进程中的瓶颈制约,也是全面建成小康社会的明显"短板"。生态文明建设成效如何,党中央、国务院确定的重大目标任务有没有实现,老百姓在生态环境改善上有没有获得感,需要一把尺子来衡量、来检验。该办法共6章、21条,对生态文明建设目标评价考核的方式、主体、对象、内容、时间及结果应用、组织协调、能力保障等作出全面规定。《办法》坚持以人民为中心的发展思想,突出问题导向、目标导向,在指标设计中提高了生态环境质量、公众满意程度等反映人民群众获得感指标的权重。《办法》规定,要采取评价与考核相结合的方式,考核重在约束、评价重在引导,强化结果应用,将考核结果作为省级党政领导班子和领导干部综合考核评价、干部奖惩任免的重要依据,体现奖惩并举。制定和实施《办法》,旨在发挥评价考核的"指挥棒"作用,推动地方党委和政府领导班子成员落实生态文明建设责任,引导地方各级党委和政府形成正确的政绩观,加快推动绿色发展和生态文明建设。

三、在着力形成"高效的党内法规制度实施体系"上作出了新部署

习近平总书记强调指出:"诚然,我们的制度体系还要完善,但当前突出的问题在于很多制度没有得到严格执行","如果现有的制度执行不好,再搞新的制度也是白搭"。党内法规制度落实落地不够的问题,可以从相关调查研究中窥见一斑。中国人民大学法治评估研究中心2015年研究报告称,人们对党内法规的完善性的评价是70.7分,对执行力的评价是67.1分。中央有关部门的一项调查研究表明,党员干部认为党内法规制度的制定和执行都很紧迫的约占41%,认为制定更为紧迫的约占11%,

认为执行更为紧迫的约占47%。不难看出，相对于建章立制而言，执行短板问题更加突出，抓好贯彻实施更为紧迫。

在党的领导和党的建设实践中，党内法规实施不到位问题集中体现为一些党组织和党员不学不懂、不信不用、不尊不怕党规。有的是不学党规、不懂规矩，法规知识贫乏，对明文要求和明令禁止一无所知，稀里糊涂踩了红线、破了底线，违规违纪被追责之后才恍然大悟、追悔莫及；有的是不信、不用党规，法规意识淡薄，自作聪明、自以为是，作决策、干工作凭经验靠感觉，甚至迷信关系学、奉行潜规则，把法规制度规定抛在一边；有的是不尊、不怕党规，法规观念缺失，搞权大于规、以权压规、以权代规，把严肃的纪律规矩当儿戏，消极执规、选择性执规、恶意避规甚至直接违规，有令不行、有禁不止，言谈举止超越于法规之外、凌驾于法规之上。

之所以会造成党内法规制度实施不到位问题，其成因是多方面的。既有"执行难"这个几乎所有制度实施都会遭遇到的普遍性难题，也有党规党纪对党组织党员提出更高标准、更严要求从而造成执行到位更加不易这个特殊性问题；既有法规制度实施环节体制机制不够健全的原因，也有制度规定不切实际、要求不清、责任不明等先天不足问题，特别是地方和部门配套制度跟不上容易造成因"最后一公里"问题而致制度规定悬空、落不了地；既有法规制度实施层面的宽松软问题，也反映出在深层次上用制度管权管人管事的思想观念尚未牢固树立；既有党员干部觉悟不够高、自觉性不够强等自身"动力"不足导致"守规"不力问题，也有党组织监督检查跟不上、问责追责不到位等"压力"不足导致"执规"不力原因；既有规矩意识不强方面的原因，也有执规守规能力水平不够的问题；既有对少数"害群之马"查处不力诱发"破窗效应"的问题，也有法不责众、听之任之导致法规制度成为"稻草人"；等等。

党内法规制度实施中的作选择、打折扣、搞变通甚至束之高阁，为"潜规则"大行其道、歪风邪气盛行提供了可乘之机，产生"劣币驱逐良币效应"；不仅严重损害党组织的威信和公信力，而且严重影响党的形象；不仅严重危害党内政治生活与组织生活的政治性、原则性、时代性及战斗性，而且会危害党的领导地位和执政基础，危及党和国家事业。

全面从严治党、依规治党，关键是要抓好法规制度的贯彻实施，实现有规必依、执规必严、违规必究。如何确保党内法规制度实施到位？习近平总书记指出，提高制度执行力没有绝招。这就意味着，加强党内法规执行力建设不能只靠一招，必须打出组合拳，要综合施策、多策并举，通盘考虑、突出重点，坚持不懈、常抓常管。鉴此，党中央《意见》强调要"坚持制定和实施并重"，坚持问题导向，总结党的十八大以来党内法规制度实施的新鲜经验，特别是贯彻执行中央八项规定精神的成功做法，围绕"形成高效的党内法规制度实施体系"这一目标，从坚持以上率下、加强学习教育、强化监督检查、加强备案审查4个方面,着眼于高、全、要、长4个字,针对提高党内法规制度执行力提出明确要求、作出部署安排,以切实提高党内法规制度的执行力。

第一,着眼于“高”,党中央《意见》对加强执行力建设提出了高目标。《意见》将“形成高效的党内法规制度实施体系”确定为加强党内法规制度建设总体目标的重要内容,对加强党内法规执行力建设提出很高的目标,明确要求党内法规制度必须实施到位,广大党员特别是领导干部法规意识要明显增强,党规党纪严于国法的要求得到有效落实,党内法规制度得到严格遵守和执行,真正成为党员干部的硬约束。

第二,着眼于“全”,党中央《意见》从知规执规评规督规护规5个方面整体部署、握成拳头。强化“知规”这个贯彻落实的前提。不学不懂不知法规,严格遵守法规就无从谈起。党中央《意见》为此要求加大党内法规公开力度、宣讲解读力度、教育培训力度、普及宣传力度等,提高党内法规制度的公开性、透明度、知晓率。强化“执规”这个贯彻落实的重点。党内法规既要靠自觉遵守,更要靠严格执行,执规不严、违规不究必然造成有规不依、有规不守。党中央《意见》明确提出要实行党内法规制度执行责任制,做到一级抓一级、层层抓落实。各级党组织作为执规主体,要牢记严格执规是本职、执规不力是失职。落实党内法规制度执行责任制,就要求党组织严格履行执规主体责任,梳理执规职责清单、细化分解执行责任,做到责任到事、责任到岗、责任到人,做到有规必执、执规必严。强化“评规”这个推动贯彻落实的抓手。实施评估制度之于推动党内法规制度的贯彻实施具有催化剂作用。党中央《意见》要求发挥实施效果评估在推动党内法规制度贯彻实施中的重要作用,建立健全党内法规制度执行情况、实施效果评估制度,特别是对准则、条例等重要党内法规要适时进行评估。强化“督规”这个推动贯彻落实的关键。党中央《意见》要求强化监督检查,将党内法规制度实施情况作为各级党委督促检查、巡视巡察的重要内容,对重要党内法规制度开展定期督查、专项督查,并将监督检查结果在党内一定范围内通报,必要时可在新闻媒体公布,接受社会监督。要用监督传导压力、用压力推动落实,真正使党内法规制度成为硬约束。强化“护规”这个保障贯彻落实的“压舱石”。教育千遍不如问责一次,违规必究多一分、有规不依就会少三分。维护党内法规制度权威是终要靠严肃查处违规行为、追究违规责任。党中央《意见》要求畅通党员群众对违规违纪、执规不严等行为的反映和检举渠道,加大责任追究和惩处力度,严肃查处违反和破坏党内法规制度的行为。据此,对有令不行、有禁不止、随意变通、恶意规避等违反党内法规制度的,要发现一起查处一起,形成不敢违规的震慑;对履行执规职责不力,不愿管、不敢管,纵容、隐瞒、包庇违规违纪行为的,要严肃问责追责,不搞法不责众、不搞情有可原、不搞下不为例,真正让铁规发力、禁令生威。

第三,着眼于“要”,党中央《意见》强调抓住关键少数、坚持以上率下。习近平总书记指出，“全面从严治党，要抓住领导干部这个‘关键少数’”。上梁不正下梁歪，中梁不正倒下来。上面松一寸，下面松一尺。党内法规制度权威不足问题，暴露在面上、要害在根上，病症反映在普通党员身上、病灶出在领导干部身上，上行下效，所谓“其身正不令而行，其身不正虽令不从”，讲的就是这个道理。鉴此，解决党内法规制度执行不力问题，关键是抓住要害、突出领导机关和领导干部这个重点，只要领导机关和领导干部尊崇党规、率先垂范，那么其他党组织和广大党员不信不守规矩问题就能迎刃而解。党中央《意见》为此将坚持以上率下确定为提高党内法规制度执行力的第一招，也是关键一招，明确要求从各级领导机关和党员领导干部做起，以身作则、严格要求，带头尊规学规守规用规。党员领导干部要敢于负责、勇于担当，切实抓好分管领域、分管部门的党内法规制度贯彻落实工作。这就要求各级领导机关、领导干部特别是主要负责同志要坚持依据法规制度谋事管人用权，清醒认识到自己岗位特殊地位和特殊职责重要性，切实增强自律意识、标杆意识、表率意识，凡是要求别人做到的自己首先做到，凡是要求别人不做的自己首先不做。

第四，着眼于“长”，党中央《意见》要求建立健全一套长效机制。提高党内法规制度执行力，不可能毕其功于一役，必须在常长二字上做文章，建立长效机制，提出刚性要求，常抓不懈。为此，党中央《意见》坚持问题导向和改革方向，着力建立健全加强党内法规执行力建设的机制制度。主要有：实行党内法规制度执行责任制；探索建立党员领导干部任前党内法规知识考试制度；建立健全党内法规制度统一发布平台；对重要党内法规制度实施情况开展定期检查、专项督查；建立贯通上下的备案工作体系；建立健全备案审查衔接联动机制；建立备案工作考核通报制度；建立健全党内法规执行评估制度；等等。通过建立健全这些机制制度，久久为功，为提高党内法规制度执行力提供坚实机制制度保障。

2016 年，党中央和各级党组织狠抓党内法规制度执行力建设，进一步树立了法规制度的权威性和严肃性，在形成“高效的党内法规制度实施体系”上取得显著成效。①在学习宣传法规方面。在全党范围内开展的“两学一做”学习教育，有力推动党章党规学习从领导干部向普通党员干部延伸，由党的领导机关向基层党组织延伸，由集中性教育向经常性教育延伸，广大党员干部党章党规意识得到明显增强。“七五”普法规划首次将党内法规制度确定为全国法治宣传的重要内容，有关方面组织编写出版了《党内基本法规学习读本》。中央主要新闻媒体年初刊发《为全面从严治党提供制度保障——以习近平同志为总书记的党中央推进依规治党纪实》文章，全面展现了党的十八大以来党中央推进依规治党的广阔场景和丰硕成果。中央纪委组织编辑学习《习近平关于严明党的纪律和规矩论述摘编》《习近平关于巡视工作论述摘编》，电视专题片《永远在路上》《打铁还需自身硬》引起党内外强烈反响，在中央党校省部班开设严重违纪违法案例分析课,将违法乱纪党员领导干部的忏悔录发给原单位党委(党组)作为“两学一做”学习教育的反面教材,运用“湖南衡阳破坏选举案”“四川南充拉票贿选案”“辽宁拉票贿选案”深入开展警示教育,等等,这些举措有力营造了全面从严治党的舆论氛围。《人民日报》《求是》刊发6个省区市24位地方党委书记撰写的《地方党委工作条例》学习体会文章。中央有关部委领导同志就《关于新形势下党内政治生活的若干准则》《中国共产党党内监督条例》《中国共产党问责条例》《中国共产党地方党委工作条例》《中国共产党党组工作条例(试行)》等赴有关部门和地方作几百场宣讲活动和辅导报告。②在督促落实法规方面。中央有关部门就中央八项规定精神、《中国共产党地方党委工作条例》、《中国共产党党组工作条例(试行)》等重要党内法规的贯彻实施情况开展督查调研,有力推动法规制度落实落地。中央组织部围绕“裸官”任职岗位管理、领导干部兼职、干部档案管理、领导干部个人重大事项报告等,持续开展专项整治,有力推动了相关制度落实。③在严肃执规执纪方面。纪检监察机关对违规违纪行为不断加大通报曝光力度,严肃问责追责,对违规、变通、规避行为,发现一起查处一起,形成了倒逼法规制度执行的强大震慑,释放执规必严、违规必纠的强烈信号。2016年,全国共有990个单位党组织和1.7万名党员领导干部被问责,中央纪委分两批通报14起责任追究的典型问题。中央纪委派驻纪检组共谈话函询2600件次,立案780件,给予纪律处分730人。中央纪委通报曝光典型案例44起,涉及中管干部11人。全国共查处违反中央八项规定精神问题4.1万起,处理党员干部5.8万人,给予纪律处分4.3万人。全国纪检监察机关共处置反映问题线索73.4万件,初步核实53.4万件次,谈话函询14.1万件次,澄清了结30.5万件次;依规依纪诫勉谈话3.1万人,给予纪律轻处分31万人,给予纪律重处分10.5万人,严重违纪涉嫌违法移送司法机关的1.1万人。2016年,中央巡视组分3轮、巡视91个中央部门党组织,完成对中央和国家机关巡视全覆盖;对12个省区市开展“回头看”,紧紧围绕党的领导、党的建设、全面从严治党、党风廉政建设和反腐败工作,检查落实党的路线方针政策、执行党的纪律和选人用人等情况,检查纪检机关履行监督责任情况,巡视的政治定位越来越准确,成效越来越显著。党的十八大以来,共立案审查中管干部240人,处分223人,移送司法机关105人。在强有力的震慑下,2016年有5.7万名党员干部主动交代违纪问题。2016年,严肃查处“小官大贪”、侵吞挪用、克扣强占等侵害群众利益问题,全国共处分乡科级及以下干部39.4万人,其中处分村党支部书记、村委会主任7.4万人。

四、在着力形成“有力的党内法规制度建设保障体系”上提出了新要求

加强党内法规制度建设,无论是制定工作还是实施工作,都离不开有力的组织保障这个重要基础和必要前提,要解决好有人管、有人干,有决策、有落实,有理论指引、

有经费支持，有考评、有奖惩等问题。如果组织保障力量跟不上、不匹配，那么制定工作和实施工作就会力不从心、举步维艰。鉴此，党中央《意见》着眼于形成“有力的党内法规制度建设保障体系”，聚焦于加强党的组织领导，从落实领导责任、完善体制机制、加强队伍建设、强化工作保障四个方面提出一整套组织保障措施。

第一，党中央《意见》明确了领导责任以保证党内法规工作有人决策有人管。党内法规制度建设政治性、政策性强，必须强化组织领导把牢政治方向；系统性、关联性要求高，需要强化组织领导统筹谋划协同推进；公共性、组织性特征明显，要依靠自上而下的推动、引领、督促来输入内在动力和外在压力。因此，形成有力的党内法规制度建设保障体系，首要任务是明确领导职责、落实领导责任，抓住党内法规制度建设的“牛鼻子”。

实践中，组织领导不力问题比较突出。有的是不重视，觉得党内法规制度建设周期长、见效慢，不容易出政绩，对党内法规工作不研究、不谋划、不部署；有的是假领导，口头上重视，实际上不上心、不用心，说得多、做得少，做样子、作作秀；有的是不会领导，一些领导干部甚至连党内法规的名称、体例、表述形式、制定权限等 ABC 问题都不太明白，领导力不足。鉴此，党中央《意见》对强化党内法规工作的组织领导提出了明确要求。在中央层面，党内法规制度建设在党中央统一领导下进行，日常工作由中央书记处负责，中央办公厅按照中央要求做好统筹协调工作，要发挥好中央党内法规工作联席会议机制的重要作用。在部门和地方层面，中央各部门和地方各级党委要认真抓好职责范围内的党内法规制度建设工作，与其他党建工作一同部署、抓好落实。地方党委要建立健全党内法规工作联席会议机制，着力构建党委统一领导、办公厅（室）统筹协调、部门分工负责、各方面共同参与的工作格局，形成党内法规制度建设的合力。

对于地方和部门而言，贯彻落实党中央《意见》要求加强组织领导、落实领导责任，需要做好 4 件事：一是按照党中央部署要求，积极做好本地区、本部门配套党内法规制度建设的统筹谋划工作，确保中央党内法规制度在本地区、本部门落实落地，中央各部门同时还要认真承担有关中央党内法规制度的组织起草工作。二是搞好本地区本部门的党内法规工作布局，推动形成一个由理论研究、制定、实施 3 部分组成的工作链条，包括拟订研究规划、落实研究项目、转化研究成果，编制制定工作规划计划、起草、前置审核、审议、发布、备案、清理、解释，以及学习宣传教育培训、执行和遵守、实施评估、督促检查等主要环节。三是推动形成一个上下贯通、内外联通的党内法规工作体系，不断提高党内法规工作的开放性和联动性。四是加强党内法规工作机构建设，充实配强工作力量。

第二，党中央《意见》要求健全机构队伍以保证党内法规工作有人落实有人干。承担党内法规制度建设任务的机构队伍,由专司立规工作的党内法规工作机构及其人员、承担执规任务的党政机关及其工作人员、从事党内法规教学研究工作的机构及其人员3部分构成。要形成有力的党内法规制度建设保障体系,当务之急是加强党内法规工作机构和专门工作队伍建设。

目前,党内法规工作机构和专门工作队伍建设明显不适应新形势、新任务需要,"小马拉大车"问题突出。截至2016年年底,就党内法规工作机构设立而言,在19个中央工作部门中,2/3以上未设立法规(法制)工作机构;在31个省区市和新疆生产建设兵团党委办公厅中,单设法规工作机构的有28个,还有4个省市未单设法规工作机构只加挂了牌子;在429个市级(含直辖市的76个区县)党委中,单设法规工作机构的173个,加挂牌子的65个,其余191个未设法规工作机构,未设法规工作机构的占45%;在2821个县级党委办公室中,单设法规工作机构的224个,加挂牌子的130个,其他2467个未设法规工作机构,未设法规工作机构的占87%。有的党内法规工作机构除承担党内法规工作外,还承担文电处理、会议服务、政府法制工作等职责。就党内法规专门工作人员配备而言,在中央工作部门法规(法制)工作机构中,中央纪委法规室、中办法规局从事法规工作的人员相对多些,有30多人,其余的法规工作机构中专门从事党内法规工作的人员较少,多至六七人、少至一两人;在省级党委办公厅中,实际从事党内法规工作的人员约200人,平均每个省区市只有六七个人,均龄37岁,本科、硕士以上各占38%、62%,法学、党建专业各占54%、42%。总体而言,党内法规工作机构不健全,设立比例层层递减;机构规格偏低,明显低于同级政府和人大常委会法制工作机构;承担职责宽窄不一,从法规工作到公文处理再到办文办会,从党内法规工作到政府法制工作再到服务党委领导法治建设。同时,党内法规工作人员行政编制严重不足,专业素养不适应问题比较突出,后备人才培养供给严重滞后。

党中央《意见》从实际出发,坚持问题导向,对症下药,为破解法规工作机构和工作队伍建设难题提供了方案。一是明确要求加强法规工作机构建设。中央纪委机关、中央各部门根据工作需要设立党内法规工作机构;省区市党委要根据工作需要设立党内法规工作机构,承担党内法规制度规划计划、起草审核、备案清理、督促指导和服务党委领导立法、法律顾问等职责;市、县级党委应有专门机构或专门力量承担党内法规制度建设相关工作。二是明确要求加强专门工作队伍建设。要制定党内法规人才发展规划。坚持把思想政治建设摆在首位,加强理想信念和党性教育,强化业务能力建设,加大党内法规人才培养选拔力度,优化专业和经历结构,着力打造一支对党绝对忠诚、综合素质高、专业能力强、勇于担当负责、甘于吃苦奉献的党内法规专门工作队伍。三是明确要求加强后备人才培养。要建立后备人才培养机制,抓紧在相关学科设置党内法规研究方向并开展研究生教育,将党内法规知识纳入高等学校思想政治教育课程,支持有条件的高等学校与党内法规工作机构联合培养党内法规专门人才。要组织编写专门教材、实施教学科研机构与党内法规工作机构人员互聘计划。

第三，党中央《意见》要求强化理论支撑以保证党内法规工作谋得合理、干得科学。加强党内法规制度建设、推进依规治党属于政治文明范畴，政治性、思想性要求高，相关工作和活动要有鲜明的立场、严密的逻辑、科学的方法、复杂的机理，需要立“论”探“理”以形成成熟的理论体系来科学指引党内法规制度的制定实施活动。作为形成有力的党内法规制度建设保障体系的一项重要任务，加强理论研究队伍建设、深化党内法规理论研究也是当务之急。

党内法规制度建设处于政治与法治、政策与制度、政党与国家、执政与治国等多对范畴和复杂关系的交汇点，这就使党内法规制度理论研究呈现出明显的跨领域、跨学科特点，它既是党建理论的重要内容，也是中国特色社会主义法治理论的重要组成部分。就其构成而言，党内法规理论包括两个方面，一方面是政论，即我们党运用马克思主义的立场、观点和方法系统回答党内法规制度是什么、为什么、怎么干等基本问题，它集中体现为党的领导人和党中央文件对党内法规制度所作的理论阐述；另一方面是学理，即专家学者针对党内法规制度的制定实施活动的描述、解释、批评和建构所持的理论主张，它们散见于各种学术研究成果当中。其中，政治理论重在思想指导，学术理论重在智识支持，二者共同指引党内法规制度建设。

就政论而言，党的十八大以来，在毛泽东、邓小平、江泽民、胡锦涛等党的领导人关于加强党内法规制度建设的重要论述基础上，习近平总书记从管党治党、执政治国的战略高度，对新形势下加强党内法规制度建设作出了一系列重要论述，提出了许多重要指示要求，深刻阐明了党内法规制度建设的重大理论和实践问题，为新形势下加强党内法规制度建设提供了科学指导，保证党内法规制度建设始终沿着正确方向前进。

较之政论，党内法规的学理探究明显滞后。总体上看，党内法规理论研究目前尚处于起步阶段，专门研究人员少、学术成果短缺、研究广度高度深度不足、理论储备不够，离形成成熟的党内法规理论体系还有很大差距。较之实践，理论研究明显不适应。当前，党内法规制度建设全面推进、加速推进，但理论研究作为“知”明显跟不上实践发展这个“行”的步伐，行多知少、行疾知慢、知不及行问题比较突出，无法为党内法规制度建设提供坚实学理支撑。学术研究肩负着探究规律之理、输送理论养分的重任，没有科学的理论指引就很难有理性的实践，理论贫血容易造成实践体虚。要形成比较完善的党内法规体系，应以形成科学的党内法规理论体系为前提。

鉴此，党中央《意见》有针对性提出两个要求：一是加强理论研究队伍建设。要实施党内法规理论研究人才支持计划，培养选拔一批国家级领军人才、专家级骨干人才、优秀专业人才；建立党内法规专家库。二是加强党内法规理论研究。要适时成立全国党内法规研究会;支持有条件的党校、行政学院、高等学校、科研院所设立党内法规研究基地或研究中心;在马克思主义理论研究和建设工程、国家哲学社会科学规划中增加党内法规研究项目。

第四,党中央《意见》要求健全考评奖惩机制以保证党内法规工作得到真抓实干。考评奖惩是指挥棒、风向标。只有考评奖惩有力,才会产生人人负责、招招落实的正激励;如果考评奖惩乏力,就容易生成消极应付的负激励。在由目标、举措、职责、考评、奖惩等环节共同构成的党内法规制度建设运行机制链条中,考评作为关键一环,既是实施奖惩的依据,也是推动开展工作的有力抓手,具有"四两拨千斤"之效;奖惩作为最后一环,意义在于产生激励作用,推动责任主体生成工作动力和压力。实践中,长期以来没有建立起一套完善的党内法规制度建设情况考评奖惩机制,这就造成对各地区各部门抓这项工作到底是紧还是松、成效究竟是好还是差的评价,因缺少明确的衡量标准只能停留在感觉或者印象的模糊认识上,特别是由于上级没有考评奖惩这个重要抓手,就难以解决下级干与不干、真干假干、干多干少、干好干坏一个样的问题。

党中央《意见》为此提出,要"健全考核评价机制,把党内法规制度建设情况作为考核评价领导班子和领导干部的重要内容。完善激励机制,定期表彰全国党内法规工作先进单位和先进个人"。各地区各部门在贯彻落实《意见》提出的这一要求时,要注意以下几点:一是搞好统筹。将党中央《意见》要求与落实党建工作主体责任、推进法治建设主体责任等相关考评奖惩要求统筹考虑,结合本单位实际将党内法规制度建设情况作为重要组成部分,纳入现有考评奖惩体系中一并实施。二是设立指标。坚持定性与定量相结合,将党内法规制度建设情况分解成若干考评指标,建立一个涵盖各方面工作、各类责任主体、各种表现情形的多层次指标体系。三是衔接配套。各地区各部门可结合自身实际,进一步细化丰富党中央《意见》有关要求,在符合中央精神的前提下建立健全本地区本部门的考评奖惩机制。比如,可以参照中央做法,按程序设立本地区本部门党内法规工作先进单位和先进个人表彰项目。四是注意挂钩。切实将领导班子和领导干部履行党内法规制度建设责任的考评情况,作为干部提拔使用、问责追责的重要依据,避免出现"两张皮"问题。

2016年,党中央坚持以上率下,进一步加强对党内法规制度建设的组织领导,各地区各部门按照党中央要求,把党内法规制度建设摆在更加突出位置抓紧抓好,在形成"有力的党内法规制度建设保障体系"上取得了重要进展。

一方面,加强了对党内法规制度建设的组织领导,有力地推动了实践发展。党的十八届六中全会以审议通过《关于新形势下党内政治生活的若干准则》和《中国共产党党内监督条例》为重点专题研究全面从严治党,这充分彰显出党中央更加注重发挥法规制度在全面从严治党中的治本作用,标志着全面从严治党向制度化纵深发展。党中央召开全国党内法规工作会议，习近平总书记专门作出重要批示，党中央专门制定出台《中共中央关于加强党内法规制度建设的意见》，对新形势下加强党内法规制度建设作出顶层设计和战略部署，这些标志着党中央对党内法规制度建设的重视程度之高前所未有、组织领导力度之大前所未有。中央政治局会议、中央政治局常委会会议审议通过重要中央党内法规。中央书记处办公会议听取中央办公厅关于年度党内法规制度建设的报告，研究讨论重要中央党内法规草案。《关于新形势下党内政治生活的若干准则》明确规定加强和规范党内政治生活，要从中央委员会、中央政治局、中央政治局常委会做起，《党内监督条例》单设一章规定党的中央组织监督，这些都彰显出党中央坚持以身作则、以上率下。在党中央示范引领下，各地区党委和各部门领导机构切实扛起党内法规制度建设的主体责任，加强对党内法规制度建设的组织领导，注重研究部署推进本地区本部门党内法规工作，审议通过党内法规，带头执行法规制度，为加强党内法规制度建设提供了坚强的组织领导。

另一方面，高度重视推进党内法规理论研究工作，为实践发展提供了有力的学理支撑和人才支持。2016 年 5 月，中央办公厅会同中央组织部在中央党校举办党内法规制度建设专题研讨班，以深入学习贯彻习近平总书记全面从严治党、依规治党的重要思想为主题，对党内法规制度建设重大理论和实践问题进行了深入研讨，各省、自治区、直辖市党委办公厅及部分市县党委办公厅（室），中央党内法规工作联席会议成员单位和部分中央国家机关的相关部门负责人共 120 余人参加了研讨班。为贯彻落实党中央关于全面从严治党、依规治党的部署要求，加强顶层设计，加快形成完善的党内法规制度体系，2016 年 3 月至 7 月，中央办公厅法规局委托有关中央部委、省级党委办公厅、高校和研究机构等 20 个单位，分 6 个子课题深入开展依规治党的法规制度体系研究，取得了一批有理论深度和实践价值的研究成果。在此基础上，中央办公厅形成《依规治党的法规制度体系研究报告》（以下简称《研究报告》）上报党中央，习近平总书记在《研究报告》上作出重要批示。这项重大专题研究，为起草好党中央《意见》和筹备召开全国党内法规工作会议提供了重要理论准备，也有力地引领和推动了学界对党内法规的理论研究。2016 年 9 月，湖北省委办公厅与武汉大学共建实体性研究机构武汉大学党内法规研究中心，以建成党内法规建设的高端智库和理论研究与创新基地、教育培训与人才培养基地为目标，组建了 32 人专兼职研究员团队，启动了课题研究项目，形成了一批理论成果，编印了 4 期《党内法规研究动态》，开发了微信公众号。截至 2016 年 12 月 31 日，中心研究员在中央和地方媒体发表理论文章 33 篇，在权威和核心期刊发表论文 25 篇，获得国家级、省部级课题 4 项。2017 年将首次招收 3 名党内法规研究方向博士研究生，并着手启动本科生培育计划。

党中央《意见》和全国党内法规工作会议解决了新形势下党内法规制度建设的谋

篇布局问题,2017 年及今后一个时期,重点任务是抓好党中央《意见》要求和会议精神的贯彻落实,这就要求各地区各部门切实扛起党内法规制度建设主体责任,坚持问题导向和目标导向相结合,找准党中央要求和本地区本部门实际的结合点,确保党中央的决策部署落实落地。

(责任校对:李　超)

撰稿专家

宋功德,1971 年出生,中共中央办公厅法规局副局长、机关党委书记。法学博士、教授,兼任北大软法研究中心执行主任、中国法学会立法学研究会副会长、国务院职能转变评估专家组成员。主持完成 10 多项国家省部级课题,出版《行政法哲学》《软法亦法》《党规之治》等法学专著 15 部,在《中国社会科学》《中国法学》《人民日报》等报刊上发表文章 120 余篇。曾获中国法学优秀成果奖论文类一等奖、著作类一等奖、全国十大杰出青年法学家提名奖等奖项。

第九章

2016 年司法改革专题报告

何　帆

报告要旨

2016 年是全面深化司法改革的攻坚之年。这一年,一批重大改革方案陆续出台,重点领域和关键环节改革取得重大突破,司法改革主体框架基本搭建完成,深化司法体制改革呈现出蹄疾步稳的总体态势。

核心建议

1. 推动精准施策。继续深入开展改革督察工作,通过督察防止改革"中梗阻",打通改革"最后一公里",确保改革精准落地。针对改革中出现的新情况、新问题,及时加强研究,提出破解对策。建立与督察工作配套的纠错问责机制,形成改革责任清单,对落实改革主体责任不力的,依纪依法严肃问责,形成改革者上、不改革者下的用人导向。

2. 加强总结评估。对改革进行系统的总结和盘点,进一步提炼成功经验,展现丰硕成果。依靠信息化手段,完善司法改革数据指标体系和统计分析功能,科学、客观反映改革成效。

3. 加强宣传引导。推出体现司法改革特色的系列宣传和专题宣传。进一步加强改革政策解读和思想政治工作,及时回应司法人员和社会关切,形成全体司法人员支持改革、投身改革、推动改革的良好氛围和局面。

一、深化司法体制改革总体情况

2016 年是全面深化司法改革的攻坚之年。这一年,一批重大改革方案陆续出台,重点领域和关键环节改革取得重大突破，司法改革主体框架基本搭建完成，司法体制改革蹄疾而步稳。从总体上看，改革工作呈现全面发力、重点突破、亮点纷呈的良好局面。党的十八届四中全会确定的由最高人民法院牵头的改革任务，已经全面推开。最高人民法院确定的2016年58项改革要点任务，全部按要求完成工作进度。

二、深化司法体制改革重大举措

（一）全面推开司法责任制改革

司法责任制改革是全面深化司法体制改革必须牢牢牵住的“牛鼻子”，在整个司法体制改革中处于基础性、关键性地位，对于构建中国特色社会主义审判权力运行体系、完善公正高效权威的社会主义司法制度具有重大意义。自2014年6月上海法院率先启动试点以来，全国分三批有序推进以司法责任制为核心的四项重大改革。相关顶层设计文件如《关于完善人民法院司法责任制的若干意见》《法官、检察官单独职务序列改革试点方案》《法官、检察官工资制度改革试点方案》等在2015年业已出台。

试点既是一个改革创新、探索前进的过程，也是一个发现问题、完善政策的过程。随着试点的深入推进，中央也在不断总结经验，发现问题，并提出了校准改革的一系列新政策。2016年7月，在长春召开的全国司法体制改革推进会（以下简称长春会议）上，中央政治局委员、中央政法委书记孟建柱同志作了题为《坚定不移推动司法责任制改革全面开展》的重要讲话，坚持以问题为导向，对司法责任制改革政策做出了一些新的调整。

1. 完善员额制改革政策，适当增加基层法院员额比例

员额制是实现法官专业化、职业化的重要基础制度，是实行司法责任制的前提，目的是把最优秀的人才吸引到办案一线，以提高办案质量、效率和公信力。各地按照中央批复的司法体制改革试点方案，积极推进法官员额制改革。

（1）针对政法专项编制增幅远低于案件增速，不能满足实际需要，不少地方案多人少矛盾依然突出的问题，长春会议要求在确定员额比例和基数时不搞“一刀切”，将事业编制人员纳入员额比例的基数，对于仍存在案件多、办案人员不够的基层法院可以将员额比例提高到40%左右。员额配置时，要向办案部门倾斜，对其他主要业务部门，也可从实际工作需要出发，配置一定数量的员额。这就要求各地应当坚持在员额总量控制的前提下，坚持以案定额、按岗定额、以责定额，确保将优秀审判人力资源集中在办案一线，将员额数量优先向案多人少矛盾突出的基层法院倾斜，提升人案配比的科学性。司法行政部门不再配置员额，对于研究室、审管办等综合审判部门则应考虑保留少量的员额，同时积极采取措施保持综合审判和司法行政队伍的稳定和活力。

（2）针对法院领导干部如何入额问题，长春会议提出对领导干部入额要从工作需

要出发，严格把握，形成正确导向，按照标准和程序遴选，对从事审判工作的领导干部以入额为宜，入额后要亲自办理一定数量的案件。这就要求各地要从实际出发，不宜要求领导干部都不入额，但也不允许领导干部不按照标准和程序直接入额。各地还应积极探索制度措施，保证领导干部既履行好审判管理监督和司法行政管理职责，又能有一定时间精力多办案、办大案、办好案，形成以上率下、行家里手的良好导向。

(3)针对法官遴选问题，提出要以考核为主、考试为辅，保证入额法官政治素养、专业素质、办案能力、职业操守过硬。这就要求各地必须在坚持政治标准的基础上，突出对办案业绩、职业操守的考核。采取考试方式时，要重点考察分析案件事实、归纳争议焦点、正确适用法律、制作裁判文书等实际能力，既防止简单以考分划线，又防止论资排辈。

(4)针对未入额法官的分流安置问题，长春会议明确了他们原来享有的津补贴保留不变。在改革推进过程中，目前应当注意保护和调动他们的工作积极性，同时积极争取政策通过单位内部转任、提前退休、跨单位交流等多种方式分流安置未入额法官，中央也将抓紧进一步研究相关政策。

(5)针对艰苦边远和民族地区，长春会议还提出了适当降低司法考试门槛和遴选标准的优惠政策。

2. 完善司法责任制改革措施，实现放权与监督相统一

从督察情况来看，一些地方放权又不放心，院长、庭长不敢完全放权，仍在搞变相审批；有的则又面临在新型审判权运行机制下不会监督的问题。长春会议提出，实行司法责任制，不是片面强调“去行政管理”，更不是“去管理监督”，而是要将推动司法业务管理监督由微观向宏观转变，从微观的一般个案审批、文书签发，转向宏观的全院、全员、全过程的案件质量效率监管和把握。这就要求各地要认真贯彻落实《最高人民法院关于完善人民法院司法责任制的若干意见》，积极探索审判权力运行机制改革，制定各类司法人员权责清单，完善错案责任追究和审判绩效考评制度，将权责明晰、权责统一、监督有序、制约有效的司法责任制体系落到实处，让审理者裁判，由裁判者负责。

3. 完善司法职业保障政策，落实单独职务序列和工资制度改革

长春会议明确，要完善职务序列改革政策，建立有别于其他公务员的晋升制度，实行按期晋升、择优选升，从源头解决一线办案人员职级低、发展空间有限、职业尊荣感不强等问题。实行法官单独职务序列就是将法官等级与行政职级脱钩，以四等十二级的法官等级为依托进行设计，采用按期晋升、择优选升、特别选升的办法，较大幅度提高法官等级晋升的“天花板”。法官只要认真履行职责，即使不担任领导职务，也能按照任职年限逐级晋升到较高等级。针对职务序列改革实施过程中的具体问题，经商中央组织部同意，7 月 6 日，两高联合印发《关于〈法官、检察官单独职务序列改革试点方

案〉若干问题的答复意见》,明确了员额内法官单独职务序列等级确定、任职时间确定、基层法院法官晋升二级高级法官的程序以及副省级城市、市(地)级中级法院一级高级法官数额的确定等问题。根据制定工资制度实施办法过程中发现的问题,长春会议对2015年印发的《法官、检察官工资制度改革试点方案》的工资政策作出了调整:

(1)除司法警察外,法院内部实行三类人员、两种待遇,员额法官工资收入高于当地其他公务员一定比例,司法行政人员工资收入在实际操作中按司法辅助人员的政策办理。

(2)对法院工作人员现有的审判津贴、办案岗位津贴、法定工作日之外加班补贴额度予以保留。

(3)在个别地区,如果改革后发现员额法官平均工资收入水平低于司法警察的,要托到略高于司法警察的平均工资收入水平。

(4)合理确定绩效考核奖金在工资收入中的权重。7月22日,人力资源社会保障部、财政部印发《法官、检察官和司法辅助人员工资制度改革试点实施办法》。9月30日,最高人民法院印发了《法官、审判辅助人员绩效考核及奖金分配指导意见(试行)》。改革后员额法官工资分为基本工资、津贴补贴和奖金三部分,基本工资以法官等级为基础,设置职务等级工资一项,并对应若干工资档次。绩效考核奖金的发放,不与法官职务等级挂钩,主要依据责任轻重、办案质效、办案数量和办案难度等因素,体现工作实绩,向一线办案人员倾斜。

4. 完善人财物统一管理政策,坚持从实际出发有序推进

省以下地方法院人财物统一管理改革,是党的十八届三中全会决定作出的重大改革部署,充分体现司法权是中央事权的属性,对于减少外部不当干扰具有重要的制度价值。当然,随着改革的推进,也必须看到我国经济社会发展不平衡,不同地方司法保障水平差别大,在一些地方实行财物统一管理确实存在困难。长春会议坚持从实际出发,要求因地制宜,不强求步调一致,条件具备的,由省级统一管理或以地市为单位实行统一管理;条件不具备的,可暂缓实行。

此外,值得注意的是,长春会议后,司法责任制改革的内涵不是简单的司法问责和错案追究,也不仅指审判权力运行机制改革,而是以员额制为基础、以责任制为核心、以职务序列、工资制度和人财物统管为保障的司法体制改革的代名词,并且将坚定不移地在各级法院得到全面开展。

(二)推进以审判为中心的诉讼制度改革和认罪认罚从宽制度试点

推进以审判为中心的诉讼制度改革是党的十八届四中全会作出的重大决策。认真剖析重大刑事冤假错案的成因,司法理念和诉讼制度存在的深层次问题是重要因素之一,有罪推定等错误司法观念尚未根除,公检法各自职能作用没有得到充分发挥。

根据我国《刑事诉讼法》，公检法三机关在刑事诉讼中应当分工负责、互相配合、互相制约，这是符合中国国情和司法规律的诉讼制度应当继续坚持。但这一制度在实践中执行不甚理想，三机关之间或多或少地存在“配合有余、制约不足”的问题。侦查、起诉作为诉讼的起始和中间环节，没有从源头上按照裁判的要求和标准收集、固定、审查、运用证据，没有严把事实关、证据关、程序关，导致进入庭审的案件达不到“事实清楚、证据确实充分”的法定要求；审判作为最后一道防线，没有坚决依法排除非法证据，没有严格落实疑罪从无原则，庭审功能虚化。有学者将我国刑事诉讼结构比喻为“公安机关做饭、检察机关端饭、审判机关吃饭”，往往是“起点错、步步错、错到底”。因此，为从源头和体制上破解当前制约刑事司法公正的突出问题，切实加强司法人权保障，中央决定调整刑事诉讼制度结构，建立以审判为中心的刑事诉讼格局。

6 月 27 日，中央全面深化改革领导小组（以下简称中央深改组）第 25 次会议审议通过《关于推进以审判为中心的刑事诉讼制度改革的意见》；7 月 20 日，最高人民法院、最高人民检察院、公安部、国家安全部、司法部印发该意见，最高人民法院即将出台实施意见。该文件共 21 条，涉及公检法司四机关，覆盖侦查、起诉、辩护、审判各环节，就完善刑事诉讼制度、规范执法行为、推进案件繁简分流等提出明确要求，是推进这项改革的总依据和指南针。

对法院来说，应重点把握三个方面。

1. **落实证据裁判，敢于排除非法证据**

证据裁判是现代刑事司法的基本原则。对于侦查、检察机关来说，以审判为中心就是要求侦查、起诉环节也应当按照裁判要求和标准固定保存证据，达不到法定证明标准的不得移送审查起诉、不得勉强提起公诉，加强对刑讯逼供和非法取证的源头预防。对于审判机关来说，就要严格排除采用非法方法收集的证据、严格排除不符合法律规范要求的证据，严格执行法律明确规定的证据采纳规则，按照法定程序认定证据，依法作出裁判。

2. **落实疑罪从无，加强人权保障**

坚持疑罪从无，严格执行法定证明标准，是防范冤假错案的关键。人民法院作出有罪判决，对于证明犯罪构成要件的事实，应当综合全案证据排除合理怀疑，对于量刑证据存疑的，应当作出有利于被告人的认定。

3. **落实庭审中心，推进庭审实质化改革**

以审判为中心，从某种意义上说，就是以庭审为中心，发挥庭审在查明事实、认定证据、保护诉权、公正裁判中的决定性作用。为充分体现审判直接言词原则，完善证人、鉴定人、侦查人员出庭作证制度，公诉人、当事人或者辩护人、诉讼代理人对证人证言有异议，人民法院认为该证人证言对案件定罪量刑有重大影响的，证人应当出庭作证。完善法庭调查、辩论、当庭宣判制度,完善便利辩护人参与诉讼的工作机制,切实保障当事人和其他诉讼参与人的知情权、陈述权、辩论辩护权、申请权和申诉权,实现从卷宗中心主义向庭审中心主义转变,确保诉讼证据出示在法庭、案件事实查明在法庭、控辩意见发表在法庭、裁判结果形成于法庭。

推进以审判为中心,必须落实繁简分流,将有限的司法资源和宝贵庭审时间用于审理重大复杂疑难的刑事案件,同时对于认罪认罚的轻微刑事案件依法从宽、从简、从快处理,这有利于优化司法资源配置,探索系统化的轻罪案件从宽从简从快办理模式,促进庭审实质化,实现更好的办案效果。同时,开展认罪认罚从宽制度试点,也有利于鼓励被告人自愿如实认罪、真诚悔罪认罚、积极改过自新,贯彻落实宽严相济刑事政策,也有利于缩减审前羁押时间,防止由羁押时间决定量刑结果,避免"关多久判多久"现象,加强司法的人权保障。因此,在总结刑事速裁改革经验基础上,中央推进认罪认罚从宽制度改革。7 月 22 日,中央深改组第 26 次会议审议通过《关于认罪认罚从宽制度改革试点方案》;9 月 3 日,十二届全国人大常委会作出决定,授权"两高"在北京等 18 个地区开展刑事案件认罪认罚从宽制度试点工作;11 月 16 日,最高人民法院、最高人民检察院、公安部、国家安全部、司法部印发《关于在部分地区开展刑事案件认罪认罚从宽制度试点工作的办法》。

把握好这项改革,一是要准确把握适用条件,限于犯罪嫌疑人、被告人自愿如实供述自己的罪行,对指控的犯罪事实没有异议,同意量刑建议并签署具结书的案件。二是要准确把握适用原则,办理认罪认罚案件首先要确保公正,仍应坚持宽严相济、罪责刑相适应、证据裁判、人权保障等基本原则,要确保被告人获得及时、充分、有效的法律帮助,确保被告人知悉法律后果、自愿认罪认罚、自愿选择程序,确保被害人合法权益得到依法保护。三是要准确把握从宽,坚持根据犯罪的事实、性质、情节和对社会的危害程度,综合考虑认罪认罚的具体情况,依法认定是否从宽及其幅度。四是要完善诉讼程序,速裁程序纳入认罪认罚从宽制度改革继续试点,同时将速裁程序扩大到三年有期徒刑以下刑罚案件,但同时也要求必须是基层人民法院管辖的事实清楚、证据充分、当事人对适用法律没有争议、被告人认罪认罚并同意适用的案件。需要注意的是,有的同志认为开展认罪认罚从宽改革就是国外辩诉交易的中国版。我们认为,虽然认罪认罚从宽制度借鉴了国外辩诉交易的合理因素,但与之有本质区别,我们国家的认罪认罚从宽主动权牢牢掌握在司法机关手中,司法机关也必须坚持以事实为依据、以法律为准绳和证据裁判的要求,最终是否从宽、如何从宽也都由法院依法裁判,而不是跟被告人讨价还价。

(三)以基本解决"执行难"为目标深化执行体制机制改革

"执行难"是人民群众对法院反映最强烈、最集中的问题。3 月 13 日,周强院长在十二届全国人大四次会议上庄严承诺:“用两到三年时间基本解决执行难问题”,体现了人民法院敢于担当的精神和破解“执行难”的决心。4 月 29 日,最高人民法院印发《关于落实“用两到三年时间基本解决执行难问题”的工作纲要》,以改革思维和方式破解难题,补齐短板。

1. 推进审执分离体制改革

按照党的十八届四中全会确定的“完善司法管理体制,推动实行审判权和执行权相分离的体制改革试点”要求,目前在人民法院内部实行审判权和执行权科学合理分离,将执行机构及其他审判庭行使的涉执行裁判职能剥离整合,交由各级人民法院设立的执行裁判庭或专门合议庭统一行使,强化审判权对执行权的监督制约,执行局负责执行实施工作。同时进一步强化执行工作统一管理体制,依托上下一体、内外联动、规范高效、反应快捷的执行指挥系统,强化全国四级法院统一管理、统一指挥、统一协调的执行工作管理体制,规范指定执行、提级执行、异地交叉执行的提起和审批程序,提高执行实施效率。

2. 推进失信被执行人信用惩戒机制改革

没有惩戒就没有威慑力,强制性是法院执行的本质属性和生命线。“老赖”们之所以敢逃避债务、规避执行,重要原因是对其缺乏强有力的惩戒。2016 年 1 月,最高法院和国家发改委等 44 家单位联合签署了《关于对失信被执行人实施联合惩戒的合作备忘录》。6 月 27 日,中央深改组第 25 次会议审议通过《关于加快推进失信被执行人信用监督、警示和惩戒机制建设的意见》,该文件于 9 月以中办、国办名义印发。意见规定了 11 类 37 项惩戒措施,包括从事特定行业或项目限制、政府支持或补贴限制、任职资格限制、准入资格限制、荣誉和授信限制、特殊市场交易限制、限制高消费及有关消费、出境限制、加强日常监督检查、加大刑事惩戒力度等,提出要加快推进对失信被执行人跨部门协同监管和联合惩戒机制,构建“一处失信、处处受限”的信用监督、警示和惩戒工作体制机制,使“老赖”寸步难行、无处遁形。

3. 推进司法拍卖机制改革

执行财产处置过程不透明、不规范、变现难问题也是群众反映较为强烈的问题。开展网络司法拍卖是破解这一难题的有效途径,目前全国已有 1400 家法院开通网上司法拍卖平台。8 月 2 日,最高人民法院发布《关于人民法院网络司法拍卖若干问题的规定》,明确以拍卖方式处置财产必须采取网络司法拍卖方式,并向社会全程、全面、全网络公开,不仅有利于提升司法拍卖效率和执行财产处置变现率,同时也使司法拍卖竞买机会均等化、拍卖过程公开化,有效减少拍卖过程中暗箱操作和权力寻租,有利于申请执行人债权及时兑现,也有利于被执行人合法利益的维护。

(四)积极以改革服务保障大局、维护法制统一

司法改革既是全面深化改革的重要组成部分,也是服务经济体制改革和国家重大发展战略实施的重要手段。2016 年人民法院在以改革服务保障大局、维护法制统一上积极作为,除了相继出台为“一带一路”建设、京津冀协同发展、长江经济带发展、推进生态文明建设与绿色发展、切实维护公共安全提供司法服务和保障等规范性文件,成立“一带一路”司法研究中心,建立京津冀法院联席会议机制外,还有以下几项改革值得重视。

1. 增设巡回法庭

11 月 1 日,中央深改组第 29 次会议审议通过《关于最高人民法院增设巡回法庭的请示》,同意最高人民法院在深圳市、沈阳市设立第一、第二巡回法庭的基础上,在南京市、郑州市、重庆市、西安市增设第三、第四、第五、第六巡回法庭。至此,六个巡回法庭的整体布局尘埃落定。巡回法庭全面设立后,如何处理好巡回法庭同所在地、巡回区以及最高人民法院本部的关系,如何进一步体现四中全会决定中关于巡回法庭发挥跨行政区域审理重大行政和民商事案件的作用,更好满足群众司法需求,公正高效审理案件,提高司法公信力,还需要认真研究。与巡回法庭改革统筹推进的还有跨行政区划法院、检察院改革,也已处于改革方案的最后攻坚期。

2. 加强产权司法保护

最高人民法院出台《关于充分发挥审判职能作用切实加强产权司法保护的意见》和《关于依法妥善处理历史形成的产权案件工作实施意见》,作为深入贯彻落实中办、国办印发的《关于完善产权保护制度依法保护产权的意见》的具体举措,坚持平等、全面、依法三大原则保护产权,提出加强产权保护机制建设,对法律适用难度较大的涉产权民刑交叉、民行交叉案件,可以组成民刑、民行综合合议庭审理。

3. 推进海事案件管辖制度改革

最高人民法院出台《关于海事诉讼管辖问题的规定》《关于海事法院受理案件范围的规定》《关于审理发生在我国管辖海域相关案件若干问题的规定(一)(二)》,推动确立以民商事案件为主、合理涵盖其他领域的海事案件专门管辖制度,明确人民法院对我国管辖海域的司法管辖权,依法维护海洋权益,维护“蓝色国土”安全。

4. 推进知识产权案件审判“三合一”工作

7 月,最高人民法院出台《关于在全国法院推进知识产权民事、行政和刑事案件审判“三合一”工作的意见》,除北京、上海、广州知识产权法院外,各级法院要积极推进知识产权审判庭统一审理知识产权民事、行政和刑事案件。这对于统一司法标准、促进审判专业化、优化审判资源配置、增强司法机关和行政执法机关的执法合力具有重要价值,有利于提高知识产权司法保护力度,服务创新驱动发展战略实施。

5. 积极探索公益诉讼和环境资源审判改革

2 月,最高人民法院出台《人民法院审理人民检察院提起公益诉讼案件试点工作实施办法》;4 月,出台《最高人民法院关于审理消费民事公益诉讼案件适用法律若干问题的解释》,积极探索公益诉讼制度改革,维护环境正义和代际公平。

6. 积极探索破产审判机构改革

6月21日,最高人民法院印发《关于在中级人民法院设立清算与破产审判庭的工作方案》,要求直辖市应当至少明确一个中院设立清算与破产审判庭,省会城市、副省级城市所在地中院应当设立清算与破产审判庭。此举对于落实中央关于推进供给侧结构性改革决策部署,健全公司强制清算与企业破产案件审判组织,推进审判专业化,提高破产案件审判质效具有创新意义。

(五)完善司法便民利民和司法民主机制

司法改革的一个重要目的就是要让人民群众在改革中得实惠,享受到改革红利,增强改革获得感。2015年推行的立案登记制改革从制度上彻底解决了"立案难"问题,2016年人民法院开展立案登记制改革"回头看"工作,防止"立案难"问题反弹。值得重视的是,立案登记改革+互联网+诉讼服务,使诉讼过程的便民性得到质的飞跃和提升。而6月20日出台的《最高人民法院关于防范和制裁虚假诉讼的指导意见》,又从另一个方面促进诉讼诚信建设,依法保障诉权,维护良好的诉讼秩序。此外,最高法院在司法民生方面还有两大亮点:

1. 推进家事审判改革

家庭是社会的细胞,家庭治理也是社会治理的基础。家事案件是指确定身份关系的案件及基于身份关系而产生的家庭纠纷,占全部民事案件的三分之一左右。随着我国经济社会发展,家事审判所调整的家庭伦理关系不断显现新情况、新问题,案件类型多样化,矛盾化解难度加大。由于家事审判所调整的亲属关系具有不同于普通财产案件的人身性、敏感性和社会性特点,对专业化、人性化审判的要求日益凸显。因此,从满足群众关切、改善家事审判工作现状、积极参与社会治理创新出发,人民法院积极探索符合家事纠纷特点的矛盾化解方式,开展家事审判方式和工作机制改革。4月21日,最高人民法院印发《关于开展家事审判方式和工作机制改革试点工作的意见》,确立了指导原则和工作理念,提出要探索家事纠纷的专业化、社会化和人性化解决方式。一是推进家事审判专业化,要求探索建立专门的家事审判庭或者组建家事审判团队,引入家事调查员、社工陪护及儿童心理专家等多种方式,探索相关公益性服务机构及人员配合法院调查审理家事案件,及时为当事人提供心理疏导等相关专业服务。在有条件的地方,建设家事调解室、心理评估室、单面镜调查室等设施。二是推动家事审判社会化。推动建立司法力量、行政力量和社会力量相结合的新型家事纠纷综合协调解决机制,建立社会广泛参与的家事纠纷多元调解机制,形成有效社会合力,切实妥善化解家事纠纷。三是推动家事审判人性化。家事案件发生在家庭成员之间,诉讼程序需要更加富有弹性、柔性,体现人文关怀,积极试行家事案件调解前置制度,加大家事诉讼中法官的职权干预力度,强化不公开审理、当事人亲自到庭、未成年人利益最大化原则,适当放宽家事案件审限,构建中国特色家事审判诉讼程序。北京市东城区人民法院等100个左右基层人民法院和中级人民法院,自2016年6月1日起,将开展为期两年的家事审判方式和工作机制改革试点工作。

2. 完善司法救助制度

司法救助改革是保障基本人权、贯彻司法为民、促进社会和谐的迫切需要。7月,最高人民法院印发《关于加强和规范人民法院国家司法救助工作的意见》,要求成立司法救助委员会(最高人民法院于9月18日成立最高人民法院司法救助委员会),负责国家司法救助工作,健全司法救助经费保障机制、监督机制和信息共享机制,建立统一的国家司法救助处理机制、受案范围和救助标准,畅通国家司法救助申请渠道,完善救助的听证程序,加大救助公开力度,有效促进司法救助工作健康发展。

在司法民主方面,人民陪审员改革试点继续推进。2016年,最高人民法院下发《关于进一步加强和改进人民陪审员制度改革试点工作的通知》,及时纠正改革试点中存在的问题,对落实随机抽选、规范陪审案件范围、加强大合议庭陪审机制、探索事实审和法律审分离、加强陪审工作保障、取消片面追求高陪审率等问题提出明确要求。6月30日,周强院长向十二届全国人大作陪审员改革试点中期报告,最高法院将根据人大审议意见进一步研究完善制度,推进改革。

(六)推进司法公开,建设透明法庭

深化司法公开是落实宪法法律原则、保障群众有序参与司法的重大举措,是深化司法改革、建立公开透明的审判权力运行机制的重要内容,是全面推进依法治国、加快建设社会主义法治国家的必然要求。人民法院近年来在深化司法公开、打造阳光法院方面迈出了坚实的步伐,取得了显著成绩。周强院长在十二届全国人大第二十四次会议上报告了深化司法公开促进司法公正情况,得到社会各界高度评价。除了推进审判流程、裁判文书、庭审、执行信息四大公开平台建设外,以下两个规范性文件理应引起重视。

1. 修订《最高人民法院关于人民法院在互联网公布裁判文书的规定》

该规定于2013年11月21日制定,自2014年1月1日起实施。随着裁判文书公开工作的推进,也需要进一步通过制度完善解决相关问题。此次修订,确立了“依法、全面、及时、规范”的裁判文书公开原则,主要举措四个方面:一是扩大了应当公开的裁判文书范围。详细列举了应当公开的裁判文书类型,要求涉及个人隐私的裁判文书应当在隐去涉及个人隐私的内容后上网公开,已上诉、抗诉的一审裁判文书也纳入公开范围,同时与二审裁判文书建立有机关联。二是规范了裁判文书不公开情形。以调解方式结案或者确认人民调解协议效力的裁判文书原则上不上网公开,但为保护国家利益、社会公共利益、他人合法权益确有必要公开的应当公开，离婚诉讼的裁判文书或者涉及未成年子女抚养、监护的裁判文书不上网公开。对于不公开的文书，除可能泄露国家秘密的外，也都要公布案号、审理法院、裁判日期及不公开理由。三是健全裁判文书公开工作机制。由传统的专门机构集中公布模式，转变为法官在办案平台一键点击自动公布模式。四是要求建立裁判文书公开工作督导机制。

2. 修改《中华人民共和国人民法院法庭规则》

《中华人民共和国人民法院法庭规则》最早在1979年12月11日由最高人民法院审委会通过并发布，1993年作了一次修改。时隔23年，2016年4月13日，经最高人民法院审判委员会三次审议，公布《最高人民法院关于修改〈中华人民共和国人民法院法庭规则〉的决定》。此次修改在促进审判公开、推进庭审实质化、保障公民权利、促进司法便民、规范司法礼仪、维护法庭秩序和安全等方面都有很多亮点。特别在促进审判公开方面，作出了大量新规定，如设置专门的媒体记者席，公开旁听席位数量，优先保障当事人近亲属或其他利害关系人旁听权，庭审全程录音录像、允许庭审直播活动，记者经许可对庭审录音录像拍照，外国人、无国籍人旁听庭审，外国记者报道庭审等，促进法庭更加开放、便民、透明、安全、有序、庄严，让法庭成为人民群众感知公平正义的场所。

（七）推动案件外疏内分，着力解决“案多人少”矛盾

改革开放30多年来，我国法院受理案件数量已从1978年的61万件增加到2015年的1952万件，增长30多倍；2016年1～10月，全国法院已受理案件1913万件，同比上升18.59%。人们形象地称为“诉讼爆炸”的时代。与此同时，我国法官人数从1978年的6万余人增加到目前的近20万人，增长仅3倍多，与案件增长幅度相比明显不成比例。随着全面深化改革对经济社会发展的影响以及立案登记制改革的推进，案件持续增长态势短期内难以改变，而政法编制数量控制从紧的政策也难以改变，“案多人少”的矛盾依然突出，已经成为制约法院整体工作发展的短板。补齐这一短板，正如孟建柱书记强调的，不能简单寄希望于通过增加编制、人员来解决，而是要通过改革，从制度机制上研究采取措施。靠法官长期加班加点是难以为继的。因此，必须推动案件“外疏内分”，在更高层次上实现司法公正与效率的平衡。推动多元化纠纷解决机制改革和繁简分流机制改革，就是解锁这一难题的“金钥匙”。

1. 推进多元化纠纷解决机制改革

建设功能完备、形式多样、运行规范的诉调对接平台，引导当事人选择适当的纠纷解决方式，合理配置纠纷解决的社会资源，完善和解、调解、仲裁、公证、行政裁决、行政复议与诉讼有机衔接、相互协调的多元化纠纷解决机制，一方面有利于在立案前和立案后判决前分流化解矛盾，缓解执法办案压力，但更重要的是为了满足人民群众多元解纷需求、推动国家和社会治理体系现代化。6 月 29 日,最高人民法院发布《关于人民法院进一步深化多元化纠纷解决机制改革的若干意见》《人民法院特邀调解规定》。意见明确了人民法院深化多元化纠纷解决机制改革的指导思想、基本原则和目标任务,内容涵盖加强诉调对接平台建设、健全制度建设、完善程序安排、加强工作保障等方面,强调司法要发挥引领、推动和保障作用。意见和规定的很多举措充分体现改革创新,比如,健全特邀调解制度,吸纳符合条件的人民调解、行政调解、商事调解、行业调解等调解组织或者个人成为特邀调解组织或者特邀调解员,接受人民法院立案前委派调解或者立案后委托调解;加强"一站式"纠纷解决平台建设,在道路交通、劳动争议、医疗卫生、物业管理、消费者权益保护、土地承包、环境保护以及其他纠纷多发领域,整合社会解纷资源,促进矛盾快捷化解;探索对部分案件建立调解前置程序;创新在线纠纷解决方式,推动在线调解、在线立案、在线司法确认、在线审判、电子督促程序、电子送达一体化信息平台建设;探索民商事纠纷中立评估机制、无争议事实记载机制、无异议调解方案认可机制;推动多元化纠纷解决机制国际化发展;等等。

2. 推进繁简分流机制改革

9 月 12 日,最高人民法院出台《关于进一步推进案件繁简分流优化司法资源配置的若干意见》,该文件共 22 条,立足于用足用好现有制度,同时提出改革创新工作机制,推广地方繁简分流先进做法,成为各级法院下一步推进繁简分流、缓解人案矛盾的重要指南。主要内容概括为五个方面:一是发挥多层次诉讼制度体系的整体效能。根据案件特点、诉讼标的大小等因素,合理选择实现担保物权案件特别程序、督促程序、小额诉讼程序、简易程序、普通程序;根据案件难易、刑罚轻重等因素,推动速裁程序、简易程序、普通程序等刑事审判程序完善;根据争议大小等因素,探索建立行政速裁工作机制,促进行政简易程序的完善。二是突出解决制约审判效率主要问题的实招。针对制约审判效率提高的"送达难"问题,推行诉前地址确认制度,强调填写送达地址确认书,推广电子送达、完善邮寄送达;提出发挥庭前会议功能,通过庭前会议解决程序性事项、促成当事人和解或者达成调解协议,确认无争议事实和证据,归纳争议焦点,推进庭审实质化;改革庭审方式,对简单民事案件采取要素式庭审,对认罪认罚案件,简化庭审程序;推行裁判文书繁简分流。三是注重创新工作机制。提出推行立案环节案件繁简甄别分流,探索对系列性或群体性民事、行政案件选择个别或少数案件先行示范诉讼,推行同一审判组织集中时间审理案件的做法,完善二审案件衔接机制等。四是进一步优化司法资源配置。提出提升人案配比科学性,推广专业化审判,推进审判辅助事务集中管理,发挥法院外部资源作用。五是重视信息化建设对提高审判质效的支持保障。提出建立全国统一的电子送达平台,推广使用电子支付令;采用远程视频方式开庭,使用视听传输技术或者同步视频作证室等作证;推行庭审记录方式改革,开发利用智能语音识别技术实现庭审语音同步转化为文字并生成法庭笔录；推进诉讼档案电子化等。

（八）推进"互联网＋"和"智慧法院"建设

人民法院如何紧紧抓住互联网、大数据、云计算、人工智能的发展契机，顺应科技革命和数据时代潮流，站在全球信息化浪潮之巅，促进审判体系和审判能力的现代化，是当前法院面临的一项重大课题。周强院长上任以来，对信息化建设分外重视，提出"信息化是人民法院一场深刻的变革"，将深化司法体制改革和加强信息化建设作为人民法院工作的车之两轮、鸟之两翼，在2016年全国两会上正式提出"智慧法院"的概念。党的十八届五中全会提出实施网络强国战略、"互联网＋"行动计划和国家大数据战略，为人民法院信息化革命提供宝贵发展机遇。

2月24日，最高人民法院出台《人民法院信息化建设五年发展规划（2016—2020）》《最高人民法院信息化建设五年发展规划（2016—2020）》，对全国法院以及最高法院自身信息化建设作出全面规划，明确了人民法院信息化建设3.0版的"13462"总体思路，"1"就是指促进审判体系和审判能力现代化这一个目标，"3"即服务人民群众、服务审判执行、服务司法管理这三个服务，"4"即加强顶层设计、加快系统建设、强化保障体系、提升应用成效这四个方面，"6"即全面覆盖、移动互联、跨界融合、深度应用、透明便民、安全可控六个特征，"2"即从总体建成到深化完善两步跃升，规定了五年发展规划期间信息化建设四大类55项任务，总投资估算约216亿元。从纲要设计来看，还有以下几个亮点：一是突出顶层设计，针对人民法院信息化建设统筹规划较为薄弱的问题，加强发展规划，完善人民法院信息化总体技术方案、标准体系、评价指标体系等。二是重视拓展融合，提出以云计算为支撑构建全要素一体化信息基础设施，聚焦"一站式"服务构建全业务全流程业务应用平台，以提高"数据治理"能力为目标构建信息资源智能服务体系。三是强化保障体系，提出建立规范化安全保障体系、质效型运维保障体系、专业化人才保障体系。四是注重评估成效，以大力推广和应用评估为杠杆促进应用成效提升。2016年，人民法院信息化建设和改革取得累累硕果，司法借力信息科技焕发出新的活力。

（九）改革法院内设机构和人员管理制度，打造扁平化管理的职业化队伍

要保证审判权依法独立公正行使，关键在于打造一支正规化、专业化、职业化的司法队伍，为此必须构建一套符合司法规律和法官职业特点的科学而严格的司法人事制度。本轮司法改革在推进司法人员分类管理、法官单独职务序列、法官职业资格准入等方面都有重大突破，2016年中央出台的几个文件对司法机构和人员管理制度改革意义深远。

1. 推进内设机构改革试点

从目前一些法院内设机构设置来看，有的内部管理层级过多，导致行政管理色彩浓厚,有的非审判业务机构占总数比例过大,有的分工过细、职能交叉重叠。同时随着审判权力运行机制改革的加速推进,对实行扁平化管理、突出法官办案主体地位等都提出了新的要求,迫切需要通过改革进一步建立设置科学合理、职能划分明确、运行高效顺畅,符合审判机关特点和审判权运行规律的内设机构体系。8 月 18 日,中央机构编制委员会办公室与最高人民法院共同印发《省以下人民法院内设机构改革试点方案》,坚持精简效能、服务审判、分级设置的原则,推进省以下法院内设机构改革试点。从试点方案来看,有以下几个特点:一是突出审判庭的扁平化管理。规定综合考虑专业划分、法官人数、人员编制、案件数量等因素设置审判庭,人员编制在 50 人以下的法院,可设综合审判庭。二是突出非审判业务机构服务审判的特点。诉讼服务、信息技术等需要设置的应予设置,职能交叉、业务相近的应予整合,与审判机构职能无直接关联的机构应予撤并。三是突出从严控制的导向。总数原则上只减不增,杜绝 1 人庭 2 人庭(室)现象。值得注意的是,方案明确试点法院原核定的编制及领导职数不变,确保改革顺利推进。

2. 建立法官逐级遴选制度

法官逐级遴选制度是实现法官专业知识、司法经验和职业品德三结合的最佳途径,也与我国四级法院功能定位相适应,对于形成科学的法官培养模式和良性人才成长机制具有重要意义。5 月 13 日,中央组织部、最高人民法院、最高人民检察院印发《关于建立法官检察官逐级遴选制度的意见》,明确了地市级以上人民法院法官一般通过逐级遴选方式产生,经最高人民法院决定或者批准,上级人民法院可以在下两级人民法院范围内择优遴选法官;明确了遴选到地市级省级人民法院和最高人民法院法官的不同条件;明确了地市级法院法官助理初任法官的,应当到基层法院任职,省级以上法院法官助理初任法官的,一般到基层法院任职。需要说明的是,目前不少地市级以上法院已任命为法官但未入额同志担心转为法官助理后是否以后需要到基层去任职,这个问题在方案中明确了员额制实施前在地市级以上法院已任命为法官但未入额,且仍在审判业务部门协助办案的,可以在本院参加法官遴选,在本院任职。

3. 建立从律师和法学专家中公开选拔法官机制

从律师和法学专家中公开选拔法官有利于拓宽法官来源渠道,优化法官队伍结构,建立有别于普通公务员遴选的机制也确有必要。6 月 2 日,中央办公厅印发《从律师和法学专家中公开选拔立法工作者、法官、检察官办法》,进一步明确了参加公开选拔的律师、法学专家应当符合的条件、程序、应遵守的规定等。

4. 改革审判辅助人员管理制度

按照司法人力资源配置规律,每名法官应配备多名审判辅助人员,才有利于法官更好地专注于裁判事务。审判辅助人员的配置和管理也直接影响到审判团队的组建,进而直接影响司法责任制改革成效。世界主要国家和地区法官与审判辅助人员的比例一般是1∶3至1∶5，甚至更高，改革前我国法官与审判辅助人员的比例不足1∶0.6，结构不合理的问题也较为突出。为有效解决审判辅助人员管理问题，从试点经验来看，解决法官助理的来源主要有以下几种途径：一是从政法专业毕业生中招录（或聘任）市、县两级法院法官助理；二是将部分具有公务员身份的在编书记员转任为法官助理；三是将已经接受初任法官培训，但尚未任命为助理审判员的人任命为法官助理；四是将未能进入员额的审判员、助理审判员转任为法官助理；五是招收法学院在校学生以法律实习生身份短期从事法官助理工作。为切实解决法官助理、书记员管理制度中的问题，6月27日，中央组织部、中央政法委、最高人民法院、最高人民检察院出台《法官助理、检察官助理和书记员职务序列改革试点方案》明确编制内法官助理、书记员原则上按综合管理类进行管理，对法官助理和书记员分别设置单独的职务层次，规定职务晋升和职数比例，畅通这类人员发展通道。对聘用制书记员管理，最高人民法院正会同中央有关部门抓紧研究意见。

（十）依法履职保护与违法审判惩戒相结合

完善司法责任制，确保法官依法履行职责，既要严格依法惩戒违法审判，又要切实加强法官履职保护。2016年，中央深改组第23次会议审议通过《保护司法人员依法履行法定职责规定》，由中办、国办于7月21日印发；中央深改组第26次会议审议通过《关于建立法官、检察官惩戒制度的意见（试行）》，由两高于10月12日印发。

1. 保护司法人员依法履行法定职责

法官履职的保障绝不仅仅是涨工资、提待遇，更为重要的是有健全的机制确保法官依法独立公正裁判，对蔑视司法权威、破坏法治尊严的行为予以坚决打击。两办出台的规定比如任何单位或者个人不得要求法官从事超出法定职责范围的事务，不得以办案数量排名、末位淘汰、接待信访不力等为由调整法官工作岗位，对采取不实举报、诬告陷害、利用信息网络等方式侮辱诽谤法官依法追责，公安机关对威胁骚扰、暴力伤害法官的警情应快速出警、有效制止，法官享受休息权和休假权等，充分体现了对司法人员的关心和爱护，这些规定落实到位，法官职业环境将进一步改善。

2. 建立法官惩戒制度

建立法官惩戒委员会，是这轮司法体制改革的一项崭新举措。过去法官惩戒程序与公务员相同，行政化色彩浓厚，完全由法院纪检监察机构办理，惩戒公信度不高。设立法官惩戒委员会是我国法官惩戒制度的重大改革。两高出台的惩戒制度意见，有以下几个特点：一是突出法官惩戒工作的专业性，体现在组成人员法官、检察官代表不低于全体委员50%，惩戒委员会负责审议当事法官是否存在违法审判行为，是否存在故意或者重大过失，是否需要对错案负责。二是突出法官惩戒工作的开放性，将内部监督与外部监督相结合,吸收法学专家等社会相关人员参与,严格规范惩戒工作章程,提高惩戒工作开放性和公信度。三是突出法官惩戒工作的程序性,强调保障当事法官的陈述、辩论、举证、申请复核等权利,实现严肃追责与依法保障相结合。有两点需要注意的是,第一,惩戒委员会不直接受理对法官的举报、投诉;第二,惩戒委员会作出的是惩戒建议,而非最终决定。如何在具体操作上进一步完善与纪检监察体制的衔接,与党管干部原则兼容,还需进一步研究。

三、下一步工作建议

目前,人民法院司法体制改革的主体框架已经搭建完成,顶层设计方案基本出台,下一阶段工作重点主要是实现改革全面推开和精准落地,解决改革推进过程中历史性难题和新情况、新问题,不断总结改革经验,扩大改革影响,为党的十九大胜利召开贡献丰硕的改革成果,创造良好氛围。

第一,加强组织领导。进一步加强司法体制改革工作组织领导,强化各级法院主体责任,坚持主要领导亲自抓改革,明确责任主体、关键环节、时间节点,坚持统一规划、统一部署、统筹管理。推动各级法院建立改革台账和数据系统,畅通信息交流反馈渠道,建立改革进展情况和统计数据的实时汇总机制,切实服务改革决策、推进、总结和评估。

第二,推动精准施策。继续深入开展改革督察工作,通过督察防止改革"中梗阻",打通改革"最后一公里",确保改革精准落地。针对改革中出现的新情况、新问题,及时加强研究,提出破解对策。建立与督察工作配套的纠错问责机制,形成改革责任清单,对落实改革主体责任不力的,依纪依法严肃问责,形成改革者上、不改革者下的用人导向。

第三,加强总结评估。对改革进行系统的总结和盘点,进一步提炼成功经验,展现丰硕成果。下一步需要依靠信息化手段,完善司法改革数据指标体系和统计分析功能,科学、客观反映改革成效。

第四,加强宣传引导。推出体现司法改革特色的系列宣传和专题宣传。进一步加强改革政策解读和思想政治工作,及时回应法院干警和社会关切,形成全体法院干警支持改革、投身改革、推动改革的良好氛围和局面。

(责任校对:孙寒宁)

撰稿专家

何帆，1978 年出生，法学博士。长期从事司法改革的规划、调研和方案制定工作。

第十章

2016 年反腐败专题报告

邓联繁

报告要旨

2016 年,反腐败工作深入推进,出现一些重要的新变化:从定调定性看,习近平总书记明确把腐败作为“最大威胁”,进一步把反腐败工作提到了新高度;从导向走向看,明确提出“深化标本兼治”,治标不松劲、治本有加强;从亮点特点看,法治反腐特别是司法惩腐、司法惩“虎”得到加强;从成果成效看,腐败蔓延势头得到有效遏制,反腐败斗争压倒性态势已经形成。具体而言,在治标惩腐方面,不敢腐的目标初步实现:就打“老虎”而言,脚步不停歇,党纪国法齐发力,获刑“大老虎”数目打破历史纪录;就拍“苍蝇”而言,摆在了更加突出位置,重点惩治了扶贫领域腐败;就猎“狐狸”而言,“百名红通人员”头号嫌犯等重点人物归案,追回外逃人数大大超过新增外逃人数。在治本防腐方面,不能腐与不想腐继续强化;就倡廉以反腐而言,坚持高标准与守底线相统一,提出了以“亲”“清”为内涵的新型政商关系新命题,开出了治理官商勾结、权钱交易的新药方;就正风以反腐而言,中央八项规定深入人心,反“四风”从面上纠正向纵深发展,不放过隐形变异的不正之风;就肃纪以反腐而言,实施“史上最严党纪”,严明换届纪律,实践监督执纪“四种形态”进入快车道,监督执纪工作出现了不可忽视的结构性变化;就改革以反腐而言,纪律检查体制改革深入推进,巡视全覆盖进入尾声,国家监察体制改革试点揭开大幕;就立制以反腐而言,《中国共产党党内监督条例》由“试行”而转正,并出台了对反腐败具有重要意义的《中国共产党问责条例》《关于新形势下党内政治生活的若干准则》。同时应该看到,党风廉政建设和反腐败斗争的形势依然严峻复杂,“反腐败斗争压倒性态势已经形成”是就全党全国而言的,是整体判断,不意味着各单位已经形成了压倒性态势,切忌以整体代替个别、以普遍代替特殊。

核心建议

1. 继续大力整治选人用人领域的腐败，着力健全选廉者用廉者、选优者用优者的机制。

2. 实行“廉政”与“廉商”一起抓，把加强和改进公共资源交易领域的反腐败工作作为构建新型政商关系的重中之重。

3. 向滋生腐败的制度、制度性腐败说不，通过对制度进行“廉洁体检”来提高制度的廉洁性。

4. 将“廉政建设”拓展深化为“廉政廉洁建设”，形成反腐倡廉的新范式。

引言　反腐败是依法治国的重大课题

二十国集团领导人杭州峰会一致通过的《二十国集团反腐败追逃追赃高级原则》第一句话就是：“腐败破坏政府公信力和法治，阻碍经济增长和发展。”在当代中国依法治国与反腐倡廉的实践中，不仅多次强调运用法治思维与法治方式反对腐败——这侧重形式，而且直接将反腐败作为法治的重大课题，“中国共产党将反腐败视为实现社会公平正义、维护法律尊严、依法治国的重大问题”[1]——这侧重内容。简言之，厉行法治必须坚决反对腐败，反腐败不能在法治进程中缺位，反腐败可以说是维护法治权威的必打之战，也是输不起的必胜之战。运用法治思维梳理与剖析反腐败，也就成为法治盘点的重要方面，有助于增强法治盘点的说服力。

当代中国的反腐败特别是中国共产党十八大以来的反腐败，每年都有新变化。2016年也不例外。运用法治思维来观察2016年反腐败工作的种种变化，发现一种变化值得特别一提，即在长期强调“坚持标本兼治”的基础上，明确提出并贯彻落实“深化标本兼治”理念，形成了治标不松劲、治本有加强的新局面。这个重大变化包含法治反腐的强化等内容，也为进一步强化法治反腐提供了大前提。基于此，本文首先从面上梳理2016年反腐败在总体上非常突出的一些新变化，特别是“深化标本兼治”理念的明确提出，然后分别从治标惩腐与治本防腐两个方面展开论述，最后对2016年反腐败工作进行反思，并对2017年以及今后的反腐败工作提出建议。其中，治标惩腐细分为打“老虎”、拍“苍蝇”、猎“狐狸”三个方面，治本防腐细分为倡廉以反腐败、正风以反腐、肃纪以反腐、改革（反腐败体制改革）以反腐、立制（制定修订反腐倡廉法规制度）以

---

〔1〕 系2015年11月参加《联合国反腐败公约》第六届缔约国会议的中国代表团所指出，参见《中国代表团出席〈联合国反腐败公约〉第六届缔约国大会》，载《中国纪检监察报》2015年11月5日，第1版。

反腐五个方面。

一、2016 年反腐败在总体上的一些新变化

2016 年,反腐败继续深入推进,呈现出不少新变化。鉴于篇幅,本文不面面俱到,仅择几个新变化予以重点分析。

(一)定调定性:腐败是最大威胁

"我们党作为执政党,面临的最大威胁就是腐败""我们要以顽强的意志品质,坚持零容忍的态度不变,做到有案必查、有腐必惩,让腐败分子在党内没有任何藏身之地!"〔1〕习近平总书记 2016 年 7 月 1 日在庆祝中国共产党成立 95 周年大会上的以上讲话,与他之前对反腐倡廉的论述一脉相承,体现了他对腐败的深恶痛绝,同时又有所创新,即把腐败作为"最大威胁"。这"深刻表明我们党对反腐倡廉的高度重视和清醒认知"〔2〕,"昭示我们党一以贯之反对腐败的顽强意志品质和坚强政治定力"〔3〕,把对腐败的认识与反腐败工作提到了一个新的高度〔4〕,是至为重要的反腐败思想成果,令人警醒,给人启发,有利于进一步凝聚反腐败共识,把反腐败不断推向深入。

(二)导向走向:深化标本兼治

据新华社报道,中共中央政治局 2015 年 12 月 30 日召开会议,听取中央纪委 2015 年工作汇报,研究部署 2016 年党风廉政建设和反腐败工作,会议强调,深化标本兼治,锲而不舍落实中央八项规定精神,坚决遏制腐败蔓延势头,以坚如磐石的意志和决心,把党风廉政建设和反腐败斗争引向深入。〔5〕 王岐山同志 2016 年 1 月 12 日在中央纪委全会上的工作报告,也将"深化标本兼治"置于 2016 年工作总体要求中。从前几年强调"坚持标本兼治"〔6〕,到如此高规格与明确地提出"深化标本兼治",反映出中央对

---

〔1〕 习近平:《在庆祝中国共产党成立 95 周年大会上的讲话》,载《人民日报》2016 年 7 月 2 日,第 2 版。

〔2〕 辛士红:《"最大威胁"与"最大骄傲"》,载《中国纪检监察报》2016 年 8 月 2 日,第 1 版。

〔3〕 黄月:《不忘初心　将反腐败进行到底》,载《中国纪检监察》2016 年第 14 期。

〔4〕 参见王子晖:《清除"最大威胁"——习近平论反腐》,载《理论导报》2016 年第 8 期;蒿帅凯:《全面从严治党必须根治腐败这一"最大威胁"》,载《领导之友》2016 年第 20 期。

〔5〕 《中共中央政治局召开会议　研究部署党风廉政建设和反腐败工作　审议〈关于全面振兴东北　地区等老工业基地的若干意见〉》,载《中国纪检监察报》2015 年 12 月 31 日,第 1 版。

〔6〕 王岐山:《深入学习贯彻党的十八大精神　努力开创党风廉政建设和反腐败斗争新局面——在中国共产党第十八届中央纪律检查委员会第二次全体会议上的工作报告》,载《人民日报》2013 年 2 月 26 日,第 2 版;王岐山:《依法治国　依规治党　坚定不移推进党风廉政建设和反腐败斗争——在中国共产党第十八届中央纪律检查委员会第五次全体会议上的工作报告》,载《人民日报》2015 年 1 月 30 日,第 3 版。

反腐倡廉认识的深化,昭示着反腐倡廉新的重要走向[1],有利于更好地巩固反腐败既有成果,更好地消除腐败存量、遏制腐败增量。

回顾十八大以来特别是2016年反腐败的历程,“深化标本兼治”是对前几年“当前以治标为主”战略的深化[2],即在坚持十八大以来强力治标的同时,加大治本力度,换言之就是治标不松劲、治本有加强、治标与治本一起发力。打虎拍蝇不停歇,问责条例等党内法规出台,启动国家监察体制改革试点,将监察对象扩大到全体公职人员,等等,就是“深化标本兼治”这一新走向的真实写照。

进一步说,2016年“深化标本兼治”是在全面从严治党大语境下的“深化标本兼治”,进一步充实与完善了反腐败的格局体系。

一方面,既高调反腐、高压反腐,坚持以零容忍态度惩治腐败,又全面加大从严治党、治吏、治权力度,为反腐败提供了良好的大环境、大框架、大动力、大保障。就全面从严治党而言,十八届六中全会对全面从严治党再部署、再动员,对深入推进反腐败具有深刻影响。就治吏而言,中共中央办公厅2016年8月印发《关于防止干部“带病提拔”的意见》;更加注重高级干部包括政治局成员的管理与监督,并将之体现在《关于新形势下党内政治生活的若干准则》和《中国共产党党内监督条例》,进一步体现了从严治吏的坚定决心,有利于进一步提高反腐败工作的针对性与实效性。就治权而言,不仅继续加强对权力运行的制约与监督,而且秉持以权力“瘦身”为廉政“强身”的理念,坚持不懈推动简政放权向纵深推进,有利于进一步减少腐败滋生的土壤。

另一方面,全方位围剿腐败,深化了惩恶以反腐、倡廉以反腐、正风以反腐、肃纪以反腐、改革以反腐、立制以反腐的立体格局。如,就倡廉以反腐而言,习近平总书记2016年3月4日下午在看望参加全国政协十二届四次会议的民建、工商联委员并参加联组会时发表重要讲话,在讲话中提出了新型政商关系的新命题,将之概括为“亲”“清”两个字[3],等等。

(三)亮点特点:法治反腐

“要善于用法治思维和法治方式反对腐败,加强反腐败国家立法,加强反腐倡廉党

---

〔1〕 邓联繁:《深化标本兼治正当其时》,载《检察日报》2016年3月1日,第8版。

〔2〕 2016年6月以来,中央纪委监察部机关报《中国纪检监察报》的记者多次在该报的署名文章中写到:“当前,全面从严治党正处在从治标为主走向标本兼治的重要节点”。参见陈治治:《发挥巡视利剑作用　助力全面从严治党》,载《中国纪检监察报》2016年6月23日,第1版;王少伟:《面从严治党的又一利器——〈中国共产党问责条例〉诞生记》,载《中国纪检监察报》2016年7月18日,第1版。

〔3〕《习近平在看望参加政协会议的民建工商联委员时强调　毫不动摇坚持我国基本经济制度　推动各种所有制经济健康发展》,载《人民日报》2016年3月5日,第1版。

内法规制度建设,让法律制度刚性运行。"[1]这侧重反腐败立法。“坚持以法治思维和法治方式反对腐败,提高依纪依法惩治腐败的能力。"[2]这侧重反腐败执法司法。从2016年来看,运用法治思维和法治方式反对腐败有重要进展,突出表现在反腐败司法上。一方面是反腐败司法解释。2016年4月18日,最高人民法院、最高人民检察院联合发布了《关于办理贪污贿赂刑事案件适用法律若干问题的解释》(以下简称《解释》)。另一方面是反腐败司法审判。据报道,“2016年,全国法院共一审开庭审理原省部级以上落马官员44人,36名‘大老虎’获刑"[3],创十八大以来历年之最,也应该是新中国成立以来之最。这里先重点介绍《解释》,反腐败司法审判放在后续“治标惩腐”中讨论。

《解释》共20条,结构与内容如下:

表1 《关于办理贪污贿赂刑事案件适用法律若干问题的解释》的结构与内容

条　文	内　　容
第1条至第3条	贪污罪、受贿罪的定罪量刑标准
第4条	贪污罪、受贿罪的死刑适用标准及终身监禁的适用原则
第5条至第11条	挪用公款罪、行贿罪、利用影响力受贿罪等罪的定罪量刑标准
第12条	作为贿赂犯罪对象的“财物”的范围及“财产性利益”的理解和认定
第13条	受贿犯罪中“为他人谋取利益”的理解和认定
第14条	行贿罪法定从宽处罚情节适用条件的理解
第15条	受贿犯罪数额的计算
第16条	贪污罪、受贿罪主观故意的认定
第17条	受贿犯罪同时构成渎职犯罪的处断原则
第18条	违法所得的追缴、退赔
第19条	罚金刑的适用

《解释》的出台,非常有必要,主要的制定背景有三:一是《中华人民共和国刑法修正案(九)》(以下简称《刑法修正案(九)》)已于2015年11月1日生效施行,其对贪污贿赂犯罪有关定罪量刑规定的修改亟须明确适用标准。二是贪污贿赂犯罪出现的新

---

[1] 中共中央纪律检查委员会、中共中央文献研究室编:《习近平关于党风廉政建设和反腐败斗争论述摘编》,中央文献出版社、中国方正出版社2015年版,第121页。

[2] 王岐山:《聚焦中心任务　创新体制机制　深入推进党风廉政建设和反腐败斗争——在中国共产党第十八届中央纪律检查委员会第三次全体会议上的工作报告》,载《人民日报》2014年1月28日,第2版。

[3] 蔡长春:《三十六名“大老虎”获刑》,载《法制日报》2017年1月10日,第1版。

情况新问题亟须明确处理意见。如,过去贿赂犯罪的对象主要是金钱和物品,现在出现了各种形式的财产性利益输送,对于给予、收受这些利益的行为能否以贿赂犯罪处理?三是司法实践当中长期存在的一些争议问题亟须统一意见。如,实践中经常遇见犯罪嫌疑人、被告人辩称自己没有非法占有财物,不构成贪污受贿,因为有关涉案款物均是用于公务支出、社会捐赠等,那么这些情形对于定罪量刑究竟有没有影响?[1]《解释》的出台,因此具有多方面的重要意义。一方面,《解释》具体化了《刑法修正案(九)》对贪污贿赂犯罪有关定罪量刑新规定的适用标准,有助于促进《刑法修正案(九)》的实施。另一方面,《解释》对贪污贿赂犯罪出现的新情况新问题明确了处理意见,有助于增强法治反腐的回应性、适应性。再一方面,《解释》对司法实践当中长期存在的一些争议问题提出了处理意见,有助于增强法治反腐的统一性与权威性。

《解释》最引人注目之处,是对贪贿案件定罪量刑数额标准的调整。对于1997年刑法确定的五千元起刑点数额维持不变还是有所上提,存在意见分歧,其中一种意见认为,当前反腐败形势依然严峻复杂,从增强人民群众对党和政府推进反腐败工作信心的角度,五千元起刑点数额宜维持不变。《解释》没有采纳这种意见,最高人民法院有关人士给出了调整的四个理由:一是随着经济社会的发展变化,适度提高贪污、受贿犯罪起刑点数额标准有先例可循。1988年《全国人大常委会关于惩治贪污罪贿赂罪的补充规定》对贪污罪设置的起刑点是二千元,10年后1997年刑法修订时,将该标准调整为五千元。五千元的数额标准已经适用18年,人均GDP自1997年至2015年增长了6.69倍(1997年为6420元,2015年为49,351元),适度提高数额标准有其客观社会基础。二是近年来司法实践中贪污、受贿数额二万元左右受到刑事追诉的案件已经较为少见。三是将贪污罪、受贿罪起点数额提高到三万元,不意味着低于三万元的贪污、受贿行为就一概不作为犯罪处理。《刑法修正案(九)》对贪污、受贿罪的处罚标准增加了其他情节的规定,贪污、受贿虽不满三万元,但具有其他较重情节的,根据《解释》规定仍可以追究刑事责任。四是零容忍不意味着零刑事门槛。惩治腐败在刑罚之外还有党纪、行政处分。对数额不满三万元且无其他较重情节的贪污、受贿行为予以党纪、行政处分,可以为党纪处分、行政处罚预留出必要的空间,有利于体现党纪严于国法、"把党纪挺在前面"的反腐精神和宽严相济刑事政策,突出刑事打击重点,增进刑事处罚的确定性、公平性与严肃性。[2] 对贪贿案件定罪量刑数额标准的调整,社会各界评论众多,如著名刑法学家陈兴良先生认为,总体而言,所做出的调整契合社会形势发展

---

〔1〕 万春等:《办理贪污贿赂刑事案件要准确把握法律适用标准(上)》,载《检察日报》2016年5月23日,第3版。

〔2〕 裴显鼎等:《〈关于办理贪污贿赂刑事案件适用法律若干问题的解释〉的理解与适用》,载《人民司法》(应用)2016年第19期。

的需要,是宽严相济刑事政策在腐败犯罪治理中的重要体现,但从微观着眼,一些具体的数额设定仍有进一步完善的空间。[1]

(四)成果成效:反腐败斗争压倒性态势已经形成

2016年,纪检监察机关共立案41.3万件,增长25%;处分41.5万人,增长24%,其中处分省部级干部76人、厅局级干部2781人、县处级干部1.8万人、乡科级干部6.1万人。全国检察机关立案侦查贪污贿赂、渎职侵权等职务犯罪4.8万人。全国法院审结一审贪污贿赂案件3.2万件、渎职侵权案件5266件。[2] 2016年的反腐败成绩,不只是体现在上述数字上,也有"质"的标准,即"反腐败斗争压倒性态势已经形成"[3]。"腐败蔓延势头得到有效遏制,反腐败斗争压倒性态势已经形成,不敢腐的目标初步实现,不能腐的制度日益完善,不想腐的堤坝正在构筑,党内政治生活呈现新的气象。"[4]从2015年1月13日习近平总书记在十八届中央纪委五次全会上指出"在实现不敢腐、不能腐、不想腐上还没有取得压倒性胜利"[5],到他2016年1月12日在十八届中央纪委六次全会上指出"反腐败斗争压倒性态势正在形成"[6],再到2016年年底中央政治局会议指出"反腐败斗争压倒性态势已经形成",反腐败斗争步步为营、逐步深入,取得胜利,赢得主动,来之不易,弥足珍贵,为取得反腐败斗争的彻底胜利、全面改善政治生态做出了重大贡献。

反腐败斗争压倒性态势究竟意味着什么?"反腐败斗争压倒性态势已经形成"有何依据?对这两个问题,监察部副部长肖培在2017年1月9日下午召开的新闻发布会有直接的回答。"什么叫压倒性态势?就是在党心民心上的压倒性态势,是在政治上的压倒,是在正气上的压倒,扶正祛邪,正气上扬"[7]。他还用了大量数据来说明压倒

---

[1] 陈兴良:《〈关于办理贪污贿赂刑事案件适用法律若干问题的解释〉总置评》,载《浙江社会科学》2016年第8期。

[2] 王岐山:《推动全面从严治党向纵深发展 以优异成绩迎接党的十九大召开——在中国共产党第十八届中央纪律检查委员会第七次全体会议上的工作报告》,载《人民日报》2017年1月20日,第4版。

[3] 《中共中央政治局召开会议 研究部署党风廉政建设和反腐败工作》,载《人民日报》2016年12月29日,第1版。

[4] 《习近平在十八届中央纪委七次全会上发表重要讲话强调 全面贯彻落实党的十八届六中全会精神 增强全面从严治党系统性创造性实效性》,载《人民日报》2017年1月7日,第1版。

[5] 《习近平在十八届中央纪委五次全会上发表重要讲话强调 深化改革巩固成果积极拓展 不断把反腐败斗争引向深入》,载《人民日报》2015年1月14日,第1版。

[6] 习近平:《在第十八届中央纪律检查委员会第六次全体会议上的讲话》,载《人民日报》2016年5月3日,第2版。

[7] 姜洁:《中央纪委有关负责人介绍党风廉政建设和反腐败工作情况 反腐败斗争压倒性态势已经形成》,载《人民日报》2017年1月10日,第4版。

性态势确已形成。首先是打“大老虎”的数据。十八大以来,中央纪委共立案审查中管干部即中央一级管理的干部是240人,是十七大期间审查中管干部人数的3.6倍,尤其是严厉查处了周永康、薄熙来、郭伯雄、徐才厚、令计划这样严重的违纪违法案件,严肃查处政治腐败和经济腐败通过利益输送相互交织,消弭了党和国家的重大政治隐患。其次是“一降一升”。“一降”就是纪检机关目前接到的检举控告类信访举报呈下降态势。2016年比2015年接到的此类举报下降了17.5%,是十八大以来的首次回落。“一升”是指从纪检机关立案审查和处分的党员人数来看,是持续上升的,在党员基数不断增长背景下,党员受处分率从1.8‰上升到4.3‰。最后是“去年一年,在强有力的反腐败高压态势震慑下,有5.7万名党员主动向组织交待了自己的问题,这就是压倒性态势。”〔1〕

二、2016年的治标惩腐:不敢腐的目标初步实现

反腐败虽然是惩治腐败与预防腐败的统一,但通常认为,特别是在人民群众看来,反腐败首先是惩治腐败。与预防腐败不同,惩治腐败重在治标、形成震慑、强化“不敢腐”。从2014年“着力营造不敢腐、不能腐、不想腐的政治氛围”〔2〕,到2015年“不敢腐的氛围总体形成”〔3〕,再到2016年年初习近平总书记与王岐山书记在十八届中央纪委六次全会上分别强调“实现不敢腐”〔4〕“努力实现不敢腐的目标”〔5〕,再到习近平总书记2017年1月6日指出“不敢腐的目标初步实现”〔6〕,惩治腐败在持续发力发威,为初步实现“不敢腐”的目标奠定了坚实基础。

(一)打“老虎”:党纪国法齐发力,司法惩“虎”破纪录

俗称“大老虎”的“中管干部”受到惩治的情况,是观察反腐败的关键性指标之一。2016年,在党纪惩“虎”一如既往的同时,司法惩“虎”成为重要增长点,“打虎”再次交

〔1〕 参见罗宇凡等:《届末之年反腐败可以收官?——中央纪委监察部有关负责人回应反腐热点问题》,载《中国纪检监察报》2017年1月10日,第1版。

〔2〕《习近平在十八届中央纪委五次全会上发表重要讲话强调　深化改革巩固成果积极拓展　不断把反腐败斗争引向深入》,载《人民日报》2015年1月14日,第1版。

〔3〕《中共中央政治局召开专题民主生活会　对照检查践行“三严三实”情况讨论研究加强党风廉政建设措施》,载《人民日报》2015年12月30日,第1版。

〔4〕 习近平:《在第十八届中央纪律检查委员会第六次全体会议上的讲话》,载《人民日报》2016年5月3日,第2版。

〔5〕 王岐山:《全面从严治党　把纪律挺在前面　忠诚履行党章赋予的神圣职责——在中国共产党第十八届中央纪律检查委员会第六次全体会议上的工作报告》,载《人民日报》2016年1月25日。

〔6〕《习近平在十八届中央纪委七次全会上发表重要讲话强调　全面贯彻落实党的十八届六中全会精神　增强全面从严治党系统性创造性实效性》,载《人民日报》2017年1月7日,第1版。

出沉甸甸的成绩单。

1.“老虎”受到执纪审查常态化

表2　2016年受到执纪审查的“中管干部”(中央纪委监察部网站公布)[1]

序号	姓名	落马前担任职务	公布日期
1	陈雪枫	河南省委常委、洛阳市委书记	2016.1.16
2	龚清概	中共中央台湾工作办公室、国务院台湾事务办公室副主任	2016.1.19
3	王保安	国家统计局局长、党组书记	2016.1.26
4	刘志庚	广东省副省长	2016.2.4
5	蔡希有	中化集团公司党组成员、董事、总经理	2016.2.6
6	王珉	全国人大教育科学文化卫生委员会副主任委员	2016.3.4
7	卢子跃	浙江省宁波市委副书记、市长	2016.3.16
8	王阳	辽宁省人大常委会副主任	2016.3.16
9	李嘉	广东省委常委、珠海市委书记	2016.3.23
10	杨鲁豫	山东省济南市委副书记、市长	2016.4.6
11	苏宏章	辽宁省委常委、政法委书记	2016.4.6
12	李成云	四川省原副省长	2016.4.9
13	张越	河北省委常委、政法委书记	2016.4.16
14	杨振超	安徽省副省长	2016.5.24
15	李云峰	江苏省委常委、常务副省长	2016.5.30
16	姚中民	国家开发银行原监事长	2016.6.6
17	尹海林	天津市副市长	2016.8.22
18	黄兴国	天津市委代理书记、市长	2016.9.10
19	陈树隆	安徽省副省长	2016.11.8
20	张文雄	湖南省委常委、宣传部长	2016.11.8
21	吴天君	河南省委原常委、政法委书记	2016.11.11
22	卢恩光	司法部党组成员、政治部主任	2016.12.16

[1] 中央纪委监察部网站“纪律审查”栏目的第一部分为“中管干部”,该部分又细分为“执纪审查”与“党纪处分”两大块。本表与下表(2016年受到党纪处分的“中管干部”名单)都系从该部分统计而得。最后访问日期:2016年2月19日。

以上名单表明，虽然截至2015年年底，在中央层面已经打下了周永康、徐才厚、郭伯雄、令计划等“特大老虎”，各省（自治区、直辖市）打“大老虎”实现了全覆盖，但2016年打“大老虎”的节奏并没有戛然而止。“新松恨不高千尺，恶竹应须斩万竿。”“宜将胜勇追穷寇，不可沽名学霸王。”在反腐败形势依然严峻复杂的形势下，保持打“虎”节奏是完全必要的。从月份上看，仅7月没有记录，也表明打“虎”已经常态化，不是一阵风。

此外，以上22只“老虎”并非2016年落马“老虎”的全部，还有一些“老虎”没在此列。如，部队有多位军级以上干部落马，包括空军原政委田修思〔1〕，中央军委联合参谋部副参谋长、武警部队原司令员王建平。其中，王建平系军队反腐进程中首位落马的现役上将。有媒体统计，十八大以来，落马“军老虎”（副军级及以上）人数已至少53人，涉及中央军委、原总部单位、原七大军区、军校与研究机构、各个军兵种以及武警部队。〔2〕

2. 前三季度主要是用党纪处分“老虎”（“党纪惩虎”）

表3　2016年受到党纪处分的“中管干部”（中央纪委监察部网站公布）

序号	处分公布标题	公布日期
1	国家宗教事务局原党组成员、副局长张乐斌严重违纪被开除党籍和公职	2016.1.5
2	北京市委原副书记吕锡文严重违纪被开除党籍和公职	2016.1.5
3	武钢集团原党委书记、董事长邓崎琳被开除党籍	2016.1.8
4	中国民用航空局原党组成员、副局长周来振被开除党籍和公职	2016.1.19
5	上海市原市委常委、副市长艾宝俊被开除党籍和公职	2016.1.19
6	南航集团公司原党组副书记、总经理司献民被开除党籍和公职	2016.2.3
7	黑龙江省人大常委会原党组书记副主任盖如垠被开除党籍和公职	2016.2.3
8	湖北原省委常委、组织部长贺家铁受到撤销党内职务、行政撤职处分	2016.2.4
9	四川省原省长魏宏受到撤销党内职务、行政撤职处分	2016.2.4
10	海南省人大常委会原副主任张力夫受到开除党籍处分	2016.3.30
11	广东省政府原党组成员、副省长刘志庚被开除党籍	2016.4.18
12	贵州省政协党组成员、副主席孔令中因严重违纪受到留党察看一年、行政撤职处分	2016.4.19

〔1〕《空军原政委田修思落马刷新哪4项纪录?》，载《济南时报》2016年7月10日，第10版。

〔2〕《军队“打虎”拿下首位现役上将》，载《北京青年报》2016年12月30日，A3版。

续表

序号	处分公布标题	公布日期
13	中央台湾工作办公室原副主任、国务院台湾事务办公室原副主任龚清概严重违纪被开除党籍	2016.4.21
14	外交部原党委委员、部长助理张昆生严重违纪被开除党籍	2016.5.12
15	辽宁省人大常委会原党组成员、副主任王阳被开除党籍和公职	2016.6.2
16	河南省委原常委、洛阳市委原书记陈雪枫被开除党籍和公职	2016.6.2
17	浙江省宁波市原市委副书记、市长卢子跃被开除党籍	2016.6.21
18	中国电信集团公司原党组书记、董事长常小兵严重违纪被开除党籍	2016.7.11
19	广西壮族自治区政协原党组成员、副主席赖德荣因严重违纪受到开除党籍、行政撤职处分	2016.7.22
20	辽宁省委原常委、政法委原书记苏宏章严重违纪被开除党籍和公职	2016.7.25
21	四川省政府原党组成员、副省长李成云严重违纪被开除党籍和公职	2016.7.26
22	安徽省政府原党组成员、副省长杨振超严重违纪被开除党籍	2016.7.26
23	山东省济南市原市委副书记、市长杨鲁豫严重违纪被开除党籍	2016.7.28
24	河北省委原常委、政法委原书记张越严重违纪被开除党籍和公职	2016.7.28
25	辽宁省委原书记王珉严重违纪被开除党籍和公职	2016.8.10
26	辽宁省人大常委会副主任郑玉焯被开除党籍和公职	2016.8.26
27	国家统计局原党组书记、局长王保安严重违纪被开除党籍	2016.8.26
28	国家开发银行原党委副书记、监事长姚中民严重违纪被开除党籍和公职	2016.9.13
29	国家安全部原党委委员、副部长马建严重违纪被开除党籍	2016.12.30

对“老虎”进行执纪审查,不是打“老虎”的终点。执纪审查后,如果认定“老虎”违纪乃至违法犯罪,必须依纪依法予以惩罚。从上表来看,2016 年受到党纪处分的“老虎”,数量仍然很高,反映出党中央从严惩治腐败的态度。而且,以上 29 只“老虎”,也不是 2016 年受到处分的“老虎”总数。“2016 年 1 月至 11 月,中央纪委已处分省部级干部 72 人,比 2015 年同期增长了 30.9% 。”[1]此外,从党纪处分的时间看,集中在前三季度。

3. 第四季度主要是用国家法律惩治“老虎”(司法惩“虎”)

“在近年来的反腐斗争中,党内纪检部门起到了反腐先锋的作用,但纪检部门更多

〔1〕 陈英华:《反腐败斗争压倒性态势已经形成——2016 年党风廉政建设和反腐败工作系列报道之五》,载《中国纪检监察报》2017 年 1 月 2 日,第 1 版。

的是发现腐败线索并依党纪处理,使用法律手段严惩腐败的工作,最终还是要落到司法机关的肩上。”[1]2016年,检察机关对48只落马“大老虎”提起公诉[2],法院对“大老虎”密集受审宣判,获刑的“大老虎”数目创了历史新高,司法惩腐、司法惩“虎”成为了反腐与法治的一大新亮点、新看点。[3]

表4 2016年原省部级及以上官员获刑名单[4]

序号	获刑官员	宣判日期	刑罚	罪名	受贿金额
1	重庆市人大常委会原副主任谭栖伟	1.7	有期徒刑12年	受贿罪	1143万余元
2	公安部原党委副书记、原副部长李东生	1.12	有期徒刑15年	受贿罪	2198万余元
3	全国政协经济委员会原副主任杨刚	1.20	有期徒刑12年	受贿罪	1379.2765万元
4	海南省原副省长冀文林	3.30	有期徒刑12年	受贿罪	2046万余元
5	全国政协原副主席、中共中央统战部原部长令计划	7.4	无期徒刑	受贿罪、非法获取国家秘密罪、滥用职权罪	7708.5383万元
6	中央军委原副主席郭伯雄	7.25	无期徒刑	受贿罪	受贿数额特别巨大
7	广东省委原常委、广州市委原书记万庆良	9.30	无期徒刑	受贿罪	1.11251086亿元
8	山东省委原常委、济南市委原书记王敏	9.30	有期徒刑12年	受贿罪	1805.103万元
9	全国人大环资委原副主任委员白恩培	10.9	死刑,缓期二年执行,剥夺政治权利终身,在其死刑缓期执行二年期满依法减为无期徒刑后,终身监禁,不得减刑、假释	受贿罪、巨额财产来源不明罪	2.46764511亿元;还有巨额财产不能说明来源

---

[1] 秦平:《严惩腐败,司法机关勇立潮头》,载《法制日报》2017年1月10日,第1版。

[2] 牛旭东:《一年对四十八名原省部级以上干部提起公诉》,载《法制日报》2017年2月4日,第2版。

[3] 陈尚营等:《决心与力量:2016年中国反腐六大看点》,载《新华每日电讯》2016年12月13日,第1版。

[4] 根据最高人民法院官网“权威发布”栏目中的“重大案件”部分统计整理,最后访问日期:2017年2月20日。

续表

序号	获刑官员	宣判日期	刑罚	罪名	受贿金额
10	中国科协原党组书记、常务副主席申维辰	10.11	无期徒刑	受贿罪	9541.965936 万元
11	海南省原副省长谭力	10.13	无期徒刑	受贿罪	8625.4056 万元
12	山西省人大常委会原副主任金道铭	10.14	无期徒刑	受贿罪	1.23781389 亿元
13	山西省委原常委、秘书长聂春玉	10.19	有期徒刑 15 年	受贿罪	4458.124321 万元
14	山西省委原常委、统战部长白云	10.19	有期徒刑 12 年	受贿罪	1781.83015 万元
15	环境保护部原副部长张力军	11.9	有期徒刑有期徒刑有期徒刑 4 年	受贿罪	242.9927 万元
16	广东省政协原主席朱明国	11.11	死刑,缓期二年执行	受贿罪、巨额财产来源不明罪	1.41379261 亿元,另有 9104.9668 万元不明来源
17	内蒙古自治区政协原副主席赵黎平	11.11	死刑	故意杀人罪、受贿罪、非法持有枪支、弹药罪、非法储存爆炸物罪	2368 万元
18	安徽省政协原副主席韩先聪	11.15	有期徒刑 16 年	受贿罪、滥用职权罪	2328.902562 万元
19	黑龙江省委原常委、大庆市委原书记韩学键	11.16	有期徒刑 12 年 6 个月	受贿罪	1686.5253 万元
20	甘肃省人大常委会原副主任陆武成	11.17	有期徒刑 12 年 6 个月	受贿罪	1626.6155 万元
21	新疆人大常委会原副主任栗智	11.18	有期徒刑 12 年	受贿罪	1319.532694 万元
22	辽宁省政协原副主席陈铁新	11.22	有期徒刑 13 年 9 个月	受贿罪	2195.0143 万元

续表

序号	获刑官员	宣判日期	刑罚	罪名	受贿金额
23	河北省委原常委、组织部部长梁滨	11.25	有期徒刑8年	受贿罪	557.91383万元
24	河南省人大常委会原副主任秦玉海	11.28	有期徒刑13年6个月	受贿罪	2086.1702万元
25	浙江省政协原副主席斯鑫良	12.13	有期徒刑13年	受贿罪	1955.442万元
26	江苏省委原常委、南京市委原书记杨卫泽	12.14	有期徒刑12年6个月	受贿罪	1643.4643万元
27	云南省委原常委、副书记仇和	12.15	有期徒刑14年6个月	受贿罪	2433.98万元
28	山西省政协原副主席令政策	12.16	12年6个月	受贿罪	1607.2374万元
29	黑龙江省人民代表大会常务委员会原副主任、黑龙江省农垦总局原党委书记隋凤富	12.19	有期徒刑11年	受贿罪	1044.4702万元
30	山西省委原常委、太原市委原书记陈川平	12.20	有期徒刑6年6个月	受贿罪、国有公司人员滥用职权罪	91万元
31	山西省委原常委、山西省人民政府原副省长杜善学	12.20	无期徒刑	受贿罪、行贿罪、巨额财产来源不明罪	8011.4686万元
32	河北省委原常委、秘书长景春华	12.23	有期徒刑18年	受贿罪、巨额财产来源不明罪	受贿6054.7598万元；另外，8635.7137万元财产不能说明来源
33	福建省人民政府原副省长徐钢	12.29	有期徒刑13年	受贿罪	1977万余元
34	西藏自治区人大常委会原副主任乐大克	12.30	有期徒刑13年	受贿罪	1873万余元

上表包含丰富的信息，简要分析如下：相对于“2015年获刑‘大老虎’数量为16人，

2014 年为 4 人"[1]而言,2016 年获刑“大老虎”数量多,创了历史新高。最高人民法院官网“权威发布”栏目中的“重大案件”部分显示,有 34 只“大老虎”获刑。媒体报道 2016 年获刑的原省部级以上“大老虎”数目,有 34 与 36 的不同[2]。综合各方面的报道与信息特别是从《密集“审虎”彰显司法惩腐决心》一文来看[3],可以发现是最高人民法院官网“权威发布”栏目中的“重大案件”部分没有发布国家体育总局原副局长肖天、中国铝业公司原总经理孙兆学受审获刑信息——这两只“大老虎”已经分别在 2016 年 12 月 26 日[4]、27 日[5]被宣判获刑。从“大老虎”获刑时间看,集中在 2016 年 10 ~ 12 月,共 26 名,超过四分之三。因此,如果说 2016 年是“司法惩虎年”“老虎审判年”的话,2016 年冬季则是“司法惩虎季”“老虎审判季”。

除以上被宣判获刑的“大老虎”外,还有一些“大老虎”贪腐案在 2016 年已经一审开庭,但尚未在 2016 年宣判。如,北京市委原副书记吕锡文受贿案 12 月 1 日开庭,全国政协原副主席苏荣受贿、滥用职权、巨额财产来源不明案 12 月 29 日开庭。

(二)拍“苍蝇”:在惩治“微腐败”特别是扶贫领域腐败上出实招

人民群众对不正之风与腐败问题深恶痛绝,但往往又无能为力,对深入推进反腐倡廉充满期盼。坚持老虎苍蝇一起打,是十八大以来反腐败的重要理念,2016 年在拍“苍蝇”上迈出了更大步伐,回应了广大人民群众的殷切期盼。有媒体将“惩微腐”作为 2016 反腐三大亮点之中[6]。

1. 拍“苍蝇”提到更加突出位置

在十八届中央纪委六次全会上,习近平总书记明确了做好 2016 年党风廉政建设和反腐败工作的五个重点,其中第四个就是“推动全面从严治党向基层延伸”。他形象而又深刻地指出:“相对于‘远在天边’的‘老虎’,群众对‘近在眼前’嗡嗡乱飞的‘蝇贪’

---

[1] 蔡长春:《三十六名“大老虎”获刑》,载《法制日报》2017 年 1 月 10 日,第 1 版。

[2] 反映在《法制日报》2017 年 1 月 10 日第 1 版“法治中国行 · 司法惩腐”栏目的不同文章中,其中,《严惩腐败,司法机关勇立潮头》一文写道:“仅仅 2016 年一年,检察机关就通过国际追逃从 18 个国家和地区引渡、遣返职务犯罪嫌疑人 41 人,追回涉案金额人民币 5.16 亿元。同样在这一年,全国法院系统共一审开庭审理省部级及以上落马官员 42 人,宣判 34 人,创十八大以来历年之最。”《三十六名“大老虎”获刑》则写道:“2016 年,全国法院共一审开庭审理原省部级以上落马官员 44 人,36 名‘大老虎’获刑。”

[3] 蔡长春、李豪:《密集“审虎”彰显司法惩腐决心》,载《法制日报》2016 年 12 月 28 日,第 3 版。

[4] 冀天福、赵晖:《国家体育总局原副局长肖天受贿 796 万一审获刑十年半》,载《人民法院报》2016 年 12 月 27 日,第 3 版。

[5] 张之库、王建鹏:《受贿 3881 万元还有 968 万元财产来源不明　中铝公司原总经理孙兆学一审获刑 16 年》,载《人民法院报》2016 年 12 月 28 日,第 3 版。

[6] 陈磊:《2016 反腐三大亮点:严追逃　惩微腐　立规矩》,载《法制日报》2016 年 12 月 17 日,第 1 版。

感受更为真切。‘微腐败’也可能成为‘大祸害’，它损害的是老百姓切身利益，啃食的是群众获得感，挥霍的是基层群众对党的信任。对基层贪腐以及执法不公等问题，要认真纠正和严肃查处，维护群众切身利益，让群众更多感受到反腐倡廉的实际成果。”〔1〕王岐山书记在十八届中央纪委六次全会上的工作报告，也对拍苍蝇、惩治“微腐败”予以了重点强调。一方面，将“着力解决群众身边的不正之风和腐败问题”写入2016年工作总体要求中，这是工作总体要求中唯一出现“着力”之处。另一方面，将“坚决整治和查处侵害群众利益的不正之风和腐败问题，切实加强基层党风廉政建设”作为2016年七项主要任务的第六项〔2〕，这是十八大以来中央纪委全会报告首次将拍苍蝇作为年度主要任务之一予以部署。

2. 加大拍“苍蝇”力度

坚决整治和查处侵害群众利益的不正之风和腐败问题，基层是“主战场”，要求县乡党委发挥关键作用，县乡纪委将其作为主要工作任务。然而，由于责任传导不足、问责压力不够等原因，一段时间内，部分县乡党委、纪委并未发挥好“主力军”作用，出现了“上面九级风浪、下面纹丝不动”等问题。〔3〕针对这种情况，上级纪委加大了责任传导力度，“重点督查督办，巡察处置问责。中央纪委对问题反映集中的21个县市区、164个扶贫领域腐败问题重点督办，对40起典型案例通报曝光。省区市纪委对122个县市区重点督查，限期办结。市县纪委建立工作台账，开展专项巡察，对违反纪律、失职失责，不作为、乱作为的基层党员干部严肃查处和问责。2016年，全国共处分乡科级及以下干部39.4万人，增长24%，其中处分村党支部书记、村委会主任7.4万人，增长12%。”〔4〕一些地方还开展了“拍苍蝇”的专项行动，如，湖南在全省开展“雁过拔毛”式腐败问题专项整治，对侵害群众利益的不正之风和腐败问题进行全面排查、集中攻坚，全年共立案调查雁过拔毛式腐败问题5675件，处理7951人，追缴资金3.69亿元，清退资金7025.06万元。〔5〕

---

〔1〕习近平：《在第十八届中央纪律检查委员会第六次全体会议上的讲话》，载《人民日报》2016年5月3日，第2版。

〔2〕王岐山：《全面从严治党　把纪律挺在前面　忠诚履行党章赋予的神圣职责——在中国共产党第十八届中央纪律检查委员会第六次全体会议上的工作报告》（2016年1月12日），载《人民日报》2016年1月25日，第3版。

〔3〕毛翔：《严查“微腐败”　增强“获得感”——2016年党风廉政建设和反腐败工作系列报道之六》，载《中国纪检监察报》2017年1月3日，第1版。

〔4〕王岐山：《推动全面从严治党向纵深发展　以优异成绩迎接党的十九大召开——在中国共产党第十八届中央纪律检查委员会第七次全体会议上的工作报告》（2017年1月6日），载《人民日报》2017年1月20日，第4版。

〔5〕张斌、邹太平：《斩断雁过拔毛“黑手”》，载《湖南日报》2017年1月9日，第5版。

3.严惩扶贫领域腐败

向扶贫领域的腐败开火,事关全面建成小康社会,事关人民群众对反腐倡廉的获得感,成为了2016年拍苍蝇的重中之重。从纪检监察机关与检察机关来看,都进行了专项安排。就纪检监察机关而言,2016年4月22日,中央纪委召开扶贫领域监督执纪问责工作座谈会,要求以零容忍的态度严惩扶贫领域腐败问题。“中央纪委作出专项部署,对信访举报中涉及扶贫的问题建立移送查处工作机制。”[1]“据初步统计,2016年1月至11月,全国共查处扶贫领域腐败问题13285件,处理16487人。”[2]就检察机关而言,最高人民检察院和国务院扶贫办共同决定,从2016年1月至2020年12月,在全国范围内共同开展为期5年的集中整治和加强预防扶贫领域职务犯罪专项工作。据统计,2016年1至5月,全国检察机关共立案侦查扶贫开发领域职务犯罪案件658人,同比上升53.7%。立案侦查涉农领域职务犯罪案件4775人。其中,查办涉农扶贫领域渎职犯罪975人。[3]

(三)猎“狐狸”:追回极具代表性的逃犯

大力开展反腐败国际追逃追赃,把惩治腐败的天罗地网撒向全球,让已经潜逃的无处藏身,让企图外逃的丢掉幻想,是十八大以来反腐败的一个突出亮点。2016年的追逃追赃,又交出了不俗的成绩单。

1.追逃:“百名红通人员”头号嫌犯从美国回国投案自首

“2016年,我国共追回外逃人员1046人,大大超过新增外逃人数。继2015年首次实现追回与外逃人数反转的态势下,2016年这一比例进一步增大”,实现了从“跑得多、追回少”到“追回多、跑得少”的变化。[4] 不仅面上追回人数大超新增外逃人员,而且追回的外逃人员的“含金量”也不容小觑,突出表现在“百名红通人员”[5]的追回上。截至2016年年底,“百名红通人员”已有37人落网,其中2016年追回19名,超过一半。不仅如此,“百名红通人员”中前五名中有两名归案,特别是头号嫌犯杨秀珠从美国回国投案自首[6],

---

[1] 王岐山:《推动全面从严治党向纵深发展 以优异成绩迎接党的十九大召开——在中国共产党第十八届中央纪律检查委员会第七次全体会议上的工作报告》,载《人民日报》2017年1月20日,第4版。

[2] 杨巨帅:《突出扶贫领域 严惩“蝇贪”保民利》,载《中国纪检监察》2017年第1期。

[3] 戴佳:《前5月立案侦查扶贫开发领域职务犯罪658人》,载《检察日报》2016年6月24日,第1版。

[4] 滕抒:《从“跑得多、追回少”到“追回多、跑得少”》,载《中国纪检监察》2017年第1期。

[5] 2015年4月,国际刑警组织中国国家中心局集中公布针对100名涉嫌犯罪的外逃国家工作人员、重要腐败案件涉案人等人员的红色通缉令。

[6] 王岐山书记在总结2016年追逃追赃工作时特别提到:“红色通缉令头号嫌犯杨秀珠、5号嫌犯闫永明等重点人员被缉拿归案或投案自首。”王岐山:《推动全面从严治党向纵深发展 以优异成绩迎接党的十九大召开——在中国共产党第十八届中央纪律检查委员会第七次全体会议上的工作报告》,载《人民日报》2017年1月20日,第4版。

具有重要的象征意义，标志着反腐败国际追逃追赃工作取得了重要突破，海外“避罪所”坍塌、“海外不是法外”的反腐败态势已经形成。[1]

2. 追赃：出现“人赃俱获、罪罚兼备”的代表性案例

在追逃快马加鞭的同时，追赃也毫不放松。2016 年，“天网”行动共追回赃款 24.08 亿元[2]，其中，潜逃海外 15 年之久的“百名红通人员”第 5 号嫌犯闫永明归案，实现了“人赃俱获、罪罚兼备”的目标，具有代表性。[3]

以追逃追赃为切入点倡导构建国际反腐败新秩序。2016 年 9 月，世界瞩目的 G20 杭州峰会举行，G20 各国领导人一致批准通过《二十国集团反腐败追逃追赃高级原则》、在华设立 G20 反腐败追逃追赃研究中心、《二十国集团 2017－2018 年反腐败行动计划》。这是我国积极开展反腐外交，推动构建国际反腐新秩序的又一标志性成果。特别是作为《北京反腐败宣言》升级版[4]的《二十国集团反腐败追逃追赃高级原则》，内容涉及拒绝腐败分子入境、建立个案协查机制、完善合作法律框架等多个方面，明确要求各国为追逃追赃工作创造有利条件；开创性地提出“零容忍”“零漏洞”“零障碍”重要原则，合作目标更加明确，合作措施和路径更加具体，把《北京反腐败宣言》变成行动，[5]影响十分深远。

三、2016 年的治本防腐：不能腐与不想腐继续强化

对于反腐败的治本之策有具体范畴，说法不一。本文结合当代中国反腐败的政策与实践，从五个方面进行梳理。

（一）倡廉以反腐：促进筑牢拒腐防变思想道德防线

管子曾云：“廉不蔽恶。”今天，“反腐倡廉”一词说明反腐与倡廉是一体两面。廉洁与腐败相对，此消彼长，廉强则腐必弱，倡廉无疑是反腐的治本之策，属于源头反腐的范畴。

1. 坚持高标准和守底线相结合，促进筑牢拒腐防变思想道德防线

2017 年 1 月 6 日，习近平总书记在十八届中央纪委七次全会上发表重要讲话时，

---

[1] 杨晓超：《推动反腐败国际合作和追逃追赃向纵深发展》，载《人民日报》2016 年 12 月 9 日，第 11 版。

[2] 窦克林：《境外非法外　避罪天堂不再》，载《中国纪检监察》2017 年第 1 期。

[3] 罗宇凡：《“百名红通人员”闫永明从新西兰回国投案自首》，载《中国纪检监察报》2016 年 11 月 13 日，第 1 版。

[4] 瞿芃：《讲好中国故事　赢得世界掌声——写在第十三个国际反腐败日》，载《中国纪检监察报》2016 年 12 月 9 日，第 2 版。

[5] 朱基钗、罗宇凡：《天网恢恢　虽远必追——我国反腐败国际合作和追逃追赃成果纪实》，载《人民公安报》2016 年 12 月 10 日，第 4 版。

总结了十八大以来开展党风廉政建设和反腐败斗争的四条重要启示和经验,其中第一条就是“要坚持高标准和守底线相统一,教育引导党员、干部自觉向着理想信念高标准努力,同时要以党的纪律为尺子,使党员、干部知敬畏、存戒惧、守底线。”[1]2015年修订出台的《廉洁自律准则》和《纪律处分条例》分别划出了高标准与底线,是坚持高标准和守底线相统一的集中体现。两部法规于2016年1月1日实施,换言之,2016年是以上两部法规的实施元年。这一年,中央对坚持高标准和守底线相统一高度重视,反复强调,部署的时间早、规格高,要求明确具体,集中体现习近平总书记2016年1月在十八届中央纪委六次全会上,专门用两个自然段、339字讲了一个要点“坚持高标准和守底线相结合”,强调“全面从严治党,既要注重规范惩戒、严明纪律底线,更要引导人向善向上,发挥理想信念和道德情操引领作用。”其中的“更要”指向明确,毫不含糊。他既阐述了为什么要坚持高标准和守底线相结合的理由,指出“只有在立根固本上下功夫,才能防止歪风邪气近身附体”;又提出了坚持高标准和守底线相结合的三条具体要求,如,各级党组织要教育引导党员、干部坚定理想信念,坚持“三个自信”,坚守共产党人精神追求,筑牢拒腐防变思想道德防线。[2] 王岐山书记也在部署2016年工作时指出:“各级党组织要把贯彻廉洁自律准则作为改进作风的重要抓手,引导党员干部培养高尚道德情操、抵制不良风气。”[3]

从实践来看,2016年开展“两学一做”学习教育,各级党组织教育引导广大党员坚定理想信念,增强宗旨意识,践行廉洁自律;中央纪委监察部网站《中国传统中的家规》《廉洁文化公开课》等专题专栏办出了影响;中央纪委领导同志深入省区市、中央单位作党内法规辅导报告100多场,在中央党校省部班开设严重违纪违法案例分析课;中央纪委宣传部、中央电视台联合制作了大型电视专题片《永远在路上》,播放后引起了党内外强烈反响;编发严重违纪中管干部及其配偶、子女忏悔录,强化警示教育;运用湖南衡阳破坏选举案、四川南充拉票贿选案、辽宁拉票贿选案,深入开展警示教育[4],等等,促进了坚持高标准和守底线相统一的思想自觉与行动自觉。

---

[1] 《习近平在十八届中央纪委七次全会上发表重要讲话强调 全面贯彻落实党的十八届六中全会精神 增强全面从严治党系统性创造性实效性》,载《人民日报》2017年1月7日,第1版。

[2] 习近平:《在第十八届中央纪律检查委员会第六次全体会议上的讲话》,载《人民日报》2016年5月3日,第2版。

[3] 王岐山:《全面从严治党 把纪律挺在前面 忠诚履行党章赋予的神圣职责——在中国共产党第十八届中央纪律检查委员会第六次全体会议上的工作报告》,载《人民日报》2016年1月25日,第3版。

[4] 王岐山:《推动全面从严治党向纵深发展 以优异成绩迎接党的十九大召开——在中国共产党第十八届中央纪律检查委员会第七次全体会议上的工作报告》,载《人民日报》2017年1月20日,第4版。

2. 构建以“亲”“清”为内核的新型政商关系

腐败是个综合性问题，是政治问题与经济问题、历史问题与现实问题的复合，官商勾结、权钱交易是其要害所在，一个重要方面就是商人向官员行贿、输送利益，官员接受商人贿赂甚至索贿。十八大以来查处的部分腐败案件涉及企业，包括民营企业。有些是涉案领导干部主动索贿，有些则是企业经营者主动行贿。针对这种现象，习近平总书记2016年3月4日下午在看望参加全国政协十二届四次会议的民建、工商联委员并参加联组会时，强调构建新型政商关系，为防治官商勾结开出了药方。

习近平总书记以“亲”“清”两个字予以概括新型政商关系。对领导干部而言，“亲”就是要坦荡真诚同民营企业接触交往，特别是在民营企业遇到困难和问题情况下更要积极作为、靠前服务，对非公有制经济人士多关注、多谈心、多引导，帮助解决实际困难，真心实意支持民营经济发展；“清”就是同民营企业家的关系要清白、纯洁，不能有贪心私心，不能以权谋私，不能搞权钱交易。对民营企业家而言，“亲”就是积极主动同各级党委和政府及部门多沟通多交流，讲真话，说实情，建诤言，满腔热情支持地方发展；“清”就是要洁身自好、走正道，做到遵纪守法办企业、光明正大搞经营。[1]

“当前领导干部违纪的一个突出特点，是政治利益和经济利益混杂、政治问题和腐败问题交织。”[2]“坚决查处政治问题和经济问题相互交织的腐败现象”[3]，是十八大以来反腐败的一个重要方面。《二十国集团2017—2018年反腐败行动计划》在第一段的结尾写道：“任何国家都无法免受腐败困扰，任何政府都无法单独对抗腐败，我们需要来自商界和公民社会的支持，共同预防和揭露腐败。”习近平总书记明确提出新型政商关系的重大命题，并以“亲”“清”二字予以概括，有助于遏制政治问题和经济问题相互交织的腐败现象，改善经济发展环境与政治生态。

3. 凸显“廉洁”对于党和党中央的不可或缺性

在2016年12月26日至27日召开的中共中央政治局民主生活会上，“习近平指出，党要赢得民心，党中央要有权威，必须廉洁。要强化宗旨意识，坚定理想信念和精神追求，端正思想品行，提升道德境界，带头推动党风建设。要求全党做到的，中央政治局的同志首先要做到。要提高廉洁自律意识，在依法用权、正确用权、干净用权中保

---

〔1〕习近平：《毫不动摇坚持我国基本经济制度　推动各种所有制经济健康发展》，载《人民日报》2016年3月9日，第2版。

〔2〕《力度不减　节奏不变》，载《中国纪检监察报》2016年4月11日，第1版。

〔3〕《中共中央政治局召开会议　研究部署党风廉政建设和反腐败工作》，载《人民日报》2016年12月29日，第1版。

持廉洁,在守纪律、讲规矩、重名节中做到自律。”[1]对这段话可做两方面分析:一方面,“党要赢得民心,党中央要有权威,必须廉洁”,是一个新的十分重要的价值论断,回答了“为何要廉洁”的问题,深刻揭示了廉洁对于党和党中央的极端重要性、不可或缺性,蕴含着“廉洁政党”的大命题。另一方面,“在依法用权、正确用权、干净用权中保持廉洁,在守纪律、讲规矩、重名节中做到自律”,言简意赅地指出了如何“保持廉洁”、如何“做到自律”的方法,具有很强的思想性与指导性。

(二)正风以反腐:防止“温水煮青蛙”

“正风反腐”“党风廉政建设和反腐败斗争”这两句流行语,直观表明作风建设与反腐败的关系密切。“还有些不正之风也属于腐败范畴,比如,收受礼品、滥发奖金,摊派商品、公费旅游,江湖结义、投桃报李,购物卡、消费券四处发送,等等。[2]“可以说所有腐败问题起初往往都是从作风失范开始的……几顿饭,几杯酒,几张卡,温水煮青蛙,不知不觉,一失足成千古恨。”[3]要言之,不正之风与腐败之间没有绝对界限,“不正之风是滋生腐败的温床,加强党的作风建设是反腐败的治本之策。”[4]

1.“中央八项规定这个概念已经深入人心”

中央八项规定是全面从严治党的“动员令”。2016年12月26日至27日召开的中共中央政治局民主生活会,首先审议了《关于贯彻执行中央八项规定精神、落实加强作风建设措施的情况报告》,对一年来落实中央八项规定情况给予肯定,“中央八项规定这个概念已经深入人心,把规矩和尺度立起来了。”[5]在贯彻落实中央八项规定精神方面,2016年坚持标准不降低、狠抓落实不放松,“全国共查处违反中央八项规定精神问题4.1万起,处理党员干部5.8万人,给予纪律处分4.3万人”[6],三项指标都比2015年多。

---

[1] 《中共中央政治局召开民主生活会 对照贯彻落实党的十八届六中全会精神 研究加强党内政治生活和党内监督措施》,载《人民日报》2016年12月28日,第1版。

[2] 转引自:《习近平总书记关于推动全面从严治党向基层延伸重要论述摘录(2013年2月—2016年1月)》,载《中国纪检监察》2016年第7期。

[3] 系习近平总书记2015年全国两会期间参加江西代表团审议时所强调。转引自陈晨、石志勇:《“温水煮青蛙”考验官员“底线”意识》,载《新华每日电讯》2015年4月12日,第2版。

[4] 摘自中共中央印发的《建立健全惩治和预防腐败体系2013—2017年工作规划》,载《中国监察》2014年第1期。

[5] 《中共中央政治局召开民主生活会 对照贯彻落实党的十八届六中全会精神 研究加强党内政治生活和党内监督措施》,载《人民日报》2016年12月28日,第1版。

[6] 王岐山:《推动全面从严治党向纵深发展 以优异成绩迎接党的十九大召开——在中国共产党第十八届中央纪律检查委员会第七次全体会议上的工作报告》,载《人民日报》2017年1月20日,第4版。

表5　2013~2016年查处违反中央八项规定精神问题对比[1]

项目＼时间	2013年	2014年	2015年	2016年
查处违纪违规问题(起)	2.4万	5.3万	3.7万	4.1万
处理党员干部(人)	3万多	7.1万	4.9万	5.8万
给予党纪政纪处分(人)	7600多	2.3万	3.4万	4.3万

2. 反“四风”从面上纠正向纵深发展

面对不正之风的新动向、新花样，各级纪检监察机关以抓铁有痕、踏石留印的精神，既一如既往紧盯年节假期，一个节点一个节点坚守，又创新监督执纪方式方法，严查快处改头换面、转入地下的隐形变异“四风”问题。据报道，2016年全国查处“四风”问题中，隐形变异问题占12.1%，高于2013年至2015年的平均水平，表明查处力度不断加大。[2] 此外，还对巡视、信访和执纪审查中发现的“四风”问题线索专项处置，深挖细查、决不放过。2016年1月至8月，各级纪检监察机关在执纪审查中发现“四风”问题线索1.76万件，查实0.9万件，处分处理、谈话教育1.2万人[3]。

3. 家风建设从领导干部推向广大家庭

众所周知，习近平总书记多次强调家风建设，在2016年也不例外。2016年1月12日，他在十八届中央纪委六次全会上，以4个自然段、698个字的篇幅，对2016年党风廉政建设和反腐败工作的第二个重点“坚持坚持再坚持，把作风建设抓到底”进行了部署，其中，第二与第三个自然段专讲家风问题，共426字，超过第二个重点所有字数的60%，充分体现了习近平总书记对家风建设的高度重视，也折射出家风建设在作风建设中的重要地位。用他的话来说：“这里，我还要强调一下家风问题。从近年来查处的腐败案件看，家风败坏往往是领导干部走向严重违纪违法的重要原因。”[4]

从实践来看，2016年的家风建设至少有两个方面的重要进展。一方面是领导干部的家风建设深入推进。在2015年上海先行开展试点的基础上，北京、广东、重庆、新疆2016年也开展规范领导干部配偶、子女及其配偶经商办企业的行为试点。另一方面是习近平总书记2016年12月12日在第一届全国文明家庭表彰大会上发出了“广大家庭都要弘扬优良家风”的动员令，指明了当前和今后家风建设的重要发展方向。他强调：

---

[1] 资料来自王岐山书记2014年以来在中央纪委全体会议上的工作报告。

[2] 杨巨帅：《深化严纠“四风”　持续打造亮丽名片》，载《中国纪检监察》2017年第1期。

[3] 《盘点2016：从变化看深化》，载《中国纪检监察》2017年第1期。

[4] 习近平：《在第十八届中央纪律检查委员会第六次全体会议上的讲话》，载《人民日报》2016年5月3日，第2版。

“家风是社会风气的重要组成部分。……广大家庭都要弘扬优良家风,以千千万万家庭的好家风支撑起全社会的好风气。特别是各级领导干部要带头抓好家风。”[1]既强调领导干部要带头抓好家风,又不将家风建设的要求限于领导干部,而是对广大家庭提出弘扬优良家风的要求,必将推动家风建设开创新局面。

(三)肃纪以反腐:改变要么是“好同志”要么是“阶下囚”状况

2015年1月召开的十八届中央纪委五次全会强调:“纪律是党的生命,纪律建设就是治本之策。”[2]“要把纪律建设作为治本之策,摆在更加重要地位。”[3]纪律建设的要义在于惩前毖后、治病救人,以改变要么是“好同志”要么是“阶下囚”[4]的状况。2016年,纪律建设得到进一步加强,促进了反腐败的深化。

1. 实施“史上最严党纪”

2015年,中央修订出台新的《中国共产党纪律处分条例》,号称“史上最严党纪”。2016年是该条例实施第一年,各级党组织学习贯彻该条例,各级纪委加强对该条例执行情况的监督检查。在实施条例、力挺纪律的进程中,把严明政治纪律和政治规矩放在首位,坚持纪在法前,注重解决突出问题,维护党纪的严肃性。如,排查清理移送检察机关前未作出纪律处分、被判刑党员未受到党纪处分的情况,在狱中服刑的1.8万名“党员”均被依规依纪开除党籍,制定《关于进一步规范对涉嫌违法犯罪党员作出纪律处分工作的意见》,从源头上解决了“带着党籍蹲监狱”问题。[5]

2. 严明换届纪律,把好政治关、廉洁关

2016年是十八大后首次地方大换届之年,换届任务十分繁重,党内外高度关注。1月,中组部会同中央纪委机关印发《关于加强换届风气监督的通知》,释放了正风肃纪的强烈信号,宣示了从严从实的坚决态度。[6] 该通知明确“九个严禁”“九个一律”等多项纪律要求,对保证换届风清气正具有重要意义。中央还严肃查处了前几年辽宁

[1] 习近平:《在会见第一届全国文明家庭代表时的讲话》(2016年12月12日),载《人民日报》2016年12月16日,第2版。

[2] 《中国共产党第十八届中央纪律检查委员会第五次全体会议公报》(2015年1月14日中国共产党第十八届中央纪律检查委员会第五次全体会议通过),载《中国纪检监察报》2015年1月15日,第1版。

[3] 王岐山:《依法治国 依规治党 坚定不移推进党风廉政建设和反腐败斗争——在中国共产党第十八届中央纪律检查委员会第五次全体会议上的工作报告》,载《人民日报》2015年1月30日,第3版。

[4] 《王岐山在福建调研时强调 全面从严治党 严明党的纪律 把握运用监督执纪“四种形态”》,载《中国纪检监察报》2015年9月27日,第1版。

[5] 王岐山:《推动全面从严治党向纵深发展 以优异成绩迎接党的十九大召开——在中国共产党第十八届中央纪律检查委员会第七次全体会议上的工作报告》,载《人民日报》2017年1月20日,第4版。

[6] 《着力营造风清气正换届环境 确保换届工作有序健康平稳进行——中组部负责人就换届风气监督工作答记者问》,载《中国纪检监察报》2016年4月19日,第1版。

省委换届、省人大常委会换届以及全国人大代表选举中出现的系统性拉票贿选问题，共查处955人，其中中管干部34人[1]，并通报全党，可谓敲响了严肃换届纪律的最强警钟。

此外，各级纪委围绕产生党代会代表、党委委员和纪委委员、地方领导班子换届，扎实做好基础工作，梳理人选遵守政治纪律、廉洁纪律情况，以零容忍态度保持对换届中不正之风的高压态势，推动形成良好政治生态。2016年，中央纪委共回复党风廉政意见征求函1381人次。[2] 在贵州，经听取纪检监察机关意见，300余名干部被取消换届提名人选、考察对象资格；经对有关信访举报进行调查核实，40余名干部被取消考察对象资格。[3]

3. 惩前毖后、治病救人，实践监督执纪“四种形态”

产生于2015年9月的监督执纪“四种形态”[4]，在2016年进入贯彻落实的快车道：2016年1月12日，王岐山书记在十八届中央纪委六次全会上的工作报告中要求实践好“四种形态”，把“四种形态”运用情况作为检验工作的标准[5]；8月至9月，中央纪委在北京、山西、浙江等地召开实践监督执纪“四种形态”调研座谈会，释放推动“四种形态”强烈信号；12月，中央纪委办公厅印发《纪检监察机关监督执纪“四种形态”统计指标体系（试行）》。该体系设置了5类56项统计指标，为统计和反映纪检监察机关运用监督执纪“四种形态”的情况提供了依据。[6]

---

[1] 陈英华：《反腐败斗争压倒性态势已经形成——2016年党风廉政建设和反腐败工作系列报道之五》，载《中国纪检监察报》2017年1月2日，第1版。

[2] 王岐山：《推动全面从严治党向纵深发展 以优异成绩迎接党的十九大召开——在中国共产党第十八届中央纪律检查委员会第七次全体会议上的工作报告》，载《人民日报》2017年1月20日，第4版。

[3] 陈治治：《风清气正换届 “山清水秀”可待》，载《中国纪检监察报》2016年12月15日，第1版。

[4] 监督执纪“四种形态”最初由王岐山书记2015年9月在福建调研并主持召开座谈会时提出，并于2016年10月27日载入十八届六中全会通过的《中国共产党党内监督条例》。该条例第7条规定：“党内监督必须把纪律挺在前面，运用监督执纪‘四种形态’，经常开展批评和自我批评、约谈函询，让‘红红脸、出出汗’成为常态；党纪轻处分、组织调整成为违纪处理的大多数；党纪重处分、重大职务调整的成为少数；严重违纪涉嫌违法立案审查的成为极少数。”

[5] 王岐山：《全面从严治党 把纪律挺在前面 忠诚履行党章赋予的神圣职责——在中国共产党第十八届中央纪律检查委员会第六次全体会议上的工作报告》，载《人民日报》2016年1月25日，第3版。

[6] 张磊：《纪检监察机关“四种形态”统计指标体系印发 实践“四种形态”有了“晴雨表”》，载《中国纪检监察报》2016年12月28日，第1版。

表6　全国纪检监察机关实践“四种形态”[1]

事项＼年度	2015年	2016年
谈话函询件次	5.4万	14.1万
澄清了结件次	2.8万	30.5万
诫勉谈话人数	—	3.1万
纪律轻处分人数	20万	31万
纪律重处分人数	8.2万	10.5万
严重违纪涉嫌违法移送司法机关的人数	—	1.1万

上表反映的是面上的整体情况,从中管干部群体这个“点”来看,中央纪委数据显示,2016年1月至11月,中央纪委处置反映中管干部问题线索中,谈话函询1305件次,比2015年同期增长96.5%。2016年已办结的77件中管干部违纪案件中,按第二和第三种形态处理的案件57件,占74%,比2015年增长90%;按第四种形态处理的案件20件,占26%,比2015年减少56.5%。[2] 概言之,无论从面上还是点上来看,实践“四种形态”后,纪检监察机关强化了日常监督执纪,更加注重把纪律挺在前面,抓早抓小、动辄则咎,“红脸出汗”渐成常态,监督执纪工作出现了不可忽视的结构性变化,即“工作重心由‘法’转向‘纪’”[3]有论者以“四种形态”改变了政治生态予以评之。[4]

(四)改革以反腐:铲除腐败现象滋生蔓延的土壤

2010年,我国首次发表关于反腐的白皮书——《中国的反腐败和廉政建设》,它包括八个部分,其中第五部分是“通过体制改革和制度创新防治腐败”,强调这是“从源头上防治腐败”。2013年4月19日下午,中共中央政治局就我国历史上的反腐倡廉进行第五次集体学习。习近平总书记在主持学习时强调,要加强对典型案例的剖析,深化腐败问题多发领域和环节的改革,最大限度减少体制缺陷和制度漏洞,通过深化改革

[1] 资料来自王岐山书记在十八届中央纪委六次全会与七次全会上的工作报告。2015年有两处没有相关数据,故空格不填。

[2] 罗宇凡、罗争光:《把纪律挺在前面　用好监督执纪“四种形态”——2016年正风反腐新成就盘点》,载《新华每日电讯》2017年1月4日,第1版。

[3] 瞿芃、张磊:《标本兼治的有效途径——各地区各部门把握运用“四种形态”工作见闻》,载《中国纪检监察报》2016年10月19日,第1版。

[4] 康潇宇:《“四种形态”改变了政治生态——2016年党风廉政建设和反腐败工作系列报道之三》,载《中国纪检监察报》2016年12月30日,第1版。

不断铲除腐败现象滋生蔓延的土壤。[1] 改革涉及面广，改革以反腐中的“改革”，有广义与狭义两个层面，就狭义而言，指反腐败的工作体制机制改革；就广义而言，则不限于反腐败的工作体制机制改革，还包括行政许可制度改革、预算制度改革、招投标制度改革等方面。十八大后，我国进入全面深化改革的新时期，不管是广义的改革还是狭义的反腐败工作体制机制改革，都有大动作。限于篇幅，本文仅分析反腐败工作体制改革，2016 年的一个重要特点是在纪律检查体制改革深入推进的同时，启动了国家监察体制改革试点。

1. 党委主体责任和纪委监督责任在深化中进一步落实

2013 年出台的《中共中央关于全面深化改革若干重大问题的决定》指出：“落实党风廉政建设责任制，党委负主体责任，纪委负监督责任。”随着反腐倡廉、管党治党的深入，两个责任的定位再深化。2016 年 1 月 12 日，习近平总书记在十八届中央纪委六次全会上指出：“从党风廉政建设主体责任到全面从严治党主体责任，不只是字面上的变化，更是实践的发展、认识的深化。党风廉政建设和反腐败工作是全面从严治党的一部分，党的建设必须全面从严，各级党组织及其负责人都是责任主体。”[2] 这既说明了主体责任定位变化的理由，也明确提出了落实主任责任的要求。2015 年，共有 850 余个单位的党委（党组）、纪委（纪检组）和 1.5 万余名党员领导干部，因落实“两个责任”不力受到责任追究。[3] 2016 年，中央颁布问责条例，各级党委和纪委贯彻执行问责条例，对党的领导核心作用弱化、管党治党不严不实、“四风”和腐败问题频发等进行问责，全国共有 990 个单位党组织和 1.7 万名党员领导干部被问责，数量超过 2015 年。[4] 在这过程中，上至中央委员，下至村（居）党组织负责人，问责实现“全覆盖”[5]，对民政部党组、驻民政部纪检组管党治党不力、发现问题不报告不处置进行严肃问责，就是一个典型例子。

2. 纪委双重领导体制改革进一步落实

《中共中央关于全面深化改革若干重大问题的决定》指出：“推动党的纪律检查工

---

[1] 《积极借鉴我国历史上优秀廉政文化　不断提高拒腐防变和抵御风险能力》，载《光明日报》2013 年 4 月 21 日，第 1 版。

[2] 习近平：《在第十八届中央纪律检查委员会第六次全体会议上的讲话》，载《人民日报》2016 年 5 月 3 日，第 2 版。

[3] 王岐山：《全面从严治党　把纪律挺在前面　忠诚履行党章赋予的神圣职责——在中国共产党第十八届中央纪律检查委员会第六次全体会议上的工作报告》，载《人民日报》2016 年 1 月 25 日，第 3 版。

[4] 王岐山：《推动全面从严治党向纵深发展　以优异成绩迎接党的十九大召开——在中国共产党第十八届中央纪律检查委员会第七次全体会议上的工作报告》，载《人民日报》2017 年 1 月 20 日，第 4 版。

[5] 胡静：《失责必问渐成常态　压力传导促责任担当》，载《中国纪检监察》2017 年第 1 期。

作双重领导体制具体化、程序化、制度化,强化上级纪委对下级纪委的领导。查办腐败案件以上级纪委领导为主,线索处置和案件查办在向同级党委报告的同时必须向上级纪委报告。各级纪委书记、副书记的提名和考察以上级纪委会同组织部门为主。”2016年,以上“两为主”与“两报告”得到进一步落实。如,多名省级纪委书记由中央纪委空降,多名地级市纪委书记由省级纪委空降,说明“两为主”在落实;2016年新修订的《中国共产党党内监督条例》第26条规定,“纪委发现同级党委主要领导干部的问题,可以直接向上级纪委报告;下级纪委至少每半年向上级纪委报告1次工作,每年向上级纪委进行述职”,从制度上巩固了“两报告”改革成果。

3. 巡视全覆盖接近尾声

《中共中央关于全面深化改革若干重大问题的决定》指出:“改进中央和省区市巡视制度,做到对地方、部门、企事业单位全覆盖。”[1]从中央来看,巡视对象有280多个,由地方、部门、央企、金融、事业五大板块构成,巡视全覆盖每年都覆盖完一个板块:2014年完成对地方的全覆盖,2015年完成对国有重要骨干企业和中央金融单位两大板块的全覆盖,2016年节奏更快、力度更大,3轮巡视共覆盖91家单位党组织,占中央全覆盖任务总数的三分之一,系历年巡视单位数最高,继完成对地方、国有重要骨干企业、中管金融单位全覆盖之后,又完成了对中央和国家机关的全覆盖。截至2016年,十八届中央巡视已开展11轮,覆盖了240多个党组织,全覆盖率达90%。[2] 按照十八届中央纪委七次全会的布置,今年上半年就会完成对中管高校的巡视[3],从而实现中央巡视的全覆盖,这是史上第一次,意义非凡。从地方来看,据中央巡视办统计,截至2016年年底,贵州、云南、山西、江西等16个省区市已完成巡视全覆盖,地方巡视总体覆盖率从2015年年底的61%提升至96%。[4]

在有力有序推进全覆盖的进程中,巡视的政治定位越来越准确,党中央把坚持党的领导、全面从严治党作为深化政治巡视的核心任务,巡视的利剑作用继续充分彰显。特别是十八大后中央巡视首现“回头看”,受到广泛关注。中央巡视组深化再巡视,第九轮、第十轮、第十一轮巡视共对北京、天津、重庆、辽宁等12个省区市开展“回头看”,

---

[1] 2016年新修订的《中国共产党党内监督条例》第19条进一步明确规定:“巡视是党内监督的重要方式。中央和省、自治区、直辖市党委一届任期内,对所管理的地方、部门、企事业单位党组织全面巡视。”

[2] 王鹏志:《利剑出鞘 愈露锋芒——2016年党风廉政建设和反腐败工作系列报道之二》,载《中国纪检监察报》2016年12月29日,第1版。

[3] 王岐山:《推动全面从严治党向纵深发展 以优异成绩迎接党的十九大召开——在中国共产党第十八届中央纪律检查委员会第七次全体会议上的工作报告》,载《人民日报》2017年1月20日,第4版。

[4] 陈永:《政治巡视擦亮利剑 全覆盖摁下快进键》,载《中国纪检监察》2017年第1期。

黄兴国、王珉、杨鲁豫、杨振超等“大老虎”应声落马[1]，辽宁拉票贿选案浮出水面，释放出巡视不是一阵风的强烈信号，充分体现了党内监督的严肃性和韧劲。

在中央巡视工作方针中，巡视全覆盖、全国一盘棋是一个整体。2016年，巡视全覆盖摁下快进键，“全国一盘棋”的大格局也进一步形成。中央巡视工作领导小组强化巡视队伍建设，加强对省区市和中央单位巡视工作的领导，省级巡视工作领导小组组长全部由纪委书记担任。2016年新修订的《中国共产党党内监督条例》第19条第2款规定：“中央巡视工作领导小组应当加强对省、自治区、直辖市党委，中央有关部委，中央国家机关部门党组（党委）巡视工作的领导。省、自治区、直辖市党委应当推动党的市（地、州、盟）和县（市、区、旗）委员会建立巡察制度，使从严治党向基层延伸。”这是对中央有关部委，中央国家机关部门党组（党委）开展巡视工作的明确授权，也为党的市（地、州、盟）和县（市、区、旗）委员会建立巡察制度提供了党内法规制度依据，有利于进一步形成巡视巡察有机衔接的工作格局。

4. 派驻全覆盖从中央向地方延伸

《中共中央关于全面深化改革若干重大问题的决定》指出：“全面落实中央纪委向中央一级党和国家机关派驻纪检机构，实行统一名称、统一管理。派驻机构对派出机关负责，履行监督职责。”到2015年年底，中央纪委设置47家派驻纪检机构，实现对中央一级党和国家机关派驻监督全覆盖。2016年，中央纪委派驻纪检组“探头”作用增强，共谈话函询2600件次，立案780件，给予纪律处分730人，分别增长134%、38%、56%。[2] 各省区市“照方抓药”，制定派驻纪检机构全覆盖改革方案，河北、安徽、福建、宁夏等省（区）已完成派驻机构组建工作，初步实现对省一级党和国家机关派驻监督全覆盖。[3]

5. 国家监察体制改革拉开大幕

2016年11月7日，新华社发布消息，近日，中共中央办公厅印发《关于在北京市、山西省、浙江省开展国家监察体制改革试点方案》，部署在3省市设立各级监察委员会，从体制机制、制度建设上先行先试、探索实践，为在全国推开积累经验。该消息包含诸多关于国家监察体制改革的重要信息，如国家监察体制改革的定位——是事关全局的重大政治改革，是国家监察制度的顶层设计；深化国家监察体制改革的目标——建立党统一领导下的国家反腐败工作机构；新监察机关的产生与运行——由省（市）人民代表大会产生省（市）监察委员会，作为行使国家监察职能的专责机关，监察委员会

---

[1] 王珍：《“回马枪”出其不意　显神威持续震慑》，载《中国纪检监察报》2017年1月8日，第2版。

[2] 王岐山：《推动全面从严治党向纵深发展　以优异成绩迎接党的十九大召开——在中国共产党第十八届中央纪律检查委员会第七次全体会议上的工作报告》，载《人民日报》2017年1月20日，第4版。

[3] 张国栋：《深化改革，探索强化党内监督和国家监察有效途径》，载《中国纪检监察》2017年第1期。

与党的纪律检查委员会合署办公,等等,一时成为热议话题。12月25日下午,全国人大常委会表决通过《全国人民代表大会常务委员会关于在北京市、山西省、浙江省开展国家监察体制改革试点工作的决定》,为改革试点提供了法定依据。该决定已于2016年12月26日起施行。

(五)立制以反腐:让权力不任性不懈怠[1]

把权力关进制度的笼子里,是反腐败的治本之策。反腐倡廉制度既包括有关的国家法律制度,也包括有关的党内法规制度。2016年在党内法规制度建设上又开创了多项第一,如12月24日至25日在京召开的全国党内法规工作会议系中国共产党史上首次。[2] 从反腐败的角度来看,2016年出台了对反腐败具有重要意义的《中国共产党问责条例》《关于新形势下党内政治生活的若干准则》《中国共产党党内监督条例》由"试行"而转正,可谓丰收之年。此外,还围绕制定《中国共产党纪律检查机关监督执纪工作规则(试行)》做了大量工作,为该规则2017年1月8日由十八届中央纪委七次全会通过奠定了基础[3]。

1. 出台首部规范党的问责工作的基础性法规——《中国共产党问责条例》

已于2016年7月8日起施行的《中国共产党问责条例》,是"第一部规范党的问责工作的基础性法规"[4],是反腐败的重要制度笼子。《联合国反腐败公约》第1条声明了公约的三个宗旨,其中第三个就是"提倡廉正、问责制和对公共事务和公共财产的妥善管理"。同时,根据该公约第5条第1款的规定,各缔约国不仅要有、要实行反腐败政策,而且这些政策应当体现问责制等原则。由此可见问责制对反腐倡廉的重要意义。从国内来看,前些年,中央纪委曾将推行行政问责制取得阶段性成效作为反腐败治本抓源头工作稳步推进的重要标志。[5] 2015年6月26日,习近平总书记在十八届

---

[1] 周锦尉:《筑牢"堤坝",远离权力任性和懈怠》,载《解放日报》2016年12月6日,第9版。

[2] 参见江必新:《国家权力的科学管理要有新作为》,载《北京日报》2015年3月9日,第17版;徐飞鹏:《学习国家主席习近平新年贺词 贯彻全国党内法规工作会精神》,载《北京日报》2017年1月5日,第1版。江必新先生在文中指出,传统思维往往重视控制权力的滥用,对权力懈怠的关注明显不够。如果说权力的滥用为积极之恶,权力的懈怠则为消极之恶。人民授予国家权力的目的是希望权力在科学的管理下能够更好地满足自身的需求。因此,权力的消极之恶,其恶并不亚于积极之恶。这一观点很有意义,有助于深入思考为官不为、庸政懒政怠政等问题与问责条例。

[3] 该规则回应"谁来监督纪委"的社会关切,是把纪委权力关进制度笼子、解决"灯下黑"的重大举措。鉴于该规则2017年1月8日通过,本文仅指出2016年做了前期工作,不详细介绍。

[4] 王岐山:《用担当的行动诠释对党和人民的忠诚》,载《人民日报》2016年7月19日,第2版。

[5] 邓联繁:《问责是从严治党的"杀手锏"》,载《检察日报》2016年7月2日,第8版。

中央政治局第二十四次集体学习时讲话指出："腐败的本质是权力出轨、越轨"[1]。结合中央反复强调的"权力就是责任"来看，腐败与责任缺失直接相关，由此不难理解，《联合国反腐败公约》第8条在规定公职人员行为守则时首先指出："为了打击腐败，各缔约国均应当根据本国法律制度的基本原则，在本国公职人员中特别提倡廉正、诚实和尽责。"问责条例表面是对失职失责说不，实质是促进担责尽责，既具有重要的震慑作用，有助于进一步强化"不敢腐"；也具有重要的遏制作用，有助于促进"不能腐""不敢腐"。[2]

2. 在保持1980年《关于党内政治生活的若干准则》的同时制定《关于新形势下党内政治生活的若干准则》

"法与时转则治，治与世宜则有功。"1980年制定的《关于党内政治生活的若干准则》，功不可没。与此同时，党内政治生活领域出现了不少新情况新问题，党面临不少新挑战新危险。十八届六中全会审议通过《关于新形势下党内政治生活的若干准则》，对加强和规范党内政治生活作出了新的制度安排。新准则最鲜明、最大的特点就是继承和创新的有机统一，"新老准则相互联系、一脉相承，都是当前和今后一个时期党内政治生活必须遵循的。"[3]同一主题的两个准则都适用，体现了对历史的尊重，是立制立规水平提高的重要标志。

新准则表面上与反腐败没有直接关系，其实不然。一方面，从下表来看，十二条准则的压轴者就是"保持清正廉洁的政治本色"[4]，这是原准则条目中所没有的。换言之，原准则不及新准则这样在条目中把反腐倡廉凸显出来。另一方面，"无数案例表明，不正之风和腐败问题只是'表'，党的观念淡漠、组织涣散、纪律松弛才是'里'，根子在于理想信念动摇、宗旨意识丧失、党的领导弱化，管党治党失之于宽、松、软"。[5] 因此，全面从严治党是解决腐败问题"根子"的必由之路，是对腐败问题的"釜底抽薪"之举。"这次全会通过的准则，既是党章规定和要求的具体化，也是近年来全面从严治党实践形成的一系列规定和举措的系统化。准则针对党内存在的突出矛盾和问题，从12

[1] 中共中央纪律检查委员会、中共中央文献研究室编：《习近平关于严明党的纪律和规矩论述摘编》，中央文献出版社、中国方正出版社2016年版，第63页。

[2] 邓联繁：《让失责必问成为常态》，载《光明日报》2016年7月17日，第7版。

[3] 习近平：《关于〈关于新形势下党内政治生活的若干准则〉和〈中国共产党党内监督条例〉的说明》，载《人民日报》2016年11月3日，第2版。

[4] 该条开门见山地规定："建设廉洁政治，坚决反对腐败，是加强和规范党内政治生活的重要任务。必须筑牢拒腐防变的思想防线和制度防线，着力构建不敢腐、不能腐、不想腐的体制机制，保持党的肌体健康和队伍纯洁。"

[5] 王岐山：《全面从严治党　把纪律挺在前面　忠诚履行党章赋予的神圣职责——在中国共产党第十八届中央纪律检查委员会第六次全体会议上的工作报告》，载《人民日报》2016年1月25日，第3版。

个方面作出规定,既指出了病症,也开出了药方,既有治标举措,也有治本方略。"[1]在这一意义上,制定新准则对深入推进反腐败具有重要意义,有助于从源头上减少腐败。

表 7　新旧党内政治生活准则的结构对比

序号	旧准则	新准则
一	坚持党的政治路线和思想路线	坚定理想信念
二	坚持集体领导,反对个人专断	坚持党的基本路线
三	维护党的集中统一,严格遵守党的纪律	坚决维护党中央权威
四	坚持党性,根绝派性	严明党的政治纪律
五	要讲真话,言行一致	保持党同人民群众的血肉联系
六	发扬党内民主,正确对待不同意见	坚持民主集中制原则
七	保障党员的权利不受侵犯	发扬党内民主和保障党员权利
八	选举要充分体现选举人的意志	坚持正确选人用人导向
九	同错误倾向和坏人坏事作斗争	严格党的组织生活制度
十	正确对待犯错误的同志	开展批评和自我批评
十一	接受党和群众的监督,不准搞特权	加强对权力运行的制约和监督
十二	努力学习,做到又红又专	保持清正廉洁的政治本色

3.《中国共产党党内监督条例》由"试行"而转正

在惩治和预防腐败体系建设中,教育、制度、监督并重,教育是基础,制度是保证,监督是关键。"党的执政地位,决定了党内监督在党和国家各种监督形式中是最基本的、第一位的。"[2]2003 年颁布的《中国共产党党内监督条例(试行)》,被认为从制度层面上解决了长期困扰中国反腐败斗争的最大难题,即从实践上解决了中国共产党作为执政党在权力层面上的权力制约问题,"对现实的反腐败斗争具有重大而深远的意义,从某种意义上说,它是具有里程碑性的意义"[3],"可谓是一剂根治腐败的特效药"[4]。十八届六中全会修订通过《中国共产党党内监督条例》,去掉了《中国共产党党内监督条例(试行)》中的"试行"小尾巴而转正,对党内监督制度进行了多方面完善,如,修改后,党内监督的范围更宽,党内监督的刚性更足,党内监督的网络更全,党

[1] 习近平:《在党的十八届六中全会第二次全体会议上的讲话(节选)》,载《求是》2017 年第 1 期。

[2] 习近平:《在第十八届中央纪律检查委员会第六次全体会议上的讲话》,载《人民日报》2016 年 5 月 3 日,第 2 版。

[3] 邵道生:《〈党内监督条例(试行)〉对反腐败具有里程碑意义》,载《光明日报》2004 年 4 月 9 日。

[4] 李雪慧:《看〈党内监督条例〉的反腐制度设计(上)》,载《检察日报》2004 年 3 月 23 日。

内监督的手段更多，党内监督的格局更大，当然对反腐败具有重要意义，可谓是反腐倡廉法规制度建设的战略性安排与重要里程碑。[1]

结语　努力促进反腐败“压倒性态势转为胜势乃至定势”[2]

在辞旧迎新之际，中央政治局2016年12月28日召开会议，认为“反腐败斗争压倒性态势已经形成”，既是对2016年反腐败工作的充分肯定，也是对十八大以来反腐败工作的充分肯定，标志着2017年的反腐败工作站在了一个新的起点上。与此同时，党风廉政建设和反腐败斗争的形势依然严峻复杂，管党治党宽松软问题尚未根本改变，不可盲目乐观、文过饰非，而应清醒地、辩证地看待形势，直面困难与不足。

进一步说，“反腐败斗争压倒性态势已经形成”是就全党全国而言的，是整体判断，由于各自工作的不平衡，“反腐败斗争压倒性态势已经形成”不意味着各个具体的领域、部门、单位、角落都已经形成了压倒性态势，切忌以整体代替个别、以普遍代替特殊。[3] 从媒体报道和干部群众的反映来看，有的地方、有的单位在反腐败问题上不敢较真碰硬，雷声大、雨点小，反腐败成效与广大干部群众的期待相差较大。

党风廉政建设和反腐败斗争永远在路上。全面从严治党永远在路上，远未到可以松松劲、歇歇脚的时候。“逆水行舟，不进则退”，慢进亦退。努力将当前反腐败斗争“压倒性态势转为胜势乃至定势”，势在必行，同时任重道远。2017年1月6日上午，习近平总书记在十八届中央纪委七次全会上强调“把反腐败斗争引向深入”[4]，为当前的反腐败工作指明了方向。那么，具体往哪深入？怎么深入？本文尝试建议如下。

第一，继续大力整治选人用人领域的腐败，健全选廉者用廉者、选优者用优者的机制。王岐山书记在十八届中央纪委五次全会报告中，将“选对人用好人”作为“不能腐”的重要内容；在六次全会报告中，又将之作为“不想腐”的重要内容。两次强调，语境不同，但都充分体现出“选对人用好人”对反腐败的极端重要性。在七次全会上，他又强调：“靠严肃政治生活、靠加强党内监督、靠强化责任追究、靠选对人用好人，坚定不移把全面从严治党引向深入。”党风廉政建设和反腐败斗争是全面从严治党的重要方面，“把反腐败斗争引向深入”当然也要“靠选对人用好人”。

中共中央办公厅2015年颁发《推进领导干部能上能下若干规定（试行）》，其中第

---

〔1〕 邓联繁：《党内监督条例：反腐制度建设的战略性安排》，载《检察日报》2016年11月15日，第8版。

〔2〕 黄月：《“逆水行舟用力撑，一篙松劲退千寻”——准确把握当前全面从严治党形势和任务》，载《中国纪检监察》2017年第3期。

〔3〕 此观点受到邓为民先生的启发，特此致谢。

〔4〕 《习近平在十八届中央纪委七次全会上发表重要讲话强调　全面贯彻落实党的十八届六中全会精神　增强全面从严治党系统性创造性实效性》，载《人民日报》2017年1月7日，第1版。

2 条指出:“本规定所称推进领导干部能上能下,重点是解决干部能下问题。”2016 年,中共中央办公厅印发《关于防止干部“带病提拔”的意见》。这两份文件都很重要,对减少选人用人领域的负能量具有重要意义,需要继续贯彻落实,同时建议不局限于此,而应着力增加选人用人领域的正能量,畅通好干部能上的渠道,健全选廉者用廉者、选优者用优者的机制,让廉者、优者安心工作、脱颖而出,从根本上解决“前腐后继”、跑官要官、买官卖官、逆淘汰、显失公正等问题。

第二,实行“廉政”与“廉商”一起抓,把加强和改进公共资源交易领域的反腐败工作作为构建新型政商关系的重中之重。公共资源交易,主要包括工程建设项目招投标、政府采购、土地使用权和矿业权转让、国有产权交易、医药采购等方面。我国以公有制为主体,公共资源交易体量特别巨大。“有统计显示,2014 年,我国的公共资源交易额超 20 万亿元,占到全年国民生产总值的 1/3 左右。”[1]可见,这是一个特别巨大的市场、产业。同时,公共资源交易一头连着政府、官员,一头连着市场、商人,是腐败易发高发区,屡屡曝光的领导干部插手项目建设、官商勾结,规避招标、围标串标,“天价采购”“黑心采购”等事件,就是明证。

无论从理论还是实践来看,公共资源交易领域的反腐败工作亟待加强和改进。2016 年,习近平总书记要求构建以“亲”“清”二字为核心的新型政商关系。要借鉴“儒商”的说法,倡导“廉商”,实行“廉政”与“廉商”一起抓,把加强和改进公共资源交易领域的反腐败作为构建新型政商关系的重中之重,一方面坚决查处官商勾结、权钱交易、商业贿赂、围标串标、“提篮子”“白手套”等腐败现象,遏制腐败蔓延势头,另一方面深化公共资源交易体制改革,从源头上改变领导干部被“围猎”、政治问题和经济问题相互交织的土壤。

第三,向滋生腐败的制度、制度性腐败说不,着力通过对制度进行“廉洁体检”来提高制度的廉洁性。制度建设是反腐败的治本之策,但并非什么制度都能够胜任反腐败重任。现实中,制度失效失灵现象不少。究其原因,当然多种多样,不可否认的一个就是制度本身不廉洁,或者说,制度本身腐败。“打铁还需自身硬”,“公生明,廉生威”。本身腐败的制度当然遏制不了腐败,相反只能加剧腐败。特别是一些部门把国家权力部门化、把部门权力利益化、把部门利益制度化乃至法律化,背离了“把权力关进制度笼子”的初衷,导致了制度被权力与利益俘获的悲剧,是深入推进反腐倡廉与法治建设绕不过的一道大题。官员要廉洁,制度也要廉洁。职务行为应该具有廉洁性,制度也应该具有廉洁性。而且,只有制度廉洁,才会从根本上促进官员廉洁、职务行为廉洁,促进“不敢腐”与“不能腐”。

2009 年以来,中央纪委、国家预防腐败局在地方与中央机关两个层面开展“制度廉洁

[1] 《2015 年公共资源交易十大事件》,载《公共采购》2016 年第 1 期。

性评估”试点,《国家预防腐败局2012年工作要点》更是明确规定:“……(六)全面推行制度廉洁性评估。在总结试点经验的基础上,会同有关部门制定出台规范性文件,全面开展制度廉洁性评估工作。……”制度廉洁性评估是对制度本身进行的评估,形象地说就是给制度做“廉洁体检”。加强制度廉洁性评估工作,提高制度的廉洁性,有利于提高制度建设的质量与效益,有利于把反腐败斗争引向深入,形成反腐败工作的新增长点。

第四,将“廉政建设”拓展深化为“廉政廉洁建设”,形成反腐倡廉的新范式。习近平总书记强调“党要赢得民心,党中央要有权威,必须廉洁”,为进一步在立党建党、管党治党、治国理政中凸显“廉洁”指明了方向。建议开展党的廉洁性建设,以之具体化党的先进性建设、纯洁性建设,保障党的先进性建设、纯洁性建设。同时,不妨将“廉政建设”拓展深化为“廉政廉洁建设”[1]。从表述上看,“廉政廉洁建设”类似于“学党章党规”“宪法法律至上”“创新创业教育”等,没有问题。从关系上看,廉洁建设涵盖廉政建设,范围更广,是廉政建设的拓展版,是廉政建设向纵深发展的生动体现。[2]“廉政廉洁建设”是做加法,不是要完全替代约定俗成、耳熟能详的“廉政建设”,更不是完全否定“廉政建设”,而是在坚持“廉政建设”基础上,结合新形势新任务与时俱进,体现了继承与创新、坚持与深化的统一。此外,“廉政廉洁建设”契合习近平总书记关于“全面从严治党,既需要全方位用劲,也需要重点发力”[3]重要论断的精神。“廉洁建设”是“全方位用劲”,不限于政府、政治;“廉政建设”则是“重点发力”,重在抓好“关键少数”,两者相辅相成,缺一不可。

(责任校对:臧　骞)

撰稿专家

邓联繁,博士,湖南商学院教授,湖南省廉政建设协同创新中心主任。主要研究宪法学、廉政法学,兼任中国宪法学研究会理事、中国法理学研究会理事、中国行为法学会理事、中国廉政法制研究会理事、湖南省法学会廉政法学研究中心主任。2012年以来,主持省部级以上反腐倡廉课题10项,出版反腐倡廉专著2部,在《人民日报》《光明日报》《中国纪检监察报》《检察日报》发表反腐倡廉文章60篇。

---

〔1〕此观点受到湖南商学院唐亚阳教授的启发与指导,特此致谢。

〔2〕邓联繁:《廉洁建设是廉政建设的拓展版》,载《检察日报》2016年12月13日,第5版。

〔3〕习近平:《在党的十八届六中全会第二次全体会议上的讲话(节选)》,载《求是》2017年第1期。

第十一章

2016年互联网法治专题报告

王春晖

报告要旨

2016年是我国"十三五"规划的开局之年，也是全面依法治理网络空间，逐步建立网络空间治理基础保障体系的开局之年。"十三五"规划专章确立了"拓展网络经济空间"，国务院专门发布了《"十三五"国家信息化规划》，《网络安全法》出台，网络空间安全正式被确定为国家战略。2016年中国互联网法治实施的主要趋势：全面构筑网络空间安全、坚决打击电信网络诈骗、加强防范互联网金融风险、严厉治理互联网违法内容传播、强化规范网约出租车服务、细化落实"互联网+政务服务"、全面启动电子商务立法等。总体来看，2016年互联网法治实施呈现如下效果：国家网络空间发展顶层规划确立，网络空间法治化进程全面推进，网络空间治理基础法律保障体系开始形成，与信息社会相适应的制度体系逐步建立，电信网络诈骗等新型网络违法犯罪的多发态势初步得到遏制。2016年互联网法治的实施仍存在如下问题：互联网领域的创新与法治的边界有待具体明确，互联网立法的档次有待提升，互联网执法一体化服务平台和专业化网络执法队伍有待完善，互联网企业法律主体责任落实仍不到位，个人信息保护仍显乏力，互联网不正当竞争案件日渐频繁，审判机关推行网络空间技术调查官制度有待确立。

核心建议

1. 互联网领域的立法既要加快增量，也要盘活存量，在推出新法的同时，应不断整合修订现行法律，积极推动现有法律法规延伸适用于网络空间。

2. 在《网络安全法》和全国人大会常委会《关于加强网络信息保护的决定》的基础

上，制定《个人信息保护法》，明确和细化收集、利用、加工、传输个人信息的规则和保护边界。

3. 强化关键信息通信设施、大数据、云计算等互联网基础设施的保护以及关键信息基础设施数据流动方面的立法。

4. 关注互联网竞争领域的立法，遏制互联网领域的恶性竞争、滥用市场支配地位等行为。

5. 深入贯彻和落实《网络安全法》确立的各项法律制度，加快出台与网络安全法相配套的行政法规。

6. 强化互联网法治的宣传和普及，提升全民网络法治文化素养。

一、2016 年互联网领域法治实施总体概述

2016 年，互联网领域法治实施的态势喜人。3 月，我国《国民经济和社会发展第十三个五年规划纲要》（以下简称《十三五规划》）发布。其中，“拓展网络经济空间”专篇（第六篇）提出，建立网络空间治理基础保障体系，完善网络安全法律法规，完善网络信息有效登记和网络实名认证。建立网络安全审查制度和标准体系，加强精细化网络空间管理，清理违法和不良信息，依法惩治网络违法犯罪行为。[1] 4 月，网络安全和信息化工作座谈会成功召开，习近平总书记主持会议并发表重要讲话，指出网络安全和信息化工作是“十三五”时期的重头戏。总书记强调，互联网不是法外之地。利用网络鼓吹推翻国家政权，煽动宗教极端主义，宣扬民族分裂思想，教唆暴力恐怖活动，等等，这样的行为要坚决制止和打击，决不能任其大行其道。利用网络进行欺诈活动，散布色情材料，进行人身攻击，兜售非法物品，等等，这样的言行也要坚决管控，决不能任其大行其道。没有哪个国家会允许这样的行为泛滥开来。我们要本着对社会负责、对人民负责的态度，依法加强网络空间治理。要加快网络立法进程，完善依法监管措施，化解网络风险。[2]

2016 年 7 月，中办、国办发布《国家信息化发展战略纲要》（以下简称《信息化战略纲要》），《信息化战略纲要》提出，以网络立法为重点，加快建立以促进信息化发展和强化网络安全管理为目标，涵盖网络基础设施、网络服务提供者、网络用户、网络信息等对象的法律、行政法规框架。坚持急用先行，加快出台急需法律法规和规范性文件。

---

〔1〕《中华人民共和国国民经济和社会发展第十三个五年规划纲要》，载新华网，http://news.xinhuanet.com/politics/2016lh/2016-03/17/c_1118366322_8.htm，最后访问日期：2017 年 1 月 7 日。

〔2〕习近平：《在网络安全和信息化工作座谈会上的讲话》，载新华网，http://news.xinhuanet.com/newmedia/2016-04/26/c_135312437.htm，最后访问日期：2017 年 1 月 7 日。

强化网络基础设施保护,加快制定网络安全法、电信法、电子商务法,研究制定密码法。加强网络用户权利保护,研究制定个人信息保护法、未成年人网络保护条例。规范网络信息服务与管理,修订互联网信息服务管理办法。研究制定电子文件管理条例。完善司法解释,推动现有法律延伸适用到网络空间。[1]

2016 年 10 月,中共中央政治局就实施网络强国战略进行第三十六次集体学习,习近平总书记在主持学习时发表了重要讲话。这是 2016 年 4 月中央召开网络安全和信息化工作座谈会以来,总书记再一次围绕网络安全和信息化工作发表重要讲话。事实上,自 2014 年 2 月,习近平担任中央网络安全和信息化领导小组组长以来,先后发表了许多重要论述,提出了网络强国战略的一系列新思想、新理论、新论断,为建设网络强国描绘了宏伟的蓝图。

2016 年 11 月,具有里程碑意义的我国首部《网络安全法》发布,《网络安全法》以保障网络安全,维护网络空间主权和国家安全、社会公共利益,保护公民、法人和其他组织的合法权益为立法目的,具有多项立法亮点。2016 年 12 月,经中央网络安全和信息化领导小组批准,国家互联网信息办公室发布我国首部《国家网络空间安全战略》,全面规划了我国网络空间发展的战略蓝图。

2016 年 12 月,国务院发布《"十三五"国家信息化规划》(以下简称《十三五信息化规划》),指出要坚持依法治网、依法办网、依法上网,加强网络违法犯罪监控和查处能力建设,依法严格惩治网络违法犯罪行为,建设健康、绿色、安全、文明的网络空间。促进互联网企业健康发展。坚持鼓励支持和规范发展并重,引导互联网企业维护国家利益,坚守社会道德底线,加快自身发展,服务人民群众。依法防范和治理互联网市场恶性竞争、滥用市场支配地位、损害群众利益等问题,强化对互联网企业数据监管,确保数据安全,保障广大网民合法权益。[2]

综观 2016 年中国互联网法治的趋势,重点集中在七大领域:一是构筑网络空间安全;二是打击新型网络违法犯罪;三是严防互联网金融风险;四是治理互联网空间违法内容;五是规范网约出租车经营服务;六是强化"互联网 + 政务服务";七是启动电子商务"十三五规划"和电子商务立法。

---

[1] 中共中央办公厅、国务院办公厅:《国家信息化发展战略纲要》,载新华网,http://www.sh.xinhuanet.com/2016-07/27/c_135544802.htm?from=groupmessage&isappinstalled=0,最后访问日期:2017 年 1 月 7 日。

[2] 国务院:《"十三五"国家信息化规划》,载中国政府网,http://www.gov.cn/zhengce/content/2016-12/27/content_5153411.htm?gs_ws=weixin_636184557550238408&from=timeline,最后访问日期:2017 年 1 月 7 日。

(一)构筑网络空间安全

互联网和信息化浪潮已经遍及全球,完全融入到了全球的各个领域,正在颠覆性地改变着人类的生活方式和生产方式,形成了人类独立于陆地、海洋、航空、航天之外的第五维空间——网络空间。2016 年,随着移动互联网的发展,传统的安全边界不断受到冲击,接二连三的重大网络安全事件和电信网络诈骗案件让全社会对网络安全问题倍感忧虑,唤起了人们对于网络安全更高的重视。2016 年,网络空间安全治理的热点法治事件主要有:

1.《网络安全法》正式出台

在网络空间安全处于极不平衡的新常态下,2016 年 11 月 7 日,十二届全国人大常委会第二十四次会议以 154 票赞成、1 票弃权,表决通过了《网络安全法》。《网络安全法》是我国网络安全领域的基础性法律,共有 7 章 79 条,内容十分丰富,奠定了中国网络安全保护和网络空间治理的基本框架,是引导我国网信事业沿着健康安全轨道运行的指南针,具有里程碑意义。同时,《网络安全法》集中体现了网络空间各利益相关方普遍关心的问题,确定了网络建设、运营、维护和使用网络,以及网络安全监管等多项法律规范和制度,这些规范和制度相互影响、相互作用、相互协调,形成了一个维护网络空间主权和国家安全的闭环系统。据此,《网络安全法》确定了相关法定机构对网络安全的保护和监管职责,明确网络运营者应履行的安全义务,平衡了涉及国家、企业、公民等多元主体的网络权利与义务关系,清晰地协调了政府管制和社会共治网络治理的关系,形成了以法律为根本治理基础的网络治理模式。其法律规范、制度结构合理严谨、规定衔接配套、语言清晰准确,并对网络安全涉及的主要词语进行了文意解释,为建立网络空间治理系列基础保障体系奠定了坚实的法治基础。

2.《国家网络空间安全战略》颁布

继我国首部《网络安全法》颁布之后的仅一个多月,2016 年 12 月 27 日,经中央网络安全和信息化领导小组批准,国家互联网信息办公室发布我国首部《国家网络空间安全战略》(以下简称《网络空间战略》)。《网络空间战略》作为我国网络空间安全的纲领性文件,重点分析了目前我国网络安全面临的“七种机遇和六大挑战”,提出了国家总体安全观指导下的“五大目标”,建立了共同维护网络空间和平安全的“四项原则”,制定了推动网络空间和平利用与共同治理的“九大任务”。

《网络空间战略》在统筹国内国际两个大局和统筹发展与安全两件大事的基础上,确立了我国推进网络空间“和平、安全、开放、合作、有序”的发展战略目标,并提出了基于和平利用与共同治理网络空间的“九大任务”:坚定捍卫网络空间主权、坚决维护国家安全、保护关键信息基础设施、加强网络文化建设、打击网络恐怖和违法犯罪、完善网络治理体系、夯实网络安全基础、提升网络空间防护能力、强化网络空间国际合作。[1]

3.《关于加强国家网络安全标准化工作的若干意见》发布

为落实网络强国战略,深化标准化工作改革,2016 年 8 月中央网络安全和信息化领导小组办公室、国家质量监督检验检疫总局、国家标准化管理委员会联合发布《关于加强国家网络安全标准化工作的若干意见》(以下简称《若干意见》)。《若干意见》明确,要建立统一权威的国家标准工作机制。全国信息安全标准化技术委员会在国家标准委的领导下,在中央网信办的统筹协调和有关网络安全主管部门的支持下,对网络安全国家标准进行统一技术归口,统一组织申报、送审和报批。

《若干意见》提出,将推动网络安全标准与国家相关法律法规的配套衔接,促进网络安全标准与信息化应用标准同步规划、同步制定;整合精简强制性标准,在国家关键信息基础设施保护、涉密网络等领域制定强制性国家标准,优化完善推荐性标准,视情况在行业特殊需求的领域制定推荐性行业标准,原则上不制定网络安全地方标准;围绕国家战略需求,开展关键信息基础设施保护、网络安全审查、工业控制系统安全、大数据安全、个人信息保护、网络安全信息共享等领域标准研制工作。[2]

表 1　2016 年度网络空间安全法律法规制定情况[3]

法律法规名称	制定部门	发布时间	效力等级
《关于加强国家网络安全标准化工作的若干意见》	中央网络安全和信息化领导小组办公室、国家质量监督检验检疫总局,国家标准化管理委员会	2016. 8. 12	部门规范性文件
《互联网信息安全管理系统使用及运行维护管理办法(试行)》	工业和信息化部	2016. 9. 7	部门规范性文件
《网络安全法》	全国人民代表大会常务委员会	2016. 11. 7	法律
《国家网络空间安全战略》	国家互联网信息办公室	2016. 12. 27	部门规范性文件

(二)打击新型网络违法犯罪

近年来,利用通信网络和互联网等技术手段实施诈骗犯罪活动呈高发态势,犯罪涉案链条长,团伙组织严密,诈骗手法逐步升级且更趋隐蔽,受害群体已覆盖各行各

[1] 参见国家互联网信息办公室:《国家网络空间安全战略》,载中国网信网,http://www.cac.gov.cn/2016-12/27/c_1120195926.htm,最后访问日期:2017 年 1 月 7 日。

[2] 参见中央网信办、国家质检总局、国家标准委:《关于加强国家网络安全标准化工作的若干意见》,载中国网信网,http://www.cac.gov.cn/2016-08/22/c_1119430337.htm,最后访问日期:2017 年 1 月 7 日。

[3] 资料来源:笔者整理。

业、各个年龄阶段，给人民群众造成了巨大的财产损失，已经成为严重侵害人民群众切身利益的社会公害。2016 年 8 月 21 日，山东临沂的一位准大学生徐玉玉，因被通讯信息诈骗电话骗走 9900 元学费，两天后不幸离世的事件，引起了社会的高度关注，通讯信息网络诈骗再次成为社会舆论的焦点。围绕通讯信息诈骗犯罪，还发展形成了一系列灰色产业链，如非法使用“伪基站”“黑广播”设备、非法获取、出售、提供公民个人信息、帮助转移诈骗赃款等上下游关联违法犯罪。根据 2016 年 10 月南京邮电大学信息产业发展战略研究院发布的我国首部《中国反通讯信息诈骗蓝皮书》（以下简称《蓝皮书》）对“电信诈骗”关键词涉及的共 439, 000 条新闻事件的分析和统计，2016 年与“电信诈骗”相关且热度较高的十大“电信诈骗”新闻事件排序如下：

表 2　2016 年度电信网络诈骗十大新闻事件〔1〕

序号	新闻事件	发生时间
1	河南男子在银行门口上吊自杀电信诈骗常见手段有哪些	2016. 1. 6
2	沪警方摧毁一特大电信诈骗团伙抓获涉案人员 171 人	2016. 1. 19
3	广东警方破获特大跨国电信诈骗案	2016. 3. 23
4	公安部通缉 10 名特大电信诈骗犯	2016. 4. 11
5	45 名台湾电信诈骗嫌犯被遣返大陆	2016. 4. 14
6	甘肃教师 23 万元购房款遭电信诈骗后自杀	2016. 5. 23
7	柬埔寨逮捕 27 名中国电信诈骗嫌犯或将予以驱逐	2016. 6. 15
8	40 名电信诈骗嫌犯从肯尼亚押解回国	2016. 8. 9
9	徐玉玉电信诈骗案告破，2 名主犯归案	2016. 8. 26
10	清华教授电信诈骗案反思：1760 万元换来的深重悲哀	2016. 9. 4

中央高度重视打击防范电信网络诈骗违法犯罪活动，专门建立了国务院打击治理电信网络新型违法犯罪工作部际联席会议制度，要求惩防并举，重拳出击，深入开展打击治理专项行动。数据显示，2016 年 1 月至 9 月，全国公安机关共破获电信网络诈骗案件 7. 7 万起，查处违法犯罪人员 4. 3 万名，同比上升 2. 3 倍，打掉各类诈骗犯罪团伙 6200 余个，捣毁诈骗窝点 6900 余个，收缴赃款、赃物价值人民币 23. 4 亿元，为群众避

〔1〕 资料来源：南京邮电大学信息产业发展战略研究院、中国通信企业协会法治工作委员会：《中国反通讯信息诈骗蓝皮书》。

免损失47.5亿元。[1] 2016年,全国检察机关共依法批准逮捕电信诈骗犯罪嫌疑人20048人。[2]

2016年,打击电信网络诈骗的法治实施取得了阶段性成效。2016年10月,最高人民法院、最高人民检察院、公安部、工业和信息化部、中国人民银行、中国银行业监督管理委员会联合发布了《关于防范和打击电信网络诈骗犯罪的通告》(以下简称《六部门通告》),提出了一系列源头防范的举措和打击目标。《六部门通告》指出,电信网络诈骗犯罪是严重影响人民群众合法权益、破坏社会和谐稳定的社会公害,必须坚决依法严惩。凡是实施电信网络诈骗犯罪的人员,必须立即停止一切违法犯罪活动。

《六部门通告》对三类主体提出了明确要求。一是对司法机关的要求。公安机关要主动出击,将电信网络诈骗案件依法立为刑事案件,集中侦破一批案件、打掉一批犯罪团伙、整治一批重点地区,坚决拔掉一批地域性职业电信网络诈骗犯罪"钉子"。对电信网络诈骗案件,公安机关、人民检察院、人民法院要依法快侦、快捕、快诉、快审、快判,坚决遏制电信网络诈骗犯罪发展蔓延势头。二是对电信企业的要求。电信企业(含移动转售企业,下同)要严格落实电话用户真实身份信息登记制度,确保到2016年10月底前全部电话实名率达到96%,年底前达到100%。未实名登记的单位和个人,应按要求对所持有的电话进行实名登记,在规定时间内未完成真实身份信息登记的,一律予以停机。电信企业在为新入网用户办理真实身份信息登记手续时,要通过采取二代身份证识别设备、联网核验等措施验证用户身份信息,并现场拍摄和留存用户照片。同时要求清理规范一号通、商务总机、400等电话业务,对违规经营的网络电话业务一律依法予以取缔等。三是对银行金融机构的要求。各商业银行要抓紧完成借记卡存量清理工作,严格落实"同一客户在同一商业银行开立借记卡原则上不得超过4张"等规定。任何单位和个人不得出租、出借、出售银行账户(卡)和支付账户,构成犯罪的依法追究刑事责任。自2016年12月1日起,同一个人在同一家银行业金融机构只能开立一个Ⅰ类银行账户,在同一家非银行支付机构只能开立一个Ⅲ类支付账户等。[3]

鉴于《六部门通告》属于规范性文件,缺乏强制的法律执行力。最高人民法院、最高人民检察院、公安部针对该类新型犯罪特点,在进行了深入的调查研究,广泛征求各

---

〔1〕 宇博智业:《2016-2021年中国电信业务行业市场需求与投资咨询报告》,载中国报告大厅网,http://www.chinabgao.com/report/2445284.html,最后访问日期:2017年1月7日。

〔2〕 《检察机关2016年批捕电信诈骗犯罪嫌疑人20048人》,载中国新闻网,http://www.chinanews.com/gn/2017/01-24/8134742.shtml,最后访问日期:2017年1月25日。

〔3〕 参见最高人民法院、最高人民检察院、公安部、工业和信息化部、中国人民银行、中国银行业监督管理委员会:《关于防范和打击电信网络诈骗犯罪的通告》,载工信部网络安全管理局网,http://www.miit.gov.cn/n1146290/n4388791/c5279632/content.html,最后访问日期:2017年1月7日。

行业的意见的基础上,并经过反复研究论证,依照刑法、刑诉法和相关司法解释的规定,联合制定了《关于办理电信网络诈骗等刑事案件适用法律若干问题的意见》(以下简称《意见》),并于2016年12月20日正式发布实施。《意见》规定了依法惩处电信网络诈骗的总体要求,提出了依法从重惩罚电信网络诈骗犯罪的具体内容,进一步确定了诈骗"数额巨大"和"数额特别巨大"的标准,坚持了全面惩处关联犯罪的原则,准确认定了共同犯罪与主观故意的区别,依法确定了案件管辖、证据的收集和审查判断、涉案财物的处理规则等内容。以上内容整体体现了打击电信网络诈骗犯罪的四大原则:坚持全链条全方位打击,坚持依法从严从快惩处,坚持最大力度最大限度追赃挽损,坚决有效遏制电信网络诈骗等犯罪活动。

2016年,我国"手机实名制"和"网络实名制"依法得到确认。长期以来,我国"手机实名制"和"网络实名制"一直没有法律的强制性规定,导致公安机关在侦查电信网络违法犯罪行为时很难掌握网络空间违法犯罪行为主体的信息。2016年5月,工信部网络安全管理局发布的《关于贯彻落实〈反恐怖主义法〉等法律规定　进一步做好电话用户真实身份信息登记工作的通知》,要求各基础电信企业确保在2017年6月30日前全部电话用户实现实名登记;《六部门通告》提出了更严格的要求,确保到2016年10月底前全部电话实名率达到96%,2016年年底前达到100%。在规定时间内未完成真实身份信息登记的,一律予以停机;《网络安全法》第24条对电话和网络实名制提出了强制性规定,即网络运营者为用户办理网络接入、域名注册服务,办理固定电话、移动电话等入网手续,或者为用户提供信息发布、即时通讯等服务,在与用户签订协议或者确认提供服务时,应当要求用户提供真实身份信息。用户不提供真实身份信息的,网络运营者不得为其提供相关服务。

表3　2016年度打击新型网络违法犯罪法律法规制定情况〔1〕

法律法规名称	制定部门	发布时间	效力等级
《关于建立电信网络新型违法犯罪涉案账户紧急止付和快速冻结机制的通知》	中国人民银行、工业和信息化部、公安部、国家工商行政管理总局	2016.3.18	部门规范性文件
《电信网络新型违法犯罪案件冻结资金返还若干规定》	中国银行业监督管理委员会,公安部	2016.9.18	部门规范性文件
《关于防范和打击电信网络诈骗犯罪的通告》	最高人民法院、最高人民检察院、公安部、工业和信息化部、中国人民银行、中国银行业监督管理委员会	2016.9.23	两高工作文件

〔1〕资料来源:笔者整理。

续表

法律法规名称	制定部门	发布时间	效力等级
《关于加强支付结算管理防范电信网络新型违法犯罪有关事项的通知》	中国人民银行	2016. 9. 30	部门规范性文件
《关于进一步防范和打击通讯信息诈骗工作的实施意见》	工业和信息化部	2016. 11. 4	部门规范性文件
《电信网络新型违法犯罪案件冻结资金返还若干规定实施细则》	中国银行业监督管理委员会,公安部	2016. 12. 2	部门规范性文件
《关于办理电信网络诈骗等刑事案件适用法律若干问题的意见》	最高人民法院、最高人民检察院、公安部	2016. 12. 19	司法解释性质文件

(三)严防互联网金融风险

2015 年 7 月,人民银行等十部门联合印发了《关于促进互联网金融健康发展的指导意见》(以下简称《指导意见》),相关部门协同治理,及时打击和处置一批违法经营金额大、涉及面广、社会危害大的互联网金融风险案件,社会反映良好。为贯彻落实党中央、国务院决策部署,鼓励和保护真正有价值的互联网金融创新,继续整治违法违规行为,切实防范风险,建立监管长效机制,促进互联网金融规范有序发展,2016 年 4 月,国务院组织 14 个部委召开电视会议,在全国范围内启动了为期一年的依法治理互联网金融领域的专项整治,国务院办公厅专门印发了《互联网金融风险专项整治工作实施方案的通知》,围绕《指导意见》的要求提出了具体的工作目标:规范各类互联网金融业态,优化市场竞争环境,扭转互联网金融某些业态偏离正确创新方向的局面,遏制互联网金融风险案件高发频发势头,提高投资者风险防范意识,建立和完善适应互联网金融发展特点的监管长效机制,实现规范与发展并举、创新与防范风险并重,促进互联网金融健康可持续发展,切实发挥互联网金融支持大众创业、万众创新的积极作用。

2016 年,互联网金融法治实施的重点领域是 P2P 市场,2016 年 8 月,银监会、工信部、公安部、国家互联网信息办公室联合发布了最严厉的网贷新规:《网络借贷信息中介机构业务活动管理暂行办法》,对 P2P 平台设置"十三项禁止性规定",具体包括:为自身或变相为自身融资;直接或间接接受、归集出借人的资金;直接或变相向出借人提供担保或者承诺保本保息;自行或委托、授权第三方在互联网、固定电话、移动电话等电子渠道以外的物理场所进行宣传或推介融资项目;将融资项目的期限进行拆分;自行发售理财等金融产品募集资金,代销银行理财、券商资管、基金、保险或信托产品等金融产品;开展类资产证券化业务或实现以打包资产、证券化资产、信托资产、基金份额等形式的债权转让行为;虚构、夸大融资项目的真实性、收益前景,隐瞒融资项目的瑕疵及风险，以歧义性语言或其他欺骗性手段等进行虚假片面宣传或促销等，捏造、散布虚假信息或不完整信息损害他人商业信誉，误导出借人或借款人；向借款用途为投资股票、场外配资、期货合约、结构化产品及其他衍生品等高风险的融资提供信息中介服务；从事股权众筹等业务等。

2016 年 8 月，震惊全国的"e 租宝"案件正式由北京市公安局侦查终结移送审查起诉，北京市人民检察院第一分院依法受理。该案涉及的"e 租宝"实际控制人钰诚国际控股集团有限公司涉嫌集资诈骗罪，董事长、董事局主席丁宁、总裁张敏等 11 人涉嫌集资诈骗罪，党委书记、首席运营官王之焕等 15 人涉嫌非法吸收公众存款罪。

在 2016 年整顿治理 P2P 市场的大背景下，P2P 市场的业务量不仅没有下滑，反而比 2015 年有所增长。依据 2016 年 12 月 1 日网贷之家发布的 11 月月报，截至 2016 年 11 月底，网贷行业的累计成交额突破了 3 万亿元大关，达到了 31,847.67 亿元。其中 2016 年 1～11 月累计成交量为 18,195.46 亿元，是 2015 年 1～11 月累计成交量的 2.14 倍。[1] 这些数据均显示了互联网金融法治实施带来的积极效果。

表 4　2016 年度防范互联网金融风险法律法规制定情况[2]

法律法规名称	制定部门	发布时间	效力等级
《互联网金融风险专项整治工作实施方案》	国务院办公厅	2016.4.12	国务院规范性文件
《P2P 网络借贷风险专项整治工作实施方案》	中国银行业监督管理委员会等十五部委	2016.4.13	部门规范性文件
《关于加强校园不良网络借贷风险防范和教育引导工作的通知》	教育部、中国银行业监督管理委员会	2016.4.13	部门规范性文件
《非银行支付机构风险专项整治工作实施方案》	中国人民银行、中共中央宣传部、中央维护稳定工作领导小组办公室	2016.4.13	部门规范性文件
《网络借贷信息中介机构业务活动管理暂行办法》	中国银行业监督管理委员会、工业和信息化部，公安部、国家互联网信息办公室	2016.8.17	部门规章

---

〔1〕 网贷之家、盈灿咨询：《11 月 P2P 行业贷款余额提前实现 8000 亿元目标》，载网贷之家网，http://www.wdzj.com/news/yanjiu/43431.html，最后访问日期：2017 年 1 月 8 日。

〔2〕 资料来源：笔者整理。

(四)治理互联网空间违法内容

习近平总书记在2016年全国网信工作座谈会上指出,网络空间是亿万民众共同的精神家园。网络空间天朗气清、生态良好,符合人民利益。网络空间乌烟瘴气、生态恶化,不符合人民利益。谁都不愿生活在一个充斥着虚假、诈骗、攻击、谩骂、恐怖、色情、暴力的空间。互联网不是法外之地。利用网络鼓吹推翻国家政权,煽动宗教极端主义,宣扬民族分裂思想,教唆暴力恐怖活动,等等,这样的行为要坚决制止和打击,决不能任其大行其道。[1] 2016年,治理互联网非法内容的法治事件主要有:

1.万众瞩目的"快播案"宣判

2016年9月13日,北京市海淀区人民法院依法对被告单位深圳市快播科技有限公司,被告人王欣、吴铭、张克东、牛文举传播淫秽物品牟利罪一案进行宣判。深圳市快播科技有限公司通过网络系统中的大量缓存服务器介入淫秽视频传播而拒不履行安全管理义务,间接获取巨额非法利益,北京市海淀区人民法院一审以传播淫秽物品牟利罪判处罚金一千万元。鉴于快播公司直接负责的主管人员王欣、吴铭、张克东、牛文举,在明知快播公司擅自从事互联网视听节目服务、提供的视听节目含有色情等内容的情况下,未履行监管职责,放任淫秽视频在快播公司控制和管理的缓存服务器内存储并被下载,导致大量淫秽视频在网上传播,公司法定代表人王欣等4名主管人员分别被判处三年零六个月至三年不等有期徒刑,并处罚金。2016年12月15日,北京市第一中级人民法院二审维持了一审判决。

"快播案"应该是2016年互联网法治领域第一案,这将是一起载入我国司法史的重大互联网法治事件,该案不仅涉及网络中的传输节点以及技术中立原则等系列网络技术问题,同时也涉及互联网传播的法律边界如何认定等各种前沿性问题,案件涉及的每一项技术、传播模式和法律规范的融合问题都是前所未有的,这使快播案成为一起与政治敏感度无关,而纯粹是基于网络空间法律适用而引发全社会大讨论的互联网法治经典案件。我以为,"快播案"最大的亮点在于无论网络传播模式,还是技术中立原则,"合规与风险"是互联网从业者的永恒主题。

随着"快播案"的落幕,新型网络空间案例将会不断地增加,审判机关亟须一大批既精通网络空间技术,又精通互联网法律的专业审判队伍,为此建议最高人民法院尽快推行网络空间技术调查官制度,并在有条件的地区设立专门的网络经济空间审判法庭,这是一个不得不面临的互联网法治实施中的重大问题。

---

[1] 习近平:《在网络安全和信息化工作座谈会上的讲话》,载中国网信网,http://www.cac.gov.cn/2016-04/25/c_1118731366.htm,最后访问日期:2017年1月10日。

2. 治理互联网直播乱象

根据中国互联网络信息中心（CNNIC）2017 年 1 月 22 日发布的第 39 次《中国互联网络发展状况统计报告》（以下简称《报告》）显示，截至 2016 年 12 月，我国网民规模达 7.31 亿，互联网普及率达到 53.2%，超过全球平均水平 3.1 个百分点，超过亚洲平均水平 7.6 个百分点。《报告》显示，我国 2016 年全年共计新增网民 4299 万人，增长率为 6.2%，我国网民规模已经相当于欧洲人口总量。其中，手机网民规模达 6.95 亿，占比达 95.1%，增长率连续 3 年超过 10%。[1] 据不完全统计，目前各类型网络直播平台已经突破 300 家，用户规模高达 3 亿，直播 APP 的日活跃用户数达 2400 万，市场规模超过百亿。[2] 一些大型网络直播平台注册用户过亿、月活跃用户超千万，高峰时段部分"房间"用户数可达数万人。网络直播快速发展的同时，也带来了突出的安全问题。一些网络直播平台传播色情低俗信息，屡屡挑战社会道德底线，个别网络直播平台存在色情表演、赌博等违法犯罪活动，严重破坏网络环境，危害社会公共秩序。

针对网络直播平台出现的色情、暴力、造谣、诈骗等情况，2016 年 2 月至 4 月，全国"扫黄打非"办公室组织协调中央网信办、公安部、工信部、文化部、新闻出版广电总局等部门，部署开展了网络直播平台专项整治行动，分别强化了对不同直播内容的监管，严肃查处了违法违规的网络直播行为，及时清理淫秽色情及低俗、不良信息，查办了一批网络直播平台违法违规案件，进一步净化了网络空间。2016 年 7 月至 10 月，公安部再一次组织对全国范围内网络直播平台进行专项整治工作。公安机关的网安部门与网络直播平台直接建立协同处置违法信息工作机制，对利用网络直播平台传播、散布淫秽色情、暴力、恐怖、教唆犯罪等违法信息，或组织色情表演、聚众进行赌博、实施诈骗等违法犯罪活动的，坚决依法打击，并追究相关人员的法律责任。

国家互联网信息办公室针对网络直播的乱象，进行了大量的调研和研讨，于 2016 年 11 月发布了《互联网直播服务管理规定》（以下简称《规定》），《规定》明确了两项禁止性规定：一是互联网直播服务提供者以及互联网直播服务使用者不得利用互联网直播服务从事危害国家安全、破坏社会稳定、扰乱社会秩序、侵犯他人合法权益、传播淫秽色情等法律法规禁止的活动；二是互联网直播服务提供者以及互联网直播服务使用者不得利用互联网直播服务制作、复制、发布、传播法律法规禁止的信息内容。《规定》要求，提供互联网新闻信息服务直播机构必须具有"双资质"，也就是直播平台和直播发布者都必须依法拥有互联网新闻信息服务资质。同时，《规定》明确了从事新闻信息

---

〔1〕 喻思娈、张洋：《第 39 次〈中国互联网络发展状况统计报告〉发布》，载人民网，http://media.people.com.cn/n1/2017/0123/c40606-29042485.html，最后访问日期：2017 年 1 月 15 日。

〔2〕 中国网络直播行业协会新闻中心：《回顾 2016 网络直播　2017 谁能笑到最后》，载中国网络直播行业协会官网，http://cnbia.com/news/20.html，最后访问日期：2017 年 1 月 17 日。

直播及其互动内容服务,必须执行“先审后发”制度。这项制度会最大限度地在网络生产端口上保证了内容的真实性和正面性以及公众的知情权,最大限度地遏制了不良信息传播所带来的恶劣影响。

3. 规范移动互联网应用程序(APP)

移动互联网应用程序(APP)已成为移动互联网信息服务的主要载体,据不完全统计,在国内应用商店上架的APP超过400万款,且数量还在高速增长。然而,在APP高速发展的背后,一些APP也被不法分子利用,传播暴力恐怖、淫秽色情及谣言等违法违规信息的现象时有发生,有的还存在窃取隐私、恶意扣费、诱骗欺诈等损害用户合法权益的行为,社会反映强烈。目前,安装APP主要有两种主要方式:一是手机应用商店,二是手机预装,这两种方式均已被黑客用于传播恶意程序。

2016年6月,国家互联网信息办公室发布《移动互联网应用程序信息服务管理规定》(以下简称《APP管理规定》),为移动互联网应用程序提供者和互联网应用商店服务提供者设置了两项禁止性规定:一是不得利用移动互联网应用程序从事危害国家安全、扰乱社会秩序、侵犯他人合法权益等法律法规禁止的活动;二是不得利用移动互联网应用程序制作、复制、发布、传播法律法规禁止的信息内容。《APP管理规定》为移动互联网应用程序提供者规定了六项义务:一是按照“后台实名、前台自愿”的原则,对注册用户进行真实身份信息认证;二是建立健全用户信息安全保护机制;三是建立健全信息内容审核管理机制,对发布违法违规信息内容的,视情采取警示、限制功能、暂停更新、关闭账号等处置措施;四是依法保障用户知情权和选择权;五是尊重和保护知识产权,不得制作、发布侵犯他人知识产权的应用程序;六是记录用户日志信息,并保存60日。

4. 治理互联网信息搜索服务

互联网搜索引擎给网民进行网上信息整合、信息查阅带来了极大的便利,对于信息的流动和聚合发挥了重要作用,但同时也存在不少问题。这些问题主要表现在:部分搜索结果含有谣言、淫秽、色情、暴力、凶杀、恐怖等违法信息;部分搜索结果有失客观公正,违反行业道德和规范,误导和影响公众判断。上述问题直接破坏了网络生态,扰乱了互联网信息传播秩序,侵害了公众利益。2016年6月,国家互联网信息办公室发布《互联网信息搜索服务管理规定》,明确要求互联网信息搜索服务提供者应当落实主体责任,建立健全信息审核、公共信息实时巡查等信息安全管理制度,不得以链接、摘要、联想词等形式提供含有法律法规禁止的信息内容;提供付费搜索信息服务应当依法查验客户有关资质,明确付费搜索信息页面比例上限,醒目区分自然搜索结果与付费搜索信息,对付费搜索信息逐条加注显著标识;不得通过断开相关链接等手段,牟取不正当利益。

5. 规范互联网广告活动

互联网广告是指通过网站、网页、互联网应用程序等互联网媒介，以文字、图片、音频、视频或者其他形式，直接或者间接地推销商品或者服务的商业广告。互联网广告是当今传播范围最广的广告传播形式，是众多互联网公司最主要的收入来源。据不完全统计，2014 年中国互联网广告的营业额就达到了 1500 亿元人民币。近几年中国的互联网广告迅猛发展，每年以 40% 的速度增长，发展势头已经远远超过电视、广告、报纸。根据 Analysys 易观产业数据库发布的《中国互联网广告市场季度监测报告 2016 年第 3 季度》数据显示，2016 年第 3 季度中国互联网广告运营商市场规模达到 672.5 亿元人民币。[1] 然而，在互联网广告蓬勃发展的背后，也带来了一系列的社会问题，诸如虚假广告泛滥、弹窗广告扰民、隐性广告误导、违法广告内容泛滥、消费者个人信息屡受侵犯等。这些乱象引起了政府有关部门的高度重视，加大互联网广告治理，净化网络信息空间刻不容缓。

2016 年 7 月，国家工商管理总局正式公布了《互联网广告管理暂行办法》（以下简称《办法》），《办法》共 29 条，主要从立法目的、互联网广告定性、行业自律、特殊类广告发布规则、广告可识别性、广告合同、互联网广告各个主体的法定责任、程序化购买、互联网广告活动中不正当行为的禁止、工商部门行政职权及法定义务等方面对互联网广告的性质、主体、行为、罚则等作出科学全面规定。

表 5　2016 年度规范互联网空间违法内容法律法规制定情况[2]

法律法规名称	制定部门	发布时间	效力等级
《关于促进网络服务交易健康发展规范网络服务交易行为的指导意见》	国家工商行政管理总局	2016. 1. 8	部门规范性文件
《网络出版服务管理规定》	国家新闻出版广电总局、工业和信息化部	2016. 2. 4	部门规章
《互联网上网服务营业场所管理条例（2016 修订）》	国务院	2016. 2. 6	行政法规
《互联网信息搜索服务管理规定》	国家互联网信息办公室	2016. 6. 25	部门规范性文件
《移动互联网应用程序信息服务管理规定》	国家互联网信息办公室	2016. 6. 28	部门规范性文件

[1] 易观智库：《2016 年第 3 季度中国互联网广告运营商市场规模统计分析》，载中商情报网，http://www.askci.com/news/hlw/20161120/16421678187_2.shtml，最后访问日期：2017 年 1 月 17 日。

[2] 资料来源：笔者整理。

续表

法律法规名称	制定部门	发布时间	效力等级
《关于加强网络表演管理工作的通知》	文化部	2016.7.1	部门规范性文件
《互联网广告管理暂行办法》	国家工商行政管理总局	2016.7.4	部门规章
《关于加强网站等网络公开平台管理的通知》	国家知识产权局	2016.8.18	部门规范性文件
《关于加强网络视听节目直播服务管理有关问题的通知》	国家新闻出版广电总局	2016.9.2	部门规范性文件
《互联网直播服务管理规定》	国家互联网信息办公室	2016.11.4	部门规章
《网络表演经营活动管理办法》	文化部	2016.12.2	部门规范性文件

(五)规范网约出租车经营服务

移动互联网 APP 网络约车服务的出现,极大地改变了老百姓的出行方式,给大众出行带来了极大的便利。截至 2016 年 12 月,网络预约出租车用户规模达 2.25 亿,较 2016 年上半年增加 6613 万,增长率为 41.7%,网络预约出租车用户在网民中的占比为 30.7%,比 2016 年年中增长 8.4 个百分点。[1] 目前,大多数市民在出行前先在家里用手机进行网上预约出租,叫好车再出发。相关数据显示,最多的时候,通过滴滴出行平台的市民超过 1600 万人/天。[2] 但另一方面,网约出租车缺乏政府监管,合法性争议、人身安全保障、不正当竞争行为等一系列网约车带来的问题让政府和消费者感到担忧。

目前,居民日常采用的出租车服务方式主要是巡游出租和网络预约出租两种方式。2016 年 7 月,国务院办公厅发布《推进出租汽车行业健康发展的指导意见》(以下简称《指导意见》),要求城市人民政府要优先发展公共交通,适度发展出租汽车,优化城市交通结构。要统筹发展巡游出租汽车和网络预约出租汽车,实行错位发展和差异化经营。《指导意见》提出,要加强法制建设,加快完善出租汽车管理和经营服务的法规规章和标准规范,明确管理职责和法律责任,规范资质条件和经营许可,形成较为完善的出租汽车管理法律法规体系,实现出租汽车行业管理、经营服务和市场监督有法

---

[1] 中央网络安全和信息化领导小组办公室、国家互联网信息办公室、中国互联网络信息中心:《第 39 次中国互联网络发展状况统计报告》,载中国网信网,http://www.cac.gov.cn/2017-01/22/c_1120352022.htm,最后访问日期:2017 年 1 月 11 日。

[2] 肖云龙、赵炎雄:《网约车市场从乱到治 何时能见效?》,载《南方都市报》2016 年 12 月 28 日,SA32 版。

可依、有章可循。

2016年7月，交通运输部、工业和信息化部、公安部、商务部、工商总局、质检总局、国家网信办联合发布《网络预约出租汽车经营服务管理暂行办法》（以下简称《暂行办法》），从国家层面上明确了网约车的合法地位，将网约车纳入出租车体系，同时对驾驶员、车辆设定了较为严格的准入条件，在乘客个人信息保护上对网约车平台提出更高要求，保障网约车安全运营。《暂行办法》确认了“一城一策”原则，让各地制定符合实际的网约车政策。截至2016年12月30日，全国共有北京、天津、上海、重庆、杭州、宁波、大连、成都、厦门、福州、广州、合肥、深圳、青岛等42个城市正式发布了网约车管理实施细则。另外，还有140余个城市已向社会公开征求了意见。[1] 北上广深四个城市对车辆和人员设定了比较严格的准入条件，如北京对驾驶员设定了六个条件：本市户籍；取得本市核发的相应准驾车型机动车驾驶证并具有3年以上驾驶经历；男年龄在60岁以下、女年龄在55岁以下，身体健康；经指定考试机构考试合格；自申请之日前一年内无驾驶机动车发生5次以上道路交通安全违法行为；从事过巡游车服务的，在从事巡游车服务期间，未被列入严重违法信息库。二线城市方面，条件要求有所降低，如长沙要求车辆轴距达到2650毫米以上或车辆购置的计税价格在12万元以上，对户籍基本没有限制；成都要求排气量不小于1.6L或1.4T，鼓励使用新能源汽车；贵阳要求车龄不超过3年，车辆购置价格不低于本市中心城区巡游出租车价格。

由于网络预约出租车服务的出现，2016年8月交通运输部对《出租汽车经营服务管理规定》进行了修订，首先，将“网络预约出租汽车经营服务”定义为：以互联网技术为依托构建服务平台，整合供需信息，使用符合条件的车辆和驾驶员，提供非巡游的预约出租汽车服务的经营活动；其次，将规章的名称“出租汽车经营服务管理规定”修改为“巡游出租汽车经营服务管理规定”；再次，将第3条修改为：“出租汽车是城市综合交通运输体系的组成部分，是城市公共交通的补充，为社会公众提供个性化运输服务。优先发展城市公共交通，适度发展出租汽车。巡游出租汽车发展应当与城市经济社会发展相适应，与公共交通等客运服务方式协调发展。”

表6　2016年度治理网约出租车服务法律法规制定情况[2]

法律法规名称	制定部门	发布时间	效力等级
《关于深化改革推进出租汽车行业健康发展的指导意见》	国务院	2016.7.26	国务院规范性文件

[1] 刘珜：《42城发布网约车细则　总体符合一城一策》，载《北京青年报》2017年1月7日，A8版。

[2] 资料来源：笔者整理。

续表

法律法规名称	制定部门	发布时间	效力等级
《网络预约出租汽车经营服务管理暂行办法》	交通运输部、工业和信息化部、公安部、商务部、国家工商行政管理总局、国家质量监督检验检疫总局、国家互联网信息办公室	2016. 7. 27	部门规章
《网络预约出租汽车运营服务规范》	交通运输部	2016. 10. 21	部门规范性文件
《网络预约出租汽车计程计时技术要求(试行)》	国家质量监督检验检疫总局	2016. 10. 21	部门规范性文件
《网络预约出租汽车运营服务规范》	交通运输部	2016. 10. 21	部门规范性文件
《关于明确网络预约出租汽车服务许可证件式样的通知》	交通运输部	2016. 10. 21	部门规范性文件
《关于网络预约出租汽车经营者申请线上服务能力认定工作流程的通知》	交通运输部、工业和信息化部、公安部	2016. 11. 3	部门规范性文件
《关于网络预约出租汽车车辆准入和退出有关工作流程的通知》	交通运输部	2016. 11. 7	部门规范性文件
《网络预约出租汽车监管信息交互平台总体技术要求(暂行)》	交通运输部	2016. 12. 20	部门规范性文件

(六)强化“互联网 + 政务服务”

公开透明是法治政府的基本特征。“互联网 + 政务服务”是全面推进政务公开,优化服务改革,全面提高政府服务效率和透明度,进一步让权力在阳光下运行的基础性工作。2016 年,党中央、国务院高度重视推进“互联网 + 政务服务”,做出了一系列重大部署。

1. 全面推进政务信息公开

2016 年 2 月,中共中央办公厅、国务院办公厅印发了《关于全面推进政务公开工作的意见》,就“互联网 + 政府服务”的具体实施提出了三项要求。一是推进政府数据开放,实施政府数据资源清单管理,加快建设国家政府数据统一开放平台,制定开放目录和数据采集标准,稳步推进政府数据共享开放。优先推动民生保障、公共服务和市场监管等领域的政府数据向社会有序开放。二是积极运用大数据、云计算、移动互联网等信息技术，提升政务公开信息化、集中化水平。加快推进“互联网＋政务”，构建基于互联网的一体化政务服务体系，通过信息共享、互联互通、业务协同，实行审批和服务事项在线咨询、网上办理、电子监察，做到利企便民。三是加强政府门户网站建设。强化政府门户网站信息公开第一平台作用，整合政府网站信息资源，加强各级政府网站之间协调联动，强化与中央和地方主要新闻媒体、主要新闻网站、重点商业网站的联动，充分运用新媒体手段拓宽信息传播渠道，完善功能，健全制度，加强内容和技术保障，将政府网站打造成更加全面的信息公开平台、更加权威的政策发布解读和舆论引导平台、更加及时的回应关切和便民服务平台。

2. 推进“互联网＋政务服务”信息惠民试点

为进一步推动政府部门间政务服务相互衔接、协同联动，打破信息孤岛，变“群众跑腿”为“信息跑路”，变“群众来回跑”为“部门协同办”，变被动服务为主动服务，2016年4月，国务院办公厅转发国家发展改革委、财政部、教育部、公安部、民政部、人力资源社会保障部、住房城乡建设部、国家卫生计生委、国务院法制办、国家标准委《推进“互联网＋政务服务”开展信息惠民试点实施方案》，提出通过两年左右时间，在试点地区实现“一号一窗一网”目标，服务流程显著优化，服务模式更加多元，服务渠道更为畅通，群众办事满意度显著提升。“一号”申请，即充分发挥公民身份号码作为公民唯一的、终身不变的身份代码作用，以公民身份号码作为唯一标识，建成电子证照库，实现群众办事“一号”申请，避免重复提交办事材料、证明和证件等。“一窗”受理，即整合构建综合政务服务窗口，建立统一的数据共享交换平台和政务服务信息系统，实现政务服务事项“一窗”受理，就近能办、同城通办、异地可办。“一网”通办，即建成网上统一身份认证体系，推进群众网上办事“一次认证、多点互联”，实现多渠道服务的“一网”通办，大幅提高政务服务的便捷性。

此外，试点城市按照“两年两步走”的思路，统筹设计、稳步推进。2016年，各试点城市开展证照梳理、电子证照库建设及相关标准体系建立等工作，研究形成与现有系统衔接过渡机制；基本建成电子证照库，完成与制证系统和业务系统的对接，实现电子证照和纸质证照同步签发；建成统一的综合政务服务窗口、数据共享交换平台和政务服务信息系统，完成自有政务服务流程的梳理、简化和标准化，形成政务服务事项目录；建成统一身份认证体系，实现政务服务多渠道的统一认证。

3. 加快推进“互联网＋政务服务”

近年来，一些地方和部门初步构建互联网政务服务平台，积极开展网上政务服务，取得一定成效。但也存在网上服务事项不全、信息共享程度低、可办理率不高等问题，尤其是通过互联网实现便民利民的效果仍不明显，企业和群众办事仍然感到不便利和低效率等。2016 年 9 月,国务院发布《关于加快推进"互联网 + 政务服务"工作的指导意见》(以下简称《指导意见》),《指导意见》提出了五大"优化再造政务服务"的举措:

(1)规范网上服务事项。《指导意见》要求,各省(区、市)人民政府、国务院各部门要依据法定职能全面梳理行政机关、公共企事业单位直接面向社会公众提供的具体办事服务事项,编制政务服务事项目录,2017 年年底前通过本级政府门户网站集中公开发布,并实时更新、动态管理。

(2)优化网上服务流程。《指导意见》提出,要优化简化服务事项网上申请、受理、审查、决定、送达等流程,缩短办理时限,降低企业和群众办事成本,并突出了"三个凡是",即凡是能通过网络共享复用的材料,不得要求企业和群众重复提交;凡是能通过网络核验的信息,不得要求其他单位重复提供;凡是能实现网上办理的事项,不得要求必须到现场办理。

(3)推进服务事项网上办理。《指导意见》特别提出了涉及企业的九项事项和与居民有关的五项服务都要推行网上受理、网上办理、网上反馈。涉及企业的九项服务事项是:企业注册登记、年度报告、变更注销、项目投资、生产经营、商标专利、资质认定、税费办理、安全生产;与居民有关的五项服务事项是:教育医疗、户籍户政、社会保障、劳动就业、住房保障。

(4)创新网上服务模式。《指导意见》要求,政务信息资源应当互认共享,服务事项逐步实现跨地区远程办理、跨层级联动办理、跨部门协同办理,逐步形成全国一体化服务体系。《指导意见》突出,可以引入社会力量,积极利用第三方平台,开展预约查询、证照寄送,以及在线支付等服务。

(5)全面公开服务信息。《指导意见》要求,各地区各部门要在政府门户网站和实体政务大厅,集中全面公开与政务服务事项相关的法律法规、政策文件、通知公告、办事指南、审查细则、常见问题、监督举报方式和网上可办理程度,以及行政审批涉及的中介服务事项清单、机构名录等信息,并实行动态调整,确保线上线下信息内容准确一致。

表 7 2016 年度"互联网 + 政务服务"法律法规制定情况〔1〕

法律法规名称	制定部门	发布时间	效力等级
《关于全面推进政务公开工作的意见》	中共中央办公厅、国务院办公厅	2016. 2. 17	中共中央、国务院规范性文件
《推进"互联网 + 政务服务"开展信息惠民试点实施方案的通知》	国务院办公厅	2016. 4. 14	国务院规范性文件

〔1〕 资料来源:笔者整理。

续表

法律法规名称	制定部门	发布时间	效力等级
《关于加快推进"互联网＋政务服务"工作的指导意见》	国务院	2016. 9. 25	国务院规范性文件
《政府网站信息发布管理办法》	国家安全生产监督管理总局	2016. 10. 27	部门规范性文件
《〈关于全面推进政务公开工作的意见〉实施细则》	国务院办公厅	2016. 11. 10	国务院规范性文件
《"互联网＋政务服务"技术体系建设指南》	国务院办公厅	2016. 12. 20	国务院规范性文件

(七)启动电子商务"十三五规划"和电子商务立法

电子商务是网络化的新型经济活动,是信息经济的主要组成部分。电子商务经济以其开放性、全球化、低成本、高效率的优势,广泛渗透到生产、流通、消费及民生等领域,在培育新业态、创造新需求、拓展新市场、促进传统产业转型升级、推动公共服务创新等方面的作用日渐凸显,成为国民经济和社会发展新动力。2016 年 1 月至 11 月,网络零售交易额为 4. 6 万亿元,同比增长 26. 2%。其中实物商品网上零售额占社会消费品零售总额的比重达到 12. 5%。[1]

2016 年是夯实电子商务基础和启动电子商务立法的元年。2016 年 1 月,国务院批复同意在天津等 12 个城市设立跨境电子商务综合试验区;2016 年 4 月,国务院办公厅出台《关于深入实施"互联网＋流通"行动计划的意见》;2016 年 5 月,国家发展和改革委员会办公厅、海关总署办公厅、商务部办公厅发布《关于推动电子商务发展有关工作的通知》;2016 年 12 月,国家发展改革委办公厅、中央网信办秘书局、商务部办公厅发布《关于印发促进电子商务发展部际综合协调工作组工作制度及三年行动实施方案(2016－2018 年)的通知》;2016 年 10 月,工商总局发布《关于加强互联网领域消费者权益保护工作的意见》;2016 年 12 月,商务部、中央网信办、发展改革委三部门联合发布《电子商务"十三五"发展规划》;2016 年 12 月,十二届全国人大常委会第二十五次会议初次审议了全国人大财经委提请的《中华人民共和国电子商务法(草案)》。笔者认为,2016 年,电子商务法治领域最重要的两大事件:一是《电子商务"十三五"发展规划》发布;二是《电子商务法》正式进入立法程序。

---

〔1〕《商务部:去年前 11 月网售交易额 4. 6 万亿　同比增 26. 2%》,载中国新闻网,http://www. chinanews. com/cj/2017/01－12/8121728. shtml,最后访问日期:2017 年 1 月 21 日。

1.《电子商务“十三五”发展规划》部署提质升级任务

商务部、中央网信办、发展改革委三部门联合发布《电子商务“十三五”发展规划》(以下简称《规划》)。《规划》以适应经济发展新常态壮大电子商务新动能、围绕全面建成小康社会目标创新电子商务民生事业为主线,对于推进我国电子商务领域政策环境创新,指导电子商务健康有序快速发展,引领电子商务全面服务国民经济和社会发展具有重要意义。《规划》深入研究了电子商务在国民经济发展中的新地位和新现象,为进一步拓展网络经济空间,推动我国电子商务发展,明确了工作思路、发展目标和主要任务,部署了电子商务提质升级等5项重点任务。

围绕“十三五”时期我国电子商务发展目标和主要任务,《规划》从电子商务信息基础设施建设、新业态与新市场培育、电子商务要素市场发展和电子商务新秩序建设等四方面共部署了17个专项行动,并提出了加强组织领导、完善顶层设计、推进试点示范、优化资金投入、建立监督机制和增进国际合作六个方面的保障措施。

《规划》提出,要健全法律法规及相应机制。以推动制定和颁布《电子商务法》为中心工作,健全电子商务法律法规,加强和完善现有法规体系中涉及电子商务的部门规章、规范性文件制定工作,形成保障电子商务市场健康有序发展的法规体系。加强法律服务和法治宣传,推动完善电子商务规制建设及调整修订,促进国际电子商务规则与标准协同。

2.《中华人民共和国电子商务法(草案)》公布

《电子商务法》于2013年12月法列入十二届全国人大常委会立法规划,由全国人大财政经济委员会牵头通过初审并于2016年12月27日正式向社会公布《中华人民共和国电子商务法(草案)》(以下简称《草案》)。[1]《草案》共8章94条,包括总则、电子商务经营主体、电子商务交易与服务、电子商务交易保障、跨境电子商务、监督管理、法律责任和附则八大部分。其开宗明义表明本法目的与宗旨在于促进电子商务持续健康发展,规范市场秩序,保障电子商务经营主体、消费者等各方主体的合法权益。《草案》坚持两大主题:规范发展和鼓励创新,具体而言有四大亮点:

(1)规范电子商务经营主体。《草案》明确规定了一般的电子商务经营者和电子商务第三方平台的义务与责任。鉴于第三方平台是构成我国电子商务发展的重要载体,因此草案着重对第三方平台作出明确规定:一是要求其对经营者进行审查,提供稳定、安全服务;二是应当公开、透明地制定平台交易规则;三是遵循重要信息公示、交易记录保存等要求;四是设置了退出的要求。

---

[1] 全国人大常委会法制工作委员会:《电子商务法(草案)征求意见》,载中国人大网,http://www.npc.gov.cn/npc/flcazqyj/2016-12/27/content_2005286.htm,最后访问日期:2017年1月23日。

(2)规范电子商务交易与服务。《草案》围绕电子商务交易与服务的三大问题提出了具体要求:一是电子合同,草案根据电子商务发展的特点,在现有法律规定的基础上规定了电子商务当事人行为能力推定规则、电子合同的订立、自动交易信息系统,以及电子错误等内容;二是电子支付,草案规定了电子支付服务提供者和接受者的法定权利义务,对于支付确认、错误支付、非授权支付、备付金等作出规定;三是快递物流,草案明确了快递物流依法为电子商务提供服务,规范了电子商务寄递过程中的安全和服务问题。

(3)确立电子商务交易的法律保障。《草案》从四方面确立了电子商务交易的法律保障:一是明确规定鼓励数据信息交换共享,保障数据信息的依法有序流动和合理利用,强调电子商务经营者对用户个人信息应采取相应保障措施,并对电子商务数据信息的收集利用及其安全保障作出明确要求;二是规定电子商务经营主体知识产权保护、平台责任、不正当竞争行为的禁止、信用评价规则;三是消费者权益保护,包括商品或者服务信息真实、商品或者服务质量保证、交易规则和格式条款制定,并规定了设立消费者权益保证金,电子商务第三方平台有协助消费者维权的义务;四是争议解决,在适用传统方式的基础上,根据电子商务发展特点,积极构建在线纠纷解决机制。

(4)支持跨境电子商务服务。《草案》支持、促进和保障跨境电子商务发展,主要明确了三大内容:一是建立适应跨境电子商务活动需要的监督管理体系,以提高通关效率,保障贸易安全,促进贸易便利化;二是推进跨境电子商务活动通关、税收、检验检疫等环节的电子化;三是推动建立国家之间跨境电子商务交流合作机制。

表8　2016年度电子商务法律法规制定情况〔1〕

法律法规名称	制定部门	发布时间	效力等级
《关于促进网络服务交易健康发展规范网络服务交易行为的指导意见》	国家工商行政管理总局	2016.1.8	部门规范性文件
《关于推进电子商务进社区促进居民便利消费的意见》	商务部、民政部、国土资源部	2016.4.14	部门规范性文件
《关于深入实施"互联网+流通"行动计划的意见》	国务院办公厅	2016.4.15	国务院规范性文件
《关于推动电子商务发展有关工作的通知》	国家发展和改革委员会 商务部、中国人民银行	2016.5.20	部门规范性文件
《农村电子商务服务规范(试行)》 《农村电子商务工作指引》	商务部	2016.7.11	部门规范性文件

〔1〕资料来源:笔者整理。

续表

法律法规名称	制定部门	发布时间	效力等级
《网络食品安全违法行为查处办法》	国家食品药品监督管理总局	2016. 7. 13	部门规章
《关于加强互联网领域消费者权益保护工作的意见》	国家工商行政管理总局	2016. 10. 19	部门规范性文件
《网络交易价格举报管辖规定(试行)》	国家发展和改革委员会	2016. 10. 25	部门规范性文件
《促进电子商务发展部际综合协调工作组工作制度及三年行动实施方案(2016 - 2018 年)》	国家发展和改革委员会、商务部	2016. 12. 6	部门规范性文件
《电子商务"十三五"发展规划》	商务部、中央网信办、发展改革委	2016. 12. 24	部门规范性文件
《电子商务法(草案)》	全国人民代表大会常务委员会	2016. 12. 27	法律草案

二、2016 年互联网法治实施的主要特点

随着互联网技术的进步与应用模式的创新,互联网引发的各种新型法律问题不断涌现,2016 年中国互联网法治实施的主要特征是:顶层规划网络空间安全战略、网络空间主权上升为国家意志、明确保护关键信息基础设施、建立重要数据本地化存储制度、重点规范互联网应用平台、重拳打击新型网络犯罪、确立个人信息与隐私保护规则。

(一)顶层规划网络空间安全战略

互联网的渗透性决定了我们的每一项工作都离不开网络,网络强国是关于国家发展和安全的总体战略。建设网络强国是一项长期的国家战略,必须做好顶层设计。顶层设计是运用系统论的方法,从全局的角度,对实施网络强国进程中涉及的各方面、各层次、各要素进行统筹规划,以集中有效资源,高效快捷地实现网络强国的目标。

2016 年,国家互联网信息办公室发布的我国首部《国家网络空间安全战略》对我国的网络空间安全战略进行了顶层的规划,总结了"七种机遇"与"六大挑战",将人类网络空间面临的机遇与挑战视为一个统一体,系统地阐述了网络给人类带来的机遇与挑战并存的现状,是从国家顶层进行的全局性计划,充分论证了习近平主席提出的新型网络安全战略思想,即网络安全和信息化是一体之两翼、驱动之双轮,必须统一谋划、统一部署、统一推进、统一实施。

国家网络空间安全战略具有统一性和整体性的特征,其中确立的国家网络空间安

全的“九大任务”不是数个有关和平利用与治理网络空间规范的机械组合，而是各个相关网络空间安全治理规则的有机结合。首先，“坚定捍卫网络空间主权”和“坚决维护国家安全”是主权国家必须坚守的底线；其次，“保护关键信息基础设施”和“夯实网络安全基础”是主权国家社会稳定与国家安全的保障；再次，“加强网络文化建设”有利于扩大正能量在网络空间的辐射力和感染力；第四，“打击网络恐怖和违法犯罪、完善网络治理体系”是切实维护广大民群众网络合法权益，确保国家网络利益不受侵犯的根本保证；第五，“提升网络空间防护能力”是中国应对复杂网络空间挑战的基本需要；第六，“强化网络空间国际合作”是构建网络空间命运共同体的必由之路。

（二）网络空间主权上升为国家意志

2016 年，习近平主席在第三届世界互联网大会开幕式上发表视频讲话，提出了构建网络空间命运共同体的“十六字方针”，即“平等尊重、创新发展、开放共享、安全有序”。网络空间的全球治理，必须维护和弘扬“平等尊重”的公平理念。共建网络空间命运共同体，必须坚持联合国宪章宗旨和原则，尊重各国基于国家主权和领土完整下的网络空间主权。必须坚持平等、不歧视地尊重和维护各国人民自主选择网络空间治理的权利，反对各种形式的网络霸权主义和强权政治。

“维护网络空间主权”是我国《国家安全法》首次确立的网络空间主权原则，《国家安全法》第 25 条规定，加强网络管理，防范、制止和依法惩治网络攻击、网络入侵、网络窃密、散布违法有害信息等网络违法犯罪行为，维护国家网络空间主权、安全和发展利益。2016 年的我国首部《网络安全法》继《国家安全法》之后再次明确这一原则，并从法律制度层面进步细化了“网络空间主权”在法律上的适用，正式以法律的形式将网络空间主权上升为国家意志，具有重要意义。网络空间主权国家意志的确立，标志着我国网络主权法律制度的正式形成，反映了互联网时代“安全与发展”互为一体双翼的世界主潮流，也为国际网络空间治理提供了重要的国际法理基础。

（三）明确保护关键信息基础设施

随着信息通信技术（ICT）的飞速发展，越来越多的关键基础设施（CI）接入互联网，形成了基于信息通信网络信息系统的“关键信息基础设施”（CII），且涵盖的范围在不断扩大。网络主权下的国家关键信息基础设施（National Critical Information Infrastructure，NCII）是保障国家的军事、电力、通信、能源、金融、水利以及国家机关等国家重要领域基础设施正常、稳定及连续运营的信息通信网络信息系统。保障关键信息基础设施的安全，对于保障国家网络安全，乃至整个国家安全都至关重要。习近平主席在中央网络安全和信息化领导小组第一次会议中指出，建设网络强国，要有良好的信息基础设施，形成势力雄厚的信息经济，要完善关键信息基础设施保护等法律法规。我国“十三五”规划纲要也提出，要建立关键信息基础设施保护制度，完善涉及国家安全重要信息系统的设计、建设和运行监督机制。

当前,以立法的形式将国家主权范围内的关键信息基础设施列为国家重要基础性战略资源加以保护,已经成为各主权国家网络空间安全法治建设的核心内容和基本实践。我国《网络安全法》在第三章第二节中用了相当的篇幅规定了关键信息基础设施的安全与保护法律制度,范围涵盖了公共通信和信息服务、能源、交通、水利、金融、公共服务、电子政务等重要行业和领域。《网络安全法》第31条界定了关键信息基础设施的内涵,即"国家对公共通信和信息服务、能源、交通、水利、金融、公共服务、电子政务等重要行业和领域,以及其他一旦遭到破坏、丧失功能或者数据泄露,可能严重危害国家安全、国计民生、公共利益的关键信息基础设施,在网络安全等级保护制度的基础上,实行重点保护。关键信息基础设施的具体范围和安全保护办法由国务院制定。……"可见,"关键信息基础设施"就是指事关国家安全、国计民生和公共利益的信息基础设施,这是我国首次在法律层面提出关键信息基础设施的概念和重点保护范围。

(四)重要数据本地化储存法律制度确立

数据本地化存储(data localization),指主权国家通过制定法律或规则限制本国数据向境外流动。关键信息基础设施重要数据的储存、利用、控制和管辖是国家主权框架下"数据主权"的行使,其基本的规则是任何本国或者外国公司在采集和存储与个人信息和关键领域相关数据时,必须使用主权国家境内的服务器。目前,大约有二十多个国家对数据的本国境内存储提出了相关的安排,俄罗斯、澳大利亚以及多个国家通过立法的形式对数据的流动进行动态调整和控制。[1]

《网络安全法》第37条规定,"关键信息基础设施的运营者在中华人民共和国境内运营中收集和产生的个人信息和重要数据应当在境内存储。因业务需要,确需向境外提供的,应当按照国家网信部门会同国务院有关部门制定的办法进行安全评估;法律、行政法规另有规定的,依照其规定。"重要数据的本地化存储法律制度的实施有三大意义:一是通过对个人信息和重要数据本地化存储的立法,加强对数据跨境流动的控制和管辖;二是规制的主体是关键信息基础设施的运营者,主要涉及公共通信和信息服务、能源、交通、水利、金融、公共服务、电子政务等关键信息基础设施的运营者;三是数据跨境流动的安全评估机制,即如果遇有特殊情况,需要数据境外跨境流动时,应当按照网信主管部门制定的办法进行安全评估。《网络安全法》重构了数据跨境传输的规则,标志着中国正式开始基于网络主权原则对数据跨境传输进行法律限制,这一规定并不是限制各大跨国公司在我国的运营业务,而是要求其运营业务必须依法合规。

(五)明确个人信息保护的法律路径

近十几年,我国侵犯个人信息的违法犯罪案件逐年增加,据中国互联网协会发布

〔1〕 Chander Anupam and Le. Uyen P.,"Data Nationalism",*Emory Law Journal* 64,2015.

的《2016中国网民权益保护调查报告》显示,84%的网民曾亲身感受到由于个人信息泄露带来的不良影响。虽然我国出台的法律、法规、规章和司法解释对我国公民个人信息的保护起到了一定的作用,但仍然缺乏系统性、规范性和全局性,无法应对司法实践中日益出现的各类新型侵犯个人信息和隐私的违法犯罪行为。

2016年出台的《网络安全法》第四章在全国人大常委会《关于加强网络信息保护的决定》的基础上用较大的篇幅专章规定了公民个人信息保护的基本法律制度,尤其突出了网络运营商对个人信息保护的责任与义务,具有四大亮点:

第一,收集和使用公民个人信息必须遵循合法、正当、必要原则,且目的必须明确并经用户的知情同意。《网络安全法》第41条规定,网络运营者收集、使用个人信息,应当遵循合法、正当、必要的原则,公开收集、使用规则,明示收集、使用信息的目的、方式和范围,并经被收集者同意。网络运营者不得收集与其提供的服务无关的个人信息,不得违反法律、行政法规的规定和双方的约定收集、使用个人信息,并应当依照法律、行政法规的规定和与用户的约定,处理其保存的个人信息。

第二,泄露、损坏、丢失个人信息的告知和报告制度。《网络安全法》第42条规定,网络运营者不得泄露、篡改、毁损其收集的个人信息;未经被收集者同意,不得向他人提供个人信息。但是,经过处理无法识别特定个人且不能复原的除外。网络运营者应当采取技术措施和其他必要措施,确保其收集的个人信息安全,防止信息泄露、毁损、丢失。在发生或者可能发生个人信息泄露、毁损、丢失的情况时,应当立即采取补救措施,按照规定及时告知用户并向有关主管部门报告。

第三,个人对其信息的删除权(被遗忘权)和更正权制度。《网络安全法》第43条规定,个人发现网络运营者违反法律、行政法规的规定或者双方的约定收集、使用其个人信息的,有权要求网络运营者删除其个人信息;发现网络运营者收集、存储的其个人信息有错误的,有权要求网络运营者予以更正。网络运营者应当采取措施予以删除或者更正。

第四,网络安全监督管理机构及其工作人员对公民个人信息、隐私和商业秘密的保密制度。《网络安全法》第45条规定,依法负有网络安全监督管理职责的部门及其工作人员,必须对在履行职责中知悉的个人信息、隐私和商业秘密严格保密,不得泄露、出售或者非法向他人提供。该条重点强调了对个人信息私权的保护。

(六)重点规范互联网第三方应用平台

互联网应用已经进入平台经济(Platform Economics)时代。平台经济基本的特征是平台本身不生产产品,但可以促成双方或多方供求之间的交易,收取恰当的费用或赚取差价而获得收益,可见互联网平台具有居间属性的第三方性质,如互联网时代出现的淘宝、京东、P2P、网络约车等都是属于互联网第三方平台。对第三方网络平台的依法治理是移动互联网经济空间法治实施的主要任务。重点聚焦在三个方面。

1. 互联网金融第三方平台的治理

以 P2P 网络(个体网络借贷)平台为例,P2P 网络借贷是指个体和个体之间通过互联网平台实现的直接借贷。在 P2P 网络借贷平台上发生的直接借贷行为属于民间借贷范畴,受合同法、民法通则等法律法规以及最高人民法院相关司法解释规范。个体网络借贷要坚持平台功能,为投资方和融资方提供信息交互、撮合、资信评估等中介服务。个体网络借贷机构要明确信息中介性质,主要为借贷双方的直接借贷提供信息服务,不得提供增信服务,不得非法集资。

P2P 网络借贷作为一种互联网金融业态,在缓解小微企业融资难、满足民间资本投资需求等方面发挥了积极作用。但近年来,很多平台都超越了信息中介的功能定位,存在大量非法集资的嫌疑。不少 P2P 平台不仅没有采取第三方资金管理平台,有的甚至动用投资人的资金,特别是一些 P2P 平台出现管理者随意从平台借款几千万元,用于企业经营,自借自用,风险无人控制也无人承担,其背后隐藏着巨大的资金风险。因此,2016 年中国银监会重点对 P2P 网络借贷风险进行专项整治工作。

2. 网络约车第三方平台的治理

2016 年,对网络约车的法治实施主要以《网络预约出租汽车经营服务管理暂行办法》(以下简称《暂行办法》)的出台为标志。《暂行办法》明确了网络预约出租汽车经营者属于网约车平台公司的性质,具体指构建网络服务平台,从事网约车经营服务的企业法人。《暂行办法》对网络约车平台的设立提出了具体的条件:具备互联网平台和信息数据交互及处理能力的证明材料,具备供交通、通信、公安、税务、网信等相关监管部门依法调取查询相关网络数据信息条件的证明材料,数据库接入情况说明,服务器设置在中国内地的情况说明,依法建立并落实网络安全管理制度和安全保护技术措施的证明材料。

《暂行办法》特别规定,对网约车平台公司非法收集、存储、处理和利用有关个人信息、违反互联网信息服务有关规定、危害网络和信息安全、应用网约车服务平台发布有害信息或者为企业、个人及其他团体组织发布有害信息提供便利的行为,依法进行查处。

3. 电子商务第三方平台的治理

目前的网络交易平台不仅仅承载传统电子商务平台的商品交易,还承载大量的网络服务交易,这些网络服务交易除了涵盖商务信息服务、生活信息服务、旅游服务等,还涉及很多专业服务,如法律服务、咨询服务、管理服务、设计服务、市场调查服务等。因此,国家对电子商务交易的治理重点也是基于对平台的治理,同时也要求第三方平台履行对经营者的监管义务。

2016 年 1 月，国家工商总局发布《关于促进网络服务交易健康发展规范网络服务交易行为的指导意见（暂行）》，明确提出网络服务交易平台是网络服务集中交易的场所和空间，抓住网络服务交易平台经营者，就直接抓住了维护网络服务交易市场秩序的关键环节。网络服务交易平台经营者承担着交易平台准入把关、检查监控网络服务交易信息、保护注册商标专用权、企业名称权等权利、保护网络服务消费者合法权益等重要职责，网络服务交易平台经营者如果能够切实履行法律法规赋予的义务和责任，网络市场服务交易秩序的维护就有了基本保障。

2016 年 3 月，国家食品药品监督管理总局发布《网络食品安全违法行为查处办法》，明确要求网络食品交易第三方平台提供者和入网食品生产经营者必须对网络食品安全信息的真实性负责，并要求网络食品交易第三方平台的提供者必须建立五大制度，确保网络食品的安全，这五大制度是：入网食品生产经营者审查登记制度、食品安全自查制度、食品安全违法行为制止及报告制度、严重违法行为平台服务停止制度、食品安全投诉举报处理制度等，并要求在网络平台上公开。

2016 年 12 月，十二届全国人大常委会第二十五次会议首次审议的《电子商务法（草案）》除了要求电子商务第三方平台本身应履行的法定义务外，还要求第三方平台对平台的经营者履行监管的义务。比如，电子商务第三方平台应当对申请进入平台销售商品或者提供服务的经营者身份、行政许可等信息进行审查和登记，建立登记档案，并定期核验更新；电子商务第三方平台应当对平台内的商品或者服务信息进行检查监控，发现违法从事经营活动和违法销售商品或者提供服务的情形，应当依法及时向有关部门报告，并采取必要措施等。

（七）重拳打击新型网络犯罪

“新型网络犯罪”主要指不法分子利用通讯、互联网等技术和工具，通过发送短信、拨打电话、植入木马等手段，诱骗（盗取）被害人资金汇（存）入其控制的银行账户，实施违法犯罪的行为。2016 年，最引人瞩目的是最高人民法院、最高人民检察院、公安部联合发布的《关于办理电信网络诈骗等刑事案件适用法律若干问题的意见》，重拳打击电信网络诈骗犯罪，规定了十项从重处罚的情节：造成被害人或其近亲属自杀、死亡或者精神失常等严重后果的；冒充司法机关等国家机关工作人员实施诈骗的；组织、指挥电信网络诈骗犯罪团伙的；在境外实施电信网络诈骗的；曾因电信网络诈骗犯罪受过刑事处罚或者二年内曾因电信网络诈骗受过行政处罚的；诈骗残疾人、老年人、未成年人、在校学生、丧失劳动能力人的财物，或者诈骗重病患者及其亲属财物的；诈骗救灾、抢险、防汛、优抚、扶贫、移民、救济、医疗等款物的；以赈灾、募捐等社会公益、慈善名义实施诈骗的；利用电话追呼系统等技术手段严重干扰公安机关等部门工作的；利用“钓鱼网站”链接、“木马”程序链接、网络渗透等隐蔽技术手段实施诈骗的。

三、互联网法治实施存在的问题与建议

互联网(特别是移动互联网)的发展需要良好的法治生态环境,良好的互联网法治生态环境有着自身内在的结构和独特的社会功能。互联网法治的实施,不仅要充分认识和发现互联网自身的发展规律,还应从互联网与其他行业有机融合的整体性视角,统筹与协调互联网法治系统与其他行业融合的关系,进而探索出一条使互联网法治实施系统生态化的发展道路。

(一)互联网法治实施存在的问题

1. 互联网创新与互联网法治的关系有待明晰

目前,互联网法治实施的主要问题是如何处理好互联网领域的创新与互联网法治之间的关系。笔者认为,互联网的创新一定是建立在合规有序与风险可控基础之上的创新。以互联网金融为例,互联网金融生存的环境是金融市场,金融市场的状态、金融市场的运行机制、金融市场的构架、金融市场的体系等都会对互联网金融的生存、成长、发展产生重要影响。只有认识到金融市场对互联网金融的制衡机制,才能找到互联网金融的生存与发展之道。事实上,我国过度的互联网金融创新已经导致互联网金融市场的混乱,极易引发系统性金融风险。因此,国家在鼓励互联网金融创新的前提下,一定要以法治的思维对互联网金融的安全与发展做出平衡性选择。

2. 互联网法治建设层级较低,违法成本低

目前,互联网领域的立法大多是行政规章和规范性文件,法治建设仍显滞后,效力层级较低,由此导致互联网领域的违法成本太低。比如,微软公司曾因在其操作系统中捆绑销售其他软件而被多国处以巨额罚金。反观我国,互联网领域的侵权和不正当竞争诉讼赔偿金通常只有几十甚至几万,现在互联网企业的收入和利润率较高,违法成本低助长了行业内的不正当竞争。

3. 互联网执法的信息化建设和执法人员的技术能力尚不能完全满足互联网法治实施的需求

移动互联网时代,应当夯实行政执法人员信息技术应用水平,在此基础上,规范互联网领域的行政执法行为,从而有效促进依法行政,推动法治政府建设;在打击新型网络犯罪领域,我国网络警务人员的整体专业素养仍需提高,不少网络空间违法犯罪行为的技术性手段较强,这就要求网络警务人员既要有较强的基本警务技能,又要有信息技术领域过硬专业素质。

4. 互联网企业主体责任落实仍不到位

当前,在网站建设运营过程中,存在一些乱象:不具备新闻资质的网站违法从事新闻采编活动;少数新闻网站为吸引眼球编写、炮制虚假新闻,出现法律、法规明令禁止

的内容，扰乱社会秩序；个别新闻网站甚至成为犯罪分子实施犯罪活动的“温床”；一些商业网站盲目追求经济利益，存在严重损害广大网民的人身及其他权利利益的现象。2016年8月，国家互联网信息办公室在京召开专题座谈会，就网站履行网上信息管理主体责任提出了八项要求，包括从事互联网新闻信息服务的网站要建立总编辑负责制、严格落实7×24小时值班制、做好举报受理工作等。此前，全国网信办主任座谈会提出“重基本规范、重基础管理，强化属地管理责任、强化网站主体责任”要求，全面加强网站管理。[1]

5. 群众防范新型网络诈骗意识薄弱，宣传力度不足

我国电信网络诈骗犯罪活动之所以能够得逞，主要原因是一些被骗群众防范意识、甄别能力不强、贪图小便宜等行为造成。防范电信网络诈骗必须采取防范与打击相结合的方式，提高广大群众识别和防范电信网络诈骗的能力是基础，相关部门一定要充分利用互联网“平等、开放、交互、平台”的特征，加大宣传力度，帮助广大群众提高警惕，充分识别、分析、防范电信网络诈骗。

6. 个人信息保护乏力，助长恶意违法行为

个人信息的泄露和信息的非法买卖助长了新型网络违法犯罪行为的不断蔓延。根据中国互联网协会发布的《2016中国网民权益保护调查报告》显示，我国54%的网民认为个人信息泄露情况严重，84%的网民曾亲身感受到因个人信息泄露带来的不良影响。目前，网络非法获取公民信息已从身份信息、电话号码、家庭地址，扩展到网络账号和密码、银行账号和密码等，不法分子通过技术手段实施攻击，形成了“源头——中间商——非法使用人员”的黑色产业链。调查报告显示，有近80%的网民手机号遭到过泄露，并有50%以上的网民因手机号泄露而受到骚扰，我国的个人信息滥用已经成为一种社会公害。[2]

7. 互联网领域不正当竞争案件频发

尽管我国互联网发展成绩斐然，然而，由于现行竞争立法的滞后和监管的缺位，催生了一些怪相。这主要体现在行业的非理性竞争上。近几年，随着互联网行业竞争加剧，互联网领域不正当竞争案件频发，涉及新型互联网不正当竞争行为的案件数量呈现爆发趋势，且案件重要性以及疑难复杂程度均有极大突破。尤其是重复侵权现象极为突出，这在很大程度上给中国互联网行业的发展蒙上了阴影。在互联网应用领域，软件捆绑安装情况十分泛滥，一些不法企业往往通过强制或静默安装软件，诱骗网络

---

[1] 人民日报新媒体版、人民网研究院：《2016中国互联网10大现象》，载《人民日报》2017年1月5日，第14版。

[2] 中国互联网协会：《中国网民权益保护调查报告2016》，载中国互联网协会网站，http://www.isc.org.cn/zxzx/xhdt/listinfo-33759.html，最后访问日期：2017年1月25日。

用户对一些软件进行捆绑安装。这些软件不仅占用系统内存、CPU资源,还可能由于程序编写存在缺陷,损坏用户原本所安装的程序而导致无法使用,更严重的有一些会捆绑扣费,严重损害到用户权益,广大用户深恶痛绝。

2016年7月,北京市海淀区人民法院发布《关于网络不正当竞争纠纷案件的调研报告通报》(以下简称《调查报告》)称,近5年来,海淀法院审理了全国1/10以上的不正当竞争纠纷案件,其中,网络不正当竞争纠纷案件占2/3。《调查报告》在对海淀法院审理的网络不正当竞争案件进行全面梳理和调研的基础上,总结出互联网不正当竞争案件的三大特征:一是案件具有典型意义,导致审理难度进一步加大;二是侵权行为技术性强,导致事实认定陷入困境;三是侵权行为呈现复杂性,导致案件赔偿额判定困难。[1]

(二)互联网法治实施的若干建议

在移动互联网、大数据、云计算及产业互联网融合发展的背景下,我国互联网经济能否健康有序发展,关键是发挥立法的引领和推动作用。当前,应当全面贯彻实施网络安全法,加快推进与网络安全法配套法规的出台,电子商务法及移动互联网等基础性网络经济立法应当具有前瞻性。

1. 加快《关键信息基础设施安全保护条例》的出台

随着国家关键基础设施(CI)信息化程度的加快,保障关键信息基础设施(CII)的安全直接关系到保障国家网络安全,乃至整个国家安全。《网络安全法》规定,"国家对公共通信和信息服务、能源、交通、水利、金融、公共服务、电子政务等重要行业和领域,以及其他一旦遭到破坏、丧失功能或者数据泄露,可能严重危害国家安全、国计民生、公共利益的关键信息基础设施,在网络安全等级保护制度的基础上,实行重点保护,关键信息基础设施的具体范围和安全保护办法由国务院制定。"这是我国首次在法律层面提出关键信息基础设施的概念和重点保护范围。因此,国务院相关部门应当针对《网络安全法》中涉及的关键信息基础设施的具体范围和安全保护原则等问题,加快制定与《网络安全法》相配套的《关键信息基础设施安全保护条例》,对我国关键信息基础设施以及关键基础设施的重要数据的安全与保护作出具体细致的规定,尤其是对关键信息基础设施安全规划的编制、关键信息基础设施安全标准体系的建设、关键信息基础设施安全技术的自主可控等工作给予高度重视,全面加速我国关键信息基础设施体系建设的步伐。

2. 关注网络交易与互联网金融立法

进一步完善《电子商务法(草案)》,重点应关注网络交易发展的基本方向、交易准

---

〔1〕《海淀法院民五庭发布"关于网络不正当竞争纠纷案件的调研报告"》,载中国知识产权网,http://www.cnipr.com/sfsj/zscqfy/201607/t20160705_197750.htm,最后访问日期:2017年1月22日。

则、交易平台、支付系统、知识产权、物流快递、第三方结算、交易相关方的权利义务、系统安全和标准化的促进。电子商务立法的理念应具有前瞻性，并体现适应互联网时代的特点，为未来互联网商业发展与技术创新留出空间，应当重点关注电子合同、网络支付、电子商务个人信息保护、电子商务消费者权益保护以及第三方网络平台滥用市场支配地位和对用户数据的垄断和滥用。此外，电子商务立法还应与国内、国际规则进行合理对接。电子商务法应当在网络安全法的基础上制定更可行的解决互联网贸易中的安全、秩序与自由等问题。

关于互联网金融立法，建议以完善和修订我国现行的金融基本法为主线，不要就互联网金融监管出台若干个层级较低的部门规章和规范性文件。我国现有的金融基本法的规制对象主要是传统金融领域，如《商业银行法》《保险法》《证券法》等都是基于传统金融行业和传统金融业务的立法，这些金融基本法在互联网金融时代不但很难规制互联网金融领域的创新业务和行为，而且还会造成一定的法律冲突，致使互联网金融企业游走于法律盲区和监管漏洞之间。因此，国家应当尽快完善现行的金融基本法，增加有关互联网金融安全、准入、交易、认证、监管、退出、消费者权益保护和法律责任等规定，尤其要规制互联网金融风险给互联网金融带来的系统性风险，同时要提高互联网金融违法的成本。

3. 制定大数据与云计算等领域法律

大数据已经渗透到当今每一个行业和业务领域，成为重要的生产要素。人们对于海量数据的挖掘和运用，预示着新一波生产率增长和消费盈余浪潮的到来。大数据应用必须在云设施上才能得以实现，两者有机统一，不可分离。随着互联网深入应用，大数据、云计算逐步走向成熟和以智能手机为代表的终端设备大量普及，中国社会形成了信息社会的雏形，为中国的产业升级、社会转型、改革创新奠定了基础。但也对数据的开放和数据信息的安全产生了强烈需求。建议国家及时启动大数据与云计算方面的立法，依法确认大数据作为国家基础性资源，防止盲目建设所谓的大数据或云计算中心，从数据安全和数据主权的高度充分认识大数据在国家中的战略地位，统一规划大数据或云计算中心的建设，建议建设国家一体化的大数据中心，推进公共数据的开放与共享，建立数据开放标准、界定数据开放边界，确实有效地建立数据开放的法治生态环境。

大数据立法应当重点关注：(1)大数据中心的建设应当以市场为驱动、服务为导向、软件为工具，真正实现“平台即服务、软件即服务、数据即服务”，从根源上剖析我国数据中心产能过剩和应用服务层次低的深层原因，按照国家供给侧结构性改革的基本要求，优化数据中心的区位布局，合理配置资源，避免数据资源中心的闲置浪费；(2)提升数据中心的四大能力：实际运算能力、技术创新能力、应用服务能力、安全可控能力；

(3)实施大数据安全保障工程,加强数据资源在采集、存储、应用和开放等环节的安全保护,加强各类公共数据资源在公开共享等环节的安全评估与保护,建立互联网企业数据资源资产化和利用授信机制;(4)从壮大新型业态、强化产业支撑、加强安全保障三个方面入手制定大数据与云计算协同发展的法律法规。

4. 提升网络空间安全执法水平

2016 年,全国各级各地网信办持续加大行网络政执法工作力度,严肃查处网上违法信息和网站违法行为。据统计,仅 2016 年的第一季度全国网信系统累计依法约谈违法网站 186 家 199 次,警告违法网站 85 家 89 次,会同工信部门取消许可或备案、关闭违法网站 1046 家,向司法机关移送相关案件线索 89 件;有关网站依法关闭、禁言各类违法账号 8008 个。[1]

2016 年,全国各级各地网信部门围绕网络信息传播突出问题和网站监管难点问题集中开展约谈工作,加大对违法违规网站的曝光力度。国家网信办就传播淫秽色情等违法信息内容问题约谈百度、腾讯、新浪微博,要求切实整改;就销售淫秽色情和管制用品等互联网企业不良经营行为,会同工商总局提出管理要求,责令相关电商网站立即自查自清,切实遵守法律法规,履行网站主体责任和企业社会责任。北京、上海、江苏、湖南等地网信办就发布、登载虚假新闻问题约谈新浪、网易、凤凰、中华网、今日头条、扬子晚报网、张家界在线等网站,并对相关网站作出警告、罚款等行政处罚。上海市网信办落实《移动互联网应用程序信息服务管理规定》,依法约谈"校园司令"和"same"APP 运营者,要求全面整改。[2]

随着我国全面进入移动互联网时代,网络空间安全已经成为事关国家安全和社会稳定的重大问题。依法加强网络社会管理,维护网络安全,是网络执法部门一项重中之重的职责。笔者建议,强化网络空间执法,应当建立国家一体化网络监管与执法平台,强化协同效力和精准执法,这需要公安机关、网信部门、信息通信管理部门与国内重点互联网企业和基础电信企业密切配合、协同作战,在全国形成一支稳定的、上下联动的、全程全网的网络综合执法队伍。

5. 加快个人信息与数据保护立法

我国《"十三五"信息化规划》明确提出,要完善信息化法律框架,统筹信息化立法需求,优先推进电信、网络安全、密码、个人信息保护、电子商务、电子政务、关键信息基础设施等重点领域相关立法工作。关于信息与数据保护方面的立法,一方面要重点强

---

〔1〕 辛闻:《一季度全国网信系统关闭违法网站 1046 家 约谈 186 家》,载中国网,http://www.china.com.cn/news/2016-04/26/content_38327464.htm,最后访问日期:2017 年 1 月 16 日。

〔2〕《二季度全国网信系统行政执法工作扎实推进》,载中国网信网,http://www.cac.gov.cn/2016-04/26/c_1118737743.htm,最后访问日期:2017 年 1 月 16 日。

化基于网络环境下公民隐私权的保护机制；另一方面要关注“数据资产权”领域的立法。在大数据和云计算时代，资产已经不是土地、人力、技术、资本这些传统意义上的生产要素，而是长期被人们忽视的“数据资产”，数据资产作为一种新型资产所有权，将成为互联网时代最重要的财富创造来源，亟须依法得到确认和保护。

6. 规制互联网不正当竞争行为

由于互联网企业之间的竞争已经从“板块式碰撞”向“网状融合型”迅速转化，从传统经济时代单一的价格、质量竞争转变为技术、业务生态的竞争，各大互联网公司在开放平台的战略下，各自的业务模式特别是在用户流量入口上的竞争日趋激烈，因此，在司法实践中，竞争关系的认定出现了由狭义的同业竞争关系向广义的竞争关系演进的过程。〔1〕对此，法院对互联网不正当竞争案件裁判中也出现了很多的新概念，如“非公益必要不干扰原则”“最小特权原则”“市场代替原则”等，如上海汉涛信息咨询公司（大众点评网的创建者和运营商）诉北京百度网讯科技公司、上海杰图软件技术有限公司不正当竞争纠纷一案，该案2016年5月26日在上海市浦东新区人民法院宣判。法院认为，百度公司对涉案点评信息的使用已超出合理限度，实质替代了大众点评网向用户提供信息，最终导致大众点评网流量的减少和部分交易机会的丧失，具有不正当性。该案中引用的“市场替代”并不是一个成熟与规范的法学概念，北京市海淀区人民法院在审理大众点评与爱帮网不正当竞争案中，首次提出上述概念。此案认为使用垂直搜索技术的爱帮网对于特定行业网站的信息的利用，应控制在合理的范围内，不得对该网站造成市场替代的后果。

2016年2月25日，国务院法制办公布《中华人民共和国反不正当竞争法（修订草案送审稿）》（以下简称《修订稿》），对利用软件等技术手段在互联网领域干扰、限制、影响其他经营者及用户的行为，被纳入了反不正当竞争法规制的范围。《修订稿》规定，经营者不得利用网络技术或者应用服务实施下列影响用户选择、干扰其他经营者正常经营的行为：未经用户同意，通过技术手段阻止用户正常使用其他经营者的网络应用服务；未经许可或者授权，在其他经营者提供的网络应用服务中插入链接，强制进行目标跳转；误导、欺骗、强迫用户修改、关闭、卸载或者不能正常使用他人合法提供的网络应用服务；未经许可或者授权，干扰或者破坏他人合法提供的网络应用服务的正常运行。〔2〕

笔者建议，反不正当竞争法的修订应当更多关注互联网领域的不正当竞争，应尽

---

〔1〕参见海淀法院课题组：《北京市海淀区人民法院关于网络不正当竞争纠纷案件的调研报告》，载《司法前沿》2016年第2期。

〔2〕《中华人民共和国反不正当竞争法（修订草案送审稿）》，载中国政府法制信息网，http://zqyj.chinalaw.gov.cn/readmore?listType=1&id=987&1488045009186，最后访问日期：2017年1月26日。

量从网络平台功能性取向入手,而不是从传统的竞争法角度去分类互联网领域的不正当竞争,要重点关注互联网领域的新型不正当竞争行为,如利用技术手段排挤竞争对手;网络恶意刷单行为;网络恶意插标评价的诋毁行为;网络抄袭、搭便车行为;网络技术与相关市场的界定等,其目的在于建立起诚信公平的互联网竞争秩序。

《反不正当竞争法》的修订还应当重点关注大型互联网平台的不正当竞争,这些大型的互联网平台已经不具备传统竞争法规制的普通企业法人的属性和影响,反不正当竞争法律应当对其进行有效管控,尤其是对大型互联网平台滥用市场支配地位的行为必须给予严格的规制。要重点管制平台对用户数据的垄断和滥用,依法实现平台之间互联互通和信息共享。互联网行业的竞争准则只有一句话:“用户权益高于一切”。一是尊重用户的自由选择权,不误导、不欺骗用户,提供正确的信息获取和价值判断方式,不利用产品功能关联性进行片面提示和误导,影响用户自由选择。二是坚决抵制平台之间的不正当竞争。互联网平台应当明白一个简单的竞争法规则:无论是《反垄断法》或《反不正当竞争法》最终保护的是公平竞争和消费者,而不是竞争者。

7. 建立网络空间技术调查官制度

2015 年,最高人民法院发布《关于知识产权法院技术调查官参与诉讼活动若干问题的暂行规定》(以下简称《暂行规定》),《暂行规定》对我国技术调查官制度进行了框架性设计,为我国技术调查官制度的有效构建与进一步完善提供了可资借鉴的实践样本和经验。技术调查官制度在我国是一个全新的制度,目前只在知识产权法院进行先行先试。

然而,随着我国网络安全法基本法——《网络安全法》的实施以及配套的系列法律、法规的陆续出台,特别是互联网技术、平台、应用、商业模式与移动通信技术紧密结合,网络空间新技术快速演进、新应用层出不穷、新业态蓬勃发展,工具属性、媒体属性、社交属性日益凸显,导致各类新型网络案件不断涌现,亟须网络空间技术调查官参与各类诉讼活动,辅助法官对网络空间案件涉及的技术问题进行判断和审理。因此,技术调查官制度应当更多地适用于网络空间技术类案件的审理。为此,笔者建议依据中央深改组《关于司法体制改革试点若干问题的框架意见》,最高人民法院在总结《暂行规定》的基础上,制定和出台《网络空间技术调查官参与诉讼活动的若干规定》,为网络空间的司法审判提供技术支撑。

8. 强化网络空间法治宣传和教育

法律的生命力在于实施,法律的权威也在于实施。《网络安全法》第 19 条要求,各级人民政府及其有关部门应当组织开展经常性的网络安全宣传教育,并指导、督促有关单位做好网络安全宣传教育工作。大众传播媒介应当有针对性地面向社会进行网络安全宣传教育。笔者建议,各级人民政府的宣传、教育和网信部门联合组建专门的宣讲团队，并通过大众传媒在全民中大力宣传和普及网络安全法和相关的网络安全知识，尤其要强化对防范新型网络诈骗犯罪的宣传和教育，并设立“国家反电信网络诈骗宣传活动周”。

展望未来互联网法治实施，在今后相当长的时间里，应当全面贯彻实施《网络安全法》，加快推进《电子商务法》《个人信息保护法》等基础性立法，制定修订《互联网信息服务管理办法》《关键信息基础设施安全保护条例》《未成年人网络保护条例》等行政法规。完善司法解释和政策解读，积极推动现有法律法规延伸适用于网络空间领域。优化互联网监管多部门执法协调机制，加快网络执法信息技术平台的建设，提高对网络违法犯罪识别、取证、联动查处打击能力。强化互联网法治的普及，提升全民网络法治素养。

（责任校对：潘人玮）

撰稿专家

王春晖，法学教授、法学博士、管理学博士、高级翻译。南京邮电大学信息产业发展战略研究院院长，我国知名信息通信战略与法律专家。兼任工业和信息化部信息通信经济专家委员会委员、中国行为法学会基础理论研究会副会长、中国通信企业协会法治工作委员会副主任、中国互联网协会应用创新工作委员会副主任、中国电子商协会法律工作委员会副主任、中国法律大数据联盟执行理事长、中国网络空间安全协会理事、国家物联网大学科技园首席法律顾问、黑龙江省、湖南省、上海市、河北省地方通信立法咨询组法律专家，基础电信运营商的首席法律顾问等。主要从事信息通信产业政策、商业模式与法律规制的交叉研究，研究领域涉及：网络空间安全、大数据、云计算、物联网、移动互联网平台经济、电子商务、数据资产、ICT 标准必要专利等领域的战略与法律研究。承担国家及省部级课题 5 项，出版专著（译著）5 部，发表学术论文 100 余篇，主要著作和代表作：《中国电信竞争的法律规制》《互联网治理四项原则基于国际法理应成全球准则——“领网权”是国家主权在网络空间的继承与延伸》《论互联网竞争中的“非公益必要不干扰原则”》《合规与风险——互联网金融发展的永恒主题》《“网络主权”应当以各主权国家的“领网权”为效力边界》《信息通信业的发展需要平台合作、新媒体思维和法治生态》《评互联网金融的三大法律风险》等。

第四编　特别行政区法治实施报告

- 第十二章　2016 年香港法治实施报告
- 第十三章　2016 年澳门法治实施报告

第十二章

2016 年香港法治实施报告

顾敏康

报告要旨

香港的法治是一种崭新的法治：其中最为主要的就是人大常委会对《基本法》有关条文的法律解释在香港具有宪制地位。这种崭新的法治既需要人们去慢慢熟悉理解和接受，也可能在实施过程中需要内地法治思维与香港法治思维的不断磨合。同时，香港的法治实施也面临其独特的挑战。2016 年最为突出的法治问题就是“旺角暴乱”和“港独”事件，这两个事件直接检验香港政府的执法智慧和能力。香港的司法独立也有其独特的地方，但也有值得反思的地方。

核心建议

1. 香港的行政主导制度要进一步加强，完善行政主导下的三权制约。

2. 香港应防止暴力示威和制定反蒙面法，以求取得人权与公众利益的合理平衡。

3. 香港违法“占中”事件，需要政府加强执法力度。

4. 香港的政治体制改革、尤其是特首普选应根据实际情况继续“循序渐进”地推行。

5. 香港应通过对《基本法》第 23 条立法来保护国家安全。

根据“一国两制”的方针，香港的法治保留了其独特性，其法治的内容也包含了与众不同的内容。由于香港地区首次进入“中国法治实施报告”，论述其法治实施情况时必然要对一些基本概念进行必要的阐述，以便读者有比较清晰的理解。为此，本报告将从以下六个方面论述法治的实施情况，包括香港法治总体评价；司法独立；2016 年的旺角暴乱事件;“港独”事件;香港警察执法;以及对2017年法治展望。

一、香港法治总体评价

(一)香港法治的整体状况

1997年7月1日,香港正式回归祖国的怀抱,成为中华人民共和国的一个特别行政区。是日,由全国人民代表大会制定的《中华人民共和国香港特别行政区基本法》(以下简称《基本法》)在香港正式实施。根据《基本法》第一章的精神,英国留给香港的法治(Rule of Law)得以保留和延续。这主要体现在几个方面:第一,香港原有法律,即普通法、衡平法、条例、附属立法和习惯法,除同《基本法》相抵触或经香港立法会作出修改者外,予以保留。[1] 第二,香港享有独立的司法权和终审权。[2] 第三,依法保护香港居民和其他人的权利和自由。[3] 从总体上来看,香港的法治在全世界是处于领先地位的。例如,美国传统基金会和华尔街报合作发布的《世界经济自由度:2016年度报告》将香港列为第一。[4] 从其中的法治指标来看,基本处于高位;只是在无贪污方面有一个百分点的下降,[5]这主要是因为极个别高管涉及贪污案。[6] 毫无疑问,这里的法治概念还是比较宽泛的,但足以说明香港的法治有其可取之处。

必须要指出的是,香港回归后,香港的法治不能再被简单地视为“英国人留下来的最宝贵遗产”,[7]并简单地将香港法律制度视为单纯的普通法制度,主要是因为这里的“法治”内涵已经发生了质的变化,已经被赋予了崭新的内容。正如终审法院在1999年的吴恭劭一案(FACC 4/1999)中指出:在中华人民共和国恢复对香港行使主权后,香港正处于一个新秩序的初期。这里的“新秩序”当然包括新的宪政秩序和新的法治内容。其中,《基本法》作为香港的最高法律扮演着最为关键的作用。诚如有学者指出:《基本法》应该有两个最重要的原则,一是国家主权原则,二是香港高度自治原则。[8] 在处理国家主权的问题上,全国人大常委会对《基本法》的有关条文的解释已经成为香港法治的重要内容。

---

〔1〕《基本法》第8条。

〔2〕《基本法》第2条。

〔3〕《基本法》第4条和第39条。

〔4〕The Heritage Foundation in partnership with Wall Street Journal:2016 Index of Economic Freedom,http://www.heritage.org/index/download,最后访问日期:2017年2月23日。

〔5〕The Heritage Foundation in partnership with Wall Street Journal:2016 Index of Economic Freedom,http://www.heritage.org/index/country/hongkong#rule-of-law,最后访问日期:2017年2月23日。

〔6〕下文会专门介绍。

〔7〕冼伟文:《以法之名:后殖民香港法律文化研究》,台湾学生书局2000年版,第9页。

〔8〕陈弘毅:《一国两制下香港的法治探索》,中华书局2010年版,第15页。

自1997年以来，全国人大常委会曾先后五次对《基本法》作出解释：(1)1999年6月26日，第九届全国人大常委会第十次会议对《基本法》第22条第4款和第24条第2款第3项作出解释，指出只有获批单程证的香港永久居民在内地所生子女才享有居港权，而出生时父母仍未成为香港居民的则没有居港权。(2)2004年4月6日，第十届全国人大常委会第八次会议对《基本法》附件一和附件二作出解释，当中涉及有关修改"行政长官及立法会产生办法和法案议案表决程序"的规定。(3)2005年4月27日，第十届全国人大常委一致通过补选的行政长官任期为前任余下的任期。(4)2011年8月26日，第十一届全国人大常委会第二十二次会议通过决议，因香港对外事务由中央人民政府负责，故此香港特区须跟从中央人民政府，对刚果民主共和国实施"绝对外交豁免权"。(5)2016年11月5日，第十二届全国人大常委会第二十四次会议审议了《全国人大常委会关于香港特别行政区基本法第一百零四条的解释》的草案，并于11月7日表决时以155票全票通过，指出香港特别行政区的公职人员必须依法真诚地作出拥护基本法和效忠中华人民共和国香港特别行政区的宣誓，并谨守誓言。

事实上，每一次人大常委会的释法，尤其是涉及案件审理中的释法都会招来一些否定的声音，认为人大常委会的释法损害了香港的司法独立，并要求人大常委会越少释法越好。[1] 这种立场更多是基于政治的考虑，却忽略了这是法律的特殊安排。从法律上讲，终审法院早在刘港榕案(FACV 10&11/1999)中就明确指出，人大常委会有权释法，因为此项权力来自中国《宪法》第67条第4款，并载于《基本法》第158条第1款。而更为重要的是，《基本法》第158条第1款赋予的解释基本法的权力，是一般性和不受约制的权力，并无在任何方面受到第158条第2款和158条第3款限制或约制。既然人大常委会的释法不仅合法，而且是香港法治的一部分，那么将释法说成对香港法治与司法独立的损害是站不住脚的。由此也说明，将法治政治化是十分有害的，必须从《基本法》的本义去推进香港的法治的完善和发展。

《基本法》的母法是《中华人民共和国宪法》(以下简称《宪法》)，《基本法》同时也是香港回归后的法治核心，是香港最高阶位的法律。但是，香港也经常有人将香港的《人权法案条例》(第383章)与《基本法》相提并论，甚至将《人权法案条例》提升至凌驾于《基本法》之上的位置。[2] 这绝非空穴来风，因为1991年6月通过的《人权法案条例》含有三条具争议性的条文：①在解释及引用该条例时，须注意这条例的目的实际

---

〔1〕 例如，行政长官参选人、前法官胡国兴认为虽然释法是本港法例制度的一部分，但释法越多越不好。他还指释法可能影响市民对本港司法独立的信心。胡国兴：《人大释法影响市民对司法独立的信心》，载香港01新闻网：2016年11月9日，https://www.hk01.com/港闻/53283/-人大释法-胡国兴-人大释法影响市民对司法独立信心，最后访问日期：2017年2月23日。

〔2〕 黄宜弘：《〈基本法〉是香港人权的保障》，载香港《文汇报》2011年7月15日，A26版。

是将《公民权利和政治权利国际公约》纳入香港法律;②所有先前法例,凡可作出与这条例没有抵触的解释的,须作如是解释,而凡不可作出如是解释的,与这条例抵触的部分将予废除;以及③在《人权法案条例》生效日期后制定的法例,凡可解释为与《公民权利和政治权利国际公约》中适用于香港的规定没有抵触的,须作如是解释。这样的规定如果延续到1997年回归后就会发生法律阶位的冲突问题。所以在1997年2月,全国人大常委会通过议决:香港原有法律中的24个法例的全部或部分条文与《基本法》抵触,不得采用为香港特别行政区法律。这些不得采用的条文包括《人权法案条例》的上述三个条文,[1]确定了《人权法案条例》属于《基本法》下的其中一个香港法例。

1.《宪法》与《基本法》

香港有些人往往会将《宪法》与《基本法》对立起来,忽略《宪法》的"母法"地位。有人甚至认为,《宪法》与《基本法》不存在上下位关系,可能的理由是两个:第一,认为《宪法》与《基本法》分别在两个不同法域内施行,也即《宪法》在以大陆法为传统的内地施行,而《基本法》在以普通法为传统的香港施行;第二,《宪法》没有列入《基本法》附件三,所以不能在香港实施。这些观点的杀伤力就在于试图否定《宪法》在香港的权威,用《基本法》取代《宪法》地位。现在有必要澄清这些观点的错误之处:第一,认为《宪法》只在内地施行者,其实质是未能认清《宪法》作为一国最高法律的特征,是片面强调"两制"和两个法律制度所造成的。第二,认为《宪法》必须先列入《基本法》附件三才能施行者,更是犯了"本末倒置"的法律逻辑错误。其实,《基本法》附件三非常清晰地规定了哪些"全国性法律"应该由香港在当地公布或立法实施,并没有说作为最高法的宪法不可以在香港适用(当然不是全部适用)。

香港回归祖国以来,不少人关注的焦点是《基本法》,视其为香港"小宪法",片面强调"港人治港"和高度自治,却忽略了这些权力的本源是来自中央、来自《宪法》。为了让香港市民安心,香港政府在推广《基本法》时,侧重宣传如何保障港人的利益或香港的特殊利益,却很少提及香港市民对"一国"应有的责任。其实,早在2005年4月27日,吴邦国在第十届全国人大常委会第十五次会议上就指出:香港《基本法》是全国人民代表大会制定的一部全国性法律。香港《基本法》的解释权,是《宪法》和香港《基本法》赋予全国人大常委会的重要职权。吴邦国在2007年6月6日"纪念中华人民共和国香港特别行政区基本法实施十周年座谈会"上还指出:《基本法》是依法治港的法律基石;这个"法"主要是指《宪法》和《基本法》。具体而言:《宪法》明确规定,国家在必

---

[1] 律政司司长梁爱诗在"国际大律师公会会议——《公民权利和政治权利国际公约》在世界各地实施的情况"致辞,http://www.info.gov.hk/gia/general/199806/13/0612203.htm,最后访问日期:2017年2月23日。

要时得设立特别行政区，在特别行政区实行的制度由全国人民代表大会以法律规定。香港《基本法》为我国设立的第一个特别行政区设计了一整套崭新的制度和体制。

既然《宪法》和《基本法》共同构成特区宪制基础，那么，作为《基本法》之母法的《宪法》，其有关条文必然也适用香港。例如，《宪法》规定同时在内地实行社会主义制度、在香港保持原有的资本主义制度，这种规定必须得到足够的尊重。《宪法》第一节（全国人民代表大会）、第二节（中华人民共和国主席）、第三节（国务院）、第四章（国旗、国歌、国徽、首都）都应该在香港普遍宣传，否则如何树立"一国"观念？

2. 香港的宪政制度

回归，意味着香港成为中华人民共和国的一个特别行政区，也意味着香港必然要采用行政主导体制，只有这样才能体现国家主权。

一方面，这种体制与三权分立有明显区别。从宪法学或政治学角度看，三权分立下的三权是三个平行主体之间的制衡关系，美国是最为典型的代表。在香港，《基本法》第43条明确规定："香港特别行政区行政长官是香港特别行政区的首长，代表香港特别行政区""香港特别行政区行政长官依照本法的规定对中央人民政府和香港特别行政区负责"。由此可见，特首具有"超然"的法律地位，其与立法会和法院的地位不是平行的。另一方面，这种行政主导体制也有别于香港旧行政主导体制。回顾《基本法》的起草历史，就可以看出起草者对特首法律地位的"革命性"规定。诚如中联办张晓明主任所说："一方面，它废弃了原有政治体制中的糟粕元素，特别是殖民统治色彩、港督大权独揽等，增添了新的元素，特别是民主和自治的元素，包括：行政长官和立法会由选举产生，最终达至普选目标；行政会议和立法会不再是作为总督的咨询机构而存在，而是成为真正的协助行政长官决策的机构和真正的立法机关；终审权下放至香港本地等等。"[1]同时，《基本法》也增加了对特首的制约因素，如法院可以审核特首行为是否符合《基本法》，以及立法会对特首的弹劾权等。

这些"革命性"规定的存在，并不等于说香港已经实行三权分立。曾任"基本法起草委员会"秘书长的李后，在他《百年屈辱史的终结：香港问题始末》[2]一书中，详细介绍了当年基本法起草期间未采用三权分立体制的过程。这应该是一个很有说服力的脚注。

根据《基本法》规定，行政主导体制大致可以体现在政府与立法会的关系方面：①特别行政区政府拟订并提出法案、议案，由行政长官向立法会提出，政府拥有立法创议

---

〔1〕 张晓明：《正确认识香港特别行政区政治体制的特点——在"基本法颁布二十五周年研讨会"上的致辞》，载《852邮报》2015年9月14日。

〔2〕 李后：《百年屈辱史的终结：香港问题始末》，中央文献出版社1997年版。

权;②政府提出的法案、议案应当优先列入立法会议程;③立法会议员不能提出涉及公共开支、政治体制及政府运作的法案、议案,这方面的法案、议案只能由政府提出;④立法会议员提出涉及政府政策的法案、议案,在提出前必须得到行政长官的书面同意;⑤立法会通过的法案须经行政长官签署、公布,方能生效。行政长官有权拒绝签署法案,发回立法会重议,甚至在一定条件下解散立法会;⑥行政长官决定政府官员或其他负责公务的人员是否向立法会作证和提供证据。

可见,特首领导下的政府与立法会的地位不是平行的。虽然立法会有调查政府行为的权力,但是这种权力是有明显边界的:第一,这种调查权应该是立法权的一项辅助权能;第二,这种调查权不能跨越司法权的界限。

由于特首的超然地位,其在行使有关职权中也应当注意贯彻行政主导的思想。《基本法》第48条规定了特首的具体职权,其中的两项职权尤其重要:一项是负责执行本法和依照本法适用于香港的其他法律;另一项是决定政府政策和发布行政命令。这两项职权都被有限使用,故需要特别点评。就负责执行基本法和其他法律而言,特首第一次在游、梁议员的资格司法复核中使用这项权力。2016年10月,立法会主席梁君彦裁定五名候任议员的宣誓无效,包括"青年新政"的梁颂恒、游蕙祯及姚松炎、刘小丽、黄定光,但允许他们(尤其是游、梁)重新宣誓。在这紧急关头,特首连同律政司提起司法复核,并申请禁制令禁止游、梁两人再次宣誓。应该说,在这起案件中,特首执行《基本法》第104条规定得到了社会的广泛支持。

就发布行政命令而言,澳门政府用的比较多,而香港政府较少使用。1997年,董建华特首发布《公务人员(管理)命令》。虽然此命令受到司法复核挑战,但被法院认定合法。2005年曾荫权特首签署《执法(秘密监察程序)命令》,允许多个执法部门执行秘密监察和截取信息。但有人认为有关命令违反了《基本法》第30条关于"香港居民的通讯自由和通讯秘密受法律的保护"的条款,并提起司法复核。其后,法庭判民间司法复核胜诉,有关行政指令在半年后被撤销。显然,《基本法》并没有明文规定行政长官拥有何种"行政命令"的决定权,但行政命令往往会受到批评,并认为等同立法。而行政命令是基本法规定的,也是行政主导体制的一个重要体现,应该重点研究。

美国由第一任总统华盛顿开始,每一位总统都发布过行政命令,至今已经有超过一万三千道命令。[1] 行政命令用于指导行政官员的行动;不遵从的后果是被免职。毫无疑问,行政命令也会受到司法复核的挑战。与此同时,美国国会也可以靠通过立法或拒绝批准拨款以阻扰行政命令的实施。

---

〔1〕 美国总统特朗普上任没几天,就频频签署行政命令,包括引起全世界公愤的禁止7国公民入境美国的行政命令。

美国有成熟的民主机制和法律，但遇到像恐怖主义威胁的时候，政府也要使用行政命令作为重要补充，为的就是维护安全和重大公共利益。显然，新任特首所面临的一个重要课题，就是如何建立政治理念一致的管治班子和率领政府团队有效施政、推行改革和维护社会稳定。因此，如何善用行政命令，也是新特首必须研究的新课题。

（二）香港对法治的不同定义

1. 一般观点

当今世界，谈及法治，恐怕人人都会向往。但是，全世界对法治既无统一定义，又会在不同时期赋予其不同的内容；同时还存在广义和狭义之分。前美国比较法学会会长、美国比较法学会荣誉会长 John C. Reitz 教授 2013 年在国家行政学院做报告中指出，“法治”是一个广义的概念，“其内涵是多样和丰富的，包括法律的一般性、公共性、不溯及既往、保持稳定等都是对‘法治’含义的最基本理解”。[1] 他在一篇题为《出口法治》（Export of the Rule of Law）的文章中说，法治是个“明显争议”（a notoriously contested concept）的概念。但其核心内容是无论行使公权力也好，还是私权利也好，都要受制于法律。[2]

亚里士多德虽然没有在其名著《政治学》一书中对法治下定义，但他认为法治应该包含两重含义：已成立的法律获得普遍的服从，而大家所服从的法律又应该是本身制定得良好的法律。[3] 在这里，“服从”（即守法）与“良好的法律”构成了亚里士多德法治观的基本内核。

香港人比较接受的法律名人戴西（A. V. Dicey）也于 1885 年提出其法治见解：第一，所有人都由法律规管，并只由法律规管（All men are ruled by law and by the law only）。[4] 表明法律具有最高地位，而所有人当然也包括执政者，由法律规管也就意味着必须依法行事。第二，法律面前人人平等，人人服从法律和服从法院管辖（No man is above the law；every man is subject to the law and the jurisdiction of the courts）。[5] 这里的服从法律和法院可以理解为守法和服从法院判决。第三，宪法原则（包括市民权利），都是由法庭依法判决的［The general principles of the constitution（the rights of

---

〔1〕 美国爱荷华大学法学荣誉终身教授 John C. Reitz 教授为法学部主讲《法治的含义——一名西方学者的视角》，载国家行政法院网，http://www.nsa.gov.cn/web/a/faxue/2013/0926/2585.html，最后访问日期：2017 年 2 月 23 日。

〔2〕 John C. Reitz，“Export of the Rule of Law”，*Transnational Law & Contemporary Problems* 13，2003，p. 435。

〔3〕 赵峰：《亚里士多德法治思想述评》，载《北京理工大学学报（社会科学版）》2000 年第 3 期。

〔4〕 A. V. Dicey，*Introduction to the study of the law of the Constitution*，pp. 202－203。

〔5〕 Ibid..

citizens) are the result of judicial decisions]。[1] 当然,在成文法地区,保护人权等宪法原则是由宪法本身加以规定的。法治的精神就是法律至上(the supremacy of law),法律要被尊重和遵守。

由此可见,法治包含了这样一些核心内容:第一,法律制定符合程序正义,也能畅通咨询管道和体现社会民众整体意愿;第二,根据时代变化和符合当时当地社会发展水平制定法律保护公民基本权利;第三,法律至上,就是要大家守法,老百姓要守法,政府要守法,立法会要守法,司法机关也要在遵守法律原则的基础上秉持司法独立。没有守法,法治就变成了无本之木!

正因为如此,香港律政司在其网页对法治的表述为:法治的"主要涵义是政府和所有公务人员的权力均来自表述于法例和独立法院的判决中的法律。香港的政府系统内贯彻着一个原则,就是任何人(包括行政长官)除非有法律根据,否则不可以作出构成法律过失或会影响他人人身自由的行为。如果作出行为的人不能提出其行为的法律根据,受影响的人可诉诸法院,法院可能裁决该行为无效,不具法律效力,并下令受影响的人可获赔偿损失。这方面法治的原则称为合法性原则。"[2]

2. 对戴耀庭"法治论"的剖析

对法治当然可以有不同的观点,但令人奇怪的是,有一种"法治概念"在香港青年人中广为流传,那就是戴耀庭提出的所谓"四个层次"的法治概念。至于这个概念流行的原因很简单,诚如戴在其书中所说:"由于高中通识课加入了香港法治的部分,而差不多所有通识课程的教科书中关于香港法治的部分,都引用我的法治理论,故不少高中学生对'有法可依''有法必依''依法限权'及'以法达义'这四个法治层次不会感到陌生。"[3] 也许有人会问,为什么通识课程的教科书只引用戴的法治论呢?也许是他在这方面写的文章比较早,并具有一定的影响力;也许是教授通识课程的老师更愿意用他的法治理论去灌输学生;更为重要的是香港似乎没有人挑战过他这个概念。

戴的"法治论"应该是为特定目的设计的,因为他的观点与大多数人的立场是不同的。例如,他的同事陈文敏教授在 1991 年就表述过法治观点:"香港是一个法治的社会,举凡政府的权力、决策的程序,以至公民间的权责等,均有法可依有例可循,而这个法律制度,也是维系香港繁荣稳定的重要基石。这套法律制度,强调对个人的尊重、保障个人自由,任何侵权或刑事行为,均须经过严谨的法律程序,由公正独立的司法机关

[1] A. V. Dicey, *Introduction to the study of the law of the Constitution*, pp. 202 - 203。

[2] 香港的法律制度,载律政司网站,http://www.doj.gov.hk/chi/legal/index.html,最后访问日期:2017 年 2 月 23 日。

[3] 戴耀庭:《法治的未来》,进一步多媒体有限公司 2015 年版,第 2 页。

作出裁决。"[1]事实上,戴的"法治论"与他后来鼓吹的"公民抗命"直接导致了违法"占领中环"的事件发生。[2]

其实,从宽泛意义上讲,有法可依中的"法"也可以被解释为包含对政府的权力规制和对公民权利的保护,因此是否需要分层次,是一个可以商榷的话题。从戴提出四层次说开始到其组织和宣布"占中"行动的整个过程看,不难推断其宣扬四层次说的目的就是为了说明守法是低层次的,即少数人为了去追求所谓高层次的"以法达义"就不必依从法律,甚至可以违法占领公共道路,瘫痪政府运作和侵害其他市民的合法权益。换句话说,其所谓的"以法达义"就是号召香港少数人以所谓"公民抗命"的方法去达义,且不说这里的"义"是香港少数人认为的"义"还是多数人支持的"义"。至少,戴要求"真普选"这个"义"的根本缺陷就是他认香港为独立政治实体,将香港特首普选当成独立政治实体下的普选。难怪有人批评他在报上说要"抗衡一国化"有摒弃国家认同之嫌。[3]

因为有这样一种理论指导和鼓动,"占领"人士就敢于冲击警方防线;当法院颁布临时禁制令时,一些人就提出不遵守法庭命令。立法会议员何俊仁甚至说不守法律不等于不遵守法治,并称当年纳粹德国也有许多不公义的法律,不必全都遵守。[4] 何俊仁之论虽然与戴耀廷的"以法达义"遥相呼应,但却更加荒谬无理。

"法治不等于守法论"可能有四种危害。第一种危害就是直接鼓动"占领"行动;第二种危害就是为违法者制造了所谓"合法化"的借口。"占领"行动因政府的和平清场而告终,政府承诺对有关组织者进行逮捕和检控。在这种情况下提出法治不等于守法,是为那些违法者鼓气,并制造这些人不守法但尊重法治的高大形象。第三种危害,也是最为关键的危害,就是给法院制造不当压力。首先,用法治不等于守法论意图否定法院的临时禁止令。高等法院法官区庆祥在延长临时禁制令的判词中详细解释了什么是法治:法治就是每一个市民以至政府都要服从及遵守法律。在法治之下,即使与讼人认为法庭颁出的命令,包括单方面申请的命令是法庭错误批出的,也要先行遵守,之后循合法途径及程序在法庭上抗辩,不能够简单地不服从命令。他引述了Hoffmann 法官在 Department of Transport v. Lush 案例中的判词:"法律并不容许个人选

---

〔1〕 陈文明:《走在公义路上》,进一步多媒体有限公司 2000 年版,第 10 页。

〔2〕 违法"占中"于 2014 年 9 月 28 日开始,持续 79 天。

〔3〕 冯炜光:《"一国两制"已是一国》,载港人天地网,http://speakout.hk/index.php/2013-11-04-09-33-03/2013-12-21-07-12-13/6814-2015-01-21-03-56-40,最后访问日期:2017 年 2 月 23 日。

〔4〕 《法治不彰祸乱起、妖言惑众最可耻》,载《太阳报》社论,http://www.the-sun.oriental.com.hk/cnt/news/20141114/00414_001.html,最后访问日期:2017 年 2 月 23 日。

择是否遵守法庭的命令,即使这个选择是基于其良知而作出的”。[1] 显然,区法官在解释法治时强调了守法的重要性。显然,法治不等于守法论误导了香港一部分人,令他们认为法院对法治的理解是“片面”和“错误”的。

其次,鼓吹法治不等于守法论,再辅助于批评白皮书[2]将各级法院法官及司法人员视为治港者,更可能收“一箭双雕”之功效:一旦被捕者进入司法程序,他们就可以说法治不仅仅是守法,企图颠覆法院过去对法治解释的判例、迫使法院不认定有关罪行或予以轻判;如果法院坚持依法判罪量刑,他们就可能说这些法官已经服从白皮书的压力和爱国为先了。

第四种危害当然是前三种危害之延续,因为此次“占领”行动被和平清场,不等于以后不再发生“占领”行动,只要时机和条件成熟,“占领”行动还会重现。因此,只要违法犯罪者得不到严厉惩罚,违法犯罪的成本过低,少数人还会打着“尊重法治”的旗号去公然违反现有的法律。

3. 香港法治与良治的关系

毫无疑问,在一个具有良好法治的国家或地区,其政府管治也应该是良好的。当然,我们在谈论良治(或善治)时,千万不能将良治与公司治理相提并论,虽然这两个概念可能具有共同之处。例如,两者都会关注透明和问责。但良治更多关注政府的行为,尤其是政府尊重法治。那么,如何去判断什么是良治呢?法国有个叫 Marie-Claude Smouts 的学者曾经概括了良治的四个要素:①确保市民的安全,法律得到尊重,通过法治实现目标(Guarantee security to citizens, laws are respected, realizing all these through rule of law);②公共机构公正处理公共开支和从事有效行政(Public institutions fairly deal with public expenses and engage in effective administration);③政治领袖对人民负责(Political leaders are accountable to people);④透明的政治运作且人民容易知晓(Transparent political operation, easy for people to know)。[3] 知名学者俞可平教授认为良治有以下 10 个要素:①合法性,即政治秩序和公共权威被自觉认可和服从的性质和

[1] 卢永雄,法治 101,http://www.bastillepost.com/hongkong/1-政事/413538-法治 101?r=w,最后访问日期:2017 年 2 月 23 日。

[2] 国务院新闻办公室于 2014 年 6 月 10 日颁布的《“一国两制”在香港特别行政区的实践》白皮书。香港一些抗议者认为白皮书不应该将法官称为“治港者”,否则就会将法官视为政府的一部分,认为这样的定义会破坏司法的独立。在美国,“宪法政府”(Constitutional Government)指三个组成部分(立法、司法、行政)。“宪法政府”也可称为“宪政”,其目的就是在治理国家的机关,如立法、司法、行政三大机关之间进行权力分配。在宪政之下,司法机关中的法官也是治理者,只不过他们所扮演的角色不同而已。

[3] Marie-Claude Smouts, “The proper use of governance in international relations”, *International Social Science Journal* 50, 1998, p. 83.

状态;②法治,即法律成为公共政治管理的最高准则,在法律面前人人平等;③透明性,即政治信息的公开性;④责任,即管理者应当对其自己的行为担负基本的公共责任;⑤回应,即公共管理人员和管理机构对公民的要求作出及时的和负责的反应;⑥有效,即管理的效率;⑦参与,既指公民的政治参与,也包括公民对其他社会生活的参与;⑧稳定,意味着国内的和平、生活的有序、居民的安全、公民的团结、公共政策的连贯等;⑨廉洁,主要是指政府官员奉公守法,清明廉洁,不以权谋私,公职人员不以自己的职权寻租;⑩公正,指不同性别、阶层、种族、文化程度、宗教和政治信仰的公民在政治权利和经济权利上的平等。[1] 可见,法治与良治密不可分,互为促进。

(1)良治与责任

良治的一个重要元素是管理者应对自己的行为担负基本的公共责任。在香港,这种责任应该具有更加特殊的含义,因为管理者必须同时兼顾国家与香港的利益。换句话说,就是管理者必须正确理解"一国两制"的内在关系:"一国"为先,"一国"是"两制"的基础,"一国"就是要效忠中华人民共和国香港特别行政区。在香港,要真正做到这一点不容易,因为在香港,有不少香港人是属于"双重效忠"的情况。根据2007年英国国会文件显示,1997年主权移交之后至2006年年底,居于香港的英国国民(海外)有大约340万。[2][3] 此外,据资料显示,1990年,时任香港总督卫奕信爵士公布居英权计划,提供最高50,000人和他们的家眷名额依照《1990年英国国籍法令(香港)》成为英国公民。[4] 这些名额主要给予曾经从事敏感职位的政府公务员,以及对香港有贡献、对香港前途具重要性的人士,也包括最有能力及动机申请移民的人士。可以推测,不少持有英国国籍的精英人士至今仍然扮演着管理者的角色,处于"双重效忠"的状态,要他们百分百地承担对国家的责任应该是不现实的。这一届的立法会主席梁君彦先生一直持有英国国籍,所以他参选立法会主席就抵触《基本法》第71条的规定。[5] 为了参选,梁先生在投票选主席前,出示文件证明自己已经完成放弃英籍的手续。从法律上说,梁符合法定资格了。但他无法平息人们对他"双重效忠"的批评。由于香港的法官(除了《基本法》第90条规定的终审法院和高等法院的首席法官)中也可能存在

---

[1] YU Keping:10 Elements of Good Governance Lead to Happiness (3 January 2011), http://money.163.com/11/0103/10/6PFFTSSF00253G87.html,最后访问日期:2017年2月23日。

[2] British Citizenship: Column WA213, https://www.publications.parliament.uk/pa/ld200607/ldhansrd/text/70322w0001.htm,最后访问日期:2017年2月23日。

[3] 纪硕鸣:《港人注销特区护照激增值得关注》,载《明报》2016年6月3日。该文统计的数字相对保守。

[4] Article 1(1) of British Nationality (Hong Kong) Act 1990.

[5] 《基本法》第71条第2款规定:"香港特别行政区立法会主席由年满四十周岁,在香港通常居住连续满20年并在外国无居留权的香港特别行政区永久性居民中的中国公民担任"。

“双重效忠”的情况,因此他们在处理因反对中央政府及香港政府而构成犯罪的案件时,更加需要小心平衡人权与国家利益的关系。香港的法官有较大的自由裁量权(在没有判例的情况下更是如此),因此其所持的立场可能对判决结果有较大的影响。关于这个问题,下文还会继续探讨。

(2)良治与廉洁

廉洁对良治的影响是巨大的;但良好的法治能够及时处理不廉洁的行为。应该说,香港市民对廉政公署持正面印象。一项调查表明,“几乎所有受访者(99.2%)认为保持社会廉洁,对香港整体发展至为重要,而96.2%的受访者认为廉署值得支持。”[1] 据统计,廉署于2016年共接获2891宗贪污投诉,较2015年的2803宗轻微增加3%,当中可追查的投诉由1956宗增至1986宗,轻微上升2%;涉及政府部门的投诉占29%,而与公共机构有关的投诉则占8%。[2] 事实上,真正被检控的政府官员少之又少,并不是因为官官相护,而是按照法律能够成立的案件少之又少。另一方面,根据国际商业防贪研究顾问公司TRACE International所制定的《2016年全球贪污风险评估指数》,香港最新排名为第4位。[3]

香港回归后最为轰动的官员贪腐案应该前政务司司长许仕仁受贿案。2012年3月29日,廉政公署拘捕新鸿基地产董事局联席主席郭炳江、郭炳联、执行董事陈巨源和前政务司司长许仕仁等一干人。根据廉政公署披露的信息,前政务司司长许仕仁涉嫌收受多笔款项及无抵押贷款。由此,许成为港澳两地特区政府成立以来被拘捕的最高级政府官员及首位被捕的大紫荆勋贤。显然,许收受他人款项与其挥霍无度是密不可分的。他也因为欠银行信用卡数达5000万港币,香港高等法院2013年11月27日以聆案官简易程序裁定向许仕仁颁发破产令。

2014年5月8日,香港高等法院开审许仕仁贪污腐败案。2014年12月19日,许仕仁于香港高等法院裁定罪名成立,下令将许实时收押在荔枝角收押所。12月20日,许妻表示会上诉。12月22日向法院求情,12月23日香港高等法院判处许仕仁监禁7.5年并须交还1118.2万港元受贿款。

而香港回归后最高级别官员涉嫌贪腐案要数前行政长官曾荫权涉嫌违反公职人员行为失当案件。2015年10月5日,廉政公署落案起诉曾荫权两项公职人员行为失当罪名,并于同日下午2时30分在东区裁判法院开始审理至今。廉政公署披露的两项控罪分别为:①曾荫权涉嫌于2010年11月2日至2012年1月20日期间,在担任公职

---

〔1〕《贪污投诉微升香港贪污情况保持平稳受控》,载廉政公署,http://www.icac.org.hk/tc/pr/index_uid_1930.html,最后访问日期:2017年2月23日。

〔2〕同上。

〔3〕梁家祥:《国家是香港的最大后盾》,载《文汇报》2016年12月31日。

期间或在与担任公职有关的情况，即香港特别行政区行政长官，无合理辩解或理由，故意作出失当行为，即在行政会议举行会议商讨及批准雄涛广播有限公司及其后更名为香港数码广播有限公司所提交的多项申请期间，没有向行政会议申报或披露，或向行政会议隐瞒他与雄涛主要股东黄楚标就一个位于深圳东海花园的三联式住宅物业（该物业）的租赁所进行的商议，以及于2010年11月向黄楚标公司所支付一笔金额为80万元人民币的相关款项。②曾荫权涉嫌于约2010年12月至2011年7月，在担任公职期间或在与担任公职有关的情况，即香港特别行政区行政长官，无合理辩解或理由，故意作出失当行为，即当他建议将何周礼转交考虑根据香港授勋及嘉奖制度予以提名时，没有向当时的行政长官办公室常任秘书长麦靖宇、发展局和授勋及非官守太平绅士遴选委员会披露或隐瞒他在该物业的租赁的权益，及何周礼获聘用负责该单位的室内设计。2016年10月11日的聆讯时，控方获准加控曾荫权1项"行政长官接受利益罪"。新增控罪指出，曾荫权涉嫌接受深圳东海花园住宅的装修工程，作为考虑雄涛广播的牌照和相关申请的报酬。控方同时修改原有的两项公职人员行为失当罪，加入指控曾荫权涉嫌利用授勋及嘉奖制度，以"回馈"替他进行室内设计工程的设计师何周礼。2017年2月17日，陪审团以8∶1大比数裁定曾荫权第二项控罪（涉及东海花园豪华装修的公职人员行为失当罪）成立。2017年2月22日，香港高等法院法官宣布判其监禁20个月。

（3）良治与司法复核

在英国，司法复核的目的有三个：一是叫停政府非法的决定或行为；二是改变政府非理性的决定；三是确保程序正义和公平。[1] 这种定义可能使司法复核的范围变狭窄了，因为它只涉及行政行为。当然，在英国，这样的定义是可以理解的，因为"当代英国的宪法制度是基于立法（国会）至上的原则"。[2]

另外，加拿大采纳与美国相同的定义，司法复核包含两个内容："对行政行为的司法复核和对立法合宪性的司法复核"。[3] 这样的定义还是比较机械化的，因为行政行为常常涉及宪法问题。在香港，司法复核的定义也是比较广义的。例如，香港终审法

---

〔1〕 Ministry of Justice, Judicial Review: Proposals for Reform (December 2012), https://consult.justice.gov.uk/digital-communications/judicial-review-reform/supporting_documents/judicialreviewreform.pdf，最后访问日期：2017年2月23日。

〔2〕 Dr. Almon Leroy Way: Jr. Judicial Review & Parliamentary Supremacy, http://www.proconservative.net/CUNAPolSci201PartThreeD.shtml，最后访问日期：2017年2月23日。

〔3〕 University of Alberta: Judicial Review, http://ualawccsprod.srv.ualberta.ca/ccs/index.php/i-o/524-judicial-review，最后访问日期：2017年2月23日。

院前首席法官李国能先生曾经说过:“法庭的作用仅仅是界定合法性的范围”。[1]

当人们将焦点放在司法复核对政府行为的监督作用时,似乎很少有人去关注司法复核本身被滥用的问题。当然,如何界定滥用司法复核也不是一件容易的事情。一般而言,一项司法裁定不能被视为滥用权力,除非它在法律上是不正确的。[2] 法官在解释某个法律条文时可能会出现不同。[3] 个别法官徇私枉法也应该另当别论。[4] 但是,需要关注的滥用司法复核主要是指申请人(包括他们的教唆人)滥用司法复核这个程序。香港回归后,有几个司法复核的案件是备受争议的。[5] 例如,2004 年的卢少兰与其他人告香港房屋署[6]一案,就属于典型的用司法复核阻扰政府将领汇上市的计划。

2004 年 12 月 6 日,领汇第一次招股,集资 250 亿港币,吸引 51 万名散户认购,冻结资金 2800 亿港币,超额 130 倍。在公开发售期间,以卢少兰为代表的公屋居民,在立法会议员郑经翰、梁国雄及陈伟业等人的支持下,向高等法院提出司法复核,认为领汇上市违反《房屋条例》。原审法庭判卢少兰败诉,房委会为求上市,向高等法院申请将卢本来的上诉期限由 28 日缩短至 24 小时并获接纳。卢少兰强烈抗议并缺席聆讯,上诉法庭再次判卢败诉。政府更随即于晚上去信终审法院,要求终审庭缩短卢的上诉期限,限卢于半日内决定是否上诉。终审法院不同意缩短上诉期限。房委会不得不在领汇上市前一日宣布搁置计划,直接导致 51 万投资者 53 亿港币的损失,后果严重。[7] 而政府的损失也不小:发行费用 3 亿港币,会计、律师费等 1 亿港币,其他费用(包括印刷费 0.3 亿港币)1.5 亿港币。2005 年 7 月 20 日,终审法院一致裁定房屋署有权处理

---

〔1〕 Yvonne Tsui:No abuse of the judicial review process,Li says,South China Morning Post,12 January 2010.

〔2〕 Kevin Jon Heller:When is a Judicial Decision an Abuse of Power? (22 August 2006),http://opiniojuris.org/2006/08/22/when-is-a-judicial-decision-an-abuse-of-power/,最后访问日期:2017 年 2 月 23 日。

〔3〕 As have been said by the Judge Henry Litton that in several cases the judge responsible for the review did not dismiss the application and went forward with proceedings。Karen Cheung:Hong Kong's judicial review system is being abused,says former top judge (3 December 2015),https://www.hongkongfp.com/2015/12/03/hong-kongs-judicial-review-system-is-being-abused-says-former-top-judge/,最后访问日期:2017 年 2 月 23 日。

〔4〕 香港回归后至今,尚无出现法官徇私枉法的报道。

〔5〕 There are:(1) Lo Siu Lan and Another v. Hong Kong Housing Authority (CACV 378/2004);(2) Chu Hoi Dick and Ho Loy v. Secretary of Home Affairs (HCAL 87/2007);(3) Chu Yee Wah (Applicant) v. Director of Environmental Protection (CACV 84/2011);(4) Hong Kong Television Network Limited v. v. Chief Executive in Council (CACV 111/2015); and (5) Hui Hin HANG and others v. Airport Authority Hong Kong and/or Chief Executive in Council (HCAL 99,102 & 104/2015).

〔6〕 Lo Siu Lan and Another v. Hong Kong Housing Authority,CACV 378/2004.

〔7〕 Assuming the interest rate was 3% and loan for 7 days,the payment of interest would be HK $ 0.13 billion.

零售和停车设施。领汇于同年11月25日再次上市成功。

本文之所以说这是一起滥用司法复核的案件,因为这两位申请人的背后支持者是郑经翰、梁国雄和陈伟业。[1] 他们都是泛民阵营(反政府)的成员。郑等人自己反对领汇上市,却不愿自己掏钱申请司法复核,唆使两位公屋租客去申请政府法律援助和挑战领汇上市。[2]

同样的案件也发生在朱绮华告环保局长[3]一案中。朱女士号称担心港珠澳大桥的交通会影响其虚弱的身体,要求复核政府发出的环评许可是否不合理或非法。高院原讼庭法官判朱女士胜诉,认为环评报告应当包括大桥完成前后的具体环境信息。政府上诉,一年多后,高院上诉庭一致裁定环评报告合理合法。

虽然政府赢了官司,但该工程却被耽搁一年多,并导致工程要增加65亿港币。[4] 此案明显属于滥用,因为朱女士在接受电视采访中披露她申请司法复核是被迫的。上诉案败诉,虽然朱女士表明不会再上诉,但她的律师(泛民背景)坚持说朱女士指示他寻求是否再上诉的法律意见。如果政客们用他们自己的钱去打司法复核的官司,这是没有人可以指责的,因为他们将自己承担相应的后果。但是,当他们自己躲在背后,利用朱女士去申请法律援助打司法复核,问题就出现了。因为那些政客寻求司法复核的目的是为了打击政府的施政,令政府的大型项目无法进行或严重延缓。而任何因耽搁导致的经济损失也必然损害香港市民的利益,如增加失业率和无法估计的损失。[5]

以2016年发生的两起司法复核案来看,其滥用情况更加明显。2016年5月,香港教育大学学生丘家宝因不满城规会通过将大埔5幅绿化地列为兴建公屋及低密度豪宅用途,向高院申请司法复核,于同年10月循单方面申请获批许可,但城规会以丘没

---

[1] Wang Wenyan:Give a thief rope enough and he will hang himself (20 December 2004), http://www.manyw.com/cppcl/cppc_article_content.php?id=34591&section_id=2,最后访问日期:2017年2月23日。

[2] Chinanews:The social force should be used to stop the abuse of judicial review (15 December 2004), http://www.chinanews.com/news/2004/2004-12-15/26/517144.shtml,最后访问日期:2017年2月23日。

[3] Chu Yee Wah (Applicant) v. Director of Environmental Protection, CACV 84/2011.

[4] Hong Kong Government:Transcript of STH's remarks on judgement of Hong Kong-Zhuhai-Macao Bridge judicial review (1) (27 September 2011), http://www.info.gov.hk/gia/general/201109/27/P201109270246.htm,最后访问日期:2017年2月23日。

[5] Hong Kong Government: Regarding the judicial review of Hong Kong-Zhuhai-Macao Bridge (8 June 2011), http://www.info.gov.hk/gia/general/201106/08/P201106080155.htm,最后访问日期:2017年2月23日。

向法庭披露所有相关文件而申请剔除诉讼。[1] 法官随后颁下判词撤回司法复核许可,批评丘误导法庭及滥用司法程序,并作出暂准讼费令,丘须支付城规会90万元讼费,但给他21天解释,为何不须由他个人承担这笔讼费及法援的100万元讼费。

本案中丘学生滥用司法复核是非常明显的:他不满城规会的有关决议,指责政府悄悄地改变土地政策,却故意不向法庭披露有关文件,包括发展局的网志、城规会会议记录等文件,因为这些文件的内容阐述了政府对绿化地带的检讨程序等。按照法官的说法,丘学生既误导法庭,又滥用司法程序,理应独自负担双方讼费。

基于香港机场跑道已经日趋饱和,如果不尽快动工赶及2023年落成新的跑道,香港机场就会失去竞争力,香港政府决定兴建第三条跑道。但是,香港有人不满政府的利港利民的方案而提起司法复核。[2] 申请人的理由主要是:第一,环保局长非法行使权力批准评估噪声和空气不符合要求的报告。第二,有关报告未能对建筑时期的中华白鲸的提供保护措施。[3] 挑战环保署向机场第三条跑道工程批出的环评报告及工程许可证。

从表面上看,申请人是为了推翻环保当局的批准报告,其实质就是为了阻扰第三跑道的兴建。环保当局回复是:有关项目完全符合所有环保要求,申请人缺乏事实和证据。[4]

由此可见,本案需要平衡的利益关系有二。第一,到2020年,机场旅客和货物运输是总量已经超负荷;[5]第二,兴建第三跑道符合环保要求。2016年2月26日,城市规划委员会决定向行政长官和行政会议提交原来的规划草案,并专门指出该规划完全考虑了第三跑道的需要和有关方面的顾虑。[6]

---

[1] HCAL67/15.

[2] Thomas Chan:Hong Kong activists granted hearing to contest Chek Lap Kok airport expansion (22 May 2015), http://www. scmp. com/news/hong-kong/health-environment/article/1806240/hong-kong-activists-granted-hearing-contest-chek,最后访问日期:2017年2月23日。

[3] Julie Chu:Two Hongkongers seek judicial review to block permit for third runway at Chek Lap Kok (7 February 2015), http://www. scmp. com/news/hong-kong/article/1705411/two-hongkongers-seek-judicial-review-block-permit-third-runway-chek,最后访问日期:2017年2月23日。

[4] China Daily:Third runway the only option (18 March 2015), http://www. chinadailyasia. com/opinion/2015 -03/18/content_15241068. html,最后访问日期:2017年2月23日。

[5] Lui Sheung Yi:Is it worthwhile to use Judicial Review in the construction of Third Runway System? (9 July 2014), http://hklawblog. com/2015/03/04/is-it-worthwhile-to-use-judicial-review-in-the-construction-of-third-runway-system/,最后访问日期:2017年2月23日。

[6] News:The Town Planning Board Gives a Green Light to Third Runway (26 February 2016), http://hk. on. cc/hk/bkn/cnt/news/20160226/bkn -20160226182929911 -0226_00822_001. html,最后访问日期:2017年2月23日。

2016年7月5日，聆讯开始。在判决尚未决定之前，又有一起司法复核案件挑战机场当局向乘客征收第三跑道兴建税。2016年3月15日，司法复核的申请被拒绝，高等法院认为，机场当局有权决定征收的税费，是经立法会授权的。当局为了发展香港国际机场（包括再兴建一条跑道）可以采取必要的措施。[1] 2016年12月22日，高等法院颁下书面裁决，判入禀一方败诉，要兼付讼费。

二、司法独立

在香港，司法独立是有法律根据的。首先，《基本法》第四章第四节确立了香港法院的宪制地位。第80条规定："香港特别行政区各级法院是香港特别行政区的司法机构，行使香港特别行政区的审判权"。其次，《基本法》第85条从司法程序上保障了司法独立："香港特别行政区法院独立进行审判，不受任何干涉，司法人员履行审判职责的行为不受法律追究"。最后，《基本法》第88条从法官任命程序上确保司法独立："香港特别行政区法院的法官，根据当地法官和法律界及其他方面知名人士组成的独立委员会推荐，由行政长官任命"。

香港法官能够做到独立办案，基本保持司法的中立性，还与下列一些元素具有紧密的关系。第一，香港司法机关的财政是独立的，法官是终身制，在退休前，无正当理由不受解雇。第二，香港的判决因为遵循先例的制度而具有统一性。第三，香港的审判都是公开的，没有特殊理由，均应公开审理。第四，对法官实行高薪制，香港回归后几乎无听闻司法腐败的案件。

必须指出的是，香港的司法独立也不是绝对的，根据《基本法》第158条第2款的规定，如果香港法院在审理案件时需要对《基本法》关于中央人民政府管理的事务或中央与香港关系的条款进行解释，而该条款的解释又影响到案件的判决，在对该案件作出不可上诉的终局判决前，应由香港终审法院请全国人民代表大会常务委员会对有关条文作出解释。如果全国人大常委会作出解释后，香港法院在引用该条款时，应以全国人大常委会的解释为准。

此外，香港法官在就任前必须依法宣誓拥护中华人民共和国香港特别行政区基本法，效忠中华人民共和国香港特别行政区。[2] 虽然香港的法官之中有多少人属于"双重效忠"是个未知数，但查询香港法院网就可以发现许多法官应该是外国籍。[3] 有关

---

〔1〕 The Standard: Court rejects third runway passenger levy judicial review (15 March 2016), http://www.thestandard.com.hk/breaking-news.php?id=72491，最后访问日期：2017年2月23日。

〔2〕 《基本法》第104条。

〔3〕 List of Judges and Judicial Officers (Position as at 23 January 2017), http://www.judiciary.gov.hk/en/organization/judges.htm，最后访问日期：2017年2月23日。

资料也表明,越是高级的法院非中国籍法官的比例越高。至 2015 年 10 月 31 日,除了高等法院首席法官张举能之外,香港上诉法庭的 12 名法官中有 4 名法官是非中国籍;原讼法庭的 25 名法官中有 4 名是非中国籍;区域法院的 37 名法官中有 6 位非中国籍;裁判法院的 82 名裁判官中有 2 名是非中国籍。[1] 到 2016 年年初,终审法院本地非常任法官只有 4 人,而海外非常任法官有 10 人;从 1997 年至今,终审法院本地非常任法官和海外非常任法官的人数分别为 17 人和 22 人。而这 17 名本地非常任法官中,只有两名法官为中国籍。[2] 虽然《基本法》允许这种状况的存在,但这种制度显然存在可以商榷的地方。应该说,香港的法官在一般案件中秉持中立不是一个问题,但在涉及平衡人权与国家和社会利益方面,尤其在处理中国(香港)问题上,"双重效忠"难免会影响其立场,所作出的判决可能会引发争议。

前些年香港法院受理 Democratic Republic of Congo & Ors v. FG Hemisphere Associates LLC 一案(以下简称刚果案),就涉及对待"国家豁免权"的两种观点:一种观点认为,国家豁免权涉及中央外交事务,终审法院在作出最终判决之前,应该寻求人大常委会释法;另一种观点是,一个国家享有什么程度的豁免权,应由法院依法作出裁决,而无须寻求释法。[3] 而外交部驻港特派员公署(以下简称公署)从一开始就阐述立场,表明国家豁免权关乎国家外交事务,应该寻求人大常委会释法。公署在原讼法庭及上诉法庭审决案件前曾两度发信重申中央政府立场,第一封信阐述中央一向主张绝对国家豁免权的立场,第二封信阐述中国已签署承认有限度国家豁免权的国际公约仍未生效,故绝对国家豁免权仍然有效。可是,由于上诉法庭坚持有限度的国家豁免权不会损害中国主权,故公署向终审法院呈交第三封信,指出若香港采纳与中央不同的国家豁免权政策,势将严重影响中国外交事务。[4] 就是在这种情况下,终审法院才以 3 比 2 裁定寻求人大常委会的释法。从表面上看,这是终审法院主动根据《基本法》规定的机制向人大常委会提出释法要求,其实,如果没有公署的据理力争,完全有可能出现法官不顾国家利益而越权处理有关外交事务的情况。这个案例表明,有必要重新反思香港外交事务的范畴,也有必要重新检讨法官立场对判案的实质影响。

从过往的案例看,法官在涉及人权的案件中往往过度看重人权,这在某个国家是可行的,但是,香港作为一个特别行政区,不是独立的政治实体,如果不能妥善平衡人

---

[1] 林峰:《"一国两制"下香港"外籍法官"的角色演变》,载《中外法学》2016 年第 6 期。

[2] 同上。

[3] 立法会秘书处,终审法院就有关刚果民主共和国的债务诉讼案件引发的国际豁免权争议提请全国人民代表大会常务委员会解释《基本法》,FS17/11-12,2.3。

[4] 立法会秘书处,终审法院就有关刚果民主共和国的债务诉讼案件引发的国际豁免权争议提请全国人民代表大会常务委员会解释《基本法》,FS17/11-12,2.2。

权与国家利益,其判决难免要受到挑战。在香港,所有刑事案件都要经过裁判法院,如果裁判官缺乏对国家和社会利益的必要考虑,再加上过往裁判官做出的判决对同级裁判官不具有约束力,因此,在自由裁量权之下就会发生不少值得争议的案件。

(一)法官轻判打着“公义”旗号的犯罪者

据报道,2014 年 9 月 26 日因带头冲击政府总部东翼回旋处而构成犯罪的三位青年,实时任学民思潮召集人黄之锋、学联前秘书长周永康及常委罗冠聪,于 2016 年 8 月 15 日被判刑:周永康入狱三周、缓刑一年;黄之锋和罗冠聪分别判八十小时及一百二十小时社会服务令。此判刑结果带出一个信息和一个问题。一个信息就是,告诫其他年轻人,要用理性的方法去表达自己的要求,而不应该选择用激进和暴力的方法破坏法治,否则就要受到法律的惩罚。一个问题就是,裁判官在决定轻刑时所考虑的一些因素是否合理?

裁判官在判刑时明显采取了“轻判”的立场,但是否属于“不合理程度”的轻判,就需要具体分析了。据报道,裁判官轻判三名被告的理由是:由于三人因表达意见及关心社会现状而犯法,应以宽容理解的态度处理。裁判官还认为,此案与一般刑事案件截然不同,法庭信纳三人是因为自己的信念或对社会现状的关心而表达意见及要求,动机并非为利益或伤害他人,所以应采取较为宽容及理解的态度,尝试了解背后动机。

按照裁判官的意思,三名被告的犯罪行为是出于“好”的动机,他们是因为自己的信念或对社会现状的关心而表达意见及要求,动机并非为利益或伤害他人。这些理由值得商榷。

一般而言,量刑时考虑犯罪动机(criminal motivation)是可行的。犯罪动机是指行为人实施犯罪的内心冲动和起因,它可以显示犯罪人的主观恶性程度。例如,张三杀李四,其目的是要将李四杀死。但如果再深入追问一下,张三为什么要杀李四,这就牵涉到犯罪动机的问题,他可能出于仇恨、灭口或替天行道。了解犯罪动机以后,才能掌握张三杀人的真正起因。相比之下,替天行道的动机或许值得同情,但不值得支持。

再说,三个被告的动机并非如裁判官所说的那样“崇高”或不为自己的利益,他们的信念也是社会多数人所无法接受的。他们所谓的“公民抗命”并没有法律依据,即便他们没有伤害到他人,但他们伤害法治的危害更大。也许,他们在媒体的闪光灯下变得忘乎所以,自以为是“英雄”。因此才会不顾警方的一再警告,选择用违法的手段去实现所谓的“公义”。这种行为的动机充其量不过是为了表现自己和煽动他人。他们的所作所为,既破坏了香港的核心价值——法治,又为其他青年人树立了一个坏榜样。

有法律界人士指出,判服务令的主要考虑是三位被告有悔意,即便三被告在裁决后有“迟来的悔意”,仍可作此判决。这种说法更值得商榷。据报道,黄之锋于判刑前夕透过 Facebook 直播,透露早前与感化官见面,被问及有否感到后悔及会否再犯,他当时回答说:“我无任何悔意,无做到反而更加后悔。”[1]其他两位也从来没有表示过任何悔意。可见,这三个被告并没有知错悔改,相反,他们赞同裁判官的动机论,并认为他们会继续“公民抗命”。对这种自以为是、不思悔改和声称继续重犯的人士,适用轻刑是否合适?答案应该是否定的。

新刑罚理论超越了“以牙还牙”的思想,重点放在教育和威慑犯罪人本人和其他人,预防犯罪人重新犯罪,威慑潜在犯罪人。显然,从三人不思悔改和扬言继续重犯的情况看,裁判官决定轻判也不具有合理性。据此,政府理应积极研究有关判决并及时要求裁判官复核或在复核无果的情况下提出上诉。

比较另外两个案例,也可以从中看出一些问题。学民思潮召集人黄之锋去年11月在法院外,遭两汉掷鸡蛋袭击。两人早前承认一项“普通袭击罪”,各判罚款三千元,但律政司就判刑过轻申请复核。案件昨日在九龙城裁判法院作复核聆讯,裁判官表示,两被告虽因“占中”影响收入才犯案,但法庭不会纵容暴力,故改判二人入狱两星期。[2]既然裁判官不会纵容仍鸡蛋的暴力,那么裁判官也应该更无法容忍用砖头袭警的暴力了吧?事实并非如此!在2016年的农历年旺角暴乱中,一名十八岁青年用砖头袭击警员,在旺角弥敦道近山东街用砖头袭击警员,导致对方左边膝盖受伤流血。裁判官虽然裁定他袭击罪名成立,却只判处18个月感化令。在这个案件中,裁判官的判决理由却截然不同,认为被告思想幼稚,自制能力薄弱,容易受人影响,相信是一时冲动犯案。涉事警员执勤时无辜被袭,没有受到严重伤害实属侥幸。而被告在还押期间度过18岁生日,相信他已自我反省及有悔意,所以接纳感化报告及青少年罪犯委员会建议判处感化令。[3]

以上案例,让人们看到了截然不同的判决理由和结果。也许有的人会说,每一个案件有其特殊的情况,判决不同也是正常的。但是,几乎同样的场景却出现不同的判决,难免令人产生疑问:黄之锋是反政府的政治人物,用鸡蛋袭击他就要判重刑;向警察扔砖头的青年人是表达反政府(包括警察),所以要被轻判。这样的立场和判决结果显然得不到广大市民的认同。毫无疑问,法官在量刑时无须考虑顺应公众意见,但是,诚如英国前首席大法官宾咸勋爵(Lord Bingham)所说:“法官忽视公众意见,这个情况即使有可能发生,但我不认为这是正确的做法。法官並非与世隔绝;他们身处这个世界,也属于这个世界;他们会注意到其他市民的意见。他们亦明白自己并非圣人般毫不犯错。因此,当他们在量刑上所持的意见与公众意见不同时,便仔细思考是否公众

〔1〕黄之锋:《不做才后悔续公民抗命》,载《明报》2016年8月16日。

〔2〕黄之锋被掟蛋案改判刑,载大公网,http://news.takungpao.com/hkol/topnews/2015-11/3234127_wap.html,最后访问日期:2017年2月23日。

〔3〕林颖娴:《旺角骚乱青年砖头袭警判18月感化令》,载《星岛日报》2017年1月9日。

的想法正确而自己的有误。"[1]这是因为量刑的基本原则是"阻吓效尤",而法院必须维系公众对量刑制度的信心。[2]

(二)起底与监察

现在香港社会上流传着一些对法官的不满言论,认为有法官轻判或放走在"占中"期间的袭警者;轻判冲击立法会大楼者;不顾控方的反对,同意被指控暴动罪的黄台仰的保释申请。有人愤怒至极,建议网民"起底"这些法官,看他们是否有什么问题,尤其是要揭露法官和家人与泛民政党的关系,以及法官本人的政治取向。

所谓"起底",是一个比较新的名词,香港人又称其为"人肉搜索"或"人肉搜寻",通常指将个人资料或相片等个人私隐信息挖掘出来并公诸于世。这种起底的做法是不妥的,必须予以反对。

法官轻判被控人或放走被控人,可以有几种情况。首先在香港,定罪量刑是分开进行的。在定罪阶段,如果有陪审团参与的案件,是否构成犯罪由陪审团决定。在这种情况下,除非法官给陪审团的法律指引有错误,否则,将放走被控人的责任归咎法官是不合理的。因为陪审团制度,是为了使法律的裁决能够与普通人的良知和判断最大限度地保持一致。从逻辑上讲,由于陪审团已经裁定某个犯罪嫌疑人无罪,则也不存在法官放走"有罪者"的问题——因为任何人非经法庭裁定,不得被认为有罪,这是刑事诉讼中的一个至关重要的原则。

在量刑阶段,香港是允许社会各界替罪犯求情的,法官也会参考各种专业评估报告,做出比较适合罪犯的刑罚决定。法官会考虑有关人士的主观恶性、犯罪动机、初次犯罪、对社会贡献等情况,在起刑点上下决定刑期。相比之下,名人因求情人多和对社会贡献比较明显,他们似乎更加容易获得比较轻的刑罚。

其次,法官判刑可能涉及对法律的不同理解或适用程序的错误。例如,有报纸曾经报道这样一个案件:香港有一位妙龄女被指控在中环夜店主动搭讪一名男子,并涉嫌借跳贴身舞偷去男方手机,女子事后被控盗窃。她否认曾与男子接触,其代表律师更指她在舞池中根本不能以反手偷手机,但法官不认同,裁定她罪成判囚15个月。女子上诉,法庭推翻裁定,判被控人无罪。因为原审法官在控辩双方不知情下,私下找人示范到根本不需反手也可偷物,犯有程序上的错误。

最后,法官偶尔粗心而导致判刑错误。有报纸曾经报道,一名暂委女裁判官,就一宗伤人案判刑时,将参考案例的刑期"两个半月"错看成两年半,判犯人监禁15个月。

---

[1] 《公众意见与罪行的惩处》,载律政司网站,http://www.doj.gov.hk/chi/archive/pdf/art0902c.pdf,最后访问日期:2017年2月23日。

[2] 同上。

被控人上诉到高等法院得直,刑期大幅减至6个月,扣除羁押期,无须继续服刑。

因此,法官是否轻判被控人,要做具体分析,需要从专业角度评判有关案件的事实、适用法律以及法官的具体理由。不可以动不动就说法官轻判。虽然,香港市民有言论自由,善意批评有监督之功效,但"起底"涉及隐私并可能影响司法独立。

当然,笔者同意这样一种立场,即法官也应该受监督。司法独立不等于司法任意,法官的一言一行也应该受到必要的监督。但是,法官是人不是神,也有七情六欲,也会偶尔犯错。因此,对法官进行监督也是合情合理的。对法官的监督可以分为两种:一种是法院内部体制的监督,尤其是当事人上诉后,上级法院对下级法院审判的监督。这种监督也是非常专业和有效的监督。例如,前面所说的陪审团制度。如法官给予陪审团错误指引,则当案件上诉后,上诉法院的责任就是对法官的法律指引进行法律审查,从而决定是维持还是推翻原审判决。如果陪审团的裁定是基于法官不正确的法律指引,这个案件就会被推翻了。前面所举两个案例,也说明上诉监督机制是有效的。

另一种是民间监督,包括媒体的监督。此外,民间监督还可以分为两种情况。第一种情况是成立类似美国的 Judicial Watch(司法观察)或者 Court Watch(法院观察)的组织。"司法观察"是一个无党派的教育基金组织,它倡导政府、政治和法律的透明、问责和完整。它鼓吹国人公共生活高标准伦理道德,寻求确保政治和司法官员不滥用美国人民给予他们的权力。[1] 在美国,"法院观察"有几个,其中一个是2010年成立的监察组织,其成立的目的是问责处理性暴力和虐待小孩案件司法制度,让公众有更大的知情权。[2]

第二种情况就是通过市民行使言论自由来实现的。诚然,捍卫法治、不放纵违法乱港暴徒,与市民切身利益息息相关,更关乎香港的整体利益。因此,市民也可以呼吁法庭不要放过暴徒,传递香港不能容忍违法暴力行为的明确信息。这些均不可以被视为干预司法独立。

香港的判决在一般情况下是公开的,[3] 人们很容易查到有关案件的主审法官姓名、审判理据、量刑理由等。搜寻这些数据与"起底"根本是两码事。再者,言论自由不是绝对权利,市民可以表达对某个判决的不满,但是,如果要指责某个法官轻判或放走某个被控人,就需要确确实实的证据和理据。这些,应该通过专业团体或人士来进行,效果会更加好。

---

〔1〕 About Judicial Watch, http://www.judicialwatch.org/about/,最后访问日期:2017年2月23日。

〔2〕 COURTWATCH, http://www.kcsarc.org/courtwatch,最后访问日期:2017年2月23日。

〔3〕 在香港,区域法院与裁判法院的判决不对第三者公开,在英文中,区域法院和裁判法院的法官是"deliver"(传达)判决。这样的制度似乎与真正的司法公开相悖的。

三、2016 年的旺角暴乱事件

(一)旺角暴乱事件简介

本文所称的“旺角暴乱事件”是指 2016 年 2 月 8 日(农历正月初一)至 2 月 9 日发生于九龙西旺角发生的袭警事件。

据报道,事件的起因是食物环境卫生署(食环署)在新年巡逻期间为取缔无牌熟食小贩而被围堵、辱骂及冲击,需要警方协助。事先有组织的暴徒开始堵塞马路并与警方发生推撞。警方试图使用胡椒喷雾及警棍驱散人群,但暴徒用木板、砖头、玻璃瓶、垃圾桶等杂物攻击警方,并纵火焚烧杂物阻挡警察推进;暴徒们为了掩盖自己的真面目,不仅戴口罩,而且还袭击曝光他们的记者。整个事件造成警员、记者等多人受伤,数十名暴徒被警方拘捕。

(二)旺角暴乱定性

年初一晚上旺角发生袭警、纵火等事件后,政府在第一时间将其定性为暴乱,并按《公安条例》第 19 条的暴动罪起诉部分暴徒。有人批评政府“小题大做”,认为旺角事件顶多属于骚乱。还有人认为:暴乱一般要有规模和重大伤亡,而此次事件中只有警员不同程度的受伤,因此,建议称其为“严重骚乱”。随后,媒体上也出现不少文章称旺角事件为动乱。至此,人们可能被所出现的四个概念搞胡涂了:暴乱、骚乱、暴动、动乱,究竟哪些概念是属于法律概念,究竟这四个概念之间有什么分别呢?

首先要说明的是,这四个词汇都是法律概念,只不过有的词汇在香港比较少用而已。仅就“暴乱”与“骚乱”之分而言,如果只从英文单词 Riot 出发,应该无法找到令人满意的答案,因为这个单词可以被同时翻译成暴乱或骚乱。在内地,两者也似乎没有明显的区分。例如,内地的《人民武装警察法》第 7 条第 7 项规定,武装警员的其中一项任务是“参加处置暴乱、骚乱、严重暴力犯罪事件、恐怖袭击事件和其他社会安全事件”。从条文看,暴乱和骚乱之危害程度,似乎基本等同于严重暴力犯罪事件、恐怖袭击事件和其他社会安全事件。

其次,严重骚扰也是没有解决与暴乱的区分问题。百度百科将暴乱界定为“武装骚乱”或“行凶作乱”。内地《戒严法》第 2 条规定:“在发生严重危及国家的统一、安全或者社会公共安全的动乱、暴乱或者严重骚乱,不采取非常措施不足以维护社会秩序、保护人民的生命和财产安全的紧急状态时,国家可以决定实行戒严”。这个条文表明,动乱、暴乱和严重骚乱的程度几乎相近,都可以导致“戒严”的结果。如果以戒严为基准,动乱与暴乱也没有什么区别。

澳门虽然没有暴乱与骚乱之分,但存在“骚乱”与“武装骚乱”之分,两者显然存在危害程度上的差别,且均属于侵犯人身或所有权的暴力行为(澳门《刑法典》第 291 条和第 292 条)。又根据澳门《刑法典》第 292 条第 2 款的规定,如在骚乱中任一介入者携带展露之火器,又或参与者中有数名携带展露或暗藏之火器或可作为火器使用之对象,则该骚乱视为武装骚乱。这里的火器通常指可以射击的热兵器,包括自制的土枪等,似乎没有包含其他具有杀伤力的武器(如旺角事件中可以致命的砖块)。由于澳门没有暴乱与骚乱之分,如果一定要比较的话,暴乱应该与武装骚乱程度大致相同。

当然,如果一定要区分暴乱与骚乱,则可能还是回到词义上。从“暴”与“骚”的不同,人们可以想象出两者之不同。例如,人们一定会认为“性强暴”与“性骚扰”是不同的,在于“暴”的力度要高于“骚”。因此,在用英语表达时,可能需要用 Riot 表示暴乱,用 Disturbance 表示骚乱比较恰当些。前者指比较规模大的有组织的伤害、纵火和破坏公物;而后者指比较轻度的冲突并开始导致秩序混乱。英美法系也有 Crime of rout and Crime of riot 之分,前者被称为骚动罪,指非法集会后刚开始行动,后者为暴动罪。虽然骚动罪在今天较少使用,但相比之下,Crime of rout 与 Disturbance 也是比较接近的,都可以指冲击行动刚开始,秩序开始混乱。

据此,动乱、暴乱或严重骚乱,应该指相当严重的扰乱社会安宁的行为,而骚乱可能是比较低度的扰乱社会秩序的行为。

如果这个推断可以接受的话,那么,认为旺角事件充其量只能算作“骚乱”的观点是不确切的,至少是缺乏理论支撑的。香港《公安条例》第 19 条规定,非法集结的人破坏社会安宁,该集结即属暴动,构成暴动罪。这里,暴动能否等同于暴乱的关键点是“破坏社会安宁”的程度。由于触犯该条的最高刑罚是十年徒刑,表明该罪行可以非常严重。根据政府在立法会保安事务委员会特别会议上披露的资料,大家不难看到这次破坏社会安宁的严重程度:当晚有多达七百暴徒冲出弥敦道及十四条横街马路捣乱,于十五处地点、110 平方米路面上撬起超过二千件砖块,暴徒纵火点起 22 处火头,有浓烟高达 20 米,共导致超过 9 名警员及数名传媒工作者在事件中受伤。这样的规模,这样的危害结果,称其为暴乱显然不过分;而将其淡化为一般骚乱显然是不恰当的。

香港不大,旺角却是十分重要的地区,旺角暴乱足以影响整个香港的安宁。因此,如果香港再次出现如此规模的暴乱或动乱,在香港警力无法解决问题的情况下,依法可以动用驻港部队,实行戒严。《基本法》第 18 条第 3 款明确指出:“全国人民代表大会常务委员会决定宣布战争状态或因香港特别行政区内发生香港特别行政区政府不能控制的危及国家统一或安全的动乱而决定香港特别行政区进入紧急状态,中央人民政府可发布命令将有关全国性法律在香港特别行政区实施。”当然,这也应该是万不得已的情况。

(三)旺角暴乱的原因及防范

旺角暴乱出现的原因是多方面的,但最主要的原因是少数人被“洗脑”,搞所谓的

“公民抗命”和“以武制暴”所致，这些思潮是破坏香港法治的毒瘤。因此，香港市民应该站出来对暴乱说“不”，站出来谴责旺角暴乱，支持严厉处罚那些暴徒。

旺角发生暴乱，全城震惊，同声谴责，显示香港依然是正能量居上。人们在期盼这些暴徒受到应有惩罚的同时，也纷纷发表自己的看法。全国人大常委会委员、前立法会主席范徐丽泰在回应旺角暴乱时说：“他们全部蒙头、戴口罩，不愿以真面目见人，如果做的事是正义，当然愿以真面目见人。你既然有胆去冲击警察、警队，有胆用砖头，有胆用竹打人，打的是警察，但就无胆负责，这是勇敢行为或是懦夫行为，我想香港市民心中有数”。[1] 听者完全可以从范徐丽泰的这段话中感受到她的极度愤怒。虽然范太没有直接回答这些暴徒就是懦夫，但是答案已经十分清楚：这些暴徒就是害怕承担责任的懦夫，更不可能是什么“护城英雄”。

（四）制定反蒙面法的必要性

一般而言，戴着面具而刻意去做违法之事者，通常有两类人，或是“偷鸡摸狗”之徒，或为“打家劫舍”之徒。那些人因为怕被人认出和被捕法办，而不敢以真面目示人。不管是何种情况，不敢真面目示人本身，足以说明其底气不足和心虚。现在，香港有暴徒公然蒙面袭警、破坏和纵火，其性质远比蒙面“打家劫舍”严重，因为这种犯罪行为直接侵犯公共利益，扰乱社会安宁、破坏社会秩序。因此，香港必须将严惩暴徒视为首要工作，否则坚守法治就是空谈。从预防犯罪的角度，香港也应该及时制定法律禁止带面具的示威人士。

毫无疑问，香港《基本法》足以保障市民的游行示威自由。如果政府有什么不足之处，或做出不当的决定，市民完全可以通过自由的媒体发表批评意见，也可以经申请在公共道路或场所表达抗议或其他诉求。本来，游行示威与面具客似乎没有什么联系，倒是逢年过节有巡游的时候，人们才会看见各式各样带面具的表演，令人看了开怀大笑。但时至今日，游行示威中也出现越来越多的面具客，是否需要立法加以限制就成为一个重要话题。

为了支持这个建议，有必要参考一下海外其他地区的做法。2012 年，加拿大保守党国会议员理查德德兹提出私人草案，建议处罚戴面具或伪装身份的示威者，一经定罪，最高刑罚可为五年徒刑。司法部长尼考尔逊表示，由于执政保守党支持该项立法，草案有很大机会通过成为法律。当然也有人提出反对，认为草案会压制和平示威，因为在新法例下，即使同志游行时身穿奇特服饰、戴面具或涂脸，均可能被解释为隐藏身份而被入罪。如何平衡和取舍就摆在立法者面前。2013 年 6 月 19 日，加拿大不仅通

---

〔1〕 冯瀚林：《范太斥暴徒是懦夫》，载《大公报》2016 年 2 月 15 日。

过该立法,而且将最高刑罚升高为十年徒刑,足以显示其反面具的决心。[1]

其实,加拿大有关立法并不是孤立的例子。网上稍微查一下,就可以发现有关禁止在示威,尤其是骚乱中使用面具的法律,在海外其他地区也可以见到,被统称为“反面具法律”(Anti-masklaws)。美国自20世纪中叶开始立法,当时主要针对“三K党”。德国1985年开始立法,违法者可被最高监禁一年。荷兰2000年开始立法,违反者可被罚款或监禁六个月。奥地利自2002年开始立法,但戴面具却和平示威者可获免于起诉。此外,还有法国、挪威、英国等,均有类似的规定,不一一列举。由此可见,西方社会虽然讲究民主自由,也视民主自由神圣不可侵犯,但均通过立法禁止在示威(尤其是骚乱)中使用面具和掩盖身份。这应该是在平衡游行示威自由与公共利益的基础上所作出的最佳选择。

加拿大等地区的反面具法律所针对的不是和平示威人士,所针对的是在游行示威过程中,那些通过面具或油彩画脸隐藏身份并有过激或骚乱行为的人士。本文认为,加拿大法律的出台可能是基于两方面的深思熟虑:一方面,游行示威一直被认为不是绝对权利,不可以毫无节制地行使,尤其要受到时间、地点和使用手段方面的限制;另一方面,虽然在理论上说,使用暴力或参加骚乱的人士均会受到法律惩处,但因为其蒙面刻意隐藏了身份,一旦对社会和他人造成伤害,警方可能难以识别身份和将其及时绳之于法。故从公共利益角度考虑,必须对使用面具加以特别约束和禁止。

在这次香港旺角暴乱中,几乎所有暴徒都遮掩面目、隐藏身份,肆意用可以致命的砖块等凶器袭警,足以表明其参与犯罪与逃避法律制裁之故意,根本谈不上什么“英雄护城”。他们那样做是在搞乱香港秩序,破坏社会安宁,而不是为了香港的繁荣稳定。任何为其找借口或转移视线的说法或做法,只能令人怀疑他们的真正用心。相反,香港是民主与法治社会,却并没有吸取西方社会实行民主与法治的经验与教训,立法禁止在示威(或骚乱)中使用面具,并将这种在特定场合下使用面具本身规定为犯罪。这也暴露出政府治理社会的不足之处。可喜的是,香港终于有越来越多的人士认识到这种面具客的危害性,并建议立法规管。例如,立法会议员葛佩帆称她正在研究外国处理骚乱方法,为本港警方提供建议。其中一个建议就是不准示威者在示威时使用口罩。当然,口罩与面具是否属于同等词语,需要在立法过程中做进一步研究。“面具”本身也可能需要具体界定,其核心应该是能够遮掩面目和隐藏身份的物品。

(五)保释不应该适用暴徒

旺角暴乱中,有60多人被捕,被检控的人数有40多人,但大都在过堂后获准保释。

---

〔1〕 Mask ban: Canada's veiled protesters face 10 years' jail, https://www.rt.com/news/canadians-ten-years-protesting-masks-965/,最后访问日期:2017年2月23日。

虽然，有的被要求禁足旺角，但人们觉得不可思议的是：为什么这些人士被捕后，又可以申请保释而重返社会？有人举例欧美日的做法，认为被控暴动罪而能够获准保释的情况十分罕见，因为暴动罪是一项非常严重的反社会暴力行为。美国的有关法律（例如：18 U. S. Code § 3142 – Release or detention of a defendant pending trial）对重罪犯（居第一位的就是暴力犯罪）是否给予保释十分慎重，是放在羁押项下考虑的。根据《公安条例》（第 245 章）第 19 条之规定，暴动罪的最高刑罚是十年监禁，在香港属于严重罪行。那么，政府在这些被控人过堂时是否提出拒绝保释请求呢？如果提出请求被法院否决，则法院是根据什么理由同意保释的呢？这些问题均未看见答案，令人十分纳闷。

必须指出的是，在香港，获得保释已经成为被控人或犯罪嫌疑人的一项权利，所以被称为"原则保释，拒绝例外"。这当然显示出香港对犯罪嫌疑人人身权利的重要保护。但既然保释可以在特定条件下被拒绝，就说明保释作为权利并不是绝对的。例如，《公民权利和政治权利国际公约》第 9 条第 3 款就明确规定："等待审判的人们被拘禁不应该是一般的规则，但是释放应保障能出席审判……"联合国《保护羁押或监禁人的原则》第 39 条亦指出，"除在由法律规定的特殊案件中，由司法或其他机关由于司法利益而决定，被告人有权被释放等待审判"。这些条文清晰告知，在某些情况下，拒绝保释也是完全可以理解的。

根据《香港刑事诉讼法条例》第 9D 条规定：法庭如觉得有实质理由相信被控人会有下列行为，则无须准予被控人保释：①不按照法庭的指定归押；②在保释期间犯罪；或③干扰证人或破坏或妨碍司法公正。为此，法庭作出不予保释决定前还需考虑以下情况：①指称罪行的性质及严重性，以及一旦定罪时，相当可能处置被控人的方式；②被控人的行为、态度及操守；③被控人的背景、交往、工作、职业、家庭环境、社会联系及财务状况；④被控人的健康、身体和精神状况及年龄；⑤被控人以往任何获准保释的历史；⑥被控人的品格、经历及以往定罪（如有的话）；⑦被控人犯被指称罪行的证据的性质及分量；和⑧法庭觉得有关联的任何其他事宜。

尽管法官在拒绝保释申请时要考虑的元素比较多，但罪行的性质及严重性应该是最重要的考虑元素。暴动罪属于严重的反社会暴力行为，对社会有重大的危害性，被控人有可能在保释期间继续犯罪。因此，对这些人士的保释申请应该格外谨慎，更倾向于拒绝他们的保释申请。

事实上，香港法庭在拒绝保释申请时，所作出决定的理由也是五花八门，很难形成统一规则。但从过往的案例来看，不少被拒绝保释的案件性质均不能与此次暴动罪相比。

例如，2008 年发生的"艳照门"事件中，包括钟亦天在内有三人被检控，钟亦天的涉案程度最轻微,但只有他被裁判官拒绝保释申请。裁判法官表示案情严重,被告定罪必判入狱。钟亦天被还押15天后获撤销控罪,当庭释放。据说,这是因为《明报》于前一天报道他们较早前自行将数张照片提交淫亵物品审裁处评级后,揭发钟亦天所发布的一张照片只属不雅类别;而律政司得悉评级结果后立刻检讨案情,最终律政司主动撤销控罪。

2014年,一名嫌疑人被控管有适合用作吸毒器具及藏毒两罪。裁判官黄汝荣因未有给予原因而拒绝该嫌疑人的保释申请,遭高等法院暂委法官司徒冕严词批评"明目张胆滥权"。颇具戏剧性的是,该嫌疑人获司徒冕批准保释后,在案件开审当天弃保潜逃,至2015年2月才落网,被判入戒毒所。如果报道准确,则可见法官在决定是否批准保释方面有较大的主观随意性和差异性。

2013年,警司黄冠豪处理酒牌申请时收受馈赠,被判公职人员行为失当罪成立,并被判处有期徒刑一年。黄所犯罪行属于非暴力犯罪,法官却拒绝他保释等候上诉。

如果以上这些案件均可以拒绝保释的话,那么,相比之下,那些犯暴动罪的嫌疑人似乎更加不应该被保释。换句话说,给予保释决定本身可能发出一个错误信息:这些人士的罪行并不严重,社会危害性不大。又据报道,36个被控暴动罪的嫌疑犯全部获得保释后,当晚与随后一晚,香港多处地方发生爆炸及大批车辆被故意纵火焚毁。[1]虽然,目前无证据显示这些被保释的人士与这些爆炸或纵火案直接有关联,但至少可以说明这36个嫌疑人的被保释,给了那些故意制造爆炸和纵火的人士极大的鼓舞。可见,对于完善香港的法治,检讨香港的保释制度十分必要。

四、"港独"事件

(一)"港独"回顾

"港独"是"香港独立"言行的简称。其目的是企图将香港从中华人民共和国分裂出去。"港独"问题逐步严重与港大学生会的推动有着不可分割的联系。其学生会刊物《学苑》于2014年2月发表《香港民族命运自决》的封面专题,又于2014年9月编印《香港民族论》一书,主张香港"寻找一条自立自决的出路"。其后,"港独"组织纷纷成立。其中最为引人注目的事件是"港独"人士通过选举进入立法会。2016年10月12日,获得议员资格的两位"青年新政"的代表人物梁颂恒和游蕙祯在宣誓就职仪式上故意违反誓词以宣扬"港独"。两人以英语宣誓时,展示"Hong Kong is not China"标语,在读到"China"时更以"支那"读音取代,游蕙祯还将"republic"读成英语脏话

---

[1] 沈如:《香港大火黑烟冲天、爆炸10余次、30多辆车被焚》,载新唐人电视台网,http://www.ntdtv.com/xtr/b5/2016/02/13/a1252589.html,最后访问日期:2017年2月23日。

re-fucking 谐音。政府随即启动法律程序,要求高等法院裁定两人因违反誓词而丧失议员资格。期间,第十二届全国人大常委会第二十四次会议于 11 月 5 日审议了《全国人大常委会关于香港特别行政区基本法第一百零四条的解释》草案,并于 11 月 7 日表决全票通过。11 月 15 日,法庭裁定政府于立法会宣誓风波司法复核中胜诉,梁颂恒和游蕙祯议席悬空,10 月 12 日起已丧失议员资格。两人其后也上诉失败。

(二)"港独"无法理基础

首先,"港独"思想是与《基本法》有关规定格格不入的。《基本法》第 1 条开宗明义:"香港特别行政区是中华人民共和国不可分离的部分"。中华人民共和国政府对香港行使主权。第 5 条同时规定:"香港特别行政区不实行社会主义制度和政策,保持原有的资本主义制度和生活方式,五十年不变"。这条其实就是"一国两制"方针的法律化,是指香港回归后五十年内可以保持与内地不同的制度,而不是指五十年后香港可以考虑是否独立。负责这次出版《学苑》的学生代表在港台节目表示,"一国两制"瓦解的速度比想象中快很多,社会对本土亦有较多接触,而社会上仍未有人讨论 2047 年后问题,认为现时是一个好时机,提出"港独"议题让社会讨论。如此言论,一方面有歪曲事实之嫌疑,因为"一国两制"还在有效运行,能够在香港发表"港独"言论就是一个例证;另一方面,又扭曲了《基本法》第 5 条的清晰规定。这些鼓吹"港独"的人其实是最希望在香港实行"一国一制"的,因为他们的举措可能正在破坏"一国两制"。

香港五十年后是否还实行"一国两制",还是改为"一国一制",现在当然可以进行探讨。邓小平先生在 1987 年 4 月 16 日会见香港特别行政区基本法起草委员会委员时曾经说过:对香港政策五十年不变,五十年之后还会不变。邓先生在说这句话的时候可能没有预见到香港今天发生的一些情况,也可能没有预见到台湾今天发生的变化。尽管如此,本文还是愿意相信邓小平先生的话,认为继续保持香港现有的制度对保持香港的特色还是有益的。

(三)"港独"言行可能构成犯罪

香港有些青年学生幻想 2047 年后香港要"独立成国",这既缺乏法理基础,也不会得到中国各族人民和广大香港民众的认同。更严重的后果可能是因"港独"言行结合而走向犯罪之途。毫无疑问,《基本法》第 27 条保障香港市民的言论自由,刑法也不处罚思想犯,如果仅仅讨论一下香港建国问题顶多被人批评而已。但是,如果一些组织以分裂香港或"港独"思想作为宗旨,组织或煽动非法游行,甚至实施暴力行为,就完全有可能触犯刑律,受到处罚。《基本法》第 23 条要求香港立法禁止任何分裂国家的行为。虽然第 23 条没有成功立法,但不等于香港的有关刑法不可以适用。

负责这次出版《学苑》的学生代表还在电台说:"香港 1841 年开埠,中华人民共和国于 1949 年成立,香港的主权只是由于《中英联合声明》,并非自古以来"。这段话的目的何在？无非就是想割裂历史，塑造香港的独立史。对这种明明违反历史常识或国际法规定的言论，完全有必要加以纠正。诚如基本法序言所说："香港自古以来就是中国的领土"，这是有案可稽的。香港自古就在中国版图内，从秦朝开始，香港便置于中央政权的管辖之下，是中国南方的一个捕鱼及产盐之地。鸦片战争前的香港属清朝的新安县管辖。

诚然，1984 年的《中英联合声明》确认了中华人民共和国政府于 1997 年 7 月 1 日恢复对香港行使主权是一个事实，但这并不能否定香港自古以来就属于中国的事实。如果这位学生代表稍微有一点国际法的概念，就不会说出"并非自古以来"这句话。在国际法上有一个"政府继承"的概念，是指在同一国家继续存在的情况下，由于政权更迭，代表该国的旧政府为新政府所取代，从而引起旧政府的权利和义务转移至新政府；新政府还可以不承认清政府过去被迫签订的不平等条约(包括《南京条约》)，而 1997 年 7 月 1 日恢复对香港行使主权意味着有关不平等条约的真正结束。1971 年 10 月 25 日，联合国第 26 届大会表决通过 2758 号决议，恢复中华人民共和国在联合国一切合法权利，取消国民党的代表在联合国及其所属一切机构中的权利也是一个例证。

有人说，"港独"思想只是少数人的想法，在香港不具有代表性，也不必揪住不放或大肆批评，否则就可能中了某些人的圈套，令"港独"思想传播更广。如果换一个角度看，"港独"思想能够不断在香港泛滥，也可能是各方批评不力所致。

当然，批评要有针对性，而不是泛泛地批评。比如，有人泛泛说"港独"没有基础，是否有基础就可以独立了呢？也有人将内地供水和粮食作为没有基础，那如果香港可以解决水和粮食问题，是否就可以独立了呢？本文通过上述分析，就是要指出"港独"根本无法理基础，如果跨越红线，就可能受到刑事追究。

(四)"港独"人士不能成为议员

与此同时，鼓吹"港独"者也纷纷宣告组建政党，并试图通过参加直选而进入立法会，推动所谓的"全民制宪"或"香港独立"。这种现象也必然引起人们的担心："港独"者是否可以成为立法会议员呢？答案应该是否定的！这可以从几个方面来看。

首先，建立政党宣扬和推动"港独"已经触及法律底线，该政党可能因为无法获得批准或注册而成为非法组织，也可能因为其言行危害国家主权、领土完整、国家安全等，而构成触犯《刑事罪行条例》第 2 条和第 3 条的叛逆及意图叛逆罪，或其他罪行。其次，因为"港独"者的政纲违反《基本法》，香港政府不仅会严厉谴责，而且有权禁止邮寄其宣传单张。最后，"港独"者要想成为立法会议员，还必须过另外一个法律门槛，那就是作为立法会议员，其负有维护《基本法》的义务。《基本法》第 104 条规定，立法会议员在就职时必须依法宣誓。《宣誓及声明条例》对议员的宣誓词规定如下："我谨此宣誓：本人就任中华人民共和国香港特别行政区立法会议员，定当拥护《中华人民共和国香港特别行政区基本法》，效忠中华人民共和国香港特别行政区，尽忠职守，遵守法律,廉洁奉公,为香港特别行政区服务。"

既然立法会议员有责任维护《基本法》,就不可以鼓吹"港独"或以"港独"为宗旨组织有关活动。《基本法》第1条明确规定:"香港特别行政区是中华人民共和国不可分离的部分"。这也是立法会议员必须维护的基本原则,否则就没有资格成为议员。所谓维护,当然既包含自己要遵守,也包含要敦促他人遵守,并不容许自己和他人宣扬或推动"港独"。

根据过往个别议员的宣誓情况,可以看出存在的几个问题。第一个问题,就是议员在就职宣誓时,没有把誓词中的全部字眼宣读完毕。例如,黄毓民议员曾在就职大会上没有完整读出全部誓词内容,立法会主席曾钰成在征询法律意见后,裁定黄毓民因未有完整读出全部誓词内容,依例不能履行议员职责,不能参加会议及表决。黄议员事后不得不重新宣誓。

毫无疑问,宣誓的誓词是法定的,非经法律程序修改,则既不可以省略,也不可以改动。据数据显示,2004年,梁国雄以现行誓词阻碍他"信仰自由",向高等法院提出司法复核,要求容许按自己写的誓词宣誓。但最后高院在判决中指出,倘梁国雄坚持采用自己更改的誓词,将会违反基本法的有关规定。高等法院亦作出明确指引,强调立法会议员在宣誓时,必须完整读毕誓词的内容。

那么接下来的第二个问题,就是如何理解"完整"读完誓词了。有的议员在宣誓时用"小声及变调"读有关誓词,如在涉及"共和国香港特别行政区""共和国特别行政区基本法"时用小声及变声;或者将"中华人民共和国"读成破句。显然,这样的宣誓既缺乏严肃性,更无法体现"完整"性,立法会主席也应该裁定该议员未按照《宣誓及声明条例》(第11章)的规定宣誓。

第三个问题是议员在誓词前后加入其他政治口号怎么办?应该说,加入的政治口号如果出现"港独"等字眼,就必然违反《基本法》的规定,反过来说明其宣誓之虚假性。在此种情况下,立法会主席也应当宣布其未按照《宣誓及声明条例》(第11章)的规定宣誓。此次梁、游两人被剥夺议员资格就是最好的佐证。

当然,在实践中也可能出现弄虚作假的情况,即有人会表面上按规定完成宣誓后,在其后的议员生涯中宣扬或推动"港独"。例如,"港独"者可能通过虚假宣誓后,利用《基本法》第77条在立法会上宣扬"港独"。

对于这种情况应当如何处置呢?虽然第77条规定对议员在立法会的会议上发言,不受法律追究,但这应该是指不受刑事或民事追究,而不是不追究其他责任。议员在立法会上宣扬"港独",完全可以按照《基本法》第79条进行处理。第79条规定,当议员因"行为不检或违反誓言而经立法会出席会议的议员三分之二通过谴责"时,"由立法会主席宣告其丧失立法会议员的资格"。

由此可见,根据香港现有的法律,"港独"者将要面对许多法律责任。他们要想利用立法会这个平台鼓吹或推动“港独”,也必然会违反有关法律及受到有关制裁。这里的关键是如何按照既有的法律规定去严格执法,这是大家必须考虑和关注的问题。只要全社会同声谴责和有关方面严格依法办事,“港独”者就难以生存,更妄论出战立法会。即使侥幸当选,也可能因为宣扬或推动“港独”而丧失议员资格。

(五)游梁被取消议员资格

如上文介绍,“青年新政”的游蕙祯和梁颂恒不仅没有依法作出就任立法会议员誓言,而且还借机宣扬“港独”及侮辱国家和中国人。从法律上来说,游蕙祯和梁颂恒两人已经不可以有再次宣誓的机会,因为当日宣誓的时候,负责监誓的立法会秘书长陈维安已经给了他们两次机会,他们的言行属于刻意违反香港《基本法》,如果再让他们宣誓,就是纵容违法行为。

当然,如果宣示人出于紧张、拘谨或是身体情况所限未能完成宣誓程序,候任议员可以获得再次宣誓的机会;但游蕙祯和梁颂恒显然不属于上述情况,事后还就事件恶搞,充分证明他们是刻意违法,因此法律上非常明确,绝不能再给予他们宣誓机会。立法会议员要拥护《基本法》及相关法例,选民将议员选入议会只是提供了一张入场券,但梁、游二人刻意违反法律,不按誓词宣誓,已无资格就任议员,也并无违反选民意愿。

五、香港警察执法

2016年,香港共有60,646宗罪案,较2015年减少8.7%,是1978年以来最低水平。[1] 如此漂亮的成绩,足以显示全体警察所付出的艰辛努力。另据统计,2016年香港共有21名警务人员因涉嫌强奸,非礼及殴打等刑事罪行而被捕,较2015年15人增加6人。[2] 但诚如警务处处长卢伟聪先生强调,有关警员涉嫌刑事罪行是属于个别事件,一些别有用心人士仍然刻意用以偏概全之手法把整个香港警队都抹黑成“罪犯”。如此违背客观事实的言论绝不能听之任之,必须给予必要的澄清。

香港警察是维护香港法治和社会稳定的关键力量。一般而言,一个国家或地区的警察质量高低,只需看这个国家或地区的治安情况或老百姓对安全的满意度就可以了。香港显然是一个安全感极高的地区。香港警察在执法中保持理性和克制是全世界有目共睹,却也因此常常被认为缺乏像纽约警察那样“狠劲”。以2016年2月8日(农历正月初一)至9日在旺角发生的暴乱事件为例,居然有90多位警察被暴徒袭击受伤,实属全球罕见;也应该是香港警察一贯以最低武力执法所致。

---

〔1〕《香港2016年整体罪案数字创1978年以来最低》,载香港新闻网,http://www.hkcna.hk/content/2017/0126/538920.shtml,最后访问日期:2017年2月23日。

〔2〕葛佩帆:《不容反对派污蔑香港警察》,载香港《文汇报》2017年1月27日。

但是,自非法“占中”和旺角暴乱发生后,社会上不断出现有系统、有组织地侮辱及抹黑警察的言行。其动机及目的十分清楚,就是希望通过贬低和打击警察在社会上的信誉和执法的积极性,从而为其进一步的违法犯罪行为减少法治阻力。但是,这种侮辱和抹黑警察的言行是得不到广大市民支持的。仅以 2016 年在警察总部举办的秋季警察日为例,有超过 2513 份申请,较去年同期增加 10%。说明警察在求职者的心目中是正面。即使在“占中”期间,虽然警察受到大规模抹黑,广大市民仍然一如既往支持警察,向警察致送慰问信和物资。与此同时,大家也必须看透那些抹黑警察人士的矛盾言行:他们一方面敌视警察对他们的执法;另一方面却希望警方提供对他们的人身安全保护。处理好两种不同角色(警察与普通市民)的转换,是任何警员的必备条件。他们在履行警察的职责时,十分尽职,为广大市民提供优质服务;他们下班后,就换上自己的衣服,又变成了一个普通人。任何普通人也会有七情六欲,出现感情纠纷或债务纠纷。平心而论,身为一名警察,不必一定要保持高大的形象,但是他们必须尽忠职守;他们也是凡人,不可能因为一当上警察就变得神圣起来。香港警察在下班后可以迅速进行角色转换,也充分说明了香港是个自由和民主的社会。毫无疑问,香港同时也是一个法治比较发达的地区,警察的平时行为如果太出格,并且因为自己的行为使整个警察部队的声誉蒙受损害,那么,继续留在警察部队就不可能了,有关福利也将付诸东流。

由于警察也具有常人的弱点,因此,好的纪律约束,加上好的管理,尤其是对投诉的良好回应机制,就能够最大限度地约束警察的言行。当然,正因为他们是凡人,所以也会有个别警员发生违法犯罪的事情,但相对三万多警员来说,21 名警员涉嫌犯罪绝不代表整个香港警队的素质变差了。任何一个香港市民如果换一个角度看问题,就会认同警察的自我纠错机制是优秀,因为它能够迅速发现和揭露这些涉嫌犯罪的警员。

文明执法是广大市民对香港警察的期望。但是,文明执法不等于警方对一些群体性违法犯罪事件的妥协和无动于衷。去年农历年初一发生的旺角暴乱事件,令广大香港市民再一次热议警察的执行力度是否过于软弱,认为警方应该依法强有力地执法。显然,警方已经从中吸取了不少教训,所以当面对今年大年三十前出现的“光复年宵”企图,警方立即回应,部署警力,誓言予以打击。另一方面加强对年宵市场的保安工作,避免了类似旺角暴乱事件的发生。同时也根据市民提供的资料,查看那些鼓动年宵闹事的人士,务必将他们绳之以法。

香港警方是对付“港独”人士的关键力量,对“港独”并不能掉以轻心,应该做好长期的打算。据报道,有“港独”组织在 2017 年正月初一发表文章,表明会继续走“港独”之路,迎战社会上的各种冲击。毫无疑问,他们的鼓动可能会引起少数人士的共鸣,也可能为了展示他们的力量而走上街头闹事。有“港独”人士在维园年宵市场派发“香港独立”的春联,却只见食环署职员干预,未见警察执法。对于这种违法犯罪行为,最为有效的做法就是警方加强有关方面的情报搜集工作,主动将有关行为灭于未然之中。而一旦违法犯罪行为实际发生,就必须迅速和果断执法,并积极做好检控准备工作。

六、2017 年香港法治发展

2017 年对香港来说具有非凡的意义。首先,7 月 1 日即将迎来香港回归祖国 20 周年,也是香港特别行政区成立 20 周年。毫无疑问,这 20 周年香港的发展离不开全面贯彻和实施《基本法》,离不开对香港新法治的理解和实践。其次,7 月 1 日将是新一届特别行政区行政长官的任期开始。鉴于香港过去 20 年的经验教训,新特首肩负着加强香港法治建设的重任。

回归 20 年也意味着应该重新审视对《宪法》和《基本法》的普及工作,包括继续按照《基本法》和全国人大常委会的"8 · 31 决定"推行政治改革,以及按《基本法》第 23 条规定制定法律以保卫国家安全。

(责任校对:邓婷婷)

撰稿专家

顾敏康,香港城市大学法律学院教授。华东政法大学法学学士、法学硕士,法国艾克斯－马赛大学欧洲商法硕士,乌伊拉姆特大学法学博士。德国波鸿鲁尔大学访问学者。曾任教于华东政法大学并获上海教育局授予第一届"上海东方学者"讲座教授。现兼任中国人民大学法学院兼职博士生导师,以及内地其他多家法学院兼职教授;同时兼任香港世贸组织研究中心副主任、香港基本法教育协会副主席、香港内地海外学者联合会副主席等;亦兼任中国国际经济贸易仲裁委员会仲裁员,深圳仲裁委仲裁员和前海国际仲裁院仲裁员等职。

主要从事比较公司法,比较竞争法和刑事司法等的研究。代表著作有:《WTO 反倾销法——蕴于实践的理论》(北京大学出版社,2005)、《理解中国公司法》(第二版,香港大学出版社,2010)、《逮捕、搜查与扣押的宪法问题:美国的经验教训》(法律出版社,2010)、《中国侵权法》(合著,Sweet & Maxwell,2013)、《中国与香港反垄断法与实践》(Wolters Kluwer,2016),等等。

第十三章

2016年澳门法治实施报告

冷铁勋

报告要旨

1999年12月20日，中国政府对澳门恢复行使主权，成立中华人民共和国澳门特别行政区，《澳门基本法》正式开始生效。根据《澳门基本法》的规定，澳门特别行政区实行以行政长官为核心的行政主导体制，行政与立法既互相制衡，又互相配合，司法独立。宪法作为国家的根本法，在包括澳门特别行政区在内的中华人民共和国领土范围内具有最高法律地位和最高法律效力。澳门特别行政区实行"一国两制"的方针政策，有其自身的法律制度。澳门回归17年来，"一国两制"方针政策得到成功实践，《澳门基本法》得到顺利实施，澳门经济社会发展取得了长足进步，法治建设取得了巨大成就。2016年，澳门特别行政区行政长官带领澳门特别行政区政府围绕"促经济、重民生、稳发展"的施政方针，严格按照宪法和基本法办事，在推进公共行政改革、促进经济适度多元、改善民生、依法处理重大问题等方面做了大量工作。澳门特别行政区立法会积极履行立法职能和监督职能，通过立法活动进一步健全澳门特别行政区法律制度，通过对行政的监督，促进特区政府依法行政。澳门特别行政区检察院和法院依法独立履行检察和审判职能，共同维护社会秩序和稳定、维护澳门司法独立、保障社会公平公正。

核心建议

1. 继续坚持全面准确理解和贯彻"一国两制"方针政策，坚决维护宪法和《澳门基本法》的权威。

2. 进一步做好宪法和《澳门基本法》的推广工作，培育和增强宪法意识和基本法意识。

3. 进一步完善与《澳门基本法》实施相配套的制度和法律体系,夯实依法治澳的制度基础。

4. 继续深化公共行政改革,提升公职人员素质和水平,提高依法履职能力。

5. 继续坚持“以人为本”的施政理念,积极营造更加公平公正的社会环境。

一、澳门特别行政区法治体系概述

(一)澳门特别行政区政治体制

澳门,包括澳门半岛、凼仔岛和路环岛,位于中国大陆东南沿海,地处珠江三角洲的西岸,毗邻广东省珠海市。澳门自古以来就是中国的领土,十六世纪中叶以后被葡萄牙逐步占领。1987 年 4 月 13 日,中葡两国政府签署了《关于澳门问题的联合声明》(以下简称《联合声明》),确认中华人民共和国政府于 1999 年 12 月 20 日恢复对澳门行使主权。中国政府同时在《联合声明》中声明,根据“一个国家,两种制度”的方针,在对澳门恢复行使主权时,设立中华人民共和国澳门特别行政区,并执行“澳人治澳”、高度自治的基本政策。

1. 以行政长官为核心的行政主导体制

在“一国两制”、“澳人治澳”、高度自治的方针指导下,依据《中华人民共和国宪法》(以下简称《宪法》)制定的《中华人民共和国澳门特别行政区基本法》(以下简称《澳门基本法》),于 1993 年 3 月 31 日由第八届全国人民代表大会第一次会议通过。根据《澳门基本法》的规定,澳门特别行政区是中华人民共和国不可分离的部分,是直辖于中央人民政府的一个享有高度自治权的地方行政区域,全国人民代表大会授权澳门特别行政区依照基本法的规定实行高度自治,享有行政管理权、立法权、独立的司法权和终审权。

1999 年 12 月 20 日起,澳门成为中华人民共和国的特别行政区,澳门特别行政区的宪制性法律文件《澳门基本法》同时开始实施。澳门特别行政区成立后实行的制度和政策,包括社会制度,经济制度,保障居民的基本权利和自由的制度,行政管理、立法和司法方面的制度,以及有关政策,均以《澳门基本法》的规定为依据。《澳门基本法》不但规定澳门特别行政区实行的制度,也订明澳门 1999 年后 50 年内的政治体制。

《澳门基本法》从我国的国情以及澳门的历史与现实出发,确定澳门特别行政区实行以行政为主导的政治体制,行政与立法既互相制衡,又互相配合,司法独立。澳门特别行政区作为直辖于中央人民政府的一个地方行政区域,其政治体制是一种地方政治体制,受国家主权的约束。它既不同于澳葡时期总督大权独揽的殖民统治体制,也不同于西方国家的“议会至上”或“三权分立”，而是以行政长官为核心的行政主导体制，其最大的特征就是行政长官在特别行政区政权机构的设置和运作中处于核心地位。根据《澳门基本法》的规定，澳门特别行政区行政长官具有双重身份，既是澳门特别行政区政府的首长，也是澳门特别行政区的首长，同时对中央人民政府和澳门特别行政区负责。澳门特别行政区行政长官这种“双首长”身份和“双负责制”，使行政长官处于特别行政区权力运行的核心位置，尤其是行政长官作为特别行政区首长的身份，使行政长官在中央政府之下、特别行政区三权之上起联结枢纽作用。正因为如此，内地已故知名宪法学者肖蔚云先生主张把特别行政区的这套政治体制称为“行政长官制”。

除行政长官在政治体制中的核心地位外，澳门特别行政区行政主导体制还表现在行政管理权相对于立法权所具有的主导地位上。行政管理权的主导地位主要体现在：一是政府拥有绝大部分的立法创议权，特别行政区政府拟订并提出法案、议案，经行政会议讨论后，向立法会提出。二是立法会议员不能提出涉及公共开支、政治体制及政府运作的法案、议案，这方面的法案、议案只能由政府提出。三是政府提出的法案、议案应当优先列入立法会议程。四是立法会议员提出涉及政府政策的法案、议案，在提出前必须得到行政长官的书面同意。五是行政长官拥有立法相对否决权，即立法会通过的法案须经行政长官签署、公布，方能生效；行政长官有权拒绝签署法案，发回立法会重议。发回的法案立法会须以三分之二多数通过，即使再次通过，行政长官如果拒绝签署，在其一任任期内可以解散立法会一次。六是行政长官有权决定政府官员或其他负责公务的人员是否向立法会作证和提供证据，等等。这些都显示了行政管理权相对于立法权而言自身所具有的主动性，显示了澳门特别行政区三权配置中行政管理权的主导作用。

在理解澳门特别行政区以行政长官为核心的行政主导体制时，并不意味着行政长官独大。例如，根据《澳门基本法》第 71 条的规定，如立法会全体议员三分之一联合动议，指控行政长官有严重违法或渎职行为而不辞职，经立法会通过决议，可委托终审法院院长负责组成独立的调查委员会进行调查。调查委员会如认为有足够证据构成上述指控，立法会以全体议员三分之二多数通过，可提出弹劾，报请中央人民政府决定。此外，立法会有权听取行政长官的施政报告并进行辩论，这也是对行政长官的一种监督。

行政主导体制也不意味着行政管理权独大。根据《澳门基本法》的规定，行政机关享有较大的决策制定权，但同时也受到立法会的制约和监督。例如，《澳门基本法》第 65 条规定，澳门特别行政区政府必须遵守法律，对澳门特别行政区立法会负责：执行立法会通过并已生效的法律；定期向立法会作施政报告；答复立法会议员的质询。此外，立法会有权审核、通过政府提出的财政预算案，审议政府提出的预算执行情况报告等，都体现出立法对行政的制约和监督。至于司法独立,《澳门基本法》也给予了充分的保障。《澳门基本法》第 19 条明确规定“……澳门特别行政区享有独立的司法权和终审权。……”确立了司法独立的原则。为保障该原则的实现,第 83 条进一步规定“澳门特别行政区法院独立进行审判,只服从法律,不受任何干涉。”此外,《澳门基本法》第 90 条第 1 款规定:“澳门特别行政区检察院独立行使法律赋予的检察职能,不受任何干涉。”

2. 澳门特别行政区的政制架构

行政长官是澳门特别行政区的首长,代表澳门特别行政区,依照《澳门基本法》向中央人民政府和澳门特别行政区负责。行政长官由年满 40 周岁,在澳门通常居住连续 20 年的澳门特别行政区永久性居民中的中国公民担任。除第一任行政长官根据全国人民代表大会《关于澳门特别行政区第一届政府、立法会和司法机关产生办法的决定》产生外,行政长官在澳门通过一个具有广泛代表性的选举委员会选举产生,由中央人民政府任命,每届任期 5 年,可连任一次。选举委员会最初由 300 人组成,从 2014 年第四任行政长官开始,选举委员会委员增加至400 人。行政长官的主要职权包括:领导澳门特别行政区政府;负责执行《澳门基本法》和适用于澳门特别行政区的其他法律;签署立法会通过的法案,公布法律;签署立法会通过的财政预算案,将财政预算、决算报中央人民政府备案;决定政府政策,发布行政命令;制定行政法规并颁布执行;提名并报请中央人民政府任命各司司长、廉政专员、审计长、警察总局局长和海关关长等主要官员,及建议中央人民政府免除上述官员职务;委任部分立法会议员;任免行政会委员;提名并报请中央人民政府任命检察长,及建议中央人民政府免除检察长的职务;任免各级法院院长和法官、检察官、公职人员等;在特定的情况下,有权解散立法会,等等。根据《澳门基本法》的规定,澳门特别行政区设立行政会,协助行政长官决策。行政长官在作出重要决策、向立法会提交法案、制定行政法规和解散立法会前,须征询行政会的意见。行政长官如不采纳行政会多数成员的意见,应将具体理由记录在案。行政会的委员由澳门特别行政区永久性居民中的中国公民担任,由行政长官从政府主要官员、立法会议员和社会人士中委任,人数为 7 人至 11 人。

澳门特别行政区政府是澳门特别行政区的行政机关。政府的首长是行政长官。澳门特别行政区政府设司、局、厅、处。澳门特别行政区政府设有行政法务司、经济财政司、保安司、社会文化司、运输工务司,各司下设若干个局或局级机构,并根据需要设立若干咨询组织。根据《澳门基本法》的规定,特别行政区政府的主要官员由在澳门通常居住连续满 15 年的澳门特别行政区永久性居民中的中国公民担任,经行政长官提名,并报请中央人民政府任命。澳门特别行政区政府负责制定并执行政策;管理各项行政事务;办理《澳门基本法》规定的中央人民政府授权的对外事务;编制并提出财政预算、决算;提出法案、议案,草拟行政法规;委派官员列席立法会会议听取意见或代表政府发言。根据《澳门基本法》的规定,澳门特别行政区政府架构中,还包括警察总局和海关。警察总局是统一负责特区保安事务的部门,属澳门特区内部保安体系的组成部份。警察总局指挥及领导其属下警务机构执行行动,该等警务机构现时包括治安警察局和司法警察局。海关是澳门特区具有行政自治权的公共机关,负责领导、执行和监察与关务政策有关的措施,并负责关务管理和监督等具警务性质的职务。警察总局局长和海关关长与各司司长一样,均属中央人民政府任命的政府主要官员。

立法机关。澳门特别行政区立法会是澳门特别行政区的立法机关。立法会议员由澳门特别行政区永久性居民担任,大多数议员由选举产生,包括直接选举和间接选举。此外,还有部分议员是由行政长官委任。除第一届另有规定外,立法会每届任期4年。现任第五届立法会议员为33人,其中14名来自直接选举、12名来自间接选举、7名为行政长官委任。立法会设主席、副主席各一人。主席、副主席由立法会议员互选产生。澳门特别行政区立法会主席、副主席由在澳门通常居住连续满15年的澳门特别行政区永久性居民中的中国公民担任。澳门特别行政区立法会的立法权限包括:制定、修改、暂停实施和废除法律。除立法权限外,立法会的权限范围还包括:审核、通过政府提出的财政预算案;审议政府提出的预算执行情况报告;根据政府提案决定税收,批准由政府承担的债务;听取行政长官的施政报告并进行辩论;就公共利益问题进行辩论;接受澳门居民申诉并作出处理等。在特定情况下,立法会以全体议员三分之二多数通过,可对行政长官提出弹劾案,报请中央人民政府决定。

司法机关。澳门特别行政区的司法机关为法院、检察院。澳门特别行政区法院独立行使审判权,只服从法律,不受任何干预。澳门特别行政区设立第一审法院、中级法院、终审法院。澳门特别行政区终审权属于澳门特别行政区终审法院。第一审法院包括初级法院和行政法院。澳门特别行政区初级法院可根据需要设立若干专门法庭。原刑事起诉法庭的制度继续保留。澳门特别行政区设立行政法院。行政法院是管辖行政诉讼和税务诉讼的法院。不服行政法院裁决者,可向中级法院上诉。澳门特别行政区各级法院的法官,根据法官、律师和知名人士组成的独立委员会推荐,由行政长官任命。各级法院的院长由行政长官从法官中选任。终审法院院长由澳门特别行政区永久性居民中的中国公民担任,其任命和免职须报全国人民代表大会常务委员会备案。澳门特别行政区检察院独立行使法律赋予的检察职能,不受任何干涉。检察长由澳门特区永久性居民中的中国公民担任,由行政长官提名,报中央人民政府任命。检察官经检察长提名,由行政长官任命。检察院的组织、职权和运作由法律规定。

廉政公署。澳门特别行政区廉政公署是一个独立的机构,独立工作,廉政专员直接向行政长官负责。廉政公署的职责是:开展防止贪污或欺诈行为的行动;针对贪污行为及由公务员作出的欺诈行为,依法进行调查;针对在因应澳门特区机关选举而进行的选民登记及有关选举中所作出的贪污及欺诈行为,依法进行调查;促使人的权利、自由、保障与正当利益受保护,确保公共行政的公正、合法性及效率。

审计署。澳门特别行政区审计署是一个独立的机构,独立工作,审计长对行政长官负责。审计署的主要职责是对特区政府预算执行情况进行审计监督,并对审计对象进行“衡工量值式”的审计监察,即对其履行职务时所达到的节省程度、效率和效益进行审查。

市政机构。根据《澳门基本法》第95条的规定,澳门特别行政区可设立非政权性质的市政机构。市政机构受政府委托为居民提供文化、康乐、环境卫生等方面的服务,并就有关上述事务向澳门特别行政区政府提供咨询意见。市政机构的职权和组成由法律规定。根据全国人民代表大会澳门特别行政区筹备委员会的决定,澳门特别行政区成立时,将原先具有政权性质的澳门市政厅和海岛市政厅改组为特别行政区临时市政机构。临时市政机构经澳门特别行政区行政长官授权开展工作,向行政长官负责。临时市政机构的任期至新的市政机构产生为止,时间不超过2001年12月31日。但上述临时市政机构于2002年1月1日被撤销后,澳门特别行政区并未设立《澳门基本法》所规定的市政机构,而是设立了民政总署,临时市政机构的所有权利和义务自动转予民政总署。

(二)澳门特别行政区的法律体系

澳门回归前,由于长期受葡萄牙管治,其法律制度具有典型的大陆法系特征,成文法是最主要的法律渊源。在1976年以前,葡萄牙管治下的澳门地区因不享有立法自治权,故在澳门地区适用的法律几乎都是葡萄牙法律,其中尤以葡萄牙宪法关于权利和自由的规定,以及葡萄牙刑法典、民法典、刑事诉讼法典、民事诉讼法典、商法典这五大法典构成了澳门法律体系的基本框架。此外,还包括葡萄牙物业登记法典、商业登记法典、公证法典等重要法律。1976年之后,葡萄牙国会通过颁布《澳门组织章程》,授予澳门地区立法自治权,由此形成了澳门立法会和澳门总督共同行使立法权的双轨立法体制,澳门本地法律才得以在澳门法律体系中崭露头角,自成一体。其中,澳门立法会制定的规范性文件称为法律,澳门总督制定的规范性文件称为法令,两者的效力是平等的。此外,澳门总督还可颁布具有法律效力的训令、批示等,尽管训令、批示的法律效力要低于法律、法令,但也仍都属于广义上的法律的范畴。1987年,中葡联合声明的签订,成为澳门本地法律发展的催化剂,特别是在经济、文化、教育、行政架构等管理领域,澳门本地法律如雨后春笋,不断涌现。不过,需要注意的是,中葡联合声明和《澳门基本法》中所讲的可以依法保留下来的“澳门原有法律”,不包括在澳门地区生效的葡萄牙法律,以及葡萄牙主权机构为澳门所制定的法律,仅指由澳门本地立法机关制定的法律、法令,以及澳门总督的训令、批示等规范性文件。因为,澳门的回归实质是中华人民共和国政府对澳门恢复行使主权,回归后的澳门不再是葡萄牙管治的地区,而是完全置于中华人民共和国主权之下的一个地方行政区域。既然澳门是中华人民共和国主权之下的地方行政区域,就不可能直接适用外国的法律,这是一个事关国家主权和尊严的原则问题。

澳门回归后,澳门作为国家的一个特别行政区,由于实行“一国两制”的方针政策,有适合其本身实际情况的法律制度,是与内地相独立的一个法域,其法律体系自成一体。从《澳门基本法》的规定及现行澳门法律体系的组成来看,从广义上来讲,澳门现行法律包括以下五个层次的法律规范:

1. 宪法

宪法作为国家的根本法,在包括澳门特别行政区在内的中华人民共和国领土范围内具有最高法律地位和最高法律效力。因此,宪法作为一个整体是适用于澳门特别行政区的,其中宪法中有关确认和体现国家主权、统一和领土完整的规定,即体现“一国”的规定,适用于澳门特别行政区与适用于内地各省、自治区、直辖市是一样的。由于澳门特别行政区实行“一国两制”的方针,宪法在澳门特别行政区的适用又有其特殊性。全国人大依据宪法制定的《澳门基本法》第5条规定:“澳门特别行政区不实行社会主义的制度和政策,保持原有的资本主义制度和生活方式,五十年不变。”此外,《澳门基本法》第11条规定:“根据中华人民共和国宪法第三十一条,澳门特别行政区的制度和政策,包括社会、经济制度,有关保障居民的基本权利和自由的制度,行政管理、立法和司法方面的制度,以及有关政策,均以本法的规定为依据。……”因此,宪法有关社会主义制度和政策的规定不在澳门特别行政区适用,有关澳门特别行政区的社会、经济制度,保障居民的基本权利和自由的制度,行政管理、立法和司法方面的制度,以及有关政策,是以《澳门基本法》为依据的,而非以宪法为依据的。宪法在澳门特别行政区适用的这种特殊性,是宪法本身所允许的,因而是合宪的。总之,宪法条文的适用范围可以不同,但宪法的效力是不可分割的,作为一个整体,宪法在澳门特别行政区是具有效力的,是适用的。不仅如此,宪法是澳门特别行政区的宪制基础。不仅澳门特别行政区的设立要以宪法第31条和第62条第13项的规定为依据,规定澳门特别行政区实行的制度的《澳门基本法》,更要以宪法为依据来制定。

2. 宪制性法律——《澳门基本法》

《澳门基本法》是由全国人民代表大会依据宪法制定的规范中央和澳门特别行政区的关系,规定澳门特别行政区的社会、经济制度、居民的基本权利和义务、政治体制等带有根本性问题的法律,因而它属于宪制性法律,在澳门特别行政区具有宪制性法律地位。

澳门特别行政区的制度和政策,均以《澳门基本法》为依据,因而《澳门基本法》也是澳门特别行政区的宪制基础。《澳门基本法》是澳门特别行政区立法机关进行立法的法律依据,也只有依据《澳门基本法》进行立法,所制定的法律才能合法有效。澳门原有法律只有不与《澳门基本法》相抵触才可予以保留,采用为澳门特别行政区法律。即使采用为澳门特别行政区法律的澳门原有法律,如以后发现有与《澳门基本法》相抵触的,应依《澳门基本法》的规定修改或暂停实施。澳门特别行政区的任何法律、法令、行政法规和其他规范性文件均不得同《澳门基本法》相抵触,否则便会因抵触《澳门基本法》而无效。澳门特别行政区行政、立法、司法行为都必须符合《澳门基本法》。在澳门特别行政区的个人以及一切组织和团体都必须以《澳门基本法》为活动准则。同时,《澳门基本法》作为全国性法律,在全国范围内适用。

需要注意的是,宪法和《澳门基本法》虽然共同构成澳门特别行政区的宪制基础,但宪法和《澳门基本法》并非处于同一法律位阶。宪法是《澳门基本法》的制定依据,二者是“母法”和“子法”的关系,《澳门基本法》是宪法之下的法律规范。

3. 在澳门适用的全国性法律

根据《澳门基本法》第 18 条的规定,全国性法律除列于《澳门基本法》附件三之外,均不在澳门特别行政区适用;而列于《澳门基本法》附件三的全国性法律,则必须限于有关国防、外交和其他依照基本法规定不属于澳门特别行政区自治范围的法律。凡列入《澳门基本法》附件三的全国性法律,均由澳门特别行政区在当地公布或立法实施。当前,列于《澳门基本法》附件三的全国性法律共有 11 个。由于在澳门适用的全国性法律其内容都涉及国家主权,因而属于效力层次较高的法律,澳门特别行政区的本地法律不能同其相抵触。

4. 采用为澳门特别行政区法律的澳门原有的法律、法令以及澳门特别行政区立法会制定的法律

澳门回归前,实行双轨立法体制,除立法会可以制定法律外,澳门总督也制定法令,法律与法令处于同一法律位阶。立法会制定的法律,与澳门总督制定的法令,具有同等的法律效力。澳门回归时,在法律领域,为了确保澳门回归后保持正常的法律运作,全国人大常委会根据《澳门基本法》第 8 条以及第 145 条的规定,通过对澳门自 1976 年享有立法权以来至 1999 年澳门立法会制定的法律和澳门总督制定的法令进行全面审查,作出了《关于处理澳门原有法律的决定》。根据这个决定,在近 900 个原有法律和法令中,废除了 25 个法律和法令,其余的法律、法令采纳为澳门特别行政区的法律而继续生效。这些被保留下来的原有的法律和法令是澳门现行法律中最基本的组成部分,内容涉及社会的方方面面,包括俗称五大法典的《澳门民法典》《澳门刑法典》《澳门民事诉讼法典》《澳门刑事诉讼法典》和《澳门商法典》,也包括涉及税务、金

融、交通、文化、知识产权等领域的重要法律。

澳门回归后，立法体制由双轨制变成单轨制，只有立法会才是立法机关，行使立法权，行政长官虽可制定行政法规，但不再行使严格意义上的立法权，其制定行政法规实际上是在行使行政管理权，行政法规的法律位阶低于立法会制定的法律。澳门回归十七年来，澳门特别行政区立法会依照《澳门基本法》的规定行使立法权，至 2016 年 12 月 31 日总共制定了 236 个新的法律。这些法律既涉及对澳门仍生效法律的修订，也有一些是根据社会发展的实际需要而制定的新的法律，如关于娱乐场幸运博彩经营的法律制度、危害国家安全犯罪的法律制度等法律。

需要注意的是，无论是保留下来的澳门原有的法律、法令，还是澳门特别行政区立法会新制定的法律，它们都属于澳门立法机关行使立法权所制定的规范性文件，因而在法律效力上处于平等的地位。

5. 行政法规、行政命令、批示及其他规范性文件

澳门回归前，澳门总督除行使立法权制定法令外，还可颁布训令、批示等。虽然这些规范性文件在性质上不属于立法权的产物，但它们在回归前同样具有相应的法律效力，因而属于广义上的法律范畴。根据《澳门基本法》第 8 条的规定，这些训令、批示等属于"澳门原有的行政法规和其他规范性文件"这一范畴。需要注意的是，《澳门基本法》第 8 条所指的"行政法规"，是一个集合概念性质的名词，而不是专指某种规范性文件的具体称谓。因为澳门回归前的规范性文件中并没有称为"行政法规"的，有的只是"法律""法令""训令""批示"等称谓。由于这些训令、批示部分没有中文本，故未纳入全国人大常委会对澳门原有法律的审查范围。但从《澳门基本法》的规定来看，这些规范性文件自然属于被采用为澳门特别行政区广义上的法律的范围。

澳门回归后，训令这一规范性文件就不再存在了。根据《澳门基本法》的规定，行政长官可制定行政法规，发布行政命令。在这里，"行政法规"是行政长官制定的一种规范性文件的具体称谓，而不是一个集合概念性质的名词，它特指行政长官制定的一种名叫"行政法规"的规范性文件。因此，《澳门基本法》关于"行政法规"这一名词的用法，在不同的地方有着不同的含义。此外，行政长官及政府各司司长均可发布批示等。这些行政法规、行政命令、批示等，在法律位阶上要低于立法会制定的法律。不过，它们对于强化澳门特别行政区政府的行政管理效能，维护澳门社会的稳定，推动澳门社会的发展，同样发挥了积极的作用。

（三）澳门回归十七年的历史性巨变

1999 年 12 月 20 日，我国政府对澳门恢复行使主权，成立中华人民共和国澳门特别行政区，《澳门基本法》正式开始实施，澳门进入"一国两制"、"澳人治澳"、高度自治的历史新时期。澳门回归十七年来，在中央和祖国内地的大力支持下，特别行政区行

政长官和特区政府认真贯彻“一国两制”方针,严格依照宪法和《澳门基本法》办事,团结带领广大澳门同胞,积极应对挑战,努力开拓进取,经济社会发展取得了长足进步和巨大成就,一个生机勃勃、安定祥和的澳门正以崭新的姿态屹立在祖国的南海之滨。

从经济发展方面看,在保持社会整体稳定的基础上,澳门经济实现了跨越式发展,1999 年至 2016 年,本地生产总值由 502.7 亿澳门元增到 3582 亿澳门元,增长 6.13 倍,年均增长 13.1% ,人均生产总值达 6.9 万美元,跻身世界富裕城市前列。

从民主政治方面看,《澳门基本法》规定的“澳人治澳”、高度自治得到了全面落实。广大澳门同胞当家做主,依法享有广泛自由和民主权利。2012 年,澳门特区依法循序渐进地对行政长官和立法会产生办法进行了适当的修改,扩大了两个产生办法的民主程度。回归以来,澳门特区依法顺利进行了四任行政长官选举、五届立法会选举和三届全国人大代表选举。澳门居民依法有序参与到了特区的选举、立法、决策等各项公共事务中。12 名全国人大代表和 36 名全国政协委员还进入国家建制参与国家事务。

从法治建设方面看,在澳门原有法律的基础下,特区立法会积极行使立法职权,制定了 236 项新的法律,与基本法和保留下来的澳门原有法律一起,为特区维护国家安全、实现有效治理、促进经济社会发展以及保障市民安居乐业,提供了法制保障。特区法院和检察院依法行使审判权和检察权,有力维护了法治和司法独立,保障了社会正常秩序。

从民生改善和社会事业方面看,居民生活得到持续改善,2015 年人均月工作收入中位数达 1.5 万澳门元,失业率长期保持在 2% 以下。社会保障日趋完善,初级卫生保障体系被世界卫生组织评定为典范,实现了从幼儿园到高中 15 年免费教育,居民幸福指数不断提高,人均寿命达 85 岁,居世界前列。

从对外交往方面看,在中央授权和支持下,澳门先后参加 110 多个国际组织,获得 122 个国家和地区免签证或落地签证待遇,成功举办五届中国与葡语国家经贸合作论坛部长级会议,巩固了澳门作为“中国与葡语国家商贸合作服务平台”的重要地位。“澳门历史城区”被列入“世界文化遗产名录”,成为澳门的闪亮名片。

澳门回归祖国以来的十七年,是“一国两制”在澳门成功实践的十七年,是《澳门基本法》顺利实施的十七年,也是澳门各界人士积极探索符合澳门实际的发展道路、不断取得进步的十七年。澳门回归以来之所以能取得这么大的成就,除了中央和内地的大力支持、澳门各界人士的共同奋斗外,关键是得益于“一国两制”方针的制度保障和《澳门基本法》的法律保障。作为澳门特别行政区的宪制性法律,《澳门基本法》贯彻了“一国两制”方针,规定了特别行政区制度,从澳门特区的政治、经济、法律、社会等各个方面作了制度规范和安排,为回归后澳门步入快速发展轨道、保持繁荣稳定奠定了坚实的法制基础。澳门回归祖国以来,特别行政区政府和社会各界人士始终坚持全面正确理解和贯彻“一国两制”方针,重视学习、推广、遵守、执行、维护《澳门基本法》,自觉以

《澳门基本法》规范行政、立法、司法行为，并以《澳门基本法》作为处理政制发展等重大社会问题的依据和准绳。由于《澳门基本法》的宪制性法律地位得到了维护，《澳门基本法》的尊严得到了尊重，不仅澳门特别行政区的高度自治权得到了完全落实，中央对澳门特区的宪制性权力也得到了有效行使，进而有效确保了"一国两制"在澳门的实践不走样、不变形，并真正实现国家主权、安全、发展利益与保持澳门长期繁荣稳定的有机统一。"一国两制"在澳门的成功实践，《澳门基本法》在澳门的顺利实施，充分证明："一国两制"不仅是解决历史遗留的澳门问题的最佳方案，也是澳门回归后保持长期繁荣稳定的最佳制度安排；《澳门基本法》不仅是依法治澳的法律基石，也是澳门长期繁荣稳定和发展的根本法律保障。

二、2016年澳门法治实施情况

2016年，澳门的经济仍处于深度调整期。自2014年6月开始，受世界经济复苏缓慢以及发展面临的不确定性等外部环境的影响，澳门的博彩业开始出现连续负增长。鉴此，行政长官于2015年11月17日在立法会作2016年财政年度施政报告时，以"促经济，重民生，稳发展"为主题，明确提出特区政府按照《澳门基本法》规定，坚守量入为出的原则，并继续秉持"以人为本""科学决策"的施政理念，把民生事务放在施政优先位置，加速建设房屋、社会保障体系、教育、医疗、人才培养长效机制，同时落实精兵简政的施政目标，逐步调整与重组公共行政架构，努力提升依法治理能力和水平，加强廉政建设。为达既定目标，行政长官崔世安带领特区政府迎难而上，依法稳健施政，在推进公共行政改革、促进经济适度多元发展、检讨博彩业、改善民生、依法处理重大问题等方面做了大量工作。2016年8月，澳门的博彩业收入结束连续26个月负增长的态势，经济开始好转并步入平稳时期，经济适度多元的步伐加快，民生持续改善。2016年9月，澳门制订了历史上第一个五年发展规划，积极对接国家"十三五"规划和"一带一路"战略，体现了特区政府谋划长远的担当。对此，国家主席习近平2016年12月23日在会见到京述职的行政长官崔世安时给予了充分肯定。澳门2016年的经济社会发展能够取得上述成就，与澳门特别行政区坚持全面准确理解和贯彻"一国两制"方针，维护宪法和《澳门基本法》权威，严格按照《澳门基本法》办事，厉行法治密不可分。2016年也是澳门法治建设取得进展、依法治澳水平继续向前推进的一年。

（一）维护宪法和基本法权威，有效确保澳门"一国两制"实践行稳致远

1. 开展宪法和基本法教育，培育宪法意识和基本法意识

澳门回归以来，政府和社会团体都比较重视《澳门基本法》的推广工作，基本形成了特区政府法务局主导的政府宣传推广机制、澳门基本法推广协会为主的社团宣传推广机制和新闻媒体的宣传推广机制相结合的多方位宣传推广机制。此外，本澳不少学

校亦已将基本法加入课程中。基本法推广形式也多样化,如专题讲座、培训班、座谈会、基本法颁布周年纪念研讨会、知识问答比赛、游戏设计比赛、园游会、电视特辑、图片数据展览、数据派发、基本法应用程序 APP 等。2016 年,政府和社会团体仍继续开展上述已坚持多年的基本法推广活动。

与基本法的推广相比较,在澳门,回归后宪法讲的少一些。随着澳门“一国两制”实践的深入,特别是在认识到宪法和澳门基本法共同构成澳门特别行政区的宪制基础后,在澳门树立宪法观念和宪法意识的重要性和迫切性越来越凸显。因为唯有树立宪法观念和宪法意识,才能全面准确理解和贯彻“一国两制”方针和《澳门基本法》,才能不断巩固和发展爱国爱澳的社会基础。为此,近年来,特区政府和社会团体在做好《澳门基本法》的推广工作同时,开展宪法的推广工作,并把它们有机结合起来,努力在全社会培育宪法意识和基本法意识。

为配合特区政府加强推广介绍宪法与基本法的施政方针,2015 年,特区政府法务局开设“中华人民共和国宪法和澳门特别行政区基本法专题网站”,介绍宪法和《澳门基本法》知识。2016 年,上述专题网站继续发放有关宪法和基本法的知识介绍以及相关的学术文章。此外,法务局自 2015 年联同本澳多所高等院校举办了一系列“宪法与基本法专题讲座”活动后,2016 年继续开展这一活动,向澳门各高校学生介绍宪法和基本法的相互关系,加深他们对相关内容的认识,并进一步了解基本法对特区的重要性。为加强讲座的效果,以及提升学生对相关内容的讨论气氛,讲座后还举行“国是茶聊”小型讨论会。在休闲的环境下,通过轻松的讨论方式,学生在导师的指导下自由讨论有关的内容,有效提升参与学生对宪法与基本法的认识。

为更好地在全社会推广宪法和基本法,特区政府法务局、行政公职局、民署及身份证明局于2016 年1 月28 日合办“宪法与基本法”专题讲座,邀请北京大学法学院教授、基本法研究专家饶戈平来澳,为中学生及青年社团骨干成员主讲有关宪法与基本法知识。饶戈平教授表示,港澳过往对宪法的重视度不足、民众的意识度不够,要促进国家认同、人心回归,就要准确贯彻“一国两制”,加强对宪法的宣传、教育和传播;不能只讲基本法,否则就会变成无源之水、无本之木,必须把基本法当成是整个国家法律体系的一部分,当成是宪法下的法律来认识、来贯彻。为此,法务局 2016 年首度开展“宪法与基本法社团骨干培训课程”,组织本澳法律界的学者为青年社团骨干深入讲解宪法与《澳门基本法》,希望透过这种类型的培训,吸引本澳年青一代参与宪法与基本法的学习,同时提供更多能够正确了解宪法与《澳门基本法》的机会,共同推进澳门社会经济平稳向前发展。为帮助中学生正确认识宪法和《澳门基本法》,法务局还派出老师到一些中学开展相关的知识讲座。

为了适应社会的发展变化,采取更活泼、更新颖的方法和形式来推广基本法,2016

年 9 月 29 日，由澳门特区政府行政法务范畴的政府部门和澳门莲花卫视共同推出的“知法讲法——澳门电视演讲大赛”正式启动。电视演讲大赛鼓励市民从自己的视角去演绎法治精神，讲述自己和法律的故事，以故事分享的方式，把抽象的法律条文变得可亲、可听、可感受，把枯燥的法律推广变得通俗易懂、赏心悦目，让法律更平易近人、通俗易懂，让法律推广更有趣味，从而真正达到“法在心中”的普法目标。

为了提高公务员素质，使他们熟悉基本法，忠于基本法，遵守基本法，自觉维护基本法，特区政府自成立开始就重视公务员的基本法培训，通过与国家行政学院、澳门法律及司法培训中心、澳门理工学院一国两制研究中心、澳门基本法推广协会等机构合作，有计划地安排公务员学习基本法，既有公务员入职时的基本法培训，也有入职后晋升达目标的基本法培训，还有专项的公务员基本法培训。其中，澳门理工学院一国两制研究中心受特区政府行政公职局委托，与基本法推广协会自 2010 年年初起合办基本法高级研讨班至今，为特区政府近八百名领导及主管级公务员进行基本法的系统学习与培训，取得了良好成效。2016 年到一国两制研究中心接受培训的领导及主管级公务员共有 43 人。在开办以领导及主管人员为培训对象的基本法高级研讨班的基础上，2015 年，澳门理工学院一国两制研究中心受特区政府行政公职局委托，与澳门基本法推广协会开始合办以高级技术员为培训对象的基本法培训班。2016 年，到一国两制研究中心接受基本法培训的具有高级技术员职称的公务员达 200 人。

2. 严格按照基本法办事，充分发挥基本法规定的制度体制功效

一是依法行使高度自治权，正确处理中央与特别行政区的关系，坚决维护中央依法享有的权力，对中央负责管辖的事务予以密切配合。例如，澳门单车牌进入珠海横琴，是澳门居民一直都寄予厚望的事情。这一建议在多年前提出后，备受中央和社会各界的关注。由于这一措施涉及两地车辆出入境的管理以及两地法律的差异，是需经国务院批准才能实施的特殊政策。因此，尽管有关的安排一再推迟，但澳门特区政府严格按照基本法办事，需要中央批准的，一定要在中央批准后才实施。2016 年 12 月 12 日，《澳门机动车入出横琴管理暂行办法》由广东省政府正式印发；12 月 15 日，《澳门机动车入出横琴管理细则》由珠海市政府正式印发。2016 年 12 月 20 日，首批澳门单牌车进入横琴，对方便澳门居民在横琴投资、就业，促进澳门与横琴协同发展、创新发展，具有里程碑式的重要意义。至于对中央负责管辖的事务，澳门特别行政区向来都予以密切配合。例如，2015 年 12 月 20 日，国务院以第 665 号国务院令的形式，公布澳门特别行政区行政区域图，中央人民政府决定将澳门特别行政区海域面积明确为 85 平方公里。对于该海域的管理，涉及中央有关部门管理的事务，澳门特区政府积极予以配合。2016 年 11 月 2 日，行政长官崔世安率领政府代表团抵达北京，就展开海域利用与发展，拜会国家发展和改革委员会、交通运输部、水利部、海关总署和国家海洋局，

交流工作进度、听取意见,为做好《澳门特别行政区海域利用与发展中长期规划(2016～2036)》作充分准备。此外,澳门主动融入国家发展,积极对接国家“十三五”规划和“一带一路”战略,于2016年9月发布澳门历史上首个五年发展规划,这也是尊重中央权力、配合中央提出的发展战略的具体体现。

二是依法实行行政主导体制,正确处理行政、立法和司法三者的关系。按照《澳门基本法》的规定,行政机关行使行政管理权,立法机关行使立法权,司法机关行使独立的司法权和终审权。澳门特别行政区无论是行政长官还是行政机关、立法机关或司法机关,都能恪守定位,各司其职。例如,在2016年,因政府按照新修改的《土地法》的规定,宣布逾期未发展的土地批给失效而收回相关土地后,有建筑界人士甚至立法会议员提出新《土地法》有漏洞而要求修改《土地法》或对《土地法》进行解释时,特区政府、立法会和司法机关都严格依照《澳门基本法》和澳门的法律规定履行职责,并依法作出处理。在《土地法》未作修改的情况下,政府严格执法,对逾期未发展的土地,依法宣布有关的土地批给失效。当事人不服政府的决定,可依法向法院提起诉讼,法院严格按照《土地法》的规定作出裁决。

2016年,行政长官领导特区政府依法施政并履行职责,严格执行《澳门基本法》和在澳门特别行政区适用的其他法律,并依法向立法会负责,定期向立法会作施政报告,答复立法会议员的质询。立法会依法履行立法职能和监督职能,除开展立法工作外,还对政府的施政依法进行监督,定期听取行政长官的施政报告并进行辩论,依法审核、通过政府提出的财政预算案,审议政府提出的预算执行情况报告,并依法对政府的工作提出质询等。检察院作为司法机关之一,依法履行检察职能,领导和推动刑事诉讼法治化建设,依法参与行政诉讼、民事诉讼、劳动诉讼以及非诉讼事务,在惩治犯罪、维护法治方面开展积极务实的工作。法院作为司法机关之一,依法独立开展审判活动。终审法院、中级法院和第一审法院在2015～2016司法年度(司法年度自每年9月1日开始)共受理各类案件25,202宗,为历史最高纪录;审结23,602宗,同为历史最高纪录。法院不仅在定分止争,而且在维护社会秩序和稳定、维护澳门司法独立、保障社会公平公正方面发挥着重要的作用。

3. 完善与基本法实施相关的本地法律制度,修订澳门特别行政区立法会选举法

《澳门基本法》作为一部宪制性法律,有很多的原则性规定,其全面贯彻实施,需要有澳门本地具体的法律制度予以落实和保障。2016年,澳门特别行政区坚持以基本法为依据,制定并完善与基本法实施相配套的本地相关法律制度,依法对澳门特别行政区立法会选举法进行修订。

2017年澳门将进行回归以来第六届立法会的选举工作。在保持澳门基本政治制度稳定的前提下,考虑到以往特别是2013年第五届立法会选举中所存在的一些有待规

范的问题,特区政府认为应透过完善本地区选举法律,进一步优化选举环境、提高选举质量来推动澳门政制发展。为此,2016 年 5 月 6 日,特区政府主动响应社会要求,启动澳门特别行政区立法会选举法修法咨询工作,举行为期一个月的咨询活动,为 2017 年选举提供良好的制度基础。根据政府提供的咨询文件,修订的内容包括四个方面:完善竞选宣传活动规范、加强打击违法选举活动、改善选举组织工作、完善议员的参选条件及兼任规定。

2016 年 7 月,行政会完成讨论修改《澳门特别行政区立法会选举制度》法律草案,并将其提交立法会审议。在遵循全国人民代表大会常务委员会关于澳门政制发展的“四个有利于”原则下,此次修订主要基于 2013 年第五届立法会选举情况、立法会选举管理委员会关于该届选举的总结报告、廉政公署和检察院提出的意见及建议,以及公开咨询所收集到的意见而完善现行的立法会选举制度,使选举活动能更全面地体现“公平、公正、公开和廉洁”的基本原则。有关修改《澳门特别行政区立法会选举制度》法律草案的主要修改内容包括以下四个方面:

一是完善竞选活动规范。关于引入清晰界定竞选宣传和选举活动的规定,法案建议界定竞选宣传的定义,并对竞选宣传的方式以非尽数列举的形式作出描述。关于引入竞选宣传活动的通知义务,法案建议候选人、本身为选民的提名委员会成员以及助选人,以申报书形式提前通知立法会选举管理委员会拟举办或拟参加的竞选宣传活动的内容、举行日期及地点。立法会选举管理委员会应实时于互联网站公布所收到的通知。关于增加准许作出助选人通知的规定,法案建议助选人通知是某人声明作为某一候选名单的助选人,且该名单的受托人声明准许其助选的文件。任何具有选举资格的自然人可作出助选人通知;住所设于澳门特别行政区的私法人亦可作出上述通知,但公共资本公司,报章或新闻又或无线声音广播的企业,以及公共服务、属公产的财产、公共工程的承批实体或经营幸运博彩的承批实体除外。助选人可组织及进行竞选活动,同时负有义务就竞选宣传活动进行通知以及须对所有收支编制详细的账目。关于修订选举开支限额的制度,法案建议每一届立法会选举各候选名单的开支限额以行政长官批示规定,限额以最接近批示日期公布的澳门人口估计、选民登记册内登载的人数及经济发展状况等数据为基础。开支限额必须低于澳门特别行政区总预算前十年总收入平均数的 0.004% 。关于账目的法定证明,法案规定各候选名单的受托人须向立法会选举管理委员会提交详细的选举账目,并附同由注册核数师发出的账目法定证明。

二是加强打击选举不法行为。关于引入法人刑事责任制度,法案建议法人须对其机关或代表以其名义且为其集体利益而作出《选举法》所规定的刑事不法行为及轻微违反承担责任。法人的刑事责任不排除作出有关选举不法行为的自然人的个人责任。

另外,属实施犯罪的情况,法人可被科处罚金或由法院命令解散的主刑,亦可被科处附加刑。关于《选举法》对在澳门特别行政区以外发生的事实的适用,法案订定在《选举法》中增加一项规定,使《选举法》亦适用于在澳门特别行政区以外作出的构成犯罪或轻微违反的事实,只要作出该等事实的行为人被发现身处澳门特别行政区。关于引入法人及候选人的申报义务,法案订定在《选举法》中增加一项申报制度,适用于在选举日之前的第十五日至选举日于澳门特别行政区或以外地方举办任何旨在向成员提供福利的非竞选活动,尤其是提供餐饮、旅游、娱乐、津贴及礼物等活动的某些法人,并界定须受申报制度约束的法人。候选人同样必须遵守上述申报制度。不履行申报义务构成轻微违反,可科处处罚。履行申报义务并不排除有关活动所引致的、《选举法》规定的不法行为的刑事责任。关于指定处理轻微违反的机关,法案规定立法会选举管理委员会、廉政公署及治安警察局为负责处理轻微违反的实体;因此,任何该等实体均可命令提起及组成《刑事诉讼法典》所规定的轻微违反诉讼程序的卷宗。

三是改善选举机关工作。关于提前组成立法会选举管理委员会,法案规定立法会选举管理委员会为非常设性机关,其成员须在选举年的前一年委任。关于扩大立法会选举管理委员会的组成,法案规定扩大立法会选举管理委员会的组成。建议立法会选举管理委员会由一名主席及至少 5 名委员组成。关于提名委员会的决定的上诉制度,为完善选举程序,法案对有关制度作出改变。第一,建议将自提出提名委员会合法存在的证明的申请之日起至提交候选名单的最后一日的期间由 10 日延长至至少 20 日;第二,建议引入适用于此行政程序起始阶段的规定;第三,法案亦新增规定,规范司法申诉和上诉裁判在有别于《行政诉讼法典》第 95 条和第 96 条规定的期间和步骤下进行,以便可在提交候选名单期间届满之前作出司法裁判;此外,亦建议受托人可对拒绝证明提名委员会合法存在的行政决定无须提出异议而直接向终审法院提起上诉。关于立法会选举管理委员会发出的具约束力的指引的法律效力,法案规定该等指引须由行政公职局命令于至少一份中文报章和一份葡文报章公布,并上载于互联网立法会选举官方网页。

四是完善议员的参选要件及关于不得兼任的规定。关于引入存放 2.5 万澳门币的制度,法案规定必须于提交候选名单之前于银行账户存放 2.5 万澳门币,以便在提交候选名单申请书时附同存款的证明文件。若候选名单最终未能取得法定票数或达到法律所规定的百分比,存款不予退还。关于议员不得兼任的规定,法案对不得兼任以及无被选资格的规定作出了修订。在不得兼任方面,建议立法会议员在任职期间不得出任下列官职或职位:(1)外国的联邦级、国家级、地区级或市级议会或立法会的成员;(2)外国的联邦级、国家级、地区级或市级政府的成员或公共行政工作人员。根据《立法会立法届及议员章程》第 19 条第 1 款(二)项的规定,澳门特别行政区立法会议员于出任上述外国的职位时便会丧失议员的资格。在无被选资格方面,建议于《选举法》中增加内容,规定于外国出任上述官职或职位的据位人不得参选澳门特别行政区立法会选举;法案还规定透过直选或间选选出的立法会议员如放弃其议员资格,不得参加相应的补选。

2016 年 10 月,因香港立法会部分候任议员在宣誓仪式上故意违反有关法律规定,宣读与法定誓言不一致的誓言,以及以不真诚、不庄重的方式宣誓,公然宣扬“港独”,侮辱国家和民族,不仅严重伤害了包括香港同胞在内的全中国人民和全球华人的感情,而且严重冲击“一国两制”底线,严重违反了国家宪法、香港特别行政区基本法和有关法律。鉴此,全国人大常委会于 11 月 7 日就《香港基本法》第 104 条有关宣誓效忠等规定作出解释。全国人大常委会对《香港基本法》第 104 条的解释明确说明,拥护基本法及效忠特区是参选立法会议员的一项法定条件与要求。考虑到《澳门基本法》第 101 条与《香港基本法》第 104 条的内容基本一致,澳门特区政府随后在向立法会提交的修改立法会选举法新文本中,加入了参选人需要签署“拥护澳门基本法”和“效忠中华人民共和国澳门特别行政区”声明的规定,以便未雨绸缪,完善有关制度。修改后的法案还建议,无被选资格包括拒绝声明拥护澳门基本法及效忠澳门特区或事实证明不拥护澳门基本法或不效忠澳门特区者。同时,法案没有设置追溯期,由实施当日产生效力。若参选人士过往曾作出不拥护基本法或不效忠特区的言论,选管会可在对方作出声明时,确认对方是否愿意放弃过往的这些言论。若参选人士对于选管会的决定有异议,法案亦设有上诉机制,最终可交由法院裁决。

2016 年 12 月 16 日,澳门立法会细则性表决通过修改《澳门特别行政区立法会选举制度》法案。该修订案有助于打击贿选、消除灰色地带、提升选举质素、夯实法制根基。这是澳门特别行政区贯彻落实基本法和全国人大常委会决定有关规定的重要举措,也是推动特区民主发展、促进社会和谐的实际行动。

(二)完善澳门特区本地法律制度,夯实依法治澳的制度基础

加强法制建设,是实现澳门治理体系和治理能力现代化的一个重要环节,也是回归以来澳门特区面临的一大课题。由于澳门本地法律体系有其历史特殊性和复杂性,它既保留了大量的原有法律,又有回归后大量新制定的法律。原有法律又沿袭葡国法制,一些具体规定确实存在难以适应澳门回归后快速发展的经济环境。此外,经济、行政、社会等一些领域的法律制度还存在空白或不足,需要澳门特区通过立法予以补充完善。再加上原有法律制度与特区新立法的衔接配合、法律文本中葡双语翻译等问题,澳门社会要求改革完善法制以适应时代发展需要的呼声逐渐增多起来。顺应这种要求,澳门特别行政区从成立之日起,就一直将法律改革工作作为一项重要事务来抓。2016 年,无论是特区政府还是立法会,都着力完善澳门特别行政区的法律制度,夯实依法治澳的制度基础。

1. 特区政府致力完善法律制度的举措

根据行政长官在立法会所作的《2016 年财政年度施政报告》,2016 年在完善法律制度方面,特区政府的举措主要体现在以下五个方面:

一是落实集中统筹立法机制。建立集决策、统筹、草拟和咨询于一体的立法统筹组织体制,加强立法政策和立法技术的统一性和协调性。首阶段选定部分立法政策性强、技术性高的立法项目,由法务部门和政策推行部门的人员联合组成法规草拟小组共同草拟,其余项目则由政策推行部门草拟,再由法务部门给予意见。对于推行部门自行草拟法案的项目,从法规草拟的前期论证、立法项目的启动以至听取各方意见等各个阶段,逐步扩大法务部门的参与范围及力度,以加强法务部门在立法技术层面的统筹角色。

二是加大法律制定或修改的提案工作。根据《澳门基本法》的规定,特区政府负责向立法会提交法案。2016 年,特区政府的法律提案项目计划共有 8 项,分别是:修改第 14/2009 号法律《公务人员职程制度》中有关特别职程的内容;修改第 66/99/M 号法令《私人公证员通则》;《冻结资产执行制度》;修改第 2/2006 号法律《预防及遏止清洗黑钱犯罪》;修改第 41/83/M 号法令《预算纲要法》;《医院、全科及公共卫生范畴医学培训法律制度》;《长者权益保障法律制度》;《社会房屋法》。

三是继续推进原有法律清理及适应化处理。采用为澳门特别行政区法律的澳门原有的法律、法令,在回归后的相当长一段时间内,不仅部分法律、法令的效力状况不明,有些内容更是与社会现实脱节。为此,特区政府法务局根据第 345/2010 号行政长官批示,负责统筹对 1976 年至 1999 年 12 月 19 日颁布的 2123 项原有法律和法令进行清理及适应化工作。这项工作开始后一直有序展开,经过三年多的努力,取得重大进展。2013 年,法务局完成 1976 年至 1999 年 12 月 19 日期间公布的 2123 项法律、法令生效状况的技术分析,列出"仍生效的原有法律"和"不生效的原有法律"的清单,并按《回归法》的规定,适应化处理、整合回归前公布的仍生效的法律、法令,并提出立法建议。按照计划,法律清理将分为三个阶段,首阶段是清理 1976 年至 1987 年的不生效法律、法令,次阶段为 1988 年至 1999 年法律、法令,第三阶段为回归后的法律。2016 年 11 月 14 日,立法会第一常设委员会与政府官员细则性讨论《确定一九七六年至一九八七年公布的若干法律及法令不生效》法案。此次清理法律,共涉及 481 个法律、法令失效,但不影响任何已具确定效力的一切公法行为,已生效的原有权利不会改变。随着上述工作的完成。澳门的法制建设将上一个新的台阶。

四是持续完善与澳门水域相关的法律制度。2015 年 12 月 20 日,国务院公布澳门特别行政区行政区域图,将澳门特别行政区海域面积明确为 85 平方公里。由于澳门特别行政区过去并未正式拥有海域,对于如何使用和管理海域,在原则性法律上尚存缺失,而在划定海域管理范围后,按照《基本法》的规定,除经法定程序外,国家有关海域使用和管理的法律,原则上不再直接适用于澳门特别行政区,故此,有必要先行制定一部属于澳门特别行政区管理范围内的海域纲要法,订定海域使用、管理的目标及须遵守的原则,从而弥补澳门特别行政区在海域使用和管理、海域功能区划、海域环境保护及海洋经济发展等方面的不足。2016 年 11 月 14 日,特区政府发布《海域管理纲要法》咨询文件,自 11 月 15 日起进行为期一个月的公开咨询。咨询文本主要内容涉及海域管理五大原则,包括可持续利用、海洋生态环境保护、遵守海洋功能区划、合理使用海域、监察,以及政府对海域有十项管理职权,包括制订海域使用管理及保护的总体规划、完善海域使用管理制度、划定海域与陆地之间的分界线、维护海域的使用秩序、制订海洋功能区划并监察其实施状况、采取措施保护海域生态环境、促进海洋科技创新、订定海域环境监测及对海洋灾害风险评估机制、编制海洋灾害和海域环境污染事故应急预案、监察适用于海域使用、管理、保护和发展的法例及规章的遵守情况,并实施处罚。

五是完善对博彩业的监管。博彩业是澳门的支柱性产业。加强和完善对博彩业的监管,积极培育新的经济增长点,不断推动澳门经济适度多元可持续发展,这是特区政府施政的一项重点工作。2016 年 5 月 11 日,特区政府公布《澳门幸运博彩经营权开放中期检讨:经济、社会、民生影响及承批公司营运状况》研究报告。研究内容涵盖博彩承批及获转批给公司履行合约及经营状况、博彩业发展对经济及社会民生的影响、博彩中介人现况四个范畴共九个研究方向。根据综合及分析相关数据和数据,研究团队认为六间博彩企业均已履行合同中投资金额的承诺。博彩业发展对本澳社会经济的正面作用是明显的,但也同时带来相应的负面影响;而博彩企业聘用的本地雇员所占比重远高于外地雇员,在多个范畴的不合规案件数量呈下降趋势。

此外,2016 年,特区政府还开展引入调解机制、优化司法援助、积极磋商司法互助、构建国际法数据库、完善粤澳合作法律保障等工作。

2. 特区立法会着力推进立法工作

根据《澳门基本法》的规定,立法会是澳门特别行政区的立法机关,其中一项重要职权就是依照基本法的规定和法定程序制定、修改、暂停实施和废除法律,以发挥立法机关在表达、平衡、调整社会利益方面的重要作用,增进公众福祉,保障社会公平正义。2016 年,澳门立法会一方面做好法案的审议工作,提高立法效率,另一方面又注意规范立法技术,提升立法质量。

2016 年,根据政府提交的法案,立法会积极开展立法工作,全年共通过了以下 11 个法律:《修改第 2/2004 号法律〈传染病防治法〉附件的传染病表》;《预防及打击家庭暴力法》;《修改第 7/2003 号法律〈对外贸易法〉》;《动物保护法》《医疗事故法律制度》;《冻结资产执行制度》;《修改十一月一日第 66/99 号法令〈私人公证员〉通则》;《调整房屋津贴的金额》;《修改第 3/2001 号法律〈澳门特别行政区立法会选举制度〉》;《修改第 17/2009 号法律〈禁止不法生产、贩卖和吸食麻醉药品及精神药物〉》;《2017 年财政年度预算案》。此外,还有一些法案仍在立法会讨论审议中。除法律外,立法会还通过了相关的决议。

为积极推进立法工作的科学化、统一化和规范化,立法会执行委员会从澳门的实际出发,总结立法工作实践经验,特别是针对过往立法工作中所经常遇到的、带有共同性和普遍性的立法技术形式层面的问题,在广泛听取各方意见的基础上,于 2016 年 5 月 30 日通过了《在制定立法会规范性文件时应遵从的立法技术形式上的规则》。这是澳门立法会提升立法工作质量和效率的有力举措。该规则侧重于法律规范的形式要件,以保障法律结构设计严密、条文表述严谨、用语规范统一,从而为立法提案者和相关法律工作人员提供立法活动的操作准绳,同时对制定其他规范性文件也具有重要的参考作用和指导意义。上述规则的出台,使澳门在立法技术规范方面实现了一个从无到有的过程,这将是澳门立法技术迈向法制化进程的重要一步,并将立法工作推向一个新的台阶。

此外,立法会利用其网站作为立法会信息发布的重要平台,全面公开立法会全体会议及委员会的主要工作和活动。在内容上,除及时发布法案审议进展、委员会意见书或报告书、活动报告等重要信息外,还有法案表决情况、跟进委员会的工作、议程前发言、全体会议议决、辩论和听证等信息,力求向公众全面展示立法会的工作。

(三)深化公共行政改革,加强廉政和审计工作

2016 年,特区政府坚持"以人为本""科学决策"的施政理念,一切从澳门整体利益出发,深化公共行政改革,加强廉政和审计工作,维护社会廉洁公正。

1. 深化公共行政改革

2016 年,特区政府在深化公共行政改革方面,除了完善修订《公务人员的招聘、甄选及晋级培训制度》,对中央招聘进行改革,以及启动公共行政人员绩效评核制度改革、将第三方评价纳入领导官员绩效评核制度、推出更多电子化便民服务措施、整合咨询组织等外,继续理顺公共行政架构职能。2016 年,多个政府部门实现第一阶段的职能架构重整,如劳工局与人资办合并、法改局并回法务局、大赛车委员会归入体育局、监狱改名惩教管理局并与法务局的职能重新划分等。计划中的两年重组 15 个部门、撤销当中 6 个部门的重整计划,正有序推进。2016 年 12 月 9 日,澳门特区行政会宣布,特区政府制订了《修改〈邮政局组织规章〉》行政法规草案,决定将邮政局和电信管理局合并为邮电局,自 2017 年 1 月起生效。保安办协调办公室并入警察总局的工作也在 2017 年年初展开。同时,全面检讨现时 40 多个咨询组织的职能,对不同政策范畴提出优化咨询组织的建议。2016 年，配合法务部门的职能重组，相应重组法律改革咨询委员会；完成城市规划委员会、科技委员会及经济发展委员会的重组，并按照政府对咨询组织成员任期及兼任订定的规则，制定相关规范。除架构重整，政府亦陆续检讨四十五个跨部门发牌的行政程序。

2016 年的公共行政改革虽然有所成就，但要彻底扭转行政弊病积习，需更深入的改革及更长时间的研究，精兵简政之路仍漫长。未来要做的是加快修订《公务人员职程制度》、分阶段修订《澳门公共行政工作人员通则》、研究分级调薪、设立市政机构、推进电子政务发展等，预期仍有大量工作展开。

2. 加强廉政和审计工作

根据《澳门基本法》的规定，澳门特别行政区设立廉政公署和审计署，独立工作，廉政专员和审计长对行政长官负责。

2016 年，廉政公署坚持依法办事原则，继续以肃贪倡廉为第一要务，实行预防及打击双管齐下的策略，加强与公共部门的沟通和合作，扩大廉政监察网络。此外，廉政公署加强与外地机构和组织的联系，派员到外地交流及培训，提升专业能力。另外，廉政公署深化公务人员的廉洁教育，进一步推广《预防及遏止私营部门贿赂》法律，并拓展小区关系网络，加深全民对廉政建设的认识。

2016 年，廉政公署查办的案件最引人注目的是澳门检察院前领导及主管人员涉贪案。根据廉政公署 2016 年 2 月 27 日发布消息，澳门检察院前领导及主管人员涉嫌串通私营公司的主事人，长期将检察院的大部分工程及服务以高价判给指定的公司。2004 年至 2014 年，涉案公司以不法手段取得金额达 1.67 亿澳门元的检察院外判工程或服务。涉案人士从中获利不少于4400 万澳门元。目前，相关涉案人士已被司法机关命令采取强制措施。2 月 28 日，就检察院前领导及主管涉贪案，廉政公署召开记者会。廉政专员张永春表示，该案涉案人士为前检察长、前检察长办公室主任、1 名检察院顾问及多名本地商人，其中有 2 名本地商人为前检察院领导人员的亲属。调查发现涉案公司包括工程公司、顾问公司、保安公司、清洁公司等，10 年间这些公司几乎包揽了检察院所有的工程和购置等。涉案人往往以保密和保安为由直接判给工程。但廉政公署调查后发现直接判给理由并不成立。该案件性质与过去 1 年其他公共部门贪腐案具有共通点，即涉案人员利用手中掌握的工程判给、劳务购置等权力，为亲属开设的“皮包公司”非法牟利。廉政公署查办本案表明了特区政府及廉政公署的扫贪决心，不会因为任何人的身份地位而有法外特权。廉政公署的肃贪决心得到了社会的认同与支持。廉政公署再次重申，将一如既往严厉打击各种贪腐行为，致力建设公正廉洁的社会。由于涉案的前检察长何超明回归前曾担任澳葡政府反贪公署副专员，回归后担任澳门检察院检察长达十年之久，该案一经爆出，在澳门社会引发震惊和高度关注。

2016年,廉政公署查办的案件还有民政总署一名主管及一名前主管长期包庇两名下属迟到及早退,涉嫌触犯《澳门刑法典》所规定的滥用职权罪,使民政总署因此向两人支付了原本不应支付的薪酬,直接造成特区政府55万多澳门元的损失。另外。廉政公署揭发两名公务员在向房屋局申请经济房屋时,故意隐瞒在内地拥有物业的事实,最终取得并入住经济房屋,涉嫌触犯《澳门刑法典》规定的伪造文件罪及相当巨额诈骗罪。另外,两人在提交财产申报时,故意作出不实申报,涉嫌触犯《财产及利益申报法律制度》所规定的虚假声明(数据不正确)罪。上述案件都已依法移送检察院处理。

在开展肃贪工作同时,特区政府强化审计工作。2016年,审计署坚持深化审计工作,促使政府增进透明度、确保履责尽职、提升绩效等,以协助政府良善治理。据此工作目标,审计署秉持独立、公正、专业、创新等核心工作理念,依照既定的计划,有序开展各审计项目,积极检视有机会影响公众利益的情况并进行跟进审查。

(四)依法处理重大社会问题

“海一居”事件、“益隆炮竹厂置换土地”事件一经报道,引起了社会的广泛关注。特区政府高度关注社会民生,尊重司法独立,依法处理当前的社会热点问题。

1.“海一居”事件

位于澳门半岛黑沙环填海区的“海一居”房地产项目,是由澳门保利达公司开发的一个楼盘。该楼盘的土地在1990年澳葡政府时代批出,临时批给期限到2015年12月25日为止。当时土地的用途为住宅、商业及工业用地。2006年,政府在批示中将“海一居”楼盘所在P地段修改为住宅用地。从2010年开始,保利达公司开始出售“海一居”楼花,至2015年已经售出3020个单位的住宅,大部分的购买者都是自然人。原本预计2015年第3季度可以入伙的“海一居”楼盘,连地基都还没有完成。因此,“海一居”项目不可能在2015年12月25日这一土地临时批给有效期前完成。

为防止房地产开发商囤地牟利,导致产生大量的“闲置土地”,按照澳门立法会于2013年通过、2014年生效的《土地法》的规定,以租赁方式批出的土地,必须先以临时批给方式批出,且承批人须按照合同要求完成利用。如在所订期间内已履行事先订定的利用条款,且土地经确定划界,该批给才能转为确定批给。根据该法律的规定,临时批给的时间不得超过25年,也就是说,在25年之内,如果开发商不完成土地利用,政府将宣布该土地的临时批给失效,这一土地也就成为俗称的“闲置土地”而被政府收回。由于“海一居”地段的土地批给属临时性质,根据工程进度,承批人已经无法在法律规定的批给期限内完成对土地的利用,因此,根据《土地法》的规定,并结合政府过往在处理类似个案中的一贯做法,政府将依法宣告上述地段的土地批给在届满后失效。这样一来,已买楼花的小业主担心血汗钱“打水漂”于2015年12月开始不断聚集表达要求，要求政府保护小业主利益，由此引发“海一居”事件。

2015 年 12 月 18 日，在“海一居”P 地段的批给合同被宣告失效之前，保利达公司针对行政长官及土地工务运输局局长向行政法院提起勒令作出某一行为的保全程序，请求勒令澳门特别行政区行政长官将海一居所涉土地的批给期间延期 60 个月，以及相应延长土地的利用期 60 个月；同时还请求勒令土地工务运输局局长向其发出一切对兴建批给合同目标建筑物属必不可少的准照和许可。2016 年年初，行政法院裁定声请人保利达公司提出的理由和请求不成立，驳回其提出的全部勒令请求。2016 年 6 月，中级法院驳回保利达公司早前向中级法院呈交的一项“预防及保全程序”声请，具体声请保全内容为“请求中止于二〇一六年一月廿九日刊宪之行政长官于一月廿六日批示：宣告海一居所涉土地批给失效及有关土地及其上改善归还特区政府之效力”。除上述“保全程序”声请外，保利达公司还同时提交若干其他法律诉讼，包括向行政法院提出一项“主案诉讼”，以及向中级法院提出一项“平常上诉”。

特区政府一直关注“海一居”小业主的要求，事件发生后，特区政府专门成立了由行政法务司、经济财政司及运输工务司组成的工作小组，对这一个案涉及的法律问题进行深入的研究。在土地批给宣告失效前后，特区政府本着善意的原则，除了在法律的层面进行论证之外，一直与购买了楼花的人士保持接触和沟通，希望了解其要求，在现行的法律框架下，依法尽量保护小业主的利益。原先政府考虑从保障已买楼花人士的利益出发，按照《土地法》可以在符合社会发展有利的公共利益前提下，豁免公开竞投重新将土地批给予原有发展商。不过经过多个团队论证以及咨询检察院意见后，主流意见认为保障已买楼花的人士，不符合《土地法》所指的公共利益，当中主要是民事债权债务，故不能以豁免公开竞投方式将土地批给原有发展商。2015 年 12 月 7 日，由行政法务司、经济财政司及运输工务司组成的工作小组召开记者招待会，向社会宣布特区政府对海一居事件的处理决定，并为购买了楼花的人士提供免费的法律咨询。2016 年 5 月开始，法务局、工务局与海一居业主联合会代表多次会面，特区政府的代表多次清晰向相关代表解释了特区政府的立场，以及可能提供的协助。特区政府一直与购买了楼花人士的代表保持沟通，并重申需要等待司法裁决的结果，并因应司法裁决结果的不同，在现行《土地法》的框架下做出相应的处理。如果承批人败诉，特区政府会在合法的前提下，制定处理方案，在方案中加入对现时已经购买楼花人士的保障。

“海一居”事件后，澳门特区政府根据新《土地法》的规定陆续宣布回收一些届满 25 年临时批给期限而未完成土地利用的“闲置土地”。其实，“闲置土地”并非澳门土地法律制度中的专业术语，属民间的形象表述，在法律上是指承批人未依政府依法批出的批给合同的约定期限履行利用土地的义务，被政府依法宣告为批给失效而回收的土地。由于新《土地法》规定，临时批给的土地，最长期限 25 年，且不可续期。凡是 25

年期满仍未完成土地利用的,政府将宣布该土地的临时批给失效。对特区政府依法回收“闲置土地”,澳门有发展商指责政府回收土地而不问归责情形非常不公,要求政府修改《土地法》。也有人认为新《土地法》有违《澳门基本法》关于保护私有财产权及依法批出的合法土地契约等规定,有投票通过新《土地法》的立法会议员也表明当初的立法原意并非如此,还有立法会议员向立法会提出有关《土地法》相关条文的解释性规范的法案。经过立法会法律顾问研究,认为立法会议员提出的“解释性法案”,应为“创新性法律”。根据《澳门基本法》第 75 条的规定,立法会议员虽可提出议案,但若涉政府政策,在提出前必须得到行政长官的书面同意。由于上述议案并未获行政长官的书面同意,因而未获立法会接纳。

对于社会上有人质疑政府回收“闲置土地”,行政长官崔世安明确表示,按照现行《土地法》规定,当土地 25 年的批租期届满而未完成发展,不论可否归责承批人都只能依法宣告失效。法院有关土地批给失效的司法裁决,明确表达了这个观点。对于批租期届满未完成利用的土地批给个案,政府会以负责任的态度,尊重事实,依法处理。此外,特区政府并没就《土地法》作出修改法律的提案。

2.“益隆炮竹厂置换土地”事件

2015 年 8 月初,有媒体报道指特区政府和益隆炮竹厂所占地段的权利人于 2001 年签署协议,承诺将位于凼仔望德圣母湾的一幅面积为 15.2 万平方米的土地批给有关权利人,以换取益隆炮竹厂所占两万多平方米的地段,用作兴建主题公园。益隆炮竹厂土地置换一事一经报道,引起了社会各界的关注。由于公众对于此次土地置换的程序、决策和后果缺乏深入了解,从而引发了是否存在“黑箱作业”“利益输送”,以及特区政府是否要承担大量“隐形地债”的担忧和质疑,特区政府运输工务司司长于 2015 年 8 月 10 日致函廉政公署,将涉及益隆炮竹厂换地事件的档案送交廉政公署以便进行调查。廉政专员在收到上述文件并作初步分析后,依法决定就益隆炮竹厂土地置换事件展开项目调查,以厘清当中涉及的程序及决定的合法性和合理性。

廉政公署经调查查明,益隆炮竹厂占地面积 28,340 平方米,其中 21,668 平方米的土地由澳葡政府于 20 世纪 50 年代向原炮竹厂两位经营人以租赁方式批出,以便和经营人拥有的 1655 平方米私家地及其他土地一并利用,经营炮竹厂业务。至 20 世纪 80 年代,益隆炮竹厂已基本处于停运状态,澳葡政府于 1986 年根据法律规定宣告解除上述批地合同和批给失效。及后,厂内的私家地业权被转让,澳葡政府也先后多次接获以益隆炮竹厂地段权利人名义提出的兴建商住楼宇或置换其他土地的申请,但一直未达成协议。此外,有关业权人与政府因凼仔 BT27 地段溢价金问题引起纠纷。至 2000 年中,经检察长建议,有关溢价金问题透过正处理中的炮竹厂换地案卷解决。

2000 年,特区政府工务局经多次磋商后与炮竹厂地段权利人就有关置换土地达成共识，并于2001年1月10日，由工务局局长代表特区政府与圣母湾公司代表签署土地置换《承诺书》，特区政府承诺向圣母湾公司批给凼仔望德圣母湾一幅面积为152,073平方米的土地，圣母湾公司亦承诺将构成整个益隆炮竹厂的全部土地在不带任何负担的情况下转让予特区政府。

廉政公署经分析认为，上述《承诺书》乃是次置换益隆炮竹厂土地最重要及最核心的文件，然而，其签订的方式及内容明显违反了“合法性原则”。根据旧《土地法》规定，工务局局长并无法定权限或获法定授权以租赁方式批出土地，因此该《承诺书》不符合法律所规定的处置特区土地的权限要件；《承诺书》自2001年签署之后，从未在《澳门特别行政区公报》上刊登，不符合旧《土地法》所规定的处置特区土地的形式要件；《承诺书》及相关卷宗并未送交土地委员会讨论和发表意见，不符合旧《土地法》所规定的处置特区土地的程序要件。另外，根据附于《承诺书》的地籍图显示，当中最主要及最核心的地块是澳葡政府以租赁方式批出用作经营益隆炮竹厂的21,668平方米土地，但1986年时该土地已根据批示宣告批给失效。圣母湾公司在回复廉政公署查询时表示，有关批给失效后政府并未展开收回土地的程序。但廉政公署发现《承诺书》附件2中的地籍图清楚标示了组成益隆炮竹厂的土地性质，且认为土地所有权不会因政府是否展开收回程序而改变。廉政公署认为，在《承诺书》签署时，圣母湾公司除持有的1655平方米的私家地外，无权对益隆炮竹厂内的其他26,685平方米土地作出处分，更无权承诺将构成整个炮竹厂的全部土地在不带任何负担的情况下转让予特区政府，因此《承诺书》的内容根本无法落实也从未落实，特区政府无需要亦无可能从该公司手上取得本身属于国有土地的益隆炮竹厂其他土地，《承诺书》在法律上属“目标不能”。

廉政公署调查还发现，《承诺书》中所确定的益隆炮竹厂土地价值，不仅包括私家地及长期租借地，也包括了已交还政府的租赁地及无主地等整个炮竹厂土地的价值，并且将有关的国有土地价值在溢价金中作出扣减，明显违反了旧《土地法》的“给付的平等”原则，导致公共利益受损。廉署指出，工务部门在管理特区土地资源时，遵循“合法性原则”是最基本的底线，“依法办事”是最基本的要求。在此次换地事件，工务部门负有不可推卸的责任。

廉政公署调查后认为，《行政程序法典》规定行政当局在作出行政行为时有“说明理由之义务”，行政行为不仅要“依法”，而且要“有理有据”。但是在益隆炮竹厂土地置换过程中，工务部门在改变向BT27地段承批人退还溢价金的金额、变更益隆炮竹厂土地价值的计算方式、提高望德圣母湾住宅实用地积比率等重要决定时，并未说明标准或理据，难以避免公众对行政行为是否公平公正产生猜疑，从而影响特区政府施政的威信。

2016年7月13日，廉政公署发表《关于益隆炮竹厂土地置换事件的调查报告》。在报告中，廉政公署认为2001年特区政府和圣母湾发展股份有限公司签署的土地置换

《承诺书》不符合旧《土地法》有关规定,圣母湾公司对益隆炮竹厂的大部分土地并不享有任何权利,该换地协议无效,特区政府不对圣母湾公司或其他任何公司存有批给或承诺批给土地的负担,即不存在所谓“地债”问题。廉政公署建议,特区政府的相关部门应认真研究及妥善处理因益隆炮竹厂换地协议无效而产生的后续问题、凼仔 BT27 地段溢价金纠纷及信德公司的土地批给等问题。

行政长官高度重视廉政公署呈交的《关于益隆炮竹厂土地置换事件的调查报告》(以下简称《报告》),依法作出批示:第一,运输工务司司长负责跟进《报告》中提出的有关益隆炮竹厂土地置换的《承诺书》无效及后续问题;第二,在此次土地置换事件调查中,若发现有贪污犯罪或与贪污相关联的欺诈犯罪的迹象,由廉政公署依法进行刑事调查;第三,在此次土地置换事件中,若发现有公务人员有违纪行为,由有权限提起纪律程序的实体依法提起有关程序。

(责任校对:潘人玮)

撰稿专家

冷铁勋,1966 年出生,江西上高人,法学博士。澳门理工学院“一国两制”研究中心主任、副教授。著有《澳门公司法》《澳门法律本地化历程》《澳门基本法辅导提纲》《一国两制与澳门特区制度建设》;在《中国法学》《法学评论》《政治与法律》等期刊发表学术论文多篇。

第五编　涉外法治实施报告

第十四章

2016年度中国国际私法实施报告

李　婷

报告要旨

2016年中国国际私法实施的总体特征为：宏观制度建设稳步推进、微观案例裁判水平逐步提高；涉外商事海事制度与国际司法协助制度齐头并进，共同为更高层次开放发展提供国际化法治保障。从实施内容上看，本年度涉外商事海事审判工作迈上新台阶，审判精品战略全面深化推进。国际司法协助方面展开新探索，最高院与高校合作组建司法协助专门研究基地；内地和香港特区签署《相互委托取证安排》，两岸司法协助合作取得重大突破。从实施效果上看，我国进一步提升亚太地区商事海事司法中心地位，国际司法协助工作取得新的制度建设性安排。《涉外民事关系法律适用法》（以下简称《法律适用法》）具更多着墨之处，司法机关在涉外民商事案件裁判过程中，依然呈现出单边适用中国法的倾向；其法律选择说理论证在最密切联系原则等主观依据的适用上，仍体现了不小的武断性和随意性。值得一提的是，在2016年涉外知识产权侵权案件中，法院运用冲突规范进行法律选择已成常态，相较以往依靠知识产权地域性、忽略法律选择过程的做法，体现出显明的积极改观，且法律适用的统一性获得提升。

核心建议

1. 落实国家关于涉外民商事法律制度建设政策规划，细化涉外商事海事审判精品战略，为建设海洋强国的战略目标提供司法保障。

2. 加强涉外民商事判例指导制度建设，统一裁判标准、提高裁判质量，提升涉外商事海事审判国际公信力和制度性话语权。

一、我国航运和贸易大国大势下的涉外商事海事审判大局

继党的十八大和十八届三中全会提出建设海洋强国的战略目标之后，十八届五中全会通过的“十三五”规划进一步提出拓展蓝色经济空间。2016 年，在我国航运大国和贸易大国的目标驱动下，作为上层建筑的涉外海事司法制度也在不断地深化、拓展和完善中，海商事审判的大局谋篇已初具雏形，中国已经开始逐渐成为亚太地区商事海事司法中心。随着 2016 年年初最高人民法院《关于海事诉讼管辖问题的规定》和《关于海事法院受理案件范围的规定》的出台实施，我国已建立适应现代化发展的商事海事司法规则，积极促进我国相关商事海事审判统一裁判尺度、规范司法行为、提高司法效率，亦为人民法院规范行使涉外海事司法管辖权，平等保护中外当事人合法权益提供了坚实的制度保障。总体而言，2016 年，我国涉外商事海事审判制度实践又出现了以下新探索。

(一)全面推进涉外商事海事审判精品战略

2010 年 2 月，时任最高人民法院副院长万鄂湘在第三次全国涉外商事海事审判工作会议中指出，当前和今后一个时期涉外商事海事审判工作的主要任务是全面推进涉外商事海事审判精品战略。主要目标包括：培养造就一支高素质的涉外商事海事审判队伍，强化为大局服务、为人民司法、促进社会和谐的司法理念，建立健全适应涉外商事海事审判规律的管理机制、审判机制及制度体系，规范法官自由裁量权、统一裁判尺度，树立公正、高效、清廉的司法形象，以持续、稳定的涉外商事海事精品案件赢得社会和人民群众的认可与信任，全面提升涉外商事海事审判的公信力，为我国经贸、航运事业的发展提供更加有力的司法保障。

随着我国进一步深化改革、扩大对外开放，国际经济交往日益频繁，需要海事法院调整解决的海事海商纠纷案件不断增多，海事审判工作成为彰显我国良好司法形象的窗口，人民群众和社会各界对法院工作寄予了更高期望：首先，在海商事审判的宏观政策上，继党的十八大及十八届三中全会提出建设海洋强国的战略目标之后，十八届五中全会通过的“十三五”规划进一步提出拓展蓝色经济空间。另外“一带一路”建设又在一定程度上扩展了海事商事审判的空间和内涵；其次，最高人民法院陆续出台了《关于海事诉讼管辖问题的规定》与《关于海事法院受理案件范围的规定》等相关司法政策，为海事商事审判做出了更高定位；最后，2015 年最高人民法院公布了《关于全面深化人民法院改革的意见——人民法院第四个五年改革纲要(2014—2018)》，司法改革进行了整体规划，海商事领域的司法改革亦被寄寓了诸多期待。

当前，国际经济政治格局深刻调整，开放型经济和海洋经济深入发展，依法治国全

面推进，涉外商事海事审判工作要承担争当司法公信的排头兵、司法改革的先行者、涉外法律工作的主力军的新使命。为全面提升涉外商事海事审判的司法公信力，促进涉外商事海事审判科学长远发展，最高人民法院提出实施涉外商事海事审判精品战略的部署，并于 2015 年 7 月发布了《最高人民法院关于全面推进涉外商事海事审判精品战略为构建开放型经济体制和建设海洋强国提供有力司法保障的意见》。

1. 涉外商事海事审判精品战略内涵

2016 年是实施涉外商事海事审判精品战略的关键一年。为实现涉外商事海事审判科学发展的总体要求，最高人民法院提出以精取胜，注重品牌效应，实现案件办理精品化、人员素质精英化、法官视野国际化、体制机制创新化，着力提高我国涉外商事海事司法的公信力。上述要求已成为未来一段时期我国实施涉外商事海事审判精品战略建设目标。

第一，办案精品化。要办精品案件，首先实现程序规范化，牢固树立程序正义理念。管辖、送达、庭审以及合议等各个环节都要严守法定程序，充分保障当事人的合法诉讼权利。要强化庭审功能，推行当庭宣判。要提高裁判文书质量，规范裁判文书格式，增强论证说理。要统一法律适用标准，进一步加强司法解释和案例指导工作，规范自由裁量权，确保裁判尺度统一。

第二，队伍精英化。关键在人，要加强政治思想建设，始终将政治思想建设摆在首位，不断提高分辨大是大非问题的能力。要加强党风廉政建设和反腐败工作，切实改进司法作风，确保涉外商事海事审判队伍清正廉洁。要加强理想信念和职业道德教育，牢固树立职业尊荣感。要提升涉外商事海事审判队伍的正规化、专业化、职业化水平，着力培养一批既熟悉中国法律和相关国际条约、国际惯例，又掌握国际经贸航运知识，并具有丰富审判经验和较高外语水平的专家型、复合型法律人才。

第三，视野国际化。开阔的国际视野是做好涉外商事海事审判工作的必然要求。要恪守条约义务，正确理解、准确适用国际条约、国际惯例，准确适用中外法律，平等保护中外当事人合法权益，以公正高效的审判赢得我国司法的国际公信力。要积极参与国际规则制定，高度重视协助相关部门进行条约谈判工作，在国际投资、贸易、航运规则的形成中充分发出中国司法的声音。要加强国际交流与合作，勇于登上国际司法舞台，充分利用各种机会，了解国外同行的成果经验，掌握国际司法的发展趋势，宣传、展示我国司法的立场和成就。

第四，制度创新化。制度创新是实现精品战略的不竭动力。要主动服务司法体制改革。涉外商事海事审判工作要充分利用司法改革“天然试验田”的优势，继续发挥改革的示范和引领作用，争做司法体制改革的排头兵，根据中央统一部署，争取先行先试，进一步完善审判工作体制机制。完善海事法院管理体制及审判机制，拓展海事法院管辖范围。完善涉外商事案件管辖制度,完善国际、国内仲裁司法审查机制。

2. 涉外商事海事审判精品战略之具体措施

第一,全面贯彻涉外商事案件集中管辖制度。涉外商事案件的判断需要从法律关系主体、标的物以及产生、变更或消灭民事关系的法律事实三个方面是否具有涉外因素进行考察,只要其中之一具有涉外因素,即为涉外商事案件。要防止仅根据主体是否涉外为标准来识别涉外商事案件,从而使相当一部分涉外商事案件游离于涉外商事集中管辖制度之外。对于涉外商事案件管辖权异议、申请承认与执行外国仲裁裁决或法院民商事判决的案件,应当集中由涉外商事审判庭统一审查,避免分散审查。

第二,积极探索涉外商事审判庭,审理部分新类型案件。各级人民法院要从涉外商事审判集中对口服务开放型经济、科学整合审判资源以及有利于裁判权统一行使的全局出发,研究探索由涉外商事审判庭集中受理除涉外商事案件外的另两类相关案件:与涉外商事案件在法律适用上基本趋同的国内商事案件,如国内信用证纠纷案件、国内银行保函纠纷案件、国内仲裁司法审查案件等;与开放型经济发展密切关联的其他商事案件,如涉外商投资企业商事纠纷案件、涉自贸区商事纠纷案件、边贸纠纷案件等。

第三,合理调整涉外商事案件集中管辖的格局。随着我国外向型经济的发展,最高人民法院研究将第一审涉外商事案件管辖权原则上下放至所有中级人民法院,并制定相应的级别管辖标准;逐步确立新类型案件、特殊类型案件、有普遍法律适用意义的疑难案件指定管辖、提级管辖制度。今后一段时期,高级人民法院辖区内已有较多基层人民法院具有第一审涉外商事案件管辖权的,原则上不再新增指定辖区内的其他基层人民法院。对于年均收结案量长期不足的基层人民法院,高级人民法院可以适时提出调整建议。

第四,推动完善海事案件专门管辖制度。最高人民法院计划调研启动修改现行海事法院收案范围的规定,将涉海涉船涉货民商事纠纷案件和海事行政案件统一纳入海事法院专门管辖范围。要密切关注海盗、走私、污染等海上违法犯罪状况和国家海洋维权形势,深入研究将海事刑事案件统一纳入海事法院专门管辖范围的必要性与可行性。当事人不得通过协议方式、地方法院不得改变案由排除海事法院专门管辖制度;地方法院不得以所谓"查封"船舶之名规避《海事诉讼特别程序法》的规定,受理当事人在诉讼前或者诉讼中提出的扣押船舶申请;地方法院为执行生效法律文书需要扣押和拍卖船舶的,应当委托船籍港所在地或者船舶所在地的海事法院执行。

第五,探索建立商事仲裁案件集中审查机制。为适应民事诉讼法修订后国内仲裁裁决与涉外仲裁裁决的司法审查标准逐步趋同的新形势,发挥涉外商事审判庭长期办理仲裁司法审查案件的专业优势,应当将国内外仲裁司法审查案件统一归口到涉外商事审判庭审理,以解决当前各地人民法院存在的对仲裁司法审查案件重视不够、法院各部门之间审查职能交叉重合、审查程序缺乏规范、审查标准不统一、专业培训不足和该类案件的整体质量不高等问题。建立商事仲裁案件集中审查机制有利于优化审判资源配置,统一司法裁判尺度;有利于促进仲裁事业发展,推动仲裁制度完善;有利于促进我国早日形成国际影响力大、国际竞争力强的商事仲裁中心。

第六,进一步完善司法协助机制。法院系统与外事、司法、行政等相关部门加强联络,探索建立域外送达、域外调查取证的信息网络平台,实现域外送达、域外调查取证工作各个环节的信息共享,加强信息反馈、分析和经验交流,提高域外送达、域外调查取证工作的效率和透明度。

总之,涉外商事海事审判工作是人民法院民商事审判工作的重要组成部分,对于构建开放型经济新体制、增强国家核心竞争力,建设海洋强国、维护国家海洋权益,营造良好投资贸易环境,提升法治软实力,深化司法体制改革,全面推进依法治国具有重要作用。《最高人民法院关于全面推进涉外商事海事审判精品战略为构建开放型经济体制和建设海洋强国提供有力司法保障的意见》的出台为深入实施涉外商事海事审判精品战略,充分发挥涉外商事海事审判职能作用,全面提高涉外商事海事审判的司法公信力提供了有力的制度保障。

(二)最高人民法院国际海事司法研究基地和国家法官学院青岛海事分院成立

2015 年 12 月 16 日,全国海事审判工作会议在山东青岛召开,最高人民法院国际海事司法研究基地和国家法官学院青岛海事分院同时成立。

党的十八届五中全会提出创新、协调、绿色、开放、共享的发展理念,强调拓展蓝色经济空间,推进“一带一路”建设,积极参与全球经济治理,为海事审判工作发展指明了方向。为应对人民法院海事审判工作面临的新机遇和挑战,最高人民法院建立国际海事司法研究基地和国家法官学院青岛海事分院,这是贯彻落实党中央决策部署,加快海事审判人才培养、推进海事司法理论与实践创新的重要举措,对于推动海事审判工作发展,促进建设具有较高国际影响力的国际海事司法中心,依法保障国家海洋战略实施,意义重大。

(三)为长江经济带发展提供司法服务和保障,提升涉外商事海事审判国际公信力和制度性话语权

为深入贯彻落实党的十八届三中、四中、五中全会精神,协调推进“四个全面”战略布局,主动适应经济社会发展新形势新常态,充分发挥人民法院审判职能作用,公正高效服务和保障长江经济带发展国家战略,2016 年 3 月最高人民法院发布《关于为长江经济带发展提供司法服务和保障的意见》。该意见在海事、商事审判领域提出三类司法服务和保障的意见。

其一,推进平安黄金水道建设,依法审理各类海事侵权案件。妥善审理发生在长江水域的船舶碰撞、触碰案件,船舶运输特别是危险品运输作业中侵害他人人身权益和财产权益案件,船舶产品质量责任纠纷案件,港口作业事故责任纠纷案件等,规范裁判标准,引导各类市场主体展开有序良性竞争,指引港口、航运、造船企业切实增强安全意识、质量意识,为平安黄金水道建设提供有力司法支撑。

其二,打造涉外商事海事审判精品,提升涉外商事海事审判国际公信力和制度性话语权,增强为区域内企业全面参与全球经济合作和竞争保驾护航的能力和水平。妥善审理涉外商事海事纠纷,特别是国际经济合作和长江经济带投资领域发生的各种纠纷案件。准确适用国际条约,尊重国际惯例,加强外国法的查明和适用,严格适用国际公约承认与执行国际商事海事仲裁裁决,平等保护中外当事人的合法权益,营造长江经济带法治化、国际化、便利化的营商环境,为促进区域内更高层次的全面开放新格局提供有力的司法支持。

其三,依法审理相关水路货物运输、港口码头建设、船舶建造、仓储物流、货运代理、船员劳务等海商案件,维护区域内诚实守信、开放统一的市场。加强涉长江口造船基地建设相关案件的审理,促进现代化船舶产业链的健康有序发展。对于铁水、公水、空铁、水陆空等多式联运合同纠纷案件,通过准确查明案件事实,正确适用相关法律,促进安全便捷、绿色低碳、高起点综合立体交通走廊建设。推动长江经济带和"一带一路"建设的有机衔接。

二、国际司法协助方面的新动向

自1987年与法国谈判缔结首个民商事司法协助协定以来,中国已与60余个国家签署了100余项双边司法协助条约和引渡条约。中国也已先后加入《海牙送达公约》和《海牙取证公约》,截至目前,可以依据公约与67个国家和地区相互委托送达民商事案件司法文书,与42个国家和地区相互委托进行民商事案件调查取证合作。随着我国经济实力的提升、对外交往的日益密切,国际司法协助的重要意义需要重新审视,协助措施亦需审慎规划。2016年,最高人民法院国际司法协助研究基地成立、大陆与香港《相互委托取证安排》的签署等积极进展,体现了我国国际司法协助制度发展的年度新动向。

(一)最高人民法院国际司法协助研究基地(西安交通大学)成立

2016年11月,最高人民法院国际合作局与西安交通大学签署了《最高人民法院国际合作局与西安交通大学合作框架协议》,决定设立最高人民法院国际司法协助研究基地,双方共同开展国际司法协助重要理论研究。

该研究基地的成立，是最高人民法院贯彻落实党的十八届四中全会通过的《中共中央关于全面推进依法治国若干重大问题的决定》提出的“深化司法领域国际合作，完善我国司法协助体制，扩大国际司法协助覆盖面”的要求，加强人民法院国际司法协助的理论与实务研究，提高中国司法的国际影响，推动人民法院国际司法协助工作与国际法学术理论研究的有机结合，为实现更高层次开放发展提供国际化法治保障。

（二）最高法与香港签署民商事案件相互委托取证安排

2016 年 12 月 29 日，最高人民法院常务副院长沈德咏和香港特别行政区政府律政司司长袁国强分别代表两地在深圳签署《关于内地与香港特别行政区法院就民商事案件相互委托提取证据的安排》（以下简称《相互委托取证安排》）。

香港回归之后，两地人员往来日益频繁，经贸合作更加密切，互涉案件不断增多。根据实践需要，经多次磋商，最高人民法院与香港特区就签署《相互委托取证安排》达成共识。《相互委托取证安排》规定了适用范围、联络机关、办理程序等事项，旨在为两地相互委托取证工作的开展提供明确指引和制度性安排。该安排生效后，民商事案件当事人可以分别通过两地联络机关向对方法院请求协助询问证人、取得文件、扣留财产、取样鉴定等，将在很大程度上减少两地法院在审理民商事领域互涉案件时面临的障碍。

《相互委托取证安排》的签署，是内地和香港特区司法协助商签工作停滞十年后取得的一项重大突破。这项成果汇集了两地法律人的智慧，凝聚着两地司法界的心血，必将有利于进一步密切两地司法合作，有利于持续增进两地民众福祉，有利于为两地经济社会发展提供更好司法保障，有利于全面落实香港基本法和“一国两制”方针。

三、2016 年人民法院涉外民商事案件法律适用统计及其述评

2016 年间，我国各地各级法院审理了大量涉外民商事案件。[1] 本次报告采用随机统计的方式，抽样选取了 50 宗涉外民商事案例，内容涵盖涉外合同、侵权、物权、知识产权纠纷等各个领域，且多为已生效的终审判决或裁定。笔者分别就其案由、涉案国家及地区、适用法律、法律选择方法、选法依据进行统计列表与简要评述，以期呈现 2016 年我国涉外民商事司法审判实践的新动向。

---

〔1〕 截至笔者完稿之时，最高人民法院尚未就 2016 年全国法院司法统计数据进行公布。本次抽样案件的主要来源为：裁判检索文书数据库 http://www.openlaw.cn/，中国法院网 http://www.chinacourt.org，中国裁判文书网 http://www.court.gov.cn/zgcpwsw，中国知识产权裁判文书网 http://ipr.court.gov.cn/，以及北大法宝刊载或公布的涉外民商事案件。

表1　2016年50例涉外民事案件

序号	当事人及案由	法院及案号	涉案国家(地区)	适用法律	法律选择方法	选法依据
1	杨霖与王清、徐淑纯股权转让纠纷	海南省高级人民法院(2015)琼民再终字第8号	加拿大	中国法律	最密切联系原则	《法律适用法》第41条
2	北京乐金飞利浦电子有限公司与韩国中小企业银行龟尾分行债权转让合同纠纷	北京市第三中级人民法院(2016)京03民终13912号	韩国	中国法律	意思自治原则	《法律适用法》第3条
3	凌继跃与陈建民损害公司利益责任纠纷	珠海市中级人民法院(2016)粤04民终2920号	英属维尔京群岛	英属维尔京群岛法律	法人登记地法	《法律适用法》第14条
4	钱柜企业股份有限公司与泰安市泰山区金钱柜娱乐中心双龙店、泰安市泰山区迎乐超市侵害商标权纠纷	山东省高级人民法院(2016)鲁民终2407号	台湾地区	大陆法律	被请求保护地法	《法律适用法》第50条
5	章洛杰与徐欢、谢铭委托合同纠纷	江西省高级人民法院(2016)赣民终522号	美国	中国法律	最密切联系原则	《法律适用法》第41条
6	方国璋与克奇立德·阿布迪哈克国际货物买卖合同纠纷	浙江省金华市中级人民法院(2016)浙07民终3590号	阿尔及利亚	中国法律	特征性履行	《法律适用法》第41条
7	中信银行股份有限公司北京经济技术开发区支行与李瑞堂借记卡纠纷	北京市第二中级人民法院(2016)京02民终10735号	台湾地区	大陆法律	最密切联系原则	《法律适用法》第41条
8	大新银行有限公司与香港圆璐有限公司、浙江毓秀针织有限公司等融资租赁合同纠纷	浙江省金华市婺城区人民法院(2016)浙0702民初7688号	中国香港	香港法律、大陆法律	意思自治原则、直接适用的法	《法律适用法》第3条、第4条
9	林同炎中国公司与被上诉人上海同济资产经营有限公司等股权转让纠纷	上海市高级人民法院(2016)沪民终34号	美国	中国法律	法人登记地法、意思自治原则	《法律适用法》第14条

续表

序号	当事人及案由	法院及案号	涉案国家（地区）	适用法律	法律选择方法	选法依据
10	湛永新（WING SUN CHAM）与卢婉娴（WAN XIAN LU）返还原物纠纷	广东省广州市中级人民法院（2016）粤01民终11195号	美国、加拿大	中国法律	不动产所在地法	《民法通则》第144条
11	武汉恒信典当有限公司诉赵从钊、被告房世融典当纠纷	武汉市中级人民法院（2015）鄂武汉中民商外初字第00030号	未明确	中国法律	最密切联系原则	《法律适用法》第41条
12	BAMIAN INVESTMENTS PTE LTD（新加坡百门投资有限公司）与广州美亚股份有限公司股东知情权纠纷	广州市中级人民法院（2016）粤01民终9114号	新加坡	中国法律	法人登记地法	《法律适用法》第14条
13	黄艺明、苏月弟与亨满发展有限公司等合同纠纷	最高人民法院（2016）最高法民申33－1号	中国香港	大陆法律	意思自治原则	未予明确
14	周若龙与马俊贤、郑冰冰返还款项纠纷	广州市中级人民法院（2015）穗中法民四终字第21号	中国香港	大陆法律	侵权行为地法	《法律适用法》第44条
15	RICHARDBARNHARDTMINTON与谢某离婚后财产纠纷	广州市中级人民法院（2016）粤01民终8861号	美国	中国法律	物之所在地法	《法律适用法》第8条、第36条
16	吴金爱与谭焕平共有权确认纠纷	江门市中级人民法院（2016）粤07民终2044号	中国香港	大陆法律	意思自治原则	《法律适用法》第24条
17	文家乐与曾惠萍、温星强、清远市强基投资置业有限公司民间借贷纠纷	广州市中级人民法院（2015）穗中法民四初字第102号	中国香港	大陆法律	最密切联系原则	《法律适用法》第41条
18	中国工商银行股份有限公司江门分行与ZHENYIFENGCHINGLIANG金融借款合同纠纷	江门市蓬江区人民法院（2016）粤0703民初751号	委内瑞拉	中国法律	未明确	《法律适用法》第41条、《解释（一）》第8条第2款

续表

序号	当事人及案由	法院及案号	涉案国家（地区）	适用法律	法律选择方法	选法依据
19	扈一×、李××等与吕××继承纠纷	天津市第一中级人民法院(2016)津01民终2805号	德国	中国法律	被继承人死亡时经常居所地、不动产所在地	《法律适用法》第31条
20	MichaelKors(瑞士)国际股份有限公司与王炳强侵害商标权纠纷	山东省高级人民法院(2016)鲁民终303号	瑞士	中国法律	被请求保护地法	《法律适用法》第50条
21	鋐昇实业股份有限公司诉莆田市名胜贸易有限公司侵害商标权纠纷	宁波市北仑区人民法院（2016）浙0206民初2233号	中国台湾	大陆法律	被请求保护地法	《法律适用法》第50条
22	吉欣(宁波)有限公司与周莺燕损害公司利益责任纠纷	浙江省高级人民法院(2016)浙民终163号	中国香港	大陆法律	意思自治原则、侵权行为地法	《法律适用法》第34条
23	梁婷婷、林柏欣等与江门市龙骏置业有限公司商品房预售合同纠纷	江门市蓬江区人民法院（2016）粤0703民初4077号	中国台湾	大陆法律	最密切联系原则	《法律适用法》第41条
24	汉诺威地区火灾保险公司与深圳市康瑞兴电子有限公司保险人代位求偿权纠纷	深圳前海合作区人民法院(2015)深前法涉外初字第275号	德国	中国法律	最密切联系原则	《法律适用法》第41条
25	安德烈·斯蒂尔股份两与永康市斯泰尔园林机械有限公司、义乌市勇特园林机械有限公司侵害商标权纠纷	义乌市人民法院(2016)浙0782民初2188号	德国	中国法律	被请求保护地法	《法律适用法》第50条
26	图勒瑞典股份有限公司与瑞安市奔泰汽车部件有限公司、杭州阿里巴巴广告有限公司侵害外观设计专利权纠纷	杭州市中级人民法院(2015)浙杭知初字第1121号	瑞典	中国法律	被请求保护地法	《法律适用法》第50条

续表

序号	当事人及案由	法院及案号	涉案国家（地区）	适用法律	法律选择方法	选法依据
27	尤家禄，尤小宇，尤嘉，尤晓辉，尤振兴与新疆维吾尔自治区人民医院医疗损害责任纠纷	新疆维吾尔自治区乌鲁木齐市中级人民法院（2015）乌中民三终字7号	比利时	中国法律	侵权行为地法	《法律适用法》第44条
28	谢二×、詹××与季秀月、谢一×继承纠纷	天津市第一中级人民法院（2015）一中民五终字第0065号	加拿大	中国法律	被继承人死亡时经常居所地法	《法律适用法》第31条
29	瓦锡兰芬兰有限公司、西特福船运公司与荣成市西霞船业有限公司与颖勤发动机（上海）有限公司其他合同纠纷	最高人民法院（2016）最高法民再16号	芬兰、荷兰	中国法律	侵权行为地法	《法律适用法》第44条
30	泛太集运有限公司与青岛诺克来工贸有限公司、乐克来发展有限公司海上、通海水域货物运输合同纠纷	山东省高级人民法院（2015）鲁民四终字第146号	香港	大陆法律	意思自治原则	无
31	莱佛士租赁私人有限公司与泉州市锦程海运有限责任公司、第三人香港福闽集装箱集团有限公司海运集装箱租赁合同纠纷	青岛海事法院（2014）青海法海商初字第911号	新加坡、中国香港	大陆法律	意思自治原则	《法律适用法》第41条
32	蔡逢强、蔡兴新、麦某与蔡某乙法定继承纠纷	海口市中级人民法院（2014）海中法民三终字第56号	美国	中国法律	不动产所在地法	《法律适用法》第31条
33	郭宗闵、李恕珍与青岛昌隆文具有限公司股东资格确认纠纷	山东省高级人民法院（2016）鲁民终第2270号	美国、中国台湾	大陆法律	涉及多重复杂法律关系	《法律适用法》第31条、第22条、第24条、第14条

续表

序号	当事人及案由	法院及案号	涉案国家（地区）	适用法律	法律选择方法	选法依据
34	吐鲁番金澳果业有限公司与磊若软件公司侵害计算机软件著作权纠纷	新疆维吾尔自治区高级人民法院(2016)新民终190号	美国	中国法律	被请求保护地法	《法律适用法》第50条
35	西门子股份公司与奉化市西门子世家电器有限公司侵害商标权纠纷	奉化市中级人民法院(2016)浙0283民初01706号	德国	中国法律	未予明确	无
36	叶治简,古茂方,苏金凤与彭绍芳,冯文贵,冯世英装饰装修合同纠纷	广东省高级人民法院(2015)粤高法审监民提字第109号	美国	美国法律	婚姻缔结地法	最高人民法院《关于贯彻执行〈中华人民共和国民法通则〉若干问题的意见(试行)》第188条
37	兴业银行股份有限公司大庆分行与被告广东振戎能源有限公司、广东振戎(香港)有限公司、广东振戎资源有限公司金融借款合同纠纷	黑龙江省高级人民法院(2016)黑民初14号	中国香港	大陆法律	最密切联系原则	《民法通则》第145条
38	中国农业银行股份有限公司肇庆高要支行与肇庆市长兴管桩有限公司、肇庆帝华饮食娱乐有限公司金融借款合同纠纷	肇庆市中级人民法院(2016)粤12民初33号	中国香港	大陆法律	意思自治原则	《民法通则》第145条
39	朱学文与阮立聪不当得利纠纷	韶关市中级人民法院(2016)粤02民终461号	美国	中国法律	未予明确	《法律适用法》第41条
40	南昌中博科技有限公司与易南传媒文化集团有限公司买卖合同纠纷	江西省高级人民法院(2015)赣民四终字第15号	中国香港	大陆法律	最密切联系原则	《法律适用法》第41条

续表

序号	当事人及案由	法院及案号	涉案国家（地区）	适用法律	法律选择方法	选法依据
41	阿尔弗雷德·凯驰两合公司与台州市邦驰机械有限公司侵害外观设计专利权纠纷	台州市中级人民法院（2016）浙10民初279号	德国	中国法律	被请求保护地法	《法律适用法》第50条
42	VIVIAN COMPANY LIMITED与广州丰彩彩印有限公司居间合同纠纷	广州市中级人民法院（2015）穗中法民四终字第57号	中国香港	大陆法律	最密切联系原则	《法律适用法》第41条
43	饭野永贺与杨宝林、韩淑敏民间借贷纠纷	哈尔滨市中级人民法院（2015）哈涉外商初字第10号	日本	中国法律	未予说明	《民法通则》第145条、《法律适用法》第41条
44	王某、保玉美与启邦萨那加有限公司、倪君仪海上、通海水域人身损害责任纠纷	宁波海事法院（2016）浙72民初913号	马绍尔群岛共和国	中国法律	侵权行为发生地	《民事诉讼法》第265条
45	PARK KYUN GEUN与LEE WON JUNE委托合同纠纷	北京市第三中级人民法院（2016）京03民终12494号	韩国	中国法律	最密切联系原则	《法律适用法》第41条、《合同法》第126条
46	叶佳修与湘潭市湘楚龙城酒店娱乐休闲有限公司著作权权属、侵权纠纷	湖南省高级人民法院（2016）湘民终133号	中国台湾	大陆法律	未予明确	《法律适用法》第50条
47	绍兴玖锦纺织品有限公司与中远集装箱运输有限公司、上海中远集装箱船务代理有限公司海上、通海水域货物运输合同纠纷	宁波海事法院（2016）浙72民初1475号	意大利	中国法律	意思自治原则	《法律适用法》第41条
48	全花善与襄阳达贸亚工艺品有限公司、金正旭合同纠纷	湖北省高级人民法院（2016）鄂民终1613号	韩国	中国法律	意思自治原则、经常居所地法	《法律适用法》第41条、第14条、第11条、第12条

续表

序号	当事人及案由	法院及案号	涉案国家(地区)	适用法律	法律选择方法	选法依据
49	陈伟伟与陈志明、李雅婷等债权人撤销权纠纷	最高人民法院(2016)最高法民终310号	中国香港	大陆法律	最密切联系原则	《法律适用法》第41条
50	交通运输部南海救助局与阿昌格罗斯投资公司、安达欧森有限公司上海代表处海难救助合同纠纷	最高人民法院(2016)最高法民再61号	希腊	中国法律	意思自治原则	《法律适用法》第3条

综观上述50份涉外民商事判决,涉案国家(及地区)包括中国大陆、中国台湾、中国香港、美国、法国、德国、日本、韩国、新加坡、加拿大、芬兰、荷兰、意大利、瑞士、瑞典、比利时、委内瑞拉、希腊、阿尔及利亚、英属维尔京群岛、马绍尔群岛共和国21个。从诉讼事由来看,包括债权转让合同、买卖合同、委托合同、储蓄合同、居间合同、装修合同、融资租赁合同、海上运输合同、海难救助合同、海事侵权、人身侵权、离婚财产、民间借贷、不当得利、返还原物、股权转让、股东资格、婚姻、抚养、继承、版权侵权、商标权属、商标侵权、专利侵权、医疗损害、股东知情权、共有权确认等诸多民商事领域。其中,单独适用中国大陆法律的48个,综合适用中国大陆法律和香港法律的1个(第8号案例),单独适用美国法律的1个(第36号案例)。需说明的是,第3号案例中,在我国冲突规范的指引下,法院本应以英属维尔京群岛法律作为案件准据法,但因该地区相关实体规则无法查明,法院最终以我国法律作为处理本案争议的准据法。总体而言,上述绝大多数案例都在文书中明确指出了当事人纠纷的涉外性及其民事案由类别,并适用相应的冲突规范确定准据法。所选50个案例中,有42个是以2010年《法律适用法》及其司法解释作为选择准据法的依据,占整体比例的84%。大多数案例对于法律适用的说理逻辑清晰,论证顺畅,裁判有据,具有较强的说服力和公信力。这也反映了国际私法在2016年微观实施层面效果显著,体现了司法机关较高的裁判技艺。当然,这亦与立法实施主体不断加强相关制度建设关系密切。具体而言,2016年的涉外民商事判例呈现出如下问题及亮点。

(一)从准据法类型来看,单边主义倾向依然明显

50个抽样判例中,单独适用中国大陆法律的占95%以上,且个别案件的法律适用带有较强的内国法倾向。例如,第35号有关商标权侵权的案例中,原告西门子股份公司位于德国慕尼黑,法律关系主体具有涉外因素,应定性为涉外知识产权侵权纠纷。本案中,法院未明确案件涉外性质,亦未明确直接适用中国法律的理由,即依据我国

《商标法》《反不正当竞争法》以及《民法通则》相关规定进行了判决；第 30 号案例没有适用任何冲突规范，而直接以各方当事人的同意作为适用中国法的理由。尽管法院运用了法律选择方法，但是没有明确具体的法条依据，忽略了冲突规范的法定性，司法裁决的逻辑自足性和论证融贯性尚待提升。需注意的是，法律适用的单边主义倾向问题在 2014 年度、2015 年度的国私实施报告中亦有所体现，尚未呈现改观。

（二）合同纠纷中，最密切联系原则适用的合理边界尚待明确

此次抽样的 50 个案例中，共有 12 例合同纠纷采用"最密切联系原则"作为法律选择方法。从援引的具体法条来看，除了第 37 号案例援引《民法通则》第 145 条之外，其余 11 例均援引《法律适用法》第 41 条。对于何为"最密切联系"，不同法院在判定标准上存在差异。可分为以下六种情形：第一，以"合同签订地和合同履行地在我国"作为最密切联系的确定依据。有 6 个案例（第 5、7、11、17、37、40 号）一致采用此标准。第二，以合同发生地作为"最密切联系地"，比如第 49 号案例。第三，以合同履行地作为"最密切联系地"，比如第 42 号案例。第四，以特征性履行行为方的住所地作为"最密切联系地"，比如第 24 号案例。第五，以合同签订地、合同履行地、特征性履行行为方的住所地作为"最密切联系地"，比如第 23 号案例。第六，以合同履行地和涉案标的物的物之所在地作为"最密切联系地"，比如第 1 号和第 45 号案例。"最密切联系"作为一项弹性较大的主观性判定标准，赋予了法官一定的自由裁量权，现实中，往往导致法院倾向于将中国视为最密切联系地，然不同法院对于何为"最密切联系"的宽严标准不一，甚至差异较大。笔者认为，此种实践中的判定导向与《法律适用法》第 41 条"当事人可以协议选择合同适用的法律。当事人没有选择的，适用履行义务最能体现该合同特征的一方当事人经常居所地法律或者其他与该合同有最密切联系的法律"的规定尚存在一定出入。

（三）侵权纠纷中，法院论证说理粗糙

其主要表现为：第一，将管辖权和法律适用混为一谈。如第 44 号关于海上人身损害赔偿的案例中，法院以《民事诉讼法》第 265 条的管辖权规定为依据，适用中国法律作为准据法，且并未进行任何说理。从立法和司法实践看，《民事诉讼法》第 265 条是人民法院对于涉外民事纠纷的特别地域管辖程序规范，是人民法院行使司法审判权的依据。而法律适用规范是用来指明究竟适用哪一国法律来确定当事人的实体权利义务。管辖权规范与法律适用规范是两种不同性质的规范，前者并不能起到指引准据法的作用。第二，忽视冲突规范的法定性。比如第 13 号海运欺诈纠纷案，法院在判定法律适用时，并未援引任何法条依据，即以当事人均同意适用我国法律为由，将我国法律作为准据法。第三，对侵权行为的认定尚待商榷。比如第 14 号案例中，法院以代垫车款的行为发生在我国内地为依据，适用侵权行为地法即中国法。笔者认为，代垫车款行为本身并不是侵权行为,而是会导致不当得利的债权请求权。法院以侵权行为的冲突规范来指引准据法,属于识别错误。

(四)知识产权法律适用统一性提升

人民法院有关涉外知识产权案件法律适用的实践,一直是本系列报告关注的重点。本年度报告共选取9个涉外知识产权典型案例,除了第35号案例未进行法律选择以外,其余8个案例一致援引《法律适用法》第50条,适用“被请求保护地”法律。以往判决中常出现的忽视案件的“涉外”属性、跳过法律选择步骤、直接适用国内实体法进行判决的状况,在2016年的判决中已鲜有看到。这表明,随着《法律适用法》实施的不断深化,人民法院突破了对知识产权地域性的固有理解,更加重视涉外民商事争议的独特属性和选法逻辑,对于涉外知识产权案件中“涉外”性以及选择性冲突规范的适用,有了更加科学和统一的认识。

(审读专家:刘仁山　中南财经政法大学副校长、教授)

(责任校对:彭　蕾)

撰稿专家

李婷,法学博士,中国社会科学院与最高人民法院应用法研究所联合培养博士后。现任中南大学法学院讲师、硕士生导师,2010年海牙国际法学院暑期讲习班成员,2015年澳大利亚麦考瑞大学高等教育项目访问学者。主要研究方向为国际私法。出版个人专著一部,在《法学家》《法学评论》《武汉大学学报》《武大国际法评论》《人民大学复印报刊资料(国际法学)》《中国社会科学报》等核心期刊发表论文多篇。主持2014年度国家社科基金青年项目、湖南省高校创新平台重点项目等课题多项。参加国家社科基金重大项目和重点项目,承担子课题研究,并参与结项报告撰写及论证工作。

第十五章

2016年国际经济法实施报告

邓婷婷

报告要旨

当前,多边贸易体制发展坎坷,区域经济合作方兴未艾,发达经济体积极主导制定国际贸易投资的新规则、新标准,占领未来竞争的制高点。在此背景下,2016年中国从统筹国内国外两个大局出发,对国际经济法治的建设做了以下安排:维护多边贸易体制,引领多边谈判进程,捍卫合法权利;重视区域合作,加快实施自由贸易区战略以及稳步推进"一带一路"倡议;深化国内改革,进一步变革外资管理体制。在风云变幻的全球贸易与投资秩序调整期,中国以开放、包容、自信的姿态,走向参与、引领国际规则制定的前沿。

核心建议

1. 继续支持WTO在全球贸易治理中的作用,维护多边贸易体制,并引领多边贸易谈判。

2. 加快区域合作,稳步实施"一带一路"倡议。

3. 深化外资体制变革,打造对外开放新格局。

一、国际经济法实施的总体情况

2016年,世界经济复苏依然缓慢且不均衡,国际贸易和投资疲弱,增长动力不足,受贸易保护主义抬头、逆经济全球化趋势加剧、欧元区政治经济困局等影响,全球生产率降低、创新受阻,世界经济仍处于"低增长陷阱"。在世界经济不景气的大背景下,中国的经济发展逆势而上。2016 年是我国全面建成小康社会决胜阶段的开局之年,也是推进供给侧结构性改革的攻坚之年。在以习近平同志为核心的党中央坚强领导下,我国积极适应和引领经济发展新常态,坚持全面深化改革,坚持创新驱动发展,加快经济发展方式转变和经济结构调整,经济运行保持在合理区间,实现了"十三五"时期良好开局。基于我国经济发展亮点颇多的现实基础,提高我国在全球经济治理中的制度性话语权,从国际规则制定的旁观者、跟随者转为积极的参与者、引领者,成为发挥我国国际影响力的必然要求。为此,在统筹国内国外两个大局的基础上,我国稳步落实十八届五中全会中通过的《中共中央关于制定国民经济和社会发展第十三个五年规划的建议》(以下简称"十三五规划")的相关指导建议:"坚持开放发展,顺应我国经济深度融入世界经济的趋势,奉行互利共赢的开放战略,发展高层次的开放型经济,积极参与全球经济治理和公共产品供给,提高我国在全球经济治理中的制度性话语权。"

2016 年,我国坚决维护多边贸易体制、加速自由贸易区网络布局、稳步推进"一带一路"倡议、进一步变革外资管理体制,充分发挥了大国在引导全球经济进程、完善国际经济治理体系中的积极作用:

在多边层面上,2016 年,我国顺利通过 WTO 贸易政策审议;积极开展对外交涉,要求 WTO 成员遵守承诺如期履行《中国入世议定书》第 15 条义务,承认中国市场经济地位,在条款到期后将美欧不履约行为诉至 WTO 争端解决机制,坚决捍卫合法权益;建设性引领多边谈判议程,成功举办二十国集团(Group 20,G20)峰会,推动多哈剩余议题谈判,开启电子商务、中小企业、投资等新议题探索性讨论。

在区域合作方面,加快实施自由贸易区战略。2016 年 2 ~ 12 月,推动《区域合作伙伴关系协定》(Regional Comprehensive Economic Partnership,RCEP)进行了六轮谈判,在整合亚太地区经济上取得实质性进展;2016 年 2 ~ 12 月,重启中止六年之久的中国—海合会自由贸易区谈判,并迅速进行了四轮谈判;2016 年 2 月,开启中国—格鲁吉亚自由贸易区首轮谈判,并于 2016 年 12 月的进行的第四轮谈判中签署了《关于实质性结束中国—格鲁吉亚自贸协定谈判的谅解备忘录》;2016 年 3 月,中国与尼泊尔签署《中国—尼泊尔自贸协定联合可行性研究谅解备忘录》,启动中国—尼泊尔自由贸易区可行性研究;2016 年 8 ~ 11 月中国—斯里兰卡自由贸易区进行了第三、四轮谈判;2016 年 11 月,中国与新西兰、智利进行了首轮升级谈判、与秘鲁达成《中国—秘鲁自由贸易区协定升级的谅解备忘录》启动升级联合研究、与毛里求斯启动了自由贸易协定联合可行性研究并签署了谅解备忘录;2016 年 12 月举行了中国—巴基斯坦自由贸易区第二阶段谈判的第七次会议。

稳步推进"一带一路"倡议。2016 年,中国充分利用双边经贸联合委员会、混合委员会等现有的工作机制和区域合作平台,成功推动"一带一路"与欧盟、捷克、波兰、文莱等国家和地区进行战略对接,并达成了一系列谅解书、备忘录等初步合作协议;成功举办中国—东盟博览会、中国—亚欧博览会、投资洽谈会等综合性展会,并取得丰硕贸易投资成果;打造中国—白俄罗斯工业园、中国—马来西亚关丹产业园等产业集群式"走出去"平台,实施匈塞铁路、中老铁路等重大项目;人民币正式加入特别提款权(Special Drawing Rights,SDR)货币篮子,助推"一带一路"倡议的实施;亚投行首年交出满意答卷,影响力正逐步扩大。

在投资体制上,2016 年,我国进一步变革外资管理体制,发布《外商投资企业设立及变更备案管理暂行办法》,将不涉及国家规定实施准入特别管理的外商投资企业设立及变更,由审批转为备案;起草修订《外商投资产业指导目录》,提高透明度,配合新实施的备案制推动更高水平的对外开放。

二、全力维护多边贸易体制

2016 年是中国加入 WTO 第十五周年,作为 WTO 的核心成员以及多边贸易体制的受益者,对于 WTO 多边贸易体制面临的多哈回合谈判成效甚微、区域贸易安排蓬勃发展等多重挑战,中国始终做到了严格遵守 WTO 规则,认真履行承诺义务,坚定维护多边贸易体制。在 2016 年 9 月的 G20 杭州峰会上,以中国为主导的二十国集团做出了明确的表态,承诺"维护以世贸组织为核心、以规则为基础、透明、非歧视、开放和包容的多边贸易体制",重申"双边和区域贸易协定要对多边贸易体制形成补充,保持开放、透明、包容并与世贸组织规则相一致"。[1]

(一)中国入世十五周年成就瞩目

2001 年 12 月 11 日,中国正式加入 WTO,标志着我国的产业对外开放进入了一个全新的阶段。十五年来,中国积极参与国际治理,在经济发展、制度建设和参与国际治理等方面取得重大成就,从全球化进程的"新成员"成为"领军者"。

在经济发展上,通过与 WTO 接轨,中国经济取得显著增长,从入世前的全球第六大经济体转变为世界第二大经济体、世界第一大贸易国、世界第一大吸引外资国、世界第二大对外投资国。具体而言,在外贸发展和经济增长上,中国的进出口总额从 2001 年的 0.51 万亿美元上升为 2015 年的 3.96 万亿美元,约为入世前的 8 倍;产业结构实现优化升级,初级产品的出口份额从 2001 年的 10% 降至 2014 年的 5%,而工业制成品

---

〔1〕 新华社:《二十国集团领导人杭州峰会公报》,载新华网,http://news.xinhuanet.com/world/2016-09/06/c_1119515149.htm,最后访问日期:2017 年 1 月 16 日。

的出口份额从2001年的36%上升为2014年的46%。[1] 此外,中国经济深度融入世界经济主流,成为全球经济增长的"压舱石"。中国实际GDP对世界经济增长的贡献率从2001年的0.53%上升为2015年的24.8%,连续多年成为全球经济增长最大的引擎;中国的货物贸易进口额从2001年的0.24万亿美元上升为2015年的1.68万亿美元,商品进口所占世界比重也从3.8%上升为10.1%。预计未来五年,中国进出口总额将达到8万亿美元,利用外资总额将达到6000亿美元,对外投资总额将达到7500亿美元,出境旅游将达到7亿人次,将为世界带来更多的发展机遇。[2]

在制度建设上,中国进行了"市场化"和"法治化"的变革。"市场化"一直是中国改革的方向,"开放促改革"或"以外促内"是中国近三十年经济改革发展的基本路径,而入世则成为过去十五年来中国市场化改革最重要的推进器。十五年来,中国一直认真履行相关承诺,逐年降低关税水平,截至2010年1月1日,中国加入世贸组织的关税减让承诺已经提前全部履行完毕。[3] 2004年7月,中国打破了外贸经营权的垄断,以登记备案制取代实行了50年之久的外贸权审批制,使得所有履行了法定程序的市场主体都可以成为外贸经营的主体。"法治化"是中国经济"国际化"的必然要求,入世十五年来,中国建立起了符合WTO规则和入世承诺的国内涉外经贸法律体制,进行了历史上最大的法律法规的清理工作,涉及2300多部法律法规和部门规章,19万件地方性法规规章。与此同时,中国积极参与国际贸易规则的制定和国际贸易争端的法治化解决,成为WTO争端解决机制的主要参加者。

在全球治理上,作为全球性的经济大国,中国不再被动地接受国际经贸框架,开始积极参与国际规则的制定。自2008年7月,中国首次参与多哈回合谈判起,中国已经成为全球谈判的核心参与方,不仅积极促进多哈回合的早期收获,还积极推动诸如《贸易便利化协定》《环境产品协定》《信息技术协定》等谈判。2013年,中国提出"一带一路"倡议,时至今日,该倡议已经取得积极进展,成为促进全球发展合作的"中国方案"。

(二)成功接受WTO第六次贸易政策审议

贸易政策审议与规则谈判、争端解决并列为WTO的三大功能,它是WTO成员通过对接受审议国的贸易政策进行提问而了解其经贸政策走向和承诺执行情况的透明度机制。根据WTO的规则,所有成员都要定期接受审议,而审议频度取决于该成员的

---

〔1〕《"入世"十五周年,世界因中国而精彩》,载腾讯网,http://mp.weixin.qq.com/s?__biz=MzA3OTQ2OTIwNQ%3D%3D&idx=4&mid=2650014914&sn=76e66aba0ad413c15f1666f4cf9a8be0,最后访问日期:2017年2月16日。

〔2〕同上。

〔3〕江闽燕:《加入WTO十五年:改变中国重塑世界》,载法制日报,http://legal.people.com.cn/n/2015/0714/c188502-27299573.html,最后访问日期:2017年2月16日。

国际贸易规模，贸易额位居前四位的经济体每两年接受一次审议。目前，每两年接受审议的经济体有中国、美国、欧盟和日本。

2016 年 7 月 20 ~ 22 日，WTO 在日内瓦对中国进行贸易政策审议。在此次审议中，共有 34 个成员提交了近 1964 个书面问题，涉及中国经济贸易体制和政策措施的各个方面，具体包括贸易政策透明度、国有企业和补贴、知识产权保护、产能过剩、非关税措施、外资环境及制度安排、中国参与多边贸易体制等问题。从提问成员和问题数量看，这次审议均创 WTO 之最，这与中国的经济发展规模密切相关。在审议中，59 个成员代表在会上发言，对中国成为其重要经贸合作伙伴表示高度重视，对中国进一步深化改革和扩大对外开放表示充分肯定，对中国经济保持快速增长并为其他成员带来市场机遇给予积极评价，对中国坚持多边贸易体制表示赞赏，对中国支持最不发达国家贸易发展、促进南南合作，积极发挥负责任大国作用表示感谢。[1]

利用审议的机会，我国由商务部牵头，组织贸易政策审议部际工作组的 75 个部门认真准备，进行了回答、澄清和解释，取得了良好的效果。通过此次审议，中国向 WTO 成员传递了以下信息：一是坚持扩大开放。中国积极推动“一带一路”建设，深化与沿线国家的务实合作，建设自贸试验区，推行准入前国民待遇和负面清单模式。二是深化国内改革。中国着力推进供给侧结构性改革，积极推进国有企业、行政审批、金融体制等领域的改革，促进民营经济发展，强化知识产权执法保护。三是在多边贸易体制发挥积极作用。在中方主办的 2016 年 G20 贸易部长会议上批准《G20 全球贸易增长战略》和首份《G20 全球投资指导原则》，明确反对贸易保护主义，决定将不采取新的保护主义的措施延长 2 年，推动 20 个大国批准《贸易便利化协定》；四是进一步在 WTO 和国际经贸领域承担大国义务。[2] 自 2008 年以来，中国一直是最不发达国家的第一大出口市场。2015 年 12 月 10 日起，我国已对 33 个最不发达国家 97% 的税目产品实施零关税。此外，中国政府还积极响应 WTO 的促贸援助倡议，2014 年和 2015 年连续两年向“中国支持最不发达国家及其加入项目”捐款。

（三）捍卫获得市场经济地位的合法权利

“市场经济地位”原本是一个经济学名词，随着美国反倾销、反补贴的实践，其作为国内立法开始出现。在美欧等西方国家的推动下，“市场经济地位”在 GATT/WTO 体制中逐渐“规则化”，成为一些国家《加入议定书》的正式条款。《中国入世议定书》第 15 条规定，其他 WTO 成员在对中国企业发起反倾销、反补贴调查时，如果中国企业不

---

〔1〕 中新社：《世贸组织对中国第六次贸易政策审议顺利结束》，载中国新闻网，http://www.chinanews.com/cj/2016/07-22/7948912.shtml，最后访问日期：2017 年 2 月 16 日。

〔2〕 商务部新闻办公室：《王受文就世贸组织对华贸易政策审议接受采访》，载商务部网站，http://www.mofcom.gov.cn/article/ae/ai/201607/20160701364813.shtml，最后访问日期：2017 年 1 月 16 日。

能证明其所处产业具备市场经济条件,则反倾销、反补贴当局可以采用替代国价格进行倾销、补贴的认定和计算。尽管第15条并未认定中国是一个“非市场经济国家”,但却被更多地解读为是对中国“非市场经济地位”的定性,因此也在客观上鼓励一些国家运用该条款作为贸易保护手段。事实上,截至2016年,中国已经连续21年成为全球遭遇反倾销调查最多的国家,连续10年成为全球遭遇反补贴调查最多的国家。

从公平公正看,“市场经济地位”是将中国置于多边贸易体制中不利地位的歧视性条款,这一条款实质是美欧等国为应对中国产品不断增长的竞争力而实施的“披着法律外衣”的贸易保护主义,严重损害了中国的对外经贸发展。按据《中国入世议定书》第15条d款规定,在2016年12月11日之后,WTO成员国应终止对华反倾销“替代国”做法。根据商务部统计,截至目前,已有包括俄罗斯、新西兰、瑞士等WTO成员国在内的近80个国家以“双边形式”承认了中国的市场经济地位。然而,随着该条款的到期,与中国有着重要贸易关系、作为WTO重要成员的美国、欧盟、日本等世界主要经济体仍不承认中国的市场经济地位。2016年5月12日,欧洲议会通过决议案以中国不符合欧盟设定的五个市场经济认定标准为由,[1]拒绝中国的市场经济地位。2016年7月14日,美国以中国市场经济改革尚未达到预期,特别是在铝业和钢铁行业存在产能过剩等问题为由表示并不会在条款到期后自动授予中国市场经济地位。2016年12月8日,日本也表示不承认中国是市场经济国家,将继续维持容易对不正当倾销征收高关税的“反倾销税”机制。[2]

对于美欧日等将《中国入世议定书》第15条的项下规定与所谓的“市场经济地位”、产能过剩等问题挂钩,拒不履行其多边义务的行为,中国积极迎战,态度鲜明。在第15条d款到期的第二天,即2016年12月12日,中国商务部网站即贴出文章称,中国已就美国、欧盟对华反倾销“替代国”做法先后提出WTO争端解决机制下的磋商请求,正式启动WTO争端解决程序,运用法律武器捍卫合法权利。《中国入世议定书》第15条是WTO的一项法律规定,如期终止对华反倾销“替代国”做法是国际条约义务,

---

[1] 该决议案以546票赞成、26票反对和77票弃权的方式呼吁欧盟在两个条件(不违反WTO,同时不承认中国市场经济地位)间寻求平衡。决议强调,在中国满足欧盟关于市场经济认定的五大标准前,中国对欧出口仍应按照“非标准”方式对待。这五项标准为:第一,中国政府是否影响企业的运作决定,或者这些决定只是为应对市场信号作出的;第二,以前全民所有制经济的遗留问题是否会影响到公司业务;第三,企业是否具有有效的会计准则;第四,公司是不是在有效的破产监管和财产权利保护框架下运作;第五,企业是否以市场汇率标准进行货币换算。

[2] 徐芸茜:《“市场经济地位”再遭诘难　商务部:已启动世贸组织争端解决程序》,载华夏时报网,http://money.163.com/16/1216/22/C8EMBI3I002580S6.html,最后访问日期:2016年2月16日。

所有成员都必须遵守。[1] 同时，中国将此争议诉诸 WTO，体现了对 WTO 体制的信任，也体现了国际法治的精神。

（四）引领多边贸易谈判进程

2016 年，中国积极发挥在多边贸易体制中的建设性引领作用，提出中国方案，贡献中国智慧。2016 年 9 月，占全球国民生产总值 90%、全球人口 2/3、世界贸易总额 80%的 G20 峰会在杭州召开，中国倡导的团结互信，增强紧迫感，支持多边贸易体制，推动多哈剩余议题谈判等主张成为峰会重要会议成果文件的关键要素。在中国的积极推动下，G20 杭州峰会共达成以下成果：一是通过《二十国集团领导人杭州峰会公报》和《二十国集团创新增长蓝图》，明确了二十国集团的合作方向，制定了具体的行动计划；二是重振国际贸易和投资这两大引擎的作用，共同制定了《二十国集团全球贸易增长战略》，重申反对保护主义承诺，扭转全球贸易增长下滑趋势；制定了《二十国集团全球投资指导原则》，这是全球首个多边投资规则框架，填补了国际投资领域空白；三是推动包容和联动式发展，让二十国集团合作成果惠及全球，发起《二十国集团支持非洲和最不发达国家工业化倡议》，制订创业行动计划；发起《全球基础设施互联互通联盟倡议》，决定在粮食安全、包容性商业等领域深化合作。此外，G20 杭州峰会就加强多边贸易体制达成共识，重申维护以 WTO 为核心的多边贸易体制，确保区域协定与多边规则保持一致；同意继续推动多哈回合剩余议题的谈判；承诺 2016 年年底前 G20 成员全部批准《贸易便利化协定》；列明《环境产品协定》的谈判时间表等。

2016 年 10 月，在奥斯陆 WTO 小型部长会议上，中国率先提出关于 2017 年第十一届世贸组织部长级会议的成果方案，呼吁将粮食安全公共储备、反倾销反补贴、服务国内规制、电子商务、投资便利化等议题作为会议成果，并于 2016 年 11 月向 WTO 提交电子商务议题中方提案，有力推动了多边贸易谈判的势头。

同时，中国积极推动环境产品贸易自由化谈判。在 2016 年 7 月的 G20 贸易部长会上，中、美、欧等主要谈判参加方就谈判路线图达成共识。在中方与其他谈判方的共同努力下，各方在 2016 年 9 月 G20 杭州峰会前达成了谈判着陆区共识，并在峰会上进一步就推动谈判发出积极信号。在 2016 年 12 月举行的《环境产品协定》部长级会议上，中国以积极、建设性态度参与磋商，在谈判陷入僵局后提供出一份灵活的、试图解决各方核心关注的产品清单，不断呼吁各方相向而行，为推动谈判做出了巨大努力。

作为世界上最大的发展中国家，中国加入 WTO 15 年来，积极推动全球贸易投资自由化、便利化，深度参与经济全球化进程，始终是多边贸易体制的积极参与者、坚定

---

〔1〕 高虎城：《坚决捍卫合法权利，维护多边贸易体制》，载人民日报，http://paper.people.com.cn/rmrb/html/2016-12/12/nw.D110000renmrb_20161212_1-21.htm，最后访问日期：2017 年 1 月 17 日。

维护者和重要贡献者,始终严格遵守 WTO 规则,认真履行承诺义务。国际金融危机爆发后,在多哈回合谈判陷入迟滞的情况下,中国继续高举多边贸易旗帜,无论是在巴厘岛还是内罗毕的部长级会议上,都充分发挥了负责任贸易大国的引领作用,推动 WTO 继续前行,为促进全球经济的繁荣、多边贸易体制的发展,做出了积极、重要的贡献。

三、加速布局自由贸易区网络

目前中国已经对外签署了 14 个自由贸易协定,涉及 22 个国家和地区,自贸伙伴遍及亚洲、拉美、大洋洲、欧洲等地区,初步形成了周边的自由贸易平台和全球自由贸易网络。中国目前与这 22 个自贸伙伴之间的货物贸易额占中国对外贸易总额的 38%。[1] 2016 年,中国继续贯彻《关于加快实施自由贸易区战略的若干意见》中关于"构筑立足周边、辐射一带一路、面向全球的自由贸易区网络"的指示,以"一带一路"周边国家为重点,加快现有的谈判进程,谋求签订新的自由贸易协定,启动更高水平的升级谈判。总体而言,2016 年我国的自由贸易区布局加速,以 RCEP 为核心的自由贸易区谈判紧锣密鼓。

表 1 中国目前正在建设的自由贸易区[2]

已签协议的自由贸易区	中国—澳大利亚、中国—韩国、中国—瑞士、中国—冰岛、中国—哥斯达黎加、中国—秘鲁、中国—新加坡、中国—新西兰、中国—智利、中国—巴基斯坦、中国—东盟(CEFTA)、中国—东盟("10+1")升级、内地与香港澳门更紧密经贸关系安排(CEPA)
正在谈判的自由贸易区	区域全面经济合作伙伴关系协定(RCEP)、中国—海湾合作委员会(GCC)、中日韩自由贸易协定、中国—巴基斯坦自由贸易协定第二阶段谈判、中国—马尔代夫、中国—格鲁吉亚、中国—以色列、中国—挪威
正在研究的自由贸易区	中国—印度、中国—哥伦比亚、中国—摩尔多瓦、中国—斐济、中国—尼泊尔、中国—毛里求斯
优惠贸易安排	亚太贸易协定

(一)推动 RCEP 在整合亚太地区经济上取得实质性进展

自 20 世纪 90 年代以来,随着新地区主义浪潮的兴起,亚太地区的区域经济一体化发展进入了全面提速阶段。经过多年的发展演变,亚太经济合作机制大致形成了"东亚模式"与"亚太模式"平行发展的局面。在此过程中,虽然区域内出现了众多相互竞

---

[1] 《中国自贸区布局加速,八大 FTA 谈判紧锣密鼓》,载 21 世纪经济报道,http://fta.mofcom.gov.cn/article/fzdongtai/201611/33682_1.html,最后访问日期:2017 年 1 月 20 日。

[2] 资料来源:作者根据中国自由贸易区服务网资料整理。

争的双边和次区域贸易安排,但是却始终没有形成一个能够覆盖到整个区域的大范围自由贸易区。由此亚太经济合作机制陷入了自由贸易合作水平较低、区域制度过剩和主导权缺位的困境,其实质是各国按照各自偏好建立区域合作机制,在竞争性自由化的策略之下,积极展开对亚太地区主导权的角逐。虽然亚太地区出现了纷繁复杂的区域经济合作机制,但是最引人注目的是由美国主导的、作为"重返亚太"核心战略的《跨太平洋经济伙伴协定》(The Trans-Pacific Partnership,TPP)以及由东盟主导、中国力推的 RCEP。在《2013 年度国际经济法实施报告》中,已经详细分析了这两条发展路径所折射出的全球贸易格局的变化及其对全球现有贸易格局所产生的深远影响。[1] 作为两条最可能实现亚太经济一体化的可行性路径,TPP 和 RCEP 之间展开了一场关于全球贸易规则话语权的无声较量。

2016 年 2 月 4 日,TPP 的正式签署使 RCEP 谈判达成高质量成果的压力上升。然而,2016 年 11 月 21 日,美国新当选总统特朗普宣称将带领美国退出 TPP,几乎是一夜之间,TPP 大有分崩离析之势。[2] 由于 TPP 受阻,基于对 TPP 未来及美国贸易政策走向的担忧,一些 TPP 成员国意识到需要寻找替代路径,2016 年 11 月 15 日,TPP 的缔约国秘鲁和马来西亚分别表示,已经开始或正在推动与中国就加入 RCEP 进行协商;2016 年 11 月 16 日,TPP 的另一缔约国澳大利亚也称,将对中国推进亚太自由贸易表示支持。[3]

TPP 生效前途渺茫、向心力锐减,推动亚太贸易自由化的谈判重心向 RCEP 转移。2016 年,RCEP 谈判呈现势头良好,共进行了六轮谈判,在传统领域有了实质性推进,电子商务等议题特进展迅速。在 2016 年 10 月 11 ~ 21 日的 RCEP 第 15 轮谈判中,完成了经济技术合同章节的谈判;在 2016 年 12 月 2 ~ 10 日的第 16 轮谈判中又成功结束了中小企业章节的谈判。中小企业章节是 RCEP 谈判启动以来完成的第二个章节。中小企业章节谈判的完成,将加强 RCEP 参与国的信息共享与合作,提升 RCEP 参与国中小企业的能力,帮助其更充分地利用 RCEP 协定创造的机遇。除中小企业、经济技术合作章节外,有关竞争政策章节的谈判已经取得重要进展,货物贸易、服务贸易、投资、知识

---

[1] 邓婷婷:《2013 年度国际经济法实施报告》,载江必新主编:《2013 年中国法律实施报告》,法律出版社 2014 年版,第 266 ~ 273 页。

[2] 特朗普在竞选时就曾明确表示若成为总统就让美国退出 TPP。2017 年 1 月 23 日,特朗普便在其就任美国总统的第三天签署行政命令,正式宣布美国退出 TPP。

[3] 蓝雅歌:《TPP 签约国纷纷想推 RCEP 谈判　中国或将成为 APEC 会议的中心》,载环球时报,http://world. huanqiu. com/exclusive/2016 - 11/9689826. html,最后访问日期:2017 年 1 月 20 日。

产权和技术劳工的自由流动等其他议题的谈判仍在进行中。[1]

RCEP 是迄今为止亚太区域内规模最大,参与成员最多,成员构成最复杂的自由贸易协定谈判,其注定是个复杂的过程。中国作为 RCEP 的积极推动者,也一再表明会在充分尊重东盟核心地位的基础上与谈判各方通力合作,力争尽快结束谈判,为亚太地区的经济一体化发展贡献力量。

(二)积极开拓与"一带一路"及周边国家的自由贸易区建设

2016 年,中国加快实施自由贸易区战略,重点推动与周边和"一带一路"沿线国家的自由贸易区建设,力争形成"一带一路"大市场,将"一带一路"打造成商贸之路、畅通之路、开放之路。[2] 2016 年,我国在优化自由贸易区布局上取得了多项成果:

首先,"一带一路"自由贸易区建设形成良好势头。2016 年 1 月,习近平主席访问沙特为中国—海合会自由贸易区谈判注入了强大政治动力,双方宣布重启中断六年之久的第六轮自由贸易区谈判,并原则上实质性结束货物贸易谈判。在 2016 年 5 月、10 月和 12 月,双方分别进行了三轮谈判,对服务、投资、电子商务等问题进行了实质性交流;2016 年 3 月,中国与尼泊尔签署了《关于启动中国—尼泊尔自贸协定联合可行性研究谅解备忘录》,宣布正式启动双边自贸协定联合可行性研究;2016 年 10 月,经过三轮正式谈判和三次非正式协商,中国与格鲁吉亚实质性结束自由贸易协定谈判,签署了《关于实质性结束中国—格鲁吉亚自由贸易协定谈判的谅解备忘录》。作为我国在欧亚地区开展的第一个自由贸易协定谈判,中国—格鲁吉亚自由贸易协定填补了我国在该地区的自由贸易区网络的空白,且该协定涵盖了电子商务、竞争政策及环境等多项新议题,开放程度和标准较高。此外,2016 年,中国还恢复与斯里兰卡自由贸易区谈判,积极推进中国—马尔代夫、中国—巴基斯坦自由贸易区第二阶段等谈判取得积极进展。2016 年 12 月,中国与地处"丝绸之路经济带"中心区域的摩尔多瓦启动自由贸易协定联合可行性研究,并于 2016 年 12 月 22 日召开第一次专家组会议,为全面开展联合可研工作奠定基础,进一步助推"一带一路"建设。

其次,积极推动与周边自由贸易区建设的纵深发展。除了推动 RCEP 取得实质性进展,2016 年我国还积极推动中日韩自由贸易区进行第九轮和第十轮谈判,三方重点围绕谈判基本方针、服务投资自由化方式等核心议题交换了意见,并就原产地、通关等 20 多个领域进行了专业对话会议;加快实施中韩自由贸易协定,拟定与 2017 年举办协定联委会就实施情况征求意见;完成亚太贸易协定第四轮关税减让谈判;中国—东盟

---

〔1〕《TPP"濒死",RCEP 最新一轮谈判完成:力争 2017 年底完成谈判》,载凤凰网财经,http://finance.ifeng.com/a/20161212/15070077_0.shtml,最后访问日期:2017 年 1 月 20 日。

〔2〕《辐射"一带一路",各自贸区谈判提速》,载于中国证券报,http://fta.mofcom.gov.cn/article/fzdongtai/201601/30116_1.html,最后访问日期:2017 年 1 月 20 日。

自由贸易区升级议定书正式生效。

最后，自由贸易区全球布局升级优化。2016 年 9 月，在李克强总理访问加拿大期间，启动了自由贸易区"探索性讨论"，推进与加拿大的自由贸易区进程；2016 年 11 月，习近平主席访问智利，两国签署了《关于启动中国—智利自由贸易协定升级谈判的谅解备忘录》，正式宣布启动升级谈判；在 2016 年 11 月 APEC 利马峰会期间，中国与新西兰正式宣布启动自由贸易区升级谈判，开启与秘鲁自由贸易协定升级联合研究；2016 年 11 月，启动与毛里求斯自由贸易协定的可行性研究并签署谅解备忘录，为中非关系转型升级注入新动力。

值得注意的是，在已经达成的中国—韩国自由贸易协定、中国—澳大利亚自由贸易协定、中国—瑞士自由贸易协定以及开始升级谈判的中国—新西兰自由贸易协定中，都纳入了知识产权、环境保护、电子商务、竞争政策、政府采购等更多的"世纪经贸议题"。这无疑说明了中国当前的自由贸易协定谈判已完全不同于加入 WTO 之初所进行的谈判，面对不同贸易伙伴更为开放的利益诉求，我国在完善自由贸易区网络建设的同时，将更为主动地推动自由贸易协定向更高水平推进，逐步提升我国在国际贸易规则的话语权。[1]

四、稳步推进"一带一路"倡议

2016 年是"一带一路"建设承前启后的重要一年。2016 年 2 月，国家发展与改革委员会发文称"十三五"期间要重点推进"一带一路"倡议，围绕重点方向、重点国别、重点项目，落实好标志性工程，打造合作样板示范。2016 年，我国全面开展与"一带一路"沿线国家的经贸合作，加快区域贸易安排；以人民币正式"入篮"为"一带一路"建设提供助推力；辅助亚投行顺利运行。

（一）经贸合作取得积极进展

经贸合作是"一带一路"建设的基础和先导，2016 年，中国和"一带一路"沿线各国家、地区通过各双边、多边合作机制，在"一带一路"框架下进行经济战略对接，扩大贸易投资规模，深入开展各领域的务实合作，进一步释放各国的合作潜力，在经贸领域合作成效显著。

在战略对接上，依托各双边经贸联合委员会、混合委员会等双边工作机制及区域次区域平台，加强与"一带一路"沿线国家的交流对话，推动政策沟通和战略对接。如与欧盟、葡萄牙等国举办经贸混委会，与泰国、匈牙利、伊朗、文莱、捷克等国召开经贸

---

〔1〕《中国自贸区布局加速，八大 FTA 谈判紧锣密鼓》，载 21 世纪经济报道，http://fta.mofcom.gov.cn/article/fzdongtai/201611/33682_1.html，最后访问日期：2017 年 1 月 20 日。

联委会、高管会等会议,成功就“一带一路”倡议同欧盟“容克投资计划”、蒙古“草原之路”、柬埔寨“四角战略”、老挝“变陆锁国为陆联国”战略等对接达成共识,推动“一带一路”倡议同捷克、波兰、乌兹别克斯坦、文莱等国以及欧亚经济联盟的发展战略对接。

在贸易往来上,积极完善贸易投资促进政策和便利化措施,扩大相互市场开放,利用出口信贷、出口信用保险等政策支持大型成套设备出口,扩大自沿线国家进口。举办中国—东盟博览会、中国—亚欧博览会、中国国际投资贸易洽谈会等活动,促进经贸往来。2016 年 1 ~ 11 月,我国与沿线国家贸易额达 8489 亿美元,占同期我国外贸总额的 25. 7% ,其中出口 5234 亿美元,进口 3255 亿美元。[1]

在双向投资上,完善便利化措施,优化对外投资管理模式,强化服务保障,以工程承包为先导,以金融服务为支持,带动装备产品、技术、标准、服务联合走出去,推进国际产能和装备制造合作。就吸收外资而言,2016 年 1 ~ 11 月,“一带一路”沿线国家对华投资新设立企业 2472 家,同比增长 27. 3% ,实际利用外资 63 亿美元;[2]就对外投资方面,2016 年全年,我企业对“一带一路”沿线国家直接投资 145. 3 亿美元;对外承包工程新签合同额 1260. 3 亿美元,占同期我国对外承包工程新签合同额的 51. 6% ;完成营业额 759. 7 亿美元,占同期总额的 47. 7% 。截至 2016 年年底,我企业在“一带一路”沿线国家建立初具规模的合作区 56 家,累计投资 185. 5 亿美元,入区企业 1082 家,总产值 506. 9 亿美元,上缴东道国税费 10. 7 亿美元,为当地创造就业岗位 17. 7 万个。[3]

此外,我国还积极打造产业群式“走出去”平台,构建境外经贸合作区来降低“走出去”风险。目前,我国企业共在“一带一路”沿线 20 个国家建设 50 多个境外经贸合作区,累计投资超过 180 亿美元,为东道国创造了超过 10 亿美元的税收和超过 16 万个就业岗位。中国—白俄罗斯工业园、中国—马来西亚关丹产业园、中国—哈萨克斯坦霍尔果斯国际边境合作中心等一批重点园区正在加快推进建设,越来越多的中外企业到这些园区投资设厂。同时,我国也在基础设施上推动建设一批重大项目,其中,塔吉克斯坦“瓦赫达特—亚湾”铁路桥隧项目一号隧道贯通,巴基斯坦喀喇昆仑公路二期、卡拉奇高速公路、中国—老挝铁路已开工建设,土耳其东西高铁、匈塞铁路等项目正在有

---

〔1〕 商务部新闻办公室:《【2016 年商务工作年终综述之四】“一带一路”经贸合作取得积极进展》,载商务部网站, http://www. mofcom. gov. cn/article/ae/ai/201612/20161202379998. shtml, 最后访问日期:2017 年 1 月 21 日。直至本文定稿之时商务部尚未公布 2016 年全年我国与“一带一路”沿线国家经贸合作的整体数据。因此,本文只能援引 2016 年前 11 个月的数据来佐证相关结论。

〔2〕 同上。

〔3〕 商务部新闻办公室:《商务部外资司负责人谈 2016 年 1 - 12 月我国吸收外资情况》,载商务部网站, http://www. mofcom. gov. cn/article/ae/ag/201701/20170102501364. shtml,最后访问日期:2017 年 1 月 21 日。

序推进。

(二)人民币正式“入篮”,助力“一带一路”建设

为加强在国际经济和金融事务中的制度性话语权,推动人民币国际化,释放其在国际市场中的重要作用,中国一直积极谋求人民币“入篮”。[1] 直至2015年11月30日,国际货币基金组织(International Monetary Found,IMF)宣布批准将人民币纳入SDR货币篮子。2016年10月1日,人民币正式“入篮”,成为第一个加入SDR篮子的新兴市场国家货币。在SDR篮子中,人民币的初始权重为10.92%,超越日元与英镑,紧随美元和欧元,成为其中第三大储备货币。

表2　SDR货币篮子各国货币所占比重[2]　　单位:%

货币类型	人民币入篮前	人民币入篮后
美元	41.9	41.73
欧元	37.4	30.93
英镑	11.3	8.09
日元	9.4	8.33
人民币		10.92

SDR是IMF成员国可自由使用货币配额的潜在债券,它虽不是真正的货币,但可以在IMF成员国之间自由流动,用以满足国际收支平衡、补充官方储蓄,故也被称为“纸黄金”。SDR的功能主要有三种:价值储藏、记账单位和支付手段。[3] 作为价值储藏,因其可以通过IMF分配而作为储备资产,对补充金融危机期间各成员国的官方储备发挥了重要作用;作为记账单位,因SDR货币篮子比单一货币更为稳定,可以减轻汇率波动的影响,用其作为价值单位得到的数据更为客观。作为支付手段,各国向IMF缴纳份额、还款等都可使用SDR支付。

人民币被纳入SDR货币篮子对“一带一路”的建设具有极其重要的意义,这表明了对中国金融市场融入全球市场的肯定,也便于国际贸易投资中的资金来往。一方面,加入SDR会显著提升人民币辐射范围的扩张速度,为“一带一路”倡议的推进建立

[1] 中国谋求加入SDR由来已久,2009年中国开始“试水”,但2010年国际货币基金组织认为中国虽满足贸易出口指标这一前提,但人民币未达到“可自由使用”要求。2015年,为了冲刺SDR,中国做了许多努力,包括“中国做了汇改、银行间债券市场及外汇市场对境外主权类机构完全开放”等。

[2] 资料来源:作者根据新闻报道整理。

[3] 《SDR的诞生与发展—人民币加入SDR系列文章之二》,载新华网,http://news.xinhuanet.com/fortune/2016-09/22/c_129294395.htm,最后访问日期:2017年1月21日。

更为顺畅的资金流动机制和渠道。[1] 亚投行等多边金融机构可以直接使用人民币进行融资金融活动,扩宽了亚投行的融资路径;另一方面,加入 SDR 货币篮子将扩大人民币的适用范围和领域,"一带一路"沿线国家可以放心的将人民币纳入货币储备,在基础设施等相关项目的建设中可以直接使用人民币进行结算,节约汇兑成本,降低使用第三方货币的汇率波动风险。

(三)亚投行成绩斐然

2016 年 1 月 16 日,57 个创始成员国代表齐聚北京,历经 800 多天筹建的亚投行正式开业,新的工作进程随之启动。作为向亚洲基础建设提供投资服务的区域性开发银行,亚投行在 2016 年交出了一份漂亮的首年答卷。

表 3 2016 年亚投行贷款项目[2]

时间	国家	项目	贷款额度
6 月 24 日	孟加拉国	电力输送升级与扩容项目	1.65 亿美元
6 月 24 日	塔吉克斯坦	杜尚别到乌兹别克斯坦边境的公路改善项目	2750 万美元(与欧洲复兴开发银行联合融资)
6 月 24 日	巴基斯坦	绍尔果德与哈内瓦尔段国家高速公路项目	1 亿美元(与亚行、英国国际开发部联合融资)
6 月 24 日	印度尼西亚	贫民窟升级项目	2.16 亿美元(与世行联合融资)
9 月 29 日	缅甸	225 兆瓦联合循环燃气轮机发电厂项目	0.2 亿美元(与其他多边银行和商业银行联合融资)
9 月 29 日	巴基斯坦	水电站扩建项目	3 亿美元
12 月 9 日	阿曼	铁路升级建设项目	3.01 亿美元(包括下述项目,与世行联合融资)
12 月 9 日	阿曼	港口地区升级改造项目	
12 月 21 日	阿塞拜疆	跨安纳托利亚天然气项目	

2016 年亚投行发放的贷款总额已达 17.3 亿美元,其中,孟加拉国的电力输送与扩容项目是亚投行第一个独立融资的项目,而向阿曼的贷款也是亚投行首次在铁路及港口领域提供的贷款。同时,亚投行计划逐步扩大运作规模,预计今后的 5 ~ 6 年时间

[1] 《人民币将正式加入 SDR 货币篮子,你需要知道的有这些》,载宏观经济网,http://finance.qq.com/a/20160924/025546.htm,最后访问日期:2017 年 1 月 21 日。

[2] 资料来源:作者根据相关资料整理。

内,每年贷款额度可达100亿美元至150亿美元。[1] 此外,2016年,亚投行建立和完善了组织构架,管理层全部到位,队伍也从30余人扩大到80多人。在成员国方面,除了57个创始成员国外,亚投行已收到加拿大、埃塞俄比亚等20多个国家的书面加入申请材料,预计到2017年成员国将接近90个。

亚投行的创立将极大助力"一带一路"倡议的实施。一方面,亚投行能缓解"一带一路"建设的资金需求。通过基础设施的建设来实现沿线地区和国家的互联互通是"一带一路"的战略目标之一,而大多数项目尤其是贫困地区的基础设施建设都需要大量的资金支持,为此,亚投行在基础设施投资领域的投资作用正好弥补这一缺口。另一方面,亚投行有助于防范"一带一路"的投资风险。"一带一路"沿线大多为发展中国家,投资风险较高、回报率低。投资项目可能由于环境污染、劳工待遇、东道国政权更替和制度变化等因素受到影响。[2] 亚投行可以利用其风险识别和筛选机制来帮助参与"一带一路"项目投资的企业避免投资的政治风险、社会风险、安全风险,更好地承担社会责任;再则,亚投行将加大"一带一路"沿线国家的市场联系。"一带一路"沿线的66各国家与亚投行57个创始国在地理位置上有很大程度的重叠,而亚投行通过发挥其在基础设施领域的金融支撑作用,扩大沿线国家、地区之间的经贸交流与合作,优势互补、加强市场联系。

五、进一步变革外资管理体制

自党的十八届三中全会提出"构建开放型经济新体制"以来,我国开始打造对外开放的新格局。2013年建立上海自由贸易区,在自贸区中试行负面清单并调整11项有关审批规定;2014年扩大建立广东、天津、福建自贸试验区;2015年起草公布取代《外资企业法》《中外合资经营企业法》《中外合作经营企业法》(以下简称"三资企业法")的统一的《外国投资法》草案,对《外商投资产业目录》进行第六次修订。在上述战略方针的推动下,2016年我国秉着开放的发展理念,进一步变革外资管理体制,有序扩大对外开放的大门。

(一)实行外商投资备案制

2013年8月,全国人大常委授权国务院在上海自贸试验区中调整实施"三资企业法"中的11项审批规定,决定以2013年10月1日起的3年为期限,"对实践证明可行的,应修改完善有关法律;对实践证明不宜调整的,恢复实施有关法律规定",即至2016

---

〔1〕 李敦球:《亚投行一周年成绩斐然》,载人民日报海外版,http://news.xinhuanet.com/world/2017-01/14/c_129446105.htm,最后访问日期:2017年2月16日。

〔2〕 刘国斌:《论亚投行在推动"一带一路"建设中的金融支撑作用》,载《东北亚论坛》2016年第2期。

年 9 月 30 日期限届满后,要根据自贸区的实践情况,决定是否修改有关法律中关于审批条款的规定。在此背景下,2016 年 9 月 3 日,第十二届全国人民代表大会常务委员会第二十二次会议审议通过了关于修改《外资企业法》等四部法律的决定,将不涉及国家规定实施准入特别管理的外商投资企业设立及变更,由审批转为备案。商务部当天随即公布了《外商投资企业设立及变更备案管理暂行办法(征求意见稿)》。2016 年 10 月 8 日,在修改四部法律和采纳社会意见的基础上,商务部发布了《外商投资企业设立及变更备案管理暂行办法》(以下简称《办法》),至此,我国外商投资备案制开始实行。

《办法》分为总则、备案程序、监督管理、法律责任和附则等五章,共 37 条。作为在全国范围内复制推广自贸区经验的法律措施,《办法》的核心是将不涉及国家规定实施准入特别管理措施("负面清单")的外商投资企业的部分事项由"三资企业法"和《台湾同胞投资法》规定的逐案审批转为登记备案。

适用范围是备案制度的重点,它决定了哪些事项仍需审批,哪些事项改为备案登记。为此,《办法》第 2 条规定:"外商投资企业的设立及变更,不涉及国家规定实施准入特别管理措施(负面清单)的,适用本办法。"对于负面清单的范围,根据 2016 年 10 月 8 日国家发改委和商务部公布的第 22 号公告可知:"外商投资准入特别管理实施范围按《外商投资产业指导目录(2015 年修订)》中的限制类和禁止类,以及鼓励类中有股权要求、高管要求的有关执行规定。"[1] 而具体的由审批转为备案的事项,依据修改后的《外资企业法》第 23 条、《中外合资企业经营法》第 15 条、《中为合作企业经营法》第 25 条和《台湾同胞投资法》第 14 条的规定,包括以下方面:

表 4 四部法律中转为备案管理的审批事项[2]

序号	法律	条款	审批事项
1	《外资企业法》	第 6 条	设立外资企业
2	《外资企业法》	第 10 条	企业分立、合并或其他重要事项变更
3	《外资企业法》	第 20 条	外资企业的经营期限
4	《中外合资经营企业法》	第 3 条	签订合营协议、合同、章程及企业设立
5	《中外合资经营企业法》	第 13 条	延长合营期限
6	《中外合资经营企业法》	第 14 条	终止合营合同
7	《中外合作经营企业法》	第 5 条	合作企业设立

[1] 商务部:《国家发改委 商务部公告 2016 年第 22 号》,载商务部网站,http://www.mofcom.gov.cn/article/b/f/,最后访问日期:2017 年 1 月 22 日。

[2] 资料来源:作者根据相关法条整理。

续表

序号	法律	条款	审批事项
8	《中外合作经营企业法》	第7条	合作合同重大变更
9	《中外合作经营企业法》	第10条	转让合同权利、义务
10	《中外合作经营企业法》	第12条第2款	委托他人经营管理
11	《中外合作经营企业法》	第24条	延长合同期限
12	《台湾同胞投资保护法》	第8条第1款	设立台湾同胞投资企业

根据商务部外商投资综合管理系统的数据，截至2017年1月17日，全国共有54,442家外商投资企业申请备案。[1] 而自备案制实施以来，通过备案完成设立与变更事项的外商投资企业占比达到95%。取消全面审批制，将负面清单以外的外资企业的"生老病死"，包括设立、分立、合并、解散、延长经营期限、转让合同权益等事项由审批改为备案，这极大地提高了外商投资的便利程度。

（二）起草修订《外商投资产业指导目录》

2016年12月7日，国家发改委和商务部联合发布《外商投资产业指导目录》（以下简称《目录》）第七次修订稿，向社会各界公开征求意见。

秉持扩大开放的原则，这次《目录》的修订主要有以下特点和变化：一是继续扩大对外开放。在去年大幅度开放的基础上，将2015年版《目录》中的93条限制性措施（包括鼓励类有股比要求条目19条，限制类条目38条，禁止类条目36条），减少到62条。其中，服务业重点放开公路旅客运输、外轮理货、资信调查与评级服务等领域，制造业重点放开轨道交通设备、汽车电子和新能源汽车电池、摩托车、食用油脂、玉米深加工、燃料乙醇等生产制造领域准入限制；采矿业重点放开非常规油气、贵金属、锂矿等领域外资准入限制。二是改革《目录》结构设置。结合国家发展改革委、商务部2016年第22号公告的公文，《目录》修订稿将鼓励类有股比要求的条目以及限制类、禁止类整合为外商投资准入特别管理措施（外商投资准入负面清单），统一列明限制性措施。三是对于原限制类中的大型主题公园建设、经营，小电网范围内单机容量30万千瓦及以下燃煤凝汽火电站、单机容量10万千瓦及以下燃煤凝汽抽汽两用机组热电联产电站的建设、经营，原禁止类中的列入《野生药材资源保护管理条例》和《中国稀有濒危保护植物名录》的中药材加工，象牙雕刻，虎骨加工，大电网范围内单机容量30万千瓦及以下燃煤凝汽火电站、单机容量20万千瓦及以下燃煤凝汽抽汽两用热电联产电站的

〔1〕 外商投资综合管理信息系统，http://wzzxbs.mofcom.gov.cn/WebProBA/app/entp/publicity，最后访问日期：2017年1月23日。

建设、经营,军事、警察、政治和党校等特殊领域教育机构,高尔夫球场、别墅建设,危害军事设施安全和使用效能的项目,博彩业(含赌博类跑马场),色情业等 11 条措施,按照内外资一致原则管理,《目录》修订稿不再列示。四是保持鼓励类政策稳定。本次《目录》修订以扩大开放、结构调整为主,对鼓励类条目不作大的调整,继续鼓励外资投向现代农业、先进制造、高新技术、节能环保、现代服务业等领域,鼓励传统产业转型升级,促进新技术、新工艺、新材料、新设备使用。[1]

根据经济的发展和对外开放的需求,《外商投资产业指导目录》自 1995 年首次颁布以来,已经进行了六次的修订。而这次修订也将进一步提高透明度,配合新实施的备案制来推动更高水平的对外开放。

令人欣喜的是,上述改革措施的红利已经显现,就中国对外的投资合作而言,2016 年,我国境内投资者全年共对全球 164 个国家和地区的 7961 家境外企业进行了非金融类直接投资,累计实现投资 11,299.2 亿元人民币(折合 1701.1 亿美元,同比增长 44.1%);[2] 在吸收外资方面,2016 年 1 ~ 12 月,我国实际使用外资金额 8132.2 亿元人民币,同比增长 4.1%,其中,全国新设立外商投资企业 27,900 家,同比增长 5%;实际使用外资金额 8132.2 亿元人民币,同比增长 4.1%。[3] 可以说,中国在打开国门的同时也以全新的姿态实施“走出去”战略。

六、结语

随着世界经济增长的持续低迷和全球多边谈判的艰难推进,以开展区域贸易谈判为竞争方式的国际经贸规则博弈进一步加剧。一方面,发达国家在环境、劳工、知识产权、竞争中立等议题上设定新标杆,试图抢占国际规则竞争的制高点;另一方面,以中国为代表的新兴发展中国家坚持稳步推进、维护多边贸易体制,力争形成公平公正、合理透明的国际规则体系。

目前,中国经济发展正迈入速度变化、结构优化、动力转化的新常态,充分运用我国日益上升的综合国力和国际影响力,积极主动地参与国际贸易和投资规则的重构,

---

[1] 国家发改委、商务部关于《外商投资产业指导目录》修订稿公开征求意见的公告,载商务部网站,http://www.mofcom.gov.cn/article/b/f/201612/20161202088897.shtml,最后访问日期:2017 年 1 月 23 日。

[2] 商务部新闻办公室:《商务部合作司负责人谈 2016 年我国对外投资合作情况》,载商务部网站,http://www.mofcom.gov.cn/article/ae/ag/201701/20170102502097.shtml,最后访问日期:2017 年 1 月 24 日。

[3] 商务部新闻办公室:《商务部外资司负责人谈 2016 年 1 - 12 月我国吸收外资情况》,载商务部网站,http://www.mofcom.gov.cn/article/ae/ag/201701/20170102501364.shtml,最后访问日期:2017 年 1 月 24 日。

是应对外部竞争压力和外化我国经济实力的必然选择。TPP前景黯淡、美日大国利益格局的微妙变化,给我国带来了引领国际规则走向的大好时机。在新形势下,我国要坚持统筹国内国外两个大局,对内深化改革,挖掘国内市场、变革外贸投资管理体系,对外扩大开放,拓展经济外交的新空间,力争在国际规则的竞争中站稳脚跟。

（审读专家:武汉大学法学院　漆彤教授）

（责任校对:马春雪）

撰稿专家

邓婷婷,香港城市大学法学博士。现任中南大学法学院讲师、硕士生导师,主要研究领域为国际经济法、国际投资法、WTO法。先后在各类学术期刊上发表论文十余篇,其中在CSSCI检索源期刊上发表5篇,《人大复印资料国际法学》全文转载1篇,《中国社会科学文摘》全文转载1篇;出版专著1部;主编教材1部;主持部省级科研项目2项;具体承担政府委托项目3项;参与编写法学著作3部;参与国家、省部级科研项目5项。

第六编　年度法治实施事件评析

NO.1

辽宁贿选案

事例简介

2011年辽宁省委常委换届选举和2013年辽宁省人大换届选举的过程中，发生拉票贿选等涉嫌破坏选举系列恶性事件。45名当选的全国人大代表拉票贿选，占该选区选出的102名全国人大代表的44%；523名辽宁省人大代表涉案，该级人大代表的贿选比例达到了84%。2016年，相关人士被立案侦查。9月13日，第十二届全国人大常委会第二十三次会议通过了《关于辽宁省人大选举产生的部分十二届全国人大代表当选无效的报告》，确定45名全国人大代表因拉票贿选当选无效。

专家点评

辽宁贿选案的评析

韩大元

（中国人民大学法学院院长、教授，中国宪法学研究会会长）

在辽宁发生的大规模贿选案是新中国成立以来查处的第一起发生在省级层面严重破坏人大选举制度的重大案件，引起了社会的广泛关注，让我们重新审视与反思选举制度发展中存在的问题，其教训是十分深刻的。

对于这次十分严重的贿选案，我们首先需要认真反思，充分认识贿选的危害性，以法治思维与法治方式改进选举制度，加强制度的防范功能。

首先，辽宁贿选案公然挑战人民代表大会制度权威性。过去在选举过程中也出现过一些贿选现象，但基本上是局部领域的个别事件，没有出现过省级层面大规模的贿选。张德江委员长指出,“辽宁拉票贿选案是新中国成立以来查处的第一起发生在省级层面、严重违反党纪国法的事件,是对我国人民代表大会制度的公然挑战”。人民代表大会制度是我国的根本政治制度,是人民当家做主的政权组织形式。而人民代表大会制度的基础是选举行为,选民通过选举产生人民代表,由人民代表组成各级人民代表大会,选举产生其他国家机关。如果选举过程中存在严重的贿选情况,金钱操纵民主选举,不仅破坏了选举的民主基础,也会动摇人民对人民代表大会制度的信赖,使权力机关、行政机关以及司法机关的公信力也直接受影响,严重影响法律秩序的稳定性与国家政权的权威性。

其次,贿选破坏了选举法规则,挑战法治权威,破坏以法治为基础建立的规则体系与社会诚信体系。为了保证国家权力的科学配置,选举法依据宪法,具体规定了选举程序,对每个选举环节都做了具体规定。而贿选严重破坏了选举法的规定,败坏了健全的选举文化,使不遵守选举规则的行为成为“显规则”,遵守选举规则的行为反而成为“潜规则”,导致严肃的选举活动流于形式。近年来,通过几次修改,我国的选举法得到了不断完善,但在实践中选举法的规定得不到有效实施,不依选举法办事的情况比较严重,最终导致大规模的选举中的贿选现象。

最后,选举中的贿选行为导致党内政治生活不正常,严重违反政治纪律和政治规矩、严重违反换届纪律,使从严治党的原则失去民众的信任。从媒体公开的信息看,这些被停止代表资格、辞职或者被追究刑事的人大代表绝大多数是公职人员。辽宁省十二届人大一次会议选举全国人大代表过程中,有 45 名当选的全国人大代表拉票贿选,有 523 名辽宁省人大代表涉及此案。作为人民代表,应该遵守宪法,遵守选举法,要成为遵纪守法的模范。但在这次的贿选案中,这些人民代表不讲基本的政治纪律,不讲基本的选举规则,触碰了执政党的基本底线。为什么宪法、法律、党内的规则对他们不起作用?最根本的原因是,他们心中没有基本的宪法观念,没有起码的法治意识,不讲基本的政治道德,对党的形象、政权形象带来的负面影响是十分严重的,重建选民对选举制度的信心需要长时间的努力。

辽宁贿选案的教训是十分深刻的,需要实事求是地分析原因,采取有效措施,维护选举法的权威性,着眼于从制度上防范贿选现象。具体来说可采取如下措施:加强宪法教育,提高公职人员的宪法意识,从国家认同、国家价值与宪法共识的角度认真对待选举工作;摒弃形式主义的普法教育,提升普法的社会效果;对选举法实施情况进行执法检查,完善选举法制度;加大对贿选行为的刑事制裁,使违法犯罪行为付出更大代价;完善和改进党对选举工作的领导,推进选举工作的法治化等。

NO. 2

聂树斌案改判

事例简介

1995 年 4 月 25 日，河北省鹿泉县人聂树斌因故意杀人、强奸妇女被判处死刑，剥夺政治权利终身，同年 4 月 27 日被执行死刑。2016 年 12 月 2 日，最高人民法院第二巡回法庭对原审被告人聂树斌故意杀人、强奸妇女再审案公开宣判，认为全案缺乏能够锁定聂树斌作案的客观证据，原审认定的聂树斌犯故意杀人罪、故意强奸罪事实不清，证据不足，宣告撤销原审判决，改判聂树斌无罪。

专家点评

从证据维度谈聂树斌案的深刻教训

陈光中
（中国政法大学终身教授，中国刑事诉讼法学研究会名誉会长）

最高人民法院宣判聂树斌无罪案，是 2016 年最引人瞩目，社会反响最强烈的案件之一。此案必将以其案情的复杂离奇，平反过程的起伏曲折，以及对司法界的引领性影响，成为新中国成立以来的经典案例而载入史册。聂树斌案给我们的教训是深刻的、多方面的，这里仅从证据运用方面谈以下四点看法。

首先，必须坚守证据裁判原则。该原则要求对犯罪事实的认定必须以证据为根据，即以合法的证据证明犯罪事实形成完整的证明体系，达到“犯罪事实清楚，证据确实充分”的证明要求。这个问题说一千、道一万，关键在于根据证据所认定的有罪事实必须符合客观真相（客观真实），特别是对主要案件事实的认定必须达到结论唯一性(排他性)。在聂树斌案中不仅判定聂犯强奸罪仅凭口供,判定聂犯杀人罪也明显没有达到唯一性、排他性要求,最高人民法院判决书明确指出,此案"没有排除其他人作案的可能性"。司法实践中证据体系尚未达到结论唯一性、排他性程度便作出有罪认定和判决的案件,并非个别的,其中必存在错判、冤案的风险,而且有的案件正在申诉之中,这种情形十分值得我们注意。

其次,坚决贯彻疑案从无原则。在司法中限于办案的主客观条件,无法在任何案件中都能查明事实真相,有时收集到的证据既达不到定罪的证明标准,又不能确定被告人无罪,这时案件陷入疑罪难定的困境。对于疑罪案件的处理,古今中外就有三种处理方式,即疑罪从有、疑罪从无以及折中的疑罪从轻,后者实质上仍为疑罪从有。而在现代法治国家,对疑罪案件,根据无罪推定原则,均应作无罪处理。疑罪从有抑或从无,这是两种司法价值理念——宁枉毋纵抑或宁纵毋枉之间不同的抉择。现代化国家崇尚民主法治,认识到错判错杀无辜,其对社会公平正义损害的严重后果远远超过错判有罪为无罪造成的不良后果,因而在立法上规定司法上适用疑罪从无的原则。我国1979年刑事诉讼法没有规定疑罪从无原则,但规定了"只有被告人供述,没有其他证据的,不能认定被告人有罪",潜含疑罪从无之意。1996年刑事诉讼法则明文规定:"证据不足,不能认定被告人有罪的,应当做出证据不足,指控的犯罪不能成立的无罪判决。"疑罪从无入法难,行之更难。难在何处?难在怕放纵罪犯,导致司法实践中常常采取疑罪从轻,特别是在严打条件下甚至于照判死刑。聂树斌就是在宁枉毋纵这样的思维逻辑下成了枪下冤鬼。最高法通过再审审理,确认对聂树斌定罪,疑点很多,证据明显不足,遂根据党的十八届四中全会的精神,坚决贯彻疑罪从无原则,排除重重阻力成功地为聂树斌平反昭雪,并为全国司法树立了疑罪从无的样板案例。

再次,必须高度重视收集运用科技客观证据。当今科学技术迅猛发展、日新月异,并很快运用于司法中,使破案定案更为及时准确。司法人员是否充分认识、努力运用科技客观证据是成功办案、保证办案质量的关键所在。聂树斌案为什么没有查明事实真相,陷于疑罪的困局?问题首先出在发现被害人尸体后的现场勘查和尸体检验上。公安法医人员面对高度腐烂的尸体,草草检验,没有进行尸体解剖,因而,不知道胃中食物消化程度,无法判断被害人死亡于中午或者是傍晚;不能确定被害人肋骨是否有折断,对聂树斌作案过程的供述不能提供客观证据加以印证;更要害的是没有提取被害人阴部液体送到公安部法医鉴定室进行DNA检测,错失获取DNA比对证据的良机,再加上其他实物证据、言词证据的缺陷,无法锁定聂树斌实施了强奸罪和杀人罪。聂树斌案及其他案件(如浙江张氏叔侄强奸杀人案的平反及真凶的查获)都有力地说明,及时收集充分运用科技证据对准确定罪,有效防止和纠正错案,是何等的重要!

最后,还有必要厘清一个问题,那就是按疑罪从无处理的案件是不是冤案,被判无罪者如聂树斌、念斌等人是否应当真正以无罪者来对待？回答是肯定的。这里有一个认识思维和法治思维的区别问题。就认识论而言，疑罪表示案件客观真相尚未查清，被告人或者申诉人客观上不一定就是无罪的人。但就法律而言，他当时不该判罪而判了罪，甚至于被杀了头，这就是冤案错杀。当被宣告无罪并且已生效，他就是无罪的人，法律面前人人平等，国家和社会不得对他有任何歧视。聂树斌应当以无罪之身告慰于九泉之下。而念斌一方面被福建省高法宣告无罪，另一方面当地公安机关立即对他重新立案侦查（没有发现任何新证据），并且限制他出境，这种做法完全是违法的，也是荒谬至极之举。

NO.3

雷　洋　案

事例简介

2016 年 5 月 7 日晚，雷洋涉嫌嫖娼被民警采取强制约束措施后死亡。尸检鉴定意见指出，雷洋系胃内容物吸入呼吸道致窒息死亡。6 月 30 日，北京市检察院第四分院将案件定性为玩忽职守。12 月 23 日，丰台区检察院确认，五涉案警务人员存在不当执法行为，未及时进行救治，以致发生死亡结果，且事后存在故意编造事实、隐瞒真相、妨碍侦查的行为，但综合全案认定犯罪情节轻微，依法作出不起诉处理。

专家点评

雷洋案的法律分析

湛中乐

（北京大学法学院教授，中国行政法学研究会副会长）

雷洋案是 2016 年发生在我国公安行政执法过程中的一个重要案件，它的发生与相关处理过程引起了全社会的高度关注。关于雷洋案从广义上讲，至少包括两层意思，一是雷洋涉嫌嫖娼被执法案件，二是警察执法过程中被执法者雷洋死亡案件。之所以说至少两层意思，是从目前已经公开的信息中得知的，不排除将来还会有因此而衍生出的案中案、案外案。从第一层雷洋案来看，这本是一个十分简单而又平常的行政治安执法案件。但是，当出现了第二层含义后，造成了被执法者死亡的严重后果，尤其是同治安案件本身比较，加之执法过程十分巧合地缺失执法记录，更由于执法者在事情性质变化后，没有回避反而在媒体上混淆视听，阻挠后续调查工作……这些因素的叠加，最终直接导致雷洋案一步步引发社会热议，各界人士均给予极大关注。当然，视角观点等有所不同。经过半年多的时间，去年年底，先后经昌平检察院监督，北京市检察院介入，尸检，四分院立案侦查，移送丰台检察院，最终决定不予起诉，而是出具检察建议书要求纪检监察机关给予相关责任人严肃处理。雷洋家属最后亦解除律师委托，不再申诉，邢所等民警、辅警也受到相应处理。但是，这个案件所带来的深层次问题并没有随之消除，反而是更加引发人们尤其是法律界人士对此事的深入思考。

从法律的角度看，案件本身值得关注的问题有这么几个：首先是丰台检察院所认定的执法事实，即昌平分局布署的专项行动、执行便衣蹲守、发现嫌疑人雷洋而采取行动、辅警独立押送雷洋、雷洋脱离押解进而第二次采取强制措施带上手铐制服、后发现雷洋身体不适后未能及时救治。首先，行政机关上级发布的命令能否为任何形式的执法过程、后果提供合法性根据。答案显然是不可以的，命令的合法性不能覆盖执法的违法与过错，若命令中允许采取任何措施实施扫黄，那么，命令本身的合法性就值得怀疑。原则上，命令依据的是法律，只是比平时执法者依法执法更具有威慑力和动员作用，如果出现违法执法现象，在很大程度上也是对命令本身的违反。否则，命令为违法执法背书将共同构成违反法律法规。就本案来看，专项行动不能构成雷洋死亡的开脱理由，二者之间已经因为雷洋的死亡发生了因果关系间隔，即原来的执法行为同执法致死行为不是命令所全部涵盖的，后一层结果应该是命令竭力避免的才对。其次，法律赋予警察的治安执法权限同制止涉嫌犯罪权限应当有明确的界限，人民警察法所规定的盘问检查条款，原义是经过盘问后出现法定情形时，才可以采取强制措施。在这种情况下，强制的前提之一就是需要盘问，盘问的具体形式是什么，这是值得斟酌的，警察喊一声，如“你是干什么的”，尤其是在便衣执法的情况下，此时相对人若不回答或走开跑去，算不算盘问已经实施了呢？恐怕要分开来看，在没有亮明执法身份之前，应不宜对相对人采取强制措施。本案中，因执法视频等证据的缺乏，虽不能真实还原当时情形，但便衣执法的状态不宜对雷洋采取强制，这或许是第一次没有带上手铐的部分原因。再次，《人民警察法》第1条明确的立法目的之一是“从严治警”，手段同目的之间应当相匹配，在警察执法出现严重后果时，应当合理怀疑警察执法不当。从本案及我国既往的实践来看，做法恰恰相反，甚至让执法者来论证其执法的合法性，这也是本案一开始邢所等当事人接受采访受到抨击的原因所在。毕竟，执法与执法对象的关系在严重后果发生的一瞬间都转化为新的雷洋案的当事人。雷洋已死而不能言说辩解，同样的作为当事人的执法者也应三缄其口。此外，也是最为关键的一点，是丰台检察院直接以既定事实的方式表述“雷某在位于龙锦三街23-13号的足疗保健店接受有偿性服务离开时”，相当于认定了最初执法者和出镜按摩女在媒体上所说属实。因公开信息有限,不知道这一认定除了邢所和按摩女的证词,还有没有其他证据,若没有,这种直接表述是值得商榷的。

就警察行政执法而言,公民应当有依法配合的义务。但是,这种配合义务应建立在警察依法执法的基础上,作为一种强制性较高的执法权,警察要身着制服,便衣执法时应及时表明身份,同时要文明执法,不可执法过当,挟私报复。特别是在盘问、检查中,公民若公然不配合固然不对,但警察执法人员若也意气用事本身就至少违反了基本的执法规范要求。现实中在对相对人采取强制措施后,因之前相对人的反抗或不配合进而对相对人采取报复行为者不少,但这样的证明责任比较困难。将来在法律法规中能否将其具体化,加重执法者一方的注意义务,在执法者一方不能证明时,参考相对人一方的身体伤害情况等追究执法者的责任。

本案来看,执法对象一开始就是明确的,就是某一家按摩店涉嫌卖淫嫖娼行为;加上从执法的环境来看,是相对封闭的小区内;通常情况下,专业角度警察执法之前应当有所预判,针对可能发生的情况有所准备;加之个人嫖娼的社会危害性相对不高,这些因素叠加起来,不会太多地启动警察法上的强制措施。并且从警察执法的目的之一即为保障人民生命财产安全,在相对人涉嫌违法的情况下,警察执法应本着文明的方式进行。这一点在警察或普通公民看来,有时感觉没有必要,甚至对于那些极坏分子,更倾向于加以严厉对待。但这种感觉的前提是你首先要确定相对人是极坏分子。在没有证据确认之前,无论是普通民众还是执法者最好谦抑地认真对待法律。

从雷洋案来看,纵然法律规定和法律原则确定了正当程序、依法执法等理念,但一个不小心还是会铸成大错。一个小小的普通治安案件演变成人人关注甚至有些自危的公共事件,说明部分执法者面对此类问题时还没有以法治的态度和思维模式来对待。当然,我们也应当看到,雷洋案引发了社会对警察执法权的深入思考,政府部门也及时出台相关规范措施来加大对警察执法的监督制约。只是这个代价有些沉重,不仅给雷洋家属带来挥之不去的沉痛,整个社会也已经痛思阵阵。法治的道路固然艰难,既然我们选择了,就要坚持走好。文明执法,依法执法,保障人权等,无论是宪法还是法律上的文本,不能成为一个个死的符号,必须成为每一个公民和执法者心中的信仰,继而转化为法治的行动,实现行动的法治,早日实现社会主义法治国家的建设目标。

NO. 4

魏则西事件

事例简介

西安电子科技大学 2012 级学生魏则西，因患滑膜肉瘤，辗转多家医院治疗病情不见好转。后通过搜索引擎得知“武警北京总队第二医院”并前往治疗，花费巨款医治病情并未得到控制，反而迅速恶化。2016 年 4 月 12 日，魏则西在咸阳的家中去世，年仅 21 岁。这一事件引发了广泛关注和一系列牵连性影响。

专家点评

魏则西案评析

周汉华
（中国社会科学院法学研究所研究员，中国网络与信息法学研究会副会长）

大学生魏则西患病后多地求医未果，使用百度搜索查询治疗方法，看到武警北京总队第二医院的生物免疫疗法位列搜索结果排名首位，在与该医院医生联系后，花费巨资使用了这一治疗方法。但后来才发现这却是由“莆田系”民营医疗机构承包经营的医院科室提供的国外淘汰的技术。2016 年 4 月 12 日，魏则西病情恶化而抱憾离世。

魏则西事件在网上曝光后，一度让莆田系民营医院、百度推广、部队医院承包体制以及医疗监管制度等话题成为全民关注焦点。魏则西事件是多个因素共同造成的个案悲剧，但是对互联网治理的影响却是深远的。从微观到宏观，这些影响至少表现在以下三个方面。

第一,搜索引擎提供的推销商品或服务的付费搜索被明确界定为互联网广告。就魏则西事件发生时而言,主管部门对于付费搜索结果是否属于广告并未有明确的公开结论,并且从司法实践的相关判例来看,不认为百度推广属于广告活动的判例占到绝对多数。但是,受魏则西事件的推动,国家工商总局在两个多月后就发布了《互联网广告管理暂行办法》,明确将付费搜索界定为互联网广告。民营医疗机构购买百度的付费搜索服务推广医疗服务,需要遵守《广告法》等法律、法规的规定,除了遵守互联网广告监管的一般要求,还要经过医疗监管部门的审查,否则发布广告即为违法。

第二,互联网信息搜索服务的监管力度进一步加大。魏则西事件后,国家互联网信息办公室发布《互联网信息搜索服务管理规定》,对搜索服务提出全面要求,要求互联网信息搜索服务提供者应当提供客观、公正、权威的搜索结果,不得损害国家利益、公共利益,以及公民、法人和其他组织的合法权益。互联网信息搜索服务提供者提供付费搜索信息服务,应当依法查验客户有关资质,明确付费搜索信息页面比例上限,醒目区分自然搜索结果与付费搜索信息,对付费搜索信息逐条加注显著标识。对于付费搜索服务,《互联网广告管理暂行办法》更是进行了全面规范,明确医疗、药品、特殊医学用途配方食品、医疗器械、农药、兽药、保健食品广告等法律、行政法规规定须经广告审查机关进行审查的特殊商品或者服务的广告,未经审查,不得发布。互联网广告应当具有可识别性,显著标明“广告”,使消费者能够辨明其为广告。由于互联网信息传播具有即时性、广泛性,通过互联网传播的受众范围会大大超出传统的传播方式,线下的一个小问题就可能被放大成社会性问题。科学技术的进步和商业模式的发展节奏很快,社会的接受度、容忍度成为一个难以忽视的问题。一个公共事件的发生就可能对整个监管路径产生扭转性影响。魏则西事件直接推动了《互联网广告管理暂行办法》和《互联网信息搜索服务管理规定》的快速出台,就是典型例证。这两个文件对互联网信息搜索服务明确了更加具体、严格的制度要求,及时高效地回应了公共舆论,但在性质界定、法律适用、管辖等问题上又有不完全一致的模糊地带,带给互联网治理的影响更值得进一步思考。

第三,线下问题与线上问题更加交织在一起,增加了互联网治理的难度。互联网上的问题至少可以分为两类:线上新产生的问题和线下通过互联网传导到线上的问题。对于前者应当结合互联网的特性和规律进行精准、精细治理;对于后者则应拨开线上迷雾、针对线下进行制度设计和执法。客观地讲,魏则西的悲剧尽管有多种原因,但究其根源还是在于涉事的医院和承包医院科室的“莆田系”民营医疗机构的违规行为。如果不对线下的违法违规医疗服务严格执法,仅强调严控包括付费搜索在内的互联网广告,魏则西式的悲剧很难杜绝。目前,《医疗广告管理办法》的修订仍未完成,能否科学分析问题根源进行针对性制度调整,将关系到其修订的成败。

NO. 5

徐玉玉遭电信诈骗案

事例简介

2016年8月19日，山东临沂高考录取新生徐玉玉被假冒的教育、财政部门工作人员通过电话骗走9900元学费。徐玉玉因伤心过度心脏骤停不幸离世。当月底，8名犯罪嫌疑人均被抓获。警方发现，“山东省2016高考网上报名信息系统”被木马攻破，大量考生报名信息被盗取。为有效治理电信诈骗，9月23日，最高人民法院、最高人民检察院等6部门联合发布《关于防范和打击电信网络诈骗犯罪的通告》；12月20日，最高人民法院、最高人民检察院、公安部发布《关于办理电信网络诈骗等刑事案件适用法律若干问题的意见》。

专家点评

从“徐玉玉”案谈电信诈骗的治理与救济

张新宝

（中国人民大学法学院教授，中国法学杂志社总编辑，中国法学期刊研究会会长）

2016年8月19日，山东省临沂市高考录取新生徐玉玉接到犯罪嫌疑人以教育局通知其领取助学金为由的诈骗电话，家人刚刚凑齐的9900元学费悉数被骗。当晚，在做完笔录从派出所回家途中，徐玉玉因伤心过度，引发心脏骤停导致昏迷，后抢救无效死亡。该案引起公安部高度重视，案件随后告破，全部犯罪嫌疑人陈文辉、郑金锋、陈福地、熊超、郑贤聪、黄进春等也在案件发生后一周内陆续归案。

电信诈骗是以非法占有为目的，虚构事实或隐瞒真相，利用现代通信技术手段发送欺诈信息,骗取数额较大的公私财物,应当承担刑事责任的行为。[1] 从案情上来看,"徐玉玉"案是一起典型的电信诈骗案件:犯罪嫌疑人大量购买公民个人信息,根据被害人的个人信息定制诈骗剧本,通过虚拟号段号码联系被害人实施精准诈骗,并在被害人被骗后通过非实名制银行卡转走钱款。

准大学生命丧电信诈骗,让人惊觉,电信诈骗,不仅谋财,还可害命。然而,电信诈骗案件在我国早已司空见惯,相关数据显示,近十年来,电信诈骗案件以每年20%～30%的速度增长,电信诈骗在我国早已是严重危害治安和民生的公害问题。

一、电信诈骗与个人信息保护

电信诈骗是借助于现代通信技术和银行支付系统而实施的诈骗犯罪,表面上看,其愈演愈烈之势是犯罪分子作案工具、技术的更迭和升级所致,但更为实质的助力在于整个社会的信息化进程。非法获取和利用公民个人信息的低成本与电信诈骗实施后的高收益,成为电信诈骗多发的驱动力所在。[2] 侵害公民个人信息违法犯罪行为与电信诈骗之间存在明显的上下游犯罪关系。

电信诈骗在近年来演变为精准诈骗,以非法获取公民个人信息为前提。在本案中,行为人之所以能够取得徐玉玉的信任,在于行为人准确地获取了徐玉玉申请助学金的各类个人信息。电信诈骗之所以能够从早期广撒网式的盲骗,发展到当下盛行的机票改签、网购订单等精准诈骗,原因在于行为人能够非法获取大量公民个人信息,从而针对特定被害人"定制"诈骗剧本,实施精准诈骗,轻易地取得被害人的信任,最终骗取公私财物。

电信诈骗的持续多发高发,原因在于行为人能够以极低成本获取大量公民个人信息,使得电信诈骗成为典型的低成本、高收益的犯罪。伴随着整个社会信息化进程,每个人都打上了信息化的烙印,越来越多的公民个人信息以电子化形式存在。以电子形式存在的公民个人信息可复制、可传播,公民个人信息的保护不力,使得行为人能够轻易地非法获取公民个人信息。个人信息非法收集、提供、出售、获取行为在全社会范围内普遍存在,使得电信诈骗实施成本极低,经济获利一直是行为人犯罪的主要动因之一,在明显的获利空间驱动下,行为人实施犯罪便不足为怪。

---

〔1〕 胡向阳、刘祥伟、彭魏:《电信诈骗犯罪防控对策研究》,载《中国人民公安大学学报(社会科学版)》2010年第5期。

〔2〕 参见张新宝、葛鑫:《基于个人信息保护的电信诈骗综合治理研究》,载《中共中央党校学报》2016年第5期。

二、电信诈骗治理检省

20 世纪 90 年代末期，电信诈骗从我国台湾地区传入福建等沿海地区，十余年来，我国电信诈骗治理虽然初见成效，但总体而言，还存在诸多问题。

(一) 公民个人信息保护不力

公民个人信息保护立法和执法监管不力，使得当下侵害公民个人信息的行为日渐泛滥，助长了电信犯罪的高发多发态势。当下，我国个人信息保护法的缺位，使得我国个人信息保护相关立法缺少顶层设计，碎片化问题突出，整体立法水平有限，未能建立完善的个人信息保护法律制度。而我国诸多行政法规、部门规章都对各自主管范围内的个人信息保护事项的监管职权作出规定，使得个人信息行政执法与监管如同九龙治水，造成多头管理、职权交叉、权限不明的弊病，也导致了个人信息保护监管缺位的实质后果。

(二) 实名制落实不到位

实名制是刺穿行为人虚拟身份，实现电信诈骗案件侦查与追责的关键环节。实名制的落实情况如何，掣肘着电信诈骗案件的侦查与追责。虽然我国电信业、金融业对实名制登记早有规定，但其落实并不到位。从实践来看，部分电信业运营商、金融机构重发展用户而轻实名登记，加之各种内鬼作案，使得非实名、记名的电信账户、金融账户仍然大量存在，增大了电信诈骗案件的侦查难度，很多电信诈骗案件成为“无头案”，无法追赃、问责，更反向助长了行为人的侥幸心理。

(三) 电信诈骗综合治理体制有待完善

电信诈骗借助于通信系统实施，利用银行系统非法占有财物，实现超时空作案。因此，电信诈骗的治理需要跨部门、跨地区合理治理。早前，我国电信诈骗治理局限于公安部门，未能形成公安、电信、金融部门之间的联动机制，使电信诈骗的预防与止损效果有限。直至 2016 年 3 月，在公安部牵头下，“电信诈骗案件侦办平台”上线，并形成了相应的工作机制。如何借助于该侦办平台，最大限度地实现公安、电信、金融部门的合力协作，并在公安系统内部实现“落地侦查”，最大限度地避免或挽回被害人的经济损失，是未来电信诈骗综合治理体制的完善方向。

(四) 刑事打击力度有限

低成本、高收益是电信诈骗多发的内在经济驱动因素，刑事与民事司法打击力度有限，使电信诈骗违法风险大大降低，也使电信业、金融业等相关从业者缺乏防范电信诈骗的动力。电信诈骗的刑事打击力度有限，突出地表现为电信诈骗案件侦破率低，相当一部分行为人未受到应有刑罚制裁。能够逃脱刑罚制裁，无异于助长了犯罪分子的侥幸心理，“煽惑起犯罪不受处罚的幻想”。“徐玉玉”案的急速告破，证实了电信诈骗案件侦破率低,固然与高科技作案有关,但公安部门的侦查态度和力度更是关键。

三、电信诈骗被害人民事救济探讨

对于电信诈骗犯罪,行为人的行为在构成犯罪的同时,也构成侵权行为,在追究行为人刑事责任的同时,还应当追究其民事责任,实现对受害人所受损失的救济。目前来看,"徐玉玉"案顺利告破,属于少数情形,大多数电信诈骗案件中,受害人难以通过追究行为人的民事责任获得救济。由此,实践中,存在受害人继而要求电信业、金融业、个人信息处理者等相关机构赔偿其损失的情形。

判断前述主体是否应负民事责任,需要结合侵权责任构成要件逐一认定。在侵权责任四个构成要件中,行为、损害、过错都是较为容易认定的。通常情况下,前述主体与受害人之间或基于合同关系或基于法律规定应履行相应的注意义务或安全管理义务而未履行,构成不作为。如在"徐玉玉"案中,行为人凭经验便轻易地利用安全漏洞侵入了山东省高考网上报名信息系统,下载了60多万条高考报名信息,该网上报名信息系统管理者显然未尽到安全管理义务。

存在疑惑的是行为与损害之间的因果关系的认定,具体来说,是判断前述主体的不作为,究竟仅仅是电信诈骗发生的条件,还是能够部分地构成电信诈骗发生的原因。"条件"与"原因"的取舍,取决于前述主体的不作为是否引起了法不可容许的风险。所谓法可容许的风险,其程度限于日常生活的普遍情况,[1]而对于电信诈骗中前述主体应尽而未尽注意或安全管理义务,则属于不可容许的风险,其不作为也就不仅仅是电信诈骗发生条件,而构成电信诈骗发生的部分原因,与行为人实施的电信诈骗行为,属于多因一果关系。由此,受害人可向行为人或向前述主体同时请求赔偿,此时多个赔偿请求权并存,符合补充责任的适用情形。当处于前位行为人的赔偿不足以弥补损害时,受害人可以请求处于后位的赔偿义务人承担与其过错相应的赔偿责任。

另外,对于"徐玉玉"案,还有一点特殊之处需要讨论的是,徐玉玉因电信诈骗行为死亡,其近亲属还应当享有精神损害赔偿请求权。"死者的近亲属享有精神损害赔偿请求权,是因为亲人的受害死亡给他们带来了精神痛苦",[2]这是因其自身受害而应当享有的权利。遗憾的是,由于我国《刑法》第36条、《刑事诉讼法》第77条未明确刑事案件中精神损害赔偿问题,而最高法通过法释〔2000〕47号、法释〔2002〕17号两个司法解释,限制了被害人近亲属在刑事附带民事诉讼、另行提起民事诉讼中的精神损害赔偿请求权,但此种限制的合理性一直备受质疑。

---

〔1〕 参见屈学武:《数字时代诈骗犯罪认定探微》,载《法学研究》2008年第6期。

〔2〕 张新宝、郭明龙:《论侵权死亡的精神损害赔偿》,载《法学杂志》2009年第1期。

NO.6

最高人民法院再审“乔丹”商标争议系列案

事例简介

2012年，迈克尔·乔丹以争议商标的注册损害其姓名权，违反《商标法》等为由，向商标评审委员会提出撤销争议商标的申请。商标评审委员会裁定争议商标予以维持。乔丹不服，提起行政诉讼。北京市第一中级人民法院判决维持商标评审委员会的裁定。乔丹不服，提起上诉，北京市高级人民法院判决驳回上诉。乔丹不服，向最高人民法院申请再审。2015年12月，最高人民法院裁定提审乔丹与被申请人国家工商行政管理总局商标评审委员会、一审第三人乔丹公司商标争议行政纠纷共10件案件。2016年12月8日，最高人民法院公开宣判，撤销国家工商行政管理总局商标评审委员会商标争议裁定，依法确定了再审申请人主张的姓名权保护的“姓名”范围。

专家点评

最高人民法院再审“乔丹”商标争议系列案评析

吴汉东

（中南财经政法大学学术委员会主任、教授，中国知识产权研究会名誉会长）

2012年，美国篮球运动员迈克尔·乔丹以争议商标的注册损害其姓名权，违反《商标法》等为由，向商标评审委员会提出撤销争议商标的申请。商标评审委员会裁定争议商标予以维持。乔丹不服，提起行政诉讼。北京市第一中级人民法院判决维持商标评审委员会的裁定。乔丹不服，提起上诉，北京市高级人民法院判决驳回上诉。乔丹不服，向最高人民法院申请再审。2015年12月，最高人民法院裁定提审乔丹与被申请人国家工商行政管理总局商标评审委员会、一审第三人乔丹体育公司的商标争议行政纠纷案件。2016 年 12 月 8 日,最高人民法院作出公开宣判。在涉及“乔丹”商标的 10 件案件中,法院认定乔丹公司的 3 件“乔丹”商标应予撤销,并判令商标评审委员会重新作出裁定;在其余 7 件案件中,认定再审申请人对“QIAODAN”“qiaodan”不享有姓名权,驳回其再审请求。

乔丹案再审,在最高人民法院公开审理,并通过新浪网视频向全球现场直播,其最后判决在国内外产生了重要影响。尽管学术界、律师界有人对权利人怠于行使权利、权利人与争议商标构成唯一对应关系等问题存有疑虑,但判决体现的“尊重在先权利”立场和“商标注册善意原则”,对商标授权确权规则的构建与企业品牌运营的方略调整极具参考价值和指导意义,受到社会广泛好评。

乔丹案判决确立了在先姓名权保护的基本标准。姓名权是《民法通则》明确规定的人格权,商标领域主要涉及的是未经许可将他人姓名注册为商标并使用的行为,涉及在先权利保护问题。该判决为相关案件裁判给出了明确的法律适用标准:(1)权利人所主张的姓名在我国具有一定知名度,为相关公众所知悉;(2)该特定名称已经与权利人之间建立了稳定的对应关系,相关公众使用该特定名称指代该权利人;(3)商标申请人明知上诉情形仍注册与之相同的商标,且不能就该商标使用缘由给出合理的解释。乔丹案判决对《商标法》第 32 条关于保护在先权利的规定作出具有在先判决意义的解释,其基本思想为 2017 年 1 月发布的《最高人民法院关于审理商标授权确权行政案件若干问题的规定》所吸收。该规定第 20 条第 1 款从“相关公众认为商标标志指代了该自然人,容易认为标记有该商标的商品系经过该自然人许可或者与该自然人存在特定联系”的角度,认定了对姓名权的侵害;对于实践中并非以自然人的户籍姓名,而是以笔名、艺名、译名等特定名称来主张姓名权的情形,该条第 2 款规定,“……如果该特定名称具有一定知名度,与该自然人建立了稳定的对应关系,相关公众以其指代该自然人的,人民法院应当予以支持”。外国自然人姓名的部分译名,即属于特定名称范畴。可以认为,上述规定的特定名称保护条件,即是对乔丹案判决所体现规则的归纳和确认。

乔丹案判决秉持了商标注册中的诚实信用原则立场。该判决以 2013 年《商标法》修正案规定的诚实信用原则为依据,以商标申请人的主观恶意为基础,明确了对在先姓名权侵害的适用条件:(1)明知权利人及其姓名具有较高知名度,但未能与其协商和取得授权;(2)擅自注册大量与之密切相关的商标,意图不付出成本却取得由权利人为其“代言”的效果。判决认为“即使系争商标申请人经过多年的经营为该商标的商誉累积做出一定贡献,仍不能赋予其恶意注册行为以合理性”。判决对于一些中国企业的品牌运营路径与谋略具有警示意义,即不能以“搭便车”、打“擦边球”

的方式，简单模仿国际名牌和攀附明星而谋取不正当利益。在经济全球化和知识产权保护一体化的背景下，中国企业应当提高商标法律意识，加强品牌运营能力，通过产业技术创新和产品品质革命培育出具有市场影响力、国际知名度的本土商标和民族品牌。

NO.7

全国性网约车规范出台

事例简介

2016 年 7 月 27 日，交通运输部、工信部等 7 部委联合发布《网络预约出租汽车经营服务管理暂行办法》，对网约车平台公司、网约车车辆和驾驶员、网约车经营行为、监督检查、法律责任等诸多方面作出规制。各地新政亦相继出台。

专家点评

全国性网约车规范出台之评析

时建中

（中国政法大学副校长、教授，中国经济法学研究会副会长）

我们必须承认，我们已经处于互联网化的生活状态，互联网对于公众生活的改变是客观存在的，且不可逆的。因此，基于移动互联网信息技术和共享经济的理念，网约出行方式的出现具有必然性和必要性。

网约出行方式现世，无疑给公众的出行带来了前所未有的便利，公众得以分享互联网经济带来的福利，缓解了公众出行的供给与需求在数量和质量等方面的矛盾。与此同时，网约车的出现，打破了既有的市场结构和利益结构，引发了一系列矛盾与冲突：网约车与传统巡游出租车不同利益系统的冲突；不同网约车平台之间的利益冲突；相邻地区之间公众出行服务的冲突。与此同时，网约出行方式对传统的政府监管规则和监管模式也带来了挑战。概言之，网约出行方式不但变更着既有的社会关系，还引发出新型的社会关系，甚至还终结了某些社会关系。因此,构建新的法律规范体系,将引发这些社会关系的产生、变更和终止的各类行为纳入法治轨道是非常必要的。

与网约车相关的法律规范体系的建立,需要平衡前述利益冲突。基于技术创新的经济模式,公众出行市场应然秩序的建立需要动态平衡各方利益。因此,平衡各方的利益不是为了摆平利益各方。

分析公众出行市场的现行结构和未来创新前景,网约车与传统巡游出租车的和睦相处是相对的,相互竞争是绝对的。画地为牢式的诉求,其正当性与日递减,难以为继。隔离式的监管在化解矛盾的同时更有可能会制造出更多矛盾。无论是提供公众出行的出租车行业,还是各级政府的监管部门,唯有创新业务和改革监管,探索符合经济运行规律、技术发展趋势的经营模式、监管模式,才能满足人民群众对公众出行的更高需求。

我们已经明确,逐步确立竞争政策的基础性地位,同时,我们已经建立起了公平竞争审查制度。因此,公众出行市场的公平竞争是监管的目标之一。网约出行方式是出行方式的创新,是典型的共享经济模式。因此,在新经济背景下如何重塑监管目标,对于政府部门来说是一个必须思考的问题。是否监管以及如何监管,隐含了如何认识和处理政府与市场的关系;如何处理管制与竞争的关系。监管本身不是目的,更好地监管才能更加有利于发挥市场在资源配置中的决定性作用。放眼世界,不会有四海皆准的监管模式,但是有趋同的监管理念:只要有一丝可能,那就要引入竞争;只有在迫不得已的情况下,才去实施管制。这是因为,唯有创新,才能提高竞争的层次;唯有竞争,才能带来市场的繁荣和更高效益的创新。与此同时,消费者应该能够分享创新和竞争带来的福利,而不是被精准地攫取。

以移动互联网信息技术为基础的新经济对于基于传统经济模式的规则体系和监管模式的挑战仅仅是开始。我们欣喜地看到,为了积极地应对挑战,2016 年 7 月 27 日,交通运输部、工信部等 7 部委联合发布《网络预约出租汽车经营服务管理暂行办法》(以下简称《办法》),对网约车平台公司、网约车车辆和驾驶员、网约车经营行为、监督检查、法律责任等诸多方面作出了或粗或细的规定。各地也陆续出台了相应的实施细则。毋庸讳言,公众对 7 部委的《办法》及各地的网约车实施细则有许多建设性甚至纯属抱怨性质的批评。但是,这些规范性文件的出台本身还是应该被视为一个好的开始,其探索着新经济规律,试图满足新经济对法治的需求。良好的开始是成功的一半。我们现在需要认真对待后续的工作,争取取得另一半的成功。这就需要把握三个关键要素:行业创新、市场竞争、消费者利益。我们应当废止所有阻碍创新、排除限制竞争和减损消费者福利提升的监管措施,把监管的出发点和落脚点定位于持续激励创新和改革,引入竞争,并不断提升公众出行的质量和效率。这不仅需要勇气和智慧克服依赖传统路径产生的各种弊端,更需要谦卑地尊重市场规律和消费者的正当诉求。

NO.8

全国首例终身监禁

事例简介

2000年至2013年,白恩培先后利用担任青海省委书记、云南省委书记、全国人大环资委副主任委员等职务上的便利,为他人在房地产开发、获取矿权、职务晋升等事项上谋取利益,直接或者通过其妻非法收受他人财物,共计折合人民币2.4亿余元,另有明显超过合法收入的巨额财产不能说明来源。2016年10月9日,河南省安阳市中级人民法院一审以受贿罪、巨额财产来源不明罪判处白恩培死刑,缓期二年执行,在其死刑缓期执行二年期满依法减为无期徒刑后,终身监禁,不得减刑、假释。白恩培成为我国“终身监禁第一人”。

专家点评

死罪可免活罪难逃:终身监禁首案的法治意义

姚　莉

(中南财经政法大学副校长、教授,中国刑事诉讼法学研究会副会长)

有一句流传甚广的中国古代司法判辞,叫“死罪可免,活罪难逃”。穿越时空,就在去年,这句古代公堂上的司法判辞以崭新的形式重现于现代刑事法庭的判决文书中。

2016年6月16日,河南省安阳市中级人民法院一审公开开庭审理了全国人大环境与资源保护委员会原副主任委员白恩培受贿、巨额财产来源不明一案。经一审审理查明:2000年至2013年,被告人白恩培先后利用担任青海省委书记、云南省委书记、全国人大环境与资源保护委员会副主任委员等职务上的便利以及职权和地位形成的便利条件，为他人在房地产开发、获取矿权、职务晋升等事项上谋取利益，直接或者通过其妻非法收受他人财物，共计折合人民币2.46764511亿元；白恩培还有巨额财产明显超过合法收入，差额特别巨大，不能说明来源。

安阳市中级人民法院经审理认为，被告人白恩培的行为分别构成受贿罪和巨额财产来源不明罪，应当数罪并罚。其中，白恩培受贿数额特别巨大，犯罪情节特别严重，社会影响特别恶劣，给国家和人民利益造成特别重大损失，论罪应当判处死刑。鉴于其到案后，如实供述自己罪行，主动交代办案机关尚未掌握的大部分受贿犯罪事实，认罪悔罪，且赃款赃物已全部追缴，具有法定、酌定从轻处罚情节，对其判处死刑，可不立即执行。安阳市中级人民法院遂对被告人白恩培以受贿罪判处死刑，缓期二年执行，剥夺政治权利终身，并处没收个人全部财产。同时，根据白恩培的犯罪事实和情节，依据刑法的有关规定，以受贿罪判处死刑，缓期二年执行，剥夺政治权利终身，并处没收个人全部财产，在其死刑缓期执行二年期满依法减为无期徒刑后，终身监禁，不得减刑、假释；以巨额财产来源不明罪判处有期徒刑十年，决定执行死刑，缓期二年执行，剥夺政治权利终身，并处没收个人全部财产，在其死刑缓期执行二年期满依法减为无期徒刑后，终身监禁，不得减刑、假释。对白恩培受贿所得财物和来源不明财产予以追缴，上缴国库。

白恩培案是自2015年8月29日终身监禁刑罚执行措施被规定于《刑法修正案（九）》以来，司法适用的首例案件，白恩培也因此成为“中国终身监禁第一人”。

党的十八大以来，“拍蝇打虎”，反腐力度空前，一大批贪腐官员被追责问罪，中央从严治党的坚定决心和民众惩腐肃贪的强烈愿望，要求对贪污腐败持续保持严查严惩的高压态势。另外，随着近十年来我国削减死刑和限制死刑适用的政策实施，非暴力犯罪的贪污受贿犯罪慎用死刑立即执行已逐渐成为司法常态。作为最为严厉的刑罚，贪污受贿罪的死刑虽然未被废除，但在司法实践中基本处于备而不用的状态，实际判罚多为死刑缓期二年执行。按照我国刑法规定，被判处死刑缓期二年执行的罪犯，在两年考验期间没有重新犯罪的，就可以减为无期徒刑。而在无期徒刑执行期间，如果认真遵守监规，接受教育改造，有立功表现的还能减刑。通过多次减刑或者假释，原来被判处死缓或者无期徒刑的罪犯都有可能在服刑若干年后刑满出狱。这也正是不少贪腐官员普遍存在的侥幸观念，“只要不判死刑立即执行，就有办法提前出狱”。“花钱买刑”“提钱出狱”的服刑过短现象，严重削弱了预防犯罪的刑罚目的，影响了从严治党的治理效果，降低了反腐倡廉的社会信心。

如何在严惩贪污腐败和死刑限制适用之间求取平衡，既能对贪腐官员保持持续高压，又能在死刑立即执行之外找到合适的替代措施，成为对立法者和司法者的双重考验。在此意义上,2015年8月刑法第九修正案终身监禁制度的出台,以及2016年10月在白恩培一案中确定适用终身监禁的司法判决,表明了中央管党治党的坚定决心,彰显了刑罚体系日臻完善的立法智慧,体现了适用宽严相济刑事政策的司法理性。

虽然白恩培一案的判处取得了良好的法律效果、社会效果和整治效果,但将目光推及反腐治理体系以及法制实施的高度,终身监禁制度及其司法适用,仍有待进一步观察和研究。首先,从反贪治贪的角度,终身监禁对于贪污腐败的震慑力以及预防作用仍需要一定时期案例的积累和适用效果的归纳总结。其次,有别于西方国家,终身监禁目前在我国并非单独的刑罚措施,而是死缓的执行制度,其法律属性需要进一步明确;其“受贿数额特别巨大、犯罪情节特别严重、社会影响特别恶劣、给国家和人民利益造成特别重大损失”的四个“特别”适用前提的准确含义及其相互关系有待进一步的司法解释。最后,作为严厉程度不亚于死刑立即执行的刑罚执行措施,终身监禁(海外有学者称其为“活死刑”)是否也需要最高审判机关统一把关的程序保障问题也值得思考和研究。而且,终身监禁是否应该以及能否推广扩展到贪污受贿以外的其他罪名,其适用的法律价值和前景也有待综合评价和研究。

首开先河的事物注定不会平凡。作为对特别重大腐败分子实施终身监禁的第一案,白恩培案必定成为一个里程碑案件,其对反腐败治理全面深化和死刑替代措施的司法化均具有积极的法治示范意义。

NO. 9

全国证券市场首例强制退市

事例简介

2016 年 7 月 7 日，证监会认定欣泰电气存在欺诈发行，启动强制退市程序。欣泰电气因欺诈上市成为中国证券市场第一家因欺诈发行被退市的上市公司，且在退市后不能重新上市，其保荐商兴业证券被给予警告并罚没 5738 万元。8 月 23 日，欣泰电气股票终止上市，进入股份转让系统挂牌转让。

专家点评

欣泰电气被强制退市是资本市场中断腕之举

朱慈蕴

（清华大学法学院教授，中国商法学研究会副会长）

2016 年 5 月底，在创业板上市的欣泰电气公司收到证监会《行政处罚和市场禁入事先告知书》。随后在 7 月，中国证监会以"欺诈发行"和"重大信息披露违法"为由，正式启动了欣泰电气的强制退市程序，并宣布欣泰电气公司暂停上市后不得恢复上市，退市后不得重新上市。一时间，欣泰电气公司成了财经新闻的"网红"，引发了理论界、实务界各方的热切关注。这是自 2014 年 10 月中国证监会正式发布《关于改革完善并严格实施上市公司退市制度的若干意见》以来，真正对欺诈上市的公司适用了强制退市的重典，意义重大。

我们先来回顾一下资本市场的退市制度。自 2001 年开始，国内退市制度正式实施，至今该制度已有 16 年历史，但其间被强制退市的公司不过就是五十多家。而在

2015 年之前,被强制退市的公司主要是连续亏损、财务严重不达标,真正属于欺诈、虚假等违法违规行为被强制退市的公司数量极其有限。为了强化退市制度,资本市场的监管者近年来不断完善相关制度建设,如 2012 年,深交所修订了其创业板退市制度,在已有的 11 种退市场合以外又引入了创业板公司在最近 36 个月内累计受到交易所公开谴责三次的,其股票将终止上市等两种场合;又如 2014 年 10 月,为了落实国务院新国九条要求,中国证监会出台《关于改革完善并严格实施上市公司退市制度的若干意见》,其中细化了退市标准,引入了主动退市和因欺诈发行强制退市等措施。进入 2016 年,因欺诈发行和信披违规的造假行为被退市的案例相继出现,如 2016 年上半年,主板市场上的公司 ST 博元成为首家因信息披露违法退市的公司。而欣泰电气除了信息披露虚假外,还存在欺诈上市的违法行为,结果成为创业板上被强制退市的第一股。多年来,严厉制裁欺诈发行上市等严重不诚信行为一直为监管部门所强调,但却一直是"雷声大雨点小""干打雷不下雨",不见退市的惩罚之靴落地。而今,欣泰电气公司终于因欺诈行为骗取上市资格而领到第一张退市的"罚单",足以看到监管部门严厉打击欺诈、虚假、违规信息披露等不诚信行为,净化资本市场的决心。在欣泰电气被强制退市后,类似公司的退市风险陡增。有数据显示,在欣泰电气以后,有 8 家创业板公司因涉嫌虚假或者重大遗漏等信息披露违法违规发布了退市风险警示公告。这表明,监管者有决心要加强监管,通过强制退市实现对欺诈上市行为和虚假信息披露行为的零容忍。

首先,通过适用退市规则和重罚制度,警示所有造假或者企图造假的公司。自 2014 年新的退市规定实施以来,已经有博元投资等公司因财务造假等重大违法行为而被强制退市,但欣泰电气的退市还是在资本市场引起很大震动。除了其将成为创业板被强制退市的第一股外,对其主要责任人的巨额罚款及终生禁入证券市场的惩罚发挥了阻吓作用。此外,对欣泰电气欺诈上市和虚假披露有直接责任的中介机构的严厉处罚,更是令资本市场错愕,警示作用惊人。其中仅作为券商的兴业证券,拿到的罚单包括其保荐及承销欣泰电气所得的 3278 万元收入悉数被没收,另被罚款 2460 万元,还有保荐代表人兰翔、伍文祥分别被罚款 30 万元,被撤销证券从业资格和被采取 10 年证券市场禁入措施。此外,兴业证券还设立了 5.5 亿元的先行赔付基金,以及其正在保荐的 10 多家 IPO 企业已悉数被列入"中止审查",真是赔了夫人又折兵。乱世用重典,中国证监会开出的顶格罚单,表明监管层希望下重手遏制行业乱象,整治欺诈、虚假等资本市场的顽疾。

其次,通过欣泰电气的强制退市,完善上市公司的退市程序。根据深交所披露的信息,欣泰电气的退市程序大致分为七步:第一步为欣泰电气收到证监会处罚决定(2016 年 7 月 8 日);第二步为欣泰电气公司股票复牌交易 30 个交易日(7 月 12 日至 8

月 21 日）后再度停牌；第三步深交所在其停牌后 15 个工作日内作出股票暂停上市的决定（9 月 2 日）；第四步涉案公司需要等待证监会作出行政处罚决定之日起一定期限届满，一般为 12 个月；第五步深交所作出股票终止上市的决定；第六步公司股票进入退市整理期，公司股票复牌交易 30 个交易日；第七步为退市整理期结束的次一交易日，深交所对公司股票予以摘牌，上市公司股票终止上市。其中关于从涉案公司自收到强制退市行政处罚决定书之日起，到最终摘牌终止上市，期间经历一年，具有合理性。我们注意到，根据欣泰电气公司的公告，其于 2016 年 8 月 9 日召开了股东大会通过提起行政复议的议案，并据此向中国证监会提出了行政复议，但在 12 月 8 日收到证监会下发的维持《行政处罚决定书》。在 2017 年 1 月 3 日晚公司再次公告，受雇于公司的专业律师团队已在法律规定的时效内，向北京市第一中级人民法院提交行政诉讼的相关书面文件，进一步提起行政诉讼。显然，欣泰电气一直在进行抗辩，尽管市场人士基本认为其终止上市已是无可挽回的结局。

最后，退市要常态化，这有助于资本市场的完善。证监会副主席姜洋曾表示，对于那些走不动、跟不上或者有重大违法的上市公司，要严格执行强制退市制度，实现优胜劣汰，增强市场活力。事实上，目前资本市场上“走不动、跟不上”的上市公司不在少数，与其让这类上市公司在资本市场上苟延残喘，不仅浪费资本市场资源，还导致市场投机行为加剧，也从整体上拉低了上市公司的投资价值。而对于欣泰电气这种在发行上市过程中就毫无诚信，突破道德底线，无视法律权威，严重侵害投资者合法权益，破坏资本市场正常秩序的重大违法公司，上市后依然死不改悔，继续在信息披露中明目张胆地造假，资本市场只有坚决执行重大违法强制退市制度，将其清除出资本市场，才能落实全方位监管执法，有效维护市场运行秩序，夯实市场运行基础，促进资本市场健康发展。对于资本市场而言，不能只有公司上市规则而没有相关退市制度，否则欺诈上市、虚假信息披露等违法违规行为将得不到遏制，公众投资者的利益将得不到维护，资本市场也不可能健康发展。因此，进一步完善严格执行退市制度，有利于健全资本市场功能，有利于引导市场主体正当竞争，实现资本市场资源的优化配置。同时，通过退市等措施惩戒重大违法行为，有利于引导公众投资者的理性投资，保护投资者特别是中小投资者合法权益。

NO. 10

全国首例大气污染环境公益诉讼

事例简介

德州晶华集团振华有限公司长期超标排放污染物,造成大气污染,虽多次遭受行政处罚,但仍持续超标向大气排放污染物。2015 年 3 月 19 日,中华环保联合会就振华公司大气污染向山东省德州市中级法院提起公益诉讼。2016 年 7 月 20 日,德州市中级人民法院一审判决被告振华公司赔偿因超标排放污染物造成的损失 2198.36 万元,用于德州市大气环境质量修复,并在省级以上媒体向社会公开赔礼道歉。

专家点评

迂回于创新与守旧之间:全国首例大气污染环境公益诉讼案评析

颜运秋

(中南大学法学院教授,湖南省碧水蓝天环境公益保护中心理事长)

中华环保联合会诉山东省德州晶华集团振华有限公司大气污染案是新环保法实施后全国首起针对大气污染行为的环境公益诉讼案件。山东省德州晶华集团振华有限公司(以下简称振华公司)长期超标排放污染物,造成大气污染,虽多次遭受行政处罚,但仍持续超标向大气排放污染物。2015 年 3 月 19 日,中华环保联合会就振华公司大气污染向德州市中院提起公益诉讼。3 月 24 日,德州市中院依法立案受理,于次日公告了案件受理情况。当年 12 月,中华环保联合会与环境保护部环境规划院订立技术咨询合同,委托其对振华公司排放大气污染物致使公私财产遭受损失的数额等进行鉴定。2016 年 6 月 24 日，德州市中院依法组成合议庭公开开庭进行了审理。7 月 20 日，德州市中院一审判决被告振华公司赔偿因超标排放污染物造成的损失 2198.36 万元，用于德州市大气环境质量修复，并在省级以上媒体向社会公开赔礼道歉。

振华公司成立于 2000 年，是一家从事玻璃及玻璃深加工产品制造的企业，位于山东省德州市区内，是德州市城区内仅剩的唯一一家没有完成搬迁的工业企业，曾多次因超标排放污染物被环保部点名批评，甚至还被当地环保部门处罚。根据德州市环境保护监测中心站的监测，2013 年 11 月，2014 年 1 月、5 月、6 月、11 月，2015 年 2 月，振华公司排放二氧化硫、氮氧化物及烟粉尘存在超标排放情况。在此期间，德州市环境保护局和山东省环境保护厅曾五次对振华公司进行行政处罚，却仍然屡教不改。于是，中华环保联合会就振华公司大气污染向德州市中院提起公益诉讼。原告在起诉书中提出了 5 项诉讼请求：停止超标向大气排放污染物，增设大气污染防治设施；赔偿因超标排放污染物造成的损失；赔偿因拒不改正超标排放污染物行为造成的损失；在省级以上媒体向社会公开赔礼道歉；本案诉讼、检验、鉴定、专家证人、律师及其他诉讼支出的费用由被告承担。

在公益诉讼案件凤毛麟角的大背景下，本案除了在时间上开创了我国新环保法实施以来大气污染领域公益诉讼之先河外，还实践了以下创新。

第一，形成了社会力量与公权力结合的“双轨制”环保法实施机制。在环境保护主管部门执法手段有限的情形下，社会组织提起环境公益诉讼成为厉行法治的重要力量。环保部门只能根据违法事实和情节，对企业违法排污行为给予包括罚款在内的行政处罚，而无法对其造成的污染损害提出赔偿请求，造成了违法成本低、违法行为屡禁不止等问题。通过提起环境公益诉讼的方式，可以根据污染者造成损害的程度提出赔偿诉求，加大了惩罚力度，显然能够弥补环境执法部门手段有限的不足。面对复杂多样的环境问题，仅仅依靠环保部门“单轨制”的环保法实施机制已力不从心。在本案起诉后的第二天，德州市市长、副市长约谈了德城区政府和被诉公司的主要负责人；第四天，德州市环境保护局责令振华公司全部停产整治、停止超标排放废气污染物；第七天，被告振华公司放水停产，停止使用原厂区。如果没有社会力量的监督，那么事态处理也许不可能如此神速。

第二，正确化解了经济发展与环境保护的矛盾，促进了企业绿色生产和绿色转型，承担了积极的环保责任。振华公司被起诉后，关闭了生产线，实施搬迁改造。2015 年 10 月 30 日，德州晶华集团放弃浮法玻璃项目，牵手中国建材集团，共同出资建设绿色建材产业园项目，在超白玻璃、电子玻璃等高端领域下功夫。这一次，项目将同步建设脱硫、脱硝、除尘等一体化环保设施，确保绿色清洁生产，实现转型阵痛后的涅槃重生。

第三,创新了生态环境损害数额的计算办法。根据《最高人民法院关于审理环境民事公益诉讼案件适用法律若干问题的解释》(以下简称《解释》)第23条规定,生态环境修复费用难以确定或者确定具体数额所需鉴定费用明显过高的,人民法院可以结合污染环境、破坏生态的范围和程度、生态环境的稀缺性、生态环境恢复的难易程度、防治污染设备的运行成本、被告因侵害行为所获得的利益以及过错程度等因素,并可以参考负有环境保护监督管理职责的部门的意见、专家意见等,予以合理确定。本案依据《解释》第23条,通过防治污染设备的运行成本,折算损害赔偿数额,为大气污染类公益诉讼案的损害额认定开辟了一条新路径。2016年5月,环境保护部环境规划院环境风险与损害鉴定评估研究中心的鉴定结论为:被告企业在鉴定期间超标向空气排放二氧化硫共计255吨、氮氧化物共计589吨、烟粉尘共计19吨。单位治理成本分别按0.56万元/吨、0.68万元/吨、0.33万元/吨计算。生态环境损害数额为虚拟治理成本的3~5倍,法院认定按虚拟治理成本的4倍计算生态损害数额(2198.36万元)。

当然,本案的审理也留给了人们许多疑问,严格来说,就是表明包括司法在内的法治化进程依然还是有点守旧。

第一,在环境公益诉讼中,社会力量到底有多大?首先,在社会管理领域,本来应当以社会自治为主,但是,我国长期以来过于依赖政府。如果没有德州市人民政府、德州市环境保护局积极支持、配合本案审理,并与一审法院共同召开协调会,那么,振华公司会如此快捷地将全部生产线关停吗?环保组织主要是提起诉讼,并在诉讼前后借助媒体发声。以此观之,其实我国的社会并不发达。其次,虽然这起案件将对社会组织形成激励,对于环境污染现象,相信将有更多社会组织愿意拿起法律武器,向法院提起公益性诉讼,进而打消污染企业的侥幸心理。但是,本案的原告是环保部主管的环保组织,仍带有一定的官方色彩,若更多草根社会组织也能参与到环境公益诉讼中来,社会力量监督环境的效果无疑更好。事与愿违,除了几家影响较大的环保组织提起了为数不多的环境公益诉讼案件以外,绝大多数环保组织对于提起诉讼还是能力有限而望洋兴叹。

第二,环境行政罚款和环境损害赔偿到底是什么关系?这是行政法学和民法学必须打通的大问题。但是,由于学科壁垒的界限,这个问题几乎没有完全解决。首先,包括为了实现环境保护在内的行政罚款,设置目的不明确,设定额度偏低,执行不到位,助长了违法行为,滋生了腐败现象,造成了违法成本低、违法行为屡禁不止等问题。其次,环境行政罚款是否用于、有多少用于环境保护和修复,法无规定,实践中也是一笔糊涂账。环境损害赔偿金是根据损害事实依据科学方法确定的对生态环境恢复具有补偿作用的赔偿款,其数额不是由法律事先规定的,而是由法院或者当事人根据个案计算出来的,一般比环境行政罚款数额要大,其威慑力和功效一般比环境行政罚款强。

笔者认为,如果能够精准计算和执行环境损害赔偿金的话,环境行政罚款可以不必存在,环境行政机关拥有的职权主要是责令相对人改正违法行为;如果不能精准计算和执行环境损害赔偿金的话,环境行政罚款额度就必须加大。

第三,大气环境质量可以通过使用个案赔偿金去修复吗?首先,大气环境质量实际上是较长时间由多主体行为累积起来的状况,有时也受制于自然条件的明显影响,所以,将大气环境质量的恶化归因于某个个案,显然是不公平的。再说,由于大气污染物的流动性、迁移转化性等特点,大气污染类维权难以确定具体的损害赔偿数额;就算确定了具体的损害赔偿数额,又怎么去修复大气啊?这和水体污染和土壤污染截然不同。司法不能如此机械!本案中,德州市中院要求被告振华公司于判决生效之日起30日内,将赔偿金用于德州市大气环境质量修复,我认为是不适当的。

第四,如何处理诉讼成本合理负担和借诉讼牟利的关系?本案中,关于原告中华环保联合会要求鉴定费、律师费及诉讼支出费用由被告振华公司承担的诉讼请求,并没有得到法院完全支持。因原告中华环保联合会已经支付鉴定费10万元,该费用确已发生,法院予以支持;对律师费40万元及诉讼支出费用1万元,原告中华环保联合会承认关于律师费仅订立委托合同,未实际支付,且未就诉讼支出1万元提交支付凭证,法院不予支持。表面上看这样的判决结果没有问题,但是,蕴含了诉讼成本合理负担和借诉讼牟利关系的含混不清。诉讼活动必然有成本支出,然而原告居然无法向法院提交诉讼支出凭证,在这一点上,本案不具有典范意义。

综上,这是被称为全国首例大气污染环境公益诉讼案——中华环保联合会诉山东省德州晶华集团振华有限公司大气污染案迂回于创新与守旧之间的现实状况。这是当今时代的一个缩影,也是法治中国的一个缩影。

(责任校对:潘人玮)

附　录

- 2016 中国法治实施纪事

2016中国法治实施纪事

2016年1月1日	《中国共产党廉洁自律准则》及《中国共产党纪律处分条例》施行。
2016年1月1日	新修改的《人口与计划生育法》施行。
2016年1月1日	中央纪律检查委员会开通“四风”微信举报平台,形成“一网一端一微”的立体化监督平台。
2016年1月1日	新修订的《大气污染防治法》施行。
2016年1月1日	《不动产登记暂行条例实施细则》施行。
2016年1月1日	《缺陷消费品召回管理办法》施行。
2016年1月1日	《企业公示信息抽查暂行办法实施细则》《企业经营异常名录管理制度》及《严重违法企业名单管理制度》施行。
2016年1月1日	《关于滥用知识产权的反垄断指南(征求意见稿)》向社会公开征求意见。
2016年1月3日	国务院发布《关于整合城乡居民基本医疗保险制度的意见》。
2016年1月4日	A股熔断机制实施。
2016年1月5日	国务院办公厅发布《关于推进农村一二三产业融合发展的通知》。
2016年1月7日	中国证券监督管理委员会发布《上市公司大股东、董监高减持股份的若干规定》。
2016年1月8日	A股熔断机制暂停实施。
2016年1月8日	国家工商行政管理总局发布《关于促进网络服务交易健康发展规范网络服务交易行为的指导意见》。
2016年1月12日	第九轮中欧投资协定谈判在北京举行。
2016年1月12~14日	中国共产党第十八届中央纪律检查委员会第六次全体会议召开。
2016年1月13日	人力资源和社会保障部发布《关于做好贯彻落实〈国务院关于整

	合城乡居民基本医疗保险制度的意见〉有关工作的通知》。
2016 年 1 月 15 日	中央纪律检查委员会首次就解读纪委全会精神召开发布会。
2016 年 1 月 15 日	国家税务总局发布《耕地占用税管理规程(试行)》。
2016 年 1 月 15 日	2016 年全国环境保护工作会议在北京召开。
2016 年 1 月 16 日	亚洲基础设施投资银行正式开业。
2016 年 1 月 18 日	国务院发布《“十三五”促进就业规划》。
2016 年 1 月 18 日	中日韩自贸区第九轮谈判首席谈判代表会议在东京举行。
2016 年 1 月 19 日	中国、海湾阿拉伯国家合作委员会宣布重启中止六年之久的中海自贸区谈判。
2016 年 1 月 21 日	人力资源和社会保障部办公厅发布《关于调整规范国家基本医疗保险、工伤保险和生育保险药品目录中部分药品名称的通知》。
2016 年 1 月 21 日	最高人民法院开庭就泰兴锦汇化工有限公司与泰州市环保联合会等环境污染侵权赔偿纠纷案进行询问,并当庭裁定驳回锦汇公司的再审申请,该案系最高人民法院再审审查的首例环境民事公益诉讼纠纷案。
2016 年 1 月 22 日	最高人民检察院发布《人民检察院办理羁押必要性审查案件规定(试行)》。
2016 年 1 月 25 日	人力资源和社会保障部等四部门发布《关于开展 2016 年春风行动的通知》。
2016 年 1 月 25 日	中国人民银行对境外人民币业务参加行存放境内代理行人民币存款执行正常存款准备金率。
2016 年 1 月 27 日	河南省委常委、洛阳市委书记陈雪枫涉嫌严重违纪,中央决定免去其领导职务。
2016 年 1 月 28 日	第二十四轮中美投资协定谈判在北京举行。
2016 年 2 月 1 日	《婚姻登记工作规范》施行。
2016 年 2 月 1 日	《农药广告审查发布标准》《兽药广告审查发布标准》《房地产广告发布规定》施行。
2016 年 2 月 1 日	上海市嘉定区人民法院以生产、销售伪劣产品罪分别判处上海福喜食品有限公司、福喜食品有限公司罚金 120 万元,10 名相关责任人被判刑。
2016 年 2 月 2 日	人力资源和社会保障部发布《关于做好 2016 年全国高校毕业生就业创业工作的通知》。

2016 年 2 月 2 日　中国人民银行、中国银行业监督管理委员会发布《关于调整个人住房贷款政策有关问题的通知》。

2016 年 2 月 3 日　《横向垄断协议案件宽大制度适用指南(征求意见稿)》《反垄断案件经营者承诺指南(征求意见稿)》向社会公开征求意见。

2016 年 2 月 3 日　国家知识产权局发布《关于深化电子商务领域专利执法维权协作机制的通知》。

2016 年 2 月 3 日　最高人民法院发布《关于为京津冀协同发展提供司法服务和保障的意见》。

2016 年 2 月 4 日　四川省原省委副书记、省长魏宏因严重违纪受到撤销党内职务、行政撤职处分,断崖式降为副厅级非领导职务。

2016 年 2 月 4 日　国家新闻出版广电总局、工业和信息化部发布《网络出版服务管理规定》。

2016 年 2 月 5 日　《网络购买商品七日无理由退货指引(征求意见稿)》向社会公开征求意见。

2016 年 2 月 6 日　国务院修订《互联网上网服务营业场所管理条例》。

2016 年 2 月 8 ~ 9 日　香港九龙西旺角发生袭警事件。

2016 年 2 月 14 ~ 19 日　《区域全面经济伙伴关系协定》第十一轮谈判在文莱举行。

2016 年 2 月 17 日　中共中央办公厅、国务院办公厅发布《关于全面推进政务公开工作的意见》。

2016 年 2 月 18 日　中国人民银行建立公开市场每日操作常态化机制。

2016 年 2 月 24 日　最高人民法院发布《人民法院信息化建设五年发展规划(2016—2020)》《最高人民法院信息化建设五年发展规划(2016—2020)》。

2016 年 2 月 24 日　最高人民法院发布《关于为长江经济带发展提供司法服务和保障的意见》。

2016 年 2 月 25 日　最高人民法院发布《人民法院审理人民检察院提起公益诉讼案件试点工作实施办法》。

2016 年 2 月 25 日　《中华人民共和国反不正当竞争法(修订草案送审稿)》向社会公开征求意见。

2016 年 3 月 1 日　《反家庭暴力法》施行。

2016 年 3 月 1 日　《公益广告促进和管理暂行办法》施行。

2016 年 3 月 1 日　国家版权局发布《关于规范作品登记证书的通知》。

2016 年 3 月 1 日　中国人民银行普遍下调金融机构人民币存款准备金率 0.5 个百

分点。

2016 年 3 月 1 日　《最高人民法院关于适用〈中华人民共和国物权法〉若干问题的解释(一)》施行。

2016 年 3 月 1 日　《公安机关人民警察执法过错责任追究规定》施行。

2016 年 3 月 1 日　信托业协会发布《关于开展信托公司行业评级的通知》。

2016 年 3 月 2 日　国家知识产权局发布《专利侵权判定和假冒专利行为认定指南(试行)》。

2016 年 3 月 8 日　国务院发布《关于进一步加强文物工作的意见》。

2016 年 3 月 9 日　人力资源和社会保障部等五部委发布《关于新增部分医疗康复项目纳入基本医疗保障支付范围的通知》。

2016 年 3 月 16 日　中国人民银行等七部委发布《关于金融助推脱贫攻坚的实施意见》。

2016 年 3 月 17 日　国家工商行政管理总局发布《流通领域商品质量监督管理办法》。

2016 年 3 月 18 日　中国人民银行、工业和信息化部、公安部、国家工商行政管理总局发布《关于建立电信网络新型违法犯罪涉案账户紧急止付和快速冻结机制的通知》。

2016 年 3 月 18 日　中国银行业监督管理委员会发布《中国中国银行业监督管理委员会办公厅关于进一步加强信托公司风险监管工作的意见》。

2016 年 3 月 21 日　南京首例“学区划分案”终审维持原判。

2016 年 3 月 22 日　最高人民法院发布《关于审理侵犯专利权纠纷案件应用法律若干问题的解释(二)》。

2016 年 3 月 23 日　《关于汽车业的反垄断指南(征求意见稿)》向社会公开征求意见。

2016 年 3 月 25 日　中国互联网金融协会在上海正式成立。

2016 年 3 月 29 日　人力资源和社会保障部办公厅发布《关于实施中法千人实习生计划有关事项的通知》。

2016 年 4 月 6 日　最高人民法院发布《关于审理毒品犯罪案件适用法律若干问题的解释》。

2016 年 4 月 7 日　国家工商行政管理总局发布《关于公用企业限制竞争和垄断行为突出问题的公告》。

2016 年 4 月 7 日　人力资源和社会保障部等七部委发布《关于在化解钢铁煤炭行业过剩产能实现脱困发展过程中做好职工安置工作的意见》。

2016年4月8日　人力资源和社会保障部、国务院扶贫开发领导小组办公室发布《关于开展粤湘劳务协作试点工作的通知》。

2016年4月11日　贵州省人民政府副省长陈鸣明作为行政机关负责人出庭应诉。

2016年4月12日　国务院办公厅发布《互联网金融风险专项整治工作实施方案》。

2016年4月12日　魏则西在咸阳的家中去世。

2016年4月13日　中国银行业监督管理委员会发布《P2P网络借贷风险专项整治工作实施方案》。

2016年4月13日　教育部、中国银行业监督管理委员会发布《关于加强校园不良网络借贷风险防范和教育引导工作的通知》。

2016年4月13日　中国人民银行、中共中央宣传部、中央维护稳定工作领导小组办公室发布《非银行支付机构风险专项整治工作实施方案》。

2016年4月13日　全国"同性恋婚姻登记第一案"一审判决驳回胡明亮、孙文麟的诉讼请求。

2016年4月14日　国务院办公厅发布《关于转发国家发展改革委等部门推进"互联网+政务服务"开展信息惠民试点实施方案的通知》。

2016年4月14日　人力资源和社会保障部、财政部发布《关于阶段性降低社会保险费率的通知》。

2016年4月15日　最高人民检察院发布《人民检察院行政诉讼监督规则(试行)》。

2016年4月17~29日　《区域全面贸易伙伴关系协定》第十二轮谈判在澳大利亚举行。

2016年4月18日　最高人民法院、最高人民检察院发布《关于办理贪污贿赂刑事案件适用法律若干问题的解释》。

2016年4月19日　中国证券监督管理委员会发布《证券投资者保护基金管理办法》。

2016年4月19日　中国银行间市场交易商协会发布《不良贷款资产支持证券信息披露指引(试行)》。

2016年4月20日　国务院发布《关于深化制造业与互联网融合发展的指导意见》。

2016年4月20日　中共中央组织部等九部委发布《关于实施第三轮高校毕业生"三支一扶"计划的通知》。

2016年4月21日　国务院办公厅发布《关于深入实施"互联网+流通"行动计划的意见》。

2016年4月21日　最高人民法院发布《关于开展家事审判方式和工作机制改革试点工作的意见》。

2016年4月21日　最高人民法院发布2015年中国法院知识产权司法保护十大案例

及五十个典型案例。

2016 年 4 月 22 日　国务院发布《盐业体制改革方案》。

2016 年 4 月 23 日　《国务院关于修改〈疫苗流通和预防接种管理条例〉的决定》施行。

2016 年 4 月 24 日　最高人民法院发布《关于审理消费民事公益诉讼案件适用法律若干问题的解释》。

2016 年 4 月 25 日　全国人大常委会首次审议环保目标完成情况。

2016 年 4 月 26 日　国务院办公厅发布《关于印发深化医药卫生体制改革 2016 年重点工作任务的通知》。

2016 年 4 月 28 日　国务院办公厅发布《关于深入实施"互联网 + 流通"行动计划的意见》。

2016 年 4 月 29 日　人力资源和社会保障部、财政部发布《关于做好 2016 年城镇居民基本医疗保险工作的通知》。

2016 年 4 月 29 日　中国人民银行发布《关于在全国范围内实施全口径跨境融资宏观审慎管理的通知》。

2016 年 4 月 29 日　最高人民法院发布《关于落实"用两到三年时间基本解决执行难问题"的工作纲要》。

2016 年 5 月 1 日　《深海海底区域资源勘探开发法》施行。

2016 年 5 月 1 日　《全国社会保障基金条例》施行。

2016 年 5 月 1 日　营业税改增值税试点全面启动,建筑业、房地产业、金融业和生活服务业四大行业纳入试点范围。

2016 年 5 月 3 日　国务院发布《关于健全生态保护补偿机制的意见》。

2016 年 5 月 4 日　国务院办公厅发布《2016 年全国打击侵犯知识产权和制售假冒伪劣商品工作要点》。

2016 年 5 月 5 日　国家知识产权局发布《专利侵权行为认定指南(试行)》《专利行政执法证据规则(试行)》及《专利纠纷行政调解指引(试行)》。

2016 年 5 月 6 日　国家税务总局发布《营业税改增值税跨境应税行为增值税免税管理办法(试行)》。

2016 年 5 月 6 日　最高人民检察院发布 2015 年度检察机关保护知识产权十大典型案例。

2016 年 5 月 7 日　雷洋涉嫌嫖娼被民警采取强制约束措施后死亡。

2016 年 5 月 9 日　财政部、国家税务总局、水利部发布《水资源税改革试点暂行办法》。

2016 年 5 月 9 日　广州斗鱼网络科技有限公司与上海耀宇文化传媒有限公司著作权侵权及不正当竞争纠纷案终审维持原判,系我国首例电子竞技类游戏赛事网络直播引发的著作权侵权及不正当竞争纠纷案。

2016 年 5 月 9 ~ 13 日　中国—格鲁吉亚第二轮自贸协定谈判在格鲁吉亚举行。

2016 年 5 月 10 日　国家信访局办公室发布《国家信访局 2016 年政务公开工作实施方案》。

2016 年 5 月 12 日　《关于垄断协议豁免一般性条件和程序的指南(征求意见稿)》向社会公开征求意见。

2016 年 5 月 13 日　国家卫生和计划生育委员会等六部委发布《关于加强儿童医疗卫生服务改革与发展的意见》。

2016 年 5 月 13 日　中共中央组织部、最高人民法院、最高人民检察院发布《关于建立法官检察官逐级遴选制度的意见》。

2016 年 5 月 17 日　全国人大常委会组织多家中央和地方媒体到重庆市巴南区采访,走进创造性开展财政预决算监督工作的巴南区人大。

2016 年 5 月 17 日　国务院办公厅发布《关于促进通用航空业发展的指导意见》。

2016 年 5 月 24 日　国务院发布《2016 年推进简政放权放管结合优化服务改革工作要点》。

2016 年 5 月 24 日　最高人民法院发布《关于依法开展破产案件审理积极稳妥推进破产企业救治和清算工作的通知》。

2016 年 5 月 25 日　国务院医改办等七部委发布《关于推进家庭医生签约服务的指导意见》。

2016 年 5 月 25 日　人力资源和社会保障部发布《关于“先照后证”改革后加强人力资源市场事中事后监管的意见》。

2016 年 5 月 25 日　人力资源和社会保障部办公厅发布《关于简化优化流动人员人事档案管理服务的通知》。

2016 年 5 月 26 日　最高人民法院发布《关于充分发挥审判职能作用为推进生态文明建设与绿色发展提供司法服务和保障的意见》。

2016 年 5 月 26 日　上海汉涛信息咨询有限公司与北京百度网讯科技有限公司、上海杰图软件技术有限公司不正当竞争纠纷案一审判决百度公司停止不正当竞争行为,赔偿汉涛公司经济损失 300 万元及合理费用 23 万元。

2016 年 5 月 28 日　国务院发布《土壤污染防治行动计划》。

2016 年 5 月 30 日	人力资源和社会保障部办公厅发布《关于城乡居民养老保险关系转移接续有关问题处理意见的复函》。
2016 年 6 月 1 日	国务院发布《关于在市场体系建设中建立公平竞争审查制度的意见》。
2016 年 6 月 2 日	中央办公厅发布《从律师和法学专家中公开选拔立法工作者、法官、检察官办法》。
2016 年 6 月 2 日	最高人民法院发布《关于充分发挥审判职能作用为推进生态文明建设与绿色发展提供司法服务和保障的意见》。
2016 年 6 月 6 日	中国人民银行将个人投资人认购大额存单起点金额由不低于 30 万元调整为不低于 20 万元。
2016 年 6 月 7 日	人力资源和社会保障部办公厅发布《关于举办完善养老保险制度培训班的通知》。
2016 年 6 月 8 日	人力资源和社会保障部办公厅、中华全国妇女联合会办公厅发布《巾帼家政服务专项培训工程实施方案》。
2016 年 6 月 9 日	第二次中国—中东欧国家经贸促进部长级会议在宁波举行。
2016 年 6 月 10 ~ 18 日	《区域全面贸易伙伴关系协定》第十三轮谈判在奥克兰举行。
2016 年 6 月 12 日	国务院发布《关于建立完善守信联合激励与失信联合惩戒制度加快推进社会诚信建设的指导意见》。
2016 年 6 月 13 日	人力资源和社会保障部办公厅等五部门发布《关于实施农民工等人员返乡创业培训五年行动计划(2016—2020 年)的通知》。
2016 年 6 月 14 ~ 17 日	第二十五轮中美投资协定谈判在华盛顿举行。
2016 年 6 月 15 日	最高人民法院发布企业破产重整及清算十大典型案例。
2016 年 6 月 17 日	《关于认定经营者垄断行为违法所得和确定罚款的指南(征求意见稿)》向社会公开征求意见。
2016 年 6 月 17 日	全国首例失怙代孕龙凤胎监护权纠纷案终审判决驳回祖父母的诉讼请求。
2016 年 6 月 20 日	最高人民法院发布《关于防范和制裁虚假诉讼的指导意见》。
2016 年 6 月 20 日	上海灿星文化传播有限公司和世纪丽亮(北京)国际文化传媒有限公司被责令停止使用“中国好声音”的名称与商标。
2016 年 6 月 21 日	最高人民法院发布《关于在中级人民法院设立清算与破产审判庭的工作方案》。
2016 年 6 月 22 日	人力资源和社会保障部办公厅发布《流动就业人员基本医疗保险关系转移接续业务经办规程》。

2016年6月25日	国家互联网信息办公室发布《互联网信息搜索服务管理规定》。
2016年6月27日	全国人大常委会首次审议《民法总则(草案)》。
2016年6月27日	国务院办公厅发布《关于加强和改进行政应诉工作的意见》。
2016年6月27日	人力资源和社会保障部办公厅发布《关于开展长期护理保险制度试点的指导意见》。
2016年6月27日	中共中央组织部、中央政法委员会、最高人民法院、最高人民检察院发布《法官助理、检察官助理和书记员职务序列改革试点方案》。
2016年6月28日	电影《九层妖塔》著作权纠纷案一审判决中国电影股份有限公司等向张牧野公开赔礼道歉。
2016年6月28日	国家互联网信息办公室发布《移动互联网应用程序信息服务管理规定》。
2016年6月29日	人力资源和社会保障部发布《关于积极推动医疗、医保、医药联动改革的指导意见》。
2016年6月29日	环保部发布《生态环境损害鉴定评估技术指南总纲》和《生态环境损害鉴定评估技术指南损害调查》。
2016年6月29日	最高人民法院发布《关于人民法院进一步深化多元化纠纷解决机制改革的意见》《人民法院特邀调解规定》。
2016年6月30日	中国保险监督管理委员会发布《关于进一步加强保险公司关联交易信息披露工作有关问题的通知》。
2016年7月1日	国家发展和改革委员会、国家卫生和计划生育委员会、人力资源和社会保障部、财政部发布《推进医疗服务价格改革的意见》。
2016年7月1日	文化部发布《关于加强网络表演管理工作的通知》。
2016年7月1日	最高人民法院发布《关于加强和规范人民法院国家司法救助工作的意见》。
2016年7月1日	中国消费者协会对雷沃重工股份有限公司提起消费民事公益诉讼。
2016年7月2日	《野生动物保护法》修订。
2016年7月2日	《节约能源法》《水法》及《环境影响评价法》修改。
2016年7月4日	国家工商行政管理总局发布《互联网广告管理暂行办法》。
2016年7月4日	全国政协原副主席、中央统战部原部长令计划被判无期徒刑,剥夺政治权利终身,并处没收个人全部财产。
2016年7月5日	中共中央、国务院发布《关于深化投融资体制改革的意见》。

2016 年 7 月 5 日　国务院办公厅发布《关于加快推进“五证合一、一照一码”登记制度改革的通知》。

2016 年 7 月 5 日　司法部发布关于废止《司法部、建设部关于房产登记管理中加强公证的联合通知》的通知。

2016 年 7 月 5 日　最高人民法院发布《关于在全国法院推进知识产权民事、行政和刑事案件审判“三合一”工作的意见》。

2016 年 7 月 6 日　最高人民法院发布《关于调整强制清算与破产案件类型划分的通知》。

2016 年 7 月 7 日　中国证券监督管理委员会认定欣泰电气存在欺诈发行,启动强制退市程序。

2016 年 7 月 8 日　《中国共产党问责条例》施行。

2016 年 7 月 9 日　二十国集团经贸部长会议在上海开幕。

2016 年 7 月 11 日　中国银行(香港)有限公司以直接参与者身份接入人民币跨境支付系统(CIPS)。

2016 年 7 月 11 日　第二十六轮中美投资协定谈判在北京举行。

2016 年 7 月 12 日　国家版权局联合国家互联网信息办公室、工业和信息化部、公安部正式启动“剑网 2016”专项行动,突出整治网络文学等三类作品、重点查处四个平台、规范巩固三个成果。

2016 年 7 月 12 日　浙江省行政复议局揭牌成立。

2016 年 7 月 13 日　国家食品药品监督管理总局发布《网络食品安全违法行为查处办法》。

2016 年 7 月 13 日　最高人民法院与中国证券监督管理委员会联合召开全国证券期货纠纷多元化解机制试点工作推进会。

2016 年 7 月 14 日　中共中央组织部、人力资源和社会保障部、国家公务员局发布《专业技术类公务员管理规定(试行)》《行政执法类公务员管理规定(试行)》。

2016 年 7 月 14 日　人力资源和社会保障部办公厅、财政部办公厅发布《关于加快推进中央国家机关所属京外单位属地参加机关事业单位养老保险工作的通知》。

2016 年 7 月 15 日　中国人民银行将人民币存款准备金的交存基数由旬末一般存款余额时点数调整为旬内一般存款余额的算术平均值。

2016 年 7 月 15 日　中国保险监督管理委员会发布《关于进一步加强保险公司股权信息披露有关事项的通知》。

2016 年 7 月 15 日　环保部发布《“十三五”环境影响评价改革实施方案》。
2016 年 7 月 18 日　财政部发布《法治财政建设实施方案》。
2016 年 7 月 18 日　全国司法体制改革推进会召开,吹响了全面推开司法责任制改革的号角。
2016 年 7 月 18～22 日　中国—格鲁吉亚第三轮自贸协定谈判在格鲁吉亚举行。
2016 年 7 月 20 日　中华环保联合会与德州晶华集团振华有限公司大气环境污染责任纠纷公益诉讼案一审判决振华公司赔偿 2198. 36 万元,系新环保法面世后全国首起针对大气污染行为的环境公益诉讼案件。
2016 年 7 月 20 日　WTO 对中国进行第六次贸易政策审议。
2016 年 7 月 21 日　中共中央办公厅、国务院办公厅发布《保护司法人员依法履行法定职责规定》。
2016 年 7 月 22 日　人力资源和社会保障部、财政部发布《法官、检察官和司法辅助人员工资制度改革试点实施办法》。
2016 年 7 月 25 日　中央军委原副主席郭伯雄被判无期徒刑。
2016 年 7 月 27 日　交通运输部等七部门发布《网络预约出租汽车经营服务管理暂行办法》。
2016 年 7 月 27 日　最高人民法院召开推进环境资源审判工作推进会并首次发布《中国环境资源审判白皮书》。
2016 年 7 月 28 日　国务院办公厅发布《关于深化改革推进出租汽车行业健康发展的指导意见》。
2016 年 7 月 28 日　最高人民法院发布《关于行政诉讼应诉若干问题的通知》。
2016 年 7 月 28 日　最高人民法院发布《关于破产案件立案受理有关问题通知》。
2016 年 8 月 1 日　全国企业破产重整案件信息平台上线运行。
2016 年 8 月 1 日　国际复兴开发银行首期特别提款权(SDR)计价债券在中国银行间债券市场成功发行。
2016 年 8 月 1 日　第二十七轮中美投资协定谈判在华盛顿举行。
2016 年 8 月 2 日　最高人民法院发布《关于人民法院网络司法拍卖若干问题的规定》。
2016 年 8 月 2～3 日　翟岩民、胡石根颠覆国家政权案一审判处翟岩民有期徒刑三年,缓刑四年,剥夺政治权利四年,胡石根有期徒刑七年六个月,剥夺政治权利五年。
2016 年 8 月 4 日　人力资源和社会保障部发布《关于在打赢脱贫攻坚战中做好人力资源社会保障扶贫工作的意见》。

2016 年 8 月 4 日	第十五次中国—东盟(10 + 1)经贸部长会议在老挝万象举行。
2016 年 8 月 4 日	第十九次中国—中日韩经贸部长会议在老挝万象举行。
2016 年 8 月 5 日	第四次东亚峰会国家(EAS)经贸部长会议在老挝万象举行。
2016 年 8 月 8 日	人力资源和社会保障部发布《关于举办第四届部分大中城市联合招聘高校毕业生专场活动的通知》。
2016 年 8 月 10 ~ 19 日	《区域全面贸易伙伴关系协定》第十四轮谈判在越南举行。
2016 年 8 月 11 日	宁波市综合行政执法局正式挂牌成立,“一盘棋”推进县(市)区和乡镇(街道)执法管理工作。
2016 年 8 月 11 日	“走廊医生”兰越峰与王志安、北京微梦创科网络技术有限公司名誉权案一审判决驳回兰越峰的诉讼请求。
2016 年 8 月 12 日	中央网络安全和信息化领导小组办公室、国家质检总局、国家标准化管理委员会发布《关于加强国家网络安全标准化工作的若干意见》。
2016 年 8 月 12 日	人力资源和社会保障部发布《关于开展 2016 年全国高校毕业生就业服务月活动的通知》。
2016 年 8 月 15 日	“狼牙山五壮士”后人起诉洪振快侵害名誉案终审维持原判。
2016 年 8 月 17 日	中国银行业监督管理委员会等四部委发布《网络借贷信息中介机构业务活动管理暂行办法》。
2016 年 8 月 18 日	中央机构编制委员会办公室、最高人民法院发布《省以下人民法院内设机构改革试点方案》。
2016 年 8 月 18 日	国家知识产权局发布《关于加强网站等网络公开平台管理的通知》。
2016 年 8 月 21 日	第二十八轮中美投资协定谈判在北京举行。
2016 年 8 月 19 日	山东临沂高考录取新生徐玉玉被假冒的教育、财政部门工作人员通过电话骗走 9900 元学费。
2016 年 8 月 24 日	国务院发布《关于推进中央与地方财政事权和支出责任划分改革的指导意见》。
2016 年 8 月 26 日	白银连环杀人案犯罪嫌疑人高承勇落网。
2016 年 8 月 29 日	国家工商行政管理总局、国家税务总局、国家发展和改革委员会、国务院法制办公室发布《关于实施个体工商户营业执照和税务登记证“两证整合”的意见》。
2016 年 8 月 30 日	人力资源和社会保障部办公厅、财政部办公厅发布《“三支一扶”人员能力提升专项计划实施方案》。

2016年9月1日　《慈善法》施行。

2016年9月1日　《动产抵押登记办法(修订版)》施行。

2016年9月1日　最高人民法院审判监督庭、最高人民检察院民事行政检察厅发布《关于办理民事诉讼检察监督案件若干问题的会议纪要》。

2016年9月2日　人力资源和社会保障部发布《人力资源和社会保障法治建设实施纲要(2016—2020年)》。

2016年9月2日　中国保险监督管理委员会发布《关于强化人身保险产品监管工作的通知》。

2016年9月2日　国家新闻出版广电总局发布《关于加强网络视听节目直播服务管理有关问题的通知》。

2016年9月3日　全国人大常委会授权最高人民法院、最高人民检察院在十八个城市开展刑事案件认罪认罚从宽制度试点工作,试点期限为二年。

2016年9月4~5日　二十国集团(G20)杭州峰会成功召开。

2016年9月8日　澳门首份未来发展总体规划(《澳门特别行政区五年发展规划(2016—2020年)》)发布。

2016年9月8日　第十九届中国投资贸易洽谈会开幕。

2016年9月7日　最高人民法院发布《关于审理民事、行政诉讼中司法赔偿案件适用法律若干问题的解释》。

2016年9月9日　国家新闻出版广电总局发布《关于加强网络视听节目直播服务管理有关问题的通知》。

2016年9月10日　第十八届中央委员、天津市原市委代理书记、市长黄兴国涉嫌严重违纪。

2016年9月12日　最高人民法院发布《关于进一步推进案件繁简分流优化司法资源配置的若干意见》。

2016年9月13日　全国人大常委会确定辽宁省人大选举产生的部分十二届全国人大代表当选无效。

2016年9月18日　中国银行业监督管理委员会、公安部发布《电信网络新型违法犯罪案件冻结资金返还若干规定》。

2016年9月18日　最高人民法院司法救助委员会成立。

2016年9月19~23日　第二十九轮中美投资协定谈判在华盛顿举行。

2016年9月20日　邱少云烈士之弟邱少华与孙杰、加多宝(中国)饮料有限公司一般人格权纠纷案一审判决孙杰、加多宝公司三日内发布赔礼道

	歉公告,连带赔偿邱少华精神损害抚慰金1元。
2016年9月22日	中共中央办公厅、国务院办公厅发布《关于省以下环保机构监测监察执法垂直管理制度改革试点工作的指导意见》。
2016年9月23日	最高人民法院等六部委发布《关于防范和打击电信网络诈骗犯罪的通告》。
2016年9月25日	中共中央办公厅、国务院办公厅发布《关于加快推进失信被执行人信用监督、警示和惩戒机制建设的意见》。
2016年9月26~30日	中国—马尔代夫自贸协定第四轮谈判在香港举行。
2016年9月27日	人力资源和社会保障部发布《关于深入学习贯彻全国卫生与健康大会精神的通知》。
2016年9月29日	国务院发布《关于加快推进"互联网+政务服务"工作的指导意见》。
2016年9月29日	财政部发布《普惠金融发展专项资金管理办法》。
2016年9月29日	栾树海等21人与康菲石油中国有限公司、中国海洋石油总公司海上污染损害责任纠纷案终审维持原判。
2016年9月30日	中国人民银行发布《关于加强支付结算管理防范电信网络新型违法犯罪有关事项的通知》。
2016年9月30日	最高人民法院发布《法官、审判辅助人员绩效考核及奖金分配指导意见(试行)》。
2016年10月1日	人民币正式纳入"特别提款权"货币篮子。
2016年10月1日	《海关稽查条例》施行。
2016年10月1日	《关于办理刑事案件收集提取和审查判断电子数据若干问题的规定》施行。
2016年10月1日	《最高人民法院关于人民法院在互联网公布裁判文书的规定》施行。
2016年10月8日	中共中央办公厅、国务院办公厅发布《信访工作责任制实施办法》。
2016年10月8日	商务部发布《外商投资企业设立及变更备案管理暂行办法》,开始实行外商投资备案制。
2016年10月9日	云南省前省委书记白恩培被判处死刑,缓期二年执行,依法减为无期徒刑后,终身监禁,不得减刑、假释。
2016年10月11日	最高人民法院等五部门发布《关于推进以审判为中心的刑事诉讼制度改革的意见》。

2016年10月14日　中国证券监督管理委员会对三宗编造传播虚假信息案作出行政处罚。

2016年10月14日　南京邮电大学信息产业发展战略研究院发布我国首部《中国反通讯信息诈骗蓝皮书》。

2016年10月19日　《中华人民共和国食品安全法实施条例(修订草案送审稿)》向社会公开征求意见。

2016年10月19日　司法部在北京召开完善法律援助制度推进会,会议对推进法律援助工作、完善法律援助制度作出全面部署。

2016年10月19日　国家工商行政管理总局发布《关于加强互联网领域消费者权益保护工作的意见》。

2016年10月19日　《区域全面贸易伙伴关系协定》第十五轮谈判在天津举行。

2016年10月20日　国务院发布《关于全国农业现代化规划(2016—2020年)的通知》。

2016年10月21日　人力资源和社会保障部办公厅发布《关于加快推进公共就业服务信息化建设和应用工作的指导意见》。

2016年10月21日　腾讯公司与易联伟达公司信息网络传播权侵权案终审撤销一审判决。

2016年10月23日　国务院发布《互联网金融风险专项整治工作实施方案》。

2016年10月25日　中共中央、国务院发布《"健康中国2030"规划纲要》。

2016年10月25日　国家知识产权局发布《专利行政执法证件与执法标识管理办法(试行)》。

2016年10月25日　陈某利用计算机删除、修改他人高考志愿案一审判处陈某有期徒刑七个月。

2016年10月26日　人力资源和社会保障部、教育部发布《关于实施高校毕业生就业创业促进计划的通知》。

2016年10月26日　最高人民法院、国土资源部发布《关于推进信息共享和网络执行查询机制建设的意见》。

2016年10月28日　《专利审查指南修改草案(征求意见稿)》向社会公开征求意见。

2016年10月29日　最高人民法院发布《关于严格规范终结本次执行程序的规定(试行)》。

2016年10月31日　第三十一轮中美投资协定谈判在华盛顿举行。

2016年10月31日　最高人民法院发布第二巡回法庭跨省行政典型案例。

2016年10月31日　全国人大常委会二次审议《民法总则(草案)》。

2016 年 11 月 1 日　人力资源和社会保障部等五部委发布《关于开展东北等困难地区就业援助工作的通知》。

2016 年 11 月 1 日　国家工商行政管理总局发布《广告发布登记管理规定》。

2016 年 11 月 1 日　国家工商行政管理总局商标局批准黑龙江省哈尔滨市市场监督管理局,江苏省南京市、苏州市工商局,浙江省宁波市市场监督管理局,山东省济南市、青岛市、济宁市工商局,河南省洛阳市工商局,湖北省工商局,湖南省长沙市、怀化市工商局,广西壮族自治区工商局,四川省成都市工商局共十三个工商和市场监管部门设立商标受理窗口,2016 年 11 月 1 日正式启动运行,开展商标注册申请受理工作。

2016 年 11 月 1 日　最高人民法院国际司法协助研究基地成立。

2016 年 11 月 1 日　中央全面深化改革领导小组同意最高人民法院在深圳、沈阳设立第一、第二巡回法庭的基础上,在重庆市、西安市、南京市、郑州市增设巡回法庭。

2016 年 11 月 2 日　《中国共产党党内监督条例》发布。

2016 年 11 月 2 日　最高人民法院、最高人民检察院发布《关于民事执行活动法律监督若干问题的规定》。

2016 年 11 月 4 日　工业和信息化部发布《关于进一步防范和打击通讯信息诈骗工作的实施意见》。

2016 年 11 月 4 日　国家互联网信息办公室发布《互联网直播服务管理规定》,重申了对互联网直播新闻信息服务的资质监管。

2016 年 11 月 4 日　最高人民法院、中国保险监督管理委员会发布《关于全面推进保险纠纷诉讼与调解对接机制建设的意见》。

2016 年 11 月 4 日　中国与毛里求斯启动自贸协定联合可行性研究。

2016 年 11 月 7 日　中共中央办公厅发布《关于在北京市、山西省、浙江省开展国家监察体制改革试点方案》。

2016 年 11 月 7 日　《网络安全法》发布。

2016 年 11 月 7 日　《电影产业促进法》发布。

2016 年 11 月 7 日　《民办教育促进法》修改。

2016 年 11 月 7 日　全国人大常委会解释《香港特别行政区基本法》第一百零四条。

2016 年 11 月 7 日　《海洋环境保护法》《固体废物污染环境防治法》及《煤炭法》《气象法》修改。

2016 年 11 月 7 日　最高人民法院发布《关于民事执行中变更、追加当事人若干问题的规定》。

2016年11月7日　最高人民法院发布《关于人民法院办理财产保全案件若干问题的规定》。

2016年11月9日　天津港“8·12”特大火灾爆炸事故系列案件一审宣判。

2016年11月11日　内蒙古自治区政协原副主席赵黎平被判处死刑，剥夺政治权利终身，并处没收个人财产人民币二百万元。

2016年11月14日　国家知识产权局发布《关于加快建设知识产权强市的指导意见》。

2016年11月14日　最高人民法院发布《关于办理减刑、假释案件具体应用法律的规定》。

2016年11月15日　习近平参加北京市区人大代表换届选举投票。

2016年11月15日　故意杀人犯贾敬龙被执行死刑。

2016年11月16日　《中华人民共和国消费者权益保护法实施条例(送审稿)》向社会公开征求意见。

2016年11月16日　国家工商行政管理总局认定利乐违反《反垄断法》的有关规定，责令利乐停止违法行为，不得制定和实施排除、限制包材市场竞争的忠诚折扣，处罚款计667,724,176.88元人民币。

2016年11月16日　《省级电网输配电价定价办法(试行)》向社会公开征求意见。

2016年11月16日　环保部发布《建设项目环境影响登记表备案管理办法》。

2016年11月16日　最高人民法院等五部门发布《关于在部分地区开展刑事案件认罪认罚从宽制度试点工作的办法》。

2016年11月16日　“百名红通”头号嫌犯、浙江省建设厅原副厅长杨秀珠回国自首，我国反腐败国际追逃追赃工作取得阶段性成果。

2016年11月20日　中国与新西兰宣布启动自贸区升级谈判。

2016年11月25日　国务院发布《中华人民共和国无线电管理条例》。

2016年11月25日　中国人民银行发布《关于落实个人银行账户分类管理制度的通知》。

2016年11月27日　中共中央、国务院发布《关于完善产权保护制度依法保护产权的意见》。

2016年11月28日　人力资源和社会保障部发布《关于城镇企业职工基本养老保险关系转移接续若干问题的通知》。

2016年11月29日　最高人民法院发布《关于充分发挥审判职能作用切实加强产权司法保护的意见》及《关于依法妥善处理历史形成的产权案件工

作实施意见》。

2016 年 11 月 30 日	中共中央政治局审议通过规范党和国家领导人有关待遇等文件和《中国共产党工作机关条例(试行)》《关于县以上党和国家机关党员领导干部民主生活会的若干规定》。
2016 年 11 月 30 日	国务院发布《企业投资项目核准和备案管理条例》。
2016 年 11 月 30 日	国家知识产权局发布《关于严格专利保护的若干意见》。
2016 年 12 月 1 日	《最高人民法院关于审理独立保函纠纷案件若干问题的规定》施行。
2016 年 12 月 2 日	国务院发布《关于“十三五”脱贫攻坚规划的通知》。
2016 年 12 月 2 日	财政部发布《地方政府专项债务预算管理办法》及《地方政府一般债务预算管理办法》。
2016 年 12 月 2 日	中国银行业监督管理委员会、公安部发布《电信网络新型违法犯罪案件冻结资金返还若干规定实施细则》。
2016 年 12 月 2 日	文化部发布《网络表演经营活动管理办法》。
2016 年 12 月 2 日	人社部、财政部、国务院扶贫开发领导小组办公室发布《关于切实做好就业扶贫工作的指导意见》。
2016 年 12 月 2 日	国家税务总局发布《“十三五”时期税务系统全面推进依法治税工作规划》。
2016 年 12 月 2 日	聂树斌故意杀人、强奸妇女案再审改判聂树斌无罪。
2016 年 12 月 2 ~ 10 日	《区域全面贸易伙伴关系协定》第十六轮谈判在印度尼西亚举行。
2016 年 12 月 5 日	国务院发布《“十三五”生态环境保护规划》。
2016 年 12 月 5 ~ 6 日	徐翔等操纵证券市场罪案一审开庭审理。
2016 年 12 月 7 日	国家发展和改革委员会和商务部联合发布《外商投资产业指导目录》第七次修订稿,向社会各界公开征求意见。
2016 年 12 月 7 日	苹果公司与北京市知识产权局行政纠纷案一审开庭审理。
2016 年 12 月 8 日	人力资源和社会保障部、财政部发布《关于做好基本医疗保险跨省异地就医住院医疗费用直接结算工作的通知》。
2016 年 12 月 8 日	最高人民法院判决乔丹体育股份有限公司对争议商标“乔丹”的注册损害了迈克尔·乔丹的在先姓名权,违反《商标法》,撤销一、二审判决,判令商标评审委员会重新裁定。
2016 年 12 月 9 日	网络市场监管部际联席会议制度建立。
2016 年 12 月 12 日	人力资源和社会保障部、中国残疾人联合会发布《关于开展 2017

年就业援助月专项活动的通知》。

2016 年 12 月 12 日　中国就“市场经济地位”向 WTO 争端解决机制提出磋商请求，启动世贸组织争端解决程序。

2016 年 12 月 13 日　《中共中央关于加强党内法规制度建设的意见》发布实施，系党中央第一次专门制定发布文件对加强党内法规制度建设进行顶层设计、作出全面部署。

2016 年 12 月 13 日　人力资源和社会保障部办公厅发布《关于做好基本医疗保险跨省异地安置退休人员备案工作的通知》。

2016 年 12 月 13 日　中国民用航空局发布《公共航空运输服务消费者投诉管理办法》。

2016 年 12 月 13 日　信和财富股东夏靖与吴冬云民间借贷纠纷案涉嫌经济犯罪，移送公安机关一并侦查。

2016 年 12 月 14 日　中国人民银行发布《金融消费者权益保护实施办法》。

2016 年 12 月 15 日　快播传播淫秽物品牟利案终审维持原判。

2016 年 12 月 15 日　检察机关对“e 租宝”案提起公诉。

2016 年 12 月 16 日　人力资源和社会保障部办公厅发布《关于加快推进跨省异地就医结算系统建设的通知》。

2016 年 12 月 16 日　中国教育报记者刘盾和刘博智在黑龙江省齐齐哈尔市甘南县就营养午餐进行暗访时被当地民警打伤。

2016 年 12 月 16 日　最高人民法院指令再审“王力军无证收购玉米”案。

2016 年 12 月 17 日　人力资源和社会保障部办公厅发布《关于实施中加社会保障协定的通知》。

2016 年 12 月 19 日　全国人大常委会三次审议《民法总则(草案)》。

2016 年 12 月 19 日　全国人大常委会初次审议《电子商务法(草案)》。

2016 年 12 月 20 日　最高人民法院、最高人民检察院、公安部发布《关于办理电信网络诈骗等刑事案件适用法律若干问题的意见》。

2016 年 12 月 21 日　最高人民法院发布《关于审理拐卖妇女儿童犯罪案件具体应用法律若干问题的解释》。

2016 年 12 月 23 日　最高人民法院、最高人民检察院发布《关于办理环境污染刑事案件适用法律若干问题的解释》。

2016 年 12 月 23 日　环保部发布《排污许可证管理暂行规定》。

2016 年 12 月 24~25 日　党中央召开党的历史上第一次全国党内法规工作会议。

2016 年 12 月 25 日　《环境保护税法》发布。

2016 年 12 月 25 日　《中医药法》发布。

2016 年 12 月 26 日　《关于在北京市、山西省、浙江省开展国家监察体制改革试点工作的决定》施行。

2016 年 12 月 27 日　国家互联网信息办公室发布我国首部《国家网络空间安全战略》,网络空间安全正式被确定为国家战略。

2016 年 12 月 27 日　最高人民法院发布《关于修改〈最高人民法院关于巡回法庭审理案件若干问题的规定〉的决定》。

2016 年 12 月 28 日　国务院办公厅发布《关于进一步促进农产品加工业发展的意见》。

2016 年 12 月 28 日　最高人民法院发布首个环境保护指导案例。

2016 年 12 月 28 日　第十一次中日经济伙伴关系磋商在日本东京举行。

2016 年 12 月 29 日　商务部、中央网络安全和信息化领导小组、国家发展和改革委员会发布《电子商务“十三五”发展规划》。

2016 年 12 月 29 日　最高人民法院与香港特别行政区签署《关于内地与香港特别行政区法院就民商事案件相互委托提取证据的安排》。

2016 年 12 月 30 日　国务院发布《关于加强政务诚信建设的指导意见》。

2016 年 12 月 30 日　国务院办公厅发布《关于加强个人诚信体系建设的指导意见》。

2016 年 12 月 30 日　国家工商行政管理总局发布《关于卷烟包装标识调整后商标执法工作中有关问题的通知》。

2016 年 12 月 30 日　中国保险监督管理委员会发布《关于进一步加强人身保险监管有关事项的通知》。

2016 年 12 月 30 日　最高人民法院发布《关于为自由贸易试验区建设提供司法保障的意见》。

2016 年 12 月 30 日　“全国专车行政诉讼第一案”一审判决撤销济南市城市公共客运管理服务中心作出的行政处罚决定书。

2016 年 12 月 30 日　“脉脉非法抓取使用新浪微博用户信息”案终审维持原判。

2016 年 12 月 31 日　环保部发布《污染地块土壤环境管理办法(试行)》。

整理:臧骞

图书在版编目(CIP)数据

中国法治实施报告.2016 / 中国行为法学会,中南大学编.—北京:法律出版社,2017.3
ISBN 978 -7 -5197 -0711 -8

Ⅰ.①中… Ⅱ.①中… ②中… Ⅲ.①社会主义法制—研究报告—中国—2016 Ⅳ.①D920.0

中国版本图书馆 CIP 数据核字(2017)第 048763 号

中国法治实施报告(2016)
ZHONGGUO FAZHI SHISHI BAOGAO(2016)

中国行为法学会
中 南 大 学 编

策划编辑 刘伟俊
责任编辑 刘伟俊
装帧设计 李 瞻

出版 法律出版社
总发行 中国法律图书有限公司
经销 新华书店
印刷 中煤(北京)印务有限公司
责任校对 郭艳萍
责任印制 张建伟

编辑统筹 独立项目策划部
开本 720 毫米×960 毫米 1/16
印张 37
字数 680 千
版本 2017 年 3 月第 1 版
印次 2017 年 3 月第 1 次印刷

法律出版社/北京市丰台区莲花池西里 7 号(100073)
网址/www.lawpress.com.cn
投稿邮箱/info@lawpress.com.cn
举报维权邮箱/jbwq@lawpress.com.cn
销售热线/010 -63939792
咨询电话/010 -63939796

中国法律图书有限公司/北京市丰台区莲花池西里 7 号(100073)
全国各地中法图分、子公司销售电话:
统一销售客服/400 -660 -6393
第一法律书店/010 -63939781/9782
西安分公司/029 -85330678
重庆分公司/023 -67453036
上海分公司/021 -62071639/1636
深圳分公司/0755 -83072995

书号:ISBN 978 -7 -5197 -0711 -8
定价:78.00 元